Em busca do novo
O Brasil e o desenvolvimento na obra de Bresser-Pereira

Yoshiaki Nakano, José Marcio Rego e Lilian Furquim
ORGANIZADORES

Em busca do novo
O Brasil e o desenvolvimento na obra de Bresser-Pereira

ISBN 85-225-0497-0

Copyright © Escola de Economia de São Paulo — Eeesp

Direitos desta edição reservados à
EDITORA FGV
Praia de Botafogo, 190 — 14º andar
22250-900 — Rio de Janeiro, RJ — Brasil
Tels.: 0800-21-7777 — 21-2559-5543
Fax: 21-2559-5532
e-mail: editora@fgv.br
web site: www.editora.fgv.br

Impresso no Brasil / Printed in Brazil

Todos os direitos reservados. A reprodução não autorizada desta publicação, no todo ou em parte, constitui violação do copyright (Lei nº 5.988).

Os conceitos emitidos neste livro são de inteira responsabilidade dos autores.

1ª edição — 2004

Revisão de originais: Claudia Martinelli Gama

Revisão: Fatima Caroni e Mauro Pinto de Faria

Editoração eletrônica: FA Editoração Eletrônica

Capa: Adriana Moreno

Ficha catalográfica elaborada pela Biblioteca
Mario Henrique Simonsen/FGV

Em busca do novo : o Brasil e o desenvolvimento na obra de Bresser-Pereira / Organizadores Yoshiaki Nakano, José Marcio Rego, Lilian Furquim. — Rio de Janeiro : Editora FGV, 2004.
640p.
Inclui bibliografia.

1. Pereira, Luiz C. Bresser (Luiz Carlos Bresser), 1934-. I. Nakano, Yoshiaki, 1944-. II. Rego, José Marcio. III. Furquim, Lilian de Toni. IV. Fundação Getulio Vargas.

CDD — 923.381

Sumário

PREFÁCIO   9

PARTE I — VISÃO E MÉTODO   41

    A originalidade de um inovador científico e a "recepção" de suas teorias   43
        José Marcio Rego
    Construtor de instituições   85
        Maria Rita Loureiro e Fernando Luiz Abrucio
    O método pragmático   101
        Lilian Furquim e Paulo Gala
    Método do fato histórico novo   113
        Alexandra Strommer de Farias Godoi

PARTE II — ECONOMIA   129

    Bresser-Pereira & Eugenio Gudin: pensamento e ação a partir da análise econômica   131
        Maria Angélica Borges
    Progresso técnico, crescimento e distribuição   161
        Luiz Antonio de Oliveira Lima
    Dezoito anos depois de *Lucro, acumulação e crise*   173
        José Antonio Rodrigues da Cunha

Distribuição de renda e o modelo clássico   201
    Fabio Anderaos de Araujo
Plano Bresser: a versão de otenização   215
    Francisco L. Lopes
Inflação: inércia e déficit público   247
    Fernando de Holanda Barbosa
Crise e reconstrução do Estado   269
    Wilson Suzigan

PARTE III — SOCIOLOGIA E TEORIA SOCIAL   285
O que é a tecnoburocracia?   287
    Gérard Lebrun
Revolução estudantil dos anos 1960   297
    Olgária Mattos
Cultura política   313
    Lívia Barbosa
Sobre *Desenvolvimento e crise no Brasil*   333
    Maria Cecília Spina Forjaz

PARTE IV — CIÊNCIA E TEORIA POLÍTICA   347
Democracia de opinião pública   349
    Helio Jaguaribe
Relações internacionais   357
    Celso Lafer
Republicanismo, cidadania e (novos?) direitos   363
    Marcus André Melo
Capitalismo, desenvolvimento e democracia   387
    Adam Przeworski
Capitalismo e democracia   409
    Cicero Araujo
Os socialismos de Bobbio e Bresser-Pereira   423
    Paulo Vannuchi
Reforma da gestão pública de 1995-98   443
    Regina Silvia Pacheco

O duplo papel do público não-estatal na reforma do Estado   463
    Nuria Cunill Grau

PARTE V — A PESSOA   475
    Testemunho de amigo   477
        Marcio Moreira Alves
    Mestre Bresser   485
        Evelyn Levy
    Depoimento de Abílio Diniz aos organizadores   489
    Entrevista com Fernão Bracher   499

PARTE VI — AUTOBIOGRAFIA INTELECTUAL   507
    Economista ou sociólogo do desenvolvimento   509
        Luiz Carlos Bresser-Pereira

POSFÁCIO   577
        Maria Tereza Leme Fleury

APÊNDICE I – OBRAS DE BRESSER-PEREIRA   581
APÊNDICE II – CRONOLOGIA DE BRESSER-PEREIRA   631

SOBRE OS AUTORES E ORGANIZADORES   639

Prefácio

Este é um livro em que homenageamos os 70 anos de Bresser-Pereira. É uma análise de sua obra realizada por numerosos amigos e colegas, nossos e principalmente de Bresser, que convidamos para serem co-autores do livro. É difícil falar sobre um amigo muito próximo e, se já é difícil um depoimento de um mestre sobre um de seus discípulos, é muito mais difícil ainda, para discípulos, falar de seu mestre. Assim, sentimos muita dificuldade em falar sobre Bresser-Pereira. Há entre nós um enovelado de papéis, de aprendizados, de compromissos afetivos. Não só de um mestre, mas também de um irmão mais velho e, em algumas ocasiões, também a de um pai. Bresser é inquestionavelmente um semeador de uma atividade crítica e produtiva de um ambicioso projeto de investigação que se irradiou da FGV/Eaesp em São Paulo para o Brasil, com desdobramentos na América Latina e, já agora, em outras partes do mundo.

Conhecemos Bresser-Pereira há muito tempo. São décadas de convivência e aprendizado. Sempre nos chama a atenção o seu entusiasmo. Ele é dessas pessoas dinâmicas e alegres, que não temem o cansaço nem rejeitam as tarefas. É ínsita em Bresser uma disposição generosa para atuar e aceitar atividades de cunho cultural, social ou político. Está sempre imbuído do senso dos deveres que cabem aos homens de bem. Outra característica é seu inconformismo, relutância em aceitar situações injustas, coragem para assumir atitudes condizentes com as suas idéias; para isso, Bresser não transige e é capaz de agitar o seu meio, às vezes o seu país, exercendo sempre sua capacidade de liderança inata, onde quer que atue. Quando surge um assunto em que a princípio é menos versado, ele mergulha apaixonado no seu entendimento. Não simplesmente por querer saber mais do que os outros, e sim por saber indagar melhor, amar com mais força o entendimento e a resolução de problemas. Bresser é homem de pensamento e homem de ação, algo que os numerosos artigos deste livro de justa homenagem só corroboram. Seu brilho ilumina os amigos, sua amabilidade quase despótica reverte no prazer de trabalhar com ele, na alegria de desfrutar do seu convívio. Bresser é de uma capacidade humana de entusiasmo e energia que se sente na hora. A paixão pela arte criadora é uma espécie de núcleo de "razão" essencial das atuações de Bresser-Pereira; "razão" que comanda os diversos modos da sua atividade como economista, como sociólogo, como executivo, como cientista e filósofo político. Queremos dizer, com certo orgulho de sermos seus amigos e a isenção de sermos de outras gerações, que Bresser é típico do que se costuma chamar "intelectual público", isto é, aquele animado pelo espírito de solidariedade que faz o exercício da inteligência desaguar nas atividades de corte público. Nossa vida, tão arriscada de viver, sempre ameaçada do fim, pode acabar no meio ou ainda no começo. É muito confortante ver alguém chegar aos 70 anos de existência pleno de vigor intelectual e fino de sensibilidade. Tal conforto é puro regozijo para seus amigos, colegas, discípulos. Todos nós, mais os seus inúmeros admiradores e leitores congregados nessa ocasião festiva, celebramos essa singular figura de nossa inteligência pátria. Que Bresser prossiga sendo esse polímata, lúcido e são, com tudo o que significa de coerência, caráter e nacionalismo.

    A obra de Bresser-Pereira é vasta. Cobre os campos da economia, da sociologia e da teoria política, embora – como ele próprio assinala no ensaio que escreveu, a nosso pedido, sobre seu trabalho acadêmico – encerre

PREFÁCIO

uma unidade em torno da idéia do desenvolvimento econômico, social e político. Seu método é sempre histórico, ou, como ele próprio define, é o "método do fato histórico novo". A partir dessa perspectiva, ele, na área da economia, elaborou um modelo extremamente geral de crescimento e distribuição, mas definiu historicamente o desenvolvimento como revolução capitalista e nacional, e analisou o subdesenvolvimento industrializado brasileiro como resultante de um "desenvolvimento nacional-dependente". E sempre salientou que o desenvolvimento só ganha real sustentação quando é fruto de uma estratégia nacional. Ofereceu ainda uma contribuição importante na área da inflação inercial e, no momento, está dedicado à crítica do crescimento com poupança externa. Na área da sociologia, estudou em termos universais a emergência da classe média profissional, e examinou as transformações na estrutura de classes brasileiras a partir da industrialização. No campo da política, desenvolveu uma análise muito geral do "sistema global" e do surgimento da democracia apenas no século XX, e fez contribuições para a teoria da cidadania e da reforma do Estado, ao mesmo tempo que aplicava essas idéias para entender a política brasileira e sua inserção no mundo atual.

O livro está estruturado de forma a retratar essa obra ampla, mas dotada de forte unidade. Na primeira parte, é apresentada a visão geral e o método de Bresser-Pereira. Na segunda parte, são analisadas suas principais contribuições em teoria econômica e análise da economia brasileira. Na terceira, discutem-se suas teorias sociológicas, principalmente a teoria da tecnoburocracia, e sua análise da sociedade brasileira. Na quarta parte, temos a teoria política de Bresser. Na quinta parte, reunimos alguns depoimentos sobre a pessoa de Bresser. O livro é finalizado com uma autobiografia intelectual, escrita por Bresser a nosso pedido e especialmente para este livro.

José Marcio Rego abre o livro, analisando não só as fundamentais contribuições de Bresser para a teoria da dependência e da inflação inercial, mas dando uma amostra de como foram "consumidas" por alguns importantes economistas essas teorias. Bresser-Pereira, entre inúmeros outros importantes economistas, esteve envolvido nas quase quatro décadas de produção teórica de três gerações de cientistas sociais brasileiros. Eles atuaram num período de grande fertilidade para as ciências sociais no Brasil. De fato, as décadas de 1950 a 1980 foram de grande efervescência para o pensamento social em geral. Nesses "anos dourados" da produção teórica brasileira, emergiu uma característica que, em grande medida, iria explicar a capacidade criativa de nossas ciências sociais. Era um inconformismo que impelia uma primeira geração de economistas brasileiros e seus colegas latino-americanos a recusar as teorias graciosamente oferecidas pelo *mainstream* dos países avançados, que vinham prontas para o "consumo" dos intelectuais da periferia. Surgia um pensamento econômico autônomo, disposto a identificar as peculiaridades de nosso processo de desenvolvimento. Assim nasceram as correntes teóricas mais fecundas do pensamento econômico nacional, que influenciaram diretamente os movimentos sociais e políticos, assim como a ação do Estado brasileiro ao longo de quase meio século. A primeira grande corrente foi a do desenvolvimentismo, na qual esteve engajada a maioria dos pensadores brasileiros de peso da primeira geração. Dessa lavra, surgiu a teoria do subdesenvolvimento da Cepal, que influenciou a formação de várias gerações de pensadores brasileiros. Contudo, o fracasso do desenvolvimentismo em gestar um tipo de crescimento econômico que favorecesse não apenas a burguesia, mas se difundisse para as camadas mais pobres da população latino-americana, dividindo melhor os frutos da riqueza que se avolumava nas mãos da burguesia já havia muito tempo – no caso brasileiro, situação intensificada na era Kubitschek –, fomentou o surgimento de novas correntes teóricas e movimentos políticos no Brasil e na América Latina. Se por um lado a esquerda mais tradicional radicalizava seu discurso, em face das mazelas da ditadura, outra corrente partia para um empreendimento mais ousado e criativo. Surgia, lá pelo final dos anos 1950 e início dos anos 1960, uma nova esquerda no Brasil, da qual Bresser é um dos mais dignos representantes. Uma nova esquerda que, para produzir um conhecimento mais aprofundado da realidade brasileira, não tinha preconceitos de usar os fundamentos do marxismo nem de apropriar-se do pensamento contemporâneo de Keynes e outros autores mais próximos do *status quo*. Foi dessa lavra que surgiu a teoria da dependência, na qual ele se envolveu diretamente. A nova esquerda foi extremamente crítica

PREFÁCIO

do modelo econômico do autoritarismo e, particularmente, da concentração de renda e demais distorções socioeconômicas que este promoveu em seus mais de 20 anos de "reinado". Ao mesmo tempo, soube detectar, com maior lucidez e sem os preconceitos e limitações da velha esquerda, a dinâmica e as peculiaridades do capitalismo retardatário brasileiro. Posteriormente, dos anos 1980 em diante, o foco dos pensadores recai sobre os problemas da dívida externa e, principalmente, sobre a questão da inflação e da crise do Estado, um dos grandes temas do capitalismo contemporâneo. Daí o surgimento da corrente da teoria da inflação inercial, último grande movimento teórico dos anos 1980, com desdobramentos importantes nos anos 1990, e para a qual Bresser-Pereira também deu certamente uma contribuição fundamental.

Maria Rita Loureiro e Fernando Luiz Abrucio registram traços do sistema político do país para melhor compreender os limites e as possibilidades do trabalho desenvolvido por Bresser-Pereira, como construtor de novas instituições em diferentes áreas do aparato estatal brasileiro, enfatizando particularmente sua experiência no plano federal. As primeiras experiências governamentais de Bresser se deram no Executivo estadual paulista, mas foi como ministro da Fazenda por sete meses e meio no governo Sarney, em 1987, que ele assumiu pela primeira vez uma posição de forte destaque entre os reformadores contemporâneos do Estado brasileiro. Posteriormente, na plenitude das instituições democráticas, consolidadas pela Constituição de 1988, Bresser voltou a exercer cargo de ministro no Ministério da Administração Federal e Reforma do Estado (Mare), no primeiro governo Fernando Henrique Cardoso (1995-98), e, em 1999, novamente ocupou posto ministerial, dessa vez na pasta de Ciência e Tecnologia (MCT), então no segundo mandato de FHC, por um breve período. Como registram Loureiro e Abrucio, recusando-se a exercer uma ação apenas rotineira no plano político-administrativo, Bresser marcou sua gestão à frente desses três cargos ministeriais por iniciativas de mudança institucional, cujas dimensões e graus de intensidade variaram não só em função do tempo de duração de seu mandato e do contexto político-institucional existente em cada momento, mas sobretudo pelas possibilidades ou não de formar coalizões de apoio às reformas, advindas da tentativa de construção de novos paradigmas e do convencimento de seus aliados. O modo peculiar como Bresser conduziu as propostas de reformas, especialmente no período do Mare, envolveu a criação de um debate público, do qual surgiram frutos que ultrapassam seu próprio impulsionador, mesmo quando as idéias são críticas ao que fora proposto.

Com relação à metodologia, **Lilian Furquim e Paulo Gala** destacam em seu capítulo o pragmatismo presente em Bresser-Pereira. Valendo-se do artigo "Dois métodos em economia", procuram demonstrar as grandes semelhanças existentes entre suas propostas e a filosofia de Charles S. Peirce, um dos fundadores do pragmatismo norte-americano. Para tal, analisam em duas seções a relevância de dois conceitos fundamentais para Peirce, que parecem permear o pensamento de Bresser-Pereira: o pragmaticismo e a abdução. Em suas notas introdutórias ao artigo "Os dois métodos da teoria econômica", Bresser-Pereira levanta questões interessantes no que diz respeito à postura dos cientistas em geral, e mais especificamente à dos economistas, quanto à dimensão normativa e positiva da ciência. Ao tocar a discussão filosófica de realismo e relativismo, assume uma posição que parece aos autores bastante próxima do pragmaticismo de Peirce. O "realismo modesto" que propõe se aproxima das posições de Peirce, bem como seu posicionamento filosófico entre o fundacionalismo e o relativismo radical. A preocupação de Bresser-Pereira com a existência de dois métodos na teoria econômica se origina de sua visão de verdade. Em sua opinião, a verdade é concreta, alcançável, e não subjetiva como prega o relativismo. Entretanto, Bresser-Pereira reconhece as limitações de nossa capacidade de conhecê-la, e a dificuldade que encontramos em sua procura, justificando uma posição realista, porém modesta, especialmente para as ciências sociais. Em seu artigo "Teorias sobre a verdade", resume: "Eu, por exemplo, embora cientista social, me considero um realista mesmo em relação a verdades sociais. Mas não tenho dúvida que meu realismo deve ser mais modesto do que o realismo com que encararia as ciências naturais se tivesse competência para pesquisá-las". Essa visão realista modesta permite que Bresser-Pereira entenda como legítimas abordagens ou teorias econômicas inconsis-

PREFÁCIO

tentes entre si – no caso, as escolas neoclássica, clássica e keynesiana –, já que cada uma delas explica, melhor do que as outras, algum aspecto do sistema econômico.

Ainda sobre esse tema, **Alexandra Strommer de Farias Godoi** analisa o papel do método histórico na teoria econômica, em contraposição ao método lógico-dedutivo. Analisa também sua relação com o conceito de ideologia e de campo científico. A discussão é proposta por Bresser-Pereira em seu texto "Os dois métodos da teoria econômica". Alexandra Godoi define as bases de cada um dos métodos da teoria econômica e explicita os procedimentos por eles usados na busca da verdade científica. Avalia a aplicabilidade de cada método ao estudo e desenvolvimento da teoria econômica e faz uma análise crítica sobre o alcance de cada método e as dificuldades que encontram. Para Alexandra Godoi, Bresser-Pereira adota uma visão semelhante ao que Victoria Chick define como "sistema aberto" para a teoria econômica. Como a realidade é complexa, e o sistema econômico está interligado com diversos outros sistemas, como o político e sociológico, por exemplo, a melhor maneira de analisar este sistema aberto seria utilizar-se de subsistemas fechados sucessivos, cada qual adequado para um objeto de estudo específico, mas sempre consciente das inter-relações existentes entre sistemas e das hipóteses simplificadoras adotadas. A partir deste arcabouço teórico, Bresser-Pereira toma uma posição pragmática e defende que existem dois métodos legítimos para o estudo da economia: o método histórico-dedutivo, ou do fato histórico novo, que seria adequado para a teoria do desenvolvimento econômico e a macroeconomia, e o método hipotético-dedutivo, aistórico, utilizado pela microeconomia, ou, mais especificamente, pela teoria de equilíbrio geral.

Abrindo a segunda parte do livro, relativa à teoria econômica, temos a colaboração de **Maria Angélica Borges**, que coteja as atividades e as contribuições de Bresser-Pereira e Eugênio Gudin, economistas de gerações distintas com atuação na Fundação Getulio Vargas. O que interessa a Borges ressaltar são alguns aspectos da interpretação desses dois importantes intelectuais, pertencentes à comunidade dos economistas brasileiros, cujas atuações não se restringiram somente à academia, mas abriram um leque de influências em outras direções, inclusive na política nacional. Enquanto o primeiro completa 70 anos neste ano, o segundo, que viveu uma vida centenária, nasceu no final do século XIX e faleceu em 1986, ano do primeiro plano heterodoxo apoiado na teoria da inflação inercial, o Plano Cruzado. Bresser-Pereira e Eugênio Gudin são dois produtores intelectuais, que se dirigem para a carreira de economista oriundos de áreas diferenciadas do saber. Mas suas formações iniciais guardam uma interface com a ciência econômica – ressalte-se que, antes da criação das faculdades de economia no país, a teoria econômica era ministrada nas faculdades de direito e de engenharia. Bresser-Pereira tem como formação primeira a ciência jurídica, e Eugênio Gudin, a engenharia. Contudo, os dois encontrarão na economia o campo fértil para suas produções teóricas e práticas, construindo carreiras notáveis no cenário nacional. Curiosamente, ambos passarão pela pasta da Fazenda e por um período semelhante, cerca de sete meses – Bresser-Pereira durante o governo Sarney e Eugênio Gudin no governo de Café Filho. Os dois economistas são protagonistas importantes da história dessa que é uma das principais instituições de ensino e pesquisa do país: a Fundação Getulio Vargas – Eugênio Gudin atuando no Rio de Janeiro e Bresser-Pereira, em São Paulo. Suas atuações traduzem um arsenal de realizações: publicação de livros, revistas, formação de núcleos de pesquisa, contatos internacionais, entre tantas outras iniciativas. Os dois intelectuais agregam ao seu redor vários outros participantes da comunidade científica, exercendo uma influência marcante tanto em alunos, professores e demais cidadãos, como ganhando notoriedade no exterior. Soma-se a esse rol de atividades semelhantes que ambos, no início de suas carreiras, atuaram também como jornalistas.

Para **Luiz Antonio de Oliveira Lima**, uma das principais virtudes das análises econômicas de Bresser-Pereira é a de não se deixar impressionar por idéias consagradas, enfrentá-las, criticá-las e, eventualmente, ampliá-las de forma criativa. Em 1986, Bresser-Pereira publicou o texto *Lucro, acumulação e crise*, no qual apresentou a proposta de se ampliar a análise clássica do crescimento econômico e distribuição, fazendo da taxa de salário uma variável endógena e incluindo como variável exógena a determinação

PREFÁCIO

do preço pelos capitalistas. Tal análise foi retomada recentemente no texto "Modelo clássico, progresso técnico e distribuição", no qual não só apresenta uma síntese da obra mencionada, bem como procura tornar mais formalizado o modelo inicial. Para Oliveira Lima, o modelo mencionado comprova essas qualidades de Bresser-Pereira; além de ter as virtudes de um bom modelo – ser simples e relevante, capaz de ser verificado empiricamente –, permite que seus leitores desenvolvam uma crítica fundamentada a algumas conclusões que o próprio autor pode retirar dele. Para Oliveira Lima, tais qualidades decorrem do processo analítico desenvolvido, ou seja, a consideração objetiva das realidades que marcam o processo histórico de acumulação capitalista: primeira, os salários não permaneceram constantes ao longo desse processo, mas aumentaram na mesma proporção do aumento da produtividade; segunda, uma certa estabilidade da taxa de lucro a longo prazo; terceira, a distribuição funcional da renda, após a revolução industrial, tende a permanecer relativamente constante. Tais variações são de certa forma consagradas e, como registra Oliveira Lima, fazer um modelo a partir delas, no entanto, seria apenas realizar mais uma teoria do crescimento capitalista. Registra que uma das marcas da originalidade de Bresser é associar historicamente tipos de progresso técnico com fases da evolução capitalista, partindo da hipótese realista de que o progresso técnico que caracteriza o capitalismo em sua fase atual seria o progresso técnico poupador de capital. A vantagem de tal modelo seria a de estabelecer condições realistas do crescimento das economias capitalistas, ao não se limitar a casos extremos como o modelo keynesiano, do tipo Harrod-Domar – que supõe coeficiente fixo da relação capital/trabalho, que resultaria em enorme instabilidade das economias capitalistas, o que não representa de fato a sua realidade –, ou, como o modelo neoclássico, do tipo Solow – para o qual esta flexibilidade é absoluta, o que eliminaria qualquer instabilidade, e que também não é uma representação adequada do processo de acumulação de capital.

Ainda sobre *Lucro, acumulação e crise*, de Bresser-Pereira, **José Antonio Rodrigues da Cunha** desenvolve uma interessante reflexão. Procura retomar alguns dos principais pontos da análise de Bresser-Pereira sobre desenvolvimento econômico, progresso tecnológico e distribuição funcional da renda. Tanto os aspectos matemáticos e de teoria pura quanto os aspectos históricos daquela análise são apreciados e criticados, seguidos de sugestões para pesquisas posteriores. Como registra José Cunha, as idéias apresentadas por Bresser-Pereira com respeito ao fenômeno do desenvolvimento econômico contêm originalidade em pelo menos três aspectos: o método de análise, o conteúdo das idéias propostas e a ambição geral desses trabalhos. Destaca Cunha que, em relação ao método de análise, tem-se a combinação de elementos teóricos puros/matemáticos com a constante e explícita utilização de elementos da evolução histórica de países que concluíram um processo de revolução industrial no século XIX. Nesse sentido, destaca a inovação e o contraste com o método de análise seguido por Harrod e Solow, que se tornou predominante no campo de desenvolvimento/crescimento econômico, onde os elementos históricos/empíricos constituem exclusivamente o ponto de partida de uma análise teórica pura, na medida em que são os "fatos estilizados" relevantes. Mas, ao mesmo tempo, há semelhança de método de análise quando o elevado nível de abstração e de agregação da mesma é considerado, tanto no que diz respeito aos conceitos e às variáveis empregadas ("produto", "capital" e taxa de lucro, por exemplo), quanto no que diz respeito às implicações derivadas e à periodização histórica proposta ("queda da taxa de lucros na fase de consolidação capitalista", por exemplo). Registra ainda que, em relação ao conteúdo das idéias propostas, tem-se um foco sobre as inter-relações das variáveis fundamentais do desenvolvimento econômico (taxa de acumulação de capital, tipo e intensidade de progresso tecnológico e taxa de lucro) com o maior grau de generalidade factível. Não há o recurso a hipóteses auxiliares que tornariam a análise particular, ou ao menos mais específica. Não se encontram (como na abordagem predominante) referências às funções de produção e suas propriedades, aos processos pelos quais as decisões de consumo e de investimento são tomadas pelas firmas e pelas famílias e se transpõem para o agregado, à maneira pela qual os investimentos alteram o capital e as possibilidades de produção etc. Tal nível de generalidade se justifica devido à necessidade de compreensão da dinâmica das variáveis fundamentais do desenvolvimento econômico, sob um quadro de evolução histórica percebi-

PREFÁCIO

da de cerca de 200 anos para alguns países. José Cunha destaca, como traço mais distintivo de originalidade com respeito ao conteúdo das idéias propostas, a inversão do padrão tradicional de análise realizado no campo de desenvolvimento econômico. Ao invés de fixação da taxa de salários e determinação da taxa de lucros como resíduo, tem-se a fixação da taxa de lucros e a determinação da taxa de salários como resíduo.

Versando ainda sobre as contribuições em teoria econômica, **Fabio Anderaos de Araujo** inicia seu texto relembrando a intervenção de Bresser-Pereira na sessão de abertura da Jornada de Reflexión sobre el Pensamiento Económico Brasileño – Tres Generaciones: Rangel, Furtado e Bresser-Pereira, realizada em agosto de 1999 na Universidad Nacional de San Martín, em Buenos Aires. Anderaos concentra-se na contribuição teórica de Bresser-Pereira para entender a distribuição de renda na economia capitalista. Nesse sentido, dois trabalhos lhe parecem importantes. Um é o já citado *Lucro, acumulação e crise*, publicado em 1986 e que corresponde à tese de livre-docência em economia na USP, pela sua originalidade na análise da lei da queda tendencial da taxa de lucro de Marx. O segundo é *Investment decisions and the interest rate in normal and exceptional times*, apresentado por Bresser-Pereira ao XVI Congresso Internacional da Latin American Studies Association, sobre a relevância da taxa de juro nas decisões de investimento do empresariado brasileiro. Para Anderaos, as conclusões dessa pesquisa de Bresser, que serviram também para comparar o poder explicativo de algumas teorias de investimento, permanecem, na sua essência, bastante atuais para analisar a atual crise econômica brasileira, em que prevalece uma transferência brutal de renda para o setor financeiro, em detrimento dos demais. Registra Anderaos que, em *Lucro, acumulação e crise*, Bresser-Pereira foi o primeiro economista brasileiro a analisar exaustivamente, sob a ótica da teoria do valor-trabalho, as várias formas do progresso técnico e seus efeitos sobre a distribuição de renda e sobre o desenvolvimento da economia capitalista. Segundo Anderaos, nesse campo teórico, além de Bresser-Pereira, foram poucos os economistas que adotaram um raciocínio diferente da linha dogmática de Marx, como, por exemplo, Bertrand Schefold no seu excelente artigo *"Capital fijo, acumulación e progreso técnico"*. Contudo, o objetivo de Schefold não foi analisar o processo de acumulação de capital sob uma perspectiva histórica, mas apenas dar um tratamento analítico mais rigoroso a algumas formas de progresso técnico. Em *Investment decisions and the interest rate in normal and exceptional times*, Bresser reflete sobre as teorias de investimento e a capacidade das mesmas de oferecer uma explicação aceitável para a queda da taxa de investimento no Brasil nas décadas de 1970 e 80. Como, à época da pesquisa, o Brasil estava no meio de uma nova crise, Bresser-Pereira concluiu que, em tempos "normais", a taxa esperada de lucro é mais importante do que a taxa de juro na decisão de investimento. Porém, em períodos excepcionais (*exceptional times*), ocorre o contrário, pois uma crise profunda reduz a expectativa de lucros no setor privado. O governo, para manter a demanda agregada em determinado nível, realiza investimentos nas áreas social e de infra-estrutura. Complementa, porém, sua necessidade de recursos através de empréstimos (aumento do endividamento público), pressionando a taxa de juro para cima, uma inversão do fenômeno *cushion pad*, sobretudo quando o país já apresenta um elevado endividamento líquido e com *duration* reduzido. Essa situação se verifica hoje no Brasil, com o mesmo círculo vicioso que Bresser-Pereira identificou na ocasião da apresentação do seu ensaio, em 1990.

Ainda com relação às contribuições teóricas de Bresser, temos uma reflexão de **Francisco Lopes** sobre a teoria da inflação inercial. Registra Lopes que Bresser-Pereira nunca teve medo de questionar o pensamento convencional sobre os grandes problemas nacionais. No início dos anos 1980, ambos compartilhavam a mesma inquietude com relação à inflação brasileira: "Não nos convencia o diagnóstico monetarista simplista de que a inflação era apenas o resultado direto da criação excessiva de moeda em decorrência do déficit público. Era evidente que a própria quantidade de moeda e de seus substitutos próximos (a chamada quase-moeda) se tornara uma variável endógena na economia cronicamente inflacionada, uma variável endógena muito mais que um determinante exógeno. Concordávamos quanto à ineficácia de uma política de combate à inflação baseada apenas em controle monetário, tanto na versão gradualista mais usual quanto na

PREFÁCIO

versão radical do 'choque ortodoxo', proposto por Octavio Gouvêa de Bulhões." O diagnóstico era que a inflação crônica tinha um caráter preponderantemente inercial, ou seja, a inflação passada era a principal causa da inflação presente e, portanto, só poderia ser combatida através de uma atuação eficaz sobre os mecanismos de geração e sustentação da inércia. Quando Bresser assumiu o Ministério da Fazenda, ao final de abril de 1987, não podia deixar de se inquietar com o quadro macroeconômico que resultara do colapso do Plano Cruzado. "O país estava em moratória externa, com inflações mensais da ordem de 20% e um gatilho salarial em operação. Logo na primeira semana de sua gestão, convocou-me a Brasília, pedindo que trabalhasse informalmente com sua equipe no desenho de um novo plano de estabilização, uma nova tentativa 'heróica' (como costumava dizer) para enfrentar o descontrole inflacionário. Desse trabalho, realizado ao longo de dois meses, basicamente em colaboração com Yoshiaki Nakano e o próprio Bresser, surgiu o Plano Bresser de junho de 1987. Mas o que pouca gente sabe é que, até três dias antes do seu lançamento, o plano de estabilização em que estávamos trabalhando era um plano de otenização, com um desenho bastante diferente do que foi finalmente adotado." O objetivo do texto de Lopes neste livro é apresentar essa versão de otenização do Plano Bresser, até hoje nunca divulgada, tentando avaliar os possíveis benefícios e desvantagens que poderiam ter resultado de sua adoção. Na opinião de Francisco Lopes, o Plano Bresser deve ser motivo de orgulho para todos os que participaram da sua elaboração. "A noção de que o plano fracassou, que alguns colunistas de economia repetem até hoje, parece-me um completo equívoco. O plano tinha objetivos limitados e os cumpriu integralmente. Fez a taxa de inflação despencar, dos 26% no mês de junho, para taxas mensais de um dígito nos seus primeiros cinco meses. Isso deu à economia condições para sair da grave recessão em que se encontrava e tirou o sistema financeiro de uma situação seríssima de inadimplência generalizada. Para possibilitar o controle futuro do déficit público, foi gerado um autêntico choque de tarifas, que recompôs o preço real dos combustíveis, dos produtos siderúrgicos e da energia elétrica, os quais estavam fortemente defasados desde, pelo menos, a gestão Dornelles, em 1985."

O trabalho de **Fernando de Holanda Barbosa** trata da componente inercial da inflação na literatura internacional, analisa as contribuições dos autores nacionais sobre a inércia da inflação, bem como apresenta uma resenha de modelos em que a origem da inflação é o déficit público financiado por emissão de moeda. Destaca a importância de autores brasileiros no desenvolvimento dessa teoria: "A componente inercial da inflação foi um tema abordado por vários economistas brasileiros. Simonsen foi o primeiro a se preocupar com o fato de que o grau da inércia estava diretamente relacionado com o custo social do combate à inflação, a partir da experiência do plano de estabilização do governo Castello Branco – o Programa de Ação Econômica do Governo (Paeg) do período 1964-67 –, de cuja formulação ele participara. Posteriormente, Lopes, Bresser-Pereira e Nakano, e Arida e Lara-Resende contribuíram para a discussão sobre inflação inercial e formularam programas de estabilização, os planos Cruzado, Bresser e Real, que tinham mecanismos para impedir a propagação da inflação". Analisa em detalhe as proposições teóricas de Simonsen, Lopes, e Arida e Lara-Resende. Quanto às contribuições de Bresser e Nakano, destaca a formulação principal dos autores, que atribuem o aumento persistente dos preços a três fatores: fatores de inércia inflacionária que causam a manutenção do patamar da inflação; fatores que causam a aceleração (ou desaceleração) da inflação; fatores que sancionam a elevação dos preços. Nessa linha de pensamento, a inércia inflacionária seria causada por um conflito distributivo entre trabalhadores e empresários, que teriam instrumentos políticos e econômicos para manterem suas participações relativas na renda, sendo a indexação um desses instrumentos. Os fatores aceleradores, segundo Bresser-Pereira e Nakano, seriam os seguintes: aumento dos salários médios reais acima do aumento da produtividade; aumento das margens de lucro sobre a venda das empresas; desvalorizações reais da moeda; aumento do custo dos bens importados; aumento dos impostos. Por fim, o aumento da quantidade de moeda seria o fator sancionador da inflação, variável endógena do modelo. Os dois autores acompanham Ignácio Rangel, ao admitir a hipótese de que o déficit público é produzido pelo governo, com a finalidade de aumentar o estoque de moeda da economia.

PREFÁCIO

Wilson Suzigan discute a contribuição de Bresser ao tema Estado e mercado, com base em seus principais trabalhos: os livros *Estado e subdesenvolvimento industrializado* e *Crise econômica e reforma do Estado no Brasil*, os artigos "*Economic reforms and the cycles of state intervention*", "Um novo Estado para a América Latina" e "A reforma do Estado nos anos 90: lógica e mecanismos de controle", e os originais do livro *Democracy and public management reform*, submetido à Oxford University Press. Suzigan procura destacar: primeiro, a interpretação de Bresser sobre a crise do Estado e suas causas; segundo, as decorrentes proposições de Bresser para a reconstrução do Estado, não no sentido de torná-lo mínimo, e sim mais forte e eficiente, embora menor e mais voltado à coisa pública; terceiro, o cerne de suas principais contribuições; quarto, algumas considerações críticas sobre pontos específicos de sua análise. Registra que uma das áreas de maior criatividade do trabalho de Bresser é o das relações entre Estado e mercado; sua produção intelectual nessa área é não só abundante como tematicamente ampla e rica em novos *insights*: "Valendo-se de sua erudição e de sua filiação à tradição da economia política, aborda o tema com visão ampla e com firmeza, oferecendo diagnósticos precisos e proposições pertinentes. Como poucos intelectuais, conseguiu colocar seus conhecimentos na prática da vida pública, alcançando resultados notáveis, e conseguiu também incorporar na sua obra, como uma espécie de fertilização cruzada, sua experiência de homem público. Isto transparece, talvez mais que em qualquer outro tema, em seus trabalhos sobre o Estado". Quanto às críticas e sugestões de desdobramentos de trabalhos que Suzigan faz em relação à reflexão de Bresser sobre o papel do Estado no desenvolvimento, destacam-se: a excessiva estilização do papel do Estado na industrialização; o exagero da interpretação de Bresser quanto à industrialização por substituição de importações (ISI) como um modo de intervenção do Estado; sua insuficiente abordagem da economia política da política industrial; a não-consideração da hipótese, aventada por N. P. Bueno em obra de 1996, de histerese institucional na evolução do padrão de intervenção do Estado, sobretudo com relação a reformas orientadas para o mercado e políticas industriais.

Em "O que é a tecnoburocracia" – único texto que não foi escrito especialmente para este livro, mas que, pela importância do autor e pela qualidade da análise, pareceu-nos adequado incluir –, **Gérard Lebrun** procura situar as idéias de Bresser a esse respeito em relação a seus críticos, especialmente à esquerda. Destaca, por exemplo, a tese dos críticos marxistas de que "o autor descreve a tecnoburocracia como uma formação de substituição que nasceria da degenerescência do capitalismo – e não percebe que se trata simplesmente de uma forma aperfeiçoada deste, forma cuja análise o marxismo é perfeitamente capaz de empreender. Através de alguns passes rápidos, o autor assim interpreta a ascensão dos *managers* e a progressiva supressão do capitalista individual como 'a supressão das próprias relações capitalistas'". Lebrun não se alinha totalmente a essas críticas: "colocando estas questões, parecemos – mas apenas parecemos – juntar-nos aos críticos de esquerda de Bresser-Pereira. O objetivo deles é mais ou menos claro: pretendem manter intacta, no primeiro plano, a grande dicotomia capitalismo/socialismo e, assim, estabelecer que o capitalismo, seja qual for a sua máscara, continua sendo o inimigo público nº 1. Que o socialismo possa assumir o aspecto rebarbativo de um superestatismo, isto não os preocupa – pelo menos, não os preocupa atualmente. Mas acontece que isso preocupa a Bresser-Pereira (e, a meu ver, é este um de seus grandes méritos)... Assim, cada um dos adversários está orientado por uma exigência diferente da que guia o outro – e é por isso, talvez, que cada um tem condições de censurar o outro por sua abstração".

Avaliando a análise de Bresser sobre a revolução estudantil de 1968, **Olgária Mattos** registra que, valendo-se de pensadores como Adorno, Weber e Lukács, entre outros, mas deles se diferenciando quanto ao desencanto, Bresser rastreia a necessidade da ficção e do simbólico de que o inconsciente político latente ou manifesto de 1968 foi portador. Com ele, reabriu-se um campo de investigação do próprio político para a compreensão do totalitarismo, da democracia e seus paradoxos, entre eles o do consumo. A sociedade de massa moderna promete felicidade pelo consumo e frustra-a, criando mal-estar na civilização. Esta parece ser a resposta a um mundo que se queria confortável e sem história, após guerras, pauperismo e desconten-

PREFÁCIO

tamento. A alienação não é um fenômeno ligado somente ao modo de produção capitalista e à circulação das mercadorias. Ela significou, para a Comuna estudantil, como se revela também hoje, a atenção voltada para a perda dos usos e dos sentidos de nossas vidas. Não se trata de avaliar o movimento estudantil apenas por sua eficácia política nos termos pragmáticos convencionais, e sim palmilhar aqui e lá o que pode oferecer à democracia sua experiência radical e inovadora de luta contra preconceitos e exclusões. Essa ágora moderna devolveu iniciativa política à sociedade para solucionar conflitos e equilibrar interesses e paixões. Que se pense, de início, em algumas publicações escritas no calor dos acontecimentos de 1968 – como *La brèche* e o livro de Bresser-Pereira. Enquanto o primeiro elege 1968 como um momento disruptivo da história do capitalismo – a brecha –, este elege uma questão da história da cultura, em particular a tecnociência e a burocracia para refletir acerca de 1968, da contemporaneidade e de seu futuro, designando de outra forma, uma vez que suas premissas são diversas. Os acontecimentos posteriores da história, com a queda do muro de Berlim em 1989 e o fim do socialismo totalitário, manifestaram que a luta pela liberdade consistiu muito mais na busca da liberdade de consumo do que na invenção de novos valores e desejos qualitativamente diversos daqueles ligados ao mercado liberal.

Lívia Barbosa relata brevemente seu contato com Bresser desde o início dos anos 1990. Ressalta as diferenças e dificuldades do diálogo entre cientistas políticos e antropólogos: "embora estimulante, é difícil e poucos avanços são realizados no sentido de se unir a compreensão institucional da ciência política com a lógica simbólica da ação social da antropologia". Chama a atenção para um tema que a ciência política começou a explorar mais recentemente e que parece uma possibilidade de se estabelecer um melhor entendimento entre as duas visões: a cultura política. À luz desta possibilidade, encaminha algumas reflexões e apresenta um entendimento do que julga ser cultura política e, particularmente, a "cultura política brasileira". Para tanto, inspira-se em inúmeras discussões sobre o tema da cultura política que teve com Bresser-Pereira, e nos seus textos "Estado na economia brasileira" e *O colapso de uma aliança de classes*. Não oferece, contudo, uma análise crítica dessas obras, mas sim um olhar diferente sobre uma mesma realidade. Conclui sua análise fazendo referência aos trabalhos de Bresser-Pereira sobre o Estado brasileiro e suas classes sociais básicas: burguesia, tecnoburocracia e os trabalhadores que fornecem um quadro geral e distanciado de funcionamento do nosso sistema político. "Estes grupos aparecem como entidades abstratas cujas respectivas racionalidades são determinadas por fatores socioeconômicos e dotados de autonomia em relação às características culturais da sociedade, o que parece contrastar quando olhamos para a nossa vida cotidiana. Neste contexto, a utilização do conceito de cultura política, no sentido do entendimento cultural dos valores do sistema político democrático e das políticas do significado, pode fornecer um instrumental que permita entender como os fluxos de valores associados à democracia são implementados e vivenciados a partir das diferentes culturas políticas com as quais eles entram em contato".

Maria Cecília Spina Forjaz aborda um livro muito significativo no conjunto da extensa e diversificada produção acadêmica de Bresser, além de seu maior sucesso editorial – *Desenvolvimento e crise no Brasil: história, economia e política de Getúlio Vargas a Lula*, publicado em 1968 pela Zahar Editores. Para Forjaz, esse primeiro livro publicado por Bresser, e que vem sendo reeditado ao longo de quase 40 anos com sucessivas atualizações, permite o exercício da reflexão sobre a evolução das ciências sociais no Brasil nesse mesmo período, bem como o acompanhamento das escolas de pensamento que influenciaram o autor, os temas dominantes em determinadas conjunturas históricas e as relações entre as posturas analíticas adotadas e os fatos sociais, econômicos e políticos geradores dessas mesmas posturas. Forjaz escolhe fragmentar o livro em cinco seções correspondentes às sucessivas edições. A primeira edição de *Desenvolvimento e crise no Brasil* é de 1968 e a versão atualizada em 2003 manteve o texto original, com alguns cortes, revisões de estilo e unificação de terminologias. As pequenas alterações efetuadas demonstram que, para o autor, a análise feita no fim da década de 1960 continua válida; a passagem do tempo e a sucessão de modas intelectuais não macularam a significação dos conteúdos atribuídos ao processo de desenvolvimento social, político e econômico brasileiro. A primei-

PREFÁCIO

ra preocupação de Bresser é exatamente definir o conceito de desenvolvimento, e a maneira como o faz poderia perfeitamente ter sido escrita hoje. A quinta edição de *Desenvolvimento e crise* saiu no segundo semestre de 2003 e representa, em termos quantitativos, metade da obra, contendo aproximadamente 200 páginas que analisam a economia, a política e a sociedade brasileira desde a transição democrática até a atualidade. Acompanhando a lógica de todo o livro, Bresser focaliza primeiro a situação econômica da década de 1980, para, em seguida, e baseado primordialmente nela, dedicar-se à análise política. Caracteriza a crise da dívida externa e a crise fiscal dos anos 1980 como a mais grave de toda a história do desenvolvimento capitalista brasileiro, que, apesar de retrocessos conjunturais, apresentou as maiores taxas de crescimento do PIB desde 1870 até 1980, em comparação com alguns países, como os Estados Unidos, o Japão e a União Soviética. Depois de discutir a questão central da desigualdade de renda, um dos principais obstáculos à retomada do desenvolvimento, Bresser escreve um capítulo baseado em texto conjunto com Yoshiaki Nakano, "Uma estratégia de desenvolvimento com estabilidade". O texto, que provocou muita polêmica no mundo acadêmico e foi amplamente divulgado pela mídia, é uma acerba crítica à política de altas taxas de juros estabelecidas pelo Banco Central e pela equipe econômica ainda na gestão Fernando Henrique. Além de reproduzir os argumentos defendidos em 2002, Bresser incorpora ao texto parte do debate que se seguiu à sua publicação, especialmente ponderações de Edmar Bacha e Francisco Lopes, economistas muito ligados à equipe do presidente Fernando Henrique. Voltando à arena política e referindo-se à conjuntura atual do governo Lula, Bresser chega ao penúltimo capítulo com a seguinte interrogação: "Do pacto liberal-burocrático ao popular-nacional?" O primeiro, vigente desde o governo Collor, seria "um pacto, portanto, excludente dos trabalhadores e dos pobres: um Pacto Burocrático-Liberal. Burocrático porque a liderança política cabia a setores da classe média profissional, associada naturalmente à classe capitalista. Liberal porque comprometido com as reformas orientadas para o mercado". A eleição de Lula significa uma mudança em direção a um novo pacto popular-nacional? Esse seria o desejo do autor, que explicita claramente suas opções político-ideológicas, mas é pessimista sobre essa possibilidade, pois as decisões tomadas nos primeiros meses de governo sugerem uma continuidade do pacto anterior e uma adesão total aos princípios do Segundo Consenso de Washington. O último capítulo é dedicado à explicitação do que seria o pacto nacional-popular, ou seja, aquele que adotasse um novo desenvolvimentismo e um nacionalismo moderno. Baseado nos princípios de uma nova esquerda socialdemocrática ou social-liberal, esse pacto implicaria a aceitação da integração do Brasil no mercado mundial, preservando os interesses nacionais (não nos moldes do velho nacionalismo) e mantendo um Estado forte e intervencionista para conduzir o desenvolvimento econômico. A globalização, embora tenha ampliado a interdependência entre os Estados nacionais, tornou-os ainda mais estratégicos para corrigir as falhas do mercado.

Helio Jaguaribe inicia seu texto ressaltando as virtudes de Bresser como intelectual e homem público: "representa uma rara combinação de intelectual de alta capacidade, com uma genuína vocação pública e a condição de exemplar homem de bem, como nos casos do sociólogo-presidente Fernando Henrique, do economista-ministro Celso Furtado ou do internacionalista-chanceler Celso Lafer. Coube-lhe desempenhar – e fazê-lo muito bem – alguns dos mais altos cargos de nosso país, sendo por três vezes ministro de Estado. Ao mesmo tempo, é autor de uma ampla e importante obra, com mais de 30 livros publicados, com outros autores ou de sua exclusiva lavra, mais de 300 *papers*, inúmeras conferências e pronunciamentos, tudo de alta qualidade". Analisa, na seqüência, as contribuições de Bresser no campo da teoria política. Assinala as modalidades de democracia definidas pelo autor: democracia de elites, democracia de opinião pública ou plural e democracia participativa ou republicana. Só é democrático o governo expressamente constituído e mantido por delegação popular. Destaca e analisa as duas primeiras formas: democracia de elites é o regime que resulta de um governo que, no curso de seu mandato, passa a atuar em função de seus próprios critérios e valores, relacionando-se com um restrito círculo de apoiadores e beneficiários, dentro de condições que reduzem seu contato com o conjunto do povo à fase eleitoral. Democracia de opinião pública é o regime que se

PREFÁCIO

exerce e sustenta mediante um continuado diálogo com os diversos segmentos da cidadania, não se tratando apenas de apelar para o povo na fase eleitoral, distintamente do que ocorre com a democracia de elites. As opções do governo, seus valores, seus procedimentos, resultam das tendências predominantes na opinião pública, que é continuamente consultada através de várias modalidades, como, por exemplo, o diálogo com organizações da sociedade civil e freqüentes levantamentos da opinião pública a respeito de questões relevantes. O autor destaca também outra importante contribuição de Bresser para o pensamento político: sua tipologia dos pactos sociais e seu entendimento de como e quando cada uma de suas modalidades se realizou neste país. Bresser identifica quatro modalidades de pacto social: popular-nacional, burocrático-autoritário, popular-democrático e burocrático-liberal.

O ex-ministro **Celso Lafer** registra a diversificada obra e a ação de Bresser-Pereira, caracterizadas não só pela multiplicidade de interesses como pela interdisciplinaridade que as anima. A partir de Thiery de Montbrial, Lafer lembra que os economistas, com raras exceções, como é o caso de Marx ou Schumpeter, em função da sua definição do campo acadêmico e de seus modelos, pouco se preocupam com a relação entre meios e fins para atingir objetivos concretos. No entanto, esse tipo de preocupação, de natureza prática, é inerente à concepção de *business administration*, tal como desenvolvida nos Estados Unidos, adaptada e aclimatada ao Brasil pela FGV/Eaesp, sempre atenta, no seu currículo, à especificidade da estratégia das empresas. Por ter presente a ótica estratégica e estar preocupado com o desenvolvimento, Bresser-Pereira alargou os seus horizontes para inserir nos seus estudos a análise política: as alianças de classe, o Estado, os pactos políticos, a tecnoburocracia, o nacionalismo. Registra Lafer que a agenda dos problemas do Brasil foi levando Bresser-Pereira a analisar os temas da inflação e do seu componente inercial, da recessão, da dívida externa, da crise fiscal, do populismo econômico, das reformas econômicas e da reforma do Estado. Nesse seu percurso, foi operando através do método de aproximações sucessivas. Subjacente a esse método, está uma visão democrática do mundo que, ao recusar uma concepção absolutista do poder, recusa uma concepção absolutista do saber. Nesse sentido, destaca Lafer, Bresser-Pereira não é nem positivista nem marxista. O "ismo", como ensina Bobbio, é estático e apela à nossa faculdade de desejar; a ciência está sempre em movimento e é impelida pela nossa vontade de conhecer. A vontade de conhecer de Bresser-Pereira, destaca Lafer, parte de uma concepção pluralista da verdade, na qual ela não é tida como una, mas sim como múltipla. Daí a multiplicidade de perspectivas e a variedade de interesses que caracterizam o seu percurso. Os seus críticos, adeptos da separação rigorosa dos campos do conhecimento, diriam que ele é sincrético e, como tal, faz misturas impuras e não tem a dose apropriada de ceticismo no que tange às verdades que vai descobrindo. Mas, para Lafer, são precisamente a abertura e a curiosidade de Bresser-Pereira que dele fazem um dublê de *scholar* e homem de ação, que vem enriquecendo, com o empenho de sua curiosidade intelectual, tanto o campo do conhecimento das ciências humanas quanto a agenda do debate público em nosso país. Isto é válido para a área das relações internacionais, à qual Bresser se vem dedicando nos últimos tempos e que Lafer vai analisar com a competência específica que o caracteriza. Para Celso Lafer, a leitura que faz Luiz Carlos Bresser-Pereira da realidade internacional vincula-o à tradição que pode ser qualificada de grociana. Esta tradição remonta a Grotius, um dos fundadores do direito internacional público moderno e se contrapõe à tradição realista inspirada por Maquiavel e Hobbes. Reconhece a existência de conflito e cooperação na dinâmica das relações internacionais, mas detecta um significativo potencial de sociabilidade que permite encaminhar a agenda da ordem mundial através dos instrumentos do direito e da negociação diplomática. Para o adensamento dessa tradição grociana, Luiz Carlos Bresser-Pereira está contribuindo com os seus textos recentes, nos quais estão presentes, de forma relevante, as perspectivas do saber acumulado do método de aproximações sucessivas do seu percurso.

No texto "Republicanismo, cidadania e (novos?) direitos", **Marcus Mello** registra que a questão dos direitos está no centro das discussões em várias áreas da agenda pública e da agenda intelectual contemporânea. Mas não foi sempre assim. Essa centralidade foi basicamente adquirida neste último quarto de século, em um contexto marcado pela crítica à lógica utilitarista subjacente às discussões sobre a ação e a moralidade públicas. Como se sabe, o utilitarismo é a concepção moral que informa a avaliação de políticas econômicas. Essa concepção foi criticada fundamentalmente por um discurso que está fundado na noção de direitos. Essa crítica foi articulada por um amplo espectro de analistas de matizes ideológicos díspares, como Rawls e Nozick. O discurso dos direitos também informa as construções teóricas de Sen e de Dworkin, e tem influenciado a agenda internacional e a própria concepção do desenvolvimento. O conceito de desenvolvimento humano é um dos construtos conceituais produzidos nesse contexto. Em vários artigos, Bresser-Pereira tem demonstrado uma consistente identificação com essa agenda teórica antiutilitarista. Postulando um modelo deliberativo de democracia e aderindo normativamente a uma agenda normativa republicana, ele tem contribuído de forma importante para a elaboração dessa agenda teórica. Sua mais notável contribuição nesse sentido talvez seja sua discussão dos chamados direitos republicanos. Bresser-Pereira refere-se especificamente a esses direitos como um direito de nova geração. Eles se manifestariam de formas variadas: no direito ao patrimônio ambiental público, ao patrimônio cultural público e aos recursos do Estado. Este último seria, segundo ele, o mais importante, aquele que ainda não se positivou de forma concreta. Para Bresser-Pereira, ele consiste no que chama direito a *res publica*, "ou à coisa pública, entendida como o estoque de ativos e principalmente o fluxo de recursos que o Estado e as entidades públicas não-estatais controlam". Em seu texto, Marcus Mello discute essa contribuição à luz de três conceitos. Em primeiro lugar, o de republicanismo. O que há de especificamente republicano nessa concepção de direitos? Como se sabe, a tradição republicana privilegiou menos a questão dos *direitos* e mais a questão dos *deveres* dos cidadãos. Em segundo lugar, o conceito de direitos. Trata-se efetivamente de direitos? E mais: estamos efetivamente nos deparando com uma nova geração de direitos? Em terceiro lugar, o conceito de representação e seu correlato, o controle ou *accountability*. Qual o papel das instituições no mecanismo de representação e controle social sobre os representantes? A resposta que dá em relação a essas questões é fundamentalmente de natureza crítica. Independentemente de certa identificação normativa com as idéias e questões de Bresser-Pereira, a leitura de sua elaboração analítica apresenta vários questionamentos importantes.

Para **Adam Przeworski**, uma característica persistente do pensamento de Bresser-Pereira é que ele nunca perde de vista as questões primordiais, mesmo quando analisa acontecimentos históricos concretos. No ensaio "Por que a democracia se tornou o regime preferido apenas no século XX?", Bresser argumenta que a democracia surgiu historicamente apenas quando e onde se consolidou o capitalismo. Além disso, ele encara esse desenvolvimento como historicamente necessário e como racional, tanto para os capitalistas quanto para os trabalhadores. Para Przeworski, o problema dessa análise é que ela oferece somente condições necessárias, mas não suficientes. Desse modo, embora ofereça uma explicação sugestiva, tem pouco poder de previsão. Ao afirmar a necessidade histórica e a racionalidade coletiva, Bresser torna esta relação inevitável. O exame do registro histórico, no entanto, mostra que ela é muito mais contingente. Embora o capitalismo torne a democracia possível, não a torna necessária. Przeworski observa que uma democracia duradoura surgiu na Índia em 1947, quando esse país tinha uma renda *per capita* de US$556, enquanto a ditadura sobreviveu em Cingapura quando a renda desse país era de US$18.300. Os níveis de desenvolvimento sob os quais a democracia surgiu em diferentes países variaram enormemente, e em vários países o avanço da democracia sofreu longas reversões, apesar do continuado desenvolvimento capitalista. A ditadura é tão compatível com o capitalismo quanto a democracia. Portanto, a relação entre desenvolvimento do capitalismo e democracia exige uma análise de contingências históricas concretas, não podendo ser deduzida a partir de premissas. Essas questões são o objeto da análise de Przeworski, que examina as evidências históricas que abrangem o período entre 1946 e 1999. A análise se inicia com a conhecida observação feita por Lipset de que a maioria dos países desenvolvidos tem regimes democráticos, enquanto a maioria dos países pobres sofre com a ditadura. No entanto, como foi mostrado pela primeira vez por Przeworski e Limongi, esse padrão emerge não porque as democracias sejam mais passíveis de se estabelecerem quando os países se tornam mais desenvolvidos, mas porque, se elas se estabelecem, seja por

PREFÁCIO

que razão for, são mais passíveis de perdurar nos países desenvolvidos. Finalmente, Przeworski fornece uma interpretação desses padrões e volta para a relação entre capitalismo e democracia. Esta interpretação baseia-se em um modelo, que está rapidamente esboçado no apêndice do capítulo.

Em um texto onde discute capitalismo e democracia em Bresser-Pereira, **Cicero Araujo** registra que a democracia como um determinado conjunto de instituições políticas pode ser objeto de reflexão sob dois ângulos teóricos. Primeiro, é possível investigar os valores morais e ideais coletivos que tais instituições cultivam, através da tradição de suas práticas, suas regras escritas e não-escritas, e os discursos de seus protagonistas. Investigam-se, sob esse ângulo, os argumentos que procuram dar sentido moral-normativo e justificar o valor da igualdade política, tanto quanto as críticas a esses argumentos; como esse valor se relaciona com outros, tais como as liberdades individuais ou o império da lei, se eles constituem um conjunto inseparável ou se são conflitantes entre si; e assim por diante. É um estudo de natureza eminentemente filosófica. Um segundo ângulo é o estudo das condições gerais de operação das instituições democráticas, cujo conjunto conforma um tipo de regime político (a democracia), suas propriedades e seus efeitos. Quanto à análise dessas condições gerais, ela pode envolver hipóteses – simplesmente intuitivas, ou baseadas em estudos empíricos e/ou históricos de regimes democráticos específicos – quanto aos vínculos necessários ou contingentes entre a democracia, um fenômeno político, e outros fenômenos sociais paralelos ou antecedentes. Essa análise envolve, certamente, construção conceitual e generalização; trata-se de teoria, mas de teoria explicativa e causal. Teorias como essas podem estender-se às propriedades e efeitos das instituições democráticas: por exemplo, se quisermos especular se a democracia, dadas as condições gerais de sua operação, tende a gerar ou reproduzir os valores e ideais que a justificam filosoficamente; ou então a produzir desvios ou até efeitos contrários aos esperados por essa justificação. Teoria filosófica e teoria causal não são reflexões fadadas a não dialogarem entre si. Pelo contrário, elas podem interagir num exercício de mútuo esclarecimento. Contudo, são modos distintos de encarar a teoria política. Cicero se detém numa das incursões de Bresser-Pereira à teoria política. Seus comentários referem-se especificamente a um artigo ainda não publicado – "Por que a democracia se tornou o regime preferido apenas no século XX?" –, apresentado em 2002 no colóquio da Associação Brasileira de Ciência Política. Nesse artigo, Bresser-Pereira diz que o assunto é uma antiga obsessão, que remonta aos tempos em que se vivia e se discutia a transição brasileira para a democracia, as razões de sua emergência e possíveis desdobramentos. Ele transpira em conferências, trechos ou capítulos de livros e outros artigos. Infelizmente, não poderemos aqui fazer justiça a todo esse esforço. De qualquer modo, o artigo antes referido é uma tentativa de síntese, no qual são discutidas assunções não analisadas previamente. A discussão está centrada em questões típicas da teoria política em sentido causal-explicativo. Como um intelectual engajado na ação política, registra Araujo, Bresser-Pereira se preocupa, é claro, com as maneiras pelas quais os valores da democracia podem ser defendidos, e como suas instituições poderiam aprofundá-los, para o bem delas mesmas e pelas conseqüências positivas que traO as idéias são apresentadas no quadro de uma visão progressiva da democracia, que partiria de um estágio inferior, chamada de "democracia de elites", passando por um intermediário ("democracia de sociedade civil"), até uma etapa superior, idealizada ("democracia de povo"). À aposta no progresso da democracia corresponde uma aposta na expansão de diferentes tipos de direitos: civis, políticos, sociais, até emergentes "direitos republicanos", pautados pela defesa dos bens públicos. Mas, para Cicero Araujo, essas idéias de Bresser são elaboradas de modo bastante solto e despretensioso, sem penetrar sistematicamente nos meandros da argumentação filosófica. Já a incursão pela teoria política causal apresenta-se com uma argumentação mais cerrada, visando à literatura acadêmica.

Em um texto que tem como objetivo analisar as visões de socialismo de Norberto Bobbio e de Bresser-Pereira, **Paulo Vannuchi**, especialista em Bobbio, sobre o qual redigiu uma dissertação de mestrado, registra que em outubro de 1994, pouco antes de assumir o Ministério da Administração Federal e Reforma do Estado no primeiro mandato de Fernando Henrique

PREFÁCIO

Cardoso, Bresser-Pereira ingressou no reduzido círculo de intelectuais brasileiros que tiveram a chance de manter contato pessoal e direto com Norberto Bobbio. Bresser colheu uma entrevista, publicada no caderno Mais! da *Folha de S. Paulo*, onde a faceta de jornalista do visitante brasileiro não conseguiu garantir o distanciamento crítico que os manuais de redação recomendam. Salta à vista, para Vannuchi, a admiração presente em cada pergunta, a ansiedade na busca de respostas que confirmem uma identidade de opiniões. Segundo Vannuchi, "deslizes de um fã confesso". Na entrevista com Bobbio, a isenção jornalística sucumbiu ante a atração intelectual que Bresser reconheceu desde a primeira vez em que entrou em contato com o pensamento do mestre piemontês, ainda nos anos 1970. Mas Vannuchi destaca que Bresser obteve de Bobbio, nesse encontro, uma raríssima afirmação entre suas milhares de páginas, produzidas em quase 70 anos de consistente elaboração teórica, aceitando uma plena equivalência entre o social-liberalismo de sua busca obstinada e a socialdemocracia que Bresser postula como afiliação político-ideológica: "eu creio que a diferença não existe". Entretanto, registra Vannuchi, no conjunto, a entrevista flui como um bate-papo repleto de afinidades. Depois de ouvir Bobbio declarar-se sincretista e apresentar-se como "intelectual mediador", o visitante brasileiro se concentra em perguntas, estabelecendo nexos entre liberalismo e socialismo. Recebe a confirmação de que é possível um compromisso, não uma síntese, entre os dois campos teóricos que se digladiaram tão ferozmente ao longo de quase 200 anos. Não é fácil nem muito inteligente, como logo percebe Vannuchi, traçar um amplo paralelo entre trajetórias tão distintas como as de Bobbio e Bresser-Pereira. Um quarto de século os separa na idade, além do imenso oceano que afasta o Novo Mundo do Velho. A vastidão e a densidade da obra teórica do cientista político italiano fazem parecer covardia uma comparação com outros grandes nomes da universidade européia ou norte-americana. Seu engajamento direto na resistência italiana contra o nazi-fascismo, com tudo o que essa experiência e os meses de cárcere promoveram em sua forma de interpretar o mundo, não têm equivalente na biografia do economista brasileiro. No mesmo sentido de diferenciação, operam alguns predicados biográficos deste último, como a larga vivência empresarial e os vários postos de comando político ocupados, sem correspondente no currículo de Bobbio. Como salienta Vannuchi, não seria exato falar em "discipulato". Na diversificada produção intelectual de Bresser-Pereira, a freqüência de citações do filósofo italiano não tipifica, nem de longe, uma condição de seguidor. Mas, assinala Vannuchi, existem pontos evidentes de contato e identidade, que consistem no empenho comum a ambos em promover algum diálogo, ou desbloqueio, entre noções que são angulares no socialismo e no liberalismo. O exercício da mediação intelectual e o sincretismo parecem estar entre esses muitos pontos de convergência.

Para **Regina Pacheco**, Bresser-Pereira é talvez um dos poucos intelectuais brasileiros que deu continuidade à nossa tradição de *intelligentsia*, mesmo quando esta entrou em crise a partir dos anos 1980, perdendo a capacidade de intervir na política. Pacheco destaca o compromisso sempre renovado de Bresser de formular propostas para o Brasil, em vários campos – economia, sociedade, instituições, democracia –, que o levou a desbravar uma área árida nos anos 1990: a reforma da gestão pública. Como ministro da Administração Federal e Reforma do Estado, no primeiro mandato do presidente Fernando Henrique Cardoso (1995-98), concebeu e debateu incansavelmente propostas para o fortalecimento do Estado brasileiro; os ecos de suas propostas, elaboradas para a administração pública federal, chegaram a vários setores, desde municípios brasileiros às mais especializadas esferas internacionais. Neste texto, Regina Pacheco aponta sua contribuição intelectual à reforma da gestão pública, buscando analisá-la criticamente. Não aborda sua atuação pública como estrategista da reforma, mas concentra o foco em suas idéias e concepções para a nova gestão pública. Para Regina Pacheco, uma das contribuições de Bresser-Pereira foi a de ter colocado em perspectiva as duas reformas do Estado no Brasil no século XX: a dos anos 1930 (Dasp) e a dos anos 1960 (Decreto-lei nº 200), além da análise inédita sobre os anos 1980 (Constituição de 1988). Com clareza e perspicácia, criou a periodização definitiva do tema. Até então, a literatura perdia-se em descrições formais excessivamente detalhadas e burocráticas, elencando as sucessivas legislações, sem conseguir extrair uma análise crítica, ou enveredava por visões demasiadamente generalizantes, em geral de cunho ideológico, insistindo na simultaneidade entre reforma e governos autoritários. Destaca Regina Pacheco que Bresser, fiel ao método histórico-indutivo, organizou os fatos, relacionando-os a diagnósticos, atores e estratégias, e ofereceu-nos um panorama abrangente das tentativas de reforma empreendidas. A periodização estabelecida por Bresser-Pereira significa um marco para os estudos sobre a organização e o funcionamento do Estado brasileiro no século XX. Permite abordar em grandes linhas, numa visão compreensiva e abrangente, as orientações adotadas e os respectivos contextos históricos que lhes deram sustentação. Para Regina Pacheco, poucos autores teriam tido a coragem intelectual de quebrar a unanimidade em torno da "Constituição cidadã"; Bresser-Pereira a disseca no capítulo da administração pública, mostrando como foi elaborada sobre um diagnóstico equivocado, levando a propostas extemporâneas. O diagnóstico estava apenas parcialmente correto – o retorno da democracia trouxe consigo o retorno de práticas clientelistas e fisiológicas. Entretanto, a conclusão dos constituintes (ou dos "técnicos-políticos" das assessorias partidárias e legislativa) foi equivocada – a de que, em face do retorno do clientelismo, o país necessitava de mais burocracia. O erro do diagnóstico consistiu em ignorar a grave crise por que passava o Estado brasileiro e, mais especificamente, ignorar o esgotamento do padrão intervencionista do Estado, que havia sustentado o crescimento do país nas cinco décadas anteriores. Assim, "a burocracia do Estado, que tivera um papel dominante no regime militar, deveria ter perdido prestígio e influência, mas não foi isso que ocorreu". Além de contextualizar as propostas da Constituinte, Bresser-Pereira inovou no diagnóstico: o setor público brasileiro não sofria apenas das práticas clientelistas e patrimonialistas, mas também de excessiva burocratização. Com esse diagnóstico, Bresser captou um anseio, talvez ainda implícito naquele momento, da sociedade brasileira: o de que a sociedade espera do Estado não apenas probidade, mas também resultados efetivos de sua ação. Em face de tal anseio, o enrijecimento burocrático deveria ser substituído por uma forte orientação para resultados, eficiência e qualidade dos serviços e políticas públicas. Para Regina Pacheco, Bresser-Pereira é o intelectual e o homem público responsável por elevar o tema da gestão à agenda das políticas públicas. Antes dele, gestão pública era um capítulo da administração. Com ele, gestão pública dialoga com ciência política, economia, filosofia do direito, ética. Sua análise é histórica e de alcance universal. Combina capacidade analítica com guias claros para a ação, caracterizando-o como estrategista da gestão pública.

Registra **Nuria Cunill Grau** em seu texto que a noção de "público não-estatal", embora não seja originalmente de Bresser-Pereira, encontrou nele um "pai" que a impulsionou à vida na América Latina e lhe conferiu ricos conteúdos. Segundo Nuria, ela é, provavelmente, a melhor e mais acabada expressão do compromisso de Bresser-Pereira com a democracia. Por sua vez, a noção de "público não-estatal", tal como proposta por Bresser-Pereira, é também uma expressão dos custos que pode ter a coragem em seu impulso para destruir inércias. A coragem, e a conseguinte audácia, têm ajudado no nascimento de algumas das melhores idéias, sobretudo quando por trás delas existe um compromisso profundo com a democracia e com o desenvolvimento humano. Para Nuria, Bresser-Pereira tem este compromisso e a ele devemos tantas boas idéias que conseguiram destruir inércias, tanto no pensamento quanto na ação, nos últimos 20 anos na América Latina. Às vezes, naturalmente, o custo tem sido o erro, mas esta talvez seja a fonte mais importante de aprendizado social. Para ilustrar ambos os movimentos, tenta em seu texto, de um lado, fazer uma revisão, embora não exaustiva, das contribuições de Bresser-Pereira para a elaboração da teoria do público não-estatal e, de outro, apontar alguns dos limites desta noção.

Marcio Moreira Alves dá um depoimento de amigo e de repórter. Ao voltar ao Brasil, tenta recomeçar sua vida política no ponto em que a deixara, como deputado federal pelo antigo estado da Guanabara. Candidata-se a deputado federal pelo PMDB, em 1982, e se vê derrotado. A primeira pessoa que lhe dá a mão é Bresser, amigo então recente mas senhor de generosidade e desprovido de qualquer preconceito. Não só lhe oferece um lugar de seu assessor na presidência do Banespa, que assumiu logo no início do governo Montoro, como o aloja provisoriamente no térreo de sua casa no Morumbi, junto às estantes de sua ordenada biblioteca. Registra ainda Moreira Alves: "no Banespa, na primeira reunião de diretoria, Luiz Carlos deu a dimensão de seu conceito de serviço público. Disse: 'Governo tem uma coisa boa – data para acabar. Nós temos a obrigação de, daqui a quatro anos, entregarmos a nossos sucessores um banco melhor que o que estamos recebendo'". Para Moreira Alves, Bresser sofre do mesmo defeito político de Darcy Ribeiro: pensa depressa demais e não sabe esperar a maturação das condições políticas para que suas idéias possam ser postas em prática. "Não garanto que Luiz Carlos tenha 10 idéias por dia, mas 10 por semana deve ter. Coloca-as todas no computador, trabalha a que mais apropriada lhe parece para a conjuntura e publica-a num dos dois grandes jornais de São Paulo. E ainda lhe sobra tempo para escrever ensaios, dar cursos e participar de reuniões internacionais, em busca de uma terceira via política entre o capitalismo selvagem e o socialismo real. Essa intensa atividade intelectual fez de Luiz Carlos Bresser-Pereira o cientista político mais traduzido de sua geração, geração que também inclui o ex-presidente Fernando Henrique Cardoso."

Evelyn Levy trata do "Mestre" Bresser. Do modo pelo qual ele tem "construído pessoas", ou colaborado nesse propósito. Atividade à qual se tem dedicado há mais de quatro décadas ininterruptas, principalmente na Escola de Administração de Empresas de São Paulo/FGV, mas também na USP, ou em Paris, na École des Hautes Études em Sciences Sociales. Levy destaca que mais de 5 mil pessoas passaram por suas aulas. Bresser orientou 35 teses já defendidas, sem contar as inúmeras bancas das quais tem participado e as dissertações de estudantes brasileiros e estrangeiros, a que, de algum modo, deu sua colaboração. Bresser, como professor, cumpriu um papel que foi muito maior do que se espera. A muitos de seus alunos ele incentivou a superação de limites, que cada um deles julgava ter, fazendo-os realizar conquistas muito além do ponto em que seus sonhos se projetavam. Registra ainda Evelyn Levy a postura radicalmente democrática e aberta de Bresser, a todas as correntes de pensamento, que permite que a busca de conhecimento de seus alunos tenha o caráter universal que a ciência exige. A permanente provocação dentro da sala de aula, atiçando a audácia e a criatividade, atualiza a maiêutica socrática. Em contrapartida, pacientemente recebe as críticas e dissensos que esses jovens lhe colocam no caminho.

Assim os faz crescer, transferindo-lhes parte da responsabilidade da construção do conhecimento, reconhecendo-lhes sua contribuição. Estabelece, pois, uma troca constante, em que aponta para múltiplos caminhos, por vezes ainda pouco nítidos ou completamente esboçados, e se deixa desafiar, escutando argumentos sobre aspectos não inteiramente examinados. A riqueza da experiência não se restringe a esse diálogo entre professor e alunos, pois com freqüência o Mestre vai incluindo novos subsídios de outros intelectuais que participam pessoalmente dessa busca. Não há lugar para acomodamento: a procura do melhor padrão, do padrão internacionalmente reconhecido, é uma constante. Não necessariamente o *mainstream,* mas a qualidade intelectual reconhecida. Sua curiosidade contagiante e polivalente incita os que com ele convivem. "Todos têm, ou já tiveram, espaço em sua agenda. A curiosidade se estende para o novo no mundo, uma espécie de encantamento com as coisas, idéias, mas, sobretudo, com as pessoas. Os alunos sentem o prazer que lhe provoca sua convivência. O Mestre vai assim educando pelo exemplo e pelo que enxerga de potencial em seus discípulos, 'inventando' para eles possibilidades que eles não são ou foram capazes de ousar." Registra Evelyn que, entre os alunos que procurou, nenhum deixou de se referir a sua imensa generosidade: dando de seu tempo, preocupando-se com os lados profissional e pessoal, abrindo portas, estimulando o crescimento e a auto-estima. Todos aqueles que desejaram desenvolver-se sempre encontraram nele o interesse e o apoio. Essa talvez seja a fascinante combinação que Bresser propicia a seus alunos: a de transitar pelo que é grande, exige profunda reflexão e responsabilidade, para em seguida perceber que se chega a esse lugar passando pelo que é ordinário e exige meticulosa disciplina.

I
VISÃO E MÉTODO

A originalidade de um inovador científico e a "recepção" de suas teorias

José Marcio Rego

> Ele pensava dentro de outras cabeças; e na sua, outros, além dele, pensavam. Este é o verdadeiro pensamento.
>
> (Bertolt Brecht)

Bresser-Pereira é um cientista social dos mais importantes entre os economistas e sociólogos brasileiros. E a repercussão de sua obra extrapola o meio acadêmico nacional, difundindo-se, e muito, em grande parte da América Latina, nos Estados Unidos e na Europa. Bresser já é em 2004, quando completa 70 anos, o segundo cientista social brasileiro mais citado no exterior – somente Celso Furtado o supera nesse quesito.[1] Sua preocupação central sempre foi com o desenvolvimento do Brasil e da América Latina. Bresser-Pereira esteve envolvido nos grandes debates e movimentos teóricos que resultaram no pensamento econômico brasileiro contemporâneo e nas mais criativas políticas públicas formuladas por nossos economistas. Junto a Celso Furtado, Ignácio Rangel, Roberto Campos, Maria da Conceição Tavares, Fer-

---

[1] Segundo pesquisa realizada por Carlos Roberto Azzoni (*Economia Aplicada,* v. 4, n. 4, p. 822, quadro 6, 2000), Bresser-Pereira era, em 1999, o terceiro economista brasileiro mais citado no exterior, com 109 citações. Celso Furtado contava 374 citações e Mario Henrique Simonsen, 131. Os dados utilizados por Azzoni foram obtidos no mecanismo de busca Web of Science.

nando H. Cardoso, Mario Henrique Simonsen, Carlos Lessa, Edmar Bacha, Luiz Gonzaga Belluzzo, Pérsio Arida, Paul Singer, Francisco de Oliveira, Theotonio dos Santos, José Serra, Antônio Barros de Castro, Yoshiaki Nakano, Guido Mantega e Francisco Lopes, para citar alguns entre inúmeros outros importantes autores, ele esteve envolvido nas quase quatro décadas de produção teórica de três gerações de economistas brasileiros. Eles atuaram num período de grande fertilidade para as ciências econômicas e sociais no Brasil.

De fato, as décadas de 1950 a 1980 foram de grande efervescência para o pensamento social em geral. Nesses "anos dourados" da produção teórica brasileira, emergiu uma característica que, em grande medida, iria explicar a capacidade criativa de nossas ciências sociais. Era um inconformismo que impeliu uma primeira geração de economistas brasileiros e seus colegas latino-americanos a recusar as teorias graciosamente oferecidas pelo *mainstream* dos países avançados, que vinham prontas para o "consumo" dos intelectuais da periferia. Surgia, nesse período, um pensamento econômico autônomo, disposto a identificar as peculiaridades de nosso processo de desenvolvimento. Assim nasceram as correntes teóricas mais fecundas do pensamento econômico brasileiro e latino-americano, que influenciaram diretamente os movimentos sociais e políticos, assim como a ação do Estado brasileiro ao longo de quase meio século.

A primeira grande corrente foi a do desenvolvimentismo, na qual esteve engajada a maioria dos pensadores brasileiros de peso da primeira geração. Afinal, superar o atraso secular da América Latina, libertar-se dos velhos "grilhões" do colonialismo e imperialismo e colocar-se na rota da industrialização e do desenvolvimento capitalista, então trilhada pelos Estados Unidos e Europa no pós-guerra, era a legítima aspiração dos povos deste continente. Dessa lavra surgiu o desenvolvimentismo do Iseb, bem como a teoria do subdesenvolvimento da Cepal, que, com os seus cursos de formação implantados no Brasil sob a batuta de Anibal Pinto, além da ida, por livre-arbítrio ou de "forma compulsória", de brasileiros à cidade de sua sede, Santiago do Chile, influenciou a formação de várias gerações de pensadores brasileiros.

A ORIGINALIDADE DE UM INOVADOR CIENTÍFICO

Contudo, o fracasso do desenvolvimentismo em gestar um tipo de crescimento econômico que favorecesse não apenas a burguesia, mas se difundisse para as camadas mais pobres da população latino-americana, dividindo melhor os frutos da riqueza que se avolumava nas mãos da burguesia já havia muito tempo, fomentou o surgimento de novas correntes teóricas e movimentos políticos no Brasil e na América Latina. Afinal, o Brasil da segunda metade do século XX ostentava as maiores taxas de crescimento do mundo, juntamente com os maiores índices de desigualdade social.

Mesmo antes do golpe de 1964, já fermentavam novas correntes teóricas no seio da inteligência brasileira. Se, por um lado, a esquerda mais tradicional radicalizava seu discurso, em face das mazelas da ditadura, outra corrente partiu para um empreendimento mais ousado e criativo. Surgia, nos anos 1960, uma nova esquerda no Brasil, da qual Bresser é um dos mais dignos representantes. Uma nova esquerda que, para produzir um conhecimento mais aprofundado da realidade brasileira, não tinha preconceitos de usar os fundamentos do marxismo nem de apropriar-se do pensamento contemporâneo de Keynes e outros autores mais próximos do *status quo*.[2] Foi dessa lavra que surgiu a teoria da dependência, na qual se envolveu diretamente Bresser-Pereira:

> Nos anos 50 domina no Brasil a teoria do imperialismo e o pessoal do ISEB, com Ignácio Rangel como principal economista, e a CEPAL, onde o principal economista seria Celso Furtado, que ainda viam o subdesenvolvimento brasileiro como causado em grande parte pelo imperialismo, que impedia de nos industrializarmos. Mas fica claro, durante a segunda metade dos anos 50, que isso é falso. No final dos anos 50 escrevi uma carta, depois um artigo, mostrando quais eram os fatos novos que mudavam a natureza da relação do Brasil e da América Latina com o primeiro mundo. Deixava de ser uma mera relação de nações ou países imperializados, mas passava a ser uma relação que nós chamamos de uma nova depen-

---

[2] Ver, a respeito, Bresser-Pereira (1982), que continua sendo um dos melhores trabalhos de sistematização das linhas teóricas de interpretação sobre o Brasil.

dência. Aliás, eu estou profundamente envolvido no surgimento da teoria da nova dependência.[3]

A nova esquerda foi extremamente crítica do modelo econômico do autoritarismo, em particular da concentração de renda e demais distorções socioeconômicas que este promoveu, em seus mais de 20 anos de "reinado". Ao mesmo tempo, soube detectar com maior lucidez, e sem os preconceitos e limitações da velha esquerda, a dinâmica e as peculiaridades do capitalismo retardatário brasileiro. Posteriormente, dos anos 1980 em diante, o foco dos pensadores recai sobre os problemas da dívida externa e, principalmente, sobre a questão da inflação e da crise fiscal do Estado, alguns dos grandes temas do capitalismo contemporâneo. Daí o surgimento da corrente da teoria da inflação inercial, último grande movimento teórico dos anos 1980, com desdobramentos importantes nos anos 1990, e para a qual Bresser-Pereira também deu, certamente, uma contribuição fundamental.

A teoria da dependência, como todo movimento de idéias, foi um produto coletivo, resultado da crise do modelo de substituição de importações e do populismo, assim como do imenso volume de pesquisa e de circulação de idéias para interpretá-las. Essa dimensão coletiva, necessária para um resultado de tamanha complexidade, concentrou-se na obra de alguns autores que ofereceram os elementos conceituais mais genéricos, sistemáticos e profícuos para a sua elaboração.

A crise econômica, política, social e ideológica na América Latina das décadas de 1960 e 70, após uma onda de investimentos em que o capital estrangeiro se torna o setor mais dinâmico dessas formações sociais, questiona decisivamente o pensamento desenvolvimentista, que supunha, em suas versões à direita e à esquerda, uma vez vencidos seus obstáculos internos à modernização, poder repetir nas sociedades periféricas os modelos de desenvolvimento dos países centrais. A industrialização da periferia sob a égide do capital internacional trouxe a associação do desenvolvimento com

---

[3] Bresser-Pereira, 1982.

o subdesenvolvimento, por acrescentar novos elementos às formas antigas deste. A partir desse quadro empírico complexo, Theotônio dos Santos, Bresser-Pereira, Fernando Henrique Cardoso, Enzo Faletto e Ruy Mauro Marini, entre outros, extraem o objeto e os elementos gerais do conceito de dependência. A dependência adquire sua expressão sistemática na economia mundial hegemonizada estruturalmente pelo grande capital, e envolve, como registra Carlos Eduardo Martins, três elementos que se condensariam para designar e concretizar o conteúdo de suas relações:

- as estruturas de desenvolvimento do capitalismo, as quais se fundamentam nos fenômenos da internacionalização e monopolização do capital – em particular, nas formas que estas adquiriram a partir da fase imperialista – e exercem um papel condicionante sobre os outros elementos na produção das relações de dependência;
- as mediações que se estabelecem através das relações internacionais entre os países que são objeto da expansão capitalista e os processos de internacionalização do capital, de maneira a configurar uma divisão internacional do trabalho que fundamenta a dependência. Aqui despontam as formas que assumem o comércio exterior, o movimento internacional de capitais e as transferências internacionais de tecnologia;
- as estruturas internas dos países objeto da expansão capitalista, expressando o encontro dialético dos elementos internos destas economias com as relações econômicas internacionais e a estrutura monopólica internacional.

As relações de dependência não surgiriam então como um fator externo, mas a partir de uma complexa relação entre estes três níveis de relações socioeconômicas que internalizam a dependência. Para Theotônio dos Santos, o conceito de dependência envolve uma elaboração centrada na contradição, onde a integração entre estes três níveis, que designa as relações de dependência (estruturas internacionais do capital, relações econômicas internacionais e estruturas internas dos países objeto da expansão do capital internacional), depende necessariamente de uma composição de forças sociopolíticas nos países dependentes que a consolide de acordo com as possibilidades oferecidas pela situação que condiciona a dependência. Surge, assim, a necessidade do conceito de compromisso ou combinação de interesses para designar esta composição.[4]

As teorias de subdesenvolvimento podem ser divididas em duas grandes vertentes. A primeira delas é a da superexploração imperialista (ou do colonialismo mercantil, que privilegia as formas de colonização – povoamento ou exploração – como determinantes para se explicar a questão do desenvolvimento) e a apropriação pelas metrópoles do excedente gerado nas colônias via imperialismo (superexploração). As origens destas explicações estão em Marx e Lênin, com contribuições importantes na América Latina, tais como as de Caio Prado Júnior e André Gunder Frank (com a tese sobre o desenvolvimento do subdesenvolvimento). Depois temos a teoria de centro-periferia, de Prebisch e toda a escola cepalina, associada ao estruturalismo latino-americano, da qual as contribuições de Furtado e Conceição Tavares e a teoria da dependência são derivações importantes.

O paradigma estruturalista (Prebisch e Furtado) entende o subdesenvolvimento como um fenômeno relacionado às estruturas produtivas da periferia – indústria não-integrada, agricultura dual e comércio exterior reproduzindo tais assimetrias. Bresser-Pereira chama exatamente de interpretação da superexploração imperialista a abordagem neomarxista que trata o desenvolvimento econômico e social dos países subdesenvolvidos como se fosse condicionado por forças externas (dominação desses países por outros mais poderosos). Isto os leva a dar ênfase à esfera da circulação, explicando o subdesenvolvimento em termos de relações de dominação na troca. Argumentam que um "excedente" é extraído de países subdesenvolvidos por países capitalistas adiantados, empobrecendo os primeiros, que deixam de se desenvolver porque perdem acesso a seus excedentes. Esse excedente é apropriado pelos países capitalistas adiantados e neles investido, convertendo-se num dos primeiros elementos para o seu rápido desenvolvimento econômico. A interpretação da superexploração imperialista afirma que a dicotomia extração/apropriação de excedente tanto causa como perpetua as

---

[4] Santos, 1978:309.

desigualdades entre os países. Historicamente, o saque e a espoliação das colônias por parte dos países "metropolitanos" foi a causa inicial do desenvolvimento destes e da estagnação das colônias, e essa mesma dinâmica explicaria a persistência do subdesenvolvimento. Gunder Frank enfatiza que a extração do excedente foi a causa da divisão inicial do mundo em países ricos e pobres.[5] No período colonial, destaca este autor, assumiu principalmente a forma direta de produtos (via saque e espoliação), assumindo esta apropriação no mundo moderno a forma de repatriação de lucros. Um dos problemas desta análise é considerar a extração do excedente no contexto de países, com quase nenhuma referência a classes sociais. Essa análise não se ocupa também de identificar como o produto excedente é produzido e inicialmente apropriado, considerando basicamente como é trocado. Acaba assim dando maior ênfase à exploração entre países do que à exploração do proletariado, e condiciona a riqueza dos países centrais à pobreza dos países subdesenvolvidos.

Embora autores como Arghiri Emmanuel e Samir Amin rejeitem a negação do papel das classes na apropriação do produto excedente, no essencial concordam com Gunder Frank ao acharem que o subdesenvolvimento é condicionado por forças externas e que as suas causas estão nas relações de troca. Gunder Frank e Amin concordam com a afirmação de que a burguesia local, nas economias do Terceiro Mundo, é relativamente fraca e que o Estado é relativamente forte e autônomo com respeito à burguesia local. Frank afirma que importante é a relação do Estado com a burguesia imperialista da metrópole, e não com a burguesia local. Em sua análise das teorias neomarxistas, feita no bojo de uma reflexão acerca das principais interpretações sobre o Brasil, Bresser-Pereira destaca ter esta abordagem a proposta de construir uma nova interpretação para a América Latina, a partir do conceito leninista de imperialismo e do conceito trotskista de perda de dinamismo do capitalismo central. Para esta interpretação, como destaca Bresser-Pereira,

---

[5] Frank, 1966.

o imperialismo extrai praticamente todo o excedente dos países subdesenvolvidos. É o obstáculo fundamental a qualquer processo real de desenvolvimento. A burguesia local, por sua vez, está integralmente subordinada ao imperialismo. Como este explora os trabalhadores locais através do comércio internacional e das empresas multinacionais, não resta outra alternativa à burguesia local para poder se apropriar também ela do excedente senão superexplorá-los.[6]

Um dos principais esforços dos autores vinculados à abordagem que ficou conhecida como "teoria da dependência" foi o de reconsiderar os problemas do desenvolvimento econômico a partir de uma perspectiva de interpretação que insistiu na natureza política dos processos de transformação econômica. A Cepal já havia registrado a significativa limitação da utilização de esquemas teóricos relativos ao desenvolvimento econômico e à formação das sociedades capitalistas dos países hoje desenvolvidos para a compreensão da situação dos países latino-americanos. A intensificação desse esforço de compreensão leva à valorização do conceito de dependência, como instrumento teórico para acentuar tanto os aspectos econômicos do subdesenvolvimento quanto os processos políticos de dominação de uns países por outros, de umas classes sobre as outras, num contexto de dependência nacional. Destacava-se não existir uma relação metafísica de dependência entre uma nação e outra, um Estado e outro. Essas relações se tornavam possíveis por intermédio de uma rede de interesses e de coações que ligam uns grupos sociais aos outros, umas classes às outras. Assim, era preciso determinar interpretativamente a forma que essas relações assumiam em cada situação de dependência, mostrando como Estado, classe e produção se relacionavam. A teoria da dependência (ou interpretação da nova dependência, se adotarmos a classificação de Bresser), como registrou Furtado, é uma tentativa de reinterpretação teórica que surge da crise da abordagem cepalina:

---

[6] Bresser-Pereira, 1985:31.

Desde fins dos anos 50 a própria CEPAL se encontrava em fase de autocrítica. As idéias sobre o desenvolvimento elaboradas em sua grande fase criativa (1949-1954) continuavam válidas, mas eram reconhecidamente insuficientes na abordagem de uma nova problemática que se fazia visível nos países que mais êxito haviam alcançado em seus esforços de industrialização. Era indubitável que a CEPAL elaborara uma teoria da industrialização periférica, ou retardada. No centro dessa teoria, estava a idéia de que a progressiva diferenciação dos sistemas produtivos permitida pela industrialização conduziria ao crescimento auto-sustentado. Criado um setor produtor de bens de capital e assegurados os meios de financiamento – o que em boa parte competia ao Estado –, o crescimento se daria apoiando-se na expansão do mercado interno. Naquele momento, a aplicação dessas idéias tropeçava em dificuldades em mais de um país.[7]

Três teorias da dependência

A teoria da dependência surgiu nos anos 1960, em oposição à teoria do imperialismo. Esta, que de alguma forma foi partilhada pelo Iseb e pela Cepal nos anos 1950, afirmava que a industrialização latino-americana tinha como defensores a burocracia de Estado e o empresariado nacional, que enfrentavam a expressa oposição do imperialismo associado às oligarquias exportadoras. A visão da dependência de Bresser também parte da crítica das idéias dos anos 1950, mas usando seu "método do fato histórico novo" ressalta que, durante essa década, ocorreram fatos decisivos que inviabilizaram o pacto político popular-nacional de Vargas, exigindo uma nova teoria e uma nova estratégia de desenvolvimento. Ao invés de aceitar a interpretação da dependência que seria adotada no final da década pela escola de sociologia de São Paulo e pela esquerda mais radical, representada por Theotonio dos Santos e Ruy Mauro Marini, Bresser faz uma análise alternativa que busca preservar a visão inicial de Furtado, Jaguaribe e Rangel, mas

---

[7] Furtado, 1991:27-28.

incorporando na análise os fatos novos dos anos 1950. Essa análise teve como trabalho precursor o livro de Hélio Jaguaribe, *O nacionalismo na realidade brasileira*, que o Iseb publica em 1958, bem como *Dualidade básica da economia brasileira* de Ignácio Rangel, também do Iseb, escrito em 1953 e publicado em 1957.

> Nas elites intelectuais de esquerda de São Paulo, a partir do golpe militar de 1964, tem início um processo de críticas duras ao Iseb e ao Partido Comunista. Eles teriam sido os responsáveis internos à própria esquerda pelo retrocesso autoritário, na medida em que advogaram a associação com uma burguesia nacional que se aliara aos militares e aos Estados Unidos. (...) A proposta de aliança da esquerda com a burguesia nacional teria sido o grande erro. Burguesia nacional que nunca teria existido, como também não existira o pacto nacional-desenvolvimentista, agora chamado pacto populista. A partir de 1964, ocorre um afastamento radical entre os empresários e as esquerdas. A burguesia "era mercantil e sempre estivera associada ao imperialismo"; não era naquele momento nem nunca fora no passado uma burguesia nacional – uma classe de empresários capazes de se identificar com os interesses nacionais e participar, com a burocracia do Estado e os trabalhadores, de um projeto de nação. (...) os intelectuais paulistas, debatendo entre si, faziam a análise do "pacto populista", que pressupõe a existência de um empresariado nacional, mas afirmavam que o nacional-desenvolvimentismo se equivocara ao detectar um pacto entre a burguesia nacional, os técnicos do governo e os trabalhadores.[8]

A interpretação de Bresser-Pereira do que estava ocorrendo no Brasil e do caráter dos empresários brasileiros era diferente porque se baseava na análise de fatos históricos novos. Em dezembro de 1960, muito antes de surgirem as idéias sobre a dependência em Santiago do Chile e em São Paulo, escreve uma carta a Luiz Antônio de Almeida Eça sobre as eleições presidenciais daquele ano, e, em 1963, publica o trabalho "O empresário in-

---

[8] Bresser-Pereira, 2004.

dustrial e a revolução brasileira", nos quais delineia uma explicação para a crise do pacto nacional-desenvolvimentista de Vargas.[9] Na linha do pensamento do Iseb e da Cepal, parte do pressuposto de que, a partir do final dos anos 1930 e nos anos 1940, surgira uma burguesia industrial nacional, que se associara de alguma forma à tecnoburocracia do Estado e aos trabalhadores, em torno da idéia de industrialização. O adversário era a oligarquia agrário-mercantil exportadora associada ao imperialismo. Já nesses trabalhos, Bresser mostra que fatos históricos novos inviabilizaram esse pacto e tornaram superada a interpretação nacional-burguesa correspondente: a consolidação da industrialização brasileira, enquanto a agricultura exportadora cafeeira entra em crise com a queda radical dos preços do café e a possibilidade de transferência de renda da agricultura exportadora para a indústria se esgota; a entrada, pela primeira vez, de capitais estrangeiros na indústria, ao mesmo tempo em que uma lei de tarifas protegia a indústria nacional; e o recrudescimento da luta sindical, com a formação das primeiras centrais sindicais, ao mesmo tempo em que, em 1959, a revolução de Fidel Castro, em Cuba, abala a América Latina e atemoriza os empresários e as classes médias. Segundo sua análise, esses fatos novos inviabilizaram o pacto populista na medida em que estimularam a radicalização da esquerda e promoveram a reunião das forças de direita que desembocou no golpe militar.

Com a revolução de 1964, os empresários brasileiros, agora associados à burocracia militar, não abandonam a idéia do desenvolvimento nacional. Apesar da aliança que fazem com os Estados Unidos na luta contra o comunismo, e da exclusão dos trabalhadores do pacto político, que se torna excludente também no plano econômico, a burocracia do Estado e os empresários continuavam empenhados na substituição de importações pela industrialização nacional. Aqueles fatos históricos novos dos anos 1950, porém, principalmente a ameaça representada pela revolução de Cuba, a entrada das empresas multinacionais na produção industrial e a predominância política dos Estados Unidos, indicavam uma nova forma de depen-

---

[9] Ver também o capítulo 4 de *Desenvolvimento e crise no Brasil* (Bresser-Pereira, 1968).

dência, de que a teoria do imperialismo anterior não dava conta, como deixavam claro dois livros de Celso Furtado escritos após 1964: *Subdesenvolvimento e estagnação da América Latina* (1966) e *Um projeto para o Brasil* (1968).[10] Furtado apóia sua tese estagnacionista na crise econômica da primeira metade dos anos 1960, mas a partir de 1967 temos um fato novo fundamental, a retomada acelerada do desenvolvimento, exigindo definitivamente nova interpretação.

Essa nova interpretação será a teoria da dependência. No Chile, alguns intelectuais brasileiros começam a perceber que a estagnação estava sendo superada, e que um novo modelo de desenvolvimento estava surgindo, baseado na participação das empresas multinacionais na industrialização do país, na ênfase sobre a produção de bens de consumo de luxo, e na correspondente concentração de renda das classes média e alta. Era a teoria da nova dependência que surgia sob duas formas: a teoria da dependência associada, que tem como trabalho fundador o livro de Fernando Henrique Cardoso e Enzo Faletto, *Dependência e desenvolvimento na América Latina*,[11] e os trabalhos de Theotônio dos Santos e Ruy Mauro Marini. Sem conhecimento desses trabalhos, Bresser publica um artigo que também parte da crítica a Celso Furtado, "Dividir ou multiplicar: a distribuição de renda e a recuperação da economia brasileira"[12] onde faz a análise do novo modelo de desenvolvimento concentrador de renda que estava ocorrendo. Nos anos 1970, continua essa análise com "O novo modelo brasileiro de desenvolvimento" e *Estado e subdesenvolvimento industrializado*.[13]

Entre os autores brasileiros, a rigor, há três vertentes da teoria da dependência: a teoria da dependência radical ou da superexploração imperialista, de Santos e Marini; a da dependência associada, de Cardoso e Falleto;

---

[10] Furtado, 1966 e 1968.

[11] Cardoso e Faletto, 1979.

[12] Bresser-Pereira, 1970.

[13] Bresser-Pereira, 1972 e 1977.

e a da nova dependência, adotada por Bresser, que a vem desenvolvendo ao longo dos anos. De acordo com esta última,

> o desenvolvimento dos países periféricos é nacional-dependente. Configura-se, assim, como um oximoro já que os dois termos, "nacional" e "dependente", ligados propositadamente por um hífen, são opostos. A burguesia ou o empresariado nacional e a própria burocracia do Estado vivem um processo de permanente contradição entre sua tendência a se identificar com a formação do Estado nacional e sua tentação de se aliar ao capitalismo dos países centrais.[14]

Para as três vertentes da teoria da dependência, a tendência das elites locais a se associarem ao imperialismo está presente. Contudo, enquanto no caso da versão da superexploração imperialista o desenvolvimento é impossível no quadro do capitalismo, e na vertente da dependência associada só é possível de forma subordinada, associada, na perspectiva da dependência de Bresser-Pereira o desenvolvimento nacional é possível porque existe sempre a possibilidade de os empresários voltarem a se associar aos trabalhadores e aos técnicos do governo. Existem forças e pressões internacionais que promovem sua alienação, mas os interesses dos empresários estão também identificados com o mercado nacional e com a própria idéia de nação da qual eles são parte essencial. Essa tese contraditória, mas ao ver de Bresser-Pereira mais realista, do papel desempenhado pelos empresários, que já está presente em seus trabalhos dos anos 1960, torna-se ainda mais clara nos seus trabalhos dos anos 1970 sobre o pacto político, unindo essas três classes no processo de transição democrática.[15]

As três vertentes da teoria da dependência, além de se diferenciarem em relação à possibilidade de que as elites nacionais venham a superar sua

---

[14] Ver "Economista ou sociólogo do desenvolvimento", neste livro.

[15] Ver *O colapso de uma aliança de classes* (Bresser-Pereira, 1978) e *Pactos políticos* (Bresser-Pereira, 1985).

alienação, distinguem-se também em relação às duas clivagens ideológicas fundamentais que têm caracterizado o mundo moderno: a esquerda *versus* a direita, e o nacionalismo *versus* o cosmopolitismo. Enquanto a interpretação da superexploração capitalista é radicalmente de esquerda e cosmopolita, apesar da denúncia que faz do imperialismo, e a interpretação da dependência associada é de esquerda, mas cosmopolita porque, ao recusar o acordo de classes, deixa de lado a idéia de nação, a interpretação da dependência de Bresser-Pereira é de esquerda e nacionalista, na medida em que parte do pressuposto historicamente verificado de que o desenvolvimento só é possível a partir de uma estratégia nacional.

A "recepção" da teoria da dependência entre alguns economistas

O "consumo" da teoria da dependência – ou seja, a "recepção" dessa teoria – entre alguns dos mais significativos economistas brasileiros é muito curioso. Antes, porém, de verificar a recepção dos brasileiros, vale a pena registrar "o consumo da teoria da dependência" feito por um economista da academia norte-americana, quase um precursor da teoria, o prestigiado Albert Hirschman, do Instituto de Estudos Avançados de Princeton. Aí já verificamos como a "recepção" dessa teoria foi polêmica.

"A teoria da dependência reafirmada" foi o título da sessão plenária do encontro da Associação de Estudos Latino-Americanos (Lasa) realizado em Atlanta, Estados Unidos, em março de 1976. Em seus comentários como presidente da mesa, Albert Hirschman apresentou alguns dos conferencistas apontando-os como os "pais" dessa teoria. A seguir, Hirschman apresentou-se como "o avô freqüentemente ignorado da teoria, devido ao que havia escrito em 1945 no livro *National Power and the Structure of Foreign Trade*. Fiquei, claro, muito feliz quando o Professor Caporaso, na introdução que fez a esse assunto, apoiou minha reivindicação."[16]

---

[16] Hirschman, 1981:94.

A ORIGINALIDADE DE UM INOVADOR CIENTÍFICO

O pano de fundo histórico desse livro de Hirschman foi o bem-sucedido esforço da Alemanha de Hitler para aumentar seu comércio e suas influências políticas sobre o Leste e o Sudeste europeu durante a década de 1930. Segundo Hirschman, os nazistas não haviam pervertido o sistema econômico internacional, mas apenas tinham capitalizado uma de suas potencialidades ou efeitos colaterais, pois

> elementos do poder e desequilíbrio são potencialmente inerentes mesmo em relações comerciais como as que ocorrem sempre, como por exemplo, entre países grandes e pequenos, ricos e pobres, industriais e agrícolas – relações que poderiam estar em perfeita concordância com os princípios ensinados pela Teoria do Comércio Internacional.[17]

Ao forjar uma ligação entre a economia internacional e a política, Hirschman enfocou principalmente o conceito econômico de "ganhos do comércio", mostrando como esse ganho pode levar à dependência o país que recebe o ganho em relação ao país que o concede. Procedendo ao longo das hipóteses da teoria clássica, Hirschman supõe que ambos os países ganham, mas enfatiza que, em um grande número de constelações, esses ganhos são assimétricos: um dado volume de comércio entre os países A (rico e grande) e B (pequeno e pobre) pode ser mais importante para B do que para A. As importações que A faz de B podem representar, digamos, 80% das exportações totais de B, mas somar apenas 3% das importações totais de A. Ressaltando bastante a importância de assimetrias e disparidades como esta, Hirschman imagina vários instrumentos estatísticos para medi-las.

Já, curiosamente, em seu livro de 1996, Hirschman registra:

> Em *National power and the structure of foreign trade*, mostrei como relações de influência, dependência e dominação emergem diretamente daquelas transações comerciais entre nações soberanas que vinham de lon-

---

[17] Ibid., p. 40.

ga data sendo caracterizadas como "mutuamente benéficas" pela teoria do comércio internacional. Mesmo que se concordasse com a clássica teoria dos ganhos econômicos com o comércio, poderia ser demonstrado que os efeitos *políticos* do comércio exterior tendiam a ser *assimétricos* e favorecer, pelo menos de início, os países maiores e mais ricos. Essa constatação fundamental foi uma razão de meu livro ter sido "redescoberto" nos anos 60, quando diversos autores desenvolveram a chamada teoria da dependência. *Na verdade, nunca me senti à vontade sendo tomado por "precursor" desse grupo, cuja análise econômica e política com freqüência julguei muito sombria.*[18] Em 1977 (Hirschman, 1977, reimpresso em *Essays on trespassing*: 27-33), surgiu-me a oportunidade de explicar minha atitude para com a escola da dependência e decidi fazê-lo criticando minha própria tese de um quarto de século atrás. Procurei mostrar que a própria situação de dependência que um país pequeno e pobre talvez experimente de início, como resultado de seu comércio com um país grande e rico, pode originar diversas contratendências, econômicas e políticas, que a seu tempo reduzirão essa dependência. Por exemplo, quando o comércio entre um país grande e poderoso e um país pequeno contribui inicialmente para a subordinação deste último, essa situação levará a uma reação que tem alguma chance de êxito devido ao que denomino "disparidade de atenção": o país grande é incapaz de voltar a atenção – e é improvável que o faça – para suas relações com um pequeno parceiro comercial com a mesma concentração de esforços que está ao alcance e é característica deste (o país [dependente] provavelmente procurará escapar à dominação mais ativamente e com mais energia do que o país dominante se esforçará para impedir essa libertação).[19]

---

[18] Grifos do autor. É curioso confrontar esta frase com a intervenção na Lasa, registrada no início.

[19] Hirschman, 1996:101.

O "consumo" da teoria da dependência entre alguns economistas brasileiros

A seguir, reproduzimos trechos de depoimentos de importantes economistas brasileiros de gerações diferenciadas (ver Mantega e Rego, 1999), onde eles se referem à teoria da dependência.

Roberto Campos acha um absurdo a incursão de sociólogos na economia. "Para o economista, as questões são de *how much more is?*, quer dizer, tudo é questão de grau. Então, do subdesenvolvimento ao desenvolvimento há apenas um espectro de variações quantitativas. Já o sociólogo gosta de criar categorias, e categorias estáticas no tempo." Para os sociólogos, segundo Campos, o subdesenvolvimento é uma categoria estática, oposta à categoria de desenvolvimento; já para o economista, é um mero estágio, não haveria esta separação de categorias. Para Campos, o desenvolvimento asiático demonstraria isso:

> Hoje, o aço da Coréia, os computadores de Taiwan, os *chips* da Coréia intimidam os países desenvolvidos, por quê? Porque o capital aplicado em sucessivas doses acaba gerando um espectro contínuo de crescimento. Eu nunca comprei a tese da dependência, ela sempre me pareceu bastante ridícula, primitiva mesmo. É a eterna confusão de faseologia com ideologia, eles dão uma interpretação ideológica àquilo que é meramente faseológico, são fases de desenvolvimento.

Já Celso Furtado, que foi um dos precursores da reflexão sobre dependência e adepto da abordagem cepalina, aceita plenamente a teoria da dependência:

> Para nós que vivíamos dentro da teoria de centro-periferia, a dependência era um fato que decorria da estrutura do sistema. Escrevi um livro sobre dependência em 1956. Agora, a visão que os sociólogos tiveram foi mais de olhar dentro da própria sociedade, como é que ela se solda e como ela se forma, a dependência. O fenômeno da dependência: todos conheciam, a própria teoria do semicolonialismo era uma teoria da dependência, que

os marxistas desenvolviam. Agora, ligar isso à estrutura interna da sociedade foi uma contribuição dos sociólogos. Na verdade, o fenômeno, a situação de dependência era aceita por uns como uma coisa natural, mas todo mundo partia do fato de que isso existia. Gudin, por exemplo, que era o homem da extrema direita, do liberalismo mais descabelado, criou a teoria da economia reflexa, que no fundo é economia dependente. Economia reflexa, que reflete tudo o que vem de fora, é uma forma de dependência maior. Portanto, o nome de dependência em si não tem muita importância, o que importa de verdade são os ingredientes do processo, e o que os sociólogos trouxeram foi um estudo da estrutura de poder interna, que está ligada à forma de dependência que surge com a industrialização. Você industrializou, você avançou, criou uma economia mais complexa e em realidade, digamos assim, não superou a dependência, ela assumiu outra forma. Porque a sua estrutura social se fez a serviço dos interesses da dependência. A verdade verdadeira é que, quando você internacionaliza uma economia subdesenvolvida, você aprofunda a raiz da dependência.

Já Delfim Netto, ainda que menos radical do que Campos na crítica à teoria da dependência, tenta retirar de forma muito forte a sua importância:

> A teoria da dependência, desde o começo, é simplesmente uma retirada da posição inicial. Uma posição marxista, em que você tinha uma espoliação acentuada, é transformada no seguinte: "não vamos ter ilusão, os estrangeiros se juntam aos empresários nacionais para continuar a exploração do sistema", é isso que é a teoria da dependência. Ou é mais do que isso?

Para Delfim, não há a exploração no sentido de Lenin.[20] O capital internacional, quando vem para a periferia,

> junta-se com a burguesia nacional e os dois exploram. Durante anos o Brasil crescendo, e eles dizendo que o Brasil não podia crescer. Foi só em

---

[20] Refere-se a *Imperialismo, etapa superior do capitalismo* (Lenin, 1916).

1976, quando já tinha crescido mesmo, que disseram "tem alguma coisa que está errada aí, vamos fazer a independência da teoria da dependência". O que estava errado? É que de fato não há esse processo de espoliação, esse é um processo em que o capital estrangeiro se une ao capital nacional, penetra na burguesia nacional e produz um aumento.

Delfim Netto, ironicamente como é seu estilo, não vê problema em dar *status* de teoria à reflexão sobre dependência. "Você quer chamar isso de teoria, pode chamar. Dizer que isso representa um conhecimento profundo, e uma revolução sociológica do entendimento, também pode, é uma questão de gosto".

Nas palavras de Luiz G. Belluzzo:

> Na época, você tinha várias versões da teoria da dependência. Havia uma versão mais estagnacionista, que era a alternativa socialismo ou dependência, que tinha origem no "desenvolvimento do subdesenvolvimento" do Gunder Frank.[21] Essa controvérsia se desdobrou ainda em outras, na teoria do subimperialismo e na posição do Fernando Henrique, que procura colocar o seguinte: você pode ter as duas coisas, dependência e desenvolvimento, o desenvolvimento dependente. Em relação à teoria do imperialismo, tal como ela era manejada pelos marxistas brasileiros na época, aparecia como originária do Gunder Frank, era uma flexibilização importante. Também refletia um pouco o otimismo, porque dizia: "vai ter desenvolvimento associado, dependente, mas esse desenvolvimento pode ter graus distintos de avanço social". Depende da relação interna de classes, da relação interna de forças e da maneira como essa relação de forças se reflete nas políticas de Estado. Olhando para trás, havia um pouco de otimismo que eu acho que perdura até hoje. Teve a virtude de mostrar como o entorno internacional condicionava o desenvolvimento das economias periféricas. Mas, veja bem, as condições que presidiam aquele momento não são mais as que estão presentes agora. As condi-

---

[21] Frank, 1966.

ções de desenvolvimento capitalista são muito mais estritas hoje do que foram no passado.

Para Pérsio Arida,

> a teoria da dependência, como teoria econômica, produziu muito pouco. Como sociologia, é outra coisa. A idéia das perdas associadas ao processo de troca[22] é uma idéia equivocada, a idéia de uma especialização inevitável, da divisão do trabalho, que também é uma idéia equivocada. Hoje em dia, com as tecnologias modernas, o conceito de vantagens comparativas ficou mais intenso do que antes, quer dizer, você monta carro na Alemanha, mas faz o processamento de dados na Índia, porque o processador da Índia funciona melhor que o processador da Alemanha. As pessoas falavam: "existe um problema, tem um pedaço do mundo que vai a reboque do resto, talvez aqui tenha um caminho de entendimento do porquê". Mas eu realmente acho que, como economia, nunca foi muito longe. Foi extremamente influente na sociologia, mas na teoria econômica não. Lembro que, quando eu cheguei no MIT, nem existia, nunca houve "traço" a respeito.

Paulo N. Batista Jr. considera o uso do termo "teoria" um pouco abusivo:

> Não é propriamente uma teoria, são algumas observações sobre certas características do processo de desenvolvimento, das relações internacionais da América Latina. Tinham a pretensão de criar um paradigma que tivesse um peso intelectual comparável ao que a Cepal tinha construído com Prebisch e Furtado. Eles não chegaram a isso, na minha opinião. Grande parte do interesse na época tinha a ver com as controvérsias internas da esquerda marxista, ou quase marxista, latino-americana.

Para Batista Jr., a teoria da dependência está explicitamente formulada como uma contraposição ao nacional-desenvolvimentismo e, em particular, à adesão de parte da esquerda marxista:

---

[22] Alude a "Desenvolvimento econômico da América Latina e seus principais problemas" (Prebisch, 1949).

A ORIGINALIDADE DE UM INOVADOR CIENTÍFICO

O argumento etapista dizia que, na América Latina, você tinha que passar por uma fase de aliança com a burguesia nacional para se contrapor ao imperialismo americano. Disso resultaria um processo de desenvolvimento que, mais tarde, convergiria na direção do socialismo. E o que diziam? Não, a burguesia nacional é dependente e associada, ela não será um aliado. Não há uma alternativa nacional ao imperialismo americano, era mais ou menos essa a colocação.

Para Batista Jr., despojado da retórica marxista, isso foi virando uma coisa diferente ao longo dos anos 1970, 1980, na trajetória dos intelectuais que acabariam no PSDB: "É que não há alternativa nacional, ponto. Portanto, o que há é uma alternativa de cooperação com as forças internacionais."

Então, para Batista Jr., o que se chama hoje de teoria da nova dependência estaria se aproximando do Consenso de Washington:

> Na prática, representa uma parte da esquerda, impelida pelas desilusões com a experiência socialista no bloco soviético, aderindo a um movimento internacional hegemônico. São ex-esquerdistas na posição de interlocutores privilegiados de interesses internacionais e de viabilizadores da adaptação da política econômica e internacional de vários países latino-americanos, do Brasil em particular, a esse padrão internacional. Acho que isso estava presente, em germe, nas controvérsias intramarxistas dos anos 1960, 1970. Essa percepção altamente cética sobre a possibilidade de se ter um projeto nacional, assentado ou não na "burguesia nacional". Uma coisa é o reconhecimento realista do grau de integração do empresariado brasileiro e das elites brasileiras com os interesses internacionais, isso é uma análise. Outra é que, em ciência social, a análise do que é nunca está inteiramente separada da discussão do que deve ser. E ela desemboca em uma recomendação prática de "não há o que fazer, vamos participar desse processo, tal como está estruturado".

Já Singer julga que a teoria da dependência foi um avanço teórico importante:

A meu ver, foi muito importante. Fui e continuo entusiasta. Tentou-se substituir a teoria do imperialismo pela teoria da dependência, que, de certa forma, são substitutos. Mas, na verdade, a idéia central da teoria da dependência não é a exploração. Ela é muito mais complexa do que isso. É um relacionamento entre classes sociais – principalmente de classes dominantes, das metrópoles e dos países periféricos. Há classes sociais nos dois países: no centro e na periferia. Essas classes estão em conflitos muito complexos e, portanto, o relacionamento entre esses países é permeado por esses conflitos dentro deles também. É uma visão muito rica de como se dá o relacionamento entre países desiguais e que procuram tirar proveito das suas desigualdades, das suas complementaridades. Daí a idéia do desenvolvimento associado.

Para Barros de Castro, o que a teoria da dependência tem de novo é o esforço, é a proposta metodológica e teórica ambiciosa, que toma a mudança econômica como ininteligível sem a explicitação dos interesses sociais e da estrutura política que estão por trás de cada mudança:

> Isso é o que tem de novo e é novo mesmo, no sentido de que o pensamento do Prebisch, do Furtado, apesar de, vez por outra, estender um braço, uma implicação no campo social, está centrado na problemática econômica, como se ela tivesse uma lógica própria.

Castro registra que

> absolutamente não aprecio. Não sei qual é a palavra simples e adequada, que não seja rude, mas que seja sintética. Eu absolutamente não me convenci. Usando uma expressão cruel, mas que eu acho que é verdadeira: o que ele tem de novo não é bom e o que ele tem de bom não é novo. Porque eu não fiquei minimamente convencido de que os autores tenham conseguido, digamos assim, romper o economicismo de forma fecunda. E, muito particularmente, acho que há nas obras um esforço que vicia todos os resultados, que é uma dupla analogia com o marxismo (...) Dupla analogia de achar que o fundamental é cada classe ou cada grupo social procurar montar a estrutura econômica e social de acordo com os

seus interesses. Como se cada classe ou conjunto de classe, grupo ou aliança fosse portador de um modo de produção, de uma forma de estruturação da economia e da sociedade, e que cada sujeito histórico tenta assumir o comando da história através disso. Dessa estruturação conforme os seus interesses, conforme a sua, digamos, vocação histórica. E as demais classes, grupos excluídos etc. resistem a isso, essa é a segunda idéia, e a coisa se dá através de conflitos. São obviamente duas evocações do marxismo. Primeiramente, a evocação do que há de mais central em Marx, que é a burguesia como classe social, portadora de um modo de produção, que se afirma ao superar o feudalismo e estrutura o mundo de acordo com o seu interesse, contrariando as forças que a ela resistem. Basicamente, as classes pré-burguesas. Então, aí estão as duas coisas. Tanto a idéia de que ela é portadora de um novo mundo e que o estrutura de acordo com os seus interesses, quanto a idéia de que isso se faz através de conflitos, que é o que move a história. As duas são, portanto, propriedades absolutamente fundamentais e idéias centrais do marxismo. Então, eu diria que essa idéia, que é matricial em Marx, no máximo se aplica à emergência da burguesia. Se você tenta reproduzir isso para outras experiências, você fracassa. Todas as tentativas de imaginar a superação do escravismo pelo feudalismo deram com os burros n'água. Porque não existe a classe feudal que é portadora do seu modo feudal, que brinca com a classe de donos de escravos etc. e vai por aí afora. Assim também essa analogia se revelou altamente problemática quando aplicada ao proletariado. O proletariado não conseguiu de maneira nenhuma fazer algo análogo ao que a burguesia fez. Bater crescentemente contra a classe hegemônica que o precede, impor e estruturar o seu mundo a seguir. E essa analogia não serve. E muito menos, aí vai o meu ponto, serve para estudar formações econômicas como a nossa. E a idéia de que, aqui também, você vai entender o movimento econômico a partir dos interesses da classe dominante, da classe que está chegando a ser dominante, e que este processo é movido por conflitos, essa tentativa está condenada ao fracasso. Aliás, as referências feitas na teoria da dependência ao caso brasileiro são pífias, como vocês podem reparar. Há, inclusive, uma passagem em que reconhecem que, pelo menos na primeira fase da industrialização, lá pelo Vargas, nada tem a ver com uma impulsão a partir da burguesia. Isso eles admitem. Mas acontece que realmente prossegue assim, e não é uma boa coisa metodológica. Ela realmente não é capaz de organizar um material histórico. Ela estava condenada ao fracasso. Eu nunca aceitei essa proposição básica: a idéia é absolutamente genial no Marx, de fazer uma história do capitalismo a partir da ascensão da burguesia como eixo estruturante da história. É uma idéia genial, mas não é reproduzível e passível de ser usada no varejo para estudar, por exemplo, o Paraguai de 1950 a 1970, não dá! É bobagem porque não é por aí que você vai conseguir organizar um material histórico. Então, eu tenho uma discordância radical desde o início.

A teoria da inflação inercial

Bresser-Pereira expõe suas reflexões sobre o processo inflacionário no começo da década de 1970, em um artigo sobre inflação de custos. No final dessa década, faz um artigo mais geral sobre a inflação brasileira, publicado em 1979. Nesse mesmo ano, ao dar uma aula especial sobre inflação no curso de especialização (Ceag) da Fundação Getulio Vargas, apresenta uma exposição que é a base de um artigo intitulado "A inflação no capitalismo de Estado e a experiência brasileira recente", publicado no primeiro número da *Revista de Economia Política* e também como primeiro capítulo do livro *Inflação e recessão*. Nesse artigo, Bresser mistura as suas teorias sobre burocracia e sobre Estado, o seu profundo conhecimento de Kalecki e o que aprendera com Ignácio Rangel acerca de inflação de custos, além de sua observação do que estava acontecendo no Brasil naquela época, em fim de 1979 ou começo de 1980, quando havia plena recessão e uma inflação que não caía de nenhuma maneira (100% ao ano e não cedia). Na ocasião, Bresser teve a idéia de explicar esse quadro através de um processo defasado de aumento de preços, em que as empresas A, B e C aumentavam seus preços defasadamente. Em 1982, Bresser escreve (com o auxílio de Nakano) um artigo sobre inflação que é a base da sua visão da teoria da inflação inercial:

"Fatores aceleradores, mantenedores e sancionadores da inflação". Esse artigo vai ser apresentado na Anpec em dezembro de 1983, onde o debatedor é Chico Lopes. É exatamente o momento em que os economistas da PUC do Rio de Janeiro, Pérsio Arida, André Lara-Resende, Chico Lopes e Edmar Bacha, com os quais naquela época Bresser e Nakano tinham pouco contato, estavam também desenvolvendo suas idéias sobre a inércia inflacionária. Em novembro de 1984, Pérsio Arida e André Lara-Resende apresentam em Washington o artigo contendo a proposta que ficou conhecida como "Larida". Nesse ano, Bresser e Nakano já haviam publicado o livro *Inflação e recessão*, reunindo todos os artigos que haviam escrito sobre inflação inercial, inclusive um artigo sobre política administrativa de controle de inflação, sobre como se acaba com uma inflação de caráter inercial. Esse livro, como registra Bresser,

> marca a transição da nossa visão rangeliana da inflação, que já era um avanço, que é a visão de que a inflação decorre em grande parte do poder de monopólio das empresas, para a visão inercialista da inflação, que está colocada no meu artigo[23] escrito em 80. E depois a minha associação com o Nakano, que aí então dá ao trabalho uma sistematicidade. Em 84, o André Lara-Resende vai para a Argentina comigo em julho e temos enormes conversas.

Inflação e recessão é o primeiro livro publicado no Brasil sobre inflação inercial. No final de 1984, Chico Lopes escreve o que Bresser considera o melhor artigo sobre inflação inercial, "Inflação e hiperinflação: notas e conjecturas", apresentado na Anpec de 1984, publicado também na *Revista de Economia Política* e, depois, no seu livro *O choque heterodoxo*. Bresser-Pereira registra que seu desenvolvimento teórico a respeito de inflação se deu de forma autônoma. Nas palavras de Bresser,

> só mais tarde eu vim a descobrir quem era realmente o autor da idéia (...). Nós descobrimos por nossa conta, Nakano e eu em São Paulo, e, na

---

[23] "A inflação no capitalismo de Estado" (Bresser-Pereira, 1981).

PUC, Pérsio, André, Bacha e Chico Lopes, talvez o Modiano também, no Rio. Mas já havia alguma coisa feita anteriormente, e o grande iniciador disso realmente é um economista cubano chamado Felipe Pazos, que em 1972 publicou, por uma editora americana, um livro chamado *Chronic inflation in Latin America*, que ninguém tinha lido, não sei por quê. Eu li só no final da década de 80. Lá não tem muita teoria, mas tem basicamente a idéia da inflação inercial. E eu acho que o Mario Henrique Simonsen também foi um pouco pioneiro quando desenvolveu a idéia da realimentação, mas ele tentou combinar a realimentação com o monetarismo e com o keynesianismo, e ficou uma salada. Mas a idéia era muito boa.

Concordamos plenamente com Bresser quando afirma que a teoria da inflação inercial foi um grande avanço teórico,

> certamente a coisa mais importante que os brasileiros fizeram em macroeconomia. Batia com a teoria estruturalista do Ignácio Rangel apenas em uma coisa: a moeda era vista como endógena, isso é fundamental. Mas o próprio Ignácio Rangel não conseguiu entender a inflação inercial, que era um passo adiante.

Leda Paulani, no interessante livro *Os heterodoxos e o pós-moderno*, escrito com mais dois autores em 1986, já havia tratado da teoria da inflação inercial.[24] Posteriormente, num artigo redigido para o livro *50 anos de ciência econômica no Brasil (1946-1996)* – obra em co-autoria de A. Bianchi, F. Anuatti, G. Mantega, L. Paulani, L. Bresser-Pereira, M. Loureiro e R. Bielschowsky –, depois de demonstrar qual a natureza do diagnóstico inercial, e de considerar até que ponto esse diagnóstico "pode ser alinhado ao grupo das idéias heterodoxas", Paulani tem como objetivo principal responder "sob que aspectos pode (ou não) esse diagnóstico ser considerado como uma criação genuinamente nacional".[25] O título de seu artigo é "Teoria da

---

[24] Bier, Paulani e Messemberg, 1986.

[25] Paulani, 1997:162.

inflação inercial: um episódio singular na história da ciência econômica no Brasil?". Percebemos, já pelo título e pelos objetivos explicitamente elencados, que Paulani não está questionando o *status* de teoria conferido à abordagem inercialista, e sim questionando fundamentalmente se essa criação teórica é nacional, ou, para usar sua expressão, "genuinamente nacional".

Estou a divergir de Leda Paulani. Nossa hipótese aqui é de que a teoria da inflação inercial é uma contribuição fundamentalmente nacional (estou substituindo o genuinamente por fundamentalmente, pois afinal de contas *ex nihilo nihil,* ou seja, do nada, nada provém, com que a própria Paulani parece a seguir concordar). Ouçamo-la:

> que dizer a respeito do estatuto de teoria econômica genuinamente nacional algumas vezes conferido à teoria da inflação inercial? Com todas as ressalvas necessárias à possibilidade de se falar nesses termos, vale dizer, falar de uma teoria econômica "genuinamente nacional", qualquer que seja a nação em questão, há que se considerar uma faceta nacional nessa teoria, visto que, se estivermos corretos em nossa hipótese, ela aqui se constitui precisamente porque a peculiaridade de nosso contexto formalmente indexado forneceu-lhe a realidade objetiva que foi seu ponto de partida. De outro lado, porém, como a heterodoxia está associada a nossas peculiaridades e diferenças, enquanto a ortodoxia põe-se, quase por definição, como o paradigma que tenta pretensamente dar conta da universalidade dos princípios que regem a economia de mercado, não deixa de ser curioso que um expediente heterodoxo assentado, porém, numa base conceitual ortodoxa, tenha tido tamanha funcionalidade. Como já adiantamos, a despeito da recorrência em nossa história de discursos ortodoxos (em alguns momentos mais intensos do que em outros), as idéias estritamente aí enquadradas sempre giraram em falso por aqui, porque esbarravam numa realidade objetiva, ainda que igualmente capitalista, distinta de sua matriz de origem. A experiência brasileira recente com programas de estabilização advindos do diagnóstico inercial teria alterado, por vias inusitadas, essa situação. Assim considerada, a teoria da inflação inercial teria muito pouco de genuinamente nacio-

nal. Deriva dessa complexidade, portanto, a diversidade de opiniões a esse respeito que se registrou nas conversas com alguns dos mais importantes economistas brasileiros recentemente editadas (Biderman, Cozac e Rego, 1996).[26]

A seguir, apresentamos os pontos de vista de Roberto Campos, Furtado, Delfim, Belluzzo, Singer, Affonso C. Pastore e Pedro Malan a respeito da teoria da inflação inercial. Campos vê como exorbitância considerar a inflação inercial uma teoria:

> Acho que há um grande exagero nisso. Na realidade, o que a correção monetária em princípio faz é meramente registrar a inflação passada, é um termômetro. Você achar que o termômetro produz a febre é uma ligeira confusão. O que provoca essa impressão de que a correção monetária é causa da inflação é que a correção monetária se torna uma coisa perversa, porque os agentes econômicos postulam a continuidade da política do governo. Se o governo tem hábitos de financiamento inflacionário, o agente econômico projeta para o futuro esse comportamento do governo. Então é o comportamento do governo, muito mais do que a correção monetária, que provoca a inflação. Na realidade, entre 1964 e 1973, a inflação baixou enquanto se expandia a aplicação do instituto da correção monetária. Ou seja, a correção monetária até ajudou a combater a inflação, porque permitiu poupança, permitiu contratos de longo prazo e evitou que o cidadão embutisse nos seus contratos salariais, ou de fornecimento, a inflação futura. Friedman, por exemplo, advoga que isso é a coisa mais racional possível.

Já para Furtado, não existe inflação inercial por conta própria. "A inflação brasileira, todo mundo sabe, é um conflito distributivo de renda. O governo foi sempre um beneficiário dessa inflação, pois não tendo meios de se autofinanciar adequadamente, não tendo uma política fiscal adequada, apelava para a inflação." Para Furtado, a inflação inercial é um subproduto da indexação,

---

[26] Paulani, 1997:178.

porque você não encontra inflação inercial nos outros países, só onde existe indexação. Porque com a indexação você pode prever a inflação, então você podendo prever, você pode planejar também a inflação futura, portanto está transformado em uma necessidade, porque ninguém quer ficar atrás, "já sei que os preços vão aumentar mesmo, então tenho de aumentar os meus", e tem-se uma inflação inercial, que é criada por ela mesma. Se a credibilidade volta, ela se dissolve, desaparece. A inflação clássica brasileira, de 30% ao ano que temos hoje, é a que eu conheci sempre, e que resulta das inflexibilidades estruturais da economia brasileira. Então, essa é uma inflação que reflete as tensões normais da luta pela distribuição da renda, a necessidade de baixar salários de uns, é o conflito distributivo clássico. A inflação inercial sozinha não precisa de uma explicação, ela só existe como subproduto. A inflação é criada pelas tensões distributivas, e é neutralizada pela inflação inercial.

Delfim Netto acredita que toda inflação tenha um forte componente distributivo. Mas se nega a classificar como teoria a reflexão sobre a inflação inercial. Em suas palavras, "meu Deus, se isto aqui for teoria, minha vó era bonde elétrico, e urubu é Boeing 770, que ainda não saiu".

Já a posição de Pastore sobre a teoria da inflação inercial também é bastante cética. É interessante notar como ele coloca todo o problema em termos econométricos:

> Deixa eu pegar esse negócio de inércia, que vocês mencionaram. Em primeiro lugar, não há uma teoria da inflação inercial, no meu modo de ver. Existe um fenômeno de inércia, mas se você pensar o que é inércia, vai descobrir que é uma coisa muito interessante. Em primeiro lugar, inércia não foi criada pelo André nem pelo Pérsio, inércia é um fenômeno de *low frequence*, em séries temporais. Todas as séries temporais que têm movimentos de baixa freqüência dominantes são séries que têm inércia. Se você for buscar isso lá atrás, em 1966 tem um trabalho importante de um sujeito chamado Clive Granger, publicado na *Econometrica*, intitulado "The typical spectral shape of economic variables". Ele mos-

tra que a maior parte das variáveis econômicas, como produto, emprego, salários, nível de preços e taxa de inflação, tem densidade espectral concentrada nas freqüências baixas, tudo AR positivo baixo. Isso é inércia. A taxa de inflação do Brasil tem AR positivo baixo, a taxa de inflação nos Estados Unidos, no Japão, na Inglaterra e na Alemanha, tem AR positivo baixo. Se você olhar as funções de autocorrelação, em qualquer um desses países, vai achar em todos eles um movimento de *low frequence*. Olha as funções de autocorrelação, nos Estados Unidos, no Japão, na Inglaterra, na Itália, todos têm uma enorme inércia, certo? Agora vem para o Brasil, nós estamos falando de 10, 20, 30, 40% por trimestre, de 500, 1.000, 1.500, por ano. Por favor, olha a função de autocorrelação da Itália e olha a função de autocorrelação do Brasil, veja se você acha alguma diferença. A inércia que tem aqui tem lá, que é a inércia produzida pela auto-regressividade. Será que nós inovamos alguma coisa com isso? Quando nos Estados Unidos, ou na Alemanha, ou na Itália, ou no Japão, ou em qualquer país, você dá um choque na taxa de inflação, esse choque produz um crescimento da inflação. Um choque de uma má oferta agrícola, sobe e aí vai caindo, caindo e se dissipa. Trabalha com séries temporais, estima os modelos, arma os modelos, estima todos e vai para a componente móvel do modelo, estima como o choque se situa no modelo. Quer dizer, você dá um choque de magnitude um, ele demora 10, 15, 20 trimestres, mas ele se dissipa nos Estados Unidos, na Alemanha, na Itália, no Japão, com sistemas de dissipação de velocidades muito parecidas. Quando no Brasil você dá um choque, o choque vai lá em cima e não se dissipa, ele se incorpora na taxa de inflação. Aí descobriu uma diferença. Mas isto é *Trends and random walks in economic variables*, é literatura de fora, lá atrás. Isso não está no André, não está no Pérsio, isso é literatura americana, não é brasileira, não é *break-through* de economista brasileiro. Estou tentando é fazer o meu ponto, dar o exemplo para vocês. Por que isso acontece? Os inercialistas dizem: "a inércia é produzida pela indexação". Bom, a inércia é produzida pela rigidez de preços. Qualquer mecanismo que introduza rigidez de preço produz inércia de auto-regressividade. Todos os países têm rigidez de preços, lá e cá, por que lá dá o choque e dissipa, e aqui dá o choque e não dissipa? Tem alguma coisa lá que produz a dissipação, e tem alguma coisa aqui que produz a persistência do choque. Pega o modelo onde tem a rigidez de preço, um tipo de rigidez de preço, que é ou indexação ou expectativa adaptativa, deixa o governo operar fixando a taxa de juro, portanto tendo moeda passiva. Quando isso acontece, aparece a raiz unitária, que gera aquele fenômeno de persistência. Quando você fixa moeda e não fixa taxa de juro, o governo produz alguma força que produz a dissipação, desaparece a raiz unitária, sempre. Eu estou dizendo o seguinte: inércia é também fenômeno monetário. Onde eu vou buscar essa idéia? Aqui no Brasil? Não. Lá fora, só. Isso aqui está tudo na literatura, isso não tem uma inovação em cima da literatura.

Para Belluzzo, o consenso dos anos 1980 era a desvalorização e ajuste fiscal, essa era a recomendação do fundo. Reverter o déficit das transações correntes, fazer um saldo comercial grande, reduzir a expansão do crédito líquido doméstico da economia, expandir as reservas e conseguir estabilizar. As economias entraram em uma trajetória de fortíssima instabilidade, com sucessivas tentativas de realinhar o câmbio, fazer as máxis. Suscitou-se uma generalização da indexação, no caso do Brasil de maneira mais intensa e mais forte, que levou à impossibilidade de produzir o alinhamento de preços relativos desejado. Daí, segundo Belluzzo, é que nasce a idéia de inflação inercial, para explicar a continuidade do processo inflacionário mesmo depois de ter atingido alguns objetivos suscitados pelo programa do fundo. Muitos países conseguiram reverter rapidamente a sua situação no balanço de pagamentos, outros conseguiram fazer progressos importantes no lado fiscal. Para Belluzzo,

> era isso que sustentava, em boa medida, a possibilidade da teoria de inflação inercial. Os primeiros artigos diziam o seguinte: "já que você tem uma situação de finanças públicas resolvida, a inflação só pode ser explicada pelos mecanismos formais e informais de transferência para frente da inflação passada". Então, justificava-se ou uma reforma monetária pura e simplesmente, como se você desse um golpe de judô, usando

a superindexação para terminar com toda a indexação, ou através de uma intervenção no sistema de preços para criar várias âncoras nominais. Uma vez que tudo o mais estava resolvido, você poderia saltar para uma situação de estabilidade. Qual era o problema das teorias da inflação inercial? Era o fato de que eles não se deram conta de que a questão do financiamento externo, portanto a raiz da instabilidade, permanecia. Esta situação não se sustentaria por muito tempo, a menos que se usassem outros supostos e outros métodos. Ou a economia teria de funcionar em um nível muito baixo de atividade, ou teria de se avançar na intervenção. Nenhuma das duas coisas era satisfatória, porque a raiz da instabilidade, que eram as condições de financiamento externo, não estava resolvida.

O que aconteceu durante os anos 1970 foi uma tentativa de correr atrás do próprio rabo. Quando se reverteu a situação externa, encontraram-se as condições óbvias para que a economia se estabilizasse. Aliás, depois de todo esse barulho, o que sobra é o seguinte: depois de um processo prolongado de inflação muito alta ou de hiperinflação, está no meu artigo com a Conceição,[27] a única forma é restaurar o sistema monetário pela sua função fundamental, senão não consegue estabilizar. Isso é uma coisa clássica, que limita muito o alcance das teorias inerciais da inflação. É por isso que você não conseguia explicar. Não havia como, nos quadros da teoria da inflação inercial, explicar o que estava acontecendo. O próprio Frenkel, depois de ter escrito um artigo sobre a formação de preços em uma economia de alta inflação,[28] em que ele adotava uma explicação parecida com a teoria da inflação inercial, escreveu um artigo sobre as inflações altas que suscitam intervalos de relativa estabilidade da taxa, seguidos de aceleração. No livro da Leda Paulani e do Roberto Messemberg,[29] a crítica que eles nos fazem é de termos feito uma análise

---

[27] "Uma reflexão sobre a natureza da inflação contemporânea" (Belluzzo e Tavares, 1984); também em Rego (1986).

[28] "Decisiones de precios en alta inflación" (Frenkel, 1979); também em Rego (1989).

[29] Bier, Paulani e Messemberg, 1986.

e feito outra coisa na prática. De certa forma eles têm razão, mas ali a questão era outra. Nós sabíamos que aquilo tinha uma vida limitada, mas quase que fomos constrangidos a fazer o plano. A expectativa geral era de que você fizesse alguma coisa em relação à estabilização. Mas a posição que está no meu artigo com a Conceição é que você tem um problema de instabilidade derivada dos desequilíbrios de estoques que a crise externa causou.

Ainda Belluzzo:

Se você olhar a literatura sobre hiperinflação do pós-guerra, ou a própria tese do Gustavo Franco, vai encontrar suporte para a idéia de que é preciso restaurar as condições de financiamento externo. Os economistas e os políticos dos anos 1920 e 1930 sabiam disso com grande clareza. Na discussão brasileira, faltou informação histórica e ficou um pouco politizada no mau sentido. É uma tendência ruim na discussão econômica, pelo menos na discussão pública, aceitar a forma como a mídia em geral trata as questões. As pessoas não têm coragem de falar "esse problema não é assim". Virou uma discussão sobre quem era o culpado pela inflação, se era o sistema financeiro, os bancos, os empresários que reajustavam demais os preços. Virou uma coisa muito ruim.

Singer, por sua vez, registra que os inercialistas

nos ensinaram uma coisa extremamente importante. O papel do conflito distributivo no processo inflacionário. Quer dizer, realmente eles deram um enorme passo adiante ao tirar a discussão da questão monetária. A tese da inflação inercial é nitidamente uma tese de economia política. A política está fortemente presente. Toda a idéia da inércia vem de uma indexação pública, política, governamental etc. Eles tentam mostrar que a economia está equilibrada e, portanto, pode dispensar a inflação. A inflação tornou-se dispensável e, portanto, é muito simples acabar com a inflação. E estavam certos! Houve circunstâncias específicas, porque o Plano Cruzado, a primeira tentativa, fracassou. Mas o Plano Real deu certo. E a facilidade com que se deu, afinal de contas, a estabilização em

94, surpreendeu. Ela é uma brilhante confirmação do *insight* teórico da inflação inercial. Cada inflação era 90% realmente inercial. Por isso que deu muito menos recessão que se temia e eu mesmo temia bastante. Agora, eu tentei trabalhar muito nos anos 1980 em cima de uma teoria de economia política da inflação. Escrevi muito sobre isso, tentando usar um ensaio da inflação inercial, a meu modo.

Singer acha que a abordagem político-econômico-histórica da inflação é melhor do que as abordagens alternativas, das quais a mais importante, evidentemente, é a monetarista, que diz pouco importar a origem da inflação, pois só há um jeito de acabar com ela, que é cortando a parte pública da demanda efetiva:

> O que critico na teoria da inflação inercial do jeito que ela foi desenvolvida pelo Pérsio Arida, André Lara-Resende, mais do que pelo Bresser e pelo Nakano, é o caráter exclusivamente econômico. Eu não consigo aceitar análises que não levem em consideração os elementos políticos que estão aí evidentemente presentes na análise. É impossível pensar numa inflação inercial sem pensar em todo o processo conflitivo de indexação. Por que é que não se tem um único índice para todos os valores da economia, mas tem *n* índices? A não ser o fato de que se pretende exatamente redistribuir a renda mediante o processo de indexação. Essa distribuição de renda a favor dos exportadores, dos banqueiros, ou contra os assalariados, não pode deixar de ser explicitada. É totalmente omitida nessas análises. Não aparece. Aparece um pouco no Bresser, no Nakano. Li um pouco nos outros. Essa é a minha principal divergência.

Já Pedro Malan, de alguma forma concordando com Leda Paulani, afirma:

> O que é produção teórica, na verdade, como eu procurei dar exemplo, significa coisas diferentes, para diferentes pessoas em diferentes momentos e em diferentes lugares. Eu confesso a você, honestamente, que fico menos preocupado em saber se uma determinada contribuição tem o estatuto

de uma criação teórica, original, peculiar, de nosso país, de nossa comunidade acadêmica. Ou se ela é algo que avança no sentido do entendimento, do debate público no Brasil e se tem relevância para outros países. Então, eu tenho uma certa resistência a fazer uma espécie de votação para saber se tal hipótese de trabalho e se tal forma de tentar interpretar, analisar, propor soluções para um problema, ou uma interpretação mais apropriada para um determinado problema, tem o estatuto de teoria ou não. Eu acho que o final dos anos 1950 e os anos 1960 foram férteis para o debate, eu acho que a segunda metade dos anos 1980 e os anos 1990 foram extremamente férteis também. Sobre se há uma criatividade do pensamento econômico brasileiro, eu acho que existe uma grande criatividade, sim. Eu conheço as comunidades econômicas de vários países desenvolvidos e em desenvolvimento, eu acho que a nossa não fica a dever a nenhum país em desenvolvimento, não fica a dever mesmo. Certamente, não fica a dever a nenhum. Procurei dizer isso no prefácio do teu livro *Conversas com economistas brasileiros*. Agora, eu acho que o trabalho do Francisco Lopes, do Bresser-Pereira e do Nakano, do Pérsio Arida e do André Lara-Resende, sobre os nossos próprios debates, com inúmeras e inúmeras reuniões e missões aqui e em Washington com o FMI, sobre a impossibilidade de equacionar o problema da alta, crônica e crescente inflação brasileira apenas com a combinação tradicional de política fiscal e monetária austera, foram importantes nesse sentido, assim como o fato de termos sofrido as experiências fracassadas do Cruzado, do Plano Bresser, do Plano Verão, Collor I, Collor II. As pessoas, as comunidades aprendem com acertos e aprendem com erros também. Eu acho que a experiência acumulada ao se analisar e entender por que essas experiências não deram certo, o empenho de vários destes que aqui estão mencionados de entender por que foi bem-sucedida a experiência de Israel, do Chile, do México, sucessos e erros de outros países, também foi fundamental para esse processo que é criativo. Não é para ser diminuído porque não se gerou uma teoria que é reconhecida internacionalmente como uma teoria. Eu acho que hoje é reconhecida a criatividade do pensamento econômico brasileiro. Ao desenvolver uma forma de lidar com o tipo de inflação que não é uma inflação com características de economias em que ela podia ser tratada simplesmente através de instrumentos convencionais de política fiscal e monetária. Lidar com inflação inercial é uma expressão da criatividade do pensamento econômico brasileiro, aplicado na resolução de um problema real. Por que é que isso não foi tão desenvolvido em outros países? Porque o Brasil é o único país, não tem paralelo no mundo, que foi tão longe, e durante décadas, no desenvolvimento de mecanismos de indexação, generalizada, formal ou informal, da economia. Assim é que se exigia uma solução adequada às características e circunstâncias do Brasil.

O mérito desse grupo de economistas brasileiros foi ter refletido longamente sobre isso e ter feito uma proposta adequada para a resolução de um problema. Eu acho que essa é uma efetiva expressão de criatividade. Fico menos preocupado em saber se isso configura uma teoria ou não. Mesmo porque é possível encontrar na produção teórica do mundo desenvolvido essas idéias. Refiro-me aqui a James Tobin, por exemplo, lembro-me de ter lido um artigo dele sobre isso. Já falavam na inflação inercial como um dos elementos possíveis para explicar a permanência da inflação em alguns países. Mas não era um problema – a sociedade só se concentra nos problemas que são relevantes para a sua própria sobrevivência –, não chegou a ser um problema fundamental para boa parte do resto do mundo como foi para nós. Então, aqui se desenvolveu um pouco mais de "tecnologia", digamos assim, para lidar com isso e eu espero que, depois de algumas experiências fracassadas, tenhamos resolvido o problema definitivamente com o Plano Real.

A "angústia da influência" em Bresser e a partir de Bresser

Os depoimentos de Bresser e de Hirschman sobre as suas produções teóricas e a recepção de suas teorias pelos seus pares fazem-nos lembrar de Bloom. Harold Bloom, no excelente livro *A angústia da influência,* um clássico da teoria literária, apresenta uma teoria da autoria através de uma descrição da influência autoral, ou história das relações intra-autorais. "Um dos objetivos dessa teoria é de natureza corretiva: acabar com a idealização de nossas versões oficiais de como um autor ajuda a formar outro."[30] Os autores fortes fazem a história deslendo-se uns dos outros, de maneira a abrir um espaço próprio de fabulação. Registra Bloom:

> Meu interesse único, aqui, são os autores fortes, grandes figuras com persistência para combater seus precursores fortes até a morte. Talentos mais fracos são presas de idealizações: a imaginação capaz se apropria de tudo para si. Mas nada vem do nada e a apropriação envolve, portanto, imensas angústias de débito.[31]

Bloom traça então cinco movimentos revisionários no ciclo vital do autor forte: *Clinamen, Kenosis, Demonização, Askesis* e *Apophrades*. A seguir reproduzimos quatro desses movimentos:[32]

- *Clinamen*, que é a desleitura ou desapropriação, propriamente dita. Um autor se desvia ao ler seus precursores de tal forma a executar um *clinamen* com relação a eles. Isto aparece como um movimento corretivo em seu próprio texto, sugerindo que os textos precursores foram acurados até certo ponto, mas deveriam, então, ter-se desviado, precisamente na direção em que se move o novo texto.

---

[30] Bloom, 1991:33.

[31] Bloom, 1991:33..

[32] Harold Bloom, em entrevista à *Folha de S. Paulo*, registra: "Jorge Luis Borges foi um dos meus pontos de partida. Borges sempre escreve parábolas sobre a angústia da influência, como quando diz sobre Shakespeare que ele era todos e nenhum. Não sei se não foi mais da leitura de Borges que de qualquer outro que tirei essa idéia. Só me dei conta disso quando escrevi *A map of misreading* e *Kabbalah and criticism*. (...) Como lido com a minha própria 'angústia da influência' em relação aos meus precursores? Continuo escrevendo. É a única maneira de lidar com isso. Acho que Borges, por exemplo, dissimulou essa angústia. A razão pela qual só escreveu histórias intrincadas, que são variações interpretativas de escritores precedentes, é que ele não queria confrontar o seu próprio 'romance familiar'. (...) Ele não queria confrontar nem suas próprias idéias sobre a influência. No meu caso, a razão pela qual eu dirigi as minhas energias literárias para a crítica, e não para a poesia, vem do fato de que aceito a angústia da influência e sei que não posso escapar dela."

- *Kenosis*, que é um mecanismo de ruptura semelhante aos mecanismos de defesa empregados pela psique contra as compulsões de repetição. *Kenosis*, portanto, é um movimento na direção de uma descontinuidade com relação aos precursores. O autor posterior, aparentemente esvaziando-se de sua própria inspiração, sua divindade fabulatória, supostamente se torna humilde, como se estivesse deixando de ser autor, mas a vazante é executada de tal forma em relação a textos-de-vazante precursores que os precursores também se vêem esvaziados.
- *Demonização*, ou um movimento na direção de um Contra-Sublime próprio, como reação ao Sublime dos precursores. O autor posterior se apresenta aberto ao que acredita ser uma potência nos textos-ascendentes que não pertence, de fato, a estes, mas sim a uma extensão ôntica imediatamente além dos precursores. É isto o que faz, então, em seu texto, ao postar-se com relação aos textos-ascendentes de tal forma que, ao generalizá-los, despreza o que existia de único nos trabalhos dos precursores.
- *Apophrades*, ou o retorno dos mortos. O autor mais recente, em sua própria fase final, já sob o peso de uma solidão de imaginação que é quase um solipsismo, sustenta seu próprio texto de tal forma aberto à obra dos precursores que, inicialmente, poderíamos pensar ter-se completado a volta ao círculo, transportando-nos de volta aos dias sufocantes de seu aprendizado, antes que sua força tivesse começado a se fazer sentir nas razões revisionárias. Mas o texto, agora, é *sustentado* em aberto, enquanto outrora *fora*, de fato, aberto, e o efeito estranhíssimo [*unheimlich*] é que o sucesso do novo texto faz com que este nos apareça, agora, não como obra dos ascendentes, mas como se o segundo autor houvesse, ele mesmo, escrito as obras características de seus precursores.

Os triunfos de um investigador

Clinamen, Kenosis, Demonização, Apophrades. É bem possível encontrar-se em Bresser esses quatro movimentos revisionários no ciclo vital de um autor forte. Mas os triunfos de qualquer investigador são os de suas doutrinas. Que ele possa convencer seus contemporâneos e sucessores a considerarem-nas cuidadosamente. Quando Ricardo ou John Stuart Mill adotaram uma teoria de Smith, isso não queria dizer necessariamente que a aceitaram sem ressalvas, senão que seus trabalhos e pensamentos estavam dirigidos pela formulação de Smith. As falhas de Smith foram, então, aquelas teorias que seus sucessores ignoraram ou rejeitaram. Um êxito ou triunfo é uma proposição em economia que se converte em parte do sistema operativo (num paradigma, para usar a expressão de Kuhn) dos economistas contemporâneos e de seus sucessores. Eles aceitam e usam a proposição, ou discutem e rejeitam a proposição. Não intentarei aqui determinar as dívidas de Bresser para com seus predecessores; basta dizer que são grandes, como são grandes as nossas dívidas para com ele. Pode-se dizer de Bresser o que Newton disse de si mesmo: "Se enxerguei mais longe, é por estar sobre os ombros de gigante".

Bresser não é um autor modesto e isso deve ser visto como um atributo para quem esteve envolvido diretamente na elaboração das duas mais importantes teorias produzidas por nossos cientistas sociais. Finalizamos, a propósito, lembrando-nos do economista George Stigler:

> Se um jovem economista realmente mergulhar na história da economia, aprenderá que todas as inovações propostas são, de início, conduzidas de uma maneira altamente imperfeita, e que só gradualmente os grandes defeitos são corrigidos. Também aprenderá que os responsáveis por uma nova teoria exageram seus méritos, assim como as deficiências do conhecimento anterior que vêm procurando suplantar. Nunca ouvi falar de exceções importantes a essa norma agressiva de autopromoção. Por exemplo, Adam Smith *cuidadosamente* ignorou o interessante tratado de economia de Sir James Stuart, que apareceu com nove anos de antecedência ao seu trabalho. (O desprezo é o caminho mais rápido para o esquecimento.) A única exceção conspícua à regra do excesso de apreço pelas próprias idéias foi John Stuart Mill, cuja retidão era, de tão vasta, lamentável. *Ele* próprio menosprezou sua própria contribuição – e foi

recompensado, por um século, com uma desmerecida reputação de falta de criatividade. Tanta modéstia e respeito pela sabedoria recebida seriam predicados bastante dúbios para um inovador científico.[33]

Referências bibliográficas

BELLUZZO, L. G.; TAVARES, M. da Conceição. Uma reflexão sobre a natureza da inflação contemporânea. In: REGO, J. M. (Org.). *Inflação inercial, teorias de inflação e o Plano Cruzado*. Rio de Janeiro: Paz e Terra, 1986.

BIER, A.; PAULANI, L.; MESSEMBERG, R. *O heterodoxo e o pós-moderno*. Rio de Janeiro: Paz e Terra, 1986.

BLOOM, H. *A angústia da influência*. Rio de Janeiro: Imago, 1991.

BRESSER-PEREIRA, L. C. *Desenvolvimento e crise no Brasil: história, economia e política de Getúlio Vargas a Lula*. Rio de Janeiro: Zahar Editores, 1968.

_____. Dividir ou multiplicar: a distribuição de renda e a recuperação da economia brasileira. *Visão*, dez. 1970.

_____. O novo modelo brasileiro de desenvolvimento. In: _____. *Desenvolvimento e crise no Brasil*. 3. ed. São Paulo: Brasiliense, 1972.

_____. *Estado e subdesenvolvimento industrializado*. São Paulo: Brasiliense, 1977.

_____. *O colapso de uma aliança de classes*. São Paulo: Brasiliense, 1978.

_____. A inflação no capitalismo de Estado (e a experiência brasileira recente). *Revista de Economia Política*, v. 1, n. 2, abr. 1981.

_____. Seis interpretações sobre o Brasil. *Dados*, v. 25, n. 3, p. 269-306, 1982.

_____. *Pactos políticos: do populismo à redemocratização*. São Paulo: Brasiliense, 1985.

BRESSER-PEREIRA, Luiz Carlos. Economista ou sociólogo do desenvolvimento. In: NAKANO, Yoshiaki; REGO, José Marcio; FURQUIM, Lilian (Orgs.). *Em

---

[33] Stigler, 1982:213.

busca do novo: o Brasil e o desenvolvimento na obra de Bresser-Pereira. Rio de Janeiro: FGV, 2004.

CARDOSO, F. H.; FALETTO, E. *Dependência e desenvolvimento na América Latina: ensaios e interpretação sociológica*. 5. ed. Rio de Janeiro: Zahar, 1979.

FRANK, A. G. *Capitalismo e subdesarrollo en América Latina*. Buenos Aires: Signo, 1966.

FRENKEL, R. Decisiones de precios en alta inflación. *Desarrollo Económico, Revista Cedes*, n. 75, 1979.

FURTADO, C. *Subdesenvolvimento e estagnação na América Latina*. Rio de Janeiro: Civilização Brasileira, 1966.

_____. *Um projeto para o Brasil*. Rio de Janeiro: Saga, 1968.

_____. *Brasil: a construção interrompida*. Rio de Janeiro: Paz e Terra, 1991.

HIRSCHMAN, A. The rise and decline of development economics. In: *Essays in trespassing*. Cambridge: Cambridge University Press, 1978.

_____. *Auto-subversão*. São Paulo: Cia. das Letras, 1996.

LENIN, V. *Imperialismo, etapa superior do capitalismo*. México: FCE, 1916.

PAULANI, Leda. In: LOUREIRO, Maria Rita. Cinqüenta anos de pensamento econômico no Brasil. Petrópolis: Vozes, 1997.

PREBISCH, R. Desenvolvimento econômico da América Latina e seus principais problemas. *Revista Brasileira de Economia*, v. 3, n. 4, 1949.

REGO, J. M. (Org.). *Inflação inercial, teorias de inflação e o Plano Cruzado*. Rio de Janeiro: Paz e Terra, 1986.

_____. Retórica e a crítica ao método científico na economia: sociologia do conhecimento versus a lógica da superação positiva. In: ENCONTRO DA ANPEC, 17. Anais... Recife, 1989.

_____; MAZZEO, L. M.; FREITAS FILHO, E. de.Teorias sobre inflação: uma abordagem introdutória. In: REGO, J. M. (Org.). *Inflação inercial, teorias de inflação e o Plano Cruzado*. Rio de Janeiro: Paz e Terra, 1986.

MANTEGA, G.; REGO, J. M. *Conversas com economistas brasileiros 2*. São Paulo: 34, 1999.

SANTOS, Theotonio dos. *Imperialismo y dependencia*. México, D. F.: Ediciones Era, 1978.

STIGLER, J. *Memórias de um economista de Chicago*. Porto Alegre: Ortiz, 1982.

Construtor de instituições

MARIA RITA LOUREIRO E FERNANDO LUIZ ABRUCIO

A construção ou a mudança institucional são, por natureza, processos coletivos, de longa maturação e supõem o amadurecimento de idéias, a formação de novos paradigmas ou consensos em torno de situações problemáticas na vida social, além de liderança política e intelectual.[1] Em sistemas democráticos como o brasileiro, já definido como presidencialismo de coalizão, as mudanças institucionais são ainda mais difíceis porque o sistema eleitoral dificilmente garante ao partido do presidente da República maioria no Congresso.[2] Assim, qualquer mudança do *status quo* só é possível mediante amplas e continuadas negociações com diferentes grupos partidários. Além disso, a estrutura federativa e o bicameralismo simétrico, que dá às duas casas legislativas (Senado e Câmara dos Deputados) poderes de veto no processo de tomada de decisão, implicam ainda maior fragmentação do poder. As peculiaridades de nossa burocracia, ademais, que con-

---

[1] North, 1991; Hall, 1993.

[2] Abranches, 1988.

grega nichos insulados de poder e saber, forte corporativismo em algumas categorias, a sobrevivência do clientelismo em determinadas áreas e a inércia do formalismo jurídico de raiz ibérica, também tornam mais complexa e intricada a mudança dos modelos de gestão pública.

Portanto, nesse contexto político-administrativo, novas instituições só emergem de forma gradual, mediante longas negociações e barganhas com variadas forças políticas que têm poder de influenciar as decisões.[3] Não necessariamente este modelo mais consensual, nos termos de Arend Lijphart,[4] produz decisões ineficientes ou de pior qualidade. Muitas vezes ele pode, ao contrário disso, garantir que as incertezas inerentes às transformações sejam reduzidas pela necessidade de maior legitimação ao longo do tempo e com os atores sociais. As visões mais totalizadoras e majoritárias de reforma, por sua vez, contêm pressupostos nem sempre democráticos e certa arrogância tecnocrática. Um conceito como o do aprendizado institucional, que se baseia na necessidade de reformular as percepções e propostas de transformação à medida que o próprio modelo é discutido, implementado e criticado, tem lugar mais na visão consensual do que na majoritária.

Mesmo não aderindo à idéia de que negociações e processos graduais de mudança produzem necessariamente resultados de qualidade inferior ou ineficiência, enfatizamos estes traços do sistema político brasileiro para melhor compreender os limites e as possibilidades do trabalho desenvolvido por Bresser-Pereira, como construtor de novas instituições em diferentes áreas do aparato estatal brasileiro, enfatizando particularmente sua experiência no plano federal.

As suas primeiras experiências governamentais se deram no governo estadual paulista, mas foi como ministro da Fazenda por sete meses e meio no governo Sarney, em 1987, que Bresser-Pereira assumiu pela primeira vez uma posição de forte destaque entre os reformadores contemporâneos do Estado brasileiro. Posteriormente, na plenitude das instituições democráticas, con-

---

[3] Palermo, 2000; Loureiro e Abrucio, 2004.

[4] Lijphart, 1999.

solidadas pela Constituição de 1988, Bresser voltou a exercer cargo de ministro do Ministério da Administração e Reforma do Estado (Mare), no primeiro governo Fernando Henrique Cardoso (1995-98), e, em 1999, novamente ocupou posto ministerial, desta vez na pasta de Ciência e Tecnologia (MCT), então no segundo mandato de FHC, por um breve período de seis meses.

Recusando-se a exercer uma ação apenas rotineira no plano político-administrativo, Bresser marcou sua gestão à frente desses três cargos ministeriais por iniciativas de mudança institucional, cujas dimensões e graus de intensidade variaram não só em função do tempo de duração de seu mandato e do contexto político-institucional existente em cada momento, mas sobretudo pelas possibilidades ou não de construir coalizões de apoio às reformas, advindas da tentativa de construção de novos paradigmas e do convencimento de seus aliados. É bem verdade que seu desempenho não pode ser medido somente tomando como base o que fez; o modo peculiar como Bresser conduziu as propostas de reformas, especialmente no período do Mare, envolveu a criação de um debate público, do qual surgiram frutos que ultrapassam seu próprio impulsionador, mesmo quando as idéias são críticas ao que fora proposto.

O texto que se segue está assim organizado: na primeira seção, "Sucessos e fracassos no Ministério da Fazenda: derrotas imediatas, vitórias de longo prazo", examinaremos sua atuação no Ministério da Fazenda no governo Sarney. Na segunda, "A reforma do Estado no Mare: caminhos políticos de um novo paradigma de gestão pública", enfocamos o trabalho de elaboração e implementação da reforma administrativa e a tentativa de levar a cabo o modelo de gestão pública gerencial, a mudança institucional mais importante introduzida por ele no aparato estatal brasileiro. Nessa segunda seção, fazemos também uma breve referência a seu trabalho à frente do MCT. E, na terceira seção, "Considerações finais", fechamos o texto com considerações que procuram entender a forma particular com que Bresser-Pereira atuou nos cargos ministeriais, no contexto do sistema político brasileiro.

Sucessos e fracassos no Ministério da Fazenda: derrotas imediatas, vitórias de longo prazo

Bresser-Pereira foi ministro da Fazenda de 29 de abril a 20 de dezembro de 1987, no governo de José Sarney. Como ele próprio afirmou em depoimento ao Instituto Universitário de Pesquisas do Rio de Janeiro (Iuperj), concedido meses depois da saída do governo, sua atuação foi marcada por "quatro batalhas": a batalha do congelamento de preços, destinada, como no Plano Cruzado, a alcançar a estabilidade monetária; a do Plano de Controle Macroeconômico; a da dívida externa; e, por fim, a batalha de reforma e ajuste fiscal.[5]

A caracterização que ele próprio faz de sua passagem pelo ministério mais importante da área econômica como uma "frente de batalha", na qual teve de lutar "contra o populismo econômico da direita e da esquerda", deve ser entendida no quadro da grave crise econômica e fiscal que atingia a sociedade e o Estado no Brasil. E, principalmente, no contexto do processo de transição democrática, no qual emergiam, de forma intensa, as demandas e conflitos reprimidos durante mais de duas décadas de ditadura militar. Em outras palavras, embora ainda vigorassem vários instrumentos institucionais do período autoritário que concentravam poder nas mãos do Executivo (como o poder de decreto), a Nova República foi fortemente marcada pelas disputas federativas e tensões típicas da democracia presidencialista, com intensas barganhas e negociações continuadas para se alcançar governabilidade, ainda maiores pela ausência de uma hegemonia política clara naquele momento.[6]

Nesse quadro, Bresser pôde contabilizar algumas vitórias imediatas com relação à dívida externa e fracassos na agenda macroeconômica, e conseguiu implementar medidas no campo fiscal, com pouca visibilidade à época, as quais, no entanto, abriram o caminho para importantes mudanças futuras – aí está uma característica de todas as suas experiências, que é a busca de mudanças estruturais (de longo alcance). Beneficiando-se da colabora-

---

[5] Esse depoimento, seguido de análises interpretativas, foi posteriormente publicado em Bresser-Pereira (1992).

[6] Sallum Jr. e Kugelmas, 1993.

ção de vários economistas e de pessoas familiarizadas com finanças internacionais (conforme seu próprio relato), ele conseguiu introduzir nas negociações a proposta de "securitização" da dívida, ou seja, transformá-la em novos títulos (*securities*), com maior garantia do que a dívida velha, mas pagos com descontos. Essa proposta foi considerada inovadora e adotada posteriormente, em 1989, pelo Plano Brady, que serviu de base para os acordos do início dos anos 1990, que consolidaram as negociações da dívida externa brasileira.

Com relação às batalhas na frente interna, sua ação mais visível no Ministério da Fazenda refere-se a medidas de congelamento de preços (o chamado Plano Bresser), tidas na época como necessárias à estabilização monetária. Hoje sabemos que o fracasso desse plano, como de todos os demais planos anteriores ao Real, ocorreu principalmente por motivos políticos e não só por problemas de ordem técnica, ou seja, relacionados ao diagnóstico das causas e terapias mais adequadas ao controle da inflação.[7]

Com o fracasso da luta contra a inflação mediante o congelamento de preços, Bresser procurou atuar em suas causas, relacionadas à crise fiscal do Estado, conforme visão que depois se fortalecerá nos meios acadêmicos e políticos. Assim, adotou medidas de controle dos gastos públicos em programas específicos. Em detalhada e interessante análise das políticas econômicas do governo Sarney, Sallum Jr. indica que o pacote fiscal adotado pelo ministro Bresser-Pereira tinha um propósito não apenas econômico – fazer frente ao descontrole da inflação e ao desequilíbrio fiscal que desafiava o Plano de Consistência Macroeconômica –, mas também um objetivo político: marcar posição e eventualmente retomar espaço dentro do governo, com a ajuda do PMDB, estabelecendo condições para sua permanência ali, já que havia sido derrotado em combates travados, em virtude da política salarial, com várias corporações de funcionários (militares, pessoal do Banco do Brasil, Banco Central etc.) e com grupos privados favorecidos pela presidência da República. Todavia, como o pacote fiscal procurou resolver o desequilíbrio das finanças públicas à custa da elevação da carga tributária sobre o capital, especialmente aquele cuja

---

[7] Sallum Jr., 1996; Loureiro, 1997; Sola e Kugelmas, 2002.

lucratividade dependesse das benesses do Estado (através de subsídios ou incentivos fiscais), isso acabou solapando o que restava de apoio empresarial e precipitou sua saída do cargo de ministro da Fazenda.[8]

A despeito das derrotas na luta contra a inflação e do desequilíbrio das contas públicas, Bresser conseguiu deixar sua marca no aparato do Estado brasileiro, por meio de importantes mudanças institucionais na área fiscal. Vistas na perspectiva de hoje, essas modificações, juntamente com outras que as antecederam, constituíram passos necessários do longo e gradual processo de ordenamento das finanças públicas no país, que se inicia ainda nos anos 1980 e só se consolidará no final dos anos 1990 e início de 2000, tendo a Lei de Responsabilidade Fiscal (LRF) como ponto culminante.[9]

Entre as medidas adotadas então, cabe mencionar a retirada das funções de fomento do Banco Central (preparando-o para assumir, anos mais tarde, sua função própria de autoridade monetária exclusiva) e o fortalecimento institucional da Secretaria do Tesouro, que acabara de ser criada, dando-lhe as atribuições de controle do endividamento público e de execução orçamentária e financeira dos fundos e programas de crédito que, naquele momento, também eram retirados do BC.[10]

Outro passo decisivo para o ordenamento das contas públicas, adotado na gestão de Bresser no Ministério da Fazenda, foi a extinção do orçamento monetário, ou seja, do dispositivo herdado do governo militar que permitia a existência de receitas monetárias e a autorização de despesas não previstas no orçamento fiscal. Com isso, foi possível efetivar a unificação do

---

[8] Sallum Jr., 1996:179-183.

[9] Loureiro e Abrucio, 2004.

[10] Ver Decreto nº 44 de 12-7-1987. Cabe lembrar que, se o Banco do Brasil durante muitos anos concorreu com o Banco Central, atuando como emissor de moeda, através de sua conta movimento, a centralização da autoridade monetária exclusivamente no Banco Central só ocorreu após 1994. O fortalecimento da União ante os governos estaduais, no contexto político de implementação do Plano Real, é que permitiu ser levado a cabo o processo de privatização ou extinção dos bancos estaduais e, com isso, serem eliminadas práticas de empréstimos não saldados junto a eles, por parte dos governadores que controlavam politicamente seus dirigentes. Como a literatura indica, essa situação fazia com que esses bancos se tornassem, na prática, "quase-emissores" de moeda (Sola e Kugelmas, 2002; Garman, Leite e Marques, 1998).

orçamento público no Brasil, requerimento indispensável para a gestão das finanças públicas em um país democrático. Em outras palavras, quando a Constituição de 1988 devolve ao Congresso o poder soberano de aprovar a proposta orçamentária enviada pelo Executivo, as brechas existentes então para a criação de orçamentos paralelos (não passados pelo crivo congressual) já haviam sido fechadas. Por outro lado, cabe lembrar também que foi só após 1994, com a estabilização monetária, com as restrições mais severas adotadas pelo Senado para o endividamento público e com a implementação dos dispositivos da LRF, que o orçamento no Brasil deixou realmente de ser uma peça de ficção, como era acertadamente caracterizado no passado. Em outras palavras, o que se quer aqui enfatizar é que as medidas tomadas nos anos 1980 no Ministério da Fazenda foram passos necessários para o ordenamento das finanças públicas e as reformas fiscais que se processaram gradualmente e só se consolidaram nos últimos anos no país.

A seguir, examinaremos a experiência de Bresser à frente da área administrativa no primeiro governo de Fernando Henrique Cardoso, que apresenta pontos de semelhança com esta: mesmo enfrentando dificuldades para manter coalizões de apoio dentro e fora do governo, ele conseguiu deixar um legado de mudanças no aparato do Estado, talvez bem mais significativo ainda.

A reforma do Estado no Mare: caminhos políticos de um novo paradigma de gestão pública

Antes mesmo de assumir o órgão encarregado da administração federal, em 1995, Bresser já propôs ao presidente a mudança de seu nome para Ministério da Administração e Reforma do Estado (Mare), assim se comprometendo explicitamente com uma agenda reformista. Desde 1995, o governo FHC aprovou uma série de emendas constitucionais, algumas de grande amplitude, como as que eliminaram os monopólios estatais nas áreas de energia e comunicações, bem como fracassou em outros temas de reforma, notadamente nas áreas tributária e previdenciária. A reforma administrativa (PEC 19) foi aprovada pelo Congresso Nacional, mas isso talvez não seja o mais importante; neste campo reformista, Bresser se notabilizou por ter alterado, mediante ampla e polêmica discussão nacional, os rumos do debate sobre a gestão pública, deixando vários frutos pelo meio do caminho.

A partir do diagnóstico de que a burocracia pública brasileira era altamente ineficiente, continha distorções fiscais e ainda estava impregnada de algumas práticas patrimonialistas e corporativistas, Bresser propôs uma ampla reforma para implantar o que denominou administração pública gerencial. Os princípios orientadores contidos no Plano Diretor da Reforma do Aparelho do Estado, lançado pelo Mare em 1995, inspiravam-se nas principais idéias difundidas nos debates sobre a nova gestão pública, em curso em vários países desenvolvidos, especialmente na Inglaterra, e seus pilares eram: flexibilidade, orientação para resultados, administração voltada para o cidadão e *accountability*/controle social.

Assim, o Plano Diretor estabeleceu como elementos centrais:

- a distinção de três áreas de atuação do Estado: a primeira, de atividades exclusivas (que envolvem o poder de Estado e, portanto, devem permanecer nas mãos do Executivo federal); a segunda área, de atividades sociais e científicas que não são de responsabilidade exclusiva do Estado, e devem ser transferidas para um setor público não-estatal (que ele denomina organizações sociais); e a terceira, de produção de bens e serviços para o mercado, que deve ser privatizada. Em outras palavras, ele distingue atividades centrais do Estado (do núcleo estratégico), que devem ser exercidas por políticos eleitos e altos funcionários, e as atividades auxiliares ou de suporte, que devem ser transferidas para uma esfera pública não-estatal;
- a separação clara entre formulação e execução de políticas públicas: o núcleo estratégico (localizado em estruturas ministeriais) seria formulador de políticas públicas e orientado por princípios e carreiras típicas da administração burocrática. A prestação de certos serviços públicos (tais como hospitais, escolas, centros de pesquisa, museus etc.) seria exercida pelas organizações sociais, uma inovação institucional trazida pelo Plano Diretor, ou seja, por organizações não-lucrativas provedoras de servi-

ços sociais, que, para tanto, receberiam fundos governamentais e seriam reguladas pelo Estado. Propôs-se, ademais, maior autonomia e maior responsabilização para as organizações e os gestores públicos;

- a introdução de novas formas de controle ou responsabilização dos agentes encarregados da gestão pública: por meio de contratos de gestão e de vários mecanismos de controle social, além de reforçar a transparência no serviço público, sem acabar com fiscalizações típicas da administração burocrática, que não seriam totalmente eliminadas, mas reduzidas;
- reafirmação das políticas de descentralização dos serviços públicos para as unidades subnacionais, estabelecidas pela Constituição de 1988, bem como as de privatização, já em curso no país desde o início dos anos 1990.

Segundo Humberto Martins,[11] Bresser preferiu expressar sua política de reforma administrativa em um Plano Diretor de Reforma do Aparelho do Estado, ao invés de apresentá-la como proposta de lei, porque acreditava que havia um risco de não obter apoio político dentro e fora do governo. O ceticismo com relação às possibilidades de aprovação das mudanças era partilhado, na interpretação desse mesmo autor, pelo próprio presidente da República, que, na solenidade de lançamento do Plano Diretor, assim se manifestou: "Agora cabe ao ministro Bresser convencer o governo, o congresso e a sociedade."[12]

Na verdade, conforme relata esse mesmo autor, a divergência ou a pouca sensibilidade às idéias e propostas contidas no Plano Diretor eram visíveis entre os principais ministros do governo, tanto os da área econômica, que privilegiavam o ajuste fiscal em detrimento da problemática de gestão pública, quanto entre os da área social. Nos ministérios da Saúde e da Educação (refletindo reações de reitores das universidades federais), a rejeição tinha forte teor ideológico, uma vez que qualquer proposta de reordenamento da ação estatal era vista como desestatizante ou neoliberal. Além disso, um

---

[11] Martins, 2002.

[12] Apud Martins, 2002:240.

foco crucial de oposição encontrava-se nos grupos mais próximos ao presidente, encarregados das funções de coordenação administrativa do governo e que não partilhavam da crença de que o modelo burocrático estivesse esgotado. Ao contrário, julgavam que ele apresentava problemas sanáveis e que as mudanças deveriam limitar-se ao mínimo possível, dadas as dificuldades do processo de negociação e tramitação parlamentar. Mesmo contando com alguns apoios políticos dentro do governo e entre alguns governadores, como Mário Covas, de São Paulo, as iniciativas de convencimento lograram apenas reduzir resistências, mais do que angariar adesões ao plano. Portanto, segundo ainda o balanço de Martins, efetuado em 2002, o resultado do plano foi "não só uma baixa implementação, mas também uma implementação fragmentada".[13]

Todavia, a despeito das resistências e das dificuldades de implementação, o Plano Diretor acabou produzindo mudanças constitucionais com relação à gestão do pessoal do Estado e também novas regras orientadoras das relações entre Estado, sociedade e mercado, que constituíram o que se chamou de reforma administrativa do governo Fernando Henrique Cardoso. Entre elas, cabe destacar:

- a Emenda Constitucional nº 19, que instituiu o regime jurídico múltiplo para o funcionalismo público, permitiu a demissão por excesso de quadros ou insuficiência de desempenho e terminou com a isonomia salarial, estabelecendo a política de reajustes diferenciados. A emenda incorporou ainda o §8 ao art. 37 da Constituição Federal, ampliando a autonomia da gestão pública, por meio do contrato de gestão;
  - a Lei nº 9.637, que criou as organizações sociais;
  - a Lei nº 9.648, que estabeleceu as agências executivas;
  - os decretos nº 2.487 e nº 2.488, que regulamentaram os contratos de gestão e qualificaram as agências executivas.

Observando esse processo na perspectiva de hoje, pode-se dizer que ele acabou gerando, mais do que leis, um conjunto de novas práticas para a

---

[13] Apud Martins, 2002:243.

gestão pública que está, aos poucos, se afirmando no país. Assim, não só as regras de contratação de servidores públicos, as relações de trabalho, o perfil dos funcionários do Executivo federal, as chamadas carreiras de Estado, os programas de treinamento continuado etc. sofreram profundas alterações,[14] mas também os modelos de gestão por resultados, independentemente da forma jurídica ou do nome escolhido, vêm-se difundindo pelo país. Nesse sentido, é preciso ressaltar que, se houve uma baixa e fragmentada implementação imediata das idéias de Bresser, o modelo de reformismo que ele escolheu permitiu um amplo debate que gerou frutos mais amplos do que percebe a concepção meramente majoritária de governabilidade.

Com relação à atuação de Bresser como ministro de Ciência e Tecnologia, cabe mencionar que ela foi marcada também por tentativas de mudanças na estrutura do ministério, bem como das agências de fomento do desenvolvimento científico e tecnológico. Assim, conforme seu próprio relato no discurso de despedida, ele procurou reorganizar o ministério, diferenciando a área responsável pelo apoio à pesquisa científica e tecnológica realizada nas universidades (CNPq) e aquela encarregada do estímulo à pesquisa e desenvolvimento nas empresas (Finep e Secretaria Especial de Tecnologia e Empresa – Sete –, então criada). Buscou também unificar currículos e procedimentos de apresentação e análise de projetos, por meio do Sistema Lattes, e deu os primeiros passos para a revisão dos sistemas estatísticos e dos indicadores de C&T no país. Além de iniciar o processo de contabilidade gerencial do ministério e integrar seu planejamento estratégico ao Plano Plurianual (PPA), ele procurou ainda articular as inovações estabelecidas no Mare com o trabalho no MCT, ao estimular a transformação dos institutos do CNPq em organizações sociais, o que conseguiu apenas parcialmente.

Todavia, as dificuldades de manter apoio entre os atores políticos envolvidos na área, especialmente entre o pessoal das universidades e centros de pesquisa, fizeram com que seu trabalho fosse interrompido, assim

---

[14] Marconi, 2002.

como ocorreu no Ministério da Fazenda, anos antes. Seu discurso de despedida do cargo de ministro do MCT guarda elementos comuns com relação ao depoimento sobre a passagem no Ministério da Fazenda: ambos revelam que as duas trajetórias foram marcadas por batalhas para implantar mudanças e realizar novos projetos que não puderam ser completamente efetuados. Mesmo a experiência do Mare, que, no balanço final, foi a mais bem-sucedida e que lhe trouxe mais satisfações pessoais, também teve seus percalços e limites. O comentário de Martins, antigo auxiliar, é bem expressivo da atuação de Bresser como ministro: "O Dom Quixote pendurado na parede da sala de reunião ministerial do Mare nunca foi tão emblemático".[15]

Considerações finais

A experiência de Bresser-Pereira à frente de cargos ministeriais contém vários aspectos que merecem destaque, relacionados não só à sua trajetória pessoal, mas sobretudo às características do sistema político brasileiro.

Se no Mare e no MCT sua nomeação se deu como escolha de Fernando Henrique, dentro do que se costuma chamar "cota pessoal do presidente", a nomeação no governo Sarney se deu como indicação do PMDB, principal partido da base governista. Embora essas diferenças influam na sustentação de qualquer ministro, é importante relembrar que o respaldo do presidente da República é decisivo em um sistema presidencialista.[16]

No presidencialismo, os ministros são auxiliares do presidente, sendo nomeados ou destituídos por ele. Todavia, sabe-se também que o presidente não é inteiramente livre, sofrendo constrangimentos políticos nessa escolha, especialmente no presidencialismo de coalizão como o brasileiro. Ele precisa freqüentemente nomear ministros indicados por outros partidos ou grupos, para obter apoio à sua agenda no Congresso. Mesmo assim, as pos-

---

[15] Martins, 2002:240.

[16] Loureiro e Abrucio, 1999.

sibilidades de um ministro manter-se no cargo – em face de insucessos na política adotada, especialmente em arenas tão insuladas como a econômica e em questão tão central da agenda governamental, como era o controle da inflação na época – dependem não só do apoio parlamentar e da pressão de forças políticas organizadas, mas igualmente do círculo palaciano em torno do presidente. Este parece ter sido um dos focos centrais de oposição que levou à destituição de Bresser na Fazenda, em 1987, e no MCT, em 1999. Mas também ocorreu durante seu mandato integral no Mare, dificultando a implementação do Plano Diretor, como já indicado.

Outro aspecto que merece ser destacado refere-se à forma muito particular com que Bresser atuou nos cargos públicos e que explica inclusive seu trabalho de construção institucional. Trata-se da dupla posição em que ele sempre se colocou: a de acadêmico, orientado pelos valores do mundo intelectual, da produção do conhecimento; e a de político, orientado pelas estratégias partidárias e pelo jogo do poder. A tentativa de integrar essas duas posições, ou seja, a de intelectual que age politicamente, assumindo posições de poder para transformar a realidade através do conhecimento especializado ou da competência técnica, é muito difícil e problemática. Uma linha de interpretação pode afirmar, com certa dose de razão, que se acaba freqüentemente priorizando uma das posições em detrimento da outra. Seu depoimento após a saída do Ministério da Fazenda, o discurso de posse e a carta de despedida do cargo de ministro de Ciência e Tecnologia (disponíveis em seu *site*) mostram, em vários momentos, a tensão e ambivalência entre as duas posições e como, afinal, diante dos insucessos políticos, predominou a posição de acadêmico.

Mas a postura de Bresser pode ser lida de outra maneira. Ao priorizar tanto as mudanças estruturais quanto o debate como formas de efetuar o reformismo, ele atua na política mais preocupado com o que pode permanecer de maneira mais sólida do que com o resultado imediato. É claro que derrotas políticas conjunturais são obstáculos à transformação de longo alcance; só que é preciso agregar ao cálculo político a idéia de projeto, muito presente nos autores admirados por Bresser-Pereira, como Celso Furtado, Ignácio Rangel e os isebianos. Têm-nos faltado, desde a redemocratização, homens públicos com esta perspectiva; afinal, não há grandes transformações históricas sem a proposição de novos paradigmas.

Tanto melhor será a condução das reformas quanto mais se conseguir juntar o cálculo político do ganho imediato com a visão de longo prazo. Pode-se dizer que, em sua experiência no Mare, Bresser conseguiu chegar mais próximo desta trilha, enquanto na Fazenda e na Ciência e Tecnologia, particularmente, não fora tão bem-sucedido neste intento.

Isto fica como lição aos que pretendem construir instituições públicas no Brasil. Mas também se deve destacar outra característica da postura de Bresser: ele sempre procurou implantar reformas por meio de um amplo debate de idéias, incentivando até seus opositores a participar das polêmicas. Mesmo quando não conseguiu angariar aliados suficientes, Bresser ficou mais próximo do modelo consensual, contribuindo positivamente para analisar as transformações do Estado sob o ponto de vista democrático. Mais do que isso, sua crença no poder das idéias, antes de ser antinômica à realidade efetiva das coisas, para seguir os rastros da política realista de Maquiavel, pode ser uma forma de melhor calibrar a ética da responsabilidade. Pois, como já ensinou Weber, "o homem jamais atingiria o possível se não lutasse pelo impossível".[17]

Referências bibliográficas

ABRANCHES, S. Presidencialismo de coalizão: o dilema institucional brasileiro. *Dados*, v. 1, p. 5-33, 1988.

BRESSER-PEREIRA, Luiz Carlos. Contra a corrente no Ministério da Fazenda. *Revista Brasileira de Ciências Sociais*, v. 7, n. 19, p. 5-30, jul. 1992.

_____. Da administração pública burocrática à gerencial. In: _____; SPINK, P. (Orgs.). *Reforma do Estado e administração pública gerencial*. Rio de Janeiro: FGV, 1998.

---

[17] Weber, 2003:109.

GARMAN, C.; LEITE, C.; MARQUES, M. Impactos da relação Banco Central versus bancos estaduais no arranjo federativo pós-1994: análise à luz do caso Banespa. In: ENCONTRO ANUAL DA ANPOCS, 22., Caxambu, out. 1998.

HALL, P. Policy paradigms, social learning and the state: the case of economic policymaking in Britain. *Comparative Politics*, v. 25, n. 3, 1993.

LIJPHART, A. *Patterns of democracy: government forms and performance in thirty six countries*. New Haven: Yale University Press, 1999.

LOUREIRO, M. R. *Os economistas no governo: gestão econômica e democracia*. Rio de Janeiro: FGV, 1997.

_____; ABRUCIO, F. L. Política e democracia no presidencialismo brasileiro: o papel do Ministério da Fazenda no governo Fernando Henrique Cardoso. *Revista Brasileira de Ciências Sociais*, v. 14, n. 41, p. 69-89, out. 1999.

_____; _____. Política e reformas fiscais no Brasil recente. *Revista de Economia Política*, v. 24, n. 1, p. 50-72, jan. 2004.

MARCONI, N. O perfil da burocracia federal (1995-2002): transformações e dilemas. In: ABRUCIO, F.; LOUREIRO, M. R. *O Estado em uma era de reformas: os anos FHC*. Brasília: Ministério do Planejamento/Pnud, 2002. Disponível em: <http://www.gestaopublica.gov.br/pdf/livroabruciopartel.pdf>.

MARTINS, H. Reforma do Estado e coordenação gerencial: as trajetórias das políticas de gestão pública na era FHC. In: ABRUCIO, F.; LOUREIRO, M. R. *O Estado em uma era de reformas: os anos FHC*. Brasília: Ministério do Planejamento/Pnud, 2002. Disponível em: <http://www.gestaopublica.gov.br/pdf/livroabruciopartel.pdf>.

NORTH, D. *Institutions, institutional change and economic performance*. Cambridge: Cambrigde University Press, 1991.

PALERMO, Vicente. Como se governa o Brasil? O debate sobre instituições políticas e gestão de governo. *Dados*, v. 43, n. 3, p. 521-557, 2000.

SALLUM JR., B. *Labirintos: dos generais à Nova República*. São Paulo: Hucitec, 1996.

_____; KUGELMAS, E. O Leviatã acorrentado: a crise brasileira dos anos 80. In: SOLA, L. (Org.). *Estado, mercado e democracia*. Rio de Janeiro: Paz e Terra, 1993.

SOLA, L.; KUGELMAS, E. Estabilidade econômica e o Plano Real como construção política e democratização – *statecraft*, liberalização econômica. In: _____; _____; WHITEHEAD, Laurence (Orgs.). *Banco Central: autoridade política e democratização: um equilíbrio delicado*. Rio de Janeiro: FGV, 2002.

STARK, D.; BRUSTZ, L. *Enabling constraints*: fontes institucionais de coerência nas políticas públicas no pós-socialismo. *Revista Brasileira de Ciências Sociais*, v. 13, n. 36, p. 13-39, fev. 1998.

WEBER, M. *A política como vocação*. Brasília: UnB, 2003.

O método pragmático

LILIAN FURQUIM E PAULO GALA[1]

> Os economistas contam sim com ferramentas úteis para conhecer os sistemas econômicos, mas essas ferramentas ou modelos são sempre parciais e imprecisos. Não há uma única teoria econômica mas um conjunto de conceitos e modelos, nem sempre perfeitamente coerentes entre si, que nos permitem estudar sob diversos ângulos o sistema econômico.[2]

Além das já conhecidas contribuições para o debate nas áreas de macroeconomia, teoria do Estado e administração pública, existe hoje considerável trabalho do professor Luiz Carlos Bresser-Pereira ainda não conhecido no campo de estudo da metodologia da economia. Após haver iniciado e estruturado, no final dos anos 1980, na Fundação Getulio Vargas em São Paulo, um curso que trata dessa temática, o autor tem produzido várias obras sobre o assunto. Entre essas, destacam-se o texto "*The irreductibility of macro to microeconomics: a methodological approach*", de 1996, escrito em co-autoria com Gilberto Tadeu Lima; "Método e paixão em Celso Furtado", homenagem que o autor prestou a Celso Furtado em 2001, por ocasião de seu octogésimo aniversário; e o seu mais recente estudo, "*Economics' two methods*", apresentado na última reunião da European Association for Evolutionary Political Economy, em Maastricht, no final de 2003.

---

[1] Agradecemos os comentários e sugestões de José Marcio Rego e Danilo Araújo Fernandes, cabendo as isenções de praxe.
[2] Bresser-Pereira, 2003a:2.

Aproveitando a oportunidade proporcionada pela organização deste livro em homenagem a Bresser-Pereira, esta breve nota tem por objetivo contribuir para a análise do método de trabalho em economia que o autor propõe. Ressaltaremos, a partir da leitura de seus textos sobre metodologia, duas das principais características de seu método de pesquisa, a nosso ver fortemente responsáveis pelo sucesso e proficuidade de sua obra: a noção de razoabilidade científica e a importância da abordagem histórica. Ademais, procuraremos destacar o veio filosófico do pragmatismo que nos parece bastante pertinente para a análise do pensamento neo-estruturalista do autor, especialmente no que diz respeito à perspectiva de resolução de problemas encontrada em seus estudos. Para ficar aqui em dois registros: a teoria da inflação inercial e a interpretação da crise do Estado brasileiro. Ao perceber problemas novos e específicos da realidade brasileira, Bresser-Pereira procurou teorizar de modo a propor soluções criativas para questões distintas das encontradas nos países desenvolvidos e, portanto, já amplamente tratadas pela teoria econômica.

É curioso notar que, nesse percurso de análise da metodologia do autor, surge uma grande semelhança entre aspectos de seu pensamento e as propostas do físico, filósofo e matemático Charles S. Peirce, conhecido como um dos fundadores do pragmatismo norte-americano. Bresser-Pereira, pesquisando no campo das ciências sociais, mais especificamente em economia, chega a conclusões filosóficas e metodológicas muito próximas das idéias de Peirce, que trabalhou, como sabemos, no campo das ciências naturais, mais particularmente com a astronomia. Veremos a seguir que os conceitos de pragmaticismo e abdução, centrais na obra de Peirce, encontram importantes correlatos nos trabalhos de Bresser-Pereira.

Razoabilidade

Nas notas introdutórias ao texto "Os dois métodos da teoria econômica", Bresser-Pereira levanta questões importantes no que diz respeito à postura dos cientistas em geral, e mais especificamente à dos economistas, quanto à dimensão normativa e positiva da ciência. Ao tocar a discussão filosófica de realismo e relativismo, assume uma posição intermediária entre o fundacionalismo e o relativismo radical.³ Ressalta a importância das virtudes morais do cientista, especialmente a modéstia, que seria compatível com um ecletismo necessário para o avanço do conhecimento em economia. A dificuldade da busca da verdade, sobretudo nas ciências sociais, tornaria ainda mais importante o processo comunitário de pesquisa, com a valorização dos diversos pontos de vista na comunidade e do debate científico. Propõe uma abordagem que define como "realismo modesto", deslocando a discussão sobre a verdade para o campo da moral:

> A incompatibilidade do trabalho científico com o relativismo é, inclusive, de caráter moral. Se não acredito que a verdade possa ser alcançada, não faz sentido buscá-la, ou defendê-la. Por outro lado, se entendo que há critérios simples e claros que distinguem o verdadeiro do falso, corro o risco moral da arrogância, uma paixão que cega quem por ela é dominado. É importante o adjetivo "radical" aposto ao relativismo, porque há muitos defensores do relativismo que não são realmente relativistas: são críticos do positivismo – ou seja do realismo radical do final do século XIX que supunha existirem critérios objetivos e cristalinos para definir a verdade. O realismo no qual acredito inclusive para as ciências naturais – o que dizer, então, das ciências sociais? – é o realismo modesto.⁴

Para fundamentar seu posicionamento filosófico, critica o positivismo do final do século XIX e início do século XX e o relativismo do neopragmatismo de Richard Rorty:

> A busca científica do conhecimento verdadeiro é incompatível tanto com um relativismo radical quanto com um positivismo ingênuo. Os pragmáticos americanos, freqüentemente acusados de relativismo, recusam esse nome, ainda que, paradoxalmente, recusem também que o objetivo da ciência seja a verdade entendida como "aquilo que corresponde à nature-

---

[3] Ver, a respeito, Hands (2001:216), sobre a *new economic methodology*.
[4] Bresser-Pereira, 2003a:3.

za intrínseca da realidade". Compreendo que se insurjam contra o platonismo, mas, se eliminassem a palavra "intrínseco" da frase anterior, e se enfatizassem a necessidade de modéstia em relação às próprias idéias, estaríamos sendo realistas ao invés de positivistas, e não precisaríamos substituir radicalmente a epistemologia pela hermenêutica como o faz Rorty, mas adotá-la sem necessidade de radicalizar seu pensamento. A hermenêutica, na medida em que lida com problemas de difícil interpretação, com o "discurso anormal", seria valorizada. E poderíamos, pragmaticamente, concordar com Rorty que, principalmente em relação às ciências sociais e à própria filosofia, a investigação humana não é uma tentativa de descrever perfeitamente a realidade, mas sim de alcançar objetivos transitórios e resolver problemas transitórios.[5]

Nessa perspectiva eclética, abre-se espaço para a convivência de diversas teorias, não necessariamente redutíveis a um arcabouço comum: a economia neoclássica, ocupando papel importante na análise microeconômica; a escola clássica, insuperável para entender os determinantes de crescimento de longo prazo das economias; por fim, a macroeconomia keynesiana, para a discussão do comportamento dos agregados de curto prazo e para a condução da política econômica. A cada uma dessas corresponde também um método de trabalho principal. Para a economia neoclássica, o dedutivismo lógico acompanhado do individualismo metodológico. Para a macroeconomia keynesiana e a escola clássica, o holismo metodológico acompanhado primordialmente de raciocínios do tipo "histórico-dedutivos", que abordaremos com calma mais adiante. É importante notar que essas distinções de postura metodológica estão na origem das diferenças entre essas escolas de pensamento, não havendo aqui nenhum problema de coerência. Para cada questão a ser solucionada, um método pode apresentar-se como superior ao outro, o que reafirma o ecletismo em seu sentido positivo como defendido pelo autor.

---

[5] Bresser-Pereira, 2003a:3

O MÉTODO PRAGMÁTICO

Kevin D. Hoover, um ex-filósofo da ciência e atual macroeconomista da Universidade da Califórnia-Davis defende em seu texto *"Pragmatism, pragmaticism and economic method"* que os economistas e metodólogos deveriam prestar mais atenção às idéias do filósofo americano Charles S. Peirce. Ao identificar a presença do pragmatismo em economia nas propostas de Deirdre McCloskey e Roy Weintraub, Hoover defende uma aproximação ao pragmatismo desenvolvido originalmente por Peirce. Ressalta ainda algumas diferenças entre as idéias de Charles S. Peirce e de John Dewey e William James que inspirariam as recomendações, por vezes exageradas, do neopragmatismo de Richard Rorty. Dewey e James estariam indo longe demais com a filosofia pragmatista, correndo riscos de transformá-la num mero praticalismo, *"whatever works is true"*. Peirce, ao perceber esse movimento, cunhou um novo termo que poderia então ser capaz de melhor definir sua proposta:

> o escritor, encontrando seu "pragmatismo" assim promovido, sente que é tempo de dizer adeus e deixá-lo ao seu próprio destino; enquanto que para expressar a exata definição original, ele pede para anunciar o nascimento da palavra "pragmaticismo", que é feia o suficiente para estar segura de seqüestradores.[6]

No pragmaticismo de Peirce, a verdade é uma crença não abalada por dúvida. Na base de seu pensamento, está a relação entre crença e dúvida. A partir do momento em que uma crença for afetada por dúvida, a mente investigativa sairá em busca de uma nova crença para suprimir a dúvida correspondente. Nesse movimento, a contradição criada pela dúvida deverá ser extinta e, só então, o equilíbrio será restabelecido. O problema é, portanto, descobrir como as crenças são fixadas. Segundo Peirce, existem quatro métodos de fixação de crenças: *tenacidade, autoridade, a priori* e o *método da ciência*. No primeiro, as crenças são fixadas e evita-se por decisão própria a exposição a outras crenças que poderiam trazer dúvidas. No segundo,

---

[6] Peirce, 1958:186.

proíbe-se a adoção de outras crenças que não a oficial. No terceiro, a crença é fixada segundo a opinião vigente em grupos ou comunidades, estando recorrentemente sujeita a modismos. Para Peirce, todos esses métodos são intrinsecamente instáveis na medida em que a restrição externa que protege as crenças de dúvidas (decisão própria, lei ou opinião geral) pode ser abalada no convívio social, no confronto com as crenças de outros povos ou pessoas. Só seriam estáveis para um ermitão.[7]

Segundo Peirce, o método da ciência supera todos os outros, já que ele se auto-restringe ou regula. Parte já da hipótese implícita nos outros métodos de que "existem coisas reais, cujas características são inteiramente independentes de nossas opiniões sobre elas". Como observa Hoover,

> essas coisas reais estão sujeitas a leis que podem ser descobertas através de raciocínio e experiência, levando finalmente a uma conclusão Verdadeira. É importante notar que Peirce não abandona aqui sua negação de uma posição privilegiada por trás das crenças. Manter que existe uma verdade não significa clamar que alguém a possui. O método da ciência, na visão de Peirce, é um método que na totalidade do tempo poderia atingir a verdade, mas não fornece nenhuma garantia para o presente.[8]

A proposta do pragmaticismo de Peirce pressupõe, portanto, um tipo de realismo necessário à pesquisa científica, que o distanciaria de posições relativistas. Segundo Hoover, o tipo de realismo defendido por Peirce "levanta rapidamente a possibilidade de conhecimento fundamentado e nos põe de guarda contra a complacência e o orgulho arrogante de pensarmos que sabemos a verdade final".[9]

Analisando Peirce, Hoover ressalta que a humildade intelectual surge da crença na existência de uma verdade, mesmo que reconheçamos a grande dificuldade em alcançá-la. Depende assim do reconhecimento de que outros também a procuram e do reconhecimento de que podemos ainda

---

[7] Peirce, 1958:101-112.

[8] Hoover, 1994:298.

[9] Ibid., p. 300.

não tê-la achado, o que contribuiria para a busca de comensurabilidade entre os diversos cientistas. Nesse ponto, encontramos grande semelhança entre as propostas de Peirce e as recomendações de Bresser-Pereira sobre modéstia, ecletismo e pluralismo. Diz Bresser-Pereira:

> A verdade é uma só. Ela está na realidade dos seres e das relações que os seres humanos estabelecem entre si, não nas próprias idéias, que são a forma através da qual a expressamos. A verdade não é nem transcendental – não está nas próprias idéias –, nem instrumental – não depende do uso que lhe demos –, nem relativa: não depende de quem a veja ou de como é vista. A "nossa verdade" pode assim ser, mas isto apenas sugere a dificuldade em desvendarmos a verdade. A dificuldade da tarefa de descobrir a verdade não justifica o relativismo, justifica apenas a modéstia em afirmá-la, e a tolerância em relação à verdade dos outros.[10]

Abordagem histórica

Ao analisar as diferenças entre as formas de pensar da macroeconomia e da teoria do desenvolvimento econômico e da microeconomia, Bresser-Pereira chama a atenção para o *approach* metodológico presente em cada uma dessas disciplinas, como já aqui mencionamos, com a microeconomia sendo primordialmente lógico-dedutiva, enquanto a macroeconomia e a teoria do desenvolvimento são mais histórico-indutivas. Para melhor caracterizar sua tese, defende a idéia de que tanto a macroeconomia quanto a teoria do desenvolvimento dependem de raciocínios do tipo "histórico-dedutivos" ou ainda do "método do fato histórico novo", que seriam capazes de construir hipóteses a partir da observação dos fatos, especialmente dos fatos novos sempre presentes no objeto de estudo das ciências sociais:

> O economista, portanto, nestas duas grandes áreas, adota a forma clássica de pesquisa científica das ciências naturais: examina a realidade e bus-

---

[10] Bresser-Pereira, 2003b:2.

ca regularidades. Mas o faz com muito mais modéstia. Ele usa principalmente a indução, mas naturalmente também a dedução. O que o pesquisador faz é essencialmente generalizar a partir do estudo da realidade, que, no caso das ciências sociais, é sempre uma realidade histórica. O próprio sistema de mercado é uma realidade histórica.[11]

O autor ressalta ainda que a convivência dos métodos lógico-dedutivo e histórico-dedutivo não se restringe à ciência econômica, encontrando-se também na ciência política. Apesar do precedente de uma postura mais abstrata em Platão, pensadores clássicos da política, a partir de Aristóteles, valeram-se do método histórico-dedutivo – Maquiavel, Vico, Hegel e Marx, para ficar em alguns nomes. O contratualismo de Hobbes, por outro lado, assume uma postura bastante distinta. Em vez de entender o surgimento do Estado como conseqüência da evolução de um processo histórico como pensaram os clássicos, deriva logicamente a sua existência a partir de um contrato ótimo feito entre o Estado e os cidadãos. A partir da idéia de um estado natural de guerra entre os homens, faria sentido o surgimento ou a criação de uma instância superior, capaz de adjudicar essas disputas. Os homens abririam mão de sua liberdade em prol da ordem legal imposta pelo Estado. Hobbes privilegia o método lógico-dedutivo em detrimento do histórico-dedutivo, adotando assim uma nova perspectiva para o estudo da política.

O método do fato histórico novo, proposto por Bresser-Pereira, decorre da natureza histórica da evolução das economias e sociedades. Não se trata apenas de estudar história tendo o passado como fonte de inspiração para o entendimento do presente. A postura da abordagem histórica deixa o pesquisador sempre alerta para o surgimento de novos fatos no contexto social e econômico atual. Por conta de inovações institucionais, tecnológicas ou ainda políticas, a realidade econômica é sempre mutante. Para dar conta de analisar a evolução de um processo desse tipo, é fundamental que se considerem os novos fatos históricos surgidos a partir dessas inovações. Portanto, o único método capaz de lidar com essa realidade sempre cambiante será

---

[11] Bresser-Pereira, 2003b:20.

o da busca incessante de novos padrões e regularidades – o método histórico-dedutivo, nas palavras do autor. Nesse ponto, aparece a fragilidade de raciocínios lógico-dedutivos que partem sempre de algum *a priori* imutável. Abre-se então espaço para a indução, que também não está isenta de críticas, como sabemos. Bresser-Pereira, ao qualificar essa questão, parece ter em mente justamente um dos pontos mais importantes para o pensamento de Charles S. Peirce, como veremos a seguir:

> A objeção cética de que toda inferência indutiva não é justificada – o célebre "problema da indução" de Hume – embora interessante não pode ser aceita. Não apenas porque ela vai contra o bom senso que nos diz que boa parte do conhecimento é resultado de inferências indutivas. Também porque, como argumenta Foster, a inferência indutiva se justifica quando ela se constitui na "melhor explicação" para o problema que está sendo examinado.[12]

Uma das grandes contribuições de Peirce à lógica encontra-se nos seus trabalhos sobre abdução, numa definição simples: o ato de procurar um traço ou característica num fenômeno e, a partir daí, sugerir uma hipótese explicativa (Peirce, 1958). Mark Blaug caracteriza uma abdução como um raciocínio distinto da indução e dedução. Uma indução que não pode ser logicamente abandonada, pois surge desde logo como temporária e falível, uma conjectura. Segundo Blaug, muita confusão poderia ser evitada se pudéssemos usar a palavra abdução para racionalizações não demonstradas, vulgarmente chamadas de indução. Como o papel da dedução é conferir consistência ao pensamento e dada a incapacidade de demonstração das induções, caberia ao processo de abdução a responsabilidade na criação das idéias na ciência. Vejamos o exemplo a seguir, utilizado por Peirce e retirado da *Stanford Encyclopedia of Philosophy*:[13]

1. O silogismo AAA-1 (Barbara): todos M são P, todos S são M, portanto todos S são P é um exemplo de dedução. Agora façamos uma ligação

---

[12] Bresser-Pereira, 2003b:20.

[13] Burch, 2001.

desse silogismo com um problema de amostragem. Vamos supor que ser M significa pertencer a uma dada população – por exemplo, uma bola numa população de bolas em alguma urna. Vamos supor que P seja uma característica de um membro dessa população – por exemplo, ser vermelho. E, por fim, vamos supor que ser S significa ser membro de uma amostra aleatória retirada da população. Desse modo, o silogismo ficaria: todas as bolas numa urna são vermelhas, todas as bolas de uma amostra aleatória particular são retiradas dessa urna, portanto todas as bolas dessa amostra particular são vermelhas.

2. Vejamos o que acontece se trocarmos a conclusão com a premissa principal. Todos S são P, todos S são M, logo todos M são P. Esse é o silogismo inválido AAA-3. Vamos considerar esse argumento em termos do problema de amostragem: todas as bolas numa amostra particular são vermelhas, todas as bolas dessa amostra aleatória particular são retiradas de uma urna, logo todas as bolas dessa urna são vermelhas. Encontramos assim um argumento que liga a amostra à população, para Peirce o principal significado da indução.

3. Por fim, vejamos o que acontece se trocarmos a conclusão com a premissa menor: todos M são P, todos S são P, logo todos S são M. Esse é o silogismo inválido AAA-2. Vejamos esse resultado em termos de teoria de amostragem: todas as bolas numa urna são vermelhas, todas as bolas de uma amostra aleatória particular são vermelhas, logo todas as bolas dessa amostra aleatória particular são retiradas dessa urna. O que temos aqui não é um argumento que vai da população para a amostra (dedução), nem da amostra para a população (indução), é um argumento provável, distinto de ambas, que Peirce denominou abdução. No caso, o fato de as bolas serem vermelhas faz com que seja provável que elas pertençam a uma dada urna, mas não há nenhuma garantia a esse respeito.

Um dos grandes exemplos de abdução na história da ciência encontra-se no estudo dos movimentos planetários. O astrônomo Johannes Kepler observou que, se as órbitas dos planetas fossem supostamente elípticas, grande parte das medições obtidas por astrônomos ao longo de séculos poderia ser explicada de forma satisfatória. A partir daí, criou uma de suas mais importantes leis de movimento planetário.[14] Como destaca Peirce, o avanço da ciência depende da observação dos fatos por mentes equipadas com as idéias apropriadas. Ao observar regularidades no estudo de fenômenos, o cientista faz uma espécie de julgamento intuitivo, que seria originário na formulação das hipóteses necessárias para o avanço da pesquisa através da dedução e indução.

Ainda sobre a questão do caráter histórico do processo econômico que inspira as recomendações de Bresser-Pereira, não parece difícil perceber que uma solução possível para lidar com o problema das realidades mutantes em economia seria a adoção da abdução como método de trabalho. Para analisar um processo que apresenta evolução histórica e não-repetitiva, restaria ao cientista identificar as novidades ou inovações a partir da observação de regularidades e fatos estilizados e, daí, então teorizar acerca dos fenômenos percebidos. Nas palavras do autor:

> Para pensar a economia, formular as hipóteses explicativas de seu funcionamento e propor as políticas econômicas necessárias aos fins socialmente acordados (estabilidade, crescimento, distribuição), o economista, cujos problemas hoje são fundamentalmente macroeconômico e do desenvolvimento econômico, deve observar a realidade, verificar como os fenômenos ocorrem e se repetem, e a partir desse processo inicialmente indutivo, mas na verdade indutivo-dedutivo, ele infere seu modelo ou sua explicação.[15]

Referências bibliográficas

BRESSER-PEREIRA, Luiz Carlos. Os dois métodos da teoria econômica. maio 2003a. ms.

_____. *Os dois métodos da teoria econômica*. São Paulo: FGV, jul. 2003b. (Textos para discussão, n. 127.)

---

[14] Ver Hoover (1994:301).

[15] Bresser-Pereira, 2003b:20.

BURCH, R. Charles Sanders Peirce. In: *The Stanford Encyclopedia of Philosophy. Fall 2001.* Disponível em: <http://plato.stanford.edu/archives/fall2001/entries/peirce>.

HANDS, D. W. *Reflection without rules, economic methodology and contemporary science theory.* Cambridge: Cambridge University Press, 2001.

HOOVER, K. D. Pragmatism, pragmaticism, and economic method. In: BACKHOUSE, Roger E. (Ed.). *Contemporary issues in economic methodology.* London: Routledge, 1994.

PEIRCE, C. S. *Selected writings (values in a universe of chance).* Editor Philip Wiener. New York: Dover, 1958.

Método do fato histórico novo

ALEXANDRA STROMMER DE FARIAS GODOI

Qual o papel do método histórico na teoria econômica, em contraposição ao método lógico-dedutivo? Qual a sua relação com o conceito de ideologia e de campo científico? Tal discussão é proposta por Bresser-Pereira no texto "Os dois métodos da teoria econômica".[1] Inicialmente, definirei as bases de cada um dos métodos e explicitarei os procedimentos por eles usados na busca da verdade científica. Posteriormente, avaliarei a aplicabilidade de cada método ao estudo e desenvolvimento da teoria econômica. A seguir, farei uma análise crítica sobre o alcance de cada método e as dificuldades que encontram, com uso da bibliografia sobre epistemologia, concluindo com comentários sobre sua relação com os conceitos de ideologia e campo científico.

Motivação

A preocupação de Bresser-Pereira com a existência de dois métodos na teoria econômica se origina de sua visão de verdade. Em sua opinião, a

---

[1] Bresser-Pereira, 2003.

verdade é concreta, alcançável, e não subjetiva como prega o relativismo. Bresser-Pereira reconhece, entretanto, as limitações de nossa capacidade de conhecê-la e a dificuldade que encontramos em sua procura, justificando uma posição realista, porém modesta, especialmente para as ciências sociais. Em seu texto "Teorias sobre a verdade",[2] o autor resume:

> Eu, por exemplo, embora cientista social, me considero um realista mesmo em relação a verdades sociais. Mas não tenho dúvida que meu realismo deve ser mais modesto do que o realismo com que encararia as ciências naturais se tivesse competência para pesquisá-las.

Essa visão realista modesta permite que Bresser-Pereira entenda como legítimas abordagens ou teorias econômicas inconsistentes entre si, no caso as escolas neoclássica, clássica e keynesiana, já que cada uma delas explica, melhor que as outras, algum aspecto do sistema econômico.

Pode-se dizer que Bresser-Pereira adota uma visão semelhante ao que Victoria Chick (2004) define como "sistema aberto" para a teoria econômica. Como a realidade é complexa, e o sistema econômico está interligado a diversos outros sistemas, como a política, a história, a sociologia etc., a melhor maneira de analisar esse sistema aberto seria utilizar-se de subsistemas fechados sucessivos, cada qual adequado para um objeto de estudo específico, mas sempre consciente das inter-relações existentes entre sistemas e das hipóteses simplificadoras adotadas.

A partir desse arcabouço teórico, Bresser-Pereira toma uma posição pragmática e defende a existência de dois métodos legítimos para o estudo da economia: o método histórico-dedutivo, ou do fato histórico novo, que seria adequado para a teoria do desenvolvimento econômico e a macroeconomia; e o método hipotético-dedutivo, aistórico, utilizado pela microeconomia, ou, mais especificamente, pela teoria de equilíbrio geral.

---

[2] Bresser-Pereira, 2004. Trata-se de uma apostila que o autor usa em seu curso Metodologia Científica para Economistas, na Escola de Economia de São Paulo da Fundação Getulio Vargas.

Os dois modelos e suas definições

O *Dicionário Houaiss* define "hipotético-dedutivo" como método "que extrai dedutivamente as conseqüências lógicas de axiomas (diz-se do método ou *raciocínio matemático*)", ou alternativamente "que parte de hipóteses explicativas, buscando deduzir as conseqüências e verificar sua realidade empírica (diz-se de métodos ou procedimentos nas *ciências experimentais*)" (grifo meu). Parece interessante constatar a relevância que este método assumiu recentemente no ramo da economia, dado que ela não é, *a priori*, nem matemática em sua essência (apesar da importância da matemática como um dos instrumentos para a análise econômica) nem fundamentalmente experimental. Ao contrário, a experimentação na economia encontra sérios obstáculos de ordem prática, entre os quais a impossibilidade de se controlar o ambiente de análise e isolar o objeto de estudo.

Neste contexto, cabe a exemplificação metafórica de Bresser-Pereira (2003) de que a microeconomia senta-se em sua poltrona, pressupõe que o agente econômico maximiza seus interesses econômicos e, a partir daí, deduz lógica e matematicamente todo o seu modelo. O método histórico, ou histórico-dedutivo, na sua definição, requer que o problema econômico que se pretende estudar seja situado na história. Isto é, que seja situado no conjunto de relações não apenas econômicas mas também sociais, culturais, políticas e institucionais que definem o processo e cada momento histórico. O método histórico vem sempre sendo usado pelos filósofos e cientistas sociais, desde Aristóteles até os pragmáticos americanos, desde Maquiavel até Marx. O método histórico proposto por Bresser-Pereira, entretanto, é específico – é o "método do fato histórico novo". Este método, que não é um método de verificação mas de descoberta da verdade, propõe que se identifiquem fatos históricos novos que mudaram a realidade anterior. Seu pressuposto é o de que a realidade econômica até aquele momento estava razoavelmente bem estudada e analisada, mas os fatos novos exigem uma análise, que será tão mais inovadora quanto maior for a mudança econômica e social causada pelo fato. A partir daí, buscam-se empiricamente novas regularidades, indaga-se sobre as motivações racionais dos novos comportamentos e reúnem-se elementos para construir a nova teoria e testá-la.

As explicações racionais, porém, viriam posteriormente, de forma propositalmente *ad hoc*. Depois de situar os problemas no campo histórico e buscar regularidades que permitam definir fatos estilizados e modelos teóricos, seria desejável, de acordo com Bresser-Pereira, submeter o modelo à crítica das motivações racionais. Assim, o método essencialmente é o do fato histórico, que usa também a dedução, mas sua pedra fundamental é análise da realidade. A busca de microfundamentos, por exemplo, que seria por definição um instrumental hipotético-dedutivo, é legítima na economia, mas, no caso da macroeconomia e das análises concretas da realidade econômica, deve ocorrer em um segundo momento, para que se possam estabelecer os mecanismos explicativos das relações macroeconômicas observadas, fortalecendo a teoria.

Aplicabilidade de cada método

Como dissemos anteriormente, a princípio os dois métodos são legítimos. No caso da economia, o método hipotético-dedutivo levou ao surgimento dos modelos de equilíbrio geral e do equilíbrio parcial de uma economia de mercado, enquanto o método histórico permitiu a formulação do modelo clássico de teoria do desenvolvimento econômico, e do modelo macroeconômico.

Entretanto, a tentativa de usar um modelo hipotético-dedutivo, fechado e aistórico (como a teoria do equilíbrio geral) para explicar o funcionamento do sistema econômico como um todo seria, para Bresser-Pereira, equivocada. Dada a grande complexidade do objeto de estudo, que trabalha com uma realidade em constante mutação, seja de caráter tecnológico, político ou institucional, torna-se essencial a busca de uma teoria mais flexível, que se renove continuamente para adaptar-se à nova realidade. O mais próximo deste processo que a teoria neoclássica pode oferecer é, na visão de Bresser, a análise de equilíbrios estáticos, o que seria claramente insuficiente.

O método hipotético-dedutivo em economia se baseia no individualismo metodológico, enquanto o método histórico é holístico, e supõe que o todo não é a simples soma das partes, mas um organismo mais complexo onde existem relações, externalidades e sinergias. O modelo hipotético-dedutivo parte de axiomas ou pressupostos rígidos (como é o caso dos pressupostos de racionalidade e competição perfeita no modelo neoclássico), que são difíceis de relaxar. Já os modelos históricos permitem maior flexibilidade, dispensando o emprego de premissas tão rígidas. Adicionalmente, o modelo hipotético-dedutivo, particularmente o de equilíbrio geral, trabalha em um alto nível de abstração, gerando previsões igualmente abstratas com pouca adequação às necessidades mais concretas da política macroeconômica e de desenvolvimento. De acordo com Bresser-Pereira: "No modelo de equilíbrio geral não há compromisso com a realidade. É esta que deverá se adaptar ao modelo". Isto gera um modelo excessivamente geral, que, "procurando explicar todos os processos econômicos, acaba não explicando adequadamente nenhum".[3]

Uma decorrência natural do alto nível de abstração usado pela teoria neoclássica é a busca incessante de um grau cada vez maior de formalização, até o ponto em que a formalização se confunde com a própria teoria. Vários autores criticaram esse procedimento,[4] ressaltando o fato de que a formalização matemática é freqüentemente usada como um critério de verdade científica *per se*, enquanto na verdade representa apenas uma ferramenta legítima para o desenvolvimento intelectual, e uma arma de retórica importante, sem manter necessariamente uma aderência maior com a realidade. Levado ao extremo, o culto à formalização resulta em modelos excessivamente simplificadores da realidade, que geram resultados lógicos que são absorvidos como verdades científicas, sem que seja feito um questionamento mais cauteloso sobre sua aplicabilidade. O método hipotético-dedutivo seria, assim, de cunho neopositivista, e sua validação se basearia fundamentalmente na capacidade de convencimento das hipóteses utilizadas e no grau de consenso que se forma em volta delas. Citando

---

[3] Bresser-Pereira, 2003:7.

[4] McCloskey, 1983; e Blaug, 1980.

Schumpeter (1954) em sua crítica ao uso de modelos excessivamente abstratos, o resultado seria "uma teoria excelente que não pode ser refutada, e à qual nada falta exceto sentido". Já o método histórico seria realista, e sua validação *a posteriori* estaria ligada a pesquisas empíricas, acerto de previsões e, particularmente, à sua capacidade de permitir a formulação de políticas adequadas.

Por fim, utilizando a definição de Arida (1996), podemos dizer que um modelo hipotético-dedutivo, por construção, se encaixa em um modelo *hard science*, já que, sendo construído a partir de hipóteses ou proposições "externas", tais como a maximização do agente representativo na teoria neoclássica, deduzindo toda a teoria a partir daí, parece natural que o conceito de fronteira do conhecimento esteja presente de forma muito acentuada. Uma evolução teórica aceita suplantaria completamente o estágio anterior da teoria. A "verdade" poderia ser conhecida tão-somente a partir da última versão da teoria, não havendo necessidade de retrilhar os "erros e acertos" que levaram a ela.

Aspectos teóricos e dificuldades

A utilização de um modelo histórico-dedutivo representa, em geral, um desafio intelectual maior para os cientistas do que a aplicação de modelos hipotético-dedutivos. Em primeiro lugar, a observação da realidade e a identificação de fatos históricos novos, que é o ponto fundamental a partir do qual se desenvolve um modelo histórico legítimo, pode ser bastante ardilosa. A mente não é um papel em branco, mas enxerga o mundo através de filtros repletos de valores, experiências prévias, ideologias, interesses etc. Este ponto será abordado em mais detalhe em "Ideologia e campo científico" onde tratamos mais especificamente de ideologia, já que ela está presente, obviamente, não só no método histórico, mas também no hipotético-dedutivo, embora de forma mais velada. Além disso, por ser a realidade econômica um sistema incrivelmente complexo, é impossível para a mente humana abarcá-lo como um todo de uma só vez. Assim, para desenvolvermos um modelo útil, temos de selecionar aspectos da realidade que consideramos essenciais, ignorando outros. É o eterno dilema entre simplicidade e realismo do qual não conseguimos escapar. E, quando aplicamos um critério subjetivo qualquer para delimitar o escopo do nosso modelo, ou a "parte" da realidade que abarcaremos, estamos sempre colocando algum tipo de viés, maior ou menor, em nosso modelo.

Blaug (1980) mostra que não podemos fazer generalizações indutivas a partir de uma série de observações porque, no momento em que selecionamos certas observações entre o número infinito de observações possíveis, teremos já optado por um ponto de vista, e este ponto de vista é por si mesmo uma teoria, não importa quão crua e pouco sofisticada. Assim, não haveria fatos "brutos", e todos os fatos estariam carregados de teorias. Mesmo admitindo que tenhamos conseguido selecionar os fatos históricos novos que sejam relevantes para a análise do problema escolhido, e desenhar um "quadro" legítimo e relativamente imparcial da realidade estudada, temos ainda de superar o problema da indução, bem ilustrado através do famoso exemplo dos cisnes brancos. Mesmo que todos os cisnes que tenhamos encontrado até hoje sejam brancos, não temos condições de afirmar com certeza que "todos os cisnes são brancos" sem que tenhamos observado todos os cisnes do mundo, esgotando nossa amostra no tempo e no espaço, o que é obviamente impossível.

Para Popper,[5] a vida estaria cheia de exemplos *prima facie* de indução, mas ele nega que estes sejam realmente generalizações não contaminadas por palpites prévios. Em Popper, a indução não seria um argumento lógico válido; apenas a lógica dedutiva possui o que os lógicos chamam de argumentos demonstrativos, pelos quais premissas verdadeiras sempre levam a conclusões verdadeiras. Mas é importante ressaltar que Popper criticava a indução como um argumento lógico demonstrativo, não a indução como uma tentativa não-demonstrativa de confirmar uma hipótese.

Para evitar esta armadilha da indução, Bresser-Pereira propõe que o método histórico seja, além de por definição indutivo, também dedutivo,

---

[5] Apud Blaug, 1980.

reconhecendo assim a necessidade de se quebrar o ciclo *ad infinitum* da indução, com a imposição de premissas a partir das quais é possível tirar conclusões lógicas. Este procedimento é bastante diferente, entretanto, do usado pelo método puramente hipotético-dedutivo, já que as premissas vêm de uma cuidadosa observação da realidade e não são fundamentalmente aprioristicas.

A coexistência entre indução e dedução pode parecer paradoxal, mas Blaug (1980) nos explica que isto ocorre porque comumente entendemos dedução e indução como operações mentais opostas, com a dedução nos levando do geral para o particular, e a indução, do particular para o geral. Conforme definições do *Dicionário Houaiss*, dedução seria o "processo de raciocínio através qual é possível, partindo de uma ou mais premissas aceitas como verdadeiras, a obtenção de uma conclusão necessária e evidente". Já indução seria um "raciocínio que parte de dados particulares (fatos, experiências, enunciados empíricos) e, por meio de uma seqüência de operações cognitivas, chega a leis ou conceitos mais gerais, indo dos efeitos à causa, das conseqüências ao princípio, da experiência à teoria". O contraste relevante, entretanto, conforme ressalta Blaug, nunca é entre dedução e indução, mas entre inferências demonstrativas que são certas, e inferências não-demonstrativas que são precárias. Blaug sugere o uso da palavra "abdução" (*adduction*) para estilos não-demonstrativos de argumentação vulgarmente chamados de indução.

Não existiria assim indução demonstrativa, e abdução não seria de forma alguma o oposto de dedução, mas um tipo de operação mental totalmente diferente. Abdução seria a operação não-lógica de saltar do caos que é o mundo real para um palpite ou conjectura tentativa sobre a relação verdadeira que existe entre um conjunto de variáveis relevantes. Como esse salto se dá pertence ao contexto da descoberta, enquanto a filosofia da ciência está preocupada essencialmente, nas palavras de Blaug, com o próximo passo do processo, ou seja, como conjecturas iniciais se convertem em teorias científicas, prendendo-as em uma estrutura mais ou menos bem costurada, e como estas teorias são então confrontadas com observações. Em resumo, ele diz que a ciência não é baseada na indução, mas na abdução seguida de dedução.

Nestes termos, as definições dos dois métodos de Bresser-Pereira conteriam uma tentativa de abarcar os dois campos: da descoberta e da justificação. Não só no âmbito da descoberta os dois modelos utilizariam a abdução de forma distinta – o modelo histórico enfocando a observação da realidade de forma holística e o modelo hipotético-dedutivo se baseando no comportamento individual dos agentes –, mas também no âmbito da justificação eles teriam critérios de validação distintos, como apresentado em "Aspectos teóricos e dificuldades". Por fim, depois de solucionada a dinâmica indução-dedução, deve-se evitar o risco de incorrer em determinismo, de inferir causalidades rígidas, tidas como perfeitas e lógicas, ignorando irregularidades não previstas.

Ideologia e campo científico

O conceito de ideologia, de acordo com o *Dicionário Houaiss*, pode ser definido como um "sistema de idéias (crenças, tradições, princípios e mitos) interdependentes, sustentadas por um grupo social de qualquer natureza ou dimensão, as quais refletem, racionalizam e defendem os próprios interesses e compromissos institucionais, sejam estes morais, religiosos, políticos ou econômicos". No marxismo, ideologia representa mais especificamente o fato de que o conjunto de idéias presentes nos âmbitos teórico, cultural e institucional das sociedades não poderia ser compreendido isoladamente ou a partir de um "desenvolvimento da mente humana", mas teria origem materialista, ou seja, nas necessidades e interesses inerentes às relações econômicas de produção.[6] As relações de produção predominantes num determinado estágio de desenvolvimento econômico constituiriam a estrutura da sociedade, sua fundação, a partir da qual surgiria uma superestrutura legal e política, e formas de consciência social correspondentes. Marx afirma: "*It is not the consciousness of men that determines their existence, but their social existence that determines their consciousness*". Neste mesmo contexto, a ciência estaria permeada de interesses, e sujeita a dinâmicas moldadas no âmbito das relações de produção.

---

[6] Ver Hausman (1994) e Marx (1981).

Segundo Schumpeter (1948), Marx foi o primeiro a transformar esta relação de interdependência entre ciência e outros aspectos da história social em dependência da primeira em relação à estrutura social. O ambiente em torno do cientista (onde e em que época vive) determinaria o que ele vê e como ele vê. Seria uma espécie particular de relativismo, de acordo com Schumpeter, que condiciona socialmente a escolha da problemática e a abordagem utilizada. Este efeito seria mais forte nas ciências sociais do que nas ciências da natureza porque o objeto de estudo destas varia mais fortemente de lugar para lugar e ao longo do tempo. Este elemento a mais – que permite o questionamento de descobertas não somente nas bases segundo as quais as proposições de todas as ciências são avaliadas, mas também de acordo com um critério adicional segundo o qual a verdade não pode ser determinada sem que se explicite a afiliação de classe do cientista – Schumpeter chama de viés ideológico. Schumpeter afirma que a prática da ciência em si não exige que nos dispamos de julgamentos de valor ou renunciemos à advocacia de algum interesse específico. Investigar fatos ou desenvolver ferramentas para fazê-lo seria coisa distinta e não conflitante com avaliá-las sob um ponto de vista moral ou cultural. Assim, seria possível fazer um trabalho analítico honesto na defesa de algum interesse: *"advocacy does not imply lying"*.

Entretanto, a ideologia traria um problema mais complexo. Como coloca Schumpeter, *"ideologies are not simply lies; they are truthful statements about what a man thinks he sees"*. Assim, nenhum cientista seria capaz de despir-se da ideologia, como uma maldição inescapável, e, mesmo admitindo sua existência, teria de evitar a armadilha em que o próprio Marx se teria colocado: de ver ideologia somente nos outros, nunca em si mesmo. Reconhecendo-se a existência da ideologia, o passo seguinte seria tentar localizá-la, o que, de acordo com Schumpeter, deveria ser feito através da escrutinação do procedimento científico. A ideologia poderia ser confinada à visão original do fenômeno que estamos sujeitando ao tratamento científico, já que o procedimento científico em si pode ser controlado de forma objetiva. Schumpeter afirma:

> *the original vision is ideology by nature and may contain any amount of delusions traceable to a man's social location, to the manner in which he wants to see himself or his class or group and the opponents of his own class or group.*

Analisando o papel da ideologia em Adam Smith, Marx e Keynes, Schumpeter conclui que as idéias que não podem ser controladas analiticamente têm um papel exclusivamente no âmbito dos conceitos básicos do processo econômico como um todo, e que constituem o pano de fundo a partir do qual o esforço analítico se dá, e do qual é impossível compreender mais do que segmentos. Assim, não seria possível se fazer ciência isenta de ideologia.

Já Bourdieu, embora mais influenciado por Marx que Schumpeter, não gostava do conceito de ideologia elaborado por Marx, que seria cartesiano, promovendo uma "clivagem entre o cientista e o outro" e dando excessiva ênfase à atividade consciente. Ele utiliza o conceito de doxa, que seria menos voluntarista. O conceito de campo científico foi construído por Bourdieu como um espaço de luta social:

> O campo científico, enquanto sistema de relações objetivas entre posições adquiridas (em lutas anteriores), é o lugar, o espaço de jogo de uma luta concorrencial. O que está em jogo especificamente nessa luta é o monopólio da autoridade científica definida, de maneira inseparável, como capacidade técnica e poder social; ou se quisermos, o monopólio da competência científica, compreendida enquanto capacidade de falar e agir legitimamente (isto é, de maneira autorizada e com autoridade, que é socialmente outorgada a um agente determinado).[7]

O trecho sintetiza bem a visão de Bourdieu, que traz a problemática levantada em nível mais filosófico e social pelo conceito de ideologia a uma instância quase individual. Para Bourdieu, o próprio funcionamento do campo científico produz e supõe uma forma específica de interesse. Os cientis-

---

[7] Bourdieu, 1983.

tas buscariam um tipo de autoridade ou prestígio específico, a saber, o reconhecimento de seus pares-concorrentes. A busca desses objetivos individuais, embora egoístas, teria um efeito positivo de propulsionar o avanço da ciência, entendida como procura da verdade, através de uma espécie de mecanismo de "mão invisível" smithiano.

A figura do campo científico como meio onde essa autoridade é conferida é importante porque a competência científica é socialmente reconhecida. Não seria possível dissociar capacidade técnica pura de representação social. Os julgamentos sobre capacidade técnica estariam sempre contaminados por fatores sociais, como a posição de um determinado cientista na hierarquia do campo. Assim, é o campo científico que "designa a cada pesquisador, em função da posição que ele ocupa, seus problemas, indissociavelmente políticos e científicos, e seus métodos, estratégias científicas que, pelo fato de se definirem expressa ou objetivamente pela referência ao sistema de posições políticas e científicas constitutivas do campo científico, são ao mesmo tempo estratégias políticas". Bourdieu conclui: "Não há escolha científica – do campo da pesquisa, dos métodos empregados (...) – que não seja uma estratégia política de investimento objetivamente orientada para a maximização do lucro propriamente científico, isto é, a obtenção do reconhecimento dos pares-concorrentes".

Para Bourdieu, a evolução da ciência se daria nesse ambiente de luta desigual entre agentes diversamente dotados de capital específico e, portanto, desigualmente capazes de se apropriarem do produto do trabalho científico que o conjunto dos concorrentes produz. Por um lado, haveria instâncias de consagração (academias, prêmios, revistas) que consagram produções conformes aos princípios da ciência oficial, oferecendo continuamente o exemplo do que merece o nome de ciência e exercendo uma censura sobre "produções heréticas". Entretanto, a ciência normal, usando o termo de Kuhn (1962), só procura resolver os problemas suscetíveis de serem colocados nos limites da problemática estabelecida, ou "só resolve os problemas que pode colocar, ou só coloca os problemas que pode resolver". Assim, haveria também espaço para estratégias de "subversão" por parte dos menos dotados de capital específico, que em certos casos resultariam em "invenções heréticas", levantando problemáticas novas. Se essa luta de interesses ocorre nas ciências naturais, ela tenderá a ser muito mais intensa ainda no campo das ciências sociais, como a economia. Bourdieu explica que as ciências sociais não têm tanta autonomia como ciências naturais porque "o que está em jogo na luta interna pela autoridade científica no campo das ciências sociais, isto é, o poder de produzir, impor e inculcar a representação legítima do mundo social, é o que está em jogo entre as classes no campo da política". Assim, as posições na luta interna nas ciências sociais jamais podem atingir o grau de independência com relação às posições nas lutas externas que se observam no campo das ciências da natureza.

Um exemplo desse tipo de movimento, aplicado à economia, pode ser encontrado em Bresser-Pereira, ao tratar da predominância da economia neoclássica no campo econômico hoje.[8] A teoria neoclássica, em sua busca da racionalidade perfeita, seria um "instrumento ideológico a serviço de uma classe empresarial liberal que ainda se sente obrigada a demonstrar a superioridade das economias de mercado sobre as economias estatais ou de comando, embora isto já esteja claro para os economistas de todas as escolas". Bresser-Pereira prossegue com uma análise histórica da ascendência da escola neoclássica após a crise, nos anos 1970, do Estado do bem-estar ou social-democrático.

Uma crítica na mesma linha pode ser encontrada em McCloskey, para quem o credo do Método Científico para a Economia Modernista é um amálgama de positivismo lógico, behaviorismo, operacionalismo e modelo hipotético-dedutivo de ciência. McCloskey afirma:

> *Modernism promises knowledge free from doubt, metaphysics, morals, and personal conviction; what it delivers merely renames as Scientific Method the scientist's and especially the economic scientist's metaphysics, morals, and personal convictions.*[9]

---

[8] Bresser-Pereira, 2003:9.

[9] McCloskey, 1983.

McCloskey ressalta que mesmo os testes empíricos não são isentos de ideologia, e esta é, na maior parte das vezes, a própria fonte que gera uma demanda de testes. Segundo Ronald Coase, para que uma teoria econômica seja testada, é necessário que alguns economistas se importem o suficiente para fazê-lo, ou seja, que acreditem nela.

Blaug diz que os economistas neoclássicos não fazem o que pregam, isto é, pregam a importância de se submeter as teorias a testes empíricos, mas sua prática sugere que seu intento é meramente um "falsificacionismo inócuo". "Quando a predição do economista é condicional, ou seja, baseada em condições especificadas, mas não é possível checar o cumprimento de todas as condições estipuladas, a teoria em questão não pode ser rejeitada qualquer que seja o resultado observado."[10]

Neste sentido, os testes são mais ilustrações do que verificações. Para Blaug, a pesquisa empírica feita pela economia neoclássica seria como "jogar tênis sem a rede": em vez de tentar refutar predições testáveis, os economistas gastam muito tempo mostrando que o mundo real confirma suas predições. Assim substituem o falseamento, que é difícil, pela confirmação, que é fácil.

Vemos, por exemplo, que a "ortodoxia convencional" – o nome que Bresser-Pereira dá às idéias dominantes sobre política econômica para os países em desenvolvimento – quer mostrar-se objetiva e isenta de ideologia quando isso não é possível. Seria melhor admitir o inevitável, criando mecanismos mais eficientes para lidar com ela. Neste aspecto, o modelo histórico parece abrir espaço para tratar estes problemas de forma mais honesta. Para Bresser-Pereira, as condicionantes ideológicas são inevitáveis. Os economistas e os cientistas políticos, principalmente, estão sujeitos às influências ideológicas na medida em que discutem a distribuição de renda e o poder. O essencial não é ficar acima das ideologias – já que isto é impossível –, mas reconhecê-las à sua volta e em si próprio, e tentar controlá-las. A mensagem que Bresser-Pereira tira dos conceitos de ideologia e campo científico

---

[10] Blaug, 1980.

é de cautela, e modéstia. É imprescindível que mantenhamos uma capacidade crítica aguçada ao estudarmos qualquer teoria econômica, particularmente aquela que nos é vendida como fronteira, ou *mainstream*, para que identifiquemos suas limitações, os interesses e as ideologias que a moldaram. Concluirei com uma enfática frase de Bourdieu sobre o assunto:

> A idéia de uma ciência neutra é uma ficção, e uma ficção interessada, que permite fazer passar por científico uma forma neutralizada e eufêmica, particularmente eficaz simbolicamente porque particularmente irreconhecível, da representação dominante do mundo social.[11]

Referências bibliográficas

ARIDA, Persio. A história do pensamento econômico como teoria e retórica. In: REGO, José Marcio (Org.). *Retórica na economia*. São Paulo: Editora 34, 1996.

BLAUG, Mark. *The methodology of economics or how economists explain*. Cambridge: Cambridge University Press, 1980.

BOURDIEU, Pierre. O campo científico. In: ORTIZ, Renato (Org.). *Pierre Bourdieu – sociologia*. São Paulo: Ática, 1983.

BRESSER-PEREIRA, Luiz Carlos. Os dois métodos da teoria econômica. In: ENCONTRO NACIONAL DE ECONOMIA POLÍTICA. *Anais*... Florianópolis, 19-20 jun. 2003.

_____. Teorias sobre a verdade. São Paulo, 2004. (Texto de apoio para a disciplina Metodologia Científica para Economistas, do Curso de Pós-Graduação em Economia da Fundação Getulio Vargas.)

CHICK, Victoria. An open system. *Brazilian Journal of Political Economy*, v. 24, n. 1, p. 93, 2004.

FRIEDMAN, Milton. The methodology of positive economics. In: _____. *Essays in positive economics*. Chicago: University of Chicago Press, 1953.

---

[11] Bourdieu, 1983.

HAUSMAN, Daniel M. *The philosophy of economics: an anthology*. 2. ed. Cambridge: Cambridge University Press, 1994.

KONDER, Leandro. *A questão da ideologia*. São Paulo: Cia. das Letras, 2002.

KUHN, Thomas. *A estrutura das revoluções científicas*. [1962]. São Paulo: Perspectiva, 1976.

LAKATOS, Imre. Falsification and the methodology of scientific research programs. In: _____; MUSGRAVE, Alan (Eds.). *Criticism of the growth of knowledge*. Cambridge: Cambridge University Press, 1974.

MARX, Karl. *A contribution to the critique of political economy*. New York: International Publishers, 1981.

McCLOSKEY, Donald N. The rhetoric of economics. *Journal of Economic Literature*, v. 21, 1983.

POPPER, Karl R. *The logic of scientific discovery*. London: Hutchinson, 1959.

_____. *O realismo e o objetivo da ciência*. Lisboa: Dom Quixote, 1997. Pósescrito de *A lógica da descoberta científica*, publicado originalmente em 1982.

SCHUMPETER, Joseph A. *History of economic analysis*. Oxford: Oxford University Press, 1954.

SKINNER, Quentin (Ed.). *The return of grand theory in the human sciences*. Cambridge: Cambridge University Press, 1985.

_____. *The development economics*. Oxford: Oxford University Press, 1961.

_____. *História da análise econômica*. Rio de Janeiro: Missão Norte-Americana de Cooperação Econômica e Técnica no Brasil – Usaid, 1964. 3 v.

_____. Science and ideology. [1948]. In: HAUSMAN, Daniel M. (Ed.). *The philosophy of economics: an anthology*. Cambridge: Cambridge University Press, 1994.

II
ECONOMIA

Bresser-Pereira & Eugênio Gudin: pensamento e ação a partir da análise econômica

Maria Angélica Borges*

O nacionalismo é a forma pela qual as sociedades modernas se autodefinem como nação e, a partir daí, esperam que seus governos, nas relações com os demais países, defendam o trabalho e o capital nacionais. É a ideologia através da qual uma nação ou um conjunto de nações legitima a formação de um Estado-Nação; é a prática da defesa do interesse nacional usando como ferramenta as instituições e a organização do Estado nacional. É impossível entender o comportamento dos países democráticos modernos se não considerarmos neles um forte componente nacionalista.

Luiz Carlos Bresser-Pereira[1]

O nacionalismo (...) é outra manifestação de burrice coletiva, numa época em que o imperialismo econômico já está enterrado com todos os sacramentos, em que o México despacha sem cerimônia os concessionários americanos do petróleo e em que Mossadegh expulsa arbitrariamente os ingleses, sem sofrer represálias políticas. O nacionalismo latino-americano de hoje é um triste complexo de inferioridade que está

---

* Agradeço a João Ildebrando Bocchi e José Marcio Rego os seus comentários.

[1] Bresser-Pereira, 2003a.

dificultando a colaboração do capital estrangeiro, que tanto contribuiu para o progresso de países já hoje mais do que emancipados, como os Estados Unidos, o Canadá, a Austrália etc.

Eugênio Gudin[2]

Dois perfis

Luiz Carlos Bresser-Pereira e Eugênio Gudin são economistas de gerações distintas, com atuação na Fundação Getulio Vargas. O que interessa ressaltar aqui são alguns aspectos da interpretação desses dois importantes intelectuais pertencentes à comunidade dos economistas brasileiros,[3] cuja atuação não se restringiu somente à academia, mas abriu um leque de influências em outras direções, inclusive na política nacional. Enquanto o primeiro completa 70 anos neste ano, o segundo, que viveu uma vida centenária, nasceu no final do século XIX e faleceu em 1986, ano do primeiro plano heterodoxo apoiado na teoria da inflação inercial, o Plano Cruzado.

Bresser-Pereira e Eugênio Gudin[4] são dois produtores intelectuais, que se dirigem para a carreira de economista oriundos de áreas diferenciadas do

---

[2] Gudin, 1952a.

[3] Principalmente o debate acadêmico e a implantação de políticas econômicas.

[4] Colocar lado a lado Luiz Carlos Bresser-Pereira e Eugênio Gudin, ressaltando diferenças e semelhanças, revela aspectos peculiares da comunidade dos economistas brasileiros. Eugênio Gudin foi e é referência para o estudo da ciência econômica no país. Na concordância ou discordância, o seu papel na formação dos economistas locais é inegável – bastaria citarmos o seu livro sobre economia monetária, *Princípios de economia monetária*, entre outras obras. Soma-se a isto sua importância para o Instituto Brasileiro de Economia da Fundação Getulio Vargas (Ibre/FGV) e para a criação dos primeiros periódicos brasileiros de economia, *Conjuntura Econômica* e *Revista Brasileira de Economia*, publicados pelo Núcleo de Economia da FGV/Rio, criado em 1958. Para uma análise mais detalhada do seu papel como economista e produtor intelectual, ver Borges (1996). O mesmo podemos dizer de Bresser-Pereira, influência marcante no cenário nacional como homem público e economista. Também como Gudin, atua na criação de organismos e publicações voltados à análise econômica. Exemplo disto é o Centro de Economia Política, que desde 1981 publica a prestigiada *Revista de Economia Política*. Para uma análise mais pormenorizada do conjunto de sua obra, visite-se o site </www.bresserpereira.org.br>.

saber. Suas formações iniciais, entretanto, guardam uma interface com a ciência econômica, uma vez que, antes da criação das faculdades de economia no país, a teoria econômica era ministrada nas faculdades de direito e de engenharia. Bresser-Pereira tem como formação primeira a ciência jurídica e Eugênio Gudin, a engenharia.[5] Os dois encontrarão, porém, na economia o campo fértil para suas produções teóricas e práticas, construindo carreiras notáveis no cenário nacional. Curiosamente, ambos passarão pela pasta da Fazenda e por um período semelhante, cerca de sete meses – Bresser-Pereira[6] durante o governo de Sarney e Eugênio Gudin no governo de Café Filho.[7]

Os dois economistas são protagonistas importantes da história dessa que é uma das principais instituições de ensino e pesquisa do país, a Fundação Getulio Vargas, Eugênio Gudin atuando no Rio de Janeiro e Bresser-Pereira, em São Paulo. Suas atuações traduzem um arsenal de realizações: publicação de livros, revistas, formação de núcleos de pesquisa, contatos internacionais, entre tantas outras iniciativas. Os dois intelectuais agregam ao seu redor vários outros participantes da comunidade científica, tanto exercendo uma influência marcante sobre alunos, professores e demais cidadãos, como ganhando notoriedade no exterior.[8] Soma-se a este rol de atividades semelhantes que ambos, no início de suas carreiras, atuaram,

---

[5] "A primeira tentativa de organização de um estudo regular de economia no Brasil data de 1931, com o decreto-lei que criou o Curso Superior de Administração e Finanças. Até 1931, não havia curso organizado para o estudo especial da economia teórica e aplicada. Havia uma cátedra de economia política na Escola Politécnica e outra na Escola de Direito" (Gudin, 1958:5). Quanto à regulamentação do ensino de economia, Gudin nos diz "ter (...) sido, em boa parte, responsável pela nova estruturação do curso de economia, organizada pela Lei nº 7.988, de 22 de setembro de 1945" (Gudin, 1950:60).

[6] Luiz Carlos Bresser-Pereira foi ministro da Fazenda no período de 3 de maio de 1987 a 18 de dezembro de 1987 (Abreu, 1992:6). Foi também ministro da Ciência e Tecnologia e da Administração Federal e Reforma do Estado nos governos de Fernando Henrique Cardoso (Bresser-Pereira, 2003a:452).

[7] Eugênio Gudin foi ministro da Fazenda no período de 25 de agosto de 1954 a 13 de abril de 1955 (Abreu, 1992:6).

[8] Como atesta um levantamento de Azzoni (2000), Bresser é o terceiro economista brasileiro mais citado no exterior. Ver também Gudin (1980) e, para Bresser-Pereira, ver Biderman, Cozac e Rego (1996).

também, como jornalistas. Bresser-Pereira "iniciou sua atividade profissional, como jornalista, em 1950, no jornal *O Tempo*. Foi repórter, crítico de cinema e secretário da primeira edição do *Última Hora*."[9] Eugênio Gudin, em 1924, começou a colaborar em *O Jornal*,[10] de seu grande amigo Assis Chateaubriand; muitos anos depois, escreveu em *O Globo*. Ao longo de sua vida, produziu grande número de artigos para jornais, dos quais os mais importantes foram reunidos em coletâneas, além de textos para revistas especializadas que, juntamente com os seus livros, compõem sua obra.[11]

Ao lado de tantas identidades, percebemos diferenças marcantes. Enquanto Eugênio Gudin se declara, de forma convicta, adepto do método positivista e defende, de forma acalorada, a separação rígida entre a política e a economia, Bresser-Pereira, ancorado na epistemologia pragmática,[12] porém mais complexa que a do pragmatismo norte-americano, enriquecida também pelo método histórico estrutural do marxismo, defende a organicidade das duas instâncias do real, não abrindo mão da economia política como expressão maior na análise econômica, reafirmando a análise histórica como *locus* privilegiado do saber.[13]

Ambos debateram Marx[14] e o marxismo e analisaram o papel da crise na sociedade capitalista,[15] porém com angulações distintas. Enquanto crise, no ideário gudiniano, é um fenômeno matrizado na esfera política e exportado para o tecido econômico, ou seja, endógeno ao fator político e exógeno ao fator econômico, na análise de Bresser-Pereira, a crise é analisada a partir da acumulação capitalista, entendida à luz da economia política,

---

[9] Ver Biderman, Cozac e Rego (1996). Atualmente, ainda podemos ler as suas críticas sobre cinema; ver, por exemplo, Bresser-Pereira (2003e).

[10] Ver Gudin (1980:52-59) e Abreu (1984:626-627).

[11] Borges, 1996:309.

[12] Ver Bresser-Pereira, 2003a.

[13] Ver Bresser-Pereira, 1986 e 1978.

[14] Ver Borges (1996), para uma análise da interpretação de Gudin sobre Marx. Ver Bresser-Pereira (1986), para uma interpretação de Marx no reexame da tendência declinante da taxa de lucro.

[15] Sobre as crises capitalistas, ver Bocchi (1999).

não cabendo uma ruptura entre essas duas instâncias do real: a econômica e a política.

Os dois economistas debruçaram-se, também, sobre o fenômeno da inflação. Pela pena de Bresser-Pereira, esse fenômeno recebe um diagnóstico mais sofisticado e uma terapia mais conseqüente, pois é desenhada a teoria da inflação inercial, como um desdobramento da teoria estruturalista latino-americana de inflação, enquanto Eugênio Gudin jamais aceitou qualquer outra explicação sobre a inflação que não rezasse pela cartilha do pensamento ortodoxo. Polemizou, inclusive, com Celso Furtado, negando o conceito de inflação estrutural:

> Há sempre (...) economistas ávidos de notoriedade e sequiosos de teorias novas, ou ainda simplesmente insensatos. (...) Contanto que haja cartaz. (...) De que viveriam eles se não surgissem tais teorias [sic] para armar debates e suscitar notoriedades, mesmo passageiras. E se isto existe nos Estados Unidos, não é de admirar que prolifere na ardente imaginação dos hispano-americanos. (...) No Chile, tem-se recorrido ao álibi de uma "inflação estrutural", congênita por assim dizer, sob o fundamento de que é deficiente a produção de alimentos; donde o encarecimento dos gêneros, a elevação dos salários e a inflação. Parece incrível que o desequilíbrio mental chegue a ponto de se avançar uma história como essa. O que se dá no Chile é, provavelmente, o mesmo, senão pior, do que se dá aqui. (...) O subdesenvolvimento da América Latina não é das coisas; é dos homens. (...) Donde se conclui que o subdesenvolvimento desta parte do mundo é um produto da incapacidade dos governantes, inclusive a burrice granítica dos "nacionalistas" e a canalhice dos políticos. (...) Suprimam-se esses fatores negativos durante dez anos e o país deixará, nesse curto prazo, de figurar no rol dos subdesenvolvidos.[16]

Também identificaram, no cenário internacional, o lugar da Europa e dos Estados Unidos, mas cada um segundo o seu aporte teórico.[17] No clássico

---

[16] Gudin, 1965:73-74.

[17] Ver Gudin (1977) e Bresser-Pereira (2003f).

debate desenvolvimentistas *versus* monetaristas, ambos se posicionam em lados opostos. Esse debate, pela sua importância, será um dos itens que desenvolveremos, compondo um dos momentos de nossa reflexão, junto com as suas experiências respectivas no Ministério da Fazenda e suas diferenças analíticas sobre Estado e economia.

Dois economistas no poder – o Ministério da Fazenda

Tanto Eugênio Gudin quanto Bresser-Pereira foram analistas privilegiados de suas próprias experiências na Fazenda: ambos permaneceram sete meses no comando da economia e conheceram, durante suas gestões, as vicissitudes do capitalismo de via colonial.[18]

Bresser-Pereira aborda a sua atuação como ministro da Fazenda:

> Em 1987, quando assumi o Ministério da Fazenda, vendo a crise do Estado brasileiro, tinha muito claro para mim a necessidade de uma perspectiva novo-desenvolvimentista. O novo desenvolvimento que então adotei, embora sem ainda usar essa expressão, assemelhava-se ao primeiro porque considerava que a principal função da teoria econômica é explicar o processo de desenvolvimento econômico, e a da política econômica, promover esse desenvolvimento. Porque entendia que, nesse processo, o pressuposto neoclássico de que os mercados, desde que deixados livres, encarregam-se desse desenvolvimento é falso, embora o mercado

---

[18] "No Brasil, bem como na generalidade dos países coloniais ou dependentes, a evolução do capitalismo não foi antecedida por uma época de ilusões humanistas e de tentativas – mesmo utópicas – de realizar na prática o 'cidadão' e a comunidade democrática. Os movimentos neste sentido, ocorridos no século passado e no início deste século, foram sempre agitações superficiais, sem nenhum caráter verdadeiramente nacional e popular. Aqui, a burguesia se ligou às antigas classes dominantes, operou no interior da economia retrógrada e fragmentada. Quando as transformações políticas se tornaram necessárias, elas eram feitas 'pelo alto', através de conciliações e concessões mútuas, sem que o povo participasse das decisões e impusesse organicamente a sua vontade coletiva. Em suma, o capitalismo brasileiro, ao invés de promover uma transformação social revolucionária – o que implicaria, pelo menos momentaneamente, a criação de um 'grande mundo' democrático – contribuiu, em muitos casos, para acentuar o isolamento e a solidão, a restrição dos homens ao pequeno mundo de uma mesquinha vida privada" (Coutinho apud Borges, 1999:126).

seja um alocador de recursos razoavelmente eficiente. Porque continuava a atribuir um papel decisivo ao Estado no processo de desenvolvimento. E porque, diante da crise do Estado que então diagnostiquei, propunha, ao invés de reduzi-lo, reconstruí-lo, tornando-o mais forte, mais capaz no plano político, administrativo e financeiro. Por todas essas razões, o nome que mais se aplicava às teorias e políticas econômicas que procurava desenvolver, embora também pudessem ser chamadas de estruturalistas, eram tipicamente desenvolvimentistas.[19]

Os dois economistas, ao assumirem o poder em uma das esferas mais importantes da vida pública, enfrentaram as particularidades do capitalismo brasileiro. A miséria da via colonial impõe o seu preço, sendo preciso buscar tipos analíticos adequados ao ser histórico brasileiro. As dramáticas condições locais nos obrigam a construir uma teoria que dê conta de nossas incompletudes estruturais. Os clássicos, como Marx e outros, lembra-nos Lukács, viajam do universal até o particular, passando pela singularidade, para reinventar a teoria e tentar dar respostas aos problemas que a realidade impõe ao homem, na produção e reprodução da vida no plano da materialidade e da idealidade.[20]

Através do pensamento de ambos os economistas, sob angulações sociais diferenciadas, surge uma nova abordagem na análise econômica. Enquanto Gudin se notabilizou por desenvolver o *novo liberalismo*,[21] Bresser-Pereira propõe o *novo desenvolvimentismo*:

> Entretanto, as novas idéias distinguiam-se do velho desenvolvimentismo, que havia se tornado populista, porque eu recusava a indisciplina fiscal e o protecionismo. A irresponsabilidade fiscal foi a principal doença do desenvolvimentismo, enquanto que o protecionismo era uma caracterís-

---

[19] Bresser-Pereira, 2003a:415.

[20] Lukács, 1968.

[21] O novo liberalismo, para Gudin, vai superar todos os problemas econômicos encontrados no início do século, visto que engloba as positividades do liberalismo e corrige seus defeitos. Ver Borges (1996:43-118).

tica essencial e legítima enquanto a indústria nacional era infante, mas deixava de sê-lo quando se tornava madura e passava a poder se beneficiar da competição internacional.[22]

Como Gudin, Bresser-Pereira lamenta o acanhamento do espaço estatal para a implantação de seu ideário:

> Lutei por essas idéias [o novo desenvolvimentismo] no Ministério da Fazenda, e perdi. O país não estava maduro para elas. No final dos primeiros três meses, quase fui expulso do partido por parlamentares populistas [PMDB] que se indignavam com minha determinação de alcançar o equilíbrio fiscal.[23]

Ainda na esteira das palavras de Bresser-Pereira, registramos que, como Gudin, a ausência do espaço adequado de atuação o leva a retirar-se de cena:

> O Plano Bresser foi heterodoxo, mas foi um plano pela metade, foi um plano band-aid que tinha que ser completado. As diretrizes do que tinha que ser feito estavam no Plano de Consistência Macroeconômica. Como não havia condições políticas para fazê-lo, saí do ministério. O Plano Bresser – foi assim que o congelamento de 1987 ficou sendo chamado – devia ser completado com um segundo choque e com ajuste fiscal, em um momento em que os preços relativos estivessem mais equilibrados. Nesse momento, os desequilíbrios decorrentes apenas dos aumentos defasados poderiam ser corrigidos com tablitas de conversão.[24]

E, ainda, havia a preocupação com a *hiperinflação*: "Discutimos também naquela época a idéia de 'OTNização', que corresponderia à URV, mas estávamos mais inclinados ainda pelo congelamento, dado o receio

---

[22] Bresser-Pereira, 2003a:415.
[23] Ibid., p. 416.
[24] Binderman, Cozac e Rego, 1996:170.

de Chico Lopes e Yoshiaki [Nakano] de que a 'OTNização' resultasse em hiperinflação."[25]

As vicissitudes que Bresser-Pereira encontrou na sua experiência ministerial, segundo ele, diferenciam-se dos demais planos econômicos que analisou:

> Na análise dos doze planos, a conclusão mais geral a que chego é de que a causa fundamental do fracasso desses planos não foi em absoluto a falta de apoio dos políticos: foi a incompetência dos economistas. Economistas que não foram capazes de entender que havia inércia quando a inércia já era fundamental. Isso vale para os quatro planos anteriores ao Plano Cruzado. No caso desse plano, houve incompetência populista não de seus autores, mas dos seus implementadores. Depois, todos os outros planos, sem exceção (...) revelaram um grande desconhecimento de inércia inflacionária e pouca capacidade de fazer um ajuste fiscal.[26]

Um dos temas mais fascinantes das ciências humanas é a discussão do papel do sujeito na história, estampada, também, na controvérsia que acompanha, de um lado, a identificação do líder carismático que galvaniza os atores políticos e faz a história acontecer e, de outro, os sujeitos históricos que, na disputa de interesses contraditórios, buscam a construção de sua hegemonia. Nessa direção, os dois ex-ministros mergulharam no drama de refletir sobre as próprias atuações, pincelando tons marcantes na tela da dualidade da ação humana e dos compromissos históricos. O balanço das horas vividas na desconfortável cadeira de ministro da Economia joga o seu peso e a pena torna-se aguda. Acompanhando as experiências pessoais, encontramos os cenários externo e interno que nos apresentam tons mesclados com todas as dificuldades e limitações do capitalismo na periferia.

Por fim, completando o quadro desenhado até aqui e na busca da compreensão do chão social que criou os embates travados nas últimas décadas

---

[25] Binderman, Cozac e Rego, 1996:170.
[26] Ibid., p. 170-171.

do século XX, Bresser-Pereira apresenta uma análise que rediscute o significado do Consenso de Washington, dividindo-o em dois momentos:

> Desde o final dos anos 1980 a sociedade brasileira começou a se dar conta da necessidade do ajuste fiscal e da abertura comercial. Recebi essas mudanças com alegria, mas... Ao invés da mudança controlada do desenvolvimentismo para o novo desenvolvimentismo, o que vi foi uma guinada de 180 graus na política econômica... O país aceitava agora os conceitos de Washington e de Nova York sem discutir, sem pestanejar. Ao primeiro Consenso de Washington seguiu-se o segundo,[27] muito mais desestruturador da economia nacional.[28]

São interessantes as inequações enfrentadas pelos dois ministros, pois não se trata de coincidências. A análise mais apurada revela a incompletude do capitalismo brasileiro e de seus atores sociais, cerceando a atuação das lideranças locais. Somam-se a esse quadro perverso as mazelas do cenário internacional, que registraremos no final deste item, após os comentários sobre Gudin na Fazenda.

Gudin também analisou a sua atuação na pasta da Fazenda em 1953:[29]

> A estes, e especialmente aos futuros responsáveis pela política econômica do país, vou citar aqui dois exemplos recentes de administrações na pasta

---

[27] O Segundo Consenso de Washington foi patrocinado pelas organizações internacionais e pelo governo norte-americano, e tornou-se parte da condicionalidade dos empréstimos a esses países. É o resultado da soma da liberalização dos fluxos internacionais de capital com a estratégia de crescimento com poupança. Em termos práticos, envolveu moedas sobrevalorizadas (baixas taxas de câmbio) e altas taxas de juros; em termos de políticas, a tentativa de controlar o déficit orçamentário, enquanto o déficit em conta corrente era ignorado (Bresser-Pereira e Nakano, 2003:8). Sobre o Segundo Consenso de Washington, ver Bresser-Pereira (2003c).

[28] Bresser-Pereira, 2003a:416.

[29] Como Bresser-Pereira, Gudin também tinha consciência dos reais limites políticos de sua atuação na pasta da Fazenda e da dramática correlação de forças que enfrentara, conseqüência de interesses de grupos estruturados no poder. Contraditoriamente, a Gudin vai faltar o apoio dos cafeicultores e a Bresser-Pereira, o dos industriais.

da Fazenda que quase chegaram a debelar a corrente inflacionária e que o teriam feito se pouco mais tempo tivessem tido. O primeiro exemplo foi a administração do Sr. Correia e Castro (...) de outubro de 1946 a junho de 1949.[30] (...). O segundo exemplo foi o da primeira fase do Governo do Presidente Café Filho, de setembro de 1954 a abril de 1955, período de sete meses apenas, em comparação com os quase três anos do primeiro exemplo. Acresce que, quando o Presidente Café Filho assumiu o governo, havia menos de dois meses que se tinha posto em vigor a duplicação do salário mínimo, que empurrava inexoravelmente para cima todos os custos de produção e, portanto, os preços. Pois bem, ao fim de poucos meses de uma política monetária adequada, a alta dos preços arrefecia sensivelmente.[31] (...) Eram apenas sinais precursores do domínio sobre a inflação. Nem mais se podia esperar ao fim de poucos meses e com a alta dos salários a exercer pressão sobre custos e preços. Mas é o bastante para mostrar aos novos governantes o que se pode conseguir no combate à inflação em períodos relativamente curtos.[32]

Gudin se utiliza aqui, também, da razão técnica como forma adequada de reencontrar o equilíbrio no sistema capitalista e transforma em receituário a sua gestão, como o melhor exemplo da aplicação prática daquele princípio. Considera o que propôs e parte do que conseguiu executar – pois não teve fôlego político para implantar todo o seu programa – como a única

---

[30] Nessa gestão, "o crescimento dos meios de pagamento subiu do índice 114, em princípios de 1947, ao índice 130, em junho de 1949. Isto é, 14% apenas, em dois anos e meio, ou seja, menos de 6% ao ano. O índice de custo de vida no Distrito Federal subiu de cerca de 113, em janeiro de 1947, a 131, em junho de 1949. Isto é, 16% em dois anos e meio, ou seja, 6% ao ano" (Gudin, 1959:40).

[31] "De janeiro a maio de 1955, os índices dos preços dos gêneros alimentícios, exclusive o café, foram os seguintes: janeiro, 239; fevereiro, 236; março, 237; abril, 237; maio, 239. Cessou, portanto, a alta de preços dos gêneros. Os índices de preços dos produtos têxteis foram: janeiro, 252; fevereiro, 244; março, 243; abril, 240; maio, 245, o que mostra que havia cessado a alta de preços dos tecidos. Os índices de preços dos materiais de construção foram: janeiro, 250; fevereiro, 249; março, 246; abril, 245; maio, 245; preços que baixaram, portanto, ligeiramente" (Gudin, 1959:41).

[32] Gudin, 1959:41-42.

racionalidade possível para gerir a economia, pois, segundo ele, baseia-se em princípios da ciência econômica, vista como natural e isenta de valores. Sua descrição desse processo é bastante esclarecedora:

> A cura da inflação é bem menos difícil do que parece. Requer apenas um timoneiro bem seguro de seus rumos e dotado de caráter e energia, além, é claro, de um presidente que lhe dê o mais decidido apoio. Penso que tudo se pode resumir em cinco itens: 1.) Revigoramento da Instrução nº 108, da Sumoc, segundo a qual os bancos só podem dar aplicação a 50% dos novos depósitos, isto é, 50% do excesso dos depósitos acrescidos de agora em diante, recolhendo os outros 50% à Sumoc[33] (e não ao Banco do Brasil). 2.) Estabelecimento de "tetos" do máximo de crédito em cada Carteira do Banco do Brasil, sem que isso importe em fixar esses tetos abaixo do nível atual. 3.) Combater por todos os meios, inclusive os mais corajosos, os déficits dos orçamentos da União e autarquias, sem descurar dos estados; é o mais duro de executar. 4.) Conter os aumentos de salário mínimo, nas proporções do aumento do custo de vida a partir do após-guerra, como recomendou o Conselho Nacional de Economia, em princípios de 1954. 5.) Não tentar realizar investimentos e obras novas além do que permitem os recursos da economia privada e das disponibilidades governamentais. Hoje não é mais preciso quebrar o Banco do Brasil, como fez Murtinho[34] (ao tempo em que as teorias monetárias ainda eram confusas) nem lançar ao desemprego milhares de operários. Com a *técnica* moderna, é uma operação "quase" sem dor.[35]

---

[33] "Sumoc – Superintendência da Moeda e do Crédito. Instituição financeira criada em 1945, na dependência do Ministério do Fazenda, incumbida de fiscalizar o sistema bancário nacional, traçar a política monetária e cambial do país e assessorar o governo nas questões econômicas. Suas determinações eram executadas pelas carteiras especializadas do Banco do Brasil. Foi extinta em 1964, quando da fundação do Banco Central do Brasil S.A., que absorveu suas funções" (Sandroni, 1985:420). O projeto de criação da Sumoc foi de Bulhões. Ver, sobre esse tema, Bulhões (1990, especialmente caps. 5 e 6).

[34] Joaquim Duarte Murtinho foi ministro da Fazenda de 15 de novembro de 1898 a 2 de setembro de 1902, durante a presidência de Manuel Ferraz de Campos Sales. Sobre sua gestão, ver Abreu (1992:26-28).

[35] Gudin, 1959:42-43.

Além da visão tecnocrática como forma de condução da economia, o trecho transcrito contém outros importantes elementos que revelam a correlação de forças vivida naquele momento e que são dignos de reflexão, pois também esclarecem a queda rápida de Gudin. Segundo a análise de Pinho Neto: "O pilar básico da política de estabilização do governo repousava no entanto na Instrução 108 da Sumoc".[36]

Por outro lado:

> A novidade da Instrução, que seria o primeiro passo de uma reforma bancária mais ampla, consistia no recolhimento do compulsório à caixa da Sumoc e não mais à do Banco do Brasil. Garantia-se assim a eficácia da ação redutora da medida sobre a capacidade de expansão creditícia dos bancos comerciais. (...) [E] finalmente, completando o conjunto de medidas restritivas, estabeleceram-se limites para as operações de empréstimos das diversas carteiras do Banco do Brasil, identificado como o principal foco de expansão do crédito, através, sobretudo, das pressões exercidas pelas entidades públicas e pelo Tesouro.[37]

Mas:

> No que concerne às contas do governo, Gudin pretendia implementar um austero programa fiscal, aliando ao corte nas despesas públicas um incremento na receita orçamentária. Este último revelou-se politicamente inviável, dada a oposição no Congresso à elevação da carga tributária. O que Gudin desejava, de fato, era a modificação do orçamento de 1955 que havia sido aprovado pelo Congresso com um significativo déficit. Finalmente, o Presidente concordou em aprovar um plano que determinava em 1955 um corte de 36% (das dotações originais) na alocação das verbas ministeriais, sendo que os ministérios do Trabalho, Indústria e Comércio e Viação e Obras Públicas teriam suas dotações reduzidas em

---

[36] "Por meio desta, aumentava-se o compulsório sobre os depósitos à vista de 4% para 14% e de 3% para 7% sobre os depósitos a prazo superiores a 90 dias" (Pinho Neto, 1992:155).

[37] Pinho Neto, 1992:155.

60%. Uma vez mais, deparando-se com uma suposta necessidade de redução dos gastos do governo, a ortodoxia optaria prioritariamente pelo corte dos investimentos públicos ao invés dos gastos em consumo.[38]

Outro ponto de seu programa que geraria descontentamento foram as medidas com relação à cafeicultura, que, num primeiro momento, poderiam causar estranheza do ponto de vista da análise – inclusive porque geraram protestos dentro do próprio setor –, mas, a nosso ver, para além de possíveis contradições do autor, elas reafirmaram a fidelidade ao seu modo de pensar o econômico.

Primeiramente, vamos relatar que medidas foram essas e quais as suas implicações, para depois, à luz da análise, entendê-las dentro da concepção em que foram geradas:[39]

> No que diz respeito à política cafeeira, poucas foram as modificações implementadas em relação ao regime determinado pela Instrução 99 do Governo Vargas. Por meio desta Instrução, tentou-se reduzir o preço mínimo que havia sido fixado em junho de 1954, permitindo-se a venda de 20% das cambiais no mercado livre, o que resultava na prática em bonificações oscilantes conforme as flutuações daquele mercado. Através da Instrução 109 (novembro de 1954), fixou-se a bonificação para o café, enquanto que a Instrução 112 (janeiro de 1955) fixava, em nível mais elevado, as bonificações para os demais produtos de exportação, incluindo o cacau e o algodão. A implementação desta Instrução seria o "esto-

---

[38] Pinho Neto, 1992:155-156.

[39] Quando implementou essas medidas, Gudin tinha acabado de retornar de Washington: "Em setembro de 1954, Gudin embarcou para Washington, a pretexto da reunião anual do Fundo Monetário Internacional. Recebido calorosamente pelo *staff* desta instituição, Gudin impressionaria muito positivamente a comunidade financeira internacional, pelo firme propósito de implementar medidas austeras no combate ao desequilíbrio orçamentário, visto pela ortodoxia financeira como o principal responsável pelos desajustes externo e interno. Segundo o *New York Times,* Gudin era 'the right man, in the right place, at the right time'" (Pinho Neto, 1992:152). Entretanto, esse entusiasmo pela figura de Gudin não fora revertido em ajuda substantiva no plano financeiro. Ver, sobre esse tema, Pinho Neto (1992:152 e 154).

pim" para a manifestação de descontentamento da cafeicultura com o chamado "confisco cambial", qual seja, a compra das cambiais de café a uma taxa menor que a do mercado livre. O governo tentaria remediar a situação através da Instrução 114 de fevereiro de 1955, que equiparava a bonificação do café à dos outros produtos da segunda categoria de exportação, nos termos da Instrução 112. Todavia, a insatisfação do setor tinha raízes mais profundas que meros paliativos não conseguiriam atingir e teria influência decisiva na articulação política que determinaria a queda de Gudin.[40]

O que Gudin realmente queria – e deixaria isto claro em seus escritos, particularmente o texto de 1959, que contempla o seu balanço desta gestão na pasta da Fazenda – era viabilizar uma política econômica que restaurasse o verdadeiro papel da agricultura em geral e do próprio café em particular, eliminando o que ele denominava *inflação do café*. As regras do jogo, porém, já estavam montadas segundo uma estrutura gerenciadora da economia, a qual era impossível reequacionar unilateralmente. Indústria e café correspondiam a uma determinada lógica de reequacionamento da política agrícola desde 1930. Era impossível a sua alteração, sem penalizar os dois setores no curto prazo. E, mesmo que Gudin acreditasse que as possíveis adversidades – necessárias para rearranjar a economia – poderiam compensar, no futuro próximo, o setor cafeicultor, não contou com a compreensão do possível aliado, que não quis trocar a hegemonia no futuro (junto com os outros produtores agrícolas) pelas regalias do momento.

Os relatos analíticos dos dois economistas apontam questões estruturais da economia política brasileira e sinalizam para além das próprias experiências. Nessa perspectiva, como fecho desta discussão, mas abrindo para um debate que ainda hoje está na ordem do dia, lembramos que os temas que envolvem as restrições externas e os limites das políticas internas fascinam os principais analistas do tecido econômico. Belluzzo, em instigante artigo com Almeida, ao analisar a economia brasileira das décadas de 1980

---

[40] Pinho Neto, 1992:156.

e 90, expõe os mecanismos que mais refletem as restrições externas e os limites das políticas internas:

> As restrições externas determinadas pela crise da dívida[41] têm dificultado sobremaneira a execução de políticas econômicas em países em desenvolvimento (...) Os mecanismos que mais refletem as restrições externas [são] primeiro: o alijamento do país dos fluxos de financiamento externos. Isso representou a perda da fonte externa para o financiamento público e o financiamento de longo prazo do investimento, além da perda da possibilidade de que o país recorra a créditos correntes para a regularização de eventuais desequilíbrios de curto prazo do balanço de pagamentos. Isso concorreu para a elevação do endividamento interno do setor público, para deprimir a taxa de investimento da economia (com conseqüência sobre a média do crescimento nos anos 80) e, a curto prazo, para criar uma extrema inflexibilidade nas contas externas do país. Como resultado dessa última decorrência, o manejo da taxa de juros interna perde eficácia como instrumento indutor dos fluxos de capitais de curto prazo.[42]

E, no segundo momento:

> A geração de megassuperávits comerciais tornou-se imperiosa como contrapartida da "crise da dívida" e dos acordos com os credores externos. Isso resultou no compromisso de que o país honre os desembolsos previstos dos juros da dívida externa. Aliado à impossibilidade da entrada de capitais de curto prazo para regularização do balanço de pagamentos, isso determinou uma inflexibilidade cambial também extrema ao país, no sentido de que uma redução, ainda que modesta, do saldo comercial

---

[41] Bresser-Pereira (1989) também se debruçou sobre a temática das dívidas externas brasileira e do conjunto dos países endividados, defendendo uma negociação destas dívidas através da sua redução com substanciais deságios e a utilização de mecanismos que aumentassem as garantias dos bancos credores. Posteriormente, o Plano Brady concretizou a renegociação das dívidas, contemplando algumas das preocupações de Bresser-Pereira.

[42] Belluzzo e Almeida, 1992:46-47.

(...) tende a repercutir internamente na forma de uma crise cambial com efeitos potencialmente explosivos sobre a taxa de câmbio. Os privilégios das posições dos exportadores e rentistas no plano interno (...) encontram correspondência nesses fatores.[43]

Como podemos depreender das palavras de Belluzzo e Almeida, a avaliação destes ricos períodos ainda não está totalmente esgotada. Como vimos, os espaços de atuação, mesclados por vicissitudes nacionais e internacionais, impõem desafios que necessitam colocar em marcha articulações e mobilizações políticas amplas, que garantam a hegemonia dos projetos desencadeados, os quais, por si só, não permitem às suas lideranças a efetividade buscada.

Diante de um quadro tão rico quanto complexo, torna-se ainda mais fascinante a análise comparativa da produção acadêmica e da intervenção pública dos dois economistas tão emblemáticos. Nessa direção se evidencia, apesar de todas as diferenças, um forte compromisso de ambos com a reflexão e com a ação voltadas à discussão e promoção do crescimento, quer para o economista monetarista, com todos os seus equívocos, quer para o economista desenvolvimentista.

Enquanto Bresser-Pereira reflete diretamente os esforços em prol da industrialização brasileira, Gudin, um dos mais aguerridos críticos do estruturalismo brasileiro e latino-americano, permanece como o símbolo da nossa vocação agrária.

Os escritos de Bresser-Pereira deixam claro que a agenda da construção de um capitalismo auto-sustentado, com suporte na industrialização, está longe da sua conclusão, mantendo, senão ampliando, os desafios históricos de nossa afirmação nacional.

Estado e economia

Um aspecto que merece destaque, como já assinalado, é o posicionamento dos economistas desenvolvimentistas com relação ao papel do Esta-

---

[43] Belluzzo e Almeida, 1992:47.

do na economia. Sua separação é impossível. E, em última instância, o que diferencia as linhas que abraçam o estudo da economia é a forma como se entende a relação entre economia e realidade social: isolada dentro do próprio objeto, como fator econômico e autônomo em relação aos demais, ou como momento constitutivo da totalidade concreta em um movimento contraditório, no qual determinante e determinado interagem e se influenciam.

Nessa direção, Bresser-Pereira deixa bem claro o seu posicionamento, como, por exemplo, na entrevista concedida aos autores da obra *Conversas com economistas brasileiros*:

> Se vocês quiserem que eu separe a economia da política, vocês estão perdidos, porque não consigo. A economia é sempre política. A democracia avançou nesses últimos séculos de maneira muito grande no mundo, primeiro com a definição, depois com a implantação de alguns direitos nas Constituições e nas leis dos países. No século XVIII, os filósofos iluministas e duas revoluções, a americana e a francesa, contribuíram para a definição dos direitos individuais contra o Estado oligárquico, opressor. E, no século XIX, os liberais implantaram esses direitos nas Constituições e leis dos países. No século XIX, os socialistas e, em segundo lugar, a Igreja definiram os direitos sociais, os direitos dos fracos contra os fortes, dos pobres contra os ricos. E, no século XX, esses direitos foram implantados nas Constituições e nas leis dos países. Entretanto, com o surgimento do Estado social, o Estado tornou-se muito grande, e o interesse de grupos especiais de se apoderar dele, de reprivatizá-lo, se tornou enorme. Reprivatizá-lo porque o Estado pré-capitalista é, por definição, privatizado pela classe dominante. Com a democracia isso vai perdendo força. No final do século XX, uma tarefa fundamental do nosso tempo é definir um terceiro tipo de direito, que eu proponho chamar de direitos públicos.[44]

---

[44] Biderman, Cozac e Rego, 1996:161.

Gudin, um dos demiurgos do neoliberalismo, é, provavelmente, um dos melhores exemplos para cumprir a tarefa da contraposição. Criador do conceito do *novo liberalismo*, propõe um Estado liberal de novas cores:

> Não faço a profissão de fé do simples "laissez-faire". O mecanismo econômico imaginado pelos clássicos era o de um conjunto de forças e contra-forças que faziam com que o sistema tendesse sempre e automaticamente para o equilíbrio. J. B. Say dizia que a produção constituía a própria fonte de seu escoadouro, o poder de compra originado pela produção de uns servindo para comprar o que produziam outros. Ele não figurava porém a hipótese de que as mercadorias não fossem produzidas nas proporções certas correspondentes à procura; não considerava a possibilidade dos desequilíbrios horizontais ou verticais nem tampouco figurava a hipótese de retenção de poder de compra em suspenso etc. Não é portanto o desinteresse do Estado pela ordem econômica que se propugna. À medida que o organismo econômico crescia em extensão e em profundidade e portanto em complexidade, tornava-se necessário regulamentar as novas instituições. (...) O Estado deveria impedir que a liberdade fosse utilizada para matar a liberdade. A crescente complexidade das instituições foi exigindo do Estado uma série de leis e medidas constitutivas do que se poderia chamar de código de comportamento econômico, sem que entretanto isso o levasse a invadir a seara privada da iniciativa particular. É a esse sistema que se tem convencionado chamar de Economia Liberal.[45]

Duas posições, duas propostas diferenciadas de teorizar e praticar a relação entre Estado e economia. De um lado, a preocupação com os direitos sociais e os direitos públicos; de outro, a racionalidade possível para a lógica da privatização do espaço público, atendendo às necessidades do capi-

---

[45] Gudin, 1957:10. Este texto é a reprodução de uma conferência publicada na *Carta Mensal* (órgão do Conselho Técnico da Confederação Nacional do Comércio, com a cooperação do Sesc). Essa conferência tem o mérito de traduzir a concepção do autor sobre a relação entre Estado e economia, focalizando sua posição acerca do poder. Vemos aí como Gudin acomoda os princípios liberais ao mundo do pós-guerra.

tal e suas tarefas na acumulação capitalista. Belluzzo, com relação a essa temática, lembra que:

> O mal é a política. Se o Estado se limitasse a cumprir os seus deveres de guardião da livre concorrência, de bom administrador das finanças e da moeda, um discreto provedor de "externalidades", mediante o investimento em infra-estrutura, tudo correria às mil maravilhas. Mas a política dos interesses e os interesses da política não infreqüentemente ou cada vez mais se aninham nos desvãos da máquina pública para quebrar o equilíbrio da ordem natural, imposta pelas normas da racionalidade individual e da mão invisível. A Primeira Guerra Mundial, na visão de Gudin, é o fato político que veio perturbar a harmonia preservada durante a longa era vitoriana, a Pax Brittanica, os suaves ajustamentos do padrão-ouro, o livre-comércio. Para os liberais a eclosão da guerra foi como um raio em céu azul, quase inexplicável. Há quem duvide que dessa harmonia pudesse ter nascido tão grande confusão. Não apenas a guerra, mas o período de crises sucessivas que marcou as décadas dos vinte e dos trinta fazem suspeitar que, sob a calmaria da superfície, se agitavam forças poderosas.[46]

O recorrente retorno deste debate reflete as contradições entre dois campos distintos da análise econômica: neoliberais e desenvolvimentistas. Encontramos, nos escritos de vários pensadores incrédulos na evolução natural e mecânica do modo de produção capitalista, as críticas à evolução espontânea da economia de mercado. No cenário nacional, temos exemplos marcantes, como Caio Prado Jr., Celso Furtado, Ignácio Rangel, entre tantos.

Os atores políticos, identificados com o desenvolvimento nacional, há muito romperam com a aceitação da inserção da economia brasileira no cenário internacional, centrada, unicamente, na lógica da exportação. Descartam, de saída, a integração homogênea, porque reconhecem as contradi-

---

[46] Belluzzo, 1996:10-11.

ções do par nacional/internacional na esfera da economia de mercado. Portanto, sem uma postura firme e corajosa de construção dos acordos comerciais, sucumbiremos ao capital financeiro. E mais, os nossos acordos, enquanto país soberano, só poderão ser traçados com o fortalecimento interno de nossa economia, pautada com uma política industrial autônoma, respeitando as potencialidades de um país que traz a marca continental de sua extensão.

Dependência e *subordinação* aos países centrais casam-se com *globalização* e *neoliberalismo*; são pares presentes, como faces de uma mesma moeda; aparecem, reiteradamente, como prévia ideação da lógica dominante das políticas econômicas que têm alimentado nossa história, com relação, principalmente, à vida material. Nesse sentido, a recuperação das teses que buscam um enfrentamento dos reais problemas do país traz um pouco de luz para a superação do nosso atraso.

Heterodoxia & ortodoxia: a atualidade do debate

Um dos momentos que constituem a dualidade heterodoxia e ortodoxia na análise econômica está posto na controvérsia desenvolvimentistas *versus* monetaristas. No final do século passado, assistimos à volta do debate entre neoliberais e estruturalistas. Essa polêmica tem uma longa pré-história, durante o século XX, no pensamento econômico brasileiro e conheceu os seus anos iniciais na controvérsia Gudin *versus* Simonsen,[47] durante a era Vargas, como reflexo de nossa industrialização retardatária, ou seja, tardia em relação aos países líderes do sistema econômico vigente.[48] Eugênio Gudin é considerado, até os dias atuais, o grande mestre dos neoliberais brasileiros. Roberto Simonsen foi um dos idealizadores e presidente da Fiesp. Ambos duelaram sobre os rumos da industrialização no país, sendo Gudin um defensor da vocação agrária brasileira a partir do

---

[47] Ver Gudin (1977).

[48] Ver Borges (1999).

princípio das *vantagens comparativas*.[49] Bresser-Pereira foi um dos analistas que interpretaram as contribuições de Eugênio Gudin para a formulação do ideário de nossa vocação agrária. Nas suas reflexões acerca das *Seis interpretações sobre o Brasil*, lemos:

> A interpretação da vocação agrária da sociedade brasileira corresponde à hegemonia da burguesia agrário-mercantil tranqüila no Brasil até os anos vinte e sob permanente contestação a partir de então. Mas, ainda nos anos quarenta e cinqüenta, era a interpretação ideologicamente hegemônica, apesar do fato de a burguesia agrário-mercantil não controlar mais o Estado com exclusividade desde 1930. Para esta interpretação, o Brasil é o país essencialmente agrícola, é o país cheio de riquezas naturais e de cordialidade, mas tropical e mestiço, portanto inferior... É o Brasil essencialmente agrícola de Murtinho e de Eugênio Gudin.[50]

Hoje, o debate entre os principais economistas do país contempla, assim como no passado, as forças vivas da sociedade civil e interfere na dinâmica das lutas sociais, influenciando-a.[51] Pois, na medida em que as irresoluções da política econômica acentuam as contradições vividas, o debate adentra o século XXI e ganha maior espaço, assim como aumenta a sua consistência e profundidade, mostrando a sua verdadeira dimensão histórica. A dualidade real está centrada na visão de mundo neoliberal, contrária à desenvolvimentista. Para além da retórica ortodoxa, longe dos marcos da integração homogênea com o capital internacional, existem setores da sociedade brasileira críticos da forma perversa como os recur-

---

[49] Possuem vantagens comparativas os bens produzidos em um determinado país, cujos custos de produção sejam menores que os produzidos em outro país. As vantagens comparativas podem ser naturais ou adquiridas. As naturais são aquelas ligadas aos produtos agrícolas e as adquiridas são aquelas ligadas à produção de bens industriais. Este conceito econômico é originário da economia política clássica e foi seguido pela escola marginalista. Após a II Guerra Mundial, a teoria das vantagens comparativas foi criticada pelos estruturalistas cepalinos, como Raúl Prebisch e Celso Furtado.

[50] Bresser-Pereira, 1982:272.

[51] Ver Bresser-Pereira (2003d).

sos nacionais estão sendo dizimados, assim como o nosso parque industrial está perdendo paulatinamente o seu lugar, para ser substituído por grupos monopolistas e oligopolistas, patrocinadores da riqueza concentrada e da miséria socializada.

Os neoliberais preferem travar o debate dentro do cenário internacional, criando a ilusão heróica de que o capitalismo resolve os problemas da humanidade e que um dia chegaremos lá; de que estamos vivendo a infância desse sistema e algum dia seremos tão desenvolvidos como os países do G-7, com direito a um mercado comum, a uma moeda única, acompanhados de inflação contida e acesso às maravilhas da sociedade de consumo.

Diferentemente dos laudatários do sistema, os seus opositores denunciam esse "mar de rosas" e colocam "o dedo nas feridas" do modo de produção capitalista: fome, analfabetismo, ausência de condições dignas de saúde, higiene, habitação, entre outros pontos. Enfim, foge ao modelo de análise monetarista/neoliberal – que quer separar a política da economia e defender o capitalismo naturalista como o *locus* adequado para a realização das necessidades da sociedade – a capacidade de encontrar respostas.

Os problemas estruturais da economia nacional e internacional, interligados ao todo social, estão longe de terem conseguido uma solução adequada, sequer satisfatória. A crise estrutural do capitalismo continua na berlinda e o discurso da globalização não tem forças para encobrir todos os seus desarranjos. Mais do que nunca, para além da denúncia dos desastres, é necessário buscar novos caminhos de construção de um projeto nacional.

Enfrentar a controvérsia sobre desenvolvimentistas *versus* monetaristas conduz a uma interessante reflexão a respeito dos caminhos que nos levarão a superar as inequações do capitalismo tardio, o que, neste momento, tem um sabor mais especial, pois começamos um novo século, período que gera um terreno propício para um balanço retrospectivo. Novo milênio começa e os problemas estruturais da sociedade brasileira continuam. Somos marcados pela dualidade, vivemos de maneira aguda as constrições do sistema, pois ameaçamos, mas nunca chegamos a romper os dramáticos índices de miséria que assolam as grandes maiorias. Vivemos a farsa de nos apresentarmos como potencialidade, sem nos tornarmos efetividade.

O extraordinário crescimento do capital financeiro, marca desta última fase da globalização, nos aprisiona nos tentáculos da especulação. Os últimos anos, vividos sob o aprofundamento da crise estrutural do capitalismo, passaram através dos nossos olhos, levando nossos recursos para fora do país, privatizando as nossas riquezas sob a égide da transnacionalização econômica, devorando nossas cadeias produtivas e os espaços dos trabalhadores, que levaram paulatinamente ao aumento do exército dos desempregados.

Os críticos a este estado grave de irresoluções compõem um interessante mosaico, desde aqueles cujas posturas defendem a ruptura com o sistema capitalista, até setores que propõem a modernização do país nos marcos da economia de mercado, porém com autonomia em relação aos pólos centrais do sistema. É um leque que abriga propostas de desenvolvimento econômico com nuanças próprias, porém que se somam diante das imensas tarefas.

Os críticos radicais, assim como os defensores do nacional-desenvolvimentismo, sensibilizados com esse quadro, apontam para o drama que os mais desfavorecidos encontram no desemprego estrutural e sinalizam as contradições que se agudizam diante da crise capitalista. Portanto, urge que as forças vivas empreendam suas ações para reverter o quadro precário através do qual a política econômica cabocla é conduzida, pois as necessidades criam seus espaços de mobilização.

Os 500 anos de nossa história trazem a marca da incompletude de nossas classes sociais e de seus projetos políticos, e não podemos afirmar que a virada do século tenha começado a realizar a autodeterminação do país, com atores políticos revertendo a situação e criando um mundo que leve aos cidadãos brasileiros uma perspectiva mais digna de vida e ideais. Mais uma vez, ainda é hora de empunhar a pena e denunciar esse quadro de desarranjos. Nessa direção, reconhecemos a voz oposicionista dos desenvolvimentistas, numa incansável denúncia de nosso atraso.

Nessa esteira de lutas, encontramos importantes atores políticos preocupados em descobrir qual a margem de manobra, com autonomia, que ainda nos resta. Na fileira dos nacional-desenvolvimentistas,[52] enxergamos Bresser-Pereira, ao longo de sua práxis, participando ativamente desse debate. Exemplos que marcam sua atuação podem ser encontrados tanto no livro *Desenvolvimento e crise no Brasil*,[53] reeditado com novo prefácio, quanto no texto *Desenvolvimento com poupança externa?*, redigido com a parceria de Yoshiaki Nakano, obra em que os autores analisam a nossa capacidade de sair da crise e voltar a crescer de forma sustentada e contando com poupança interna, rompendo com a dependência do IDE: "A estratégia de crescimento com poupança externa perpetua a instabilidade macroeconômica e acaba levando o país a uma crise interna e a uma crise da dívida, na medida em que mantém a moeda local sobrevalorizada".[54]

A atualidade e a necessidade da problemática do desenvolvimento e seu entendimento em relação à crise são inquestionáveis. E, para finalizar, lembramos Celso Furtado. Em outubro de 1995, o economista desenvolvimentista registrou:

> O conceito de desenvolvimento surgiu com a idéia de progresso, ou seja, de enriquecimento da nação, conforme o título do livro de Adam Smith, fundador da Ciência Econômica. O pensamento clássico, tanto na linha liberal como na marxista, via no aumento da produção a chave para melhoria do bem-estar social, e a tendência foi de assimilar o progresso

---

[52] Acompanhamos, aqui, a reflexão e a tipologia desenvolvida por Bielschowsky (1988).

[53] "Embora tenha escrito outros livros sobre o Brasil, este é o mais completo, abrangendo um período maior de sua história econômica e política. Nele, uso as teorias gerais que eu próprio elaborei, as teorias econômicas que aprendi com Marx e Keynes, as teorias sociais que aprendi com Weber, e as teorias sobre o Brasil que aprendi principalmente com Ignácio Rangel e Celso Furtado. Entre as teorias gerais para as quais contribuí, a teoria da nova classe média profissional ou tecnoburocrática perpassa todo o livro, a teoria da inércia inflacionária está presente a partir da análise dos anos 1980, o modelo clássico de desenvolvimento com inversão da distribuição de renda (presente em meu livro *Lucro, acumulação e crise*) transparece principalmente no capítulo 17, 'Incompatibilidade distributiva e nova política econômica', a teoria da incompetência está presente principalmente nos últimos capítulos e a teoria da reforma gerencial do Estado está refletida no capítulo 12, 'Do Estado patrimonial ao gerencial'" (Bresser-Pereira, 2003a:22).

[54] Bresser-Pereira e Nakano, 2003:5.

ao produtivismo. Hoje, já ninguém confunde aumento da produção com melhoria do bem-estar social. Mede-se o desenvolvimento com uma bateria de indicadores sociais que vão da mortalidade infantil ao exercício das liberdades cívicas. Desse ponto de vista, o Brasil apresenta um quadro muito pouco favorável, pois é um dos países em que é maior a disparidade entre o potencial de recursos e a riqueza acumulada, de um lado, e as condições de vida da grande maioria da população, de outro. O crescimento econômico pode ocorrer espontaneamente pela interação das forças do mercado, mas o desenvolvimento social é fruto de uma ação política deliberada. Se as forças sociais dominantes são incapazes de promover essa política, o desenvolvimento se inviabiliza ou assume formas bastardas.[55]

Referências bibliográficas

ABREU, M. P. Contribuições de Eugênio Gudin ao pensamento econômico brasileiro. *Literatura Econômica*, Rio de Janeiro, v. 6, n. 4, out. 1984.

_____ (Org.). *A ordem do progresso: cem anos de política econômica, 1889-1989*. Rio de Janeiro: Campus, 1992.

AZZONI, Carlos Roberto. Desempenho das revistas e dos departamentos de economia brasileiros segundo publicações e citações recebidas no Brasil. *Economia Aplicada*, v. 4, n. 4, p. 787-822, 2000.

BELLUZZO, L. G. M. Prefácio. In: BORGES, M. A. *Eugênio Gudin: capitalismo e neoliberalismo*. São Paulo: Bienal/Educ/Fapesp, 1996. p. 9-15.

_____; ALMEIDA, J. S. Gomes de. In: BELLUZZO, L. G. M.; BATISTA JÚNIOR, P. N. (Orgs.). *A luta pela sobrevivência da moeda nacional: ensaios em homenagem a Dílson Funaro*. Rio de Janeiro: Paz e Terra, 1992. cap. 2, p. 25-50.

---

[55] Furtado, 1996:64.

BIDERMAN, C.; COZAC, L. F. L.; REGO, J. M. *Conversas com economistas brasileiros*. São Paulo: Editora 34, 1996.

BIELSCHOWSKY, R. *Pensamento econômico brasileiro: o ciclo ideológico do desenvolvimentismo*. Rio de Janeiro: Ipea/Inpes, 1988.

BOCCHI, J. I. *Reprodução do capital, crises capitalistas e a Escola Francesa da Regulação*. Tese (Doutorado) – São Paulo: PUC-SP, 1999. Disponível em: <lusomarx.cjb.net>.

BORGES, M. A. *Eugênio Gudin: capitalismo e neoliberalismo*. São Paulo: Bienal/Educ/Fapesp, 1996.

_____. As vias do desenvolvimento capitalista: clássica, prussiana e colonial. *Revista de História Econômica & História de Empresas*, São Paulo, Hucitec/ABPHE, v. II, n. I, p. 113-130, 1999.

BRESSER-PEREIRA, L. C. *O colapso de uma aliança de classes*. São Paulo: Brasiliense, 1978.

_____. Seis interpretações sobre o Brasil. *Dados – Revista de Ciências Sociais*, v. 5, n. 3, p. 269-304, 1982. Disponível em: <www.bresserpereira.org.br.>.

_____. *Lucro, acumulação e crise*. São Paulo: Brasiliense, 1986.

_____. Da crise fiscal à redução da dívida. In: _____ (Org.). *Dívida externa: crise e soluções*. São Paulo: Brasiliense, 1989. p. 13-56.

_____. Entrevista. In: BIDERMAN, C.; COZAC, L. F. L.; REGO, J. M. *Conversas com economistas brasileiros*. São Paulo: Editora 34, 1996.

_____. *Desenvolvimento e crise no Brasil: história, economia e política de Getúlio Vargas a Lula*. 5. ed. atual. São Paulo: Editora 34, 2003a.

_____. Pensamento e pesquisa econômica: uma ciência social, dois métodos. In: ENCONTRO NACIONAL DA SOCIEDADE BRASILEIRA DE ECONOMIA POLÍTICA (SEP), 7. Anais... Florianópolis, 2003b.

_____. O Segundo Consenso de Washington. *Revista de Economia Política*, São Paulo, Editora 34, v. 23, n. 3(91), p. 3-34, jul./set. 2003c.

_____. Democracia é conflito. *Folha de S. Paulo*, 10 ago. 2003d. (Tendências e Debates, p. 3.)

_____. O predomínio da violência. *Folha de S. Paulo*, 7 dez. 2003e. (Folha Mais.)

_____. Europa e Estados Unidos. *Folha de S. Paulo*, 14 dez. 2003f. (Tendências e Debates, p. 3.)

_____; NAKANO, Y. Desenvolvimento com poupança externa? *Revista de Economia Política*, São Paulo, Editora 34, v. 23, n. 2(90), p. 3-27, abr./jun. 2003.

BULHÕES, O. G. *Depoimento – memória do Banco Central*. Brasília: Divisão de Imprensa e Publicações do Departamento de Administração de Recursos Materiais do Banco Central do Brasil, 1990. (Programa de História Oral do CPDOC/FGV/Rio.)

FURTADO, C. Entrevista. In: BIDERMAN, C.; COZAC, L. F. L.; REGO, J. M. *Conversas com economistas brasileiros*. São Paulo: Editora 34, 1996.

GUDIN, Eugênio. *Princípios de economia monetária I*. Rio de Janeiro: Civilização Brasileira, 1943.

_____. A rendição da guarda. *Revista Digesto Econômico*, São Paulo, v. 4, n. 62, p. 60-68, jan. 1950.

_____. O caso das nações subdesenvolvidas. *Revista Brasileira de Economia*, Rio de Janeiro, v. 3, p. 47-77, set. 1952a.

_____. *Princípios de economia monetária II*. Rio de Janeiro: Agir, 1952b.

_____. Estatização da nossa economia. *Carta Mensal*, Rio de Janeiro, v. 9, p. 3-25, set. 1957.

_____. Estrutura do ensino das ciências econômicas. *Digesto Econômico*, São Paulo, n. 135, p. 5-9, jan./fev. 1958. (Conferência pronunciada no Centro Acadêmico Visconde de Cairú, 18 nov. 1957).

_____. *Inflação, importação e exportação: café, crédito, desenvolvimento, industrialização*. 2. ed. Rio de Janeiro: Agir, 1959.

_____. *Análise de problemas brasileiros*. Rio de Janeiro: Agir, 1965.

_____. *A controvérsia do planejamento na economia brasileira*. Rio de Janeiro: Ipea/Inpes, 1977.

_____. Depoimento. In: *CPDOC/História Oral*. Rio de Janeiro: FGV, 1980.

LUKÁCS, G. *Goethe y su época*. Barcelona: Grijalbo, 1968.

PINHO NETO, D. M. de. O interregno Café Filho, 1954-1955. In: ABREU, M. de P. (Org.). *A ordem do progresso: cem anos de política econômica, 1889-1989*. Rio de Janeiro: Campus, 1992.

REGO, J. M.; MAZZEO, L. M.; FREITAS FILHO, E. Teorias sobre inflação: uma abordagem introdutória. In: REGO, J. M. (Org.). *Inflação inercial, teorias sobre inflação e o Plano Cruzado*. Rio de Janeiro: Paz e Terra, 1986. Parte I, cap. 1, p. 9-46.

SANDRONI, P. *Dicionário de economia*. São Paulo: Abril, 1985.

Progresso técnico, crescimento e distribuição

Luiz Antonio de Oliveira Lima

Introdução

Em 1986, o professor Luiz Carlos Bresser-Pereira publicou o livro *Lucro, acumulação e crise*, no qual apresentou, como proposta, ampliar a análise clássica do crescimento econômico e distribuição, fazendo da taxa de salário uma variável endógena e incluindo como variável exógena a determinação do preço pelos capitalistas. Tal análise foi retomada recentemente no texto "Modelo clássico, progresso técnico e distribuição" (2002), no qual não só apresenta uma síntese da obra mencionada, como procura tornar mais formalizado o modelo inicial.

Uma das principais virtudes das análises econômicas de Bresser-Pereira é a de não se deixar impressionar por idéias consagradas, para enfrentá-las, criticá-las e, eventualmente, ampliá-las de forma criativa. O modelo mencionado comprova tais qualidades; além de ter as virtudes de um bom modelo: ser simples e relevante, capaz de ser verificado empiricamente; é capaz, mesmo, de permitir que seus leitores desenvolvam uma crítica fundamentada a algumas conclusões que o próprio autor pode retirar dele.

Tais qualidades decorrem do processo analítico desenvolvido, ou seja, a consideração objetiva das realidades que marcam o processo histórico de acumulação capitalista:

- os salários não permaneceram constantes ao longo desse processo, mas aumentaram na mesma proporção do aumento da produtividade;
- uma certa estabilidade da taxa de lucro a longo prazo;
- a distribuição funcional da renda, após a Revolução Industrial, tende a permanecer relativamente constante.

Tais variações são de certa forma consagradas; fazer um modelo a partir delas, no entanto, seria apenas elaborar mais uma teoria do crescimento capitalista. Contudo, além de bom, o modelo presente se torna original ao inverter o comportamento da distribuição clássica da renda, dar à taxa de lucro um caráter paramétrico e tornar a taxa de salário o resíduo. Outro ponto que marca essa originalidade é associar historicamente tipos de progresso técnico com fases da evolução capitalista, partindo da hipótese realista de que o progresso técnico que caracteriza o capitalismo em sua fase atual seria o progresso técnico poupador de capital, ou seja, quando

> as oportunidades de mecanização vão se esgotando, e a substituição de máquinas menos eficientes por máquinas e processos mais eficientes se acentua, (...) (progresso) que será compatível com a taxa de salários crescendo mais do que a produtividade, e a distribuição funcional da renda se desconcentrando, mantida a taxa de lucro constante.[1]

A vantagem de tal modelo seria a de estabelecer condições realistas do crescimento das economias capitalistas ao não se limitar a casos extremos, como o modelo keynesiano, do tipo Harrod-Domar, que supõe coeficiente fixo da relação capital/trabalho, que resultaria em enorme instabilidade das

---

[1] Bresser-Pereira, 2002:20-21.

economias capitalistas, o que não representa de fato a sua realidade; ou como o modelo neoclássico, do tipo Solow, para o qual esta flexibilidade é absoluta, o que eliminaria qualquer instabilidade, e que também não é uma representação adequada do processo de acumulação de capital.

O modelo

Na formulação do seu modelo, Bresser parte das definições básicas de Marx, que aqui serão apresentadas com pequenas modificações, relativas às taxas de lucros (r), à taxa de mais-valia (m) e à composição orgânica do capital (c), ou seja

$$r = \frac{m}{c} \text{ ou, } r = \frac{R/W}{K/W} \quad m = R/W \text{ e } K = P_k k \text{ e } c = \frac{K}{W}$$

sendo R = valor dos lucros, W = salários, K = valor do capital, k = número de máquinas, P_k = preço da máquina em termos de salários.

A idéia do autor é a de contrapor-se à visão marxista de uma tendência decrescente da taxa de lucro, uma vez que se supunha uma tendência irreversível para uma elevação do valor de c, ou $\frac{K}{W}$ na sua notação. A crítica que faz a Marx é de que essa tendência não seria definitiva no capitalismo, uma vez que o aumento da quantidade de capital por trabalhador, definida esta quantidade como o valor da máquina em termos de salários, poderia cair desde que houvesse um aumento da produtividade no setor que produz máquinas, ou seja, o preço de uma unidade de máquina cairia em termos do valor do salário pago para sua produção. De maneira mais simples, uma mesma máquina poderia ser feita com uma quantidade menor de mão-de-obra, evitando, assim, que um aumento na quantidade de máquinas, k, reduzisse o valor de r.

Alterando em parte a notação de Bresser-Pereira, podemos expressar a composição orgânica por

$$c = \frac{P_k k}{wL} = \frac{K}{W}$$

sendo w a taxa de salário, L o número de horas trabalhadas, k as quantidades físicas de máquinas, e P_k o valor de uma unidade de capital em termos de trabalho vivo e cristalizado utilizado em sua produção, e W e K já definidos anteriormente.

Essa fórmula mostra que, se a relação $\dfrac{k}{L}$ aumentar, c pode permanecer constante se o valor de P_k cair em termos de salário.

A redução de P_k depende de um aumento da produtividade na produção de bens de capital. Assim, para elaborar as tendências históricas da economia capitalista tal como expressas pelas relações já consideradas, Bresser-Pereira vai definir três tipos de progresso técnico:

❏ "dispendioso de capital", ou simplesmente mecanização, no qual a relação $\dfrac{K}{L}$ vai se elevar ao longo do tempo, reduzindo a produtividade de K, ou seja $\dfrac{Y}{K}$;

❏ "neutro", no qual a relação $\dfrac{K}{L}$ permanece constante;

❏ poupador de capital, em que $\dfrac{K}{L}$ diminui, ou seja, a situação em que $\dfrac{Y}{K}$ aumenta.

O primeiro tipo de progresso é identificado com o que ocorreu na Revolução Industrial, ao passo que o terceiro, que nos vai interessar mais por corresponder à realidade presente, é o que permite a substituição de máquinas antigas por máquinas mais novas com P_k menor. Temos assim uma produção mais eficiente, pois uma máquina com menor valor poderá produzir o mesmo que máquinas antigas com valor (P_k) mais elevado.

As implicações dessas hipóteses para a determinação da lucratividade vão depender de outras hipóteses complementares. Por exemplo, Bresser supõe que, embora se verifique historicamente uma certa constância na distribuição da renda, tal hipótese é muito rígida para ser tomada como uma restrição ao modelo, de tal maneira que se pode admitir alteração na relação lucro/salário.

Considerando-se a fórmula de r

$$r = \frac{m}{c} = \frac{m}{\dfrac{k}{L} \cdot \dfrac{P_k}{w}}$$

se $\dfrac{k}{L}$ aumentar, sem que haja uma redução em P_k, r tenderá a cair, supondo-se que m é constante.

De outro lado, se, como ocorre contemporaneamente, máquinas mais eficientes substituem máquinas obsoletas, poderá haver uma queda de P_k, que compense a elevação de $\dfrac{k}{L}$, mantendo-se r, ou mesmo elevando tal valor para um dado valor de m.

Com base, no entanto, na verificação do que ocorreu no desenvolvimento da economia capitalista, Bresser altera a hipótese clássica de que os salários tendem a ser constantes a longo prazo, para a idéia de que há uma tendência para a taxa média de lucro do sistema capitalista manter-se constante, pois

> o sistema capitalista precisa, para se manter sadio, de uma taxa de lucro satisfatória. Os empresários buscam a longo prazo essa taxa satisfatória, que gira entre 10 e 12 por cento ao ano, correspondendo a pouco mais que a taxa de juro que pagam em seus financiamentos de longo prazo.[2]

A respeito desta hipótese, podemos dizer que o autor está em boa companhia, quer dos kaleckianos quer dos pós-keynesianos, que consideram que em economias concentradas (oligopólio, monopólio) as empresas tendem a estabelecer ativamente um preço que corresponde às necessidades de seu crescimento a longo prazo e que, antes de serem maximizadores, tais preços são "satisfatórios".[3]

---

[2] Bresser-Pereira, 2002:14.

[3] Referindo-se a tal hipótese, observou o grande economista e historiador marxista Maurice Dobb: em relação à distribuição, "uma hipótese plausível é que a taxa mínima de lucro seja

A partir desta hipótese, Bresser obtém implicações relativas tanto à distribuição funcional da renda quanto às taxas de salário, ou seja, conclusões a respeito dessas variáveis no longo prazo das economias capitalistas. A partir da equação $\frac{R}{Y}$ (participação do lucro no produto), definindo-se $R = r\,k$, e $K = P_r k$, podemos obter $\frac{R}{Y} = r \cdot \frac{P_K \cdot k}{Y}$

Partindo-se da hipótese, mencionada anteriormente, de que r tende a permanecer constante, em um nível considerado satisfatório, podemos ter três alternativas para a distribuição, dado um certo Y:

Na primeira, suponhamos que a acumulação seja dispendiosa de capital, ou seja, para produzir um mesmo valor de Y se substituirá mão-de-obra e se aumentará o valor de k, mantido P_K constante. Neste caso, de acordo com a equação acima, para um dado r, $P_K \cdot k$ aumenta, aumentando também $\frac{R}{Y}$. No entanto, a condição para que r não caia é de que aumente a taxa de mais-valia, pois $r = \frac{m}{c}$, e $c = \frac{K}{W}$; (K_r aumentou e W diminuiu pela queda do emprego).

A segunda possibilidade é de que a acumulação se faça com progresso técnico neutro; o aumento do estoque de capital será acompanhado por um aumento de W, na mesma proporção de K. A taxa de lucro r permanecerá constante com a mesma taxa de mais-valia, uma vez que por hipótese c é constante (K e W aumentam no mesma proporção), havendo, portanto, alteração em $\frac{R}{K}$.

Na terceira hipótese, supomos inovação poupadora de capital, ou seja, se k aumentar, o valor de K poderá não aumentar, ou mesmo cair se P_k diminuir. Se isto acontecer, para r permanecer constante, a taxa de mais-valia deverá diminuir, pois c cairá em função da queda do valor de k. Ocorrerá

---

fixada de alguma forma por algum tipo de instituição quase-política ou por um mecanismo de decisão institucional. Esta é uma interpretação plausível, da sugestão dada por Sraffa, quando sugere que em seu sistema a taxa de lucro e não o salário real seja considerado como variável independente, sendo passível de ser determinado de fora do sistema de produção, particularmente pela taxa monetária de juro" (Dobb, 1973:271).

neste caso uma redução da relação $\frac{R}{Y}$, como se pode confirmar a partir da fórmula anterior.

Segundo Bresser-Pereira, teríamos neste caso um "capitalismo ideal", pois, com a introdução do progresso técnico poupador de capital, a acumulação de capital poderia continuar ocorrendo com uma taxa de lucro considerada satisfatória, constante; com os salários absorvendo o aumento da produtividade, introduzida pela utilização de máquinas mais baratas, e com uma redistribuição do produto a favor dos salários.

Algumas considerações sobre o modelo

Um modelo econômico de longo prazo, embora possa ter um aspecto estético, o que me parece irrelevante, tem como objetivos principais explicar o que aconteceu no passado, bem como tentar alguma antecipação sobre as condições futuras de um sistema econômico, função esta bem mais problemática que a primeira.

Um modelo poderá ser mais ou menos útil quando consegue atingir tais objetivos. Definir um modelo como útil é muito mais adequado do que defini-lo como verdadeiro, dada a precariedade dos dados relativos aos fatos futuros. Assim, a maior ou menor utilidade de um modelo não pode ser definida sem que se considere a maneira em que as condições conjunturais do momento – incluídas aqui uma série de variáveis basicamente políticas e econômicas – afetam a realidade futura. Por exemplo, ao propor uma tendência a longo prazo da economia, Bresser-Pereira não deixa de considerar a existência de uma conjuntura na qual supõe existirem algumas instituições ou "quase-instituições" que se dispõem a garantir, em situações específicas, uma taxa de lucro mínima satisfatória para os empresários, ou garantir as condições que, eventualmente, levem os empresários a administrar seus preços de maneira compatível com uma taxa de lucro considerada satisfatória.

A utilização de um modelo não pode, assim, explicar ou fazer previsões sem que se considere a conjuntura presente, especialmente em seus aspectos macroeconômicos.[4]

---

[4] Marx, por exemplo, ao prever uma tendência declinante da taxa de lucro, deixa aberta a possibilidade de haver elementos que eventualmente podem contrapor-se a tal tendência:

O longo prazo não pode ser entendido fazendo-se abstração do que está acontecendo no curto prazo, pois este se encadeia com os curtos prazos futuros. Em outras palavras, uma avaliação de longo prazo deve estar sujeita a reavaliações contínuas. A análise de longo prazo não pode desligar-se do curto e do médio prazo, e assim ser independente de avaliações macroeconômicas da conjuntura econômica. Um modelo que não incorpore tal elemento de realidade não pode ser testado nem falsificado.

Neste contexto, o modelo em análise pode ser considerado um modelo útil, porque explica situações econômicas passadas e eventualmente pode-se discutir, a partir da visão da conjuntura atual, sua capacidade preditiva. Um exemplo de sua utilização pode ser encontrado a partir dos dados apresentados por E. N. Wolff (2001) sobre a acumulação de capital, lucratividade e distribuição na economia americana em um período de 50 anos, ou seja, de 1947 a 1997.

Wolff mostra que, no período de 1947 a 1965, houve uma clara elevação da relação capital/trabalho, sem que a composição orgânica do capital se tivesse elevado, o que foi possível pela queda da relação preço do capital/preço do trabalho.

No período 1965-82, observa-se que a relação capital/trabalho e a composição orgânica do capital tendem a se elevar praticamente no mesmo valor, em função de a relação preço do capital/salário nominal ter-se estabilizado. No período de 1982-97, o valor da relação capital/trabalho continua se elevando, porém menos que antes, e verifica-se uma rápida queda da composição orgânica porque o preço do capital em termos de salário continua a cair, até que convergem a partir de 1990, estabilizando-se em um mesmo valor.[5]

As variações na rentabilidade, da mesma forma que as relações antes mencionadas, podem ser perfeitamente explicadas pelo modelo de Bresser-

---

uma redução dos custos dos bens de capital, bem como circunstâncias que possam acentuar o processo de extração de mais-valia/crescimento da população, imigração etc. (Sweezy, 1962:132).

[5] Ver Wolff (2001:322, figura).

Pereira, com exceção do que ocorreu nos últimos 10 anos na economia americana. No primeiro período, a lucratividade média é alta, tendendo a cair sensivelmente a partir de 1965 (segundo período), voltando a se elevar a partir de 1982, atingindo seu valor maior neste período em 1997, acompanhada de uma clara queda na participação dos salários.[6] Ora, o que ocorre na última fase não corresponde à previsão, segundo a qual a economia capitalista, no caso em análise a economia americana, sem dúvida atualmente a mais representativa desse modo de produção, tenderia no longo prazo para a realização de taxas de lucro mais ou menos estáveis e com um aumento na participação dos salários na renda.[7]

Parece-me que a hipótese em que se baseia tal previsão é de que haveria uma continuidade, mesmo a partir dos anos 1970, das condições vigentes nas décadas anteriores, que permitiram o desenvolvimento de formas de "Estado de bem-estar" nas principais economias capitalistas, o que teria ocorrido também na economia americana. No entanto, a ascensão do conservadorismo de Thatcher e do "direitismo" de Reagan alterou tal situação radicalmente. A observação a seguir nos ajuda a entender as conseqüências econômicas dessa mudança de poder nos Estados Unidos:

> Algumas causas possíveis e manifestações deste fenômeno são a redução da taxa de sindicalização na economia americana (embora isto já tenha começado a acontecer desde os anos 60); a dissolução do sindicato dos controladores do tráfego aéreo, por Ronald Reagan, em 1982, durante a greve do PACTO, a queda do valor do salário mínimo real, o valor crescente do fluxo de importações desde o fim de Bretton Woods em 1973, com o consequente achatamento dos salários dos trabalhadores industriais americanos.[8]

De acordo com a periodização de Wolff considerada anteriormente, em um período de 50 anos tivemos três tendências diferentes em relação

---

[6] Ver Wolff (2001:318, figura).

[7] Bresser-Pereira, 2002:14.

[8] Wolff, 2001:324.

aos parâmetros estruturais da economia e à taxa de lucro. Se deixarmos de lado tal periodização e procurarmos projetar as tendências do que aconteceu com a lucratividade da economia americana de 1970 até 1997, verificamos uma clara elevação da taxa de lucro, de 25 para 30%, e uma elevação de sua participação dos lucros na renda de 16 para 20%. De qualquer forma, um dos grandes problemas que surge quando se faz análise de longo prazo é o da periodização. Se considerarmos períodos muito longos, os valores médios tendem a esconder variações conjunturais, ou se considerarmos períodos muito curtos, tende-se a deixar de lado tendências importantes da economia, como se pode ver pela reinterpretação acima dos dados fornecidos por Wolff. Uma análise para a economia dos Estados Unidos das séries de valores de taxa de lucro indica, segundo a periodização de Wolff,[9] que de 1965 a 1982 a taxa de lucro teve uma tendência de queda. Se estabelecermos, no entanto, uma nova periodização, com o último dos três períodos iniciando-se em 1970, estabelecer-se-á uma clara tendência para a elevação daquela taxa, isto porque de 1965 a 1970 ela teve queda abrupta, afetando a tendência do segundo período de Wolff. Creio que a utilização das categorias de análise do modelo clássico, modificado por Bresser, constitui-se em um excelente instrumento para estabelecer uma periodização mais precisa em relação, por exemplo, ao comportamento da economia americana nos últimos 50 anos, bem como para realizar uma análise do que ocorreu em outras economias capitalistas em tal período de tempo.

Observações finais

Como conclusão destes breves comentários sobre o modelo de Bresser-Pereira, algumas coisas devem ser repetidas, outras devem ser adicionadas.

Trata-se de um modelo suficientemente simples e de grande poder de explicação (vejam-se as estatísticas de Wolff).

É capaz de ser verificado empiricamente e por isso permite que, ao utilizá-lo, possamos, para efeito de análise, retificar certas previsões e es-

---

[9] Wolff, 2001:318.

tabelecer novas suposições. Considere-se a contraposição da previsão de uma forma de "capitalismo ideal", com constatações decorrentes de uma conjuntura sociopolítica diferente. Como observado, a possibilidade de se alterarem as suposições relativas ao processo de obtenção de mais-valia está perfeitamente prevista no modelo de Bresser, a partir da idéia de que os preços, ao dependerem de decisões empresariais, incorporam tal possibilidade ao determinar a taxa de mais-valia. Ao contrário do modelo clássico, como acentua Bresser, o resíduo no processo de distribuição do produto passa a ser o salário e não o lucro, que passa a ter uma função ativa, confirmando a idéia de Kalecki de que os capitalistas são os senhores de seu próprio destino.

Terceiro, o modelo se revela flexível, não só pela possibilidade de fornecer os elementos de correção das hipóteses conjunturais consideradas, como pelo fato de, ao contrário dos modelos de crescimento do chamado *mainstream* macroecômico, introduzir de modo muito claro o elemento de poder (voltamos para o âmbito da economia política), como também o papel do Estado que, em certas circunstâncias, surge como árbitro no sentido de compatibilizar os interesses dos capitalistas e do capital.

Finalmente e mais importante, é um modelo capaz de reestimular o interesse pela análise do processo de acumulação de capital, com todas as suas implicações políticas, sociais e econômicas, deixadas de lado pela atual predominância dos modelos neoclássicos, elegantes porém com pouco conteúdo empírico e explicativo.

Referências bibliográficas

BRESSER-PEREIRA, Luiz Carlos. *Lucro, acumulação e crise*. São Paulo: Brasiliense, 1986.

_____. *Modelo clássico, progresso técnico e distribuição*. São Paulo: Fundação Getulio Vargas/Escola de Economia de São Paulo, 2002. (Texto para discussão.)

DOBB, Maurice. *Theories of value and distribution since Adam Smith – ideology and economic theory*. Cambridge: Cambridge University Press, 1973.

SWEEZY, Paul. *Teoria do desenvolvimento capitalista*. Rio de Janeiro: Zahar, 1962.

WOLFF, E. N. The recent rise of profits in the United States. *Review of Radical Political Economics*, v. 33, p. 315-324, 2001.

Dezoito anos depois de *Lucro, acumulação e crise*

JOSÉ ANTONIO RODRIGUES DA CUNHA

Neste texto procuro retomar alguns dos principais pontos da análise de Bresser-Pereira (1984, 1986, 2002) sobre desenvolvimento econômico, progresso tecnológico e distribuição funcional da renda. Tanto os aspectos matemáticos/de teoria pura quanto os aspectos históricos daquela análise serão apreciados e criticados, assim como seguidos de sugestões para pesquisa posterior. Não serão abordados aqui os fenômenos de imperialismo, oligopolização, formação de uma tecnoburocracia, crescimento do Estado, ciclos/ondas longas e de tendência de transformação da classe capitalista em rentista que estão presentes em Bresser-Pereira (1984, 1986).

Introdução

As idéias apresentadas em Bresser-Pereira (1984, 1986, 2002) com respeito ao fenômeno do desenvolvimento econômico contêm originalidade em pelo menos três aspectos: o método de análise, o conteúdo das idéias propostas e a ambição geral dessas obras.

Em primeiro lugar, em relação ao método da análise, tem-se a combinação de elementos teóricos puros/matemáticos com a constante e explícita utilização de elementos da evolução histórica de países que concluíram um processo de revolução industrial no século XIX.

Nesse sentido, há inovação e contraste com o método de análise seguido por Harrod (1939) e Solow (1956), que se tornou predominante no campo de desenvolvimento/crescimento econômico,[1] onde os elementos históricos/empíricos constituem exclusivamente o ponto de partida de uma análise teórica pura na medida em que são os "fatos estilizados" relevantes.

Mas, ao mesmo tempo, há semelhança de método de análise quando o elevado nível de abstração e de agregação da mesma é considerado, tanto no que diz respeito aos conceitos e às variáveis empregadas ("produto", "capital" e taxa de lucro, por exemplo), quanto no que diz respeito às implicações derivadas e à periodização histórica proposta ("queda da taxa de lucros na fase de consolidação capitalista", por exemplo).

Em segundo lugar, em relação ao conteúdo das idéias propostas, tem-se um foco sobre as inter-relações das variáveis fundamentais do desenvolvimento econômico (taxa de acumulação de capital, tipo e intensidade de progresso tecnológico e taxa de lucro) com o maior grau de generalidade factível. Não há o recurso para hipóteses auxiliares que tornariam a análise particular ou, ao menos, mais específica.

Assim, não se encontram (como na abordagem predominante) referências às funções de produção e suas propriedades, aos processos pelos quais as decisões de consumo e de investimento são tomadas pelas firmas e pelas famílias e se transpõem para o agregado, à maneira pela qual os investimentos alteram o capital e as possibilidades de produção etc.

Tal nível de generalidade se justifica devido à necessidade de compreensão da dinâmica das variáveis fundamentais do desenvolvimento econômico, em um quadro de evolução histórica percebida de cerca de 200 anos para alguns países.

---

[1] Ver a coletânea de artigos em Uzawa e Stiglitz (1969), bem como os manuais de Barro e Sala-i-Martin (1995) e de Aghion e Howitt (1998).

Assim, como ponto de partida, toma-se somente um conjunto de fatores genéricos do desenvolvimento que praticamente o definem (em vez de "fatos estilizados"): expansão sistemática da produtividade da mão-de-obra e da quantidade de capital por trabalhador. A partir dos mesmos, procura-se combinar diferentes considerações teóricas sobre progresso tecnológico e distribuição funcional da renda, para derivar rigorosamente as implicações econômicas necessárias para as demais variáveis de interesse. E, a todo momento, aquelas diferentes considerações teóricas são guiadas/inspiradas essencialmente pelo quadro de evolução histórica percebida.

O traço mais distintivo de originalidade, entretanto, com respeito ao conteúdo das idéias propostas, reside na inversão do padrão tradicional de análise realizado no campo de desenvolvimento econômico. Ao invés de fixação da taxa de salários e determinação da taxa de lucros como um resíduo, tem-se a fixação da taxa de lucros e a determinação da taxa de salários como resíduo. A importância desta inversão e sua inspiração a partir de uma visão sobre a dinâmica econômica capitalista serão examinadas adiante.

Por fim, em terceiro lugar, quanto à ambição geral dessas obras, procurou-se "apresentar um modelo econômico que nos permita compreender as coordenadas básicas do desenvolvimento capitalista e entender como esse processo de acumulação e crise conseguiu manter-se vivo e dinâmico até hoje".[2] Nesse sentido, os dois primeiros elementos supracitados (método de análise e conteúdo das idéias) são combinados em uma obra de perfil teórico e fôlego histórico, que almeja esmiuçar as relações dinâmicas abstratas entre variáveis econômicas selecionadas que evoluem sob o modo de produção capitalista. Há, portanto, a fixação de um conjunto de objetivos a ser atingido relativamente mais ambicioso do que o usual, mesmo para o campo de desenvolvimento econômico.

De forma suplementar a estes objetivos e métodos de análise propostos, tem-se uma filiação conceitual transparente e um manifesto de independência intelectual:

---

[2] Bresser-Pereira, 1984:12.

Este trabalho parte da lei da tendência declinante da taxa de lucro formulada originalmente por Marx para analisar os fatos econômicos. Apresenta, portanto, uma visão marxista do processo de desenvolvimento capitalista. Mas não pretende ater-se a qualquer ortodoxia.[3]

Tenho, neste texto, a intenção de apreciar e criticar as contribuições de Bresser-Pereira (1984, 1986, 2002) para o estudo do desenvolvimento econômico, progresso tecnológico e distribuição funcional da renda. Quando considerei apropriado, também apresentei sugestões para pesquisa posterior que são inspiradas por estas contribuições – evidência indireta da fertilidade da abordagem e das idéias propostas por aquele autor.

Além da introdução, este texto contém quatro seções e um apêndice. Em "Modelagem das relações entre desenvolvimento, progresso tecnológico e distribuição" são apresentadas uma discussão conceitual e a modelagem geral das relações entre desenvolvimento econômico, progresso tecnológico e distribuição funcional da renda. Ainda que com simplificações e reduções, são contrastadas a abordagem clássica (de Adam Smith, Thomas Malthus e David Ricardo, conforme refinada por Karl Marx), a abordagem predominante (inaugurada por Harrod e por Solow) e a abordagem de Bresser-Pereira, conforme exposta nas obras supracitadas.

Em "As etapas do desenvolvimento capitalista", examina-se a periodização histórica proposta para a evolução do modo de produção capitalista.

A seção seguinte comenta o papel das informações empíricas apresentadas naquelas obras para ilustrar e validar as proposições teóricas.

Na última seção, apresento o sumário de conclusões.

Para manter a continuidade do texto, optei por apresentar ao longo do mesmo somente os resultados principais comparáveis aos de Bresser-Pereira (1984, 1986, 2002), dispostos em tabelas. O apêndice ao final do texto apresenta o glossário das variáveis empregadas e as principais equações utilizadas, seja aquelas obtidas diretamente das definições, seja aquelas derivadas das primeiras e das hipóteses adotadas.

---

[3] Bresser-Pereira, 1984:12-13.

Modelagem das relações entre desenvolvimento, progresso tecnológico e distribuição

As duas hipóteses mais importantes são aquelas que essencialmente definem o fenômeno de desenvolvimento econômico: crescimento sistemático da produtividade da mão-de-obra (relação produto por trabalhador) e da quantidade de capital em relação à mão-de-obra (relação capital-trabalho, ou composição técnica do capital).

A seguir, as obras procuram examinar sistematicamente as inter-relações das variáveis econômicas de interesse, a partir de considerações teóricas sobre o tipo de progresso tecnológico e a distribuição funcional da renda, considerações essas que são diretamente inspiradas por uma percepção da evolução histórica do capitalismo em alguns países. O Reino Unido é tido como o caso emblemático, mas Estados Unidos, França e Alemanha também seriam exemplares, ao menos para este grau de abstração.[4]

Antes de prosseguir para tais inter-relações, é necessário fazer algumas observações sobre progresso tecnológico e a relação produto-capital, taxa de salários, taxa de lucros e distribuição funcional da renda (ou taxa de mais-valia), assim como diferenciar claramente variáveis de fluxo e de estoque.

Progresso tecnológico e a relação produto-capital

O progresso tecnológico admitiria três modalidades de ocorrência, de acordo com a evolução da "produtividade do capital", ou alternativamente a relação produto-capital. Ou seja, de acordo com o crescimento relativo do produto e do capital, seria definido um padrão particular de progresso tecnológico, em linha com a taxonomia proposta por Harrod (1939).

O progresso tecnológico neutro é definido como aquele no qual as taxas de crescimento do produto e do capital são idênticas, de tal sorte que a relação produto-capital não se altera.

---

[4] Ver Bresser-Pereira (1984:12).

O progresso tecnológico dispendioso de capital é aquele no qual a relação produto-capital é decrescente, na medida em que a taxa de crescimento do capital é superior à do produto.

Por sua vez, o progresso tecnológico poupador de capital é definido como aquele no qual a taxa de crescimento do produto é superior à taxa de crescimento do capital, de tal sorte que a relação produto-capital é crescente.

É oferecida uma interpretação de natureza econômica para cada tipo de progresso tecnológico, a qual também permitiria a ordenação sucessiva dos mesmos ao longo da história. Assim,

> progresso técnico dispendioso de capital pode ser chamado de "mecanização", porque, em princípio, ele consiste na mera substituição de trabalho por capital, sem que haja novo progresso técnico e portanto barateamento na própria produção de bens de capital em uso. (...) Para que isto ocorra, basta que o valor dos bens de capital não se altere para baixo ou pouco se altere. Procede-se à mera adição de máquinas de igual valor e portanto de igual produtividade.[5]

Há associação, pelo autor, de predominância de "mecanização" ou do progresso tecnológico dispendioso de capital com a primeira Revolução Industrial. Assim, o final do século XVIII e a maior parte do século XIX seriam caracterizados pela queda da relação produto-capital.

Mas existiriam incentivos econômicos e descobertas tecnológicas que tenderiam a alterar de forma gradual tal situação.

> À medida, entretanto, que a industrialização avança e que o progresso técnico se concentra não mais na substituição de mão-de-obra direta, trabalhando com ferramentas, por máquinas, mas na substituição de máquinas menos eficientes por máquinas mais eficientes e portanto mais baratas, o progresso técnico médio da economia vai deixando de ser dispendioso de capital para se tornar neutro e em seguida poupador de capital. Este processo também se acelera na medida em que os bens de

---

[5] Bresser-Pereira, 1984:45.

capital deixam de ser produzidos artesanalmente, para serem produzidos industrialmente, de acordo com critérios de eficiência e portanto de introdução de inovações tecnológicas cada vez mais sistemáticas.[6]

O exemplo numérico em Bresser-Pereira[7] e a "parábola do trator e da colhedeira" em Bresser-Pereira[8] procurariam não só ilustrar cada tipo de progresso tecnológico, mas também estabelecer um padrão necessário de sucessão dos mesmos ao longo da história, com base em incentivos econômicos e na evolução das técnicas produtivas.

Nesse sentido, cabe uma crítica a esta linha de argumentação. Nos níveis de generalidade, de abstração e de agregação – os mais elevados em que a análise é conduzida pelo autor (para os quais ainda é possível derivar conclusões substantivas) –, não é lícito estabelecer o padrão supracitado por dois motivos.

Em primeiro lugar, há o problema de agregação. As variáveis conceituais "produto" e "capital" da análise estão sendo transpostas para suas análogas em economias de países de forma pouco precisa e estereotipada. Tem-se ênfase nas categorias "mão-de-obra direta", "máquinas velhas (menos eficientes)" e "máquinas novas (mais eficientes)" de tal sorte que há redução de "trabalho" e "capital" às mesmas. E os padrões propostos aparentam ter sido idealizados com o segmento manufatureiro em mente, reduzindo-se artificialmente a importância dos segmentos de agropecuária, de serviços e industriais não-manufatureiros, os quais responderiam em conjunto pela maioria absoluta da "economia" (sob a ótica de renda, valor adicionado, consumo intermediário, emprego etc.) de outra forma.

As diferenças entre setores e ao longo do tempo para cada país são de tal ordem que somente uma conceituação mais precisa permitiria superar os obstáculos de comparabilidade (temporal, espacial e técnica) e agregação (números-índice de preços, quantidades e qualidade; de insumos e de produ-

---

[6] Bresser-Pereira, 1984:47.

[7] Ibid., p. 55.

[8] Bresser-Pereira, 1986.

tos; para firmas, segmentos econômicos inteiros e países). Não há, assim, argumentos "macroeconômicos" válidos para apoiar tal padrão proposto.

Em segundo lugar, na argumentação que procura estabelecer este padrão de sucessão para o progresso tecnológico, tem-se que a estratégia geral das obras de Bresser-Pereira (1984, 1986, 2002) foi indevidamente empregada. Tal estratégia é a de produzir uma análise teórica rigorosa sobre desenvolvimento econômico a partir de alguns conceitos e teorias econômicas, e a cada momento buscar inspiração na evolução histórica para produzir generalizações.

No entanto, não há necessidade lógica de se concluir, a partir dos argumentos "microeconômicos" de mudanças tecnológicas por parte das firmas apresentados em Bresser-Pereira,[9] que o padrão específico sugerido de adoção sucessiva de diferentes tipos de progresso tecnológico se segue. Além disso, não há nessa parte das obras o recurso a diferentes aspectos da experiência histórica de países para produzir uma generalização.

Portanto, os exemplos numéricos, a "parábola do trator e da colhedeira" e os termos sugestivos, como "mecanização" e "substituição de máquinas velhas (menos eficientes) por máquinas novas (mais eficientes)", devem ser tomados como ilustrações. Como tais, permitem tornar os conceitos mais transparentes e inteligíveis. No entanto, não é lícito extraírem-se deles elementos descritivos (que teriam o potencial de generalizar a experiência histórica) ou dedutivos no que diz respeito à sucessão dos tipos e das formas de progresso tecnológico. Em outras palavras, não há nessas obras uma teoria de progresso tecnológico, seja de uma ótica "microeconômica" ou "macroeconômica".

Nas seções "As etapas do desenvolvimento capitalista" e "O papel das informações empíricas" tenho mais a dizer sobre a relação produto-capital, especialmente no que diz respeito a sugestões para pesquisas inspiradas pela crítica apresentada. Somente aqui apresento a conclusão parcial de que o nível de abstração, de generalidade e de agregação presente em Bresser-

---

[9] Bresser-Pereira, 1984:46-47.

Pereira (1984, 1986, 2002) se presta à identificação da importância da relação produto-capital para os estudos do desenvolvimento econômico, progresso tecnológico e distribuição funcional da renda, conforme será explicitado adiante. Mas não se prestam em si mesmos para a identificação dos estímulos de adoção/substituição dos tipos de progresso tecnológico pelas firmas e por países ao longo da história.

Taxa de salários, taxa de lucros e distribuição funcional da renda (ou taxa de mais-valia)

De forma análoga àquela introduzida anteriormente para o progresso tecnológico com base na relação produto-capital, são estabelecidas três possibilidades de evolução de acordo com aspectos da distribuição funcional da renda. No entanto, há uma diferença importante que reside na definição dessas três possibilidades de acordo com teorias que são logicamente independentes da análise geral de desenvolvimento econômico que é proposta.

A primeira possibilidade estabelece a constância da taxa de salários. O mecanismo demográfico e econômico da "lei de ferro dos salários" (introduzido por Thomas Malthus e refinado por Karl Marx) de tal abordagem clássica seria o responsável por tal estabilidade, salvo as flutuações cíclicas em torno do mesmo, de acordo com o perfil reativo do crescimento populacional e da força de trabalho. A taxa de lucros seria dada de forma residual de acordo com a geração de renda e de excedente econômico.

A segunda possibilidade é de constância da distribuição funcional da renda ou taxa de mais-valia, ou seja, da divisão da renda entre salários e lucros. Este tipo de comportamento é aquele característico da abordagem predominante, inaugurada por Harrod (1939) e Solow (1956).

A terceira possibilidade estabelece a estabilidade da taxa de lucros. Ela é proposta pioneiramente por Bresser-Pereira (1984, 1986, 2002) e a taxa de salários seria dada de forma residual de acordo com a geração de renda e de excedente econômico. A inversão em relação à abordagem clássica é justificada a partir de uma visão sobre a dinâmica capitalista que enfatiza sua própria preservação, ao invés da "reprodução do proletariado como classe". Uma taxa de lucros mínima constituiria o estímulo basal para a continuidade da produção e do investimento sob as condições capitalistas, e assim da própria conservação do sistema.

Tal visão de mundo identifica uma "taxa de lucros satisfatória" como verdadeira instituição econômica do capitalismo:

> as instituições capitalistas não se limitam a garantir a propriedade e os contratos, mas desempenham toda uma outra série de funções para que o progresso técnico e o desenvolvimento do capital humano sejam garantidos, para que as crises próprias do ciclo econômico sejam minoradas, para que um misto de competição e monopólio garanta a eficiência dos mercados e o incentivo à inovação.[10]

A escolha de uma das possibilidades em detrimento das duas outras para o estudo de um determinado período em um determinado país envolve necessariamente (mas não exclusivamente) o exame das informações empíricas disponíveis. Os problemas de comparabilidade e de agregação precisariam ser enfrentados diretamente para se procurar derivar generalizações históricas.

No entanto, para os níveis de abstração e de generalidade propostos em Bresser-Pereira (1984, 1986, 2002), para atender à parte da ambição das obras concernente a "compreender as coordenadas básicas do desenvolvimento capitalista", faz-se necessário considerar todas as possibilidades e podem-se dispensar, em um primeiro momento, as informações empíricas.

Um último ponto adicional merece atenção aqui. Ele diz respeito à tensão entre uma análise teórica pura que faz considerações dinâmicas sobre "variáveis conceituais" e as "variáveis reais" em sua evolução histórica. Em outras palavras, trata-se da tensão entre "tempo histórico" e "tempo teórico" em economia.

Nesse sentido, o estudo do desenvolvimento econômico e do progresso tecnológico sob a possibilidade de distribuição funcional da renda constante possui uma "vantagem" que extrapola as considerações usuais de aprecia-

---

[10] Bresser-Pereira, 2002:15.

ção de uma teoria pura (simplicidade, elegância, coerência, ausência de redundâncias etc). Esta "vantagem" diz respeito à dispensa de tratamento do "tempo histórico" mesmo no contexto de uma análise dinâmica. Há somente "tempo teórico", tal que as equações diferenciais ou de diferenças finitas destes modelos apenas mostram sucessão dos elementos de um conjunto-índice arbitrário (ainda que as variáveis sejam indexadas por "t").

Para os dois demais casos, tal "vantagem" não existe: a taxa de salários (lucros) não pode crescer "indefinidamente" em relação à taxa de lucros (salários) sem que a teoria sofra um colapso. Para estes dois casos, faz-se imperativo introduzir elementos teóricos ou históricos adicionais para ao menos mitigar as tendências originais. De toda forma, não há como dispensar da análise dinâmica toda consideração ao "tempo histórico".

Tal intuição está presente em Bresser-Pereira:

> progresso técnico neutro/distribuição funcional de renda constante é uma hipótese ao mesmo tempo conservadora e prudente, na medida em que pressupõe uma variação que não afeta as demais variáveis. Provavelmente por isso é utilizada em muitos modelos de crescimento econômico e em particular no modelo de Harrod.[11]

Fluxos e estoques

Ao longo da história da evolução das idéias, conceitos e teorias na ciência econômica, pareceu-me notável o número de desentendimentos em torno de fatores que essencialmente refletiam definições conflitantes de variáveis de fluxo e de estoque.

Em particular, na filiação conceitual marxista, parece-me que as querelas mais ilustres em torno das noções de valor e de preço não são menos intrincadas do que aquelas que envolvem o capital e a taxa de lucros.

Não tenho intenção aqui de sequer arranhar a superfície da parcela destas questões referentes a fluxos e estoques que são pertinentes às teorias

---

[11] Bresser-Pereira, 1984:48.

de desenvolvimento econômico e progresso tecnológico. Sob tal superfície, jaz todo o "tumulto e fúria da controvérsia do capital", da qual proveitosos novos desenvolvimentos teóricos vêm sendo continuamente desdobrados: irreversibilidade do investimento, custos descontínuos do investimento e de aperfeiçoamento do capital, avanços nas teorias de agregação e de construção de números-índice etc.

Aqui desejo "somente" destacar a necessidade de definição explícita e criteriosa de variáveis em termos de fluxos e de estoques, bem como da compatibilidade geral das mesmas.

Em Bresser-Pereira (1984, 1986), a filiação conceitual escolhida para a análise proposta faz uso da variável "capital" como um fluxo, ainda que aponte a dubiedade do tratamento original de Karl Marx.[12] Tem-se então um fluxo de "capital constante" dado por matérias-primas adquiridas e os serviços prestados por máquinas e equipamentos; e o "capital variável" dado pelo "fundo de salários" pago aos trabalhadores. O "capital total" é o somatório destes dois fluxos. Nesse sentido, o fluxo de capital tem a natureza de uma "despesa" necessária para a produção.

A taxa de lucros é definida, a partir de então, como o quociente entre a "massa de lucros" (que tem a natureza da "receita" obtida com a venda da produção) e o "capital total".

Uma vez que a renda total é, por sua vez, definida como o somatório da "massa de lucros" e do "fundo de salários", então a taxa de lucros tem a característica de um fator de retorno (somatório da taxa de retorno e da unidade) ao invés de taxa de retorno neste caso, mas é ainda uma percentagem convencional.

Dessa forma, a escolha do tratamento do "capital" como um fluxo implica a decomposição da produção "pela ótica da renda" de forma pouco usual e de difícil operacionalização.

Em primeiro lugar, é útil executar o contraste com a "abordagem usual" que toma as variáveis como estoques. Neste caso, a decomposição da

---

[12] Ver Bresser-Pereira (1984:25 e 33).

produção "pela ótica da renda" é dada pelo somatório dos produtos dos estoques pelas respectivas taxas de retorno (remuneração).

A própria interpretação da taxa de lucros neste caso é mais afeita à sua conexão com os processos de acumulação de capital e de investimento: fluxo de pagamento bruto que é contrapartida dos serviços à produção prestados por um certo estoque em um dado período de tempo, o qual sofre depreciação e está sujeito à obsolescência e flutuações em seu preço ("ganhos e perdas de capital"). Já o tratamento das variáveis como fluxos não permite esta conexão imediata entre taxa de lucros e acumulação de capital, além de não explicitar a dinâmica dos estoques definida pelos fluxos.

Em segundo lugar, há dificuldades para tornar o conceito operacional e praticar mensurações do mesmo quando o tratamento de fluxos é escolhido, o que não ocorre com o tratamento de estoques. Diferentemente do que é afirmado em Bresser-Pereira,[13] a abordagem que faz uso de fluxos não é intercambiante com a que faz uso de estoques, exceto para o nível de abstração mais elevado possível (que é então compatível com o "método de inventário" para estabelecer as relações entre fluxos e estoques). De outra forma, os obstáculos dados pelo risco de se praticar dupla contagem ao se tentar separar o "fundo de salários", a "massa de lucros" e o "capital constante" seriam relativamente maiores do que aqueles enfrentados na abordagem que faz uso de estoques.

Ainda assim, a maior objeção que apresento ao tratamento da variável "capital" como um fluxo está relacionada com sua adição à remuneração da força de trabalho quando o capital é também definido como incorporando um "fundo de salários". Nesse sentido, os problemas de comparabilidade dos resultados apresentados no capítulo segundo (quando há separação explícita entre "capital constante" e "capital variável" na análise) e nos demais capítulos de Bresser-Pereira[14] são extraordinários. Por exemplo, uma relação produto-capital crescente no caso de capital tomado como fluxo (e com "fundo de salários" incorporado) é compatível com uma relação pro-

---

[13] Bresser-Pereira, 1984:33.

[14] Ibid., especialmente caps. 3, 4, 8, 9 e 10.

duto-capital crescente, estável ou decrescente quando o capital é tomado como estoque.

Diante disto, na análise que se segue apresento dois conjuntos separados de resultados.

No primeiro deles, o capital é tratado como um estoque, a taxa de lucros é sua taxa bruta de retorno e os salários (remuneração da mão-de-obra) representam um componente separado da renda (não há recurso às categorias "capital constante" e "capital variável"). Este parece ser o conjunto analisado em Bresser-Pereira (2002).

No segundo, o capital é tratado como fluxo, há diferenciação entre "capital constante" e "capital variável", e a taxa de lucros é um fator de retorno. Este parece ser o conjunto analisado no capítulo segundo de Bresser-Pereira (1984). Há compatibilização problemática com o conteúdo dos capítulos terceiro e nono,[15] que parecem estar mais em sintonia com o primeiro conjunto.

Relações dinâmicas gerais entre progresso tecnológico, distribuição funcional da renda e desenvolvimento econômico

As três modalidades de progresso tecnológico e as três possibilidades referentes à evolução da distribuição funcional da renda (ou taxa de mais-valia) definem nove padrões dinâmicos de desenvolvimento para os quais há crescimento sistemático da produtividade da mão-de-obra (relação produto por trabalhador) e da quantidade de capital por trabalhador (relação capital-trabalho, ou composição técnica do capital).

Tal identificação e enumeração exaustiva das possibilidades dinâmicas e de suas implicações são, em geral, um objetivo de teorias puras e constituem uma das facetas da análise de Bresser-Pereira (1984, 1986, 2002). Com ela, é possível interpretar como possibilidades distintas particulares a abordagem clássica (com taxa de salários estável), a abordagem predominante

---

[15] Ver o exemplo numérico da p. 55 e os gráficos da p. 147 (Bresser-Pereira, 1984).

(com distribuição funcional da renda estável) e a abordagem de Bresser-Pereira (com taxa de lucros estável). Nesse sentido, tem-se também uma contribuição de consolidação do conhecimento neste campo da teoria econômica, inexistente até então.

No entanto, a faceta mais original da análise em Bresser-Pereira (1984, 1986, 2002) é dada pela integração de algumas destas possibilidades distintas particulares em um quadro de referência mais ambicioso, que procura propor uma generalização da experiência histórica de desenvolvimento econômico ao longo de cerca de dois séculos, para um grupo de países sob o modo de produção capitalista. Em "As etapas do desenvolvimento capitalista", que trata desta faceta da análise, as sugestões de pesquisa dela derivadas são evidência indireta do rico veio que pode ser explorado, bem como da parte mais ativa e perene nos desenvolvimentos teóricos futuros possíveis.

O quadro 1 resume as nove possibilidades para o caso em que o capital é tratado como um estoque. As abreviações *Cres.*, *Estv.* e *Decr.* indicam se as variáveis são crescentes, estáveis ou decrescentes, respectivamente.

QUADRO 1

	RELAÇÃO PRODUTO-CAPITAL	TAXA DE MAIS-VALIA	TAXA DE LUCROS	TAXA DE SALÁRIOS
1	CRES	ESTV	CRES	CRES
2	CRES	DECR	ESTV	CRES
3	CRES	CRES	CRES	ESTV
4	ESTV	ESTV	ESTV	CRES
5	ESTV	ESTV	ESTV	CRES
6	ESTV	CRES	CRES	ESTV
7	DECR	ESTV	DECR	CRES
8	DECR	CRES	ESTV	CRES
9	DECR	CRES	CRES	ESTV

Antes da análise destes resultados propriamente ditos, cabem algumas observações.

O elevado nível de abstração da análise é compatível com os dois elementos que definem desenvolvimento econômico somente se a taxa de crescimento da relação produto por trabalhador é superior à taxa de crescimento da relação produto-capital quando o progresso tecnológico é poupador de capital (casos 1, 2 e 3). Do contrário, há decréscimo da quantidade de capital por trabalhador.

Também sob o elevado nível de abstração da análise, supõe-se que a distribuição funcional da renda quando o progresso tecnológico é dispendioso de capital não é de tal forma concentrada a favor do capital (do trabalho), relativamente ao crescimento da relação produto por trabalhador em face da relação produto-capital, em que ocorre então "expulsão" do trabalho (do capital). Para os casos 8 e 9, isto significaria a reversão dos sinais para as variações da taxa de salários e a taxa de lucros, respectivamente.

Mais do que "uma questão de verificação empírica", tais condições suplementares à análise abstrata das relações dinâmicas são uma necessidade, tendo em vista que o objeto da análise é o desenvolvimento econômico (conforme definido pela evolução da relação produto por trabalhador e da relação capital-trabalho). As alternativas a estas condições suplementares diminuem o interesse da análise teórica (qual seria então seu objeto?) ou dão origem a uma dinâmica de contração sistemática.

Nesse sentido, a teoria da tendência declinante da taxa de lucros seria uma distorção do caso 9, que de outra forma é representativo da abordagem clássica, na medida em que contempla progresso tecnológico dispendioso de capital e uma taxa de salários estável. A distorção é dada por uma distribuição funcional da renda tão concentrada como ponto de partida em face da dinâmica posterior do sistema quanto à produtividade do capital e da mão-de-obra que há tal derivação de "colapso inevitável do capitalismo".

Merece menção o caso 7 como o único no qual há declínio da taxa de lucros sob as condições que definem o desenvolvimento econômico. Sua peculiaridade reside na combinação de progresso tecnológico dispendioso de capital com uma distribuição funcional da renda (taxa de mais-valia) estável. Assim, uma taxa de lucros cada vez menor remunera um estoque de capital cada vez maior em face da mão-de-obra, que por sua vez recebe remuneração crescente ao mesmo ritmo em que cresce sua produtividade.

A abordagem predominante é representada pelos casos 4 e 5, que, ao menos do ponto de vista qualitativo, possuem as mesmas implicações. Tem-se progresso tecnológico neutro combinado com a distribuição funcional da renda estável, tal que a taxa de lucros é constante e a taxa de salários cresce ao mesmo ritmo da produtividade da mão-de-obra.

O caso 2 seria representativo da abordagem pioneira de Bresser-Pereira. A combinação de progresso tecnológico poupador de capital e uma taxa de lucros estável permitiria o desenvolvimento econômico associado ao crescimento da taxa de salários a um ritmo superior ao da produtividade da mão-de-obra. Haveria, assim, aumento da participação dos salários na renda (desconcentração da distribuição funcional da renda ou queda da taxa de mais-valia) – o único caso em que tal fenômeno se verifica.[16]

Por fim, cabe dizer que um elemento esperado em uma análise de desenvolvimento/crescimento econômico é dado pelo fato de as principais variáveis mencionadas apresentarem tendência de crescimento ou de estabilidade, ao invés de decréscimo. Exceções são dadas pela distribuição funcional da renda em queda no caso 2 e pela taxa de lucros decrescente no caso 7. A taxa de salários não apresenta redução praticamente como corolário da definição de desenvolvimento/crescimento econômico (exceto se há distorções relativamente pronunciadas).

O quadro 2 e seus breves comentários concluem esta seção, com a apresentação das nove possibilidades dinâmicas para o caso em que o capital é um fluxo e incorpora um "fundo de salários". A variável "composição orgânica do capital" surge aqui como relevante para a caracterização do desenvolvimento.

---

[16] Ver as considerações teóricas em Bresser-Pereira (1984:48-49) e sua inserção nas etapas de desenvolvimento capitalista em Bresser-Pereira (1984:148).

Quadro 2

	Relação produto-capital	Taxa de mais-valia	Taxa de lucros	Taxa de salários	Comp. org. do capital
1	Cres	Estv	Cres	Cres	Decr
2	Cres	Decr	Estv	Cres	Decr
3	Cres	Cres	Cres	Estv	Cres
4	Estv	Estv	Estv	Cres	Estv
5	Estv	Estv	Estv	Cres	Estv
6	Estv	Cres	Cres	Estv	Cres
7	Decr	Estv	Decr	Cres	Cres
8	Decr	Cres	Estv	Cres	Cres
9	Decr	Cres	Cres	Estv	Cres

Os resultados "aparentemente idênticos" ("ao menos do ponto de vista qualitativo") não devem ser tomados como evidência de equivalência das análises que tomam o capital como variável de estoque ou de fluxo. A interpretação de algumas relações é completamente diferente. Mencionei anteriormente tais diferenças para o caso da relação produto-capital. Sem mais estrutura teórica, a compatibilidade das duas abordagens é fundamentalmente um exercício de análise combinatória, com escassa significação econômica. Mas, uma vez que esta é essencialmente a minha opinião sobre este ponto, ao invés de um julgamento isento definitivo, pesquisas nesta direção poderão ser frutíferas.

As etapas do desenvolvimento capitalista

Conforme mencionado anteriormente, além do exame sistemático das possibilidades abstratas de combinação de desenvolvimento econômico, progresso tecnológico e distribuição funcional da renda em um nível de generalidade maior do que o usual na literatura pertinente, também a ambição geral das obras de Bresser-Pereira (1984, 1986, 2002) foi relativamente maior do que a usual.

Tal ambição é dada pela proposição de um "padrão idealizado de desenvolvimento capitalista" (por analogia aos "tipos idealizados", introduzidos por Max Weber nas ciências sociais). Tal padrão apresentaria um sumário da evolução das variáveis econômicas fundamentais do desenvolvimento sob o modo de produção capitalista, ao longo de um período da ordem de dois séculos. Como todo padrão idealizado, não seria direta ou imediatamente aplicável à experiência de qualquer país. Mas teria sido inspirado pela experiência do Reino Unido, da qual se aproximaria mais do que de qualquer outra.[17]

A motivação para esta parte da análise é a seguinte:

> Este estudo deve, portanto, ser considerado como um conjunto de hipóteses baseadas em algumas indicações históricas e em um sistema de variáveis econômicas logicamente estruturadas. Este não é um trabalho de história econômica. A partir das hipóteses aqui formuladas, pesquisas históricas poderão ser desenvolvidas. É importante, entretanto, que as tendências que atribuiremos às variáveis em cada etapa apresentem uma lógica ou uma coerência com as demais, porque já vimos que todas estas variáveis estão entrelaçadas e são interdependentes.[18]

Há algumas diferenças entre Bresser-Pereira (1984, 1986) e Bresser-Pereira (2002) nesta parte da análise. Exceto quando explicitado, sigo aqui Bresser-Pereira (1984, 1986) devido ao maior desenvolvimento das idéias apresentadas.

A primeira fase neste quadro de desenvolvimento é a de "revolução capitalista", e incluiria a revolução comercial e a primeira Revolução Industrial, de meados do século XVIII até 1815-25. O progresso tecnológico seria caracterizado pela "mecanização", ou seja, pelo decréscimo da relação produto-capital. A taxa de salários seria decrescente e a taxa de lucros seria crescente (em Bresser-Pereira, 2002, ela é constante). Haveria crescimento

---

[17] Ver Bresser-Pereira (1984:145).

[18] Ibid., p. 143.

da taxa de mais-valia (concentração da distribuição funcional da renda) e da composição orgânica do capital.

Há aqui uma incompatibilidade entre a descrição desta fase e as possibilidades dinâmicas enumeradas e analisadas na segunda seção (para as duas interpretações disponíveis para a variável capital e para a taxa de lucros). Somente haveria compatibilidade com o caso 9 (a abordagem "clássica") se a taxa de salários fosse estável (em Bresser-Pereira, 2002, haveria compatibilidade com o caso 8 se a taxa de salários fosse crescente).

A segunda fase é denominada "capitalismo competitivo" ("consolidação capitalista", em Bresser-Pereira, 2002) e se estenderia de 1815-25 até 1870. Predominaria ainda a "mecanização" na esfera do progresso tecnológico. Este "período marxista" seria caracterizado por uma taxa de lucros decrescente, taxa de salários estável e continuidade do crescimento da taxa de mais-valia e da composição orgânica do capital.

No entanto, não existe compatibilidade entre esta fase e as possibilidades dinâmicas antes estudadas. O caso 7 (o único que inclui uma taxa de lucros decrescente) seria caracterizado alternativamente por uma taxa de salários crescente e uma taxa de mais-valia estável (distribuição funcional da renda constante).

A terceira fase seria a de "capitalismo oligopolista" ("capitalismo consolidado" em Bresser-Pereira, 2002) e compreenderia o período 1870-1945. Haveria então predomínio de progresso tecnológico neutro, tal que a relação produto-capital seria estável. A taxa de lucros, a distribuição funcional da renda e a composição orgânica do capital seriam estáveis, ao passo que a taxa de salários seria crescente segundo o aumento da produtividade da mão-de-obra.

Esta fase corresponderia aos casos 4 e 5 entre as possibilidades dinâmicas. Seria ainda o período de coleta de "fatos estilizados" do crescimento econômico ligado à abordagem predominante.

Por fim, uma quarta fase seria a de "capitalismo tecnoburocrático" e teria origem em 1945. Bresser-Pereira (1984, 1986) enfatiza os esforços mais especulativos e tentativos que empreendeu para traçar-lhe as linhas gerais e da menor confiabilidade relativa das mesmas em face das outras etapas.

Haveria aqui predominância do progresso tecnológico poupador de capital, de tal sorte que a relação produto-capital seria crescente. A taxa de lucros, a distribuição funcional da renda e a composição orgânica do capital seriam novamente estáveis, mas a taxa de salários cresceria a um ritmo superior ao da produtividade da mão-de-obra.

Não há compatibilidade entre esta fase e as possibilidades dinâmicas anteriores. O caso 2 (abordagem de Bresser-Pereira) seria caracterizado pelo decréscimo da composição orgânica do capital e da taxa de mais-valia (desconcentração da distribuição funcional da renda).

Tem-se assim um quadro grandioso para referência abstrata ao desenvolvimento capitalista. O mesmo pode ser sumamente útil como ponto de partida de pesquisas em história econômica, e não só aquelas ligadas ao desenvolvimento/crescimento econômico e tendências de "longo prazo", mas também para os mercados de trabalho, mercado de capitais e para os padrões de inovação tecnológica. A evidenciação de peculiaridades nacionais (ao invés de comprometer tal esquema geral proposto) iria expandir os limites de uma análise que se propõe explicitamente a ser uma exploração essencialmente lógica e concatenada de um fenômeno histórico.

Dois pontos ainda merecem atenção ao final desta seção.

O primeiro diz respeito às emendas que se fazem necessárias para aparar as arestas entre as etapas de desenvolvimento capitalista propostas e as possibilidades dinâmicas que foram estudadas na segunda seção. Elas podem assumir contornos especialmente importantes na medida em que as pesquisas históricas provavelmente apresentarão contradições e indefinições, por se referirem a grandezas de mensuração e conceituação nada trivial, de tal sorte que um referencial logicamente consistente se faz necessário.

O segundo ponto se refere às expansões teóricas da análise. É afirmado em Bresser-Pereira:

> Este ensaio tem um caráter mais teórico do que histórico. Por isso pretendemos ser muito sumários na análise das etapas. E não nos preocuparemos em discutir em profundidade as causas que determinam a transi-

ção de uma etapa para outra. Isto não significa que o problema não seja importante. Pelo contrário, é fundamental. Mas escapa aos propósitos do presente ensaio.[19]

São numerosas as vertentes em que tais determinantes econômicos de mudanças de fase (e de evolução dentro de cada fase) são possíveis e desejáveis para expandir o referencial teórico abstrato de um fenômeno histórico. Mais ainda, tal tipo de iniciativa caminharia na direção da integração das teorias de desenvolvimento econômico, ciclos e de "ondas", que ainda reinam separadamente soberanas em seus próprios domínios.[20]

Além disso, seria necessário abordar explicitamente o "tempo histórico", na medida em que não há "somente" o emprego da hipótese de distribuição funcional da renda estável/progresso tecnológico neutro que permite tal desconsideração.

O papel das informações empíricas

Ao longo das obras de Bresser-Pereira (1984, 1986, 2002), as informações empíricas apresentadas têm a intenção predominante de ilustrar e inspirar as análises, em vez de desempenhar um papel de validação ou de comprovação das mesmas.

Tal postura é compatível com o método e a ambição geral dessas obras, que constituem exemplares de esforços teóricos logicamente consistentes e propositalmente abstratos de entendimento de fenômenos como desenvolvimento econômico, progresso tecnológico e distribuição funcional da renda, ainda que as dimensões históricas assumam especial importância.

Assim, a apresentação dessas informações e seu papel nessas obras são de relevância secundária ante aqueles objetivos e métodos. Pode-se entender assim a disposição das mesmas de forma esparsa ao longo dos textos de Bresser-Pereira (1984, 1986), em especial nas notas e comentários ao final de cada capítulo.

---

[19] Bresser-Pereira, 1984:148-149.

[20] Alguns passos preliminares nesse sentido se acham em Bresser-Pereira (1984:183-225).

A própria compilação de informações empíricas no apêndice dessas obras é acompanhada de comentários lacônicos, predominantemente descritivos. Em geral, tem-se uma única fonte para cada tipo de informação e não se faz referência às possibilidades de comparabilidade temporal e espacial das mesmas. Mesmo a transposição de variáveis teóricas para aquelas medidas é realizada sem maiores comentários: "produto" ora corresponde a renda nacional, ora a produção industrial, ora a produto nacional bruto.

Por sua vez, em Bresser-Pereira (2002) tais informações foram suprimidas.

No entanto, há algumas ocasiões em que se insinua uma intenção de atribuição de um papel para as informações históricas/empíricas, além do ilustrativo e secundário mencionado.

Na segunda nota de rodapé de Bresser-Pereira (2002), lê-se: "Em *Lucro, acumulação e crise*, no seu apêndice, apresento dados estatísticos que confirmam esses comportamentos econômicos de longo prazo". Um papel de validação ou de comprovação de análises e de teorias, como o sugerido nesta passagem, não pode ser atribuído àquelas fontes. Em Bresser-Pereira (1984:250) a natureza incompleta e contraditória daquela massa de informações é enfatizada.

Ao mesmo tempo, em outras ocasiões são inseridas informações que não se encontram no restante do texto ou no apêndice de Bresser-Pereira (1984, 1986) e que assumem destacado papel na análise.

Assim, na caracterização da fase de "revolução capitalista", está incluído o declínio da taxa de salários devido à proletarização do campesinato em um processo de acumulação primitiva de capital.[21] Não só tal comportamento é incompatível com as possibilidades dinâmicas logicamente concatenadas apresentadas anteriormente, mas também não é oferecida evidência independente a este respeito.

Em "Modelagem das relações entre desenvolvimento, progresso tecnológico e distribuição" fiz algumas observações sobre a relação produto-capital. O comportamento decrescente da mesma até cerca de 1870 e sua

---

[21] Bresser-Pereira, 1984:146-148.

associação com um processo de "mecanização" foram então criticados. Aqui ressalto que não foram apresentadas informações em Bresser-Pereira (1984, 1986) que legitimem algumas daquelas ilações, pois, além de se referirem a períodos não-coincidentes, elas se baseiam na conceituação e estimação do capital como um estoque, ao invés de um fluxo.

Por fim, é preciso mencionar o extraordinário esforço de pesquisa empreendido, ao longo das últimas duas décadas, no sentido de estimar, aprimorar e estender séries econômicas históricas desde o século XVIII para países como Reino Unido, Estados Unidos e França. A partir das mesmas, esforços de compatibilização e de comparabilidade temporal e espacial poderão ser executados em pesquisas futuras, para aperfeiçoar o "padrão idealizado de desenvolvimento capitalista" proposto e para destacar as peculiaridades nacionais e o "desenvolvimento atrasado".

Conclusão

Neste texto procurei reexaminar a importância de dois aspectos principais da análise original de Bresser-Pereira (1984, 1986, 2002).

Em primeiro lugar, tem-se o estudo sistemático das relações econômicas necessárias entre desenvolvimento econômico, progresso tecnológico e distribuição funcional da renda. O nível de generalidade deste estudo permite a compreensão da abordagem clássica e da abordagem predominante sobre estes temas como possibilidades particulares distintas e coerentes. Mais ainda, há complementaridade com abordagem de Bresser-Pereira de uma enumeração completa de tais relações.

Em segundo lugar, há a apresentação de um quadro de referência abstrato e idealizado para o estudo do desenvolvimento sob o modo capitalista de produção. A concatenação de elementos analíticos e de aspectos históricos abre avenidas inteiras para pesquisas posteriores como conseqüência destes ambiciosos estudos.

Foram apresentadas críticas quanto ao método e ao conteúdo da análise, especialmente no que diz respeito à conceituação de capital e da taxa de lucros, além do papel das informações empíricas. Sugestões para novas pesquisas foram delineadas.

Referências bibliográficas

AGHION, P.; HOWITT, P. *Endogenous growth theory.* Cambridge: MIT Press, 1998.

BARRO, R.; SALA-I-MARTIN, X. *Economic growth.* New York: McGraw-Hill, 1995.

BRESSER-PEREIRA, Luiz Carlos. *Lucro, acumulação e crise.* São Paulo, 1984. Tese (Livre-Docência) — Departamento de Economia da Universidade de São Paulo, São Paulo, 1984.

_____. *Lucro, acumulação e crise.* São Paulo: Brasiliense, 1986.

_____. Modelo clássico, progresso técnico e distribuição. São Paulo, 2002. (Texto inédito utilizado no Curso de Macroeconomia III: Desenvolvimento Econômico, da FGV/Eaesp.

HARROD, R. An essay in dynamic theory. *Economic Journal*, v. 49, p. 14-33, 1939.

SOLOW, R. A contribution to the theory of economic growth. *Quarterly Journal of Economics*, v. 70, p. 65-94, 1956.

UZAWA, F.; STIGLITZ, J. *Readings in theory of economic growth.* Cambridge: MIT Press, 1969.

Apêndice

As principais variáveis utilizadas são:

- Y — renda ou produto;
- R — massa de lucros;
- W — massa de salários (fundo de salários ou capital variável, quando capital é um fluxo);
- K — estoque de capital (capital é um estoque);
- K — capital constante (capital é um fluxo);
- L — força de trabalho;
- w — taxa de salários;
- r — taxa de lucros (capital é um estoque);
- r — taxa de lucros (capital é um fluxo);

- m — taxa de mais-valia (distribuição funcional da renda);
- c — composição orgânica do capital (capital é um fluxo);
- y — relação produto por trabalhador;
- k — relação capital-trabalho (composição técnica do capital, capital é um estoque);
- k — relação capital-trabalho (composição técnica do capital, capital é um fluxo);
- g — relação produto-capital (capital é um estoque);
- g — relação produto-capital (capital é um fluxo).

As principais equações decorrentes das definições são:

- $Y = R + W$
- $R = r\,K$ (capital é um estoque)
- $R = r\,(K + W)$ (capital é um fluxo)
- $W = w\,L$
- $m = R / W$
- $c = K / W$
- $y = Y / L$
- $k = K / L$ (capital é um estoque)
- $k = K / L$ (capital é um fluxo)
- $g = Y / K$ (capital é um estoque)
- $g = Y / (K + W)$ (capital é um fluxo)

Define-se como v^* a taxa de variação percentual de uma variável v.

As principais relações dinâmicas que podem ser derivadas para o caso em que o capital é um estoque são:

- $g^* = y^* - k^*$
- $m^* = (r^* + y^*) - (w^* + g^*)$
- $g^* = ((m\,r^* + w^* - k^*) / (1 + m))$
- $y^* = ((w^* + m\,(k^* + r^*)) / (1 + m))$
- $w^* - y^* = -m\,(r^* - g^*)$
- $m^* = -((1 + m) / m)\,(w^* - y^*))$
- $m^* = (1 + m)\,(r^* - g^*)$

As principais relações dinâmicas que podem ser derivadas para o caso em que o capital é um fluxo são:

- $w^* - y^* = -m\,(r^* - g^*)$
- $y^* = w^* + (m/(1+m))\,m^*$
- $g^* = r^* - (1/(1+m))\,m^*$
- $m^* = r^* + (c/(1+c))\,c^*$
- $c^* = k^* - w^*$
- $(1+c)\,(y^* - g^*) = w^* + c\,k^*$

Distribuição de renda e o modelo clássico

FABIO ANDERAOS DE ARAUJO

Na sessão de abertura da Jornada de Reflexión sobre el Pensamiento Económico Brasileño – Tres Generaciones, realizada em agosto de 1999 na Universidade Nacional de San Martin, em Buenos Aires, Luiz Bresser-Pereira afirmou:

> Sempre aliei a atividade acadêmica, que para mim é a principal, com uma atividade prática, seja no plano empresarial, seja no político. E ainda que aos intelectuais seja prudente ser pessimista, sempre fui otimista a respeito da efetividade da intervenção humana para transformar o mundo em que vivemos em sociedades mais predizíveis, mais justas, mais livres e mais prósperas. Estas duas opções custaram-me caro junto à academia, que se sente mais segura com um pessimismo desencantado e tem dificuldade em aceitar membros que usam "dois chapéus". E tiveram um custo para mim, ao exigirem disciplina pessoal e trabalho redobrado.[1]

---

[1] Bresser-Pereira, 2000:155.

Também vale registrar a seguinte passagem: "Nesse esforço ficará claro que a minha identificação pessoal no campo das ciências não é fácil de ser feita".[2]

Para alguém que acompanha a trajetória intelectual e política do Luiz Carlos desde 1975, à época como aluno do curso de graduação da FGV/Eaesp e mais recentemente como participante das discussões acadêmicas promovidas pelo Centro de Economia Política, creio que o testemunho transcrito, dado por ele, resume bem a posição que ocupa no cenário econômico brasileiro, seja como economista, sociólogo do desenvolvimento, seja como cientista social. Aliás, esta última definição me parece ser hoje a que mais se aproxima da atividade exercida pelo Luiz Carlos.

Como é amplo o espectro de idéias defendidas pelo Luiz Carlos na área das ciências sociais, quero concentrar-me na sua contribuição teórica para entender a distribuição de renda na economia capitalista.

Nesse sentido, duas obras me parecem importantes.

A primeira é *Lucro, acumulação e crise*, publicada em 1986 e que corresponde à tese de livre-docência em economia na USP, pela sua originalidade na análise da lei da queda tendencial da taxa de lucro de Marx, que ocupa a primeira parte do livro.

A segunda é "*Investment decision and the interest rate in normal and exceptional times*",[3] sobre a relevância da taxa de juro nas decisões de investimento do empresariado brasileiro. A meu ver, as conclusões desta pesquisa, que serviram também para comparar o poder explicativo de algumas teorias de investimento, permanecem na sua essência bastante atuais para analisar a presente crise econômica brasileira, em que prevalece uma transferência brutal de renda para o setor financeiro, em detrimento dos demais.

Sobre a escolha dessas duas obras, cabe uma breve justificativa. Embora Bresser-Pereira, em parceria com Yoshiaki Nakano, tenha dado uma contribuição fundamental para entender o processo inflacionário recente no

---

[2] Bresser-Pereira, 2000:155.

[3] Apresentada ao XVI Congresso Internacional da Latin American Studies Association (Lasa), realizado em Washington, em 1991.

Brasil, através de sua teoria da inflação inercial, esta teoria não se resume aos aspectos meramente distributivos. Os efeitos mais perversos do processo inflacionário ocorrem a longo prazo, afetando o crescimento econômico e o nível de emprego, questões que fogem ao propósito deste ensaio.

I

Em *Lucro, acumulação e crise*, Bresser-Pereira foi o primeiro economista brasileiro a analisar exaustivamente, na ótica da teoria do valor-trabalho, as várias formas do progresso técnico e seus efeitos sobre a distribuição de renda e sobre o desenvolvimento da economia capitalista.

Antes de Bresser-Pereira, Guido Mantega havia escrito um artigo amplo sobre a polêmica que se vinha desenrolando na década de 1970 sobre a lei da queda tendencial da taxa de lucro. Em "A lei da taxa de lucro: a tendência da queda ou a queda da tendência?",[4] Guido Mantega teve por objetivo interpretar as contribuições de David Yaffe, Paul Mattick, Mario Cogoy, Paul Sweezy, Joseph Gillman e outros, além do próprio Marx, e daí derivar algumas conclusões sobre a polêmica. Entretanto, ao analisar a evolução da taxa de lucro, Mantega manteve a tradição marxista de contrapor o capital constante ao capital variável, isto é, conferiu um peso excessivo à luta de classes. Isto, na minha opinião, levou-o a subestimar a importância do progresso técnico, cujo desenvolvimento vinha ocorrendo com maior intensidade a partir do final do século XIX. A taxa de lucro modifica-se por dois motivos: mudanças na distribuição de renda ou nos métodos de produção. Para entender a economia real, não basta reconhecer a importância do progresso técnico. Porém, é necessário também identificar o tipo de progresso técnico que prevalece em cada fase do desenvolvimento econômico e como ele influencia a evolução da taxa geral de lucro e, por conseguinte, o ritmo da acumulação de capital. Foi o que Bresser-Pereira fez na primeira parte de seu livro.

Nesse campo teórico, além de Bresser-Pereira no Brasil, foram poucos os economistas que adotaram um raciocínio diferente da linha dogmática

---

[4] Mantega, 1976.

de Marx, como por exemplo, Bertrand Schefold no seu excelente artigo "*Capital fijo, acumulación e progreso técnico*".[5] Contudo, o objetivo de Schefold não foi analisar o processo de acumulação de capital de uma perspectiva histórica, mas apenas dar um tratamento analítico mais rigoroso a algumas formas de progresso técnico.

Bresser-Pereira classificou três formas relevantes de progresso técnico, a saber: o progresso técnico dispendioso de capital ou poupador de trabalho, o progresso neutro e o progresso técnico poupador de capital. A relação básica que identifica o tipo de progresso técnico predominante é a relação produto-capital (Y/K) e que corresponde à taxa máxima de lucro na economia (equivalente à razão R no Sistema Padrão de Sraffa). No primeiro caso, a relação Y/K é decrescente, embora a produção agregada da economia cresça. No progresso técnico neutro, a relação Y/K mantém-se constante; finalmente, no terceiro tipo, a relação Y/K é crescente.

Sobei H. Oda, da Universidade de Kyoto, no Japão, chegou a admitir a existência de um quarto tipo de progresso técnico, o poupador de tempo (*time saving technical progress*), que reduz o tempo necessário de produção sem alterar a quantidade física de insumos e trabalho direto por unidade produzida.[6] Em outras palavras, ele poupa capital (um conjunto heterogêneo de mercadorias) e trabalho direto na mesma intensidade. Acredito que este tipo de progresso técnico deriva em grande parte dos desenvolvimentos na área de informática, com aumento da automação nas fábricas e nas atividades de serviços. Contudo, exceto pelo artigo de Sobei Oda, não encontrei na literatura trabalhos teóricos ou empíricos que demonstrassem a relevância desse tipo de progresso técnico relativamente aos outros três analisados por Bresser-Pereira.

O progresso técnico poupador de trabalho foi, historicamente, o primeiro a ser introduzido e consistia na mera substituição da mão-de-obra direta por máquinas (mecanização). A rigor, o progresso técnico *poupador de trabalho* deveria ser denominado *poupador de trabalho direto*, porque é a

---

[5] Schefold, 1986.

[6] Oda, 1991.

mecanização substituindo o trabalho humano. A mecanização se traduzia em um aumento da produtividade e na elevação da taxa geral de lucro, pois o valor da depreciação adicional era inferior ao montante dos salários poupados. Entretanto, na medida em que este processo de mecanização era estendido a outros setores da economia, o desenvolvimento tecnológico não avançava o suficiente para que as novas máquinas fossem significativamente mais eficientes que as anteriores. Nesse sentido, como Bresser-Pereira explica em detalhes no terceiro capítulo, os lucros cresciam a um ritmo inferior ao do estoque de capital. O resultado era que a taxa média de lucro nos períodos seguintes seria declinante, o que confirmava empiricamente a teoria de Marx.

A grande maioria dos trabalhos posteriores nessa área, seguindo a tradição marxista, procurava reafirmar a conclusão de Marx sobre a inexorabilidade da queda tendencial da taxa de lucro.

Para Bresser-Pereira, porém, esta conclusão era apressada, porque o terceiro tipo de progresso técnico, isto é, poupador de capital, caracteriza-se pela substituição contínua de máquinas menos eficientes por máquinas mais eficientes, permitindo um aumento significativo da produtividade, conforme ele demonstra no terceiro capítulo de seu livro. A taxa geral de lucro neste contexto pode crescer (salários reais estáveis), como pode manter-se constante (salários reais crescentes). A difusão do progresso técnico poupador de capital ocorreu nos países mais desenvolvidos a partir do final do século XIX. A taxa geral de lucro nesses países manteve-se constante ou caiu muito pouco devido à maior produtividade obtida, pois, no longo prazo, a participação relativa dos salários na renda nacional vinha crescendo. Este fato histórico foi de grande importância para a consolidação do sistema capitalista e explica a relativa estabilidade política nesses países. Foi a esse tipo de progresso técnico que Marx deu pouca atenção, ou não viveu o suficiente para perceber sua importância, ao formular a teoria da queda tendencial da taxa de lucro.

O progresso técnico neutro, no qual a relação produto-capital permanece constante, nunca chegou a ser representativo na economia, mas tem sido um conceito de cunho pedagógico, bastante utilizado nos modelos de crescimento, em particular nos modelos de Harrod e de Von Newmann. Para Bresser-Pereira, esse tipo de progresso técnico ocorreu por um breve período, na transição do progresso técnico poupador de trabalho para o progresso técnico poupador de capital.

Outras questões relevantes relacionadas com o progresso técnico, como, por exemplo, a escolha de técnicas (*choice of techniques*), cuja discussão dominou o debate acadêmico nos anos 1960 entre as duas Cambridges, são também analisadas por Bresser-Pereira, bem como o Teorema de Okishio, segundo o qual o capitalista, ao decidir por uma nova técnica de produção, se orienta pelo critério de menor custo e não pela maior produtividade.

A distribuição da renda propriamente dita é discutida pelo autor no capítulo oitavo, que é um dos mais interessantes do livro. Bresser-Pereira, ao formular uma teoria de longo prazo para os salários, propôs de modo independente que a taxa de salário é determinada como um resíduo na repartição do excedente, rompendo com a tradição clássico-marxista. Assim afirma o autor:

> Neste modelo, ao contrário da visão da economia política clássica, a variável independente na distribuição de renda deixa de ser a taxa de salários e a taxa de lucro deixa de ser o resíduo. Inversamente, agora é uma taxa razoável ou planejada de lucro a variável independente e a taxa de salários, a variável dependente ou o resíduo.[7]

Adiante, ele reafirma sua posição: "Podemos, entretanto, inverter a proposição clássica e considerar a taxa de lucro como o dado estrutural a longo prazo do sistema capitalista e a taxa de salário como o resíduo".[8]

Para os economistas clássicos, a inclusão do salário era parte integrante do consumo necessário e tem sua origem em Smith e em Ricardo. Para Smith, o salário podia ser previamente determinado, como um conjunto de bens necessários à reprodução da classe operária, isto é, um nível mínimo de subsistência (*subsistence minimum*), mais uma parcela, que preservasse o

---

[7] Bresser-Pereira, 1988:116.

[8] Ibid., p. 124.

caráter social da classe trabalhadora, além de fatores institucionais que impediam que essa mesma classe trabalhadora viesse a tirar proveito de situações excepcionais para aumentar o salário nominal. Para Ricardo, embora o salário real, de longo prazo, seja determinado pelas condições de produção (trabalho e tecnologia) e tenha uma tendência a subir devido às crescentes dificuldades para produzir os bens essenciais, a importação desses bens essenciais e os melhoramentos na agricultura podiam contrabalançar aquela tendência. Assim, na economia clássica, o salário passou a ser um dado endógeno ao sistema e a taxa de lucro determinada como um resíduo.

O salário como variável dependente surgiu com Marx, ao analisar a demanda de força de trabalho no decorrer do ciclo econômico. Em *O capital*, livro I, seção VII, capítulo XXIII, Marx afirmou que "a magnitude da acumulação é a variável independente, a magnitude do salário a dependente e não o contrário". Porém, no livro III, seção II, capítulo IX, na transformação dos valores-trabalho em preços de produção, Marx acabou por adotar o salário como dado, composto por uma cesta de bens no nível de subsistência: "é certo que o salário diário médio é sempre igual ao produto-valor do número de horas que o operário tem que trabalhar para produzir os meios de subsistência".[9]

O assunto só voltou a ser discutido na teoria econômica com Kaldor, em 1956. Ao fazer uma apresentação do modelo keynesiano em seu conhecido artigo "*Alternative theories of distribution*", Kaldor afirmou: "Este modelo em certo sentido é exatamente o oposto ao ricardiano (ou marxiano) – aqui os salários (e não os lucros) são o resíduo, sendo que os lucros são governados pela propensão ao investimento e pela propensão ao consumo dos capitalistas".[10] Esta colocação de Kaldor resulta mais de uma constatação do que propriamente de seu posicionamento a favor do salário como variável dependente.

Em 1960, Sraffa fez a conhecida sugestão de adotar a taxa monetária de juro como *proxy* da taxa de lucro, afirmando que "a taxa de lucro é suscetí-

---

[9] Rego, 1986.

[10] Kaldor, 1960:230.

vel de ser determinada fora do sistema de produção, em particular pelo nível da taxa monetária de juro" e "o salário passa a ser considerado como 'dado' em termos mais ou menos abstratos e não adquire um significado preciso antes de serem conhecidos os preços das mercadorias". Também no capítulo segundo, seção 8, de seu livro, Sraffa fez uma outra referência ao salário como resíduo: "A partir deste ponto, precisamos levar em conta um outro aspecto dos salários, pois, além do elemento subsistência que está sempre presente, eles podem incluir uma parcela do excedente".[11]

O principal objetivo de Sraffa foi demonstrar que existe uma alternativa à teoria neoclássica da distribuição de renda. Para Sraffa e os economistas clássicos, produção e distribuição são duas fases distintas e ele apresenta razões de natureza histórico-institucional para explicar que a taxa monetária de juro exerce um papel importante na distribuição de renda, uma vez que *ex-ante* ela é o principal referencial da taxa esperada de lucro.

Segundo Sraffa,

> no passado, os empreendedores, ao decidirem investir, eram fortemente influenciados pelo ritmo de geral da economia e pela forma como ela se comportava nos períodos recentes. Contudo, ao primeiro aceno de queda nos níveis de produção, os investimentos eram suspensos. Atualmente, ao contrário (estamos em 1963/64), eles esperam que as autoridades monetárias estejam em condições de regular o andamento do sistema para restabelecer o ritmo de crescimento normal. Espera-se, portanto, que o rendimento dos investimentos retorne ao nível normal. Mesmo os banqueiros raciocinam desta maneira. Eis por que as taxas de juro representam um indicador da taxa de lucro. Eis também por que não existem mais as oscilações do passado e assim o crescimento do sistema é mais estável.[12]

Entretanto, a não ser por esse breve relato, Sraffa não logrou elaborar uma teoria que explicasse como as taxas de lucro e de juro estão relacionadas.

---

[11] Sraffa, 1960.

[12] Relato feito por Sraffa a Terenzio Cozzi (Bellofiore, 1986).

DISTRIBUIÇÃO DE RENDA E O MODELO CLÁSSICO

Nas décadas de 1950 a 1970, a discussão teórica de linha marxista tinha um componente ideológico muito forte, isto é, concentrava-se mais no julgamento ético e moral do sistema econômico, e menos na crítica das dificuldades formais da teoria sobre a qual as políticas econômicas estavam apoiadas. Não é exagero afirmar que a publicação da obra de Piero Sraffa estabeleceu uma linha divisória entre o velho marxismo e novo marxismo, ao realizar uma crítica formal rigorosa à teoria econômica dominante.

Bresser-Pereira, por sua vez, verificou que, historicamente, a taxa de lucro mantinha-se em um patamar quase constante a partir do último quartel do século XIX. Observou também que, dado o poder de barganha dos trabalhadores nos países capitalistas desenvolvidos, o nível do salário real crescia, acompanhando o aumento da produtividade do trabalho, como ele demonstra no décimo capítulo de seu livro. O autor conclui então que o progresso técnico dominante só poderia ser do tipo poupador de capital.

Para Bresser-Pereira, porém, ainda não estava claro se era o salário ou a taxa de lucro que possuía um caráter autônomo. A sua conclusão era de que os capitalistas tinham condições de estabelecer no cálculo econômico um determinado percentual para a taxa de lucro que julgavam adequado, isto é, um valor que ficasse acima da taxa real média de juro. Os salários, por outro lado, seriam então determinados pela diferença entre o excedente e a massa de lucros.

Assim, o nível da taxa de lucro, para Bresser-Pereira, seria estabelecido pelos capitalistas em função daquilo que eles consideram satisfatório, pois "a (grande) empresa está disposta a sacrificar no curto prazo um lucro exagerado (...) para, no longo prazo, atingir taxas objetivas de lucro, compatíveis com um crescimento estável e sólido".[13]

No modelo de Sraffa, a proposta de considerar a taxa de lucro uma variável independente resultou de um processo histórico-indutivo, enquanto em Bresser-Pereira ela derivou de um processo histórico-dedutivo.

---

[13] Bresser-Pereira, 1988:125.

Outro aspecto interessante, indiretamente identificado por Bresser-Pereira no oitavo capítulo, diz respeito ao paradoxo de Leontief, quando ele analisa a indeterminação do custo de reprodução da força de trabalho.[14] Na década de 1960, alguns economistas ficaram surpresos ao observar que os países industrializados exportavam para os países pobres bens intensivos em trabalho e não em capital, ao contrário do que se poderia esperar. Porém, em 1954, utilizando-se da tabela de insumo-produto para a economia americana, o conhecido economista Wassily Leontief, prêmio Nobel de economia de 1973, demonstrou que esse fato não consistia em um paradoxo, pois os bens exportados eram intensivos em massa salarial e não em horas de trabalho. O paradoxo de Leontief, como ficou posteriormente conhecido, devia-se ao fato de que os economistas não haviam percebido que os salários naqueles países haviam crescido, em termos reais, muito acima do nível de subsistência, sem que houvesse uma queda na taxa geral de lucro. Isso comprovava que o progresso técnico poupador de capital prevalecia sobre o poupador de trabalho direto.

II

A segunda obra que merece ser recordada é "*Investment decision and the interest rate in normal and exceptional times*", resultado de uma pesquisa empírica realizada por Bresser-Pereira em 1990 com grandes empresas industriais no Brasil, repetindo uma pesquisa semelhante que ele mesmo havia realizado 20 anos antes.[15]

Nesse ensaio, o autor se propõe a responder a seguinte questão: as teorias de investimento oferecem uma explicação aceitável para a queda da taxa de investimento no Brasil nas décadas de 1970 e 80? Como, à época da pesquisa, o Brasil estava no meio de uma nova crise, Bresser-Pereira concluiu que em tempos "normais", a taxa esperada de lucro é mais importante

---

[14] Bresser-Pereira, 1988:120.

[15] Bresser-Pereira, 1970.

do que a taxa de juro na decisão de investimento. Porém, em períodos excepcionais (*exceptional times*), ocorre o contrário, pois uma crise profunda reduz a expectativa de lucros no setor privado. O governo, para manter a demanda agregada em determinado nível, realiza investimentos nas áreas social e de infra-estrutura. Contudo, complementa sua necessidade de recursos através de empréstimos (aumento do endividamento público), pressionando a taxa de juro para cima, uma inversão do fenômeno *cushion pad*, sobretudo quando o país já apresenta um elevado endividamento líquido e com *duration* reduzido. Esta situação se verifica hoje no Brasil, com o mesmo círculo vicioso que Bresser-Pereira identificou na ocasião da apresentação do seu ensaio, em 1990.

Nesse texto, Bresser-Pereira discute resumidamente cinco principais teorias de investimento: a *clássica*, na qual a expectativa de lucros é a variável relevante; a *neoclássica*, ou teoria subjetiva do valor, que supõe uma perfeita harmonia entre taxa de juro e taxa de lucro; a *síntese neoclássica*, que substitui a taxa de juro convencional por uma taxa de juro denominada custo de oportunidade do capital; *a teoria do acelerador keynesiano*, em que o investimento depende simplesmente do crescimento esperado do consumo; e, finalmente, *a teoria da liquidez* ou do *fluxo interno de fundos*.

Bresser-Pereira faz uma crítica a cada uma das diversas teorias de investimento, mas ressalta que nenhuma delas é totalmente errada ou correta, pois "todas elas nos ajudam a entender o comportamento do investimento em *tempos normais*". Por exemplo, na síntese neoclássica, a teoria do custo de capital foi indubitavelmente um avanço, porém é mais uma teoria financeira (*portfolio theory*), do que uma teoria de investimento, pois as firmas não investem até o ponto em que a taxa de retorno esperada seja, na margem, igual ao custo do capital. Elas suspendem os investimentos antes desse ponto, devido ao componente de risco do negócio (variabilidade dos retornos ao longo do horizonte do projeto), que Bresser-Pereira denominou diferencial seguro (*security gap*), equivalente ao *cushion pad*.

Em tempos excepcionais ou de crises mais duradouras, estruturais nas palavras de Bresser-Pereira, em que o diferencial da taxa esperada de lucro relativamente à taxa de juro é nulo ou negativo, diminui o poder explicativo dessas teorias. Por outro lado, os governos usualmente seguem as recomendações das autoridades de Washington e procuram pagar os débitos e ajustar a economia gradualmente, quando se deveriam promover mudanças radicais. Ou seja, políticas graduais e convencionais somente pioram um sistema econômico já deteriorado. Por acaso, as conclusões desse estudo não se aplicam à atual e difícil situação econômica do Brasil, fruto de políticas econômicas equivocadas?

Bresser-Pereira conclui que a macroeconomia, antes de ser um sistema de teoremas ou modelos lógicos acerca do comportamento agregado dos agentes econômicos, é um sistema de modelos com conteúdo lógico, empírico e histórico.

III

Em síntese, a distribuição de renda em Bresser-Pereira tem como base o conceito clássico de excedente econômico, isto é, a produção total deduzida dos meios de produção utilizados no processo produtivo e que antecede sua efetiva repartição entre as classes sociais. Na teoria clássica, a distribuição de renda não resulta apenas das habilidades e talentos individuais, mas principalmente da estrutura de propriedade, das condições institucionais e políticas e do grau de desenvolvimento tecnológico. Esta teoria tem um caráter dialético e evolucionista, pois permite a contínua incorporação de fatos históricos novos, algo que Bresser-Pereira sempre considerou fundamental para compreender e interpretar a realidade

Este enfoque, como se sabe, é radicalmente diferente da concepção neoclássica, na qual a produção e distribuição de renda ocorrem simultaneamente, e os indivíduos não são reconhecidos pelo lugar que ocupam nas relações sociais de produção, mas sim unicamente pela posse de um "fator de produção".

Referências bibliográficas

BELLOFIORE, Ricardo. *Tra teoria economica e la grande cultura europea: Piero Sraffa*. Milano: Franco Angeli, 1986.

BRESSER-PEREIRA, Luiz Carlos. *Acumulação de capital, lucros e juros*. São Paulo, 1970. (Texto para discussão FGV/Eaesp.)

_____. *Lucro, acumulação e crise*. 2. ed. São Paulo: Brasiliense, 1988.

_____. Investment decision and the interest rate in normal and exceptional times. In: CONGRESSO INTERNACIONAL DA LATIN AMERICAN STUDIES ASSOCIATION (LASA), 16. *Anais...* Washington, Apr. 1991. 12 p.

_____. Influências e contribuições. *Revista de Economia Política*, v. 20, n. 1, jan. 2000.

KALDOR, Nicholas. *Essays on value and distribution*. Illinois: The Free Press of Glencoe, 1960.

MANTEGA, Guido. A lei da taxa de lucro: a tendência da queda ou a queda da tendência? *Estudos Cebrap*, v. 16, abr.-jun. 1976.

ODA, Sobei H. The application of Pasinetti's vertical hyper-integration to time-saving technical progress and the input-output table. *Cambridge Journal of Economics*, v. 14, p. 241-246, 1991.

REGO, José Marcio. Processo de acumulação capitalista. *Senhor*, 25 nov. 1986. (Resenha de *Lucro, acumulação e crise*).

SCHEFOLD, Bertrand. Capital fijo, acumulación e progreso técnico. In: PASINETTI, Luigi (Org.). *Aportaciones a la teoría de la producción conjunta*. México: Fondo de Cultura Económica, 1986. (Serie de Economía.)

SRAFFA, Piero. *Production of commodities by means of commodities: prelude to a critic of economic theory*. Cambridge: Cambridge University Press, 1960.

Plano Bresser: a versão de otenização

FRANCISCO L. LOPES

Bresser-Pereira nunca teve medo de questionar o pensamento convencional sobre os grandes problemas nacionais. No início dos anos 1980, compartilhávamos a mesma inquietude com relação à inflação brasileira. Não nos convencia o diagnóstico monetarista simplista de que a inflação era apenas o resultado direto da criação excessiva de moeda, em decorrência do déficit público. Era evidente que a própria quantidade de moeda e de seus substitutos próximos (a chamada quase-moeda) se tornara uma variável endógena na economia cronicamente inflacionada, uma variável endógena muito mais que um determinante exógeno.

Concordávamos quanto à ineficácia de uma política de combate à inflação baseada apenas em controle monetário, tanto na versão gradualista mais usual quanto na versão radical do "choque ortodoxo", proposto por Octavio Gouvêa de Bulhões. Nosso diagnóstico era que a inflação crônica tinha um caráter preponderantemente inercial, ou seja, a inflação passada era a principal causa da inflação presente. Conseqüentemente, só poderia ser combatida através de uma atuação eficaz sobre os mecanismos de geração e sustentação da inércia, isto é, sobre os mecanismos formais e informais de indexação de salários, aluguéis, preços públicos, valores patrimoniais e ativos financeiros, além das práticas generalizadas de repasse automático de aumentos de custos para preços.

Quando assumiu o Ministério da Fazenda, ao final de abril de 1987, Bresser não podia deixar de se inquietar com o quadro macroeconômico que resultara do colapso do Plano Cruzado. O país estava em moratória externa, com inflações mensais da ordem de 20% e um gatilho salarial em operação. Logo na primeira semana de sua gestão, convocou-me a Brasília, pedindo que trabalhasse informalmente com sua equipe no desenho de um novo plano de estabilização, uma nova tentativa "heróica" (como costumava dizer) para enfrentar o descontrole inflacionário. Desse trabalho, realizado ao longo de dois meses, basicamente em colaboração com Yoshiaki Nakano e o próprio Bresser, surgiu o Plano Bresser de junho de 1987. Mas o que pouca gente sabe é que, até três dias antes do seu lançamento, o plano de estabilização em que estávamos trabalhando era um plano de otenização, com um desenho bastante diferente do que foi finalmente adotado.[1]

O objetivo desta nota é apresentar essa versão de otenização do Plano Bresser, que até hoje nunca foi divulgada, tentando avaliar os possíveis benefícios e desvantagens que poderiam ter resultado de sua adoção.[2] O apêndice 1 apresenta o esboço de decreto-lei na forma em que estava no último estágio da discussão, antes da decisão de abandoná-lo.[3]

---

[1] Em Lopes (1989, cap. 8), relatei com algum detalhe a fase final do processo de elaboração do Plano Bresser. O apêndice 2, ao final deste texto, reproduz o trecho relevante do livro.

[2] A idéia de otenização foi introduzida no debate sobre política de estabilização no Brasil por Arida (1984). O tema foi também aprofundado por Lara-Resende (1984), Arida e Lara-Resende (1985), Simonsen (1984) e Lopes (1984a), entre outros. Ver Lopes (1989, cap. 6), para mais detalhes sobre a origem da idéia e seu desenvolvimento.

[3] Nas intensas discussões ao longo da semana que antecedeu o lançamento do Plano Bresser, surgiram diversas propostas de modificação desse esboço. Marcos Milliet, então presidente do Banco Central, chegou a propor a criação formal de uma nova unidade monetária, a DOTN, a exemplo do que ocorreu, sete anos depois, com a URV do Plano Real.

O esquema de otenização

O plano tratava basicamente de preços, salários e aluguéis. Quase não havia referência à política cambial ou a bancos e sistema financeiro. Não se pretendia uma reforma monetária que substituísse o cruzado pela OTN.

A intenção era apenas "organizar" a dinâmica de preços, salários, aluguéis e valores nominais, de modo a obter uma relativa estabilidade de valores e preços em unidades de OTN, a despeito da permanência da inflação crônica nos valores e preços em cruzados. A partir dessa dinâmica organizada em termos de preços em OTN, seria produzida uma convergência gradual para a estabilidade de preços em cruzados. O instrumento para isso seria a regra de formação do valor em cruzados da OTN.

As principais características do esquema de otenização podem ser resumidas em cinco itens, mais a regra de formação do valor da OTN.

Uso da OTN como moeda de conta

Seria facultativo o uso da OTN "em todas as expressões pecuniárias que se traduzem em moeda nacional", inclusive preços, balanços e contratos, com exceção de cheques sobre depósitos à vista (arts. 1º e 2º).[4]

Seria obrigatório o uso da OTN, mas sem excluir o uso facultativo simultâneo de valores em cruzados, em todos os contratos e registros comerciais, notas fiscais, materiais de publicidade, etiquetas e tabelas de preços de valor superior a meia OTN. O CIP e a Sunab poderiam exigir a impressão do valor em OTN da mercadoria nas embalagens, etiquetas de fábrica, listas ou tabelas de preços (arts. 13 a 15).

Congelamento e controle de preços em OTN

Haveria um congelamento inicial dos preços em cruzados por apenas 45 dias, seguido de um congelamento *soft* dos preços em OTNs, que pro-

---

[4] No que se segue, são indicados entre parênteses os artigos relevantes do decreto-lei apresentado no apêndice 1.

duziria um reajuste automático dos preços em cruzados, em função da regra de formação do valor da OTN (arts. 11 e 12).

A partir do fim do congelamento, passaria a existir um regime de controle de preços em OTN no contexto de um Sistema Nacional de Administração de Preços, com reavaliações periódicas, em bases anuais, dos preços em OTN, mas também a possibilidade de reavaliações mais freqüentes (arts. 16 e 17).

Estabilidade de salários e aluguéis em OTN

Os salários e aluguéis seriam pagos de acordo com valores de referência em unidades de OTN, calculados com base nos valores reais médios dos últimos seis meses. Ficaria extinto o gatilho salarial instituído pelo Plano Cruzado (arts. 18 a 22).

Tablita para conversão em OTN das obrigações prefixadas

As obrigações preexistentes em cruzados sem cláusula de correção monetária ou com correção monetária prefixada seriam convertidas em obrigações em OTN (portanto, com correção monetária pós-fixada em cruzados). Seria utilizada uma tabela de fatores diários de conversão (conhecida na época como "tablita", a partir da sua utilização anterior na Argentina), que embutiria uma inflação mensal de 18%. Nada era dito sobre obrigações com correção monetária pós-fixada: ficaria a cargo do Conselho Monetário Nacional baixar normas para esse caso e para administrar a adaptação dos mercados financeiros e de capitais ao novo ambiente (arts. 23 e 24).

Vetor do IPC

O Índice de Preços ao Consumidor (IPC), calculado pelo IBGE, seria redefinido, de modo a evitar que a taxa de inflação do primeiro mês posterior ao congelamento fosse contaminada por uma ilusão estatística, resultante da metodologia usual de cálculo de índice de preços com base em médias mensais de preços. Isto exigiria que o IPC de junho de 1987 fosse calculado de modo que as variações de preços ocorridas antes do início do congelamento tivessem impacto apenas no índice do próprio mês – isto é, junho –, sem causar reflexo estatístico no mês subseqüente, julho (arts. 25 e 26). Ver o apêndice 3 para uma discussão detalhada.

A regra de formação da OTN

A principal idéia do plano era que, com a dinâmica inflacionária "organizada" de modo a garantir uma razoável estabilidade dos valores em OTN de preços, salários e aluguéis, seria possível coordenar uma convergência gradual para a estabilidade de preços em cruzados, através da regra de evolução do valor em cruzados da OTN. Ou seja, a otenização seria essencialmente um esquema de coordenação de preços e custos, que possibilitaria a redução gradual da inflação sem distorções significativas nos preços relativos ou nos salários reais. Toda a estrutura de preços e rendimentos seria ancorada na unidade de conta OTN e a estabilização dos preços em cruzados resultaria da evolução no tempo da "taxa de câmbio" entre a OTN e o cruzado.

A regra de formação do valor em cruzados da OTN está definida nos arts. 3º a 10. Em princípio, esse valor seria corrigido no primeiro dia de cada mês, permanecendo fixo até o início do mês seguinte (art. 3º). Mas contemplava-se, também, a possibilidade de correções intermediárias dentro do mês (art. 4º), a critério do Conselho Monetário Nacional. Isto aumentaria a eficiência da OTN como unidade de conta, provavelmente aumentando o grau de adesão dos agentes econômicos ao esquema de otenização (como ocorreu no Plano Real, sete anos depois), mas representava uma idéia temerária para a época. Vale lembrar que em 1987 a economia brasileira ainda não havia atingido o estágio de utilização de indexadores diários, como a OTN fiscal ou BTN fiscal.

Nos quatro primeiros meses do programa, isto é, junho, julho, agosto e setembro de 1987, a correção mensal da OTN – realizada sempre no primeiro dia do mês – seria igual à variação percentual do IPC no mês anterior (arts. 6º a 8º).⁵ Nessa fase, a indexação produzida pelo esquema seria neutra, tendendo meramente a perpetuar a taxa de inflação existente. Possivelmente a inflação teria abrandado um pouco com o congelamento inicial dos preços em cruzados (de apenas 45 dias), mas este não seria o instrumento principal da estabilização. O congelamento teria apenas uma função política, buscando justificar as mudanças de regras para salários, aluguéis e contratos em geral. Essa fase inicial do programa (à semelhança da fase da URV, no Plano Real) tentaria apenas implantar e legitimar o esquema de otenização, com o objetivo de organizar a dinâmica inflacionária.

A desinflação começaria efetivamente a partir do quinto mês, outubro de 1987, quando a correção mensal da OTN passaria a ser calculada pela soma de dois fatores, denominados fator de inércia e fator de ajuste (art. 10). O fator de inércia seria igual a 80% da variação percentual do IPC no mês anterior. O fator de ajuste seria nulo entre outubro e dezembro de 1987, mas em seguida seria igual à diferença entre a inflação do mês anterior e a correção do valor da OTN aplicada no mesmo mês. Ou seja, o fator de ajuste teria o objetivo de corrigir integralmente qualquer erro cometido na fixação do valor da OTN no mês anterior. Dessa forma, seria evitada a crítica de que apenas parte da inflação anterior estaria sendo repassada à OTN através do fator de inércia.⁶

Por exemplo, para o mês de fevereiro de 1988 o fator de inércia seria igual a 80% da taxa de inflação apurada para o mês de janeiro de 1988. O fator de ajuste seria a diferença entre a inflação do IPC em janeiro de 1988 e a correção da OTN aplicada no início daquele mês. Somando o fator de inércia ao fator de ajuste, teríamos o percentual de correção da OTN no início de fevereiro.

---

⁵ O decreto-lei parece ter ficado omisso em relação ao tratamento a ser dado à variação da OTN em junho de 1987, o mês de lançamento do plano, mas é lógico que a intenção era manter a regra anteriormente vigente de correção da OTN.

⁶ O que, de fato, seria verdade na regra aplicada ao longo dos meses de outubro a dezembro de 1987, quando o fator de ajuste seria nulo. Isto provavelmente era desnecessário e este aspecto do plano certamente teria sido muito criticado, mas sempre haveria a possibilidade de corrigir posteriormente qualquer subestimativa inicial, através de uma modificação no cálculo do fator de ajuste. O art. 10 do decreto mantinha aberta a possibilidade de alteração das fórmulas de cálculo dos fatores por ato do Poder Executivo.

A dinâmica da estabilização

Uma questão que muito atormentou o grupo que estava preparando o plano de estabilização foi se a regra proposta para a formação da OTN realmente produziria uma queda consistente da taxa de inflação ao longo do tempo. Muito papel e tinta foi gasto (numa época em que ainda não era comum o uso de planilhas eletrônicas), para simular diferentes trajetórias de desinflação sob variadas hipóteses. Havia, em particular, a preocupação de que o fator de ajuste pudesse dificultar a queda da inflação.

Na realidade, a essência da dinâmica da desinflação nesse plano pode ser identificada com um modelo simples de duas equações. Indicando por p_t a taxa de inflação no mês t e por c_t a correção da OTN no início do mesmo mês, admitamos que:

$$p_t = \beta c_t + (1 - \beta) p_{t-1} \qquad (1)$$

onde o parâmetro β (que tem valor entre zero e um) indica o grau de efetividade do esquema de otenização na determinação da dinâmica de preços da economia. Quando β é igual a um, a inflação é completamente determinada pela regra de formação da OTN; quando β é igual a zero, a regra da OTN é totalmente irrelevante e a inflação é totalmente determinada pela inércia inflacionária. Outros componentes do processo inflacionário, resultantes de pressões de custos ou demanda, são ignorados para simplificar a dinâmica do modelo.

A regra de formação da OTN estabelece que:

$$c_t = 0{,}8\, p_{t-1} + (p_{t-1} - c_{t-1}) \qquad (2)$$

onde o primeiro termo é o fator de inércia e o segundo o fator de ajuste.

Com um pouco de manipulação algébrica, podemos reduzir essas duas equações a:

$$p_t = [\beta p_{t-1} + (1 - \beta) p_{t-2}] - 0{,}2\, \beta p_{t-1} \qquad (3)$$

que mostra que a trajetória de inflação resultante do plano pode ser decomposta em dois componentes. O primeiro é um componente inercial, definido pelo termo entre colchetes como uma média móvel das taxas de inflação nos dois meses anteriores. O segundo é um componente de desinflação, resultante do redutor introduzido na definição do fator de inércia da regra de formação da OTN. É fácil perceber que essa equação de diferenças finitas não tem solução com inflação positiva no longo prazo (isto é, se $p_t = p_{t-1} = p_{t-2} = p^*$ então $p^* = 0$). Ou seja, a dinâmica inflacionária induzida pelo esquema de otenização faria a taxa de inflação necessariamente convergir para um equilíbrio de longo prazo com taxa nula, ou seja, com estabilidade de preços.

Com adequadas condições iniciais, esta última equação gera sempre uma trajetória de queda consistente da taxa de inflação.[7] Era infundado o temor de que o fator de ajuste pudesse abortar, ou mesmo reverter, a desinflação, ainda que este fator realmente introduza um componente adicional de inércia no processo.[8]

Neste modelo simples, a velocidade da desinflação depende apenas da dimensão do parâmetro β, que está associada ao grau de influência do esquema de otenização sobre o processo de formação dos preços. Um valor maior de β significa que os preços seguem mais perfeitamente a evolução da OTN. No limite, com β igual a um, a otenização seria perfeita. A figura a seguir simula algumas trajetórias de desinflação, para diferentes valores de β, partindo de uma inflação inicial estabilizada em 18% ao ano. Com β igual a 0,50, a taxa de inflação cairia para metade do valor inicial em um ano e meio, e para cerca de 10% do valor inicial no terceiro ano.

---

[7] Isto é, se p_{t-1} = ou < p_{t-2}, então a equação (3) garante que $p_t < p_{t-1} - 0{,}2\,\beta\,p_{t-1} < p_{t-1}$ qualquer que seja o valor de β.

[8] Sem o fator de ajuste, a equação (2) seria reduzida para $c_t = 0{,}8\,p_{t-1}$, transformando (3) em $p_t = (1 - 0{,}2\,\beta)\,p_{t-1}$. Isto mostra que a presença do fator de ajuste é responsável pelo termo com segunda defasagem da inflação na equação (3) do texto, o que obviamente opera como um elemento retardador da desinflação.

TRAJETÓRIAS DE DESINFLAÇÃO DA TAXA DE INFLAÇÃO EM 12 MESES PARA DIFERENTES VALORES DO PARÂMETRO BETA
(POSIÇÃO INICIAL COM INFLAÇÃO ESTABILIZADA EM 18% AA)

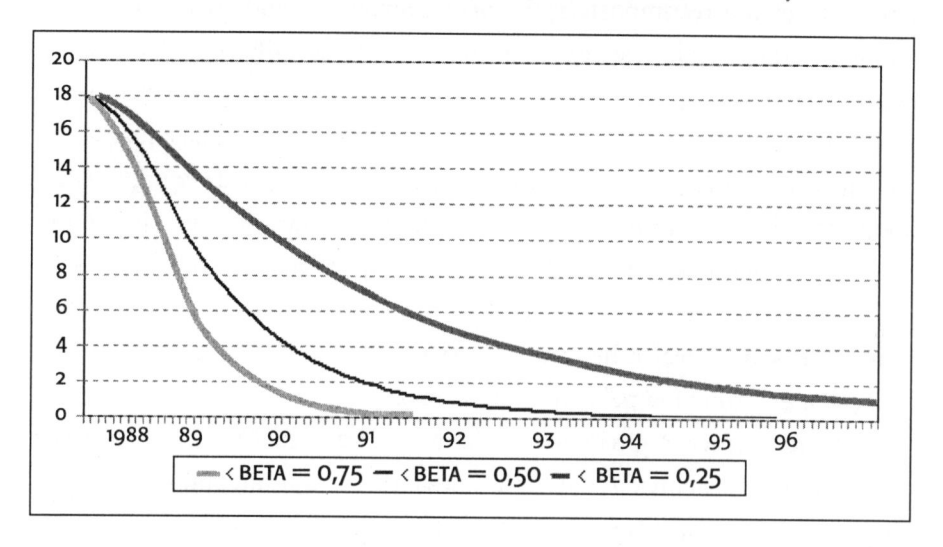

Como é possível que a presença do fator de ajuste, cuja finalidade seria garantir o repasse integral da inflação passada na variação da OTN, não impedisse o declínio consistente da taxa de inflação em direção a zero? Isto parece incompatível com o resultado que obtivemos em Lopes (1994), que demonstra que a presença de um mecanismo de reposição integral da inflação num modelo de inflação inercial com redutores faz com que a taxa de inflação se estabilize no longo prazo em um nível mínimo maior que zero. A explicação para a aparente contradição é que, na realidade, a regra de formação da OTN não produziria uma reposição integral da inflação passada, no sentido da regra de *catching up* analisada por Lopes (1994), ainda que o fator de ajuste pudesse dar essa impressão.[9]

---

[9] Uma regra de *catching up* ou de reposição de picos exigiria que periodicamente a equação (2) fosse substituída por $c_t = (\Sigma p_t) - (\Sigma c_{t-1})$ onde o número de termos dos somatórios seria definido pela periodicidade da reposição. Por exemplo, num regime de reposição a cada dois períodos, a equação (2) se aplicaria ao primeiro período, mas seria substituída por $c_t = p_{t-1} + p_{t-2} - c_{t-1}$ no segundo período, e assim sucessivamente. Como está demonstrado em Lopes

A noção de reposição integral da inflação passada, que tanto dominou as discussões políticas e jurídicas sobre os planos de estabilização no Brasil, tem a ver com a recomposição de picos prévios de renda real, não com a manutenção da renda real constante ao longo da desinflação.[10] Na realidade, no modelo composto pelas equações (1) e (2), a estabilidade do valor real da OTN no longo prazo depende apenas do parâmetro β da equação (1) – a equação de formação de preços –, independentemente da equação (2) – a equação de indexação para OTN, rendimentos ou salários.[11] Isto é um resultado pouco compreendido, mas que se aplica a todos os modelos de inflação inercial com uma equação de preços e uma equação de salários (ou rendas): o salário real é determinado pela equação de preços e a taxa de inflação é determinada pela equação de salários.[12]

O fato de que a regra de formação da OTN da equação (2) permitiria a desinflação consistente da economia, apesar de corrigir integralmente a cada mês qualquer erro que houvesse sido cometido na fixação do valor da OTN no mês anterior, seria talvez o grande "truque" do programa. Ele ficaria defendido da crítica de que apenas parte da inflação anterior estaria sendo repassada à OTN, mas sem precisar criar uma inércia de *catching up* (ou de

---

(1994), neste caso a taxa de inflação de longo prazo seria sempre positiva, ainda que tão menor quanto mais longo fosse o período entre reposições sucessivas. Ou seja, a taxa de inflação de longo prazo seria menor se o *catching up* ocorresse em base anual do que se ocorresse em base semestral. Mas basta que exista inércia de reposição com período finito, para que o sistema deixe de convergir para inflação zero.

[10] Ver, por exemplo, Lopes (1984a).

[11] A prova da proposição é simples. Da equação (1) podemos derivar $(\Sigma p_t) = \beta (\Sigma c_t) + (1-\beta)(\Sigma p_{t-1})$, onde os somatórios devem ser entendidos como de horizonte infinito a partir do lançamento do programa de estabilização. Por definição, temos $(\Sigma p_t - \Sigma p_{t-1}) = p^* - p_0$, onde p^* é a taxa de inflação de longo prazo e p_0 é a taxa de inflação anterior ao início do programa. Conseqüentemente, obtemos:

$$(\Sigma c_t) - (\Sigma p_t) = [(1-\beta)/\beta] (p_0 - p^*)$$

Como a desinflação faz com que $(p_0 - p^*) < 0$, a estabilidade do valor real da OTN (que corresponde a um valor nulo para o termo do lado esquerdo da equação) ocorre somente se $\beta = 1$, isto é, se o esquema de otenização for 100% efetivo. O principal, porém, é notar que essa estabilidade não depende em nada da equação (2).

[12] Ver Lopes (1984b).

reposição de picos prévios), que poderia ser fatal para o objetivo de estabilização no longo prazo.

Conclusão

Em Lopes (1989), descrevi com algum detalhe a fase final do processo de elaboração do Plano Bresser, num texto que reproduzo no apêndice 2. Relatei como, na véspera do lançamento do plano, fui acometido por uma crise de pânico e como, na última hora, decidimos adotar um esquema de congelamento semelhante ao Plano Cruzado, mas com a grande diferença de substituir o gatilho salarial pelo mecanismo da URP. Esse mecanismo – que foi a principal novidade do programa – fixava aumentos mensais de salários ao longo de cada trimestre (a partir do início do plano), com base na inflação média observada no trimestre anterior. Em princípio, a URP deveria ser aplicada tanto a preços quanto a salários, à semelhança do que aconteceria com a OTN na versão de otenização do programa, mas na prática sua aplicação ficou restrita aos salários.

O Plano Bresser reduziu a taxa de inflação do IPCA (sem vetor) de 19,7% em junho para 9,2% em julho e 4,9% em agosto. Em seguida, a taxa voltou a subir, registrando 7,8% em setembro e 11,2% em outubro. Ao final do ano estava em 14,1%, chegando a 18,9% em janeiro de 1988.

Como avaliar esse resultado? A avaliação tradicional é de que foi apenas mais uma experiência fracassada de congelamento, mas minha opinião é diferente. A rigor, não sinto necessidade de alterar em nada a avaliação positiva que publiquei em Lopes (1989), mesmo à luz de toda a experiência que acumulamos em matéria de combate à inflação ao longo das duas últimas décadas. O Plano Bresser foi construído com objetivos limitados, que pareciam adequados à conjuntura econômica e à realidade política da época, e os cumpriu satisfatoriamente.

Mas o que poderia ter acontecido se a versão de otenização tivesse sido adotada? Na realidade, sinto-me menos seguro em relação ao que publiquei sobre isto em Lopes (1989). Aquela avaliação, escrita em 1988, reproduz a linha de raciocínio e as dúvidas que me levaram à crise de pânico em junho de 1987 e que terminaram abortando o programa de otenização. Mas qual seria minha reação hoje a essas dúvidas e inseguranças? Teria sido melhor para o país se a versão de otenização do Plano Bresser tivesse sido implementada?

Minha análise de 1988 destacou duas dúvidas. A primeira era que a aplicação de um redutor na OTN poderia destruir sua legitimidade como indexador se a inflação não declinasse rapidamente e, se isso ocorresse, a adesão ao esquema de otenização ficaria comprometida. Mas essa dificuldade seria mais grave com relação à aplicação da OTN nos mercados financeiros (onde, de qualquer forma, estava limitada a alguns contratos e obrigações de longo prazo do setor público) do que com relação à sua aplicação a preços e salários. Neste último caso, o fator de ajuste deveria ser suficiente como garantia de que o esquema não produziria perdas permanentes de renda real.

A segunda dúvida dizia respeito ao potencial desestabilizador do fator de ajuste. O temor era que uma seqüência de choques inflacionários pudesse produzir uma aceleração da taxa de inflação durante alguns meses, suficiente para destruir a credibilidade do programa de estabilização. Mas na realidade a equação (3) mostra que o fator de ajuste teria apenas o efeito de amortecer a propagação de um choque adverso sobre a dinâmica inflacionária, sem afetar seu impacto final.[13]

De fato, a vulnerabilidade a choques adversos é uma fragilidade de qualquer estratégia gradualista de combate à inflação e significa apenas que é necessário contar também com o fator sorte. Quanto mais gradualista o programa, maior o risco de perda de credibilidade devido a choques adversos sobre os preços. Isto apenas sugere que se deveria usar no fator de inércia o maior redutor possível, considerando as naturais resistências nas áreas política e sindical, complementando-o com um congelamento temporário,

---

[13] Sem o fator de ajuste, esta equação ficaria reduzida a $p_t = (1 - 0,2\,\beta)\, p_{t-1}$. Neste caso, um choque inflacionário representado por um fator aditivo na equação (1) em $t = 0$ teria um impacto maior sobre a inflação de $t = 1$ do que se estivesse valendo a equação (3). O impacto final do choque sobre a inflação a partir de $t = 2$ seria, entretanto, igual nos dois casos.

de modo a garantir que, pelo menos nos primeiros meses do programa, a taxa de inflação seria de fato declinante. Isto era exatamente o que se pretendia na versão de otenização do Plano Bresser.

Se desconsiderarmos essas duas dúvidas, a proposta de otenização parece merecer uma avaliação bem mais favorável. Certamente ela teria produzido melhores resultados que o Plano Bresser, pois afinal o esquema da URP era apenas um mecanismo de reprodução inercial da inflação, sem qualquer redutor, ao passo que a regra de formação do valor da OTN teria um efeito redutor permanente sobre a taxa de inflação. Um melhor desempenho no esforço de estabilização teria permitido uma permanência mais longa de Bresser no ministério e talvez a construção de um capital de credibilidade que permitisse um programa mais consistente e duradouro, com avanços na área fiscal, na renegociação da dívida externa, na montagem de instituições sólidas de política monetária (como o Copom), no saneamento do sistema financeiro (Proer e saneamento de bancos públicos estaduais) e, até mesmo, no regime cambial (livre flutuação).

Ao pensar em como poderia ter evoluído no médio prazo o Plano Bresser se a versão de otenização tivesse sido adotada, vemos logo o que provavelmente teria sido sua maior fragilidade: a ausência de uma base política sólida para sustentar uma linha consistente de política econômica por longo período de tempo. A experiência dos dois mandatos de Fernando Henrique, somada à do início do governo Lula, confirmou nossa antiga suspeita de que a estabilização seria necessariamente uma prova de resistência de longo alcance, exigindo algo como uma década de políticas persistentes e impopulares para se consolidar (1994-2004?). É difícil imaginar como isso poderia ter sido realizado com os presidentes Sarney e Collor.

Como a versão de otenização do Bresser se compara ao Plano Real? Os dois planos usavam a mesma idéia de otenização, mas de forma diferente. No Plano Real, a otenização foi usada apenas na fase de transição da URV e, em seguida, a desindexação por meio da reforma monetária fez o sistema saltar para uma indexação anual de salários e rendimentos. Na versão de otenização do Plano Bresser, não se contemplava uma reforma monetária e a indexação em base mensal seria perpetuada pela regra de formação da

OTN. O Plano Real foi certamente mais bem concebido, porém as diferenças não me parecem decisivas. Eram certamente menos importantes do que as diferenças entre os contextos políticos em que os dois planos teriam de ser lançados. Outra diferença decisiva estava na situação das contas externas. O sucesso do Plano Real dependeu crucialmente da âncora cambial, que provavelmente seria insustentável com as condições de dívida externa e balanço de pagamentos existentes em 1987.

Estas últimas considerações sugerem uma questão final. Se a versão de otenização do Plano Bresser tivesse sido tentada em 1987 e eventualmente abandonada, teria isto inviabilizado o Plano Real de 1994? Certamente uma otenização fracassada no governo Sarney poderia ter queimado a idéia, inviabilizando para sempre um esquema do tipo URV no Brasil. Considerando todos os riscos e possibilidades, talvez tenha sido mesmo melhor que a versão de otenização do Plano Bresser nunca tenha sido tentada.

Referências bibliográficas

ARIDA, Pérsio. Neutralizar a inflação: uma idéia promissora. *Economia em Perspectiva*, Conselho Regional de Economia de São Paulo, set. 1984.

_____; LARA-RESENDE, André. Inertial inflation and monetary reform in Brazil. In: WILLIAMSON, John (Ed.). *Inflation and indexation*. Washington: Institute for International Economics, 1985. Reproduzido em: ARIDA, Pérsio (Org.). *Inflação zero: Brasil, Argentina, Israel*. Rio de Janeiro: Paz e Terra, 1986.

LARA-RESENDE, André. A moeda indexada: uma proposta para eliminar a inflação inercial. *Gazeta Mercantil*, 26 set. 1984. Reproduzido como Texto para Discussão n. 75, Pontifícia Universidade Católica do Rio de Janeiro, Departamento de Economia.

LOPES, Francisco. Inflação inercial, hiperinflação e desinflação: notas e conjecturas. *Revista da Anpec*, nov. 1984a. Reproduzido em: *O choque heterodoxo: combate à inflação e reforma monetária*. Rio de Janeiro: Campus, 1986. cap. 18.

_____. Sistemas alternativos de indexação salarial: uma análise teórica. *Pesquisa e Planejamento Econômico*, abr. 1984b. Reproduzido em: *O choque heterodoxo:*

combate à inflação e reforma monetária. Rio de Janeiro: Campus, 1986. cap. 12.

_____. *O desafio da hiperinflação: em busca da moeda real*. Rio de Janeiro: Campus, 1989.

_____. Inertial inflation and the failure to stabilize. *Revista Brasileira de Economia*, v. 48, n. 4, p. 519-527, out.-dez. 1994.

SIMONSEN, Mario Henrique. Desindexação e reforma monetária. *Conjuntura Econômica*, nov. 1984.

Apêndice 1

O decreto-lei

Da expressão de valores pecuniários em OTN

Art. 1º. É facultativo o uso de unidades da Obrigação do Tesouro Nacional (OTN) nas demonstrações contábeis e financeiras, nos balanços, nos títulos, nos preços, nos precatórios, nos valores de contratos e em todas as expressões pecuniárias que se traduzem em moeda nacional, ressalvadas as restrições definidas pelos parágrafos deste artigo.

§1º. Os cheques e quaisquer outros registros relativos a depósitos à vista no sistema financeiro continuarão sendo expressos exclusivamente em unidades da moeda nacional – o cruzado.

§2º. Os orçamentos públicos somente poderão ser expressos em cruzados, devendo entretanto ser também estimados em unidades de OTN, depois de eliminado o efeito da projeção inflacionária implícita sobre o saldo de despesas e remanescentes de receitas, de maneira a adaptá-los à estabilidade dos preços, quando expressos em unidades de OTN.

Art. 2º. Os valores pecuniários em unidades de OTN escrever-se-ão seguidos do símbolo $OTN.

Do valor da Obrigação do Tesouro Nacional

Art. 3º. O valor da OTN será sempre corrigido à zero hora do primeiro dia de cada mês.

Art. 4º. O Conselho Monetário Nacional poderá estabelecer, por períodos limitados de tempo, a correção do valor da OTN por períodos inferiores a um mês.

Art. 5º. A variação percentual do valor da OTN em cada mês será sempre aferida através da comparação entre o valor da OTN no último dia do mês e o valor da OTN no último dia do mês imediatamente anterior.

Art. 6º. A variação percentual do valor da OTN em julho de 1987 será igual à variação percentual em junho do índice de preços ao consumidor (IPC) da Fundação Instituto Brasileiro de Geografia e Estatística (IBGE).

Art. 7º. A variação percentual do valor da OTN em agosto de 1987 será igual à variação percentual do IPC em julho de 1987.

Art. 8º. A variação percentual do valor da OTN em setembro de 1987 será igual à variação percentual do IPC em agosto de 1987.

Art. 9º. A partir de outubro de 1987, a variação percentual do valor da OTN em cada mês será calculada somando-se o fator de inércia do mês, que corresponde ao objetivo de redução da inflação, com o fator de ajuste do mês.

§1º. O fator de inércia do mês será igual a 80% (oitenta por cento) da variação percentual do IPC no mês imediatamente anterior.

§2º. O fator de ajuste do mês assumirá valores positivos, quando a inflação verificada for maior do que a correção monetária da OTN, ou negativos, quando a inflação verificada for menor do que a correção monetária da OTN.

§3º. O fator de ajuste do mês será igual à diferença, no mês imediatamente anterior, entre a variação percentual do IPC e a variação percentual do valor da OTN no mesmo mês.

§4º. O fator de ajuste será nulo nos meses de outubro, novembro e dezembro de 1987.

Art. 10. A fórmula de cálculo dos fatores de inércia e ajuste, especificadas no art. 9º, poderá ser alterada por ato do Poder Executivo.

Dos preços

Art. 11. Ficam congelados todos os preços em cruzados a partir de 15 de junho de 1987 e até 31 de julho de 1987.

§1º. O congelamento se baseará nos preços à vista efetivamente praticados à zero hora de 12 de junho de 1987, exceto no caso de aumentos anteriormente autorizados pela Seap, CIP ou Sunab.

§2º. O Ministério da Fazenda fixará normas para a conversão dos preços a prazo em preços à vista, com eliminação da correção monetária implícita.

§3º. O congelamento previsto neste artigo se equipara, para todos os efeitos, a tabelamento oficial de preços, podendo ser suspenso ou revisto, total ou parcialmente, por ato do Poder Executivo.

§4º. A Secretaria Especial de Administração de Preços (Seap), o Conselho Interministerial de Preços (CIP), a Superintendência Nacional de Abastecimento (Sunab), órgãos do Ministério da Fazenda, o Conselho Nacional de Defesa do Consumidor, a Polícia Federal e órgãos do Ministério da Justiça exercerão vigilância sobre a estabilidade de todos os preços, incluídos, ou não, no sistema oficial de controle.

§5º. Ficam os ministérios da Justiça e da Fazenda autorizados a estabelecer imediatamente com os governos dos estados, municípios e Distrito Federal, mecanismos para a fiel aplicação deste decreto-lei nas áreas de suas respectivas competências e para a defesa dos consumidores.

Art. 12. A partir de 1º de agosto de 1987, todos os preços em cruzados de mercadorias ou serviços poderão ser corrigidos, em cada período consecutivo de 30 dias, em percentual no máximo igual à variação percentual do valor da OTN no mesmo período.

Parágrafo único. O Ministério da Fazenda poderá estabelecer exceções à regra de reajuste de que trata este artigo, inclusive liberando, total ou parcialmente, os preços de setores altamente competitivos.

Art. 13. A partir de 15 de julho de 1987, todos os contratos e registros comerciais, inclusive notas fiscais, material de publicidade, notas de compra e venda, etiquetas e tabelas de preços nos comércios atacadistas e varejistas, que fazem referência a preços de mercadorias ou serviços de valor superior a uma OTN, serão obrigatoriamente expressos em unidades de OTN.

§1º. A conversão dos preços para unidades equivalentes de OTN far-se-á segundo a relação entre o valor ao qual o preço foi congelado e o valor da OTN de julho de 1987.

§2º. A obrigatoriedade da expressão em unidades de OTN, de que trata este artigo, não implica proibição da expressão simultânea de valores equivalentes em cruzados, desde que seja explicitada a data a que se refere à conversão do valor em unidades de OTN para o valor equivalente em cruzados.

§3º. Fica autorizado o Ministério da Fazenda a baixar normas relativas à aplicação deste artigo, podendo inclusive estabelecer isenções temporárias ou permanentes.

Art. 14. Fica autorizado o Conselho Interministerial de Preços (CIP) a exigir, no caso de produtos industriais, inclusive de valor menor do que uma OTN, a impressão do valor em OTN da mercadoria nas embalagens ou em etiquetas de fábrica.

Art. 15. Fica autorizada a Sunab a exigir, no caso de mercadorias e serviços, inclusive de valor inferior a uma OTN, a publicação das listas ou tabelas de preços expressos em unidades de OTN em local visível e de fácil acesso.

Art. 16. O valor em OTN dos preços incluídos no Sistema Nacional de Administração de Preços sofrerá reavaliações em base anual, que poderão significar aumento ou redução do preço em cruzado, em função de variações no custo de produção e produtividade.

§1º. O Sistema Nacional de Administração de Preços incorpora todas as normas atualmente existentes de controle e acompanhamento de preços da Secretaria Especial de Abastecimento e Preços (Seap), do Conselho Interministerial de Preços (CIP), da Superintendência Nacional de Abastecimento (Sunab) e de quaisquer outros órgãos públicos, e poderá ser revisto a qualquer momento por ato do Poder Executivo, em função da estabilidade dos preços ou de fenômeno conjuntural.

§2º. Em casos excepcionais, determinados por fenômenos conjunturais e a critério dos órgãos oficiais de controle de preços, poderão ser autorizadas até três reavaliações extraordinárias de preço antes que se cumpra o período normal de 12 meses entre duas reavaliações anuais consecutivas.

§3º. Nos primeiros seis meses posteriores ao início do congelamento, as reavaliações previstas neste artigo serão realizadas de forma extraordinária com o objetivo de corrigir desequilíbrios de preços relativos existentes no dia do congelamento.

§4º. As reavaliações extraordinárias de preços autorizadas pelo CIP procurarão corrigir os desequilíbrios de preços relativos resultantes das diferenças das datas, para diferentes setores, da última lista de preços protocolada e autorizada pelo CIP antes de 15 de junho de 1987.

§5º. As correções de preços previstas neste artigo não estarão sujeitas ao teto de variação percentual máxima igual à variação percentual da OTN estipulado no art. 12.

Art. 17. A elevação de qualquer preço em percentual superior à variação do valor da OTN no período decorrido desde o último reajuste deste mesmo preço, sem justificativa inequívoca decorrente das sistemáticas de reavaliação previstas no art. 16, ou de aumento excepcional e conjuntural de custos, sujeito a comprovação perante o poder público, configura crime contra a economia popular, sujeitando seu autor às sanções legais previstas na Lei Delegada nº 4.

Dos vencimentos, soldos, salários, pensões e proventos

Art. 18. Ficam extintos, a partir de 1º de julho de 1987, os reajustes pelo IPC dos salários, vencimentos, soldos, pensões, proventos de aposentadoria e remunerações em geral, do setor público ou privado, previstos no art. 20 do Decreto-lei nº 2.284, assim como os reajustes automáticos previstos no art. 21 do citado decreto-lei e regulamentados pelo Decreto-lei nº 2.302.

Art. 19. Todos os salários e vencimentos pagos por empresas, e as respectivas pensões e proventos de aposentadoria, serão, a partir de 1º de julho de 1987, pagos com base em valores de referência em unidades de OTN.

§1º. O valor de referência em unidades de OTN previsto neste artigo corresponde ao valor médio da remuneração real dos últimos seis meses, e será calculado multiplicando-se os salários em cruzados recebidos entre janeiro e maio de 1987, e o salário presumido de junho de 1987, pelos fatores de conversão em unidades de OTN de julho de 1987, definidos no anexo I, que correspondem a cada um dos meses. Os valores resultantes deste cálculo serão somados e o total dividido por seis. Esta média aritmética definirá o valor de referência em unidades de OTN.

§2º. Para efeito do cálculo previsto no parágrafo anterior, o salário presumido de junho será igual ao salário efetivamente pago, acrescido do excedente inflacionário resultante da sistemática de reajuste automático prevista no parágrafo único do art. 1º do Decreto-lei nº 2.302, de 21 de novembro de 1986.

§3º. No caso dos contratos de trabalho celebrados após janeiro de 1987, será respeitado, onde for aplicável, o princípio de isonomia com as remunerações dos ocupantes de mesmo cargo ou função, com contratos de trabalho vigentes em janeiro de 1987, sem prejuízo, entretanto, das promoções por mérito ou aumentos salariais espontâneos ocorridos posteriormente.

§4º. As promoções ou aumentos por mérito obtidos por qualquer trabalhador após janeiro de 1987 serão excluídos da fórmula de cálculo prevista no §1º.

Art. 20. A negociação coletiva será ampla, respeitando as atuais datas-base de negociação, e não estará sujeita a qualquer limitação que se refira à alteração do valor de referência em unidades de OTN do salário.

§1º. As empresas não poderão, sob qualquer pretexto, repassar aos preços de seus produtos ou serviços os aumentos salariais resultantes de alterações no valor de referência em unidades de OTN dos salários.

§2º. A aplicação de redutor, temporário ou permanente, aos valores em OTN dos salários somente será permitida mediante acordo coletivo, com aprovação de dois terços dos empregados, e no caso de empresas sofrendo de dificuldades econômicas ou financeiras.

Art. 21. Nos dissídios coletivos, frustrada a negociação a que se refere o artigo anterior, não será admitido aumento a título de reposição salarial, sob pena de nulidade da sentença.

Parágrafo único. Incumbe ao Ministério Público velar pela observância desta norma, podendo, para esse efeito, interpor recursos e promover ações rescisórias contra as decisões que a infringirem.

Dos aluguéis

Art. 22. Os aluguéis residenciais e comerciais serão, a partir de 1º de julho de 1987, contratados e pagos com base em valores de referência em unidades de OTN.

Parágrafo único. Para os contratos em vigência, o valor de referência em OTN será calculado multiplicando-se o aluguel efetivamente pago no mês do último reajuste pelo fator de conversão em unidades de OTN de julho de 1987, definido no anexo I, que corresponde àquele mês, e aplicando-se em seguida o redutor de 0,6879. (Nota: Isto corresponde ao fator pico-média no caso de reajuste semestral projetado com inflação de 18% ao mês.)

Do mercado de capitais

Art. 23. O Conselho Monetário Nacional, no uso das atribuições estatuídas pela Lei nº 4.595, de 31 de dezembro de 1964, baixará normas destinadas a adaptar os mercados financeiros e de capitais ao disposto neste decreto-lei.

Art. 24. As obrigações de pagamento, expressas em cruzados, sem cláusula de correção monetária ou com cláusula de correção monetária prefixada, constituídas antes de 15 de junho de 1987, deverão ser convertidas em unidades de OTN relativas à data de seus vencimentos, dividindo-se o montante em cruzados pelo fator de conversão fixado no §1º.

§1º. O fator de conversão será diário e calculado pela multiplicação da paridade inicial, igual a um, cumulativamente por 1,005532 para cada dia decorrido a partir de 15 de junho de 1987. (Nota: Este fator corresponde a 18% ao mês para um mês de 30 dias.)

§2º. As taxas de juros estabelecidas nos contratos referentes às obrigações, de que trata este artigo, deverão incidir sobre os valores em cruzados, anteriormente à sua conversão em unidades de OTN.

Do Índice de Preços ao Consumidor

Art. 25. O IBGE deverá calcular o IPC de junho de 1987 de modo que as variações de preços ocorridas antes do início do congelamento tenham impacto apenas no índice do próprio mês, sem causar reflexo estatístico no mês subseqüente.

Parágrafo único. O IPC do mês de junho de 1987 utilizará apenas os preços observados no dia 15 de junho de 1987 ou, quando isto não for tecnicamente possível, a média dos preços observados na semana que se inicia no dia 15-6-1987, ou ainda a melhor aproximação estatística possível para alcançar o resultado estatístico previsto neste artigo.

Art. 26. A partir de julho de 1987, o IPC será calculado com base na média dos preços apurados entre o dia 15 do mês em curso e o dia 15 do mês imediatamente anterior.

Anexo I
Definição dos fatores de conversão em unidades de OTN de julho de 1987 de que tratam os arts. 19 e 22

Para fins do cálculo dos fatores de conversão em unidades de OTN de que tratam os arts. 19 e 22, será inicialmente definido o fator auxiliar, igual ao resultado da divisão do IPC de junho pelo valor da OTN de julho. A partir deste fator auxiliar, os fatores de conversão em unidades de OTN de julho de 1987 serão calculados da forma abaixo:

Julho de 1986	:	FATOR AUXILIAR DIVIDIDO POR 104,72
Agosto de 1986	:	FATOR AUXILIAR DIVIDIDO POR 106,48
Setembro de 1986	:	FATOR AUXILIAR DIVIDIDO POR 108,31
Outubro de 1986	:	FATOR AUXILIAR DIVIDIDO POR 110,37
Novembro de 1986	:	FATOR AUXILIAR DIVIDIDO POR 114,00
Dezembro de 1986	:	FATOR AUXILIAR DIVIDIDO POR 122,09
Janeiro de 1987	:	FATOR AUXILIAR DIVIDIDO POR 142,86
Fevereiro de 1987	:	FATOR AUXILIAR DIVIDIDO POR ???[14]
Março de 1987	:	FATOR AUXILIAR DIVIDIDO POR ???
Abril de 1987	:	FATOR AUXILIAR DIVIDIDO POR ???
Maio de 1987	:	FATOR AUXILIAR DIVIDIDO PELO IPC DE MAIO
Junho de 1987	:	FATOR AUXILIAR DIVIDIDO PELO IPC DE JUNHO

---

[14] Os fatores a partir de fevereiro de 1987 ainda não haviam sido calculados quando essa versão do decreto foi elaborada.

Apêndice 2

A versão de otenização e o Plano Bresser

No dia 9 de junho de 1987, uma terça-feira, iniciou-se a fase final de preparação do Plano Bresser. Até então, eu tivera apenas quatro reuniões de trabalho, com o ministro Bresser e seu principal assessor, Yoshiaki Nakano, e uma reunião mais ampla, no fim de semana anterior, em que também estavam presentes o secretário-geral do Ministério da Fazenda, Maílson da Nóbrega, Andrea Calabi, da Secretaria do Tesouro, o presidente do Banco Central, Fernando Milliet, e seu diretor da dívida pública, Alkimar Moura, e Ricardo Santiago, que acabara de ser nomeado secretário executivo da Seap, o órgão do Ministério da Fazenda para coordenação do abastecimento e do controle de preços. Como havia no ar muitos boatos de novo congelamento, a preparação do plano vinha sendo feita, desde meados de maio, com uma quase obsessiva preocupação em relação ao sigilo.

Havia sido decidido que o novo programa de estabilização seria anunciado na sexta-feira, dia 12 de junho, de modo que naquela terça-feira era necessário iniciar o processo de acabamento do esboço do decreto-lei que eu e Nakano havíamos preparado. Isto exigia a ampliação do grupo de trabalho, para incluir outros membros da equipe econômica, e a consulta eventual a alguns economistas que não participavam do governo mas eram da confiança de Bresser. Com o aumento do número de pessoas envolvidas, a probabilidade de vazamento aumentava de forma preocupante e, àquela altura, só havia ainda chance de preservar o sigilo porque o decreto deveria ser anunciado em quatro dias.

O esboço de decreto-lei que tínhamos naquele momento previa um congelamento de preços por três meses, acoplado a uma otenização da economia. Os salários e aluguéis passariam a ser pagos de acordo com valores de referência em unidades de OTN, calculados com base nos valores reais médios dos últimos seis meses. As obrigações preexistentes em cruzados seriam convertidas em unidades de OTN, usando uma tabela de fatores de conversão, que embutia uma inflação mensal de 18%, a exemplo da tabela de conversão de cruzeiro para cruzado adotada pelo Plano Cruzado. Os preços de mercadorias e serviços de valor superior a meia OTN teriam de ser obrigatoriamente expressos em cruzados e em unidades de OTN. A partir do quarto mês, quando terminava o congelamento inicial de preços, passar-se-ia a um regime de congelamento de preços em unidades de OTN, com a possibilidade de reavaliações eventuais dos preços relativos existentes no início do congelamento, ou para observar aumentos de custos em OTN, desde que devidamente comprovados junto ao poder público. A Sunab ficava autorizada a publicar listas ou tabelas de preços em OTN e o CIP poderia exigir, no caso de produtos industriais, a impressão do valor em OTN da mercadoria nas embalagens ou etiquetas de fábrica.

O decreto não contemplava uma mudança do padrão monetário nacional, que continuaria sendo o cruzado. A OTN funcionaria apenas como um indexador geral para preços, rendimentos e sistema financeiro, e isto, pensávamos nós, é algo que, de qualquer maneira, a própria inflação tende a fazer espontaneamente ao longo do tempo. A essência do plano estava, entretanto, na regra de determinação do valor em cruzados da OTN, que o Conselho Monetário Nacional poderia fazer variar em períodos inferiores a um mês. A regra era que a variação percentual do valor da OTN em cada mês seria calculada pela soma de dois fatores, que eram chamados de fator de inércia e fator de ajuste. A princípio, o fator de inércia seria igual a 80% da inflação do mês anterior, mas este percentual poderia ser alterado por ato do Poder Executivo. O fator de ajuste seria igual à diferença verificada no mês anterior entre a inflação e a variação da OTN. Ou seja, o fator de ajuste reporia automaticamente no mês seguinte qualquer subestimativa da OTN.

Naquela terça-feira, houve intensa discussão sobre o decreto e suas conseqüências, primeiro na casa do ministro da Fazenda, depois na do presidente do Banco Central. De noite, não consegui dormir bem e, na quarta-feira, levantei-me transtornado. Estava convencido de que a proposta não ia funcionar! O problema é que a otenização que estávamos contemplando era, na realidade, uma desotenização. A tendência espontânea da economia de caminhar para o uso da OTN como unidade de conta alternativa ao cruzado só ocorria porque havia a percepção geral de que a OTN oferecia uma boa defesa para a erosão de valores resultante da alta de preços. A OTN como moeda adequadamente indexada era um caminho natural para o repúdio ao cruzado desencadeado pela inflação alta. Se não existisse uma OTN com credibilidade, a fuga seria na direção do dólar paralelo, como de fato aconteceu em muitos outros países. Ao colocar um redutor na OTN, nossa proposta corria o sério risco de desmoralizar essa moeda alternativa. Se o programa funcionasse bem, com a taxa de inflação declinando uniformemente ao longo do tempo, não haveria problema. Se, entretanto, houvesse alguma dificuldade de execução e a inflação não declinasse, ou declinasse muito lentamente, a OTN perderia a credibilidade e a economia ficaria sem o seu último salva-vidas. Nesse caso, o risco de dolarização e hiperinflação passaria a ser muito maior.

Nossa fórmula para determinação do valor da OTN também me preocupava. Na segunda fase do plano, após o congelamento inicial, o fator de ajuste faria com que qualquer subestimativa na OTN fosse integralmente corrigida no mês seguinte. Como conseqüência, era perfeitamente possível que uma seqüência de choques inflacionários produzisse uma aceleração da taxa de inflação durante alguns meses. Isso poderia ser suficiente para destruir toda a credibilidade do programa de estabilização. Aliás, esta é a grande fragilidade das estratégias gradualistas de combate à inflação. Para manter a adesão dos agentes econômicos a regras de repasse apenas parcial da inflação passada, é necessário que a taxa de inflação seja declinante ao longo do tempo. Uma seqüência de choques inflacionários pode, em pouco tempo, destruir todo um longo trabalho de amortecimento gradual da alta de preços.

No café da manhã da quarta-feira, dia 10 de junho, comuniquei ao Bresser as minhas preocupações e sugeri que o lançamento do plano fosse adiado por um mês. Era necessário mais tempo, ponderei eu, para que todas as implicações do decreto fossem devidamente analisadas. A discussão tinha ficado restrita a um grupo muito reduzido de assessores. Parecia-me fundamental conversar também com alguns economistas mais experientes. O pessoal que tinha vivido na prática o dia-a-dia do Plano Cruzado, principalmente no Banco Central, não podia deixar de ser consultado. Com mais um mês de trabalho, seria possível aperfeiçoar e modificar o plano e ter mais segurança quanto a seus resultados.

Bresser ficou assustado e disse-me que não havia possibilidade de atrasar o lançamento do choque por tanto tempo. O Palácio do Planalto já tinha sido informado e já começara a agir. A liderança do PMDB também já estava a par do que se planejava. Um adiamento poderia inviabilizar o plano. No máximo, seria possível postergar o lançamento para a segunda-feira seguinte, dia 15.

Naquele momento, entrei em pânico. O risco é muito grande, disse eu, e nós não temos a menor segurança de que esse esquema de otenização com redutores possa funcionar. Além disso, argumentei em desespero, o presidente da República não dera ainda o menor indício de que aceitaria as duas condições que estabelecêramos para fazer o choque: o cancelamento ou adiamento da Ferrovia Norte-Sul e a transferência da Sofi para o Ministério da Fazenda. (Sofi é a Secretaria de Orçamento e Finanças, que tem a responsabilidade de elaborar o orçamento da União. Sua transferência para a Fazenda significava esvaziar completamente o Ministério do Planejamento.) Minha conclusão foi categórica: eu não quero ser co-responsável pela eclosão da hiperinflação no Brasil; se o choque vai ser feito nessas condições, então não contem mais comigo.

Naturalmente, minha crise de insegurança teve um impacto terrível sobre a equipe que estava trabalhando no plano. Afinal, eu supostamente era o especialista em choques, que tinha a experiência de ter participado na elaboração do Plano Cruzado. Se o especialista tinha dúvidas sobre a proposta em consideração, como ficavam os outros? Aquela quarta-feira foi seguramente um dos dias mais desagradáveis da minha vida. Fiquei a tarde toda sentado na varanda da casa do ministro da Fazenda, apenas olhando para o jardim e para o lago Paranoá, firmemente decidido a abandonar a empreitada. Enquanto isso, a casa ficou cheia, com o pessoal da Fazenda e do Banco Central a discutir e fazer contas, no que parecia uma tentativa desesperada de ganhar segurança sobre a viabilidade da proposta.

Quando caiu a noite, Bresser reuniu toda a equipe e tentou restabelecer a calma e o moral do grupo. A situação econômica do país é da maior gravidade, disse ele, e algo tem de ser feito imediatamente. Vamos examinar como o esboço de decreto-lei pode ser modificado para reduzir os riscos e viabilizar um plano de emergência viável. A essa altura, um membro do grupo fez uma observação inspirada. O governo, disse ele, parece um indivíduo que quer ir do Rio a Niterói. Em vez de tentar construir um avião Mirage que ele nem vai saber pilotar, por que a gente não o coloca simplesmente na barca Rio-Niterói?

Com essa nova postura, o trabalho da equipe voltou a render. A idéia de otenização foi abandonada. Ficou decidido que o plano seria simplificado ao máximo, contendo apenas um congelamento de três meses, sem mexer na correção monetária da OTN ou na política de desvalorização diária da taxa de câmbio. Haveria uma "tablita" de fatores de deflação para as obrigações preexistentes, a exemplo do que foi feito nos planos Austral e Cruzado, mas sem mudança de padrão monetário. Como regra de saída do congelamento, seria adotada uma sistemática de repasse gradual, como a que havia sido proposta e estudada pelo Eduardo Modiano, da PUC-Rio, e que veio a ser o mecanismo da URP. Paralelamente, o governo anunciaria a intenção de continuar combatendo o déficit público (o que, tendo em vista o ministro do Planejamento da época, dificilmente iria além da intenção) e de avançar na renegociação da dívida externa.

Na tarde de quinta-feira, dia 11 de junho, o esboço do novo plano estava pronto. Passei a noite seguinte em claro com Nakano, o consultor-geral da República e um brilhante assessor dele, que parecia ter na memória todas as leis existentes, e redigimos a versão definitiva do decreto-lei, que seria anunciado no dia seguinte. Trabalhávamos numa mesinha na copa da casa do ministro, com um microcomputador ligado em outro cômodo, onde eu ia digitando a versão final do decreto que o consultor-geral rabiscava em folhas soltas de papel. De manhã cedo, o decreto-lei estava pronto e, para o bem ou para o mal, a economia não seria mais a mesma no dia seguinte, depois que ele fosse promulgado.

Na minha opinião, o Plano Bresser, que foi o resultado final dessa aventura, deve ser motivo de orgulho para todos os que participaram da sua elaboração. A noção de que o plano fracassou, que alguns colunistas de economia repetem até hoje, parece-me um completo equívoco. O plano tinha objetivos limitados e os cumpriu integralmente. Fez a taxa de inflação despencar dos 26% ao mês de junho para taxas mensais de um dígito nos seus primeiros cinco meses. Isso deu à economia condições para sair da grave recessão em que se encontrava e tirou o sistema financeiro de uma situação seriíssima de inadimplência generalizada. Para possibilitar o controle futuro do déficit público, foi gerado um autêntico choque de tarifas, que recompôs o preço real dos combustíveis, dos produtos siderúrgicos e da energia elétrica, os quais estavam fortemente defasados desde, pelo menos, a gestão Dornelles, em 1985. Pelo mesmo motivo, os preços mínimos agrícolas para a safra de 1987 receberam aumentos reais, que chegaram a 50% em alguns casos, de modo a compensar a volta da correção monetária no crédito agrícola. Também diversos preços controlados pelo CIP receberam recomposições significativas, como, por exemplo, os da indústria farmacêutica. Tudo isso naturalmente fez com que a taxa de inflação fosse ascendente no segundo semestre de 1987. De fato, desde o início do programa, nossa expectativa tinha sido a de que, por essas razões, a inflação estaria em torno de 10% ao mês em dezembro de 1987.

O início de 1988, quando a taxa de inflação mostrou certa tendência à estabilização, sugerindo que o realinhamento de preços relativos estava completado, teria sido tecnicamente o momento correto para lançar novo esforço no sentido de controlar a inflação. A possibilidade de um novo choque chegou a ser discutida pela equipe de Bresser em novembro de 1987. A conclusão, porém, é que não havia condições mínimas para isso. A credibilidade do governo só fazia cair e o orçamento da União para 1988 configurava um autêntico escândalo, inviabilizando qualquer meta de contenção do déficit público. Além disso, os reajustes salariais concedidos pelo próprio governo haviam produzido grandes desnivelamentos dentro da massa de salários, o que complicava muito o desenho de um novo plano de congelamento. Naquela situação, o melhor que Bresser tinha a fazer foi o que realmente fez: apresentar seu pedido de demissão.

Apêndice 3
O vetor do IPC

Os arts. 25 e 26 traziam uma inovação que foi incorporada à versão definitiva do Plano Bresser e também copiada nos planos de congelamento posteriores (Verão e Collor). Essa inovação ficou conhecida pela denominação "vetor do IPC" e deu origem a grande controvérsia e a muitas decisões judiciais de reposição de "perdas passadas", que em nossa opinião foram totalmente equivocadas.

O objetivo do vetor do IPC era evitar que a taxa de inflação do primeiro mês posterior ao congelamento fosse contaminada por uma ilusão estatística resultante da metodologia usual de cálculo do índice de preços. Nessa metodologia, a taxa de inflação entre um mês e o mês seguinte é calculada pela variação percentual entre os preços *médios* apurados nos dois meses. O problema está exatamente no uso de preços médios.

Se existe uma taxa de inflação constante de 18% ao mês e o mês tem 21 dias úteis, pode-se imaginar que a inflação por dia útil é da ordem de 0,8%. Se fosse possível apurar o valor do índice de preços a cada dia útil, partindo de um valor 100 no início do mês, chegaríamos ao valor 118 no final do mês e registraríamos uma média mensal próxima a 109. No final do mês seguinte, o índice diário atingiria o valor 139 (resultante de aplicar 18% sobre 118), com uma média, para o mês, próxima a 129. O instituto de pesquisa apuraria a inflação entre esses dois meses dividindo a média 129 pela média anterior, 109, obtendo os mesmos 18%.

Imagine-se, porém, que os preços foram congelados ao final do primeiro mês e que o congelamento funciona perfeitamente. O índice diário ficaria estabilizado no valor de 118 ao longo do segundo mês, registrando portanto uma média de 118. Não teria havido qualquer inflação neste mês, mas a taxa medida pelo instituto de pesquisa, com base nas médias mensais, resultaria da divisão de 118 por 109, ou seja, cerca de 8,5%. Um analista ingênuo (e provavelmente toda a mídia) poderia concluir que os preços haviam subido 8,5% após o congelamento, o que, como vimos, por hipótese não seria verdade. A inflação medida de 8,5% no mês de congelamento seria apenas uma ilusão estatística, produzida pela metodologia de construção dos índices de preços a partir de médias, mensais. Em certo sentido, neste caso a própria metodologia de apuração da inflação estaria criando uma inércia inflacionária, que, a despeito da estabilização absoluta dos preços obtida (por hipótese) no curto prazo, poderia comprometer o sucesso da estabilização ao ser repassada em aumentos futuros de salários e outros custos.

O objetivo do vetor do IPC era o de eliminar essa "inércia metodológica", alterando a forma de cálculo do índice de preços do mês anterior ao congelamento. O art. 25 do decreto-lei coloca isto explicitamente, ao estabelecer que o IPC de junho de 1987 deveria ser calculado "de modo que as variações de preços ocorridas antes do início do congelamento tenham impacto apenas no índice do próprio mês, sem causar reflexo estatístico no mês subseqüente".

No nosso exemplo numérico, isso teria de ser feito atribuindo o valor 118 (correspondente ao valor de fim de mês do índice diário) ao índice do mês anterior ao congelamento, ao invés de utilizar a média registrada de 109. Conseqüentemente, a taxa de inflação do mês anterior ao congelamento seria aumentada para cerca de 28% (equivalente a 1,18 multiplicado por 1,085) e a taxa de inflação do mês do congelamento cairia para zero, refletindo corretamente a estabilidade de preços.

Fica claro, portanto, que o vetor do IPC teria o efeito de reduzir a inflação medida no mês imediatamente posterior ao congelamento, quando comparada ao que seria registrado por um índice tradicional baseado em médias mensais, mas apenas na mesma magnitude em que *aumentaria* a inflação medida no mês imediatamente anterior ao congelamento. É um grande equívoco, portanto, pensar que o vetor faria desaparecer parte da inflação efetivamente ocorrida, ainda que esta, infelizmente, tenha sido a conclusão de muitos analistas econômicos, de toda a imprensa e do Judiciário, que mandou pagar as chamadas "perdas" do Plano Bresser e de outros planos de congelamento.

Talvez a impressão de que parte da inflação efetivamente ocorrida seria "garfada" do índice de preços tenha resultado da decisão de propor o congelamento no meio do período normal de apuração do índice de preços, isto é, o congelamento começaria no dia 15 de junho. O período normal de apuração do índice seria de 1 a 30 de junho, mas, com o congelamento, a técnica do vetor exigia que esse índice fosse calculado a partir de preços observados no próprio dia 15, na semana posterior ao dia 15 ou "na melhor aproximação estatística possível".

Mas como seria calculado o índice de julho? Uma opção seria calcular esse índice com preços médios apurados entre 15 de junho e 30 de julho, voltando a adotar o período normal de apuração, de 1 a 30, a partir de agosto. Mas isso teria o inconveniente de aumentar o período de apuração do índice de julho para 45 dias, em vez dos tradicionais 30 ou 31 dias.

A outra opção, que foi adotada tanto no decreto de otenização quanto na versão final do Plano Bresser, seria redefinir o período normal de apuração, de modo que o índice de julho fosse calculado com base nos preços médios apurados entre 15 de junho e 15 de julho, e assim por diante.

O que realmente ocorreu, portanto, foi que a inflação de junho foi calculada dividindo o índice "vetor" de preços do dia 15 de junho pela média apurada entre 1º e 31 de maio, e a inflação de julho foi calculada dividindo a média apurada entre 15 de junho e 15 de julho pelo índice "vetor" de preços do dia 15 de junho. De agosto em diante, as taxas de inflação foram calculadas com índices de preços médios apurados entre o dia 15 do mês anterior e o dia 15 do mês corrente, mas essa mudança de período de apuração produziu a impressão de que parte da inflação havia sido omitida, o que realmente não ocorreu.

Talvez parte da desconfiança na metodologia do vetor pudesse ter sido evitada se a data do congelamento fosse fixada para coincidir com o final do período de apuração. Por exemplo, se o congelamento fosse implantado em 30 de junho, a inflação de junho poderia ter sido calculada dividindo o índice "vetor" desse dia pelo índice dos preços médios apurados entre 1º e 31 de maio, e a inflação de julho seria calculada dividindo o índice de preços médios apurados entre 1º e 31 de julho pelo índice "vetor" do dia 30 de junho. Neste caso, não haveria mudança no período de apuração do índice, mas a inflação de junho absorveria todo o resíduo inflacionário produzido pela metodologia do índice de preços, permitindo que a inflação de julho refletisse a realidade do congelamento.

A principal desvantagem dessa solução é que a inflação do mês anterior ao congelamento ficaria artificialmente sobrecarregada (subindo, em nosso exemplo, de 18 para 28%), o que poderia dar munição para uma desestabilização futura das expectativas. A solução proposta, e efetivamente adotada, que combinou o vetor do IPC com uma mudança do período de apuração, tinha a vantagem de evitar esse problema, pois o efeito estatístico do uso do vetor no cálculo da inflação do mês anterior ao congelamento era compensado pela redução da distância entre a data do vetor e o final do período de apuração anterior.

Inflação: inércia e déficit público*

FERNANDO DE HOLANDA BARBOSA

Introdução

A componente inercial da inflação foi um tema abordado por vários economistas brasileiros. Simonsen[1] foi o primeiro a se preocupar com o fato de que o grau da inércia estava diretamente relacionado com o custo social do combate à inflação, a partir da experiência do plano de estabilização do governo Castello Branco, o Programa de Ação Econômica do Governo (Paeg) do período 1964-67, de cuja formulação ele participara. Posteriormente, Lopes, Bresser-Pereira e Nakano, e Arida e Lara-Resende[2] contribuíram para a discussão sobre inflação inercial e formularam programas de estabilização, os planos Cruzado, Bresser e Real, que tinham mecanismos para impedir a propagação da inflação.

---

[1] Simonsen, 1964 e 1970.

[2] Lopes (1985), Bresser-Pereira e Nakano (1984a e 1984b), Arida e Lara-Resende (1985).

Desde a década de 1950, a literatura econométrica já enfatizava os mecanismos de inércia na dinâmica dos fenômenos econômicos. Uma especificação típica dos trabalhos de econometria aplicada explicava uma variável (y_t) pelo seu próprio passado (y_{t-1}), por uma distribuição defasada de variáveis exógenas (x_t e x_{t-1}) e por choques aleatórios (ε_t).[3] Isto é:

$$y_t = a_0 + a_1 y_{t-1} + b_0 x_t + b_1 x_{t-1} + \varepsilon_t \qquad (1)$$

onde a_1 representa o coeficiente de inércia, e os coeficientes b_0 e b_1 medem os efeitos da variável exógena do período atual e do período anterior sobre a variável endógena do modelo. A pergunta que surgia nesses trabalhos empíricos era qual a justificativa teórica para este tipo de especificação. A teoria econômica ainda não foi capaz de responder satisfatoriamente a essa questão. O custo de ajustamento de mudança de uma posição para outra e/ou a formação de expectativa com base em informações passadas eram os argumentos mais populares à época para explicar a inércia.

A equação (1) na roupagem moderna da econometria de séries temporais continua sendo uma especificação usada em trabalhos empíricos, e ela servirá de ponto de referência para a organização deste estudo. Este texto apresenta, então, uma resenha seletiva sobre os mecanismos de propagação da inflação (o coeficiente a_1) e os mecanismos de impulso (a variável x e o choque ε) que são responsáveis pela sua existência.

O texto está organizado do seguinte modo: "A componente inercial na teoria da inflação" trata da componente inercial da inflação na literatura internacional; "Estabilização e inércia da inflação" dedica-se à análise das contribuições dos autores nacionais sobre a inércia da inflação; "Inflação: impulso e mecanismo de propagação" apresenta uma resenha de modelos em que a origem da inflação é o déficit público financiado por emissão de moeda; e a última seção expõe um resumo das principais conclusões e apresenta também algumas observações sobre o custo social da estabilização do Plano Real.

---

[3] O símbolo x pode representar um vetor, ao invés de um escalar. Neste caso, a variável y depende de um conjunto de variáveis.

A componente inercial na teoria da inflação

A inércia nos preços de bens e serviços e/ou salários tem uma longa tradição na economia, pelo menos desde Hume, que escreveu a obra *Of money* em 1752.[4] Na macroeconomia moderna, a teoria geral de Keynes[5] coloca a rigidez no sistema de preços como um fato estilizado das economias capitalistas e deriva conclusões importantes sobre os efeitos das políticas monetária e fiscal.

A rigidez pode existir no nível de preços, ou no nível de preços e na taxa de inflação. A rigidez na taxa de inflação é denominada componente inercial, pois a inflação passada se reproduz de maneira parcial ou total no presente. A grande maioria dos economistas está convencida pela evidência empírica de que existe rigidez nos preços dos bens e serviços e inércia na taxa de inflação. O desafio desta evidência empírica é a construção de modelos que sejam capazes de explicá-la.

Num artigo que é um divisor de águas da macroeconomia moderna, Friedman[6] argumentou que a curva de Phillips no longo prazo é vertical. Isto é:

$$\pi_t = \pi_t^e + \alpha(y_t - \bar{y}_t), \quad \alpha > 0 \qquad (2)$$

onde π_t, é a taxa de inflação do período t, π_t^e é a taxa de inflação esperada no período $t-1$ para o período t, e $y_t - \bar{y}_t$ é o hiato do produto, com o produto real y sendo medido em logaritmo na base natural. Admite-se que a formação de expectativas siga o mecanismo de expectativa adaptativa, no qual a inflação esperada para o próximo período é igual à última previsão corrigida pelo erro de previsão cometido,

$$\pi_t^e = \pi_{t-1}^e + (1-\lambda)(\pi_{t-1} - \pi_{t-1}^e), \quad 0 \leq \lambda < 1 \qquad (3)$$

---

[4] Hume, 1970.

[5] Keynes, 1936.

[6] Friedman, 1968.

Quando $\lambda = 0$, a previsão para o próximo período é igual à inflação passada: $\pi_t^e = \pi_{t-1}$. Caso contrário, a inflação esperada é uma média das taxas de inflação passadas com pesos que decaem geometricamente. Substituindo-se a equação (3) em (2), chega-se, depois de algumas manipulações algébricas, à seguinte equação para a taxa de inflação:[7]

$$\pi_t = \pi_{t-1} + b_0 (y_t - \bar{y}_t) + b_1 (\Delta y_t - \Delta \bar{y}_t), \ b_0 = \alpha (1-\lambda), \ b_1 = \alpha \lambda \quad (4)$$

A taxa de inflação depende da taxa de inflação do período anterior, do hiato do produto, e da diferença entre as taxas de crescimento do produto real e do produto potencial. O coeficiente de inércia neste modelo é igual a um, e a razão para este resultado está no mecanismo de formação de expectativas.

Um modelo bastante usado atualmente para derivar a curva de Phillips supõe que o reajuste de preços de cada empresa não é sincronizado com o das demais empresas.[8] Cada empresa reajusta seu preço de forma aleatória quando recebe um sinal. A probabilidade de receber o sinal neste período é igual a δ. Logo, a probabilidade do reajuste de preços ocorrer daqui a j períodos é dada pela probabilidade:

$$P(X = j) = \delta (1-\delta)^{j-1}, \ j = 1, 2, 3, \ldots \quad (5)$$

O tempo médio de reajuste dos preços das empresas é igual à esperança matemática da variável aleatória desta distribuição geométrica:

$$E X = \sum_{j=1}^{\infty} j P(X = j) = \sum_{j=1}^{\infty} \delta (1-\delta)^{j-1} = \frac{1}{\delta} \quad (6)$$

Quando $\delta = 0{,}25$, por exemplo, e o período do modelo for um trimestre, o prazo médio de reajuste será de quatro trimestres.

---

[7] Esta especificação da curva de Phillips, para uma economia fechada, pode ser encontrada, por exemplo, em Friedman (1971). A especificação para uma economia aberta deve incluir um termo que meça o efeito da variação da taxa de câmbio real sobre a inflação no curto prazo.

[8] Calvo, 1983.

O fato de a empresa não reajustar seu preço a cada período acarreta uma perda para a mesma. Seguindo-se a formulação de Rotemberg,[9] admita-se que o valor esperado desta perda, quando a i-ésima empresa reajusta seu preço no período t, seja dado por:

$$L = \frac{1}{2} E_t \sum_{j=0}^{\infty} \beta^j (p_{i,t} - p_{t+j}^*)^2 \qquad (7)$$

onde $p_{i,t}$ é o preço fixado pela empresa em t, p_{t+j} é o preço que ela praticaria no período $t+j$ caso pudesse reajustar seu preço, $\beta = 1 / (1 + \rho)$ é o fator de desconto usado pela empresa.

O objetivo da empresa consiste em fixar o preço $p_{i,t}$ de tal forma que o valor de L,

$$\frac{1}{2} \sum_{j=0}^{\infty} (1-\delta)^j \beta^j E_t (p_{i,t} - p_{t+j}^*)^2 \qquad (8)$$

seja minimizado. Derivando-se parcialmente esta expressão com relação a $p_{i,t}$ e igualando-se o resultado a zero, obtém-se a condição de primeira ordem para um mínimo:

$$x_t = [1 - \beta(1-\delta)] \sum_{j=0}^{\infty} [\beta(1-\delta)]^j E_t \, p_{t+j}^* \qquad (9)$$

onde se denominou x o preço das empresas que reajustaram seus preços no período t, pois elas têm as mesmas características.

O índice de preços da economia é definido pela média ponderada dos preços que foram reajustados no período t e dos preços que permaneceram iguais aos valores do período anterior, onde δ é a proporção das empresas que reajustaram seus preços no período t. Isto é:

$$p_t = \delta \, x_t + (1-\delta) \, p_{t-1} \qquad (10)$$

---

[9] Rotemberg, 1982.

A taxa de inflação é igual a

$$\pi_t = p_t - p_{t-1} = \frac{\delta}{1-\delta}(x_t - p_t) \qquad (11)$$

onde o termo depois do segundo sinal de igualdade foi obtido usando-se a equação (10). Substituindo-se (9) em (11), obtém-se a seguinte expressão para a taxa de inflação:

$$\pi_t = \beta E_t \pi_{t+1} + \frac{\delta}{1-\delta}[1-\beta(1-\delta)](p_t^* - p_t) \qquad (12)$$

onde o valor esperado da inflação para o período seguinte é dado por:[10]

$$E_t \pi_{t+1} = \delta[1-\beta(1-\delta)]\sum_{j=1}^{\infty}[\beta(1-\delta)]^j E_t(p_{t+j}^* - p_t) \qquad (13)$$

Admita-se que a diferença entre o preço desejado e o preço efetivo seja proporcional ao hiato do produto,

$$p_t^* - p_t = \phi(y_t - \bar{y}_t) + \eta_t \qquad (14)$$

onde η é um termo aleatório. Substituindo-se (14) em (12), chega-se à curva de Phillips:

$$\pi_t = \beta E_t \pi_{t+1} + \varphi(y_t - \bar{y}_t) + \varepsilon_t \qquad (15)$$

onde $\varphi = \phi \delta [1-\beta(1-\delta)]/(1-\delta)$, e $\varepsilon_t = \delta[1-\delta]\eta_t/(1-\delta)$.

Nesta curva de Phillips, o nível de preços é predeterminado, mas não existe inércia na taxa de inflação, pois ela não depende da inflação passada, mas sim da previsão da inflação no próximo período. Ademais, no longo prazo, quando a taxa de inflação e sua previsão forem iguais, existe uma relação de trocas (*tradeoff*) entre inflação e produto,

---

[10] A inflação do período $t+1$, pela equação (11), é dada por $\pi_{t+1} = \delta(x_{t+1} - p_{t+1})/(1-\delta)$. A esperança matemática de π_{t+1}, condicionada pela informação disponível do período t, é então igual a $E_t \pi_{t+1} = \delta E_t(x_{t+1} - p_t)$, depois de somar-se e subtrair-se p_t. Usando-se a equação (9) um período à frente obtém-se (13).

$$y_t = \bar{y}_t + \frac{1-\beta}{\varphi}\pi \qquad (16)$$

onde se desprezou o termo aleatório. Obviamente, quando β for igual a um, ou o coeficiente ϕ da curva de Phillips tender para infinito, a taxa de inflação não afeta o produto real da economia no longo prazo. Todavia, não há evidência empírica que justifique nenhuma das duas hipóteses.

A despeito da inexistência de evidência empírica que sustente esta curva de Phillips, ela é um ingrediente importante no modelo apresentado numa das resenhas recentes mais citadas na literatura sobre política monetária.[11] A conclusão a que se chega é de que a inércia inflacionária continua sendo uma realidade empírica à procura de fundamentos teóricos que nos permitam compreender os mecanismos do comportamento econômico que produzem este resultado. Ademais, modelos com inércia ou com inflação futura têm implicações bastante diferentes com relação a mudanças na política monetária, como será mostrado a seguir.

A análise comparativa do modelo em que a curva de Phillips depende da inflação passada com o modelo em que a curva de Phillips é função da inflação futura torna-se mais simples com o uso de variáveis contínuas, ao invés de variáveis discretas como feito até aqui. A curva de Phillips em ambos os casos pode ser escrita como:[12]

$$\dot{\pi} = \varphi(y - \bar{y}) \qquad (17)$$

onde a aceleração da inflação é proporcional ao hiato do produto. Quando o parâmetro φ for positivo, o nível de preços e a taxa de inflação são variá-

---

[11] Clarida, Galí e Gertler, 1999.

[12] A curva de Phillips com inércia pode ser escrita como: $\pi(t) = \pi(t-h) + \phi(y_t - \bar{y}_t)$, h>0. Fazendo-se uma expansão de Taylor de $\pi(t-h)$, tem-se: $\pi(t-h) = \pi(t) + \dot{\pi}(t)[t-h-t]$. Substituindo-se este valor na expressão anterior, obtém-se: $\dot{\pi}(t) = \varphi(y-\bar{y})$, onde $\varphi = \phi/h$. Admita-se agora que a curva de Phillips dependa da inflação futura: $\pi(t) = \pi(t+h) + \phi(y_t - \bar{y}_t)$. A expansão de Taylor de $\pi(t+h)$ é dada por: $\pi(t+h) = \pi(t) + \dot{\pi}(t)[t+h-t]$. Logo: $\dot{\pi}(t) = \varphi(y-\bar{y})$, onde $\varphi = -\phi/h$. Para simplificar, admite-se neste caso que o parâmetro β é igual a um.

veis predeterminadas. Quando φ for negativo, o nível de preços é predeterminado, mas a taxa de inflação é flexível, podendo mudar de valor instantaneamente.

O modelo contém duas equações adicionais, uma curva IS e uma regra de política monetária. Na curva IS, o hiato do produto é proporcional à diferença entre a taxa de juros real ρ e a taxa de juros real de longo prazo:

$$y - \bar{y} = -\gamma(\rho - \bar{\rho}), \ \gamma > 0 \tag{18}$$

A regra de política monetária é a regra de Taylor, em que a taxa de juros nominal r fixada pelo banco central depende da taxa de juros real de longo prazo, da taxa de inflação, da diferença entre a taxa de inflação e a meta da taxa de inflação que o banco central pretende atingir, e do hiato do produto, de acordo com:

$$r = \bar{\rho} + \pi + \theta(\pi - \bar{\pi}) + \psi(y - \bar{y}), \ \theta > 0, \ \psi > 0 \tag{19}$$

O modelo formado por estas três equações produz a seguinte equação diferencial de primeira ordem para a taxa de inflação:

$$\dot{\pi} = -\frac{\gamma \psi \varphi}{1 + \gamma \psi}(\pi - \bar{\pi}) \tag{20}$$

Os diagramas de fases da figura 1, a e b, mostram as duas possibilidades dependendo do sinal do parâmetro φ. Quando ele for positivo, o sistema é estável; se ele for negativo, o sistema é instável. Cabe salientar que no primeiro caso a taxa de inflação é predeterminada, enquanto na segunda hipótese a taxa de inflação pode mudar de valor instantaneamente. Como funcionam estes dois modelos quando submetidos ao mesmo experimento de política econômica? O experimento descrito a seguir procura analisar esta questão.

Figura 1
Diagrama de fases

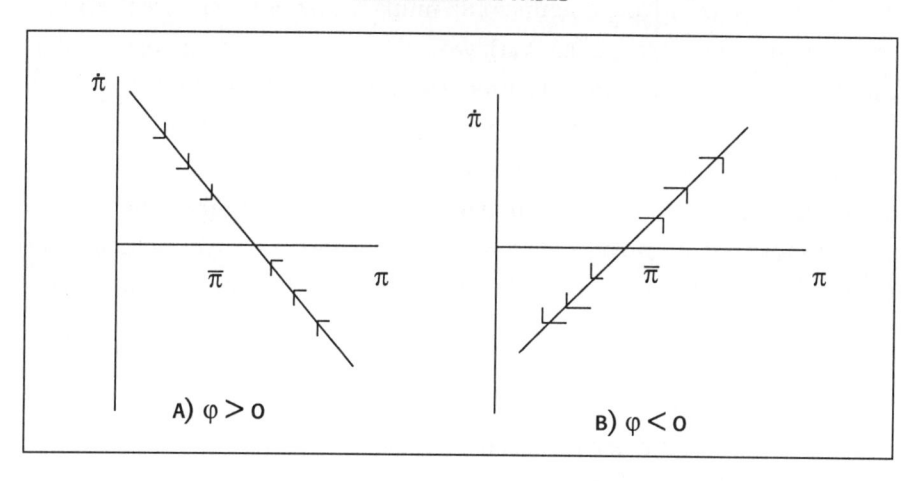

A) $\varphi > 0$

B) $\varphi < 0$

Considere-se agora o seguinte experimento de política econômica: o banco central anuncia no instante zero que reduzirá, de forma permanente, a meta da taxa de inflação a partir do instante T, de $\bar{\pi}(0)$ para $\bar{\pi}(T)$, como indicado na figura 2.

Figura 2
Política monetária anunciada

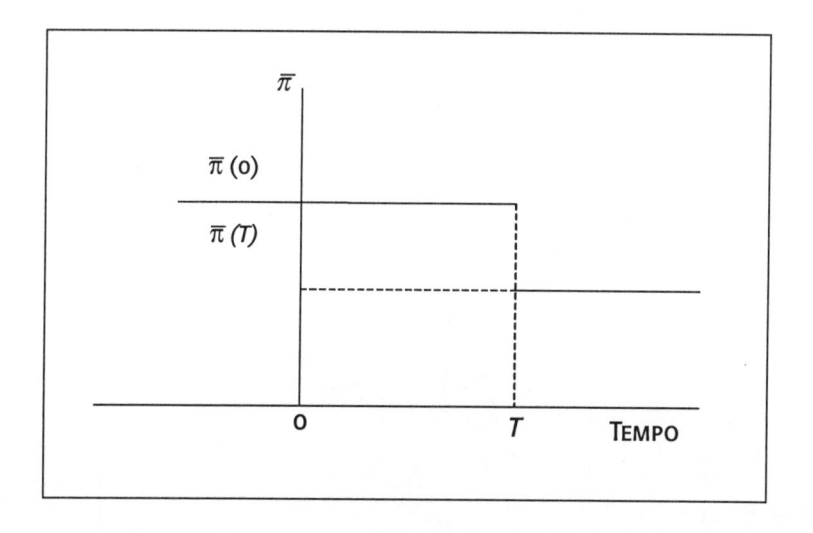

Quando o modelo tem um componente inercial da taxa de inflação (o coeficiente φ é positivo), o anúncio da mudança da política monetária não provoca qualquer alteração nas variáveis econômicas porque a taxa de inflação é predeterminada. A taxa de juros real só aumenta no instante T quando o banco central implementa a nova política monetária que tem como objetivo atingir uma meta da inflação mais baixa. A aceleração da inflação passa a ser negativa, como indicado no diagrama de fases da figura 3. O hiato do produto torna-se negativo, com a economia passando transitoriamente por uma fase recessiva, até que depois de um certo tempo a economia atinge a nova meta de inflação e volta ao pleno emprego.

FIGURA 3
RIGIDEZ DE PREÇOS E INFLAÇÃO INERCIAL

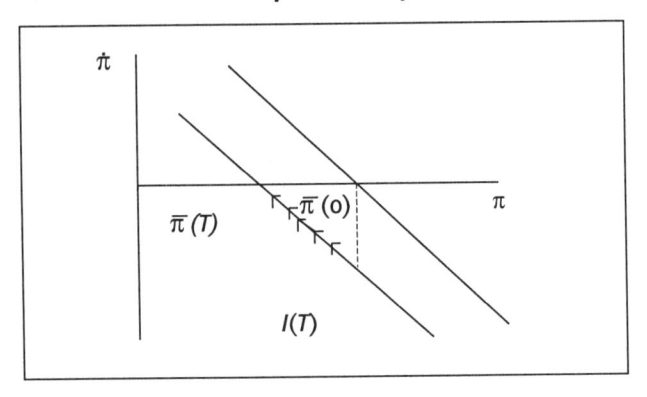

FIGURA 4
RIGIDEZ DE PREÇOS

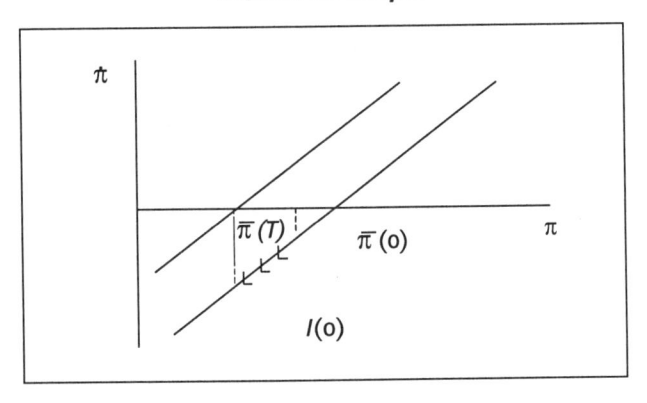

No modelo em que a previsão da inflação futura afeta a inflação no presente, a dinâmica da economia é completamente diferente do modelo em que a inflação é inercial. No momento do anúncio, a inflação muda instantaneamente de valor e a aceleração da inflação torna-se negativa, como indicado no ponto $I(0)$ da figura 4. O hiato do produto torna-se positivo com a redução da taxa de juros real, e a economia entra numa fase de aquecimento até a inflação atingir a meta fixada pelo banco central.[13]

Uma política monetária anunciada de redução da taxa de inflação provoca recessão ou aquecimento da economia? Os dois modelos respondem esta pergunta de forma diametralmente oposta. A prova do pudim está sempre em prová-lo, pois a evidência empírica é que terá a resposta em última instância.

Estabilização e inércia da inflação

A primeira contribuição de economista brasileiro sobre a componente inercial da inflação está implícita na curva de salário de Simonsen,[14] reproduzida na figura 5. No eixo vertical, marca-se o salário real e, no eixo horizontal, o tempo. Os reajustes de salários são descontínuos no tempo, enquanto os preços são reajustados continuamente. O pico do salário real ocorre no momento do reajuste quando os trabalhadores demandam uma correção do salário nominal igual à inflação passada. Este diagnóstico levou-o a formular a lei salarial do Paeg, que adotou uma fórmula de reajuste do salário nominal com base na inflação projetada para o período de vigência do salário e que preservasse o salário médio real do trabalhador, como indicado no reajuste salarial do período $t+2$ no gráfico da figura 5. A política de rendas seria então o instrumento para reduzir a componente inercial da taxa de inflação.

---

[13] Mankiw (2001) chega a conclusão semelhante, quanto ao efeito de uma política monetária antecipada, usando modelos com variáveis discretas.

[14] Simonsen, 1964.

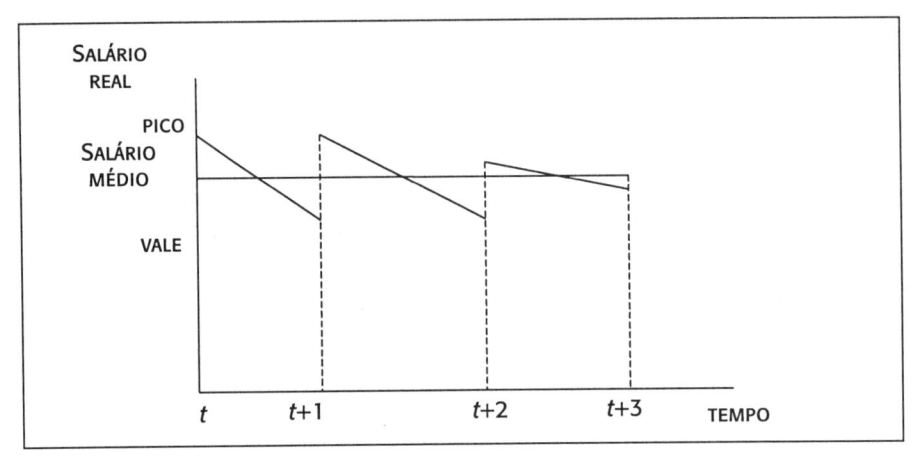

Figura 5
Curva de Simonsen: salário real e inflação

[Gráfico: eixo vertical "Salário Real" com marcações "Pico", "Salário Médio" e "Vale"; eixo horizontal "Tempo" com marcações t, $t+1$, $t+2$, $t+3$.]

A segunda contribuição de Simonsen sobre a componente inercial da taxa da inflação é o seu modelo de realimentação.[15] Nesse modelo, a taxa de inflação tem três componentes: autônoma, (μ_t); realimentação, ($a_1 \pi_{t-1}$); regulagem de demanda, ($b_1 (\Delta y_t - \Delta \bar{y}_t)$). Isto é:

$$\pi_t = \mu_t + a_1 \pi_{t-1} + b_1 (\Delta y_t - \Delta \bar{y}_t) \qquad (21)$$

Este modelo pode ser interpretado como um caso particular da equação (4) de Friedman, quando o coeficiente b_0 é igual a zero, e a componente autônoma representa diferentes choques aleatórios que afetam a taxa de inflação. O fato de que esta especificação omite o hiato do produto como variável explicativa implica que, numa situação de longo prazo, a capacidade ociosa da economia é indeterminada, uma propriedade não palatável do modelo de realimentação de Simonsen.[16]

Lopes começa seu artigo expondo a distinção entre choques inflacionários e tendência inflacionária.[17] Os choques inflacionários são os impul-

---

[15] Simonsen, 1970.
[16] Este argumento está desenvolvido em Barbosa (1983).
[17] Lopes, 1985.

sos provocados pelos agentes econômicos na tentativa de mudar seus preços relativos, como, por exemplo, os choques agrícolas e os choques cambiais. A tendência inflacionária seria o resíduo não explicado pelos choques. Isto é:

$$\pi_t = \overline{\pi}_t + \varepsilon_t \qquad (22)$$

onde a variável $\overline{\pi}$ representa a tendência inflacionária e a letra ε os choques inflacionários. A hipótese sugerida por Lopes é de que a tendência inflacionária é inercial:

$$\overline{\pi}_t = \pi_{t-1} \qquad (23)$$

A essência da hipótese inercial, segundo Lopes, é que os agentes econômicos têm um comportamento defensivo na determinação dos preços nominais, tentando reproduzir o pico prévio de renda real alcançada na curva de Simonsen da figura 5, remarcando seus preços de acordo com a taxa de inflação passada. A terapia para essa doença seria um choque heterodoxo, com o congelamento de preços e salários que eliminaria a componente inercial da taxa de inflação.

Bresser-Pereira e Nakano atribuem o aumento persistente dos preços a três fatores: "(1) fatores de inércia inflacionária que causam a manutenção do patamar da inflação; (2) fatores que causam a aceleração (ou desaceleração) da inflação; e (3) fatores que sancionam a elevação dos preços".[18] A inércia inflacionária seria causada por um conflito distributivo entre trabalhadores e empresários, que teriam instrumentos políticos e econômicos para manter suas participações relativas na renda, sendo a indexação um desses instrumentos. Estes dois autores reconhecem que a inércia corresponde à componente de realimentação de Simonsen.

Os fatores aceleradores, segundo Bresser-Pereira e Nakano, seriam os seguintes: aumento dos salários médios reais acima do aumento da produ-

---

[18] Bresser-Pereira e Nakano, 1984a:5.

tividade; aumento das margens de lucro sobre a venda das empresas; desvalorizações reais da moeda; aumento do custo dos bens importados; e aumento dos impostos.

O aumento da quantidade de moeda seria o fator sancionador da inflação, que seria uma variável endógena do modelo. Seguindo Rangel,[19] os dois autores admitem a hipótese de que o déficit público é produzido pelo governo, com a finalidade de aumentar o estoque de moeda da economia.

Bresser-Pereira e Nakano apresentam na primeira seção alguns pressupostos do modelo e, para ser fidedigno, é melhor usar as palavras dos autores para mencionar um deles:

> Nos últimos anos, entretanto, tornou-se evidente que, para refletir a realidade do capitalismo oligopolista e estatal dos nossos dias, os modelos econômicos deverão dar um passo além de Keynes e abandonar também o pressuposto de estabilidade de preços. É o que faremos neste artigo, no qual tentaremos desenvolver um modelo analítico do processo inflacionário que parte do pressuposto geral de que as economias capitalistas do último quartel do século XX tendem a conviver com o desemprego e capacidade ociosa com taxas relativamente elevadas de inflação.[20]

Este pressuposto certamente não encontra suporte em países do hemisfério norte, como os Estados Unidos. Greenspan, um dos banqueiros centrais de maior sucesso nos últimos anos, afirmou:

> *The tightening of monetary policy by the Federal Reserve in 1979, then led by my predecessor Paul Volcker, ultimately broke the back of price acceleration in the United States, ushering in a two-decade long decline in inflation that eventually brought us to the current state of price stability. The fall in inflation over this period has been global in scope, and arguably beyond the expectations of even the most optimistic inflation fighters. I have little doubt that an unrelenting focus of monetary policy on achieving price*

---

[19] Rangel, 1983.

[20] Bresser-Pereira e Nakano, 1984a:6.

stability has been the principal contributor to disinflation. Indeed, the notion, advanced by Milton Friedman more than thirty years ago, that inflation is everywhere and always a monetary phenomenon is no longer a controversial propositon in the profession. But the size and geographic extent of the decline in inflation raises the question of whether others forces have been at work as well.[21]

Esta afirmação de Greenspan, baseado na sua própria experiência na condução da política monetária americana, contradiz um dos pressupostos de Bresser-Pereira e Nakano, de que a inflação seria um fenômeno inevitável do capitalismo moderno. A evidência empírica certamente rejeita essa hipótese.

Não há dúvida de que o estoque de moeda, ou o déficit público podem ser variáveis endógenas em um modelo. No sistema de câmbio fixo, por exemplo, a moeda é uma variável endógena, pois o banco central controla a taxa de câmbio e não o estoque de moeda. No modelo de Bresser-Pereira e Nakano, o déficit público existe para permitir o aumento do estoque de moeda. Se esta hipótese fosse verdadeira, deveria observar-se que a diminuição da taxa de inflação provocaria a redução do déficit público, o que não aconteceu em nenhum plano de estabilização heterodoxo, nem tampouco no Plano Real.

A hipótese de que a inércia inflacionária resulta de um suposto conflito distributivo na sociedade pode ser interpretada como resultante do comportamento econômico enfatizado na teoria neoclássica de que os agentes econômicos, quer trabalhadores ou empresários, não têm ilusão monetária. Os trabalhadores desejam um salário real e os empresários querem um retorno real nos seus investimentos igual ao custo de oportunidade do capital. Numa economia de mercado, o sistema de preços resolve o conflito distributivo entre trabalhadores e empresários. Caso contrário, não haveria inflação inercial, mas sim um processo hiperinflacionário, como mostrado em Barbosa[22] A conclusão a que se chega é de que o conflito distributivo não seria capaz de explicar o fenômeno da inércia da inflação.

---

[21] Greenspan, 2004:1.

[22] Barbosa, 1989.

Arida e Lara-Resende[23] têm o mesmo diagnóstico da inflação brasileira que Lopes, ou seja, a inflação brasileira seria predominantemente inercial. Eles admitiam também que na primeira metade da década de 1980, depois da segunda maxidesvalorização da moeda, o déficit público operacional e a política monetária estavam controlados. A diferença entre eles e Lopes era quanto à terapia para o combate à inflação inercial. Arida e Lara-Resende propunham uma reforma monetária com a adoção de uma moeda indexada, que levaria à sincronização de todos os preços e salários. Depois de uma fase de transição, a nova moeda poderia ter uma âncora cambial ou monetária. A preferência deles era por uma âncora monetária, com o Banco Central fixando a taxa de juros para controlar um agregado mais amplo do que a base monetária, levando em conta características próprias da época.

Inflação: impulso e mecanismo de propagação

A principal razão para a emissão de moeda em países com inflação crônica é o déficit público. Nos modelos que analisam esse tipo de fenômeno, admite-se que o déficit público real financiado por moeda é igual a f. Segue-se, então, que o acréscimo no estoque nominal de moeda por unidade de tempo ($\dot{M}$) é igual a

$$\dot{M} = P f \qquad (24)$$

onde P é o índice de preços da economia. O déficit público real financiado por moeda varia no tempo de acordo com:

$$f = f(t) \qquad (25)$$

onde esta função representa a crise fiscal do Estado. A quantidade real de moeda é obtida dividindo-se o estoque nominal de moeda pelo índice de preços ($m = M/P$). Derivando-se esta expressão com relação ao tempo e usando-se as duas equações anteriores, obtém-se:

---

[23] Arida e Lara-Resende, 1985.

$$\dot{m} = f(t) - m\pi \qquad (26)$$

onde o produto $m\pi$ é o imposto inflacionário arrecadado pelo governo. A hipótese de inflação inercial pode ser representada pela seguinte curva de Phillips:

$$\dot{\pi} = \varphi(y - \bar{y}), \quad \varphi > 0 \qquad (27)$$

na qual a aceleração da inflação é proporcional ao hiato do produto. Quando o coeficiente φ tende para infinito, não existe inércia, os preços são flexíveis e a economia opera em pleno emprego.

A combinação das curvas IS e LM produz uma curva de demanda agregada em que o produto real depende da liquidez real da economia ($m = M/P$) e da taxa de inflação esperada. O efeito liquidez real é conhecido como efeito Keynes. Um aumento da liquidez real diminui a taxa de juros, aumenta o dispêndio e acarreta um aumento do produto real da economia. O efeito da taxa de inflação esperada é conhecido como efeito Mundell. O aumento da taxa de inflação esperada, para uma dada taxa de juros nominal, reduz a taxa de juros real, aumenta o dispêndio e, portanto, o produto real. Logo, no caso de previsão perfeita da taxa de inflação, a aceleração da taxa de inflação pode ser escrita de uma maneira genérica como função da taxa de inflação e do nível de liquidez real da economia, com os sinais das derivadas parciais indicados a seguir. Isto é:[24]

$$\dot{\pi} = G(\pi, m), \quad G_\pi > 0, \quad G_m > 0 \qquad (28)$$

onde G_π é a derivada parcial da aceleração da taxa de inflação com relação à própria taxa de inflação, e G_m é a derivada parcial da função G com relação à quantidade real de moeda.

---

[24] Na curva de Phillips à la Calvo, com o parâmetro φ da equação (27) negativo, as derivadas parciais de G com relação à taxa de inflação e à quantidade real de moeda são negativas. O determinante da matriz J tanto pode ser positivo como negativo. O traço da matriz J é negativo. Logo, o modelo neste caso ou tem um ponto de sela ou é estável.

O sistema dinâmico formado pelas equações de $\dot{m}$ e $\dot{\pi}$ tem a seguinte matriz jacobiana:

$$J = \begin{bmatrix} \dfrac{\partial \dot{m}}{\partial m} & \dfrac{\partial \dot{m}}{\partial \pi} \\ \dfrac{\partial \dot{\pi}}{\partial m} & \dfrac{\partial \dot{\pi}}{\partial \pi} \end{bmatrix} = \begin{bmatrix} -\pi & -m \\ G_m & G_\pi \end{bmatrix} \qquad (29)$$

O determinante desta matriz tanto pode ser positivo quanto negativo porque as duas derivadas parciais (G_p e G_m) são positivas:

$$|J| = m\, G_m \left(1 - \frac{\pi G_\pi}{m G_m}\right) = m\, G_m (1 - |\eta|) \qquad (30)$$

onde:

$$|\eta| = \frac{\pi G_\pi}{m G_m} = -\frac{\pi}{m}\frac{d m}{d \pi}$$

e a derivada da quantidade real de moeda com relação à taxa de inflação supõe que a aceleração da inflação é zero. Quando a elasticidade for menor do que um em valor absoluto e o traço da matriz J for negativo, o sistema é estável. Outras possibilidades existem, dependendo dos sinais desta elasticidade e do traço da matriz J.

FIGURA 6

DIAGRAMA DE FASES

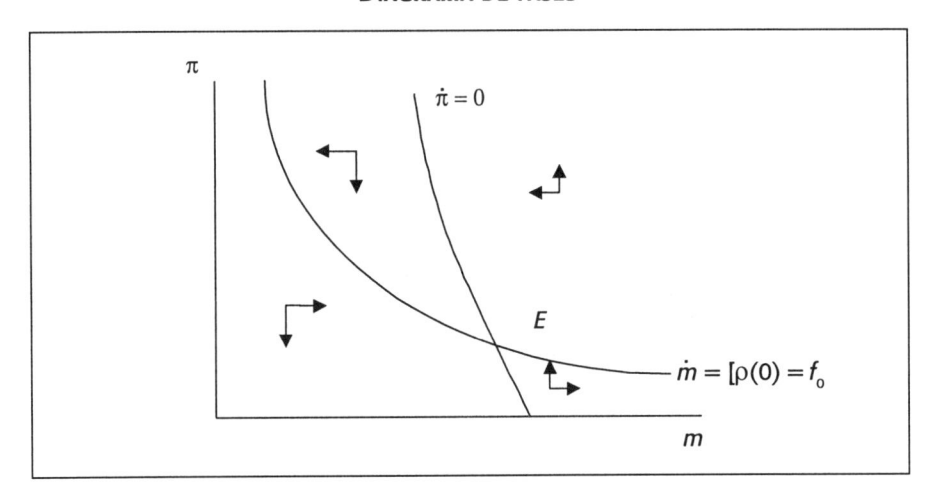

O sistema dinâmico tem, portanto, várias possibilidades. No diagrama de fases da figura 6, supõe-se que o sistema seja estável. Este diagrama de fases foi desenhado para o valor do déficit público inicial ($f(0) = f_0$). Ao longo do tempo, a curva de $\dot{m} = 0$ desloca-se, enquanto a curva de $\dot{\pi} = 0$ permanece estável. Este sistema dinâmico é um sistema não-autônomo porque o déficit fiscal financiado por moeda depende do tempo. Sua análise não é trivial, e não será desenvolvida neste texto porque desejamos usá-lo apenas como ponto de referência dos demais modelos que tratam de inflações crônicas ou de hiperinflações.

O sistema dinâmico formado pelas equações (26) e (28) abrange como casos particulares vários modelos analisados na literatura, de acordo com as hipóteses que se façam com relação às funções $f(t)$ e $G(\pi, m)$. No modelo de Bruno e Fischer,[25] o déficit público financiado por moeda é constante e não existe inércia na taxa de inflação. A função G pode ser interpretada como uma equação de demanda de moeda. Dependendo do formato da equação de demanda de moeda, existem dois pontos de equilíbrio estacionário. A hiperinflação pode ocorrer como uma bolha, mas não em decorrência dos fundamentos do modelo. No modelo de Kiguel,[26] a função f é uma função em escada que assume dois valores, com o segundo valor ultrapassando o total de imposto inflacionário que pode ser arrecadado na economia, não existindo, portanto, equilíbrio estacionário no modelo. A inércia neste modelo é gerada pelo mecanismo de expectativa adaptativa e/ou pelo mecanismo de ajustamento parcial. No modelo de Barbosa e Sallum,[27] o déficit público financiado por moeda aumenta com o decorrer do tempo, a moeda é essencial porque a elasticidade da quantidade real de moeda com relação à taxa de inflação é menor do que um em valor absoluto, e a economia entra numa trajetória de hiperinflação movida pela crise fiscal, que torna impossível o financiamento sustentável do déficit público através do imposto inflacionário.

---

[25] Bruno e Fischer, 1990.
[26] Kiguel, 1989.
[27] Barbosa e Sallum, 2002.

No modelo formado pelas equações (26) e (28), a dinâmica da inflação, ou seja, a inércia da taxa de inflação, deve sua existência à emissão de moeda que financia o déficit público. Um plano de estabilização que tenha como objetivo acabar com a inflação de modo permanente deve mudar o regime monetário da economia, não permitindo que o banco central financie o déficit público. O déficit público pode ser eliminado por uma combinação de corte dos gastos e aumento de impostos. A segunda possibilidade é financiá-lo através da emissão de títulos da dívida pública. Esta solução pode acabar com a inflação, mas ao custo de postergar o ajuste fiscal ou de criar um problema futuro de crise da dívida pública.

Conclusão

A teoria econômica ainda não produziu um modelo convincente que seja capaz de explicar o fato de que usualmente a taxa de inflação tem uma componente inercial. A curva de Phillips que supõe inércia apenas no nível de preços é inconsistente com a evidência empírica de que, em algumas experiências de políticas de combate à inflação previamente anunciadas, a economia passou por um período de recessão. A curva de Phillips com inércia na taxa de inflação implica uma fase recessiva, mesmo que a política seja antecipada pelos agentes econômicos.

Alguns economistas brasileiros (Simonsen, Lopes, Bresser-Pereira e Nakano, Arida e Lara-Resende) contribuíram na formulação de políticas que tinham como objetivo reduzir o custo social de programas de combate à inflação através de instrumentos que impedissem a realimentação da inflação. A lei salarial do Paeg e a moeda indexada do Plano Real tiveram sucesso na estabilização da economia, enquanto os choques heterodoxos de congelamento de preços e salários fracassaram todas as vezes que foram postos em prática.

A inflação crônica não é um fenômeno monetário, mas sim fiscal, de um regime monetário em que o banco central é obrigado a financiar o déficit público.[28] No Plano Real houve uma mudança no regime monetário. Todavia, a emissão de moeda foi substituída pela emissão de títulos públicos, com o crescimento vertiginoso da dívida pública no primeiro mandato do presidente Fernando Henrique Cardoso. Essa política foi responsável pela fragilidade da economia brasileira a qualquer choque externo que aumentasse a taxa de juros. A moeda indexada (a URV) reduziu o custo social inicial no Plano Real. Todavia, a falta de ajuste fiscal produziu um crescimento medíocre da economia no período 1994-2003, que na verdade deve ser atribuído ao custo social do Plano Real, uma obra inacabada do governo do presidente Fernando Henrique Cardoso, e que pode ser concluída com êxito pelo presidente Lula, caso persista no programa de ajuste fiscal da economia brasileira.

Referências bibliográficas

ARIDA, Persio; LARA-RESENDE, André. Inertial inflation and monetary reform: Brazil. In: WILLIAMSON, John (Ed.). *Inflation and indexation: Argentina, Brazil and Israel*. Washington: Institute of International Economics, 1985. p. 27-45.

BARBOSA, Fernando de Holanda. *A inflação brasileira no pós-guerra: monetarismo versus estruturalismo*. Rio de Janeiro: Inpes/Ipea, 1983.

_____. As origens e conseqüências da inflação na América Latina. *Pesquisa e Planejamento Econômico*, v. 19, p. 505-523, 1989.

_____; SALLUM, Élvia Mureb. Hiperinflação: um arcabouço teórico. *Revista Brasileira de Economia*, v. 56, p. 517-549, 2002.

BRESSER-PEREIRA, Luiz Carlos; NAKANO, Yoshiaki. Fatores aceleradores, mantenedores e sancionadores da inflação. *Revista de Economia Política*, v. 4, n. 1, p. 5-21, jan. 1984a.

_____; _____. *Inflação e recessão*. São Paulo: Brasiliense, 1984b.

---

[28] Este diagnóstico das experiências de inflação crônica e hiperinflação na América Latina é apresentado em Barbosa (1989).

BRUNO, Michael; FISCHER, Stanley. Seigniorage, operating rules and high inflation trap. *Quarterly Journal of Economics*, v. 105, p. 353-374, 1990.

CALVO, Guillermo A. Staggered prices in a utility maximizing framework. *Journal of Monetary Economics*, v. 12, p. 983-998, 1983.

CLARIDA, Richard; GALÍ, Jordi; GERTLER, Mark. The science of monetary policy: a new Keynesian perspective. *Journal of Economic Literature*, v. 37, p. 1.661-1.707, 1999.

FRIEDMAN, Milton. The role of monetary policy. *American Economic Review*, v. 58, p. 1-17, 1968.

_____. *A theoretical framework for monetary analysis*. New York: NBER, Columbia University Press, 1971.

GREENSPAN, Alan. Risk and uncertainty in monetary policy. San Diego, 2004. In: MEETINGS OF THE AMERICAN ECONOMIC ASSOCIATION. ms.

HUME, David. *Writings on economics*. Madison: University of Wisconsin Press, 1970.

KEYNES, John Maynard. *The general theory of employment, interest and money*. London: MacMillan, 1936.

KIGUEL, Miguel. Stability, budget deficits and the dynamics of hyperinflation. *Journal of Money, Credit and Banking*, v. 21, p. 148-157, 1989.

LOPES, Francisco Lafayete. Inflação inercial, hiperinflação e desinflação: notas e conjecturas. *Revista de Economia Política*, v. 5, p. 135-151, 1985.

MANKIW, Gregory N. The inexorable and mysterious tradeoff between inflation and unemployment. *Economic Journal*, v. 111, p. C45-C61, 2001.

RANGEL, Ignácio. *A inflação brasileira*. Rio de Janeiro: Tempo Brasileiro, 1983.

ROTEMBERG, Julio. Monopolistic price adjustment and aggregate output. *Review of Economic Studies*, v. 44, p. 517-531, 1982.

SIMONSEN, Mario Henrique. *A experiência inflacionária no Brasil*. Rio de Janeiro: Ipes, 1986.

_____. *Inflação: gradualismo x tratamento de choque*. Rio de Janeiro: Apec, 1970.

Crise e reconstrução do Estado

WILSON SUZIGAN

Um dos temas em que Luiz Carlos Bresser-Pereira tem sido mais criativo é o das relações entre Estado e mercado. Sua produção intelectual nessa área é não só abundante como tematicamente ampla e rica em novos *insights*. Valendo-se de sua erudição e de sua filiação à tradição da economia política, aborda o tema com visão ampla e com firmeza, oferecendo diagnósticos precisos e proposições pertinentes. Como poucos intelectuais, conseguiu colocar seus conhecimentos na prática da vida pública, alcançando resultados notáveis, e conseguiu também incorporar à sua obra, como uma espécie de fertilização cruzada, sua experiência de homem público. Isto transparece, talvez mais que em qualquer outro tema, em seus trabalhos sobre o Estado.

Este texto discute a contribuição de Bresser ao tema Estado e mercado, com base em suas principais obras, entre as quais os livros *Estado e subdesenvolvimento industrializado* e *Crise econômica e reforma do Estado no Brasil*, os artigos "Economic reforms and the cycles of State intervention", "Um novo Estado para a América Latina" e "A reforma do Estado nos anos 90:

lógica e mecanismos de controle", e os originais do livro *Democracy and public management reform*, submetido à Oxford University Press.[1]

Desde logo fica claro que, embora desejável, é inviável uma discussão detalhada de todas essas obras no espaço reservado a este estudo. Por isso, levando em conta o conjunto das obras, procura-se focalizar a discussão, buscando destacar: primeiro, a interpretação de Bresser sobre a crise do Estado e suas causas; segundo, as decorrentes proposições de Bresser para a reconstrução do Estado, não no sentido de torná-lo mínimo, e sim mais forte e eficiente, embora menor e mais voltado à coisa pública; terceiro, o cerne de suas principais contribuições; e, por fim, algumas considerações críticas sobre pontos específicos de sua análise.

A crise do Estado

Algumas das mais significativas contribuições de Bresser ao estudo das relações entre Estado e mercado originaram-se de sua singular interpretação da crise que afetou as economias latino-americanas a partir de fins da década de 1970 como essencialmente uma crise do Estado. Já em *Estado e subdesenvolvimento industrializado*, Bresser apontava a ineficiência do Estado tecnoburocrático-capitalista típico da formação social que chama de subdesenvolvimento industrializado. Dominado por interesses das classes sociais hegemônicas e incapaz de superar "o subdesenvolvimento, a desigualdade, a miséria de muitos e a injustiça social", o Estado constituía-se num poderoso instrumento de "um tipo de desenvolvimento que mantém o subdesenvolvimento".[2]

Entretanto, é de fato com base na grande crise econômica nos anos 1980 dos países latino-americanos, e em particular do Brasil, que Bresser elabora sua interpretação. Identifica a crise da economia como uma crise do Estado, que se manifestava por uma profunda crise fiscal, pelo esgotamento

---

[1] Bresser-Pereira, 1977, 1996, 1993, 1998a, 1998b e 2004.

[2] Bresser-Pereira, 1977:24.

da forma de intervenção do Estado e sua correspondente estratégia de industrialização por substituição de importações, e pela obsolescência da forma burocrática pela qual o Estado é administrado.

A causa essencial da crise do Estado estava no seu crescimento excessivo e distorcido durante a fase expansiva do ciclo econômico e concomitante captura por interesses privados. Mas Bresser enfatiza o "caráter cíclico e mutável" do crescimento do Estado e da intervenção estatal como uma importante componente cíclica da crise do Estado. Assim como cresce e aumenta sua intervenção na fase de expansão, o Estado diminui e reduz a intervenção na fase de contração. Adicionalmente, o avanço da globalização da economia mundial reduziu a autonomia dos Estados nacionais na implementação de políticas intervencionistas.

É com base nesse diagnóstico abrangente que Bresser, como ministro de Estado (1987), toma as primeiras medidas visando mudar a forma de intervenção do Estado e, posteriormente, substancia suas proposições para a sua indispensável reforma. As medidas de 1987 visavam pioneiramente o início de um processo de liberalização comercial por meio de uma reforma da tarifa aduaneira, preparando o terreno para uma redução das barreiras não-tarifárias. Quanto a suas proposições para a reforma do Estado, ocupam a maior parte de sua produção intelectual sobre o tema a partir da década de 1990 e merecem um tratamento mais detalhado.

Reforma do Estado

Com base em sua interpretação da crise econômica como uma crise do Estado, desdobrada em crise fiscal, crise do padrão de intervenção e crise da forma de administrar o Estado, Bresser formula sua proposta de reforma, que caracteriza como "reconstrução do Estado". Sob a hipótese de que a relação ideal entre mercado e controle estatal necessariamente varia historicamente de acordo com um padrão cíclico e mutável de intervenção do Estado; sob o pressuposto de que "o Estado, além de garantir a ordem interna, a estabilidade da moeda e o funcionamento dos mercados, tem um papel fundamental de coordenação econômica", combinada com a coordenação pelo mercado; e tendo em vista que o Estado "deve ser constantemente reformado para manter-se forte, efetivo", num processo geralmente defasado, que ocorre apenas após uma crise fiscal e econômica, Bresser propõe que a reconstrução do Estado deve ser compatível com as reformas orientadas para o mercado. Estas incluem, além do respeito aos fundamentos macroeconômicos, as reconhecidamente necessárias reformas fiscal/tributária e previdenciária, bem como a liberalização comercial, a privatização e a reestruturação das empresas. Mas Bresser tem o cuidado de recomendar que essas reformas pró-mercado devem ser feitas sem radicalismos. Chega a ser premonitório no artigo publicado em 1993, ao recomendar que "a liberalização comercial não deve ser tão radical e abrupta a ponto de destruir a indústria local. Nem deve ser implementada se a taxa de câmbio estiver sobrevalorizada".[3] E enfatiza que a reforma do Estado deve visar não o Estado mínimo da ideologia neoliberal, mas sim o estabelecimento de um Estado forte e eficiente, embora menor.

Reconstrução do Estado, segundo Bresser, significa

> recuperação da poupança pública e superação da crise fiscal; redefinição das formas de intervenção no econômico e no social através da contratação de organizações públicas não-estatais para executar os serviços de educação, saúde, e cultura; e reforma da administração pública com a implantação de uma administração pública gerencial. Reforma que significa transitar de um Estado que promove diretamente o desenvolvimento econômico e social para um Estado que atue como regulador e facilitador ou financiador a fundo perdido desse desenvolvimento.[4]

Essa reconstrução do Estado resultaria de quatro processos básicos interdependentes de reforma: a delimitação do tamanho do Estado; a redefinição do papel regulador do Estado; a recuperação da governança; o aumento da governabilidade. A delimitação do tamanho do Estado seria alcançada por meio de privatização, publicização e terceirização, que por

---

[3] Bresser-Pereira, 1993.

[4] Bresser-Pereira, 1998b:58.

sua vez implicam distinguir claramente as atividades exclusivas de Estado, que Bresser sugere serem as de serviços sociais e científicos, e definir um novo tipo de propriedade, entre a estatal e a privada: a propriedade pública não-estatal. Surgiriam, assim, novas instituições que caracterizariam o novo Estado.

A redefinição do papel regulador do Estado tem a ver com o "maior ou menor grau de intervenção do Estado no funcionamento do mercado". Nas palavras de Bresser, "o mercado é o mecanismo de alocação eficiente de recursos por excelência", mas "muitas vezes deixa de funcionar adequadamente em função de suas imperfeições e da existência de externalidades positivas, que não são remuneradas pelo mercado, ou negativas, que não são por ele punidas".[5]

Nessas duas reformas, que delimitam as áreas de atuação e redefinem o papel regulador do Estado, Bresser faz uma proposta sugestiva: a de que "é possível encontrar uma lógica para distinguir o espaço público do privado e, dentro do espaço público, o espaço público estatal do público não-estatal", propondo chamá-la de "lógica do leque de mecanismos de controles".[6] Adotando um critério funcional, organiza os mecanismos de controle em um leque que vai do "mais difuso, automático, ao mais concentrado e fruto de deliberação; ou do mais democrático ao mais autoritário".[7] Esse leque compreenderia, além do sistema jurídico, que o antecede, os seguintes mecanismos de controle: mercado, controle social (democracia direta), controle democrático representativo, controle hierárquico gerencial, controle hierárquico burocrático e controle hierárquico tradicional. Bresser sugere como princípio geral o de que "será preferível o mecanismo de controle que for mais geral, mais difuso, mais automático". Por isso, a regra geral é: "sempre que possível o mercado deverá ser escolhido como mecanismo de controle",[8] mas, como o mercado está sujeito a falhas ou imperfeições, é preci-

---

[5] Bresser-Pereira, 1998b:51-52 e 77.

[6] Ibid., p. 75.

[7] Ibid., p. 76.

[8] Ibid.

so recorrer a outras formas de controle. Segundo Bresser, "no capitalismo globalizado que está emergindo conjuntamente com a reforma do Estado dos anos 90, predominarão, combinados, o controle hierárquico gerencial, a democracia representativa, a democracia direta ou controle social, e o mercado".[9]

A recuperação da governança, por sua vez, tem três componentes fundamentais: a superação da crise fiscal; a redefinição das formas de intervenção do Estado no plano econômico-social, inclusive em seu "papel permanente de orientar a distribuição da renda"; e a superação da forma burocrática de administrar o Estado. Para esta última, Bresser propõe a "administração pública gerencial", que teria, entre outras, as características de: orientação para o cidadão, ênfase nos contratos de gestão, separação entre secretarias formuladoras e unidades executoras de políticas públicas, distinção entre unidades executoras de funções exclusivas de Estado e organizações sociais que realizam serviços sociais e científicos competitivos, terceirização de atividades auxiliares ou de apoio. Com isso, o Estado recuperaria sua capacidade financeira e administrativa de implementar as decisões políticas do governo, inclusive no campo social.

Por fim, no aumento da governabilidade, Bresser inclui dois aspectos: a legitimidade do governo perante a sociedade, e a adequação das instituições políticas para a intermediação de interesses. Embora admitindo que a necessidade de uma reforma política é "menos clara, porque não se pode falar em uma crise política de Estado nos anos 90", Bresser enfatiza que o aumento da governabilidade é essencial para recuperar a "capacidade política do governo de intermediar interesses, garantir legitimidade e governar".[10]

Cumprida a tarefa de reforma ou reconstrução do Estado, seria necessário definir uma nova estratégia de desenvolvimento. Nessa estratégia, a intervenção deixaria de ter como objetivo simplesmente a proteção contra a concorrência, mas sim, em complementação aos mecanismos de mercado,

---

[9] Bresser-Pereira, 1998b:78.

[10] Ibid., p. 49, 60, 77-82.

visaria "estimular e preparar as empresas e o país para a competição generalizada".[11] O resultado seria

> um Estado mais eficiente, que responda a quem de fato deve responder: o cidadão. (...) um Estado menos voltado para a proteção e mais para a promoção de capacidade de competição. (...) um Estado que não utilizará burocratas estatais para executar serviços sociais e científicos, mas contratará competitivamente organizações públicas não-estatais. (...) um Estado Social-Liberal, em substituição ao Estado Social-Burocrático do século vinte. Um Estado certamente democrático.[12]

Esse Estado social-liberal (e republicano, isto é, voltado à coisa pública) será social

> porque continuará responsável pela proteção dos direitos sociais à educação, à saúde e à previdência básica (...) e porque, embora reduzindo sua ação nesta área, continuará a promover o desenvolvimento econômico. Será liberal porque realizará estas tarefas de forma muito mais competitiva, deixando de oferecer à burocracia estatal o monopólio das verbas orçamentárias para educação, saúde, cultura. A construção de infra-estrutura será terceirizada. (...) As empresas produtoras de bens serão privatizadas. As empresas produtoras de serviços públicos serão objeto de concessão a empresas privadas. (...) E, finalmente, a oferta de serviços sociais será entregue, também de forma competitiva, não a empresas privadas, mas a organizações públicas não-estatais.[13]

Em síntese, esse novo Estado social-liberal e republicano

> será financiador em vez de produtor dos serviços sociais não exclusivos do Estado, que o mercado não pode recompensar adequadamente em função das economias externas que produzem, como é o caso da educa-

---

[11] Bresser-Pereira, 1998b:53.
[12] Ibid., p. 89-91.
[13] Bresser-Pereira, 1998a:95.

ção, da saúde, da cultura, da proteção ao meio ambiente e do desenvolvimento científico e tecnológico. Será complementar ao mercado, em vez de substituto do mercado. Não produzirá bens e serviços, nem concentrará sua política econômica na proteção ao mercado nacional, mas desempenhará papel importante ao promover a competitividade externa do país.[14]

Contribuições mais relevantes

É claro que a discussão anterior, forçosamente esquemática, não reflete toda a riqueza de idéias trazidas por Bresser ao debate sobre a crise e a reforma do Estado, e a relação ideal entre Estado e mercado. Mas três de suas contribuições não podem deixar de ser destacadas: sua interpretação da crise; a hipótese que propõe sobre o padrão cíclico e mutável de intervenção do Estado, que assinala ser um fenômeno econômico e político; e sua visão de um novo Estado, com lógica de intervenção e mecanismos de controle.

A interpretação da crise econômica como uma crise do Estado é criativa no sentido em que possibilita diagnosticá-la, de forma ampla e precisa, como uma crise causada

> pelo acúmulo de distorções provocadas por anos de populismo e de "nacional-desenvolvimentismo", pelo crescimento distorcido e exagerado do Estado, pelo peso da dívida externa, pelo esgotamento da estratégia de substituição de importações e pela conseqüência básica do acúmulo de todas essas tendências: a crise financeira do Estado – uma crise que imobiliza o Estado, transformando-o em um obstáculo ao invés de um agente efetivo de crescimento.[15]

Nesse sentido, a crise fiscal do Estado é absolutamente distinta "da mera leniência fiscal ou da mera existência de déficit orçamentário". Justifi-

---

[14] Bresser-Pereira, 1998a:95.

[15] Bresser-Pereira, 1996:55.

cam-se, portanto, as reformas orientadas para o mercado, mas com coordenação do Estado e do mercado, e a reconstrução do Estado de forma a recuperar sua capacidade de intervenção sob uma nova estratégia. Considerando que as interpretações do nacional-desenvolvimentismo e da nova teoria da dependência perderam a capacidade de explicar o desenvolvimento latino-americano, Bresser sugere que

> uma nova síntese está a caminho, à medida que a crise dos anos 80 vai sendo superada. Ela pode ser o terceiro momento paradigmático de interpretação do desenvolvimento latino-americano, assim que o desenvolvimento seja de fato retomado. Eu proponho denominá-lo de interpretação da crise do Estado: a correspondente estratégia pode ser chamada de social-democrática ou social-liberal.[16]

A hipótese do padrão cíclico e mutável de intervenção do Estado esvazia a crítica conservadora (neoliberal), com sua pregação de Estado mínimo e fé na capacidade do mercado para resolver todos os problemas, e desmistifica a reação progressista e sua negação da necessidade de reduzir o tamanho do Estado e de introduzir reformas orientadas para o mercado. Propõe que a relação ideal entre mercado e controle estatal "necessariamente varia historicamente, e de acordo com um padrão cíclico e mutável de intervenção do Estado. (...) Em cada ciclo o padrão de intervenção será diferente (...) em cada estágio de desenvolvimento há um espectro de combinações eficientes de coordenação pelo mercado e pelo Estado". Portanto, "não há razão para identificar reformas orientadas para o mercado com neoliberalismo, nem tampouco se deve identificar orientação para o mercado com coordenação pelo mercado".[17] Esses ciclos de intervenção "são fenômenos tanto econômicos quanto políticos", ou seja, "(...) se a crise econômica está relacionada a falhas de mercado, uma fase politicamente progressista pode prevalecer, como no New Deal. Em contraste, se a crise é

---

[16] Bresser-Pereira, 1996:49.

[17] Bresser-Pereira, 1993:1.339-1.341.

atribuída à intervenção excessiva ou distorcida, uma onda conservadora pode ocorrer, como nos últimos vinte anos". E a intervenção tem uma lógica subjacente, isto é, a de que ela é necessária "quando o mercado é incapaz de garantir a acumulação capitalista nem contém um mecanismo endógeno para promover uma distribuição socialmente aceitável da renda".[18]

Por último, em sua visão de um novo Estado, com correspondente lógica de intervenção e mecanismos de controle, Bresser estabelece com absoluta clareza o papel do Estado e os valores que norteiam as democracias modernas. Afirma que

> o bom funcionamento do sistema capitalista depende não apenas de livres mercados mas também de um forte (embora reduzido) aparato de Estado, bem como de uma crescente eqüidade na distribuição da renda. O Estado é necessário para garantir direitos de propriedade e contratos, para estabilizar a economia, para estimular poupança e investimento, para promover progresso tecnológico, para facilitar a distribuição de renda e bem-estar, e ao institucionalizar e proteger os mercados, para assegurar a existência de uma sociedade civil forte e da democracia.[19]

O sistema político que as democracias modernas estão construindo, além de reconhecer esse papel do Estado,

> valoriza as liberdades individuais e o mecanismo de mercado; eleva suas responsabilidades em relação aos pobres e aos fracos; cria mecanismos institucionais e gerenciais para se proteger contra a captura por interesses privados. Assim, é possível ser, ao mesmo tempo, democrático e liberal, liberal e social, liberal e republicano, republicano e democrático,

advertindo que, para "pensar assim, é suficiente não confundir socialismo com estatismo".[20]

---

[18] Bresser-Pereira, 1993:1.343-1.344.
[19] Ibid., p. 1.338.
[20] Bresser-Pereira, 2004.

Comentário

Em todo esse conjunto de idéias e de proposições inovadoras há certamente vários pontos que podem e devem ser objeto de debate. Entretanto, vou focalizar apenas um tópico: a visão de Bresser sobre a intervenção do Estado como estratégia de industrialização. Creio que nesse tópico a análise de Bresser é insuficiente e poderia ser objeto de aprofundamento em alguns de seus desdobramentos temáticos. Sem qualquer pretensão de esgotar os possíveis desdobramentos e, sobretudo, sem pretensão de avançar no debate, vou mencionar quatro pontos específicos: a excessiva estilização do papel do Estado na industrialização; o exagero da interpretação de Bresser quanto à industrialização por substituição de importações (ISI) como um modo de intervenção do Estado; sua insuficiente abordagem da economia política da política industrial; e não-consideração da hipótese, aventada por Bueno,[21] de histerese institucional na evolução do padrão de intervenção do Estado, sobretudo com relação a reformas orientadas para o mercado e políticas industriais.

Tal como expressa no artigo publicado em 1993, a visão de Bresser sobre intervenção do Estado como estratégia de industrialização é muito estilizada: a intervenção do Estado é

> importante para mobilizar recursos (poupança forçada) e oferecer proteção na fase inicial da industrialização de países retardatários; depois dessa fase a acumulação de capital continua essencial para o crescimento, mas agora depende de inovação, introdução permanente de progresso técnico, da alocação eficiente de recursos. Nesse ponto fica evidente a limitação da intervenção do Estado em comparação com a coordenação do mercado. Daí em diante reduz-se a intervenção do Estado.[22]

O que se observa, porém, é que as políticas industriais, na fase inicial de industrialização, freqüentemente vão muito além de oferecer proteção e mobilizar recursos. No Brasil, por exemplo, o Plano de Metas na década de

---

[21] Bueno, 1996.

[22] Bresser-Pereira, 1993:1.345.

1950, os planos nacionais de desenvolvimento e os planos básicos de desenvolvimento científico e tecnológico na década de 1970 continham avanços institucionais, investimentos na infra-estrutura sistêmica, criação de capacidade de exportação, estratégias tecnológicas. Na Coréia do Sul, o Estado, desde os primórdios do processo de industrialização, além de financiar e proteger, foi decisivo na constituição de grandes grupos empresariais nacionais, na restrição ao capital estrangeiro em atividades consideradas estratégicas, na formação de recursos humanos, no desenvolvimento de um sistema nacional de inovação. E, depois da fase inicial da industrialização, quando a inovação e a introdução permanente de progresso técnico tornam-se mais importantes, a intervenção do Estado é ainda mais relevante. O apoio do Estado, inclusive com subsídio, a atividades privadas de pesquisa e desenvolvimento é um dos poucos modos de intervenção que não geram controvérsias ou litígios internacionais.

Bresser exagera também ao identificar a estratégia de ISI ao modo de intervenção do Estado, concluindo que, com o esgotamento daquela estratégia nos anos 1980, o modo de intervenção havia perdido sua funcionalidade.[23] Na realidade, a SI como estratégia de industrialização havia perdido importância muito antes dos anos 1980. Celso Furtado, em seu clássico *Teoria e política do desenvolvimento*, afirma que já em meados dos anos 1950 o processo de ISI apresentava sinais de saturação nos países latino-americanos que mais haviam avançado na industrialização; daí por diante, somente a ação estatal, conduzindo à criação das indústrias de base, abriria uma nova fase no processo de industrialização.[24] Dados do Ipea, por outro lado, mostraram que já nos anos 1970 a demanda interna e as exportações eram responsáveis por cerca de 92% da variação do produto industrial.[25] As políticas industriais implementadas desde os anos 1950 haviam ido muito além da SI, abrindo o que Furtado chamou de a terceira fase do processo de industrialização – a industrialização por ação estatal. Portanto, a prescrição

---

[23] Bresser-Pereira, 1993:23 e 258.

[24] Furtado, 2000:252-253 e 1969:143-144.

[25] Ipea, 1985:209.

de Bresser, a partir de sua constatação de que, em fins dos anos 1980, "a estratégia de substituição de importações estava esgotada" e que, por isso, "a melhor e mais importante política industrial seria aquela que obrigasse as empresas brasileiras – inclusive as multinacionais aqui implantadas – a elevar sua produtividade e se tornarem competitivas internacionalmente",[26] embora correta, estava defasada. As primeiras medidas nesse sentido já haviam sido tomadas em 1979, na gestão de Simonsen no Planejamento, mas foram abortadas pela crise do início dos anos 1980.

Ao considerar a economia política da política industrial, por sua vez, Bresser dá atenção predominantemente às atividades de *rent-seeking*. A economia política da política industrial, na realidade, é muito mais abrangente e sofisticada, como já foi demonstrado por Chang,[27] que ressalta o papel da política industrial como instrumento de coordenação. Além disso, desde o início dos anos 1990, há também importantes restrições decorrentes de acordos de comércio e de integração econômica e de regulações de comércio internacional a medidas de política industrial que impliquem qualquer forma de subsídio ou fomento setorial.

Por fim, na sugestiva proposição de Bresser quanto ao padrão cíclico e mutável de intervenção do Estado, especificamente quanto à introdução de reformas orientadas para o mercado e à implementação de políticas industriais, seria interessante investigar a hipótese de histerese institucional aventada por Bueno. Ao contrário das análises convencionais, que consideram o aparato institucional como exogenamente dado, o modelo de histerese institucional incorpora explicitamente uma dinâmica institucional, reconhecendo que as instituições importam. E essa dinâmica institucional está sujeita a histerese, que ocorre na medida em que "decisões tomadas em cada etapa da história de um sistema conformam o conjunto de opções factíveis para o sistema nos momentos seguintes". Isto "faz com que as trajetórias evolutivas de diferentes países (que realizam escolhas institucionais diver-

---

[26] Bresser-Pereira, 1996:258.

[27] Chang, 1994 e 2002.

sas em diferentes momentos) sejam *path-dependents*". No caso específico da política industrial, em

> países onde a evolução institucional conduziu a um ambiente em que tradicionalmente o processo de transformação industrial é comandado pelas empresas (...), entre eles os Estados Unidos, é altamente improvável que o Estado possa manipular uma política industrial ativa; o inverso se dá em países, entre eles o Japão, onde historicamente o governo central exerceu controle sobre o desenvolvimento de longo prazo da economia.[28]

No Brasil, as dificuldades encontradas nas últimas duas décadas para passar de um sistema econômico comandado pelo Estado para um sistema comandado pelo mercado, na ausência de uma política industrial como instrumento de coordenação, talvez possam ser explicadas, pelo menos em parte, pela ocorrência de histerese institucional. Esta explica também, em boa medida, as dificuldades enfrentadas pelo governo para a aprovação das reformas tributária, previdenciária e da legislação trabalhista.

De todo modo, é inegável que, de forma coerente com a assertiva de Bresser sobre o caráter cíclico e mutável do padrão de intervenção do Estado, uma nova fase de expansão está em curso, e a ênfase da intervenção será, além do social, no apoio ao desenvolvimento científico, à incorporação de progresso técnico e à proteção ambiental.

Referências bibliográficas

BRESSER-PEREIRA, Luiz Carlos. *Estado e subdesenvolvimento industrializado.* São Paulo: Brasiliense, 1977.

_____. Economic reforms and the cycles of state intervention. *World Development*, v. 21, n. 8, p. 1.337-1.353, 1993.

_____. *Crise econômica e reforma do Estado no Brasil.* São Paulo: Editora 34, 1996.

---

[28] Bueno, 1996:335-336.

_____. Um novo Estado para a América Latina. *Novos Estudos CEBRAP*, n. 50, p. 91-98, mar. 1998a.

_____. A reforma do Estado nos anos 90: lógica e mecanismos de controle. *Lua Nova – Revista de Cultura Política*, v. 45, p. 49-95, 1998b.

_____. *Democracy and public management reform*. Oxford: Oxford University Press, 2004.

BUENO, Newton Paulo. Um modelo de histerese institucional para a análise da política industrial brasileira. *Pesquisa e Planejamento Econômico*, v. 26, n. 2, p. 333-347, ago. 1996.

CHANG, Ha-Joon. *The political economy of industrial policy*. London: MacMillan, 1994.

_____. *Kicking away the ladder: development strategy in historical perspective*. London: Anthem, 2002.

FURTADO, Celso. *Formação econômica da América Latina*. Rio de Janeiro: Lia Editor, 1969.

_____. *Teoria e política do desenvolvimento econômico*. 10. ed. rev. São Paulo: Companhia Editora Nacional, 2000.

INSTITUTO DE PLANEJAMENTO ECONÔMICO E SOCIAL (Ipea). *Perspectivas de longo prazo da economia brasileira*. Rio de Janeiro: Ipea/Inpes, 1985.

III

SOCIOLOGIA E TEORIA SOCIAL

O que é a tecnoburocracia?*

GÉRARD LEBRUN

Concordando ou não (ou apenas em parte) com *A sociedade estatal e a tecnoburocracia*, de Luiz Carlos Bresser-Pereira, é fato que este livro é tão bem escrito e desperta tanto interesse que o lemos de um fôlego só. Deterei aqui os meus elogios, receando desagradar a um autor que já espera, como diz, "ver sua análise (...) ser utilizada como arma ideológica anti-socialista da burguesia". Como me desgostaria dar-lhe, nas colunas do *Jornal da Tarde*, um presente assim envenenado!

E seria esta a última das minhas intenções – ainda mais porque é difícil, afinal de contas, ser anti-socialista dado o sentido que Bresser-Pereira atribui à palavra "socialismo": "a sociedade sem classes, em que a propriedade sobre os meios de produção é comum, não se exercendo através da mediação do Estado", "em que o Estado deixou de ser instrumento de do-

---

* Este é o único texto que não foi escrito especialmente para este livro. Entretanto, tratando-se de um filósofo da importância de Lebrun, decidimos incluí-lo. Originalmente publicado no *Jornal da Tarde* (17 ago. 1982), foi republicado em *Passeios ao léu* (São Paulo: Brasiliense, 1983. p. 263-271). (N. dos Orgs.)

minação", "em que os direitos do homem são respeitados" etc. Alguém já se indignou por lhe prometerem o Paraíso? E, como o autor imediatamente reconhece que "nenhuma dessas características realizou-se ainda no mundo", por que sair em guerra contra um unicórnio ou um corvo branco? Assim como todos, no século XVIII, eram livres para descrever o estado de natureza a seu gosto, hoje cada um é livre de imaginar o socialismo que lhe agrade... Uma vez que se supõe, é claro, que o socialismo existente usurpou este nome.

Tese que já valeu ao autor os ataques que era de esperar. Diferendos ideológicos (nada sei a respeito, mas posso imaginar) com os que sustentam, contra ventos e marés, que a União Soviética continua sendo, a despeito de tudo, um modelo de socialismo. Mas também – e acima de tudo – diferendos teóricos com aqueles que pretendem "conservar a crença na transição direta do capitalismo para o socialismo (...) sem que haja a eventualidade de uma dominação estatal intermediária" (p. 13). Estes – observa o autor – não são, necessariamente, autoritaristas ocultando o seu jogo. O mais das vezes, trata-se de democratas sinceros, inimigos de todo autoritarismo. Mas a sua hostilidade visceral à ordem burguesa leva-os naturalmente a desconhecer que a queda no estatismo (e mesmo no totalitarismo) é ameaça permanente, no bojo da passagem ao socialismo. E todo o livro de Bresser-Pereira é feito para recordar-lhes que o estatismo exacerbado, sem ser um destino, é, contudo, muito mais que um mero risco para as "tentativas de socialismo" do século XX. Se essas tentativas desembocarem apenas numa estrita socialização dos meios de produção, "o mais provável é que teremos facilitado o caminho de uma revolução totalitária burocrática, como aconteceu na União Soviética" (p. 116).

Este discurso de Cassandra irritará muita gente da esquerda. Bresser-Pereira sabe disso – e sabe por quê. Essa esquerda – que ele conhece bem, que ele não renega – deseja, antes de tudo, "não desviar o problema político fundamental da luta entre a burguesia e a classe trabalhadora". E, assim, "é, sem dúvida, mais fácil pensar apenas no socialismo como alternativa ao capitalismo" (p. 178). Mas Cassandra nunca escolheu a via fácil. E o autor acrescenta, agravando o seu caso: "Mas é também muito perigoso porque, na medida em que ignorem a tecnoburocracia, os trabalhadores e seus intelectuais orgânicos estarão sempre ameaçados de derrotar a burguesia para serem dominados em seguida pela tecnoburocracia. É mais fácil ter apenas um adversário do que dois, mas, se existem os dois, é arriscado e irresponsável identificar apenas um." A União Soviética, a China, Cuba pertencem ao mesmo planeta que nós e, assim, "o primeiro grande problema dos intelectuais de esquerda, hoje, é desenvolver um instrumental teórico crítico, não apenas do capital e da burguesia, mas também da organização burocrática, que culmina no Estado, o da tecnoburocracia" (p. 227).

Este argumento não convencerá muitos dos interpelados. O que é esse perigo tecnoburocrático? – perguntarão. Onde Marx o prevê? Em nenhum texto, é verdade. Pois Marx negligenciou o fato de que "jamais a classe dominada transformou-se na classe dominante no sistema econômico subseqüente. (...) Os escravos não se tornaram os senhores depois do feudalismo. (...) Seria, portanto, estranho que os operários do sistema capitalista se tornassem o grupo dominante do sistema econômico imediatamente posterior" (p. 28). É esta uma das razões por que, "ao invés de caminhar em direção ao socialismo, como previa Marx (...), o mundo moderno vai sendo dominado pela tecnoburocracia" (p. 104). E este novo sistema parece a tal ponto ser triunfante que os pessimistas teriam motivo para perguntar se não há "apenas duas alternativas de organização da produção na sociedade industrial moderna: ou o mercado ou o plano, ou a burguesia ou a tecnoburocracia" (p. 227).

É, pois, urgente analisar essa nova classe social e constatar o aparecimento "de uma nova relação de produção que tende a se substituir ao capital – a organização – e conseqüentemente de um novo modo de produção – o estatismo" (p. 273). Neste ponto, porém, os objetores colocam uma questão prévia: tem nosso autor o direito de falar em novo modo de produção? Este direito, os críticos marxistas de Bresser-Pereira lhe recusam. Cortês, porém categoricamente. A sua linha de ataque, em síntese, é a seguinte: o autor descreve a tecnoburocracia como uma formação de substituição que nasceria da degenerescência do capitalismo – e não percebe que se trata simplesmente de uma forma aperfeiçoada deste, forma cuja análise o marxismo é perfeitamente capaz de empreender. Através de alguns passes rápidos (resumo muito a tese dos críticos), o autor assim interpreta a ascensão dos *managers* e a progressiva supressão do capitalista individual como "a supressão das próprias relações capitalistas". A tal ponto que o advento da tecnoburocracia aparece, então, "quase como o resultado de uma conspiração realizada pelos burocratas para desapropriar os capitalistas"[1]

Em resposta, Bresser-Pereira recorda quais são os traços característicos que, a seu ver, deveriam fazer todos reconhecerem a existência de uma diferença de natureza entre capitalismo e tecnoburocracia. Num regime tecnoburocrático, a apropriação do excedente econômico efetua-se por meio dos "ordenados" (que se devem distinguir dos salários dos trabalhadores), e não mais do lucro (p. 145); a maximização destes "ordenados" obtém-se por meio da expansão da produção (p. 149); as decisões econômicas têm caráter diretamente político (p. 221) etc. É este novo sistema que se esboça nos países (ainda) capitalistas – e o autor recusa-se a ver nele uma simples variante do capitalismo. Como continuar falando de capital, depois que terminou a propriedade privada dos meios de produção? O que poderia ser este *deus ex machina*: um capital sem capitalistas?... A verdade é que muitos marxistas, por haverem identificado, abusivamente, capitalismo e Revolução Industrial, acabaram acreditando que "este modo de produção tende a permanecer indefinidamente, enquanto não for destruído pela revolução socialista" (p. 126). Ora, não atribui honra demais ao capitalismo quem lhe confere tamanha resistência e plasticidade? É de se crer, acrescenta Bresser-Pereira com alguma crueldade, que o "capitalismo" continuará ainda muito tempo a ser o bode expiatório das novas formas de exploração que puderem aparecer. "É provável que, muito depois deste modo de produção haver desaparecido completamente da face da Terra, haverá aqueles que continuarão a afirmar que estamos em plena época do capitalismo. Será provavelmente um capitalismo sem burguesia nem capital, sem conceito de lucro nem de mercado. Mas se falará em capitalismo de Estado ou em capitalismo burocrático, ainda que os capitalistas e o capital propriamente dito não mais existam" (p. 124).

---

[1] LIMA, Luiz Antônio de Oliveira; BELLUZO, Luiz Gonzaga de Mello. Capitalismo e os limites da burocracia. *Temas*, São Paulo, n. 3, p. 187, 1978.

O QUE É A TECNOBUROCRACIA?

Será um vício por mim adquirido na leitura das antinomias kantianas? O fato é que, sem ter a menor pretensão a arbitrar esta "partida" teórica, observo que cada um dos adversários, aqui, me parece convincente enquanto determina em que consiste a abstração da posição do outro. Por um lado, Bresser-Pereira está muito perto de obter a minha adesão quando recusa dar à palavra "capitalismo" uma significação excessivamente elástica. Por outro lado, Giannotti não terá razão em considerar a "tecnoburocracia" um conceito *passe-partout*, tão abstrato como o de "sociedade industrial"? E Oliveira Lima e Belluzzo, em sustentar que, "ao contrário do que sugere o autor, não há nenhuma tendência para que a burocracia emergente no capitalismo tenha sua culminância em uma burocracia do tipo soviético" (p. 181), e que por isso é imprudente falar da organização burocrática em geral? Oliveira Lima e Belluzzo põem o dedo aí no que constitui, para o profano, o elo mais fraco da argumentação de nosso autor. Que a prosperidade da tecnocracia nos Estados Unidos seja um dado indubitável, ele nos convence mediante provas. Que a União Soviética melhor corresponda ao "tipo ideal" que ele nos propõe da "tecnoburocracia", de acordo. Que os tecnocratas tomem cada vez mais a seu encargo a economia dos países periféricos industrializados, seja. Mas que o conceito mesmo de "tecnoburocracia", tal como é formado aqui, tenha condições de englobar essas três formas históricas, é o que deixará perplexos a muitos – e não apenas aos marxistas mais minuciosos.

Admite-se sem dificuldades que a organização, já controlada em grande parte pelos burocratas, tenda a suplantar a propriedade do capital, enquanto centro de poder. Mas que a luta que outrora opôs aristocracia feudal e burguesia hoje esteja transposta, nos países capitalistas, para uma luta entre burguesia e tecnoburocracia, que os tecnoburocratas do Ocidente, embora ainda preservem as aparências, se aprestem a "exterminar" o capital de que ainda são gestionários, esta afirmação precisaria estar apoiada em algumas análises de exemplos. E ainda mais porque, em certas páginas, a ascensão tecnocrática nos é apresentada como um complô deliberado: "A tecnoburocracia sabe que acabará por exterminar (o capitalismo) e por estabelecer seu próprio sistema de poder e privilégio. Mas, reformista muito mais que revolucionária, prefere ir devagar" (p. 81). É um pouco difícil acreditarmos que velhas toupeiras tão sorrateiramente subversivas se esgueirem pelos corredores da Petrobras ou da Secretaria de Planejamento.

É certo que Bresser-Pereira não se atém a essa tese de "complô". Insiste no fato de que a burocracia foi gerada, necessariamente, pela evolução do capitalismo, que os burocratas foram necessitados como assessores, cuja importância vai depois crescendo à medida que se amplificam as funções sociais do Estado. Mas, afinal, a crermos nele, o fato é este: esta tecnoburocracia, hoje, tomou em toda parte consciência de si mesma como classe, e em toda parte se prepara para criar um tipo de sociedade da qual desaparecerão a burguesia e a propriedade privada dos meios de produção. Tecnoburocratas de todos os países, não vos uniram depressa demais num único combate? Será possível que todos vós espreiteis a hora em que podereis exercer o mesmo tipo de dominação que fazem reinar vossos confrades, ali onde o Partido único é idêntico ao Estado?

Colocando estas questões, parecemos – mas apenas parecemos – juntar-nos aos críticos de esquerda de Bresser-Pereira. O objetivo deles é mais ou menos claro: pretendem manter intacta, no primeiro plano, a grande dicotomia capitalismo/socialismo e, assim, estabelecer que o capitalismo, seja qual for a sua máscara, continua sendo o inimigo público nº 1. Que o socialismo possa assumir o aspecto rebarbativo de um superestatismo, isto não os preocupa – pelo menos, não os preocupa atualmente. Mas acontece que isso preocupa Bresser-Pereira (e, a meu ver, é este um de seus grandes méritos)... Assim, cada um dos adversários está orientado por uma exigência diferente da que guia o outro – e é por isso, talvez, que cada um tem condições de censurar o outro por sua abstração.

Querendo reservar os seus ataques apenas ao sempiterno capitalismo (que atrai os sarcasmos de Bresser-Pereira), os críticos marxistas forçosamente se verão inclinados, se não a negligenciar as mutações que podem afetar este modo de produção, pelo menos a lhes minimizar a profundidade. Querendo preservar na sua pureza a essência do socialismo, Bresser-Pereira, por sua vez, é levado a forjar uma entidade – a "Tecnoburocracia" –, cuja função, ao que me parece, é acima de tudo a de explicar positivamente (se cabe a expressão) por que por enquanto só existem no mundo falsificações do socialismo. "A experiência soviética claramente não é um argumento contra o socialismo, já que este modo de produção não é dominante naquele país. A União Soviética é uma formação social dominante estatal ou tecnoburocrática" (p. 286). Esta frase, sozinha, já basta para mostrar como o autor precisa do conceito de "tecnoburocracia" para determinar, por contraste, o que é o socialismo não-adulterado – um pouco como Platão precisa do "sofista" para fazer-nos entender o que é o "filósofo". E talvez seja porque Bresser-Pereira tem pressa de estabelecer um conceito assim útil, que ele descuida de se deter mais sobre as diferenças sociológicas ou políticas que trariam o risco de comprometer a unidade de essência da sua "tecnoburocracia". Isto também explicaria por que a "tecnoburocracia", não sendo nem capitalismo nem – sobretudo – socialismo verdadeiro, deve permanecer, neste quadro conceitual, a igual distância de um e outro.

Mas este equilíbrio não é perpetuamente instável? "Com o socialismo, [a tecnoburocracia] só tem em comum o fato de que a propriedade privada dos meios de produção foi eliminada" (p. 162). E, sem dúvida, o único traço comum: mas havemos de concordar que é um senhor traço... Por sinal, compreendemos melhor por que os países comunistas são aqueles em que a "tecnoburocracia" reina a céu aberto. O que compreendemos menos bem, à primeira vista, é que Bresser-Pereira continue considerando esta "tecnoburocracia" (a mesma que ele descreve a partir do modelo soviético) o destino natural do capitalismo. Neste enigma eu esbarrei. Posso arriscar uma hipótese? O autor aferra-se, acima de tudo, à idéia de que o "socialismo" existente é uma caricatura de socialismo. Portanto, é preciso que o socialismo que nascia (ou melhor, que ia nascer) em 1917 tenha sido vítima de um golpe baixo da "tecnoburocracia", que, depois, teve o desplante de reivindicar a identidade desse tenro morto (ou melhor, desse feto). E, assim, identificando-se ontologicamente a tecnoburocracia (ainda) capitalista e a tecnoburocracia de estilo soviético, se mostrará ainda melhor como, seguramente, a tecnoburocracia é estranha à essência do socialismo.

A operação é engenhosa. Duvido, porém, que alcance êxito. Por uma razão, pelo menos. A tecnoburocracia, dizem-nos, é "o fruto" do capitalismo (p. 81), "a realidade econômica para a qual tende o capitalismo e na qual se desvirtuaram as tentativas de socialismo" (p. 90). Seja. Mas, se assim for, teríamos o direito de pensar que são os países capitalistas avançados que, hoje, deixam a "tecnoburocracia" aparecer com a máxima pureza. Ora, não é nada disso. Este modo de produção "pode ganhar vigência mais facilmente naqueles países onde o capitalismo menos se desenvolveu" (p. 129), graças, por exemplo, a golpes de Estado tecnocráticos perpetrados pelos militares. Mais ainda: é quando a "tecnoburocracia" constitui um desvio do socialismo que ela se torna mais visível. Por isso que o comunismo soviético será tomado como "base de referência" na análise do sistema (p. 124). Aqui há motivo de espanto. Gostaríamos de saber por que astúcia da história a URSS vem a ser o mais belo exemplar de um modo de produção que nos foi apresentado como produto natural de substituição do capitalismo. Por que terá sido a revolução leninista, e não a transformação estrutural do capitalismo, que levou ao zênite o poder da "tecnoburocracia"? Por que foi um episódio patológico que conferiu quase perfeição à "tecnoburocracia", enquanto esta se limita ainda timidamente a delinear-se no modo de produção do qual, aparentemente, ela constitui a auto-supressão?

Sem dúvida, Bresser-Pereira prevê esta objeção. Mas a resposta que lhe dá me parece fraca. É verdade que o desenvolvimento das forças produtivas suscita "um poder maior para a tecnoburocracia" e, contudo, que "a tecnoburocracia é menos poderosa exatamente nos países capitalistas centrais, em que o desenvolvimento das forças produtivas encontra-se mais avançado" (p. 284). Mas só os devotos extremados do "determinismo econômico" verão uma contradição aí. Não há contradição, saiba-se por que: "Nos países capitalistas centrais, ainda que a alta tecnoburocracia e principalmente a grande burguesia sejam as classes dominantes, são obrigadas a dividir seu poder com as demais classes e frações de classe, de forma que são consideravelmente menos autoritárias, ainda que não cheguem a ser verdadeiramente democráticas." De onde vem, então, que estas classes dominantes sejam "obrigadas" a compor-se com as demais classes? A resposta está na luta de classes: é graças a esta que não só a burguesia como também

O QUE É A TECNOBUROCRACIA?

os trabalhadores têm condições de combater e entravar o crescimento do poder político dos tecnoburocratas.

Esta resposta ainda não satisfaz a minha curiosidade. Gostaria de saber, além disso, por que a luta de classes não produz este benéfico efeito na tecnoburocracia soviética (que é também uma sociedade de classes, como o autor repete claramente). De onde vem que os tecnoburocratas, aí, possam reinar sem compromisso e sem obstáculos? Seria vão procurar a resposta em alguma particularidade do modo de produção: ela reside, simplesmente, na existência da KGB – no gigantismo do aparelho repressivo. Está na especificidade do tipo de dominação política – em alguma coisa que não se pode explicar nunca (a não ser magicamente) pelo caráter do "modo de produção". E basta assumirmos um ponto de vista puramente político (o que um marxista jamais admitirá) para que se torne marcante a diferença entre a perda progressiva do poder pelos proprietários do capital (no Ocidente) e a coletivização revolucionária dos meios de produção (no Leste). Estes dois fenômenos estão ligados a duas organizações políticas que se assemelham como o dia e a noite. O primeiro destes fenômenos é um deslocamento de poder que, até agora, foi perfeitamente compatível com a manutenção da democracia chamada "formal". Assim, nada é mais gratuito que assimilar, na linha de Burnham, os *managers* americanos à elite staliniana do poder – e Bresser-Pereira tem a honestidade de matizar consideravelmente esta tese, que roça a extravagância (p. 71). O segundo fenômeno vincula-se à emergência de uma forma política inteiramente inédita: o Partido-Estado – que é uma idéia-chave do leninismo, e cujo nascimento não se deve apenas (como o autor dá a entender à p. 55) à necessidade em que os bolchevistas se viram de "racionalizar o sistema social" à sua maneira. Diga-se de passagem, é curioso que esta página, em que nos é proposta uma explicação para o desvio "termidoriano" do sovietismo, deixa completamente de lado a originalidade do projeto político de Lenin.

É verdade que, acentuando-se esta dicotomia política, admite-se ao mesmo tempo a possibilidade de uma vocação totalitária do socialismo – possibilidade que o autor, por sua vez, descarta já de início. Aliás, é exatamente na eventualidade inversa que ele aposta: é ainda muito cedo, diz, para concluirmos por uma incompatibilidade entre "estatismo" e democracia (p. 14). Talvez..., mas sob a condição de acrescentarmos que igualmente é um pouco tarde para nos eximirmos de responder "à afirmação de que um Estado economicamente forte é incompatível com a democracia" (p. 284). Esta página, por sinal, é espantosa. Resumindo a velha tese liberal, escreve o autor: "Um Estado que detém de forma centralizada o controle dos meios de produção assumiria tal soma de poder econômico que a conseqüência seria necessariamente o autoritarismo no plano político." Infelizmente, não será esta uma possibilidade forte o bastante para exigir, de quem não concorda com esta tese, uma refutação muito minuciosa? Ora, o autor continua: "O caráter ideológico desta proposição é óbvio, na medida em que assim a burguesia pretende legitimar a propriedade privada dos meios de produção." E, ainda que fosse assim mesmo, por que bastaria isso para fazer considerar esta afirmação como necessariamente falsa? Onde e quando a história, afinal, já a desmentiu? Por sinal, o próprio autor, nas páginas que seguem, duvida tanto da possibilidade de conciliar democracia e estatismo que só lhe resta, para salvar a oportunidade de um "socialismo com rosto humano", o recurso à "autogestão".

São estas as observações críticas que me são sugeridas por este livro, desconcertante não há dúvida, mas, acima de tudo, apaixonante. Sempre é agradável ver um autor de talento localizar dificuldades, e depois tentar superá-las guardando o respeito por certas regras do jogo (pensar, afinal, não será isso mesmo?). Lendo Bresser-Pereira, são – uma vez mais – estas "regras do jogo" que me pareceram contestáveis. Mas só elas, juro.

Revolução estudantil dos anos 1960

OLGÁRIA MATTOS

A revolta estudantil de 1968 reconstitui e ao mesmo tempo amplia o campo aberto pelo maio francês. Metacartesiano e metamarxista, ele permanece, em larga medida, como os eventos essenciais da história, um enigma. Diferentemente do segredo, que se desfaz a partir do momento em que é comunicado, o enigma permanece pelas interrogações que suscita. Diversamente, também, de acontecimentos como o de 11 de setembro de 2001 nos Estados Unidos – o ataque terrorista que resultou na destruição das torres gêmeas em Nova York –, 1968 não é apenas uma data ou uma época, mas um fenômeno da história que remonta às comunas de Paris, de 1789, 1830, 1848, 1851, 1871. Cidade das grandes esperanças revolucionárias, a capital do capital é, também, cenário dos grandes acordos de paz, como o do fim da guerra do Vietnã. Quanto a constituir os ataques sofridos pelos Estados Unidos como data que passa a assinalar um "corte epistemológico" na história do mundo – a título da Revolução Francesa ou da I Guerra Mundial –, deve-se ainda aguardar o veredicto do tempo:

O que sentem os contemporâneos num dado instante é importante para um diagnóstico de longa duração? Quando eclode a Primeira Guerra Mundial, ela põe fim a um período de paz que hoje poderia, num certo sentido, significar que nada de novo advinha. Mas ela abre um século de guerra total e de opressão totalitária, de barbárie mecanizada e de crime de massa burocrático (...). Do mesmo modo, apenas retrospectivamente se poderá saber se, com toda a carga simbólica que ele supõe, o desmoronamento das cidadelas do capitalismo no sul de Manhattan significa um corte com a mesma dimensão de um agosto de 1914, ou se uma tal catástrofe não fez apenas confirmar de maneira dramática e desumana a vulnerabilidade de nossa civilização complexa – vulnerabilidade da qual já se tem consciência há muito tempo (...). Quando da Revolução Francesa, Kant logo falou de um "sinal da história", indicando a "tendência moral da humanidade" – isto é, um movimento menos ambíguo, e é sobretudo a maneira como ele trabalha a história e como a história o trabalha – sua *Wirkungsgeschichte* – que determina sua ordem de grandeza histórica.[1]

Que se pense, de início, em algumas publicações escritas no calor dos acontecimentos de 1968 – como *La brèche*[2] e o livro de Luiz Carlos Bresser-Pereira.[3] Enquanto o primeiro elege 1968 como um momento disruptivo da história do capitalismo – a brecha –, este elege uma questão da história da cultura, em particular a tecnociência e a burocracia, para refletir acerca de 1968, da contemporaneidade e de seu futuro, designan-

---

[1] Derrida e Habermas, 2004:55.

[2] Morin, Lefort e Coudray, 1968. Recentemente, Lefort declarou em entrevista: "A noção de indeterminação da história sempre me foi essencial. Nunca endossei a crença em uma continuidade da história, em um princípio de inteligibilidade que nos permitisse conceber, do exterior, uma gênese regulada por etapas, para dar conta do estado presente do mundo" (Lefort, 1996a).

[3] O ensaio de Luiz Carlos Bresser-Pereira, "A revolução estudantil", foi escrito em 1968, mas só foi publicado em Bresser-Pereira (1972). Foi republicado em Bresser-Pereira (1979), edição usada nas citações.

do de outra forma, uma vez que suas premissas são diversas. Assim, Bresser-Pereira escreve:

> (...) na segunda metade do século XX, uma grande revolução se esboça – a primeira grande revolução desde o início da Idade Moderna –, a revolução da contracultura. Esta revolução ainda está nos subterrâneos, ainda não definiu plenamente seus objetivos (se é que um dia o fará), mas já é uma revolução em marcha. E se for vitoriosa, terá sido muito mais revolucionária do que qualquer outra revolução ocorrida a partir do momento que o racionalismo burguês e depois tecnoburocrático tomaram conta do mundo.[4]

O maio francês inovou a crítica ao militante profissional, do partido-vanguarda, do heroísmo revolucionário ou ascetismo bolchevique e seus valores próprios ao campo do ressentimento – a oposição amigo-inimigo. O *power flower* não significou um pacifismo da boa consciência ou a contrafação à violência das armas, mas questionou o que se entende por política e revolução. Todos aqueles que lutam pelo poder se identificam clandestinamente com aqueles que o exercem, pois pretendem o mesmo lugar. Reconheceram que a lógica do vencedor e do vencido faz do primeiro apenas o "vencedor do momento" e de todo vencido, uma "vítima". Assim, a Comuna estudantil traz também consigo a presença da revista político-intelectual inaugurada por Claude Lefort e Cornelius Castoriadis, *Socialisme ou Barbarie,* que já nos anos 1945 desenvolvia a crítica da burocracia, tal como a oposição trotskista ao stalinismo começava a desenvolver ao final dos anos 1920. O trotskismo produziu uma crítica ao totalitarismo e à lógica implacável de sua ideologia, convencido, não obstante, de que "é melhor errar dentro do Partido do que ter razão fora dele"; daí a defesa da União Soviética, considerada um "Estado operário com uma deformação burocrática", ou a Revolução Russa sob o stalinismo como "revolução traída" ou "Termidor soviético".[5] Lefort logo reconheceu, no pensamento de Trotski, uma variável liberal

---

[4] Bresser-Pereira, 1979:128-129.

[5] Aqui as obras canônicas são as de Isaak Deustscher e sua trilogia sobre Trotski, *O profeta armado, O profeta desarmado, O profeta banido,* e *A revolução traída,* entre outras.

da própria burocracia, da ideologia e, em obras mais recentes como *A invenção democrática*, o filósofo viria a desenvolver a crítica ao totalitarismo:

> No totalitarismo, a ideologia solda-se ao partido e torna-se "ideologia de granito". A certeza (que ela quer produzir) não se atém apenas a "idéias" que direta ou indiretamente permitem justificar o estado de fato das coisas estabelecidas, prende-se ao fato do estar-junto (*l'être-ensemble*), cada qual em comunhão com os outros, detentores de um saber último.[6]

A experiência comunista e soviética como "fenômeno ideológico total" é inseparável da interrogação acerca da sociedade de massa e da própria democracia.

Se Lefort inaugura um novo campo de pensamento político a partir de análises sobre o totalitarismo – fusão entre sociedade civil e Estado –, Luiz Carlos Bresser-Pereira inicia suas reflexões pela vida democrática e suas aporias na modernidade, enfatizando o poder da ideologia da racionalidade tecnológica, ou melhor, a *ratio* tecnoburocrática como a gênese metafísica e política do mal-estar dos jovens em 1968 – extensivo à nossa contemporaneidade:

> Na hora atual, o que cabe criticar é o novo sistema político e tecnológico dominante – e este sistema é o da sociedade industrial moderna. Este sistema [lembre-se que o trabalho de Bresser-Pereira é de 1979, quando existia o socialismo "real", a União Soviética e o socialismo do Leste europeu] ainda pode ser dividido, politicamente, em capitalismo ou socialismo, na medida em que predomine a propriedade privada ou a propriedade estatal dos meios de produção – mas, tecnologicamente, este sistema é um só. Não é preciso conhecer profundamente o marxismo para saber as conseqüências desse fato: se o modo de produção é o mesmo, embora as relações de produção ainda não sejam exatamente as mesmas, é muito provável que a superestrutura de valores e crenças – os valores e crenças da sociedade industrial moderna – sejam semelhantes.[7]

---

[6] Lefort, 1996b:21.

[7] Bresser-Pereira, 1979:184.

De fato, os acontecimentos posteriores da história, com a queda do muro de Berlim em 1989 e o fim do socialismo totalitário, manifestaram que a luta pela liberdade consistiu muito mais na busca da liberdade de consumo do que na invenção de novos valores e desejos qualitativamente diversos daqueles ligados ao mercado liberal. Por isso, Luiz Carlos anota: "a revolta estudantil fez, ideologicamente, essa crítica – não apenas do capitalismo, ou do comunismo burocrático, mas da sociedade industrial moderna, da sociedade tecnoburocrática".[8]

Nesse horizonte em que ciência, ideologia e burocracia se conjugam, contraindo o espaço público, o maio francês criou uma nova *polis*, questionando as implicações políticas da sociedade industrial, da ciência, da técnica que essa cultura política engendra. Em 1968 a sociedade, a partir de seus estudantes, tomou a palavra como em 1789 o fizera com a Bastilha. O direito ao discurso, a defender intelectualmente, em público, pensamentos, não é algo que se negocia, mas se exerce e respeita. Contrapondo-se à linguagem do ressentimento própria à esquerda tradicional e sua lógica do insulto e da difamação como arma de superioridade moral – que se lembrem as expressões "reacionário", "conservador", "traidor", "inimigo" –, o maio francês constrói uma linguagem outra da revolução.[9] Como lembra Peter Sloterdjik, essas expressões foram inventadas pelos jacobinos no período de radicalização da revolução: "eles haviam compreendido que, para sobreviver na turbulência permanente, é preciso caluniar os outros. A calúnia é a primeira arma do povo, ou melhor, dos amigos do povo".[10] A linguagem do desprezo inviabiliza laços associativos e agregadores de interesses e paixões, qualquer laço de solidariedade e de amizade. O maio francês, ao reinventar a ágora grega e a *philia*, faz com que todos e cada um se extrovertam, no espaço público. A visibilidade não é a do controle,[11] mas a do diálogo sem segundas intenções; a idéia de má-fé se eclipsou e, de ma-

---

[8] Bresser-Pereira, 1979:164.

[9] Basta lembrar a fortuna das expressões "revolucionário", "reacionário", ou "nossa moral e a deles", para avaliar o alcance da crítica do movimento estudantil de 1968.

[10] Sloterdjik e Finkielkraut, 2003:63-64.

[11] Cf., sobre a sociedade do controle, Foucault (2003, 2000), Agamben (2002), Brossat (2000).

neira análoga à Grécia clássica, a mentira e a difamação foram consideradas assunto de sociedades totalitárias (ou, na formulação grega, cidades governadas por tiranos).

A relação entre democracia e visibilidade em tudo se demarcava com respeito à experiência contemporânea, na qual a total visibilidade significa espetáculo, e espaço público, imagem pública. Visibilidade também como total controle do indivíduo-cidadão, que, por esse motivo, perde direitos e liberdades pela constituição de uma cultura do pânico. Considere-se a sociedade norte-americana após 11 de setembro, quando a insistência da mídia sobre o terrorismo o reforça: "o terrorismo é a multiplicação de atos de violência pontuais pela propaganda do agredido (...). Os Estados Unidos, com a pretendida guerra contra o terror, cometerem um erro espiritual maior – não um erro político, mas espiritual, desejando ser, ao mesmo tempo, superpotência e supervítima."[12] Sua antítese encontra-se no exemplo do maio de 1968 –"façam amor e não a guerra" e a flor no lugar do fuzil –, recusa, pois, da política entendida na oposição amigo-inimigo;[13] recusa da política da violência; a da Comuna estudantil é a da legitimidade moral, pois se abandonam todos os "valores agressivos" e belicosos. Em vez de pensar uma sociedade sem valor de troca, o maio quer democratizar o luxo e a abundância, inventando um "desperdício" alternativo que não devaste o planeta. Em 1968, a palavra liberada expressou todas as esferas da vida – profissional, pessoal, coletiva, ecológica e sobretudo amorosa: *"on ne tombe pas amoureux d'un taux de croissance"*, dizia um grafite da Sorbonne.

No horizonte das experiências totalitárias, de esquerda ou de direita, do terrorismo de grupos e o de Estados,[14] a democracia revelou-se o futuro

---

[12] Sloterdjik e Finkielkraut, 2003:95.

[13] Releia-se, em particular, Clausewitz, *A arte da guerra*, e Schmitt, *Teologia política*.

[14] Que se recorde o traumatismo da descolonização da sociedade francesa em 1962, a longa resistência da Argélia contra a ocupação francesa. Hoje os exemplos seriam outros, desde a Bósnia, passando pela ação de Putin contra a Chechênia, Bush, Blair, Sharon etc. Quanto ao fenômeno do terrorismo moderno e de alta tecnologia, os títulos são numerosos. Limito-me a indicar Gore Vidal.

do socialismo: recusa da obediência e da servidão voluntária. Se a primeira resulta de um conflito que se impõe violentamente pelas armas, sendo a força a forma de dominação e opressão, a servidão é de outra natureza: oximoro da vida política, ela é o desejo de servir, livremente, a um senhor, chefe carismático, vanguarda ou partido político; é a recusa da liberdade e da responsabilidade, uma vez que a ação é transferida, por procuração, ao Chefe, o Uno, ou melhor, o Um. Nesse sentido, a experiência democrática de 1968 foi o espaço privilegiado de questionamento de todas as figuras do totalitarismo, do exercício de um poder que se funda sobre o terror permanente e a ideologia; dominação esta que não se exerce apenas do exterior, mas também do interior da subjetividade forjada para a servidão, contrária à livre faculdade de julgar.

Recorde-se que Hannah Arendt, em seu estudo *Eichmann em Jerusalém*, enfatiza nele não o demônio patológico nazista, mas o homem na sua absoluta incapacidade de pensar por conta própria. O projeto de dominação total tem por impulso de base a negação da pluralidade e da legitimidade dos conflitos, pluralidade que é reconhecida e constitutiva da sociedade democrática. A denegação do conflito e a criminalização dos movimentos sociais de emancipação, direitos e liberdades se traduzem em um empreendimento de organização e desresponsabilização total da sociedade, tal como ocorreu no nazismo e no comunismo, por razões diversas, acrescentando-se a seus procedimentos a atomização e massificação da sociedade.[15] A tentativa de organização total da sociedade procura, antes de tudo, incorporar os indivíduos em coletivos e finalmente no povo Um – o totalitarismo é o regime que faz advir a unidade.[16] Assim, "*Ni dieu ni maître*" não reconduz somente à divisa anarquista, pois o maio francês lhe conferiu um sentido inédito, liberado da tradição do ressentimento das esquerdas tradicionais.

---

[15] A tendência ao pensamento único e a hegemonia das leis ditas inelutáveis do mercado mundial, por um lado, e a assimilação dessa ideologia pelos agentes sociais sob o impacto da mídia levaram Adorno, Horkheimer e Marcuse a considerar a sociedade unidimensional uma das figuras do totalitarismo, embora de aparência benigna (Adorno e Horkheimer, 1978; Adorno, 2001; Marcuse, 1964).

[16] Cf. Lefort (1996b:15).

Na senda de Nietzsche[17] e sua análise da vontade de vingança e de Freud[18] – que reconhece no "desejo de igualdade" uma revanche –, um novo *savoir-vivre* se estabelece em 1968, uma festa coletiva em um espaço público compartilhado, onde o desejo se desvia da impotência e da luta mortal de posse – de bens materiais e de força sobre os homens, que tradicionalmente se exercem através das astúcias da fé no saber e no poder. Na senda de la Boétie, o maio francês trouxe à luz a diferença entre amizade e cumplicidade, a primeira constituindo – à semelhança da *philia* grega – a esfera em que todos os homens são iguais porque todos igualmente legisladores.

Nesse sentido, os estudantes, a começar por Paris, criaram um espaço público inovador às formas convencionais de exercício da vida pública – aquela que cinde governantes e governados, competência e sucesso, por um lado, fracasso e incompetência social, por outro. A sociedade toma para si a organização da coexistência social, nenhum poder transcendente poderia exercer-se em seu nome ou sobre ela. Vivificando e reinventando a tradição da democracia direta da ágora grega, do pensamento de Rosa de Luxemburgo e de Hannah Arendt, para indicar algumas experiências de pensamento político, a Comuna estudantil foi a Grande Recusa da política gestada na desconfiança, cujo espaço não é o da discussão, do *polemos* – mas da "guerra" de interesses nunca explicitados, porém permanentemente ideologizados. Se a guerra oficial entre Estados cessa em um determinado momento, o "espírito da servidão voluntária" pode tornar-se permanente, pois o ressentido jamais se torna um amigo.[19] Recusa, pois, da política do ressentimento, da lógica do lucro, da servidão voluntária, da onipresença da publicidade, da sociedade do consumo e do espetáculo. Esta é vista como indissociável dos desenvolvimentos incontrolados da tecnociência e encontra na publicidade sua grande aliada, pois esta última, a primavera de maio destacou, funda-se em uma "mímesis de apropriação": cada um deseja ter aquilo que

---

[17] Nietzsche, 1998.

[18] Freud, 1997.

[19] Kanstan, 2001.

o Outro, por princípio, já possui. Eis por que, freqüentemente, os anúncios na mídia procuram produzir a idéia de que a maior parte dos consumidores já desfruta de um produto cuja compra se procura induzir pela compulsão mimética. Antes que o pensamento possa se exercer, a publicidade procura inscrever, na própria espontaneidade, um desempenho impulsivo que imita o desejo do protagonista que se encontra diante de nossos olhos: cada qual deseja o desejo daquele que deseja, daí a importância dos modelos de identificação coletivos. Criticando a sociedade do consumo, o maio de 1968 encontra-se nos movimentos atuais de antipublicidade, muito ativos em Paris.[20]

O maio de 1968 evidenciou as imposturas da sociedade de consumo e a miséria do conforto que ela prometia. Seu Eros político teve como pulsão essencial a paixão de vida que, com alegria, fez vacilar conformismos e partidos organizados, estando na origem da contracultura de movimentos libertários desejantes, como o Movimento de Liberação da Mulher; os direitos da natureza e o dos animais. O maio francês contestou, alargando-o, o conceito de direitos humanos:

> Desde a revolução francesa e suas primeiras declarações, até os das que se seguiram à Segunda Guerra Mundial, os direitos humanos não deixaram de se enriquecer, de se especificar, de se determinar (direitos da mulher, direitos da criança, direito ao trabalho, direito à educação, direitos do homem para além dos direitos do homem e do cidadão, etc). Para considerar, afirmativamente, sua historicidade e perfectibilidade, não se

---

[20] Alvo de diversas críticas, sobretudo por não dispor, em suas práticas, de uma visão crítica de conjunto da sociedade, esse movimento mobiliza jovens da periferia de Paris e dos " bairros sensíveis" à exclusão e ao desemprego. Do ponto de vista dos teóricos da comunicação, à consciência da invasão descontrolada e crescente do espaço público pelo mercado visual, acrescenta-se a crítica à questão do gosto, do mau gosto, do grotesco, do sensacionalismo e da obscenidade, além de sua imposição visual ou sonora aos cidadãos. Para contra-arrestar a hegemonia da publicidade nas esferas coletivas, a prefeitura de Paris tem como prática ceder, por uma semana, nos metrôs, espaços em branco, normalmente ocupados por publicidade, para a expressão dos cidadãos. Só não são permitidas inscrições injuriosas ou consideradas anti-sociais e desagregadoras da vida em comum dos indivíduos-cidadãos, que se opõem ao indivíduo-consumidor.

deve nunca impedir de interrogar, de maneira tão radical quanto possível, todos os conceitos em jogo: a humanidade do homem, o "próprio do homem" e aí compareçam todas as questões dos viventes não humanos, mas também as de conceitos ou performativos jurídicos recentes de "crime contra a humanidade", etc., e mesmo sua historicidade), e, depois, o próprio conceito de direito, e mesmo o conceito de história.[21] Pois a justiça não consiste apenas em direitos, nem mesmo aos deveres que, de maneira ainda mais paradoxal, devem, deveriam ultrapassar a obrigação e a dívida.[22]

Mas o maio francês comportou, em suas práticas discursivas e ações, mudanças em todos os domínios da vida social, no trabalho e nas empresas, nas férias e no lazer, na indústria e, em particular, no automóvel e no seu impacto nas cidades, na publicidade, no cinema, na mídia.[23] O maio de 1968 foi portador da crítica à perversão do ideário de Marx quanto ao fim da sociedade centrada no trabalho alienado: a automação não proporcionou tempo livre, mas produziu a massa dos seres "supérfluos" disponíveis a diversas formas de genocídio.

Quanto à gestão tecnoburocrática da ciência e da sociedade, diz respeito às relações do homem com a natureza. Em 1939, Benjamin escreve:

> Com os operários alemães, sob uma forma secularizada, a velha ética protestante da obra celebrava sua ressurreição. O programa de Gotha[24] já traz consigo os traços dessa confusão. Ele definiu o trabalho como a fonte de toda riqueza e de toda cultura: "o trabalho é o Messias dos tempos

---

[21] Cf. Fontenay (1998), Derrida (1994), entre outros. Discute-se atualmente na França, questão já aprovada na Itália, a proibição do ingurgitamento de gansos e patos, com o fim de dilatar-lhes o fígado para a produção do *foie gras*, bem como hábitos alimentares hoje desnecessários e barbáricos que consistem no holocausto animal, além de tradições como as touradas etc.

[22] Derrida e Habermas, 2004:192-193.

[23] Cf. Grupo Krisis (2003).

[24] Do Partido Socialista alemão, redigido nessa cidade, em um congresso em meados do século XIX.

modernos. Na melhoria do trabalho reside a riqueza que pode hoje trazer o que nenhum redentor conseguiu." Esta concepção de trabalho só considera os progressos no domínio da natureza, não as regressões da sociedade. Prefigura já os traços dessa tecnocracia que se encontrará mais tarde no fascismo.[25] Notadamente uma concepção de natureza que rompe de maneira sinistra com aquelas utopias socialistas de antes de 1848. Tal como concebido presentemente, o trabalho visa a exploração da natureza, exploração que com ingênua inocência se opõe à do proletariado (...). A esta idéia corrompida do trabalho corresponde a idéia complementar de uma natureza que "está aí, grátis".[26]

O maio de 1968 apontou e destacou, nos bastidores da fachada de conforto e racionalidade, os mitos da vida moderna e sua multidão solitária, na qual os indivíduos não pareciam infelizes, mas vivendo no exterior de si mesmos, sob o domínio das coisas. Assim, o teatro de Ionesco e Beckett encontra-se também na Comuna estudantil, no questionamento do homem e de seu destino na modernidade capitalista. Suas personagens vivem em um mundo marcado pelo *nonsense* e pela incomunicabilidade, todos instalados em um tempo espacializado, abstrato e vazio, onde a palavra é inútil e o repouso impossível.

O maio de 1968, ao questionar a reforma universitária, o empresariamento da e na educação, revela o término de uma sociedade, antes pautada pelas humanidades, no conhecimento, e pela qualidade dos serviços públicos, na sociedade. À idéia de educação formadora do caráter e do cidadão, que cultivava a literatura, a filosofia e as artes, volta-se, agora, clara e integralmente para a "otimização" do tempo, isto é, a superexploração do trabalho, a ciência e a técnica tornam-se forças produtivas com seu discurso intimidador de autojustificação ideológica. Um de seus aspectos encontra-se na privatização dos serviços públicos e criação de particularismos na sociedade. Se, durante a industrialização no século XIX, as organizações

---

[25] Podem-se acrescentar, aqui, o stalinismo, o culto do operário-padrão e o advento do stakanovismo como religião de Estado.

[26] Tese n. IX de "Sobre o conceito de história" (Benjamin, 1984).

patronais, resistentes à criação de uma sociedade de direitos sociais, pretenderam resolver questões com filantropia, a pós-modernidade capitalista procura transformar a pobreza em assunto de ONGs ou assistência social, privando a sociedade de iniciativas políticas, convertendo os excluídos do progresso e da modernidade em eternos necessitados e em incompetentes sociais. A privatização dos serviços públicos gera a sociedade da insegurança social que não entretém apenas a pobreza, como age por um princípio de desmoralização e de dissociação social, minando a estrutura psíquica dos indivíduos: "A insegurança social faz da existência um combate pela sobrevivência levado no dia-a-dia e cujo desenlace é a cada momento incerto".[27] Os serviços públicos significavam uma espécie de propriedade social em homologia com a propriedade privada. Os serviços públicos consistiam em dispositivos que permitiam, ao maior número possível, o acesso a bens sociais essenciais que não podem ser encargo de empresas privadas. Serviços não-rentáveis, acessíveis a todos, constituíam fator por excelência de coesão social entre diferentes segmentos da sociedade moderna. Para que a modalidade de ideologia dita neoliberal se estabelecesse, foi necessário a mudança de mentalidade e de compreensão do mundo; a assunção, pela sociedade, da economia como círculo fechado de fenômenos objetivos, de números irrefutáveis – o que toma o lugar da ação humana na sociedade. Lembre-se que um dos grafites de 1968 manifestava já essa percepção: "*allons enfants de l'apathie*". No que diz respeito à tecnociência e ao modo de produção tecnoburocrático – como já observava Bresser-Pereira –, ambos comportam uma nova percepção do tempo e a dissolução de formas de subjetivação conhecidas até hoje: a percepção do tempo promovida pela tecnociência, engenharia genética etc. traz consigo a idéia do prolongamento, em princípio, indefinido da vida – cujo corolário perverso mais visível é o fim da dignidade do repouso –, noção até há pouco ligada à idéia de aposentadoria garantida como um bem de todos, e não apenas daqueles que, pela propriedade privada de que são detentores, dela não necessitam como bem coletivo. Seus pressupostos ideológicos são formulados por Bresser-Pereira: "O primeiro postula-

---

[27] Castel, 2003:29.

do da ideologia tecnoburocrática é o de que ela própria não é ideológica (...). As ideologias são, todas elas, expressões emocionais e irracionais.Traduzem interesses e paixões. Não são científicas, não são técnicas".[28]

Não se trata, pois, de avaliar o movimento estudantil apenas por sua eficácia política nos termos pragmáticos convencionais, e, sim, palmilhar aqui e lá o que pode oferecer à democracia sua experiência radical e inovadora de luta contra preconceitos e exclusões. Essa ágora moderna devolveu iniciativa política à sociedade para solucionar conflitos e equilibrar interesses e paixões. Valendo-se de pensadores como Adorno, Weber, Lukács, entre outros, mas deles se diferenciando quanto ao desencanto, Luiz Carlos rastreia a necessidade da ficção e do simbólico de que o inconsciente político latente ou manifesto de 1968 foi portador. Com ele, reabriu-se um campo de investigação do próprio político para a compreensão dos totalitarismos, da democracia e seus paradoxos, entre eles o do consumo. A sociedade de massa moderna promete felicidade pelo consumo e frustra-a, criando mal-estar na civilização:

> A crença em uma lei e ordem natural, de base racional, que fora uma das bases do racionalismo e de sua expressão política mais típica, o liberalismo, caíram por terra (...). E o homem moderno é fruto basicamente desta crise. Seus valores e crenças não têm mais a segurança e a firmeza de quem tinha a tradição, a religião ou a razão como bases.[29]

Esta parece ser a resposta a um mundo que se queria confortável e sem história, após guerras, pauperismo e descontentamento. Daí também a presença de Lafargue e do *Direito à preguiça*:[30] "não mude de emprego, mude o emprego de vossas vidas". A alienação não é um fenômeno ligado somente ao modo de produção capitalista e à circulação das mercadorias. Ela significou, para a Comuna estudantil, como se revela também hoje, a atenção

---

[28] Bresser-Pereira, 1979:110.

[29] Ibid., p. 174.

[30] Indico, a título de ilustração, o *Manifesto contra o trabalho* (Boitempo/Departamento de Geografia, USP), com a participação de Anselm Jappe, Robert Kurz, Wolfgang Kukulis, este mais benjaminiano que neomarxiano ou pós-marxista.

voltada para a perda dos usos e dos sentidos de nossas vidas, como o maio eternizou: "*vivre sans temps morts, jouir sans entraves*". Por isso, o maio indicava e viveu um caminho de liberação, de felicidade, de revolução:

> Dizemos a todos os escravos de uma produção quase que a 100% inútil: parem! Aos demais, dizemos: vocês serão ultrapassados. O primeiro resultado disso será o de deixarmos de envenenar o Planeta, o segundo, passaremos a ter tempo. Reaver o tempo da reflexão, o tempo da curiosidade, o tempo de bem avaliar, o tempo do deleite e de desejo, o tempo de se perguntar o que vale ou não a pena – e nisso nos colocarmos todos, milhares de seres pensantes, eis a Revolução.[31]

Referências bibliográficas

ADORNO, Theodor. *Stars down to earth*. 2. ed. London: Routledge, 2001.

_____; HORKHEIMER, M. *A indústria cultural*. São Paulo: Abril Cultural, 1978. (Coleção Os Pensadores.)

AGAMBEN, Giorgio. *Homo sacer: o poder soberano e a vida nua*. Belo Horizonte: UFMG, 2002.

BENJAMIN, Walter. *Mito e magia, arte e técnica*. São Paulo: Brasiliense, 1984. v. 1.

BRESSER-PEREIRA, Luiz Carlos. A revolução estudantil. *Tecnoburocracia e contestação*. Petrópolis: Vozes, 1972.

BROSSAT, Alain. *L'animal démocratique, note sur la post-politique*. Paris: Farrago, 2000.

CASTEL, Robert. *L'insecurité sociale: qu'est-ce qu'être protégé?* Paris: Seuil, 2003.

DERRIDA, Jacques. *Force de loi*. Paris: Galilée, 1994.

---

[31] Le Goff, 2002:259. Citação presente no filme *L'an 01*, dos Situacionistas e de Guy Debord, Cassette-Video.

FONTENAY, Elisabeth de. *Le silence des bêtes*. Paris: Fayard, 1998.

_____; HABERMAS, Jürgen. *Le concept du 11 september: dialogues à New York (october-décember 2001)*. Paris: Galilée, 2004.

FOUCAULT, Michel. *Vigiar e punir: história da violência nas prisões*. 28. ed. Petrópolis: Vozes, 2000.

_____. *Microfísica do poder*. 18. ed. Rio de Janeiro: Graal, 2003.

FREUD, Sigmund. *O mal-estar na civilização*. Rio de Janeiro: Imago, 1997.

GRUPO KRISIS. *Manifesto contra o trabalho*. São Paulo: Conrad do Brasil, 2003. (Coleção Baderna.)

KANSTAN, David. Ressentimento, história de uma emoção. In: BRESCIANI, Stella; NAXZARA, Márcia (Orgs.). *Memória e (res)sentimento: indagações sobre uma questão sensível*. Campinas: Unicamp, 2001.

LE GOFF, Jean-Pierre. *Mai 68, le héritage impossible*. Paris: La Découverte, 2002.

LEFORT, Claude. *Pensée et histoire: entretien avec Claude Lefort*. Paris: École des Hautes Études en Sciences Sociales, 1996a.

_____. *Savoir et mémoire*, n. 7. Paris: Maison des Sciences de l'Homme, 1996b.

MARCUSE, Herbert. *A ideologia na sociedade industrial*. Rio de Janeiro: Zahar, 1964.

MORIN, Edgar; LEFORT, Claude; COUDRAY, Jean-Marc. *Mai 1968: la brèche ; premières réflexions sur les événements*. Paris: Fayard, 1968.

NIETZSCHE, Friedrich W. *Genealogia da moral: uma polêmica*. São Paulo: Cia. das Letras, 1998.

SLOTERDJIK, Peter; FINKIELKRAUT, Alain. *Les battements du monde*. Paris: Fayard, 2003.

Cultura política

LÍVIA BARBOSA

Conheci Luiz Carlos Bresser-Pereira no início da década de 1990, durante a sua gestão como ministro da Administração Federal e Reforma do Estado. Foi na oportunidade do lançamento de um plano de avaliação de desempenho, ocorrido na Escola Nacional de Administração Pública, em Brasília. A diretora da Enap convidara-me para proferir uma palestra sobre mérito e desempenho e ele, na condição de ministro, compareceu para abrir o evento e prestigiar aquela iniciativa. A minha expectativa era de que, depois da abertura oficial, como é de praxe, o ministro se retiraria para prosseguir com a sua agenda de eventos. Contudo, isso não ocorreu. Dei início à palestra e, para minha surpresa, o ministro continuou no recinto, ali permanecendo até o final da exposição. Mais ainda, depois que a encerrei, ele tomou a palavra e fez comentários sobre o que eu havia apresentado, contextualizando algumas de minhas afirmações para a situação dos servidores públicos brasileiros.

Dias depois, recebi uma ligação do gabinete do ministro, que veio ao telefone e deu continuidade a algumas das questões que levantara por ocasião da minha palestra em Brasília. Desde então, temos mantido um debate intelectual, durante o qual vim a admirar o grande entusiasmo de Bresser-Pereira pela vida intelectual, bem como sua abertura e disposição para ouvir novas idéias, apesar das grandes diferenças teóricas e metodológicas que orientam as concepções de cientistas políticos (o seu caso) e antropólogas (o meu caso) sobre a natureza da realidade e do universo social.

Resumirei algumas das principais diferenças entre os dois tipos de cientistas sociais. Os cientistas políticos apreendem o universo social de um ponto de vista predominantemente institucional e substantivo. Os agentes sociais privilegiados são grupos sociais definidos pelas suas inserções diferenciadas no processo produtivo e/ou político. A sua ação social é vista como moldada por estratégias racionais e objetivas, descontextualizadas das dimensões subjetivas e culturais dos universos sociais nos quais ocorrem. As suas categorias de análise são universalistas e as diferentes sociedades são classificadas ao longo de um eixo que indica a distância a que cada uma se encontra do modelo político ideal de democracia ou da economia de mercado. A mudança social é uma preocupação analítica fundamental e os métodos para a sua medição compõem um esforço metodológico permanente.

Os antropólogos percebem a realidade como socialmente construída. Ou seja, consideram que, subjacentes às categorias, às instituições e aos sistemas universalizantes, vicejam diferentes sistemas de classificação e valores que, embora façam uso dos mesmos termos, processos e instrumentos sociais, atribuem-lhes conteúdos e significados distintos. Essas diferentes visões da realidade originam-se não só da participação diferencial no processo produtivo e político, mas também da participação em universos simbólicos variados que não observam fronteiras de classe, de grupo político, entre outras, e que, genericamente, poderíamos chamar de cosmologias.

As cosmologias perpassam o tecido social, sem ancoragem específica em grupos e sem origem histórica muitas vezes definida, mas organizam espaços sociais, indicando o que deve ser feito, como fazê-lo, o que é legítimo, ilegítimo e moral, entre outros. Portanto, a relativização e a contextualização dos discursos, das práticas e das categorias são artifícios teóricos e metodológicos permanentes para os antropólogos. A mudança é percebida menos como um passo em direção a um determinado estágio, e mais sob o ângulo das diferentes modalidades de reprodução social dos diferentes grupos e suas múltiplas formas de expressão e estratégia.

Devido a essas diferenças, o diálogo entre cientistas políticos e antropólogos, embora estimulante, é difícil e poucos avanços são realizados no sentido de se unir a compreensão institucional da ciência política com a lógica simbólica da ação social da antropologia. Nos últimos anos, a ciência política começou a explorar um tema – cultura política, hoje já não tanto em moda – que me parece uma possibilidade de se estabelecer um melhor entendimento entre as duas visões. É à luz desta possibilidade que eu gostaria de encaminhar algumas reflexões e apresentar um entendimento do que julgo ser cultura política, particularmente da "cultura política brasileira". Estas reflexões inspiram-se em inúmeras discussões sobre o tema da cultura política que tive com Luiz Carlos Bresser-Pereira e nos seus textos "Estado na economia brasileira" e *O colapso de uma aliança de classes*.[1] Não se trata, contudo, de uma análise crítica desses seus trabalhos, mas de um olhar diferente sobre uma mesma realidade.

O conceito de cultura política na ótica da ciência política

O conceito de cultura política começa a ser usado de forma mais sistemática a partir da década de 1960. Ele surge intimamente interligado à idéia de nação, o que para muitos dos seus críticos representa uma retomada do conceito de caráter nacional, das décadas de 1940 e 50, particularmente dos trabalhos da escola norte-americana de personalidade e cultura, uma das suas principais referências. O trabalho pioneiro é o de Gabriel Almond,[2] no qual o conceito é introduzido, seguido de vários outros, como *The civic culture*.[3] O objetivo fundamental era entender como os indivíduos absor-

---

[1] Bresser-Pereira, 1977 e 1978.

[2] Almond, 1956.

[3] Almond e Verba, 1963.

vem a sua cultura, no caso específico a cultura cívica, uma conquista das sociedades modernas e democráticas. Algumas suposições encontravam-se subjacentes a esses trabalhos. A primeira era de que a estabilidade de sistemas democráticos se devia à existência de traços socioculturais generalizados nas populações de certos países, os quais configuravam um tipo cultural particular. A segunda era a idéia de que a cultura cívica ideal encontrava-se no modelo anglo-americano de política e era importante saber como ela estava sendo absorvida (ou não) nas sociedades contemporâneas. Trabalhos posteriores, como os de Pye[4] e de Pye e Verba,[5] reafirmam esta perspectiva.

Ainda na década de 1960, dois outros temas – as relações entre comunicação de massas e política e o processo de socialização política – compõem a agenda de interesses de pesquisa dos autores do campo da cultura política. No caso das relações entre comunicação de massas e política, a preocupação se focalizava nos processos através dos quais os interesses políticos são expressos e constituídos pelos meios de comunicação. Segundo Pye,[6] a comunicação de massas é uma dimensão extremamente importante e pouco explorada da sociedade moderna. Ela é composta de profissionais de mídia, orientados por padrões universalistas de informação, baseados em fatos objetivos e que têm relativa independência do governo. Este sistema de comunicação de massas é complementado por formadores de opinião, que conseguem influenciar pessoas não só através das relações face a face como, também, dos modernos canais de comunicação. Esta estrutura fornece uma base para o estabelecimento de relações de poder, de racionalidade e de consenso, que se encontram enraizadas nos princípios que consideramos ideais para a vida moderna. Ou seja, ela fornece as bases para uma verdadeira "cultura global".

O segundo tema de pesquisa enfatizava a socialização política, ou melhor, quais os mecanismos através dos quais a criança aprende acerca da

---

[4] Pye, 1962.
[5] Pye e Verba, 1965.
[6] Pye, 1963.

atividade política e se torna apta para ela. Trata-se de saber como os indivíduos formam os seus valores políticos, a sua "cultura política". No interior desta perspectiva, predominam duas abordagens: uma mais sociopsicológica, focalizada nos indivíduos em particular e em como eles adquirem a sua cultura política; e outra mais voltada para as conseqüências da socialização para o sistema político como um todo. O foco aqui é quais e como as instituições políticas formam os padrões de autoridade e legitimidade.[7]

Várias críticas foram e têm sido feitas ao conceito de cultura política, nessa primeira fase, pelos próprios cientistas políticos. Parte dessas críticas tem enfatizado, principalmente, o grau de determinismo que impregnou os trabalhos iniciais, que estabelecem uma relação quase direta e unidirecional entre cultura, socialização e cultura política. Outras críticas têm enfatizado o aspecto metodológico e conceitual desses estudos, que para muitos resvalam para uma tautologia, na medida em que, se a cultura política explica as atitudes das pessoas, como estas mesmas atitudes podem servir de indicadores para os diferentes tipos de cultura política.[8]

Embora críticas antropológicas sejam raras, na medida em que os antropólogos não entraram nesse debate, é importante ressaltar a maneira como os cientistas políticos usam o conceito de cultura, independentemente da visão que têm da relevância ou não do conceito de cultura política. Na perspectiva antropológica, o conceito de cultura foi importado diretamente da antropologia, sem estar acompanhado de toda a reflexão crítica que o cerca no interior da disciplina. Mais, sua utilização por parte da ciência política obedeceu a uma lógica de instrumentalização pragmática. A conseqüência foi o entendimento e o tratamento da cultura como uma variável. O objetivo era, e é, saber em que medida o conhecimento da dimensão cultural poderia ser usado como um instrumento de intervenção na realidade, tanto nos processos de mudança ou no processo de tomada de decisão política. A cultura tornou-se, assim, uma realidade substantiva medida através de indi-

---

[7] Chilcote, 1981.

[8] Laitin, 1995.

cadores, ao contrário de um contexto no interior do qual as ações se tornam inteligíveis para todos aqueles que dela participam.

Nos últimos anos, o conceito de cultura política voltou à cena no interior da ciência política. Novas abordagens teóricas e metodológicas vieram enriquecer a discussão. Os estudos de capital social de Putnam, que avaliam o contexto de desempenho das instituições públicas e a maior ou menor eficiência no atendimento aos interesses públicos e dos cidadãos – no caso, para a Itália –, podem ser vistos como um exemplo dessa renovação.[9] Os trabalhos de Inglehart e de Nisbett e Cohen poderiam ser citados como outros exemplos.[10] Para todos estes trabalhos, porém, é importante enfatizar a importância das pesquisas empíricas e do uso de múltiplos conjuntos de dados. Estas novas tendências os aproximam, um pouco mais, da forma como os antropólogos fariam uso deste conceito.

Cultura política e a antropologia

Embora o termo cultura política invoque uma dimensão multidisciplinar, fazendo uma ponte entre a antropologia e a ciência política, na prática ele ficou confinado, como vimos anteriormente, às disputas teóricas internas a esta última. Isto não significa dizer que os antropólogos não se tenham voltado para o estudo da dimensão política. Ao contrário, desde as décadas de 1930 e 40 estes já criticavam a visão etnocêntrica que permeava os estudos das práticas políticas das "sociedades primitivas" e investiram considerável esforço de pesquisa para compreender os mecanismos políticos e de poder dessas sociedades. Radcliffe Brown, Meyer Fortes, Evans-Pritchard, Leach, Clastres, Gluckman, Epstein e Turner contribuíram, entre tantos outros antropólogos, para o que hoje se denomina o campo da antropologia política.

Entretanto, mesmo interessados em política, os antropólogos não fazem uso sistemático do conceito de cultura política. Quando o utilizam,

---

[9] Putnam, 1997.

[10] Inglehart, 1988; Nisbett e Cohen, 1996.

fazem-no de forma frouxa e a ênfase conceitual reside no entendimento de cultura no sentido antropológico, como conjunto de símbolos e significados que ordenam e dão sentido à realidade. A política, nesta instância, fica restrita à esfera das práticas e atividades que lhe são relacionadas no sentido institucional do termo (eleições, partidos políticos, funcionamento dos poderes etc.), no caso das sociedades modernas contemporâneas, ou às questões de poder, conflito, liderança, mecanismos de integração etc., no caso de outros tipos de sociedade. E é nesta relação invertida entre cultura e política que eu acredito encontrar-se o potencial de um diálogo maior entre antropologia e ciência política, de forma a fazer do conceito de cultura política efetivamente um conceito multidisciplinar.

Poucos antropólogos discordariam de que cultura pode ser definida como universos coletivos de significado através dos quais os homens atribuem sentido às suas vidas e experiências. Esses universos de significado "residem" tanto nas mentes das pessoas, sob a forma de idéias e pensamentos (categorias, proposições, valores, bem como os diferentes processos de organizá-los), quanto nas formas pelas quais eles são externalizados (Hannerz),[11] materializados (MacCracken)[12] ou tornados públicos (Geertz).[13] Portanto, a cultura é muito mais do que uma variável – é um contexto no qual se desenrola a ação social e que a torna inteligível para todos os que dela participam.

Entretanto, esses universos de significados não são estáticos. Eles criam e são recriados pelas pessoas que os utilizam. As pessoas, como membros de uma determinada coletividade, funcionam, simultaneamente, ou como atores, mantendo e reproduzindo, ou como autores, refletindo, reinterpretando e experimentando esses significados. Conseqüentemente, a "cultura" está longe de ser uma entidade homogênea e integrada e menos ainda um conjunto de atitudes ou disposição psicológica, indivi-

---

[11] Hannerz, 1992.

[12] MacCracken,1990.

[13] Geertz, 1973.

dual ou coletiva, que determina direta e unidirecionalmente sistemas políticos, como o conceito tem sido utilizado tradicionalmente no contexto da ciência política.

Portanto, a cultura, no sentido de um contexto de significados compartilhados, e a ação social, como um processo de reprodução ou desestruturação deste contexto, envolvem complexidades que não podem ser ignoradas. Por exemplo, como estes significados são compartilhados, distribuídos e relacionados no interior de um determinado grupo, as suas respectivas morfologias (se fluxos, estruturas, sistemas ou teias) e a relação delas com tempo e espaços específicos, são alguns dos problemas analíticos a serem confrontados.[14] Em suma, definir as fronteiras e o conteúdo destes universos simbólicos e como eles se relacionam com fronteiras sociais, do tipo classe, gênero, etnia, nação, entre outras, está na origem de todas as dificuldades que os antropólogos encontram para fazer afirmações generalizantes e substantivas acerca de qualquer sociedade e/ou cultura.

As dificuldades teóricas e metodológicas inerentes antes indicadas se agudizam quando consideramos o contexto das sociedades complexas contemporâneas, justamente o universo sobre o qual se tem detido o interesse dos estudiosos da cultura política. Ao contrário das sociedades "primitivas" que se caracterizam, ou pelo menos se caracterizavam, pela cultura face a face e por fluxos de significados predominantemente orais, as sociedades complexas e contemporâneas diferem das primeiras não só pela existência das características anteriores, mas também pelo uso da escrita, da imprensa, do rádio, do telefone, da televisão, entre outros. Em suma, elas têm uma grande variedade de mecanismos e veículos de informação que ignoram as fronteiras geográficas, sociais e físicas.

Essa morfologia da comunicação nas sociedades complexas contemporâneas tem permitido a intensificação da interação de uma pluralidade de fluxos de significados, de forma desenraizada e transnacional, com o conjunto de formas públicas de significados mais constantes e geografica-

---

[14] Hannerz, 1992; Sahlins, 1990; Geertz, 1973.

mente mais restritas de cada sociedade individual. A partir dessa realidade, novas configurações são criadas e criam as pessoas como membros dessas sociedades. Essas configurações distribuem-se diferencialmente entre pessoas posicionadas de forma distinta no interior das sociedades, gerando um alto grau de complexidade. Sincretismos, hibridismos, translocalismo, entre outras, são algumas das novas configurações que surgiram ou expandiram o seu raio de ação. Isto só pode nos alertar para a impossibilidade de se tomar como homogêneos e unidirecionais os processos de socialização e recepção da comunicação, estudados pela ciência política, desconsiderando-se as múltiplas possibilidades a que eles dão origem. Isto se torna mais problemático ainda quando consideramos os mecanismos de informação ao alcance das sociedades de massas. Eles são poderosos instrumentos na construção não da cultura política específica que se tem em mente – no caso, a da democracia –, mas de qualquer "cultura política".

Essa desconsideração da complexidade oriunda da polissemia, polifonia e diversidade nas sociedades contemporâneas – usando jargões tão ao gosto dos pós-modernos – leva-nos à questão do etnocentrismo contido nas discussões sobre cultura política. No fundo, toda a discussão neste campo não revolve em torno de um conhecimento sobre quais os valores que operam no campo que definimos como "político", como eles se relacionam entre si e que mecanismos são utilizados para implementá-los nas práticas ou cristalizá-los em instituições. A discussão, no fundo, se focaliza na medida em que valores políticos histórica e socialmente associados à democracia liberal, na sua versão anglo-americana, estão em maior ou menor grau presentes nas sociedades estudadas. A partir deste ponto da análise, as diferenças encontradas entre a realidade estudada e o modelo subjacente são hierarquizadas em graus crescentes de desenvolvimento. Tipologias são construídas e utilizadas, não como artifícios teóricos, mas como expressões da realidade empírica sobre a qual se quer intervir. Daí por que abundam expressões do tipo *aperfeiçoamento das instituições, democracia inacabada, transição incompleta*, entre outras que nos transmitem claramente a idéia de uma teleologia que guia esta literatura.

Portanto, se não enfatizarmos os aspectos heterogêneos, contraditórios e processuais da cultura, estaremos deixando à margem aspectos significativos a respeito do que Geertz chamaria de "política do significado", ou seja, como as ordens de significação operam no campo do político e, mais especificamente, como se dá o processo de "negociação" que se estabelece entre diferentes grupos e pessoas acerca da definição da realidade.[15] Esta é uma dimensão fundamental para quem define a política como o seu objeto. Ao final de tudo, teremos menos conhecimento sobre como os valores associados à política relacionam-se com sistemas e práticas políticas concretas, e mais normatividade sobre como o mundo e a política devem ser de acordo com a ótica de alguns grupos. A ênfase analítica deve ser, portanto, sobre o entendimento dos processos concernentes à política do significado, ou seja, como os diferentes grupos tentam impor a sua definição de realidade, e sobre o significado cultural que as categorias relacionadas à democracia liberal assumem no âmbito das diferentes sociedades.

Nesta oportunidade, gostaria de estabelecer outra conexão entre cultura e política. Minha sugestão não é deixar de lado a agenda que a antropologia vem seguindo para o estudo da dimensão política, mas ampliar essa agenda de forma a privilegiar outras dimensões. Esta sugestão envolve dois níveis de análise distintos. O primeiro deles é como os valores políticos são percebidos e definidos, do ponto de vista cultural, por diferentes sociedades e, dentro de cada sociedade, pelos seus diferentes segmentos. Esta é a linha de pesquisa que tenho procurado desenvolver nos últimos anos, mapeando o significado de alguns valores políticos ligados à modernidade, como liberdade, igualdade e indivíduo, no contexto da sociedade brasileira.[16] O segundo requer a análise da implementação prática desses valores, conjugada às lógicas e aos usos particulares dos grupos politicamente institucionalizados de um universo social específico. A prática política não é um reflexo no espelho dos valores políticos. As negociações são permeadas por rituais, lógicas e valores que não são explicitados, institucionalizados ou mesmo

---

[15] Geertz, 1973.

[16] Barbosa, 1992, 1999 e 2003.

reconhecidos como legítimos, mas que mesmo assim modelam e constrangem a ação política. Portanto, a importância deste balanceamento reside, justamente, na capacidade que ele oferece de se entender como fluxos de valores políticos "globalizados" e/ou "transnacionais" são implementados localmente. Ou seja, trata-se de examinar como "a cultura política" do mundo contemporâneo interage com "as culturas políticas locais".

É preciso ter-se claro que, embora existam hoje Estado, mercado, sistema universal de educação e saúde, propaganda, marketing, partido político, igualdade, liberdade e cidadania em quase todas as sociedades do mundo contemporâneo, isto não significa que lhes seja atribuído o mesmo significado cultural. O que nos deve interessar não é o fato corriqueiro de que idéias, valores e instituições sejam adotados de um lugar para outro, nem que se encontrem sob formas institucionais semelhantes em todos os lugares. O que nos deve interessar é a forma pela qual eles são culturalmente redefinidos e postos em uso.

Cultura política brasileira: algumas reflexões

Espaço público, espaço privado, cidadania, indivíduo, igualdade e liberdade são alguns dos valores centrais dos sistemas políticos modernos e plenamente difundidos como categorias e discurso político por todo o mundo. Embora, do ponto de vista lingüístico, esses termos e discursos possam soar familiares, do ponto de vista cultural as variações são imensas.

Tomemos como exemplo a noção de igualdade, valor central da modernidade e da democracia liberal. No Brasil, como em todas as demais formações sociais contemporâneas, vicejam inúmeras definições de igualdade, que nunca são explicitadas, dificultando o debate e a compreensão daquilo que é dito. Igualdade não é um estado no qual as pessoas se encontram e do qual podem ser subtraídas por diferentes circunstâncias, como é o caso da liberdade. Igualdade é uma posição relativa a alguma coisa. Se não é definido aquele ou aquilo em relação ao qual nos encontramos em posição igual ou desigual, muito pouco é dito ou esclarecido. Portanto, no nosso esforço de apreender alguns mecanismos da cultura política brasileira, o primeiro movimento deve ser no sentido de estabelecer de que igualdade estamos falando.

No Brasil prevalecem, do ponto de vista institucional, porém não exclusivamente, duas noções de igualdade. A igualdade formal, exigência lógica de qualquer sociedade moderna e individualista, garantida pela Constituição e pelos demais códigos universalizantes, e a igualdade substantiva e isonômica, fruto do encontro da modernidade ideológica com a lógica holista tradicional.[17] Ambas as noções de igualdade fornecem a base para um discurso igualitarista e de justiça social que se encontra presente entre os segmentos políticos que detêm os instrumentos institucionais de transformação da realidade social brasileira. No entanto, a existência deste discurso parece correr paralelamente à segunda pior distribuição de renda do mundo, sem que estes mesmos segmentos se vejam implicados ou responsáveis por ela.

Por exemplo, se considerarmos a igualdade formal, assegurada pela Constituição brasileira, veremos que esta é permanentemente desvirtuada pela prática política e jurídica de que alguns são "mais iguais" do que outros. Através de dispositivos legais, criam-se cidadanias de primeira e de segunda, mediante leis formuladas pelos grupos que detêm o poder sobre o Estado. Uma instância significativa disto é a lei que permite àqueles que têm curso superior responder a processo em prisão especial. É uma lei inspirada em uma lógica hierárquica de ver o mundo, que metaforicamente afirma que a qualidade das pessoas envolvidas altera o seu tratamento durante o curso do processo legal. Até hoje, que eu saiba, nenhum grupo no *spectrum* político e social brasileiro advogou a revogação desta lei, que beneficia, principalmente, os membros da elite.

Outro exemplo: a noção de igualdade substantiva enfatiza, entre nós, uma lógica de igualdade distributiva dos resultados, ou seja, privilegia uma ótica isonômica da vida social. O que é dado a um deve ser estendido a todos. Entretanto, este "todos" não inclui os diversos grupos em posições distintas de poder político e econômico no interior da sociedade brasileira.

---

[17] Barbosa, 2003.

Ao contrário, a igualdade substantiva é invocada pelos grupos no poder para defender um Estado igualitarista, entendido como de justiça social, exclusivamente no interior de certos grupos privilegiados, ignorando as diferenças de desempenho, de resultados e de participação no interior do processo produtivo. Aqueles que detêm uma parcela de poder no Estado asseguram os seus direitos/privilégios através da apropriação de uma parte crescente dos recursos econômicos da nação, enquanto os destituídos de poder são deixados à própria sorte. O mais cruel é que, embora nenhum grupo abdique de seus privilégios, todos, ou quase todos, como grupos ou indivíduos, auferem notável riqueza simbólica ao exercitar em seu benefício exclusivo um discurso igualitarista e de justiça social de conotações generalistas.

Essa situação de extrema ironia entre a igualdade formal, um discurso igualitarista e de justiça social e a realidade brasileira é aprofundada quando consideramos a homogeneidade dos diagnósticos sobre a distribuição de renda e sobre a sua suposta insustentabilidade. Onde se encontra a origem desta dissonância entre prática e representação sobre a realidade? Certamente, não se pode acusar a estrutura formal das instituições sociais, do Estado e da gerência no Brasil de não ser "moderna", no sentido de se pautar dentro de princípios de impessoalidade, racionalidade, universalidade e eqüidade. Nem se pode afirmar que no Brasil atual faltem grupos sociais, ou condições políticas como democracia e organização da sociedade civil, que são e foram fundamentais em outras sociedades para o processo de modernização e descentralização da renda. Portanto, a resposta, a meu ver, encontra-se em como é definido o significado de determinadas categorias da política – por exemplo, no caso a igualdade substantiva, que é sempre intragrupo, e não entre os grupos – e como ocorre a interação das estruturas e lógicas modernas com lógicas e práticas tradicionais na esfera da negociação política e da política do significado.

Comecemos com o uso e o conteúdo cultural atribuído ao termo "elites". O termo é abundantemente utilizado por todo o *spectrum* político, mas não como rótulo aplicado a grupos em determinadas posições no interior da hierarquia econômica e de poder da nação, mas como estratégia de acusação. Ou seja, ser elite é deter poder (que, embora desejado por todos, é visto como negativo), é estar ligado à exploração do outro, é usufruir privilégios indevidos, é quase sempre o mesmo que ser corrupto ou corruptor, entre muitas outras associações negativas. Portanto, nenhum grupo da sociedade brasileira se autoclassifica como tal, mesmo aqueles que fazem parte da tecnoburocracia, da burguesia, das elites políticas, sindicais e intelectuais do país. Ao mesmo tempo em que rejeitam a classificação como elite e o "penduram" pejorativamente em outros, todos falam em nome do povo, ou mesmo se apresentam como o povo, ou ainda tentam legitimar-se politicamente como lideranças comprometidas com o social por causa de suas origens supostamente populares.

Como "culturalmente" não existem elites no Brasil (ou as elites são sempre "os outros"), a responsabilidade pelas condições sociais e econômicas da nação recai em macroprocessos sociais do tipo "imperialismo norte-americano", "globalização", "inferioridade racial", "sistema financeiro internacional", "heranças malditas" dos governos anteriores ou ainda nas "forças ocultas" que conspiram, sempre, contra as melhores intenções dos governantes no poder. Neste contexto, "as elites" são sempre "eles", os outros, "os que estão em Brasília", sujeitos desencarnados que só têm equivalentes na dimensão esotérica da vida social brasileira.

Os recentes debates em torno da reforma da previdência social mostraram, empiricamente, os usos a que foram postas estas lógicas e os resultados deste encontro. Assistimos a uma verdadeira política do significado ao vivo e em cores, com cada grupo tentando impor a sua definição de realidade e fazendo uso dos recursos disponíveis a seu poder. Privilégios, que sempre foram tratados como direitos por alguns grupos políticos brasileiros como a tecnoburocracia, os sindicatos, os partidos de esquerda e o Poder Judiciário, foram em grande parte mantidos, na medida em que nenhum destes grupos se reconhece como detentor de privilégios inalcançáveis pelo restante da sociedade. A moeda de troca para a manutenção dos direitos/privilégios foi o exercício disseminado do "você sabe com quem está falando?" que cabe a cada um dos grupos, através de greves e de impasses que poderiam levar a rupturas institucionais. Como aprendemos com DaMatta,[18] em situações de igualdade na sociedade brasileira, em que cada interlocutor detém parcelas equivalentes de poder, a solução só pode ser a negociação ou o confronto. Entre nós, tem prevalecido a conciliação dos interesses de grupos particulares, apresentada sempre como uma "vitória da democracia", solução que não contempla aqueles que não detêm qualquer parcela de poder sobre o Estado e o governo.

No âmbito da prática da negociação política, a mistura do público com o privado se destaca de forma especial. Fisiologismo, nepotismo e aparelhamento da administração pública são práticas presentes em todas as democracias modernas. Contra elas todas as sociedades lutaram ou lutam, e se engajam em debates entre escolha técnica ou indicação política ou de consangüinidade. Esse debate é ainda central, como no caso do Brasil, ou periférico, como no caso europeu e norte-americano, ou ainda quase inexistente, como no caso japonês. No Brasil, o fisiologismo, o nepotismo e o aparelhamento do Estado têm impacto excepcional, levando a paralisações e descontinuidades administrativas a cada período de quatro anos ou a cada reforma ministerial. Estas dimensões são reforçadas por rituais políticos que vão desde a "política do faraó" – a atitude de desfazer ou neutralizar os feitos anteriores – até cafés-da-manhã, jantares, almoços e recepções sintomaticamente realizados no universo doméstico (que, por definição, se opõe ao universo público, justamente o da política, da cidadania e da impessoalidade). Seria coincidência o uso dos termos "namoro", "noivado" e "casamento" que precedem as "alianças" entre os partidos políticos? Acredito que não, embora certamente o uso seja automático e inconsciente.

Neste âmbito do nepotismo, do fisiologismo e do aparelhamento do Estado, a atuação da tecnoburocracia tem sido exemplar, ao permitir a reprodução de lógicas tradicionais de negociação política e de determinadas políticas de significado. Da mesma forma como ela demonstrou ter poder de se organizar na defesa de seus direitos/privilégios, seria de se esperar que

---

[18] DaMatta, 1979.

tivesse o mesmo poder para defender o espaço público e o seu espaço profissional das interferências nepóticas e ilegítimas dos diferentes grupos políticos que se alternam no poder. No entanto, não o faz e nunca o fez. A existência de cargos de confiança, que proliferam pelos três poderes, ocupados por parentes e amigos, estrategicamente denunciada pela imprensa apenas em períodos pré e pós-eleitorais, e não no interior de uma campanha sistemática de não-privatização do público, indica a opção da tecnoburocracia.

O mesmo argumento se aplica às atuações do Poder Judiciário e do Legislativo que, nas suas respectivas competências, poderiam impedir o assalto aos cargos públicos. Poderiam estabelecer o limite hierárquico no interior da burocracia estatal para as nomeações políticas e, assim, impedir a descontinuidade administrativa, nociva ao bom funcionamento das organizações públicas no seu atendimento ao cidadão. Isto não ocorre porque, na nossa prática política, o uso do bem e do espaço público enraíza-se na concepção cultural de que ele não é de todos, mas daqueles que o ocupam. Portanto, ele é moeda de troca permanente nas negociações políticas. Não se sustenta o argumento de que, em todas as democracias do mundo moderno, nomeações políticas são feitas para acomodar os interesses dos diferentes grupos políticos, de forma a garantir a aprovação de reformas e medidas que permitam a realização de programas de governos legitimados por eleições livres. Ele é apenas parcialmente verdadeiro, pois em nenhuma democracia européia as administrações são loteadas até o quarto e quinto escalões, como ocorre entre nós.

Ainda em relação à atuação da tecnoburocracia na reprodução de lógicas tradicionais de atuação política, devo lembrar a luta constante que ela, como grupo, tem empreendido contra o estabelecimento de uma meritocracia no serviço público. Uma análise histórica indica-nos que todos os dispositivos utilizados para o estabelecimento de critérios universalizantes de acesso e mobilidade interna foram iniciativas do Estado, de governos específicos. Eles sempre encontraram resistência entre a tecnoburocracia e os congressistas.[19] A sociedade civil brasileira e os meios de comunicação, da

---

[19] Barbosa, 1999; Carvalho, 1998; Couto, 1966.

mesma forma, nunca fizeram do estabelecimento de critérios meritocráticos uma bandeira de luta. Não se pode acusá-los de imobilidade e menos ainda de falta de capacidade de organização, considerando-se o número de ONGs que vicejam entre nós e a plataforma de comunicação e informação existente no país.

No extremo oposto a estas práticas políticas que incluem do aliado político ao universo da família ou do "nosso grupo", encontra-se a desqualificação do adversário. Este é um mecanismo que tem como objetivo central evitar o diálogo no campo das idéias, através da atribuição ao adversário de epítetos negativos do tipo "radical", "fascista", "comunista", "corrupto", "fisiológico", entre outros. Qualifica-se negativamente aquele que discorda de uma certa interpretação da realidade e, assim, evita-se o confronto dos resultados objetivos, da eficiência e da eficácia das políticas propostas. Mais importante do que esses aspectos é a filiação ideológica dos autores e de suas idéias. Não é por acaso que, entre nós, tecnocrata seja um termo de acusação e que, em geral, seja usado para designar aqueles que "não têm preocupação com o social". "Ter preocupação com o social" é expresso fundamentalmente por um discurso permanentemente crítico, que não faz concessões aos que detenham autoridade, que denuncia qualquer tentativa de mudança nos direitos/privilégios de todo e qualquer grupo, independentemente das implicações objetivas que estes possam ter na má distribuição da renda brasileira e, por fim, não implica a apresentação de qualquer alternativa concreta para a nação. É o que Vargas Llosa chama de "epíteto paralisante". Implica apenas estar discursivamente ao lado daqueles "materialmente carentes" e adquirir com isto riqueza simbólica para a interlocução política.

Estas dimensões atribuídas à "cultura política brasileira" não são características fixas nem imutáveis, enraizadas em grupos particulares e homogeneamente articuladas por todos. São lógicas e estratégias de negociação do significado e de como o significado político da vida social é negociado entre nós. Em algumas circunstâncias, são rejeitadas e em outras atualizadas pelos mesmos segmentos políticos, dependendo dos diferentes contextos e platéias e de acordo com o sabor de seus respectivos interesses políticos e econômicos, mas em todos os contextos elas estão disponíveis para uso como alternativas legítimas e compartilhadas por todos. Podemos vê-las, também, positivamente, ou seja, sob a luz do que elas privilegiam em termos de valores, e não negativamente, em termos do que elas negam, no contexto da lógica das democracias modernas.

A identificação destas lógicas e de como determinadas categorias políticas são definidas não significa dizer que o Brasil não muda. Isto seria de uma profunda ingenuidade, da qual não me considero acometida. Por outro lado, ouso dizer que o Brasil muda mais rápido em outras esferas da sociedade do que nas suas práticas e lógicas políticas. A razão para isso encontra-se na perspectiva includente que permeia o jogo político entre nós. Elites tradicionais, elites sindicais e intelectuais, entre outras, são todas articuladas por relações pessoais que operam como elos entre as diferentes redes políticas, mediando os diversos interesses. Essas relações pessoais argumentam do ponto de vista "do outro", de forma que todos sejam eqüitativamente aquinhoados em seus pleitos e prestigiados nas suas respectivas condições. Mudamos para continuar os mesmos, reconhecendo-nos em nossas ações, práticas e lógicas de construção do mundo em contextos sociais distintos. Portanto, os argumentos centrais da ciência política de que os arranjos institucionais e constitucionais são autônomos em relação à dimensão cultural das sociedades e/ou os fatores socioeconômicos são fundamentais no estabelecimento da democracia como regime político parecem carecer de bases reais quando consideramos o exposto anteriormente. Não nos faltam instituições modernas, nem do ponto de vista institucional, nem jurídico e econômico, mas certamente não praticamos a política no sentido tão caro aos teóricos da democracia. Nossas instituições e valores democráticos – como, aliás, é necessário que se o diga, os de todas as sociedades – são implementados não a partir dos modelos teóricos que fundamentam os sistemas políticos, mas a partir dos significados que eles possuem para os diferentes atores sociais. Se gostamos ou não dos significados que lhes atribuímos, é tarefa para outra discussão.

Para concluir, e aqui reencontro o homenageado e os seus textos, acredito que as análises da ciência política, e particularmente as de Luiz Carlos

Bresser-Pereira, sobre o Estado brasileiro e suas classes sociais básicas – burguesia, tecnoburocracia e os trabalhadores – fornecem um quadro geral e distanciado do funcionamento do nosso sistema político. Estes grupos aparecem como entidades abstratas cujas respectivas racionalidades são determinadas por fatores socioeconômicos e dotados de autonomia em relação às características culturais da sociedade, o que parece contrastar quando olhamos para a nossa vida cotidiana. Neste contexto, a utilização do conceito de cultura política, no sentido do entendimento cultural dos valores do sistema político democrático e das políticas do significado, pode fornecer um instrumental que permita entender como os fluxos de valores associados à democracia são implementados e vivenciados a partir das diferentes culturas políticas com as quais eles entram em contato.

Referências bibliográficas

ALMOND, G. Comparative political systems. *Journal of Politics*, v. XVIII, p. 391-409, Aug. 1956.

_____; VERBA, Sidney. *The civic culture: political attitudes and democracy in five nations*. Princeton, NJ: Princeton University Press, 1963.

BARBOSA, Lívia. *O jeitinho brasileiro ou a arte de ser mais igual que os outros*. Rio de Janeiro: Campus, 1992.

_____. *Igualdade e meritocracia: a ética do desempenho nas sociedades modernas*. Rio de Janeiro: FGV, 1999.

_____. *Etnografias da modernidade*. 2003. ms.

BRESSER-PEREIRA, Luiz Carlos. O Estado na economia. *Ensaios de Opinião*, v. 4, n. 2-2, 1977.

_____. *O colapso de uma aliança de classes*. São Paulo: Brasiliense, 1978.

CARVALHO, J. M. *A República do empenho: Rui Barbosa e o clientelismo*. Rio de Janeiro: 1998. ms.

CHILCOTE, R. *Theories of comparative politics: the search for a paradigm*. Boulder: Westview, 1981.

COUTO, L. *A luta pelo sistema de mérito*. Petrópolis: Vozes, 1966.

DAMATTA, R. *Carnavais malandros e heróis*. Rio de Janeiro: Zaber, 1979.

DORE, R. Goodwill and the spirit of market capitalism. *The British Journal of Sociology*, v. 34, n. 4, 1983.

GEERTZ, C. *A interpretação das culturas*. Rio de Janeiro: Zahar, 1973.

HANNERZ, U. *Cultural complexities. Studies in the social organization of meaning*. New York: Columbia University Press, 1992.

_____. *Transnational connections: culture, people, places*. London/New York: Routledge, 1996.

INGLEHART, R. The renaissance of political culture. *American Political Science Review*, v. 82, n. 4, Dec. 1988.

LAITIN, D. D. The civic culture at 30. *American Political Science Review*, v. 89, n. 1, p. 168-173, 1995.

MACCRACKEN, G. *Culture and consumption*. Bloomington: Indiana University Press, 1990.

NISBETT, R. E.; COHEN, D. *Culture of honor: the psychology of Violneve in the South*. Colorado: Westview/Harper Collins, 1996.

PUTNAM, R. *Comunidade e democracia: a experiência da Itália moderna*. Rio de Janeiro: FGV, 1997.

PYE, L. *Politics, personality and nation building: Burma's search for identity*. New Haven: Yale University Press, 1962.

_____. *Communications and political development*. Princeton: Princeton University Press, 1963.

_____; VERBA, Sidney (Eds.). *Political culture and political development*. Princeton: Princeton University Press, 1965. (Studies in Political Development, 5.)

SAHLINS, M. O pessimismo sentimental e a experiência etnográfica: por que a cultura não é um objeto em via de extinção. *Mana. Estudos de Antropologia Social*, v. 3, n. 1, p. 75-94, abr. 1990.

Sobre *Desenvolvimento e crise no Brasil*

MARIA CECÍLIA SPINA FORJAZ

Introdução

Quando convidada a escrever um texto sobre um determinado tema da obra de Luiz Carlos Bresser-Pereira, passei uns dias refletindo e cheguei à conclusão de que, além de querer homenagear esse amigo antigo, seria relevante abordar não o tema que os organizadores me sugeriram, ou seja, as classes sociais no capitalismo contemporâneo, mas fazer um recorte diferente e, ao invés de selecionar um assunto tratado pelo autor, abordar um livro muito significativo no conjunto de sua extensa e diversificada produção acadêmica, isto é, *Desenvolvimento e crise no Brasil: história, economia e política de Getúlio Vargas a Lula*.[1]

Várias razões me levaram a fazer isso. Em primeiro lugar, minha incompetência para tratar do tema sugerido. Desde os bancos escolares na saudosa Maria Antônia, minhas preferências sempre se dirigiram para a ciência política e para a história, disciplinas menos desenvolvidas naquela

---

[1] Bresser-Pereira, 2003. Originalmente publicado em 1968, pela Zahar Editores.

instituição nos tempos de hegemonia da "Escola Sociológica Paulista". Menor dedicação à sociologia significa para mim entraves sérios para aprofundar a temática das classes sociais.

Em segundo lugar, diria que esse livro, primeiro publicado pelo autor e que vem sendo reeditado ao longo de quase 40 anos com sucessivas atualizações, permite o exercício da reflexão sobre a evolução das ciências sociais no Brasil nesse mesmo período. Permite acompanhar as escolas de pensamento que influenciaram o autor, os temas dominantes em determinadas conjunturas históricas, bem como as relações entre as posturas analíticas adotadas e os fatos sociais, econômicos e políticos geradores dessas mesmas posturas.

A terceira razão vem da constatação de que esse foi o maior sucesso editorial entre os inúmeros livros publicados por Bresser-Pereira, e a aprovação do "mercado" estimula a curiosidade dos cientistas sociais sobre a obra.

Escolhi parcelar (ou fragmentar) o livro segundo suas edições.

Livro um

A primeira edição *de Desenvolvimento e crise no Brasil* é de 1968 e a versão atualizada em 2003 manteve o texto original, com alguns cortes, revisões de estilo e unificação de terminologias.

As pequenas alterações efetuadas demonstram que, para o autor, a análise feita no fim da década de 1960 continua válida e que a passagem do tempo e a sucessão de modas intelectuais não macularam a significação dos conteúdos atribuídos ao processo de desenvolvimento social, político e econômico brasileiro.

A primeira preocupação de Bresser é exatamente definir o conceito de desenvolvimento[2] e a maneira como o faz poderia perfeitamente ter sido escrita hoje.

---

[2] "Concebido dessa forma restritiva, segundo a qual não só as transformações devem ser ao mesmo tempo econômicas, políticas e sociais, como também o resultado mais direto deve levar ao aumento do padrão de vida da população – e esse aumento deve ser automático, autônomo e necessário, ou seja, auto-sustentado" (Bresser-Pereira, 2003:32).

Dedicando-se em primeiro lugar às transformações econômicas, o autor conceitua a Revolução Nacional Brasileira, ocorrida entre 1930 e 1960, quando efetivamente se realiza a primeira revolução industrial no país.

A decolagem da industrialização (1930-39) seria o fruto da conjugação de dois fatores principais, ou seja, a oportunidade para investimentos industriais proporcionada pela depressão econômica mundial e a Revolução de 1930.

A política cafeeira adotada para enfrentar a queda brutal dos preços do café no mercado internacional (60%) manteve a demanda agregada ao mesmo tempo em que subiam vertiginosamente os preços dos produtos manufaturados importados. Essa combinação levou à emergência da industrialização por substituição de importações, que levaria à criação de 12.232 estabelecimentos industriais na década de 1930.

A análise de Bresser está fundamentalmente baseada na obra clássica de Celso Furtado,[3] que constitui uma das principais fontes orientadoras de várias gerações de economistas brasileiros.

A II Guerra Mundial implicaria novo período de expansão da indústria nacional e a consolidação final desse processo viria a ocorrer entre 1956 e 1961, no governo de Juscelino Kubitschek, quando pela primeira vez no Brasil a política governamental erigiu o desenvolvimento industrial como prioridade absoluta.

Auxiliado por um grupo de técnicos do Banco do Brasil, da Fundação Getulio Vargas, da Sumoc e do Ministério da Fazenda, inspirados principalmente no pensamento econômico da Cepal, o presidente inova no sentido de criar uma burocracia econômica altamente qualificada e poderosa, que se tornaria, a partir daí, em ator político fundamental no processo de desenvolvimento nacional.

O investimento direto estrangeiro multiplicou-se enormemente e possibilitou a implantação de uma poderosa indústria automobilística no país, consolidando definitivamente a industrialização.

---

[3] Furtado, 1959.

Sintetizando as principais características do modelo de desenvolvimento durante a primeira revolução industrial, Bresser aponta: industrialização por substituição de importações, limitação à capacidade de importar, surgimento de uma classe de empresários industriais, alta relação marginal produto-capital, estatização, distribuição regional da renda desequilibrada, urbanização, crescimento populacional e aumento dos salários.

Quanto às transformações sociais e políticas que caracterizam a Revolução Nacional Brasileira, Bresser se inspirou no pensamento do Instituto Superior de Estudos Brasileiros (Iseb), que marcou profundamente as ciências sociais brasileiras na década de 1960.

Autores como Nelson Werneck Sodré e Hélio Jaguaribe deixam suas marcas visíveis na interpretação apresentada da mudança política e social, como um embate fundamental entre a oligarquia agrário-comercial, hegemônica na Primeira República, e as novas classes surgidas com a industrialização, a burguesia industrial e o proletariado urbano:

> O industrialismo, o nacionalismo e o intervencionismo desenvolvimentista eram claramente a expressão política dos novos grupos sociais que surgiam. Na medida, no entanto, em que a Revolução Nacional Brasileira tinha toda a sua ênfase colocada no processo de industrialização, as ideologias eram, antes de mais nada, representativas dos interesses da classe emergente dos empresários industriais. [p. 105]

Se a sombra do Iseb, plena de protagonismo burguês, paira sobre as interpretações de Bresser[4] sobre a transição para a sociedade industrial, ele inova ao introduzir o tema da tecnocracia pública, como ator importante da modernização do capitalismo no Brasil:

> Constituída de técnicos, economistas, ou administradores profissionais com as mais variadas origens, formados principalmente no Banco do Bra-

---

[4] A crítica da transposição de modelos de explicação próprios dos países capitalistas desenvolvidos para a realidade dos países subdesenvolvidos da América Latina viria ao longo dos anos 1970, desmistificando noções como as de "revolução burguesa", "feudalismo" e outras importadas sobre a transição da sociedade agrário-exportadora para a sociedade industrial, no contexto latino-americano.

sil, no Ministério da Fazenda, na Fundação Getulio Vargas e nas Universidades, seu poder iria crescendo (....) e, mal ou bem, assumia suas novas funções de planejar e promover o desenvolvimento econômico. [p. 97]

A crise do início da década de 1960, que levaria ao novo pacto político burocrático-autoritário, é analisada mais em termos econômicos, como desencadeada por três fatores estruturais: a redução das oportunidades de investimento (diminuição das possibilidades de substituição de importações, falta de mercados e a capacidade ociosa), a limitação à capacidade de exportar (e, portanto, de importar) e a inflação aberta.

Livro dois

O que estou denominando livro dois corresponde a duas reedições consecutivas da obra de Bresser, nos anos de 1970 e 1972, com o acréscimo de dois novos capítulos, respectivamente "Crescimento econômico e pacto burocrático-autoritário" (cap. 7) e "Nova dependência e subdesenvolvimento industrializado" (cap. 8).

Essas duas reedições, do início da década de 1970, incorporam a análise do regime militar instaurado em 1964 à luz de uma nova interpretação do desenvolvimento capitalista no Brasil e na América Latina, genericamente denominada "teoria da dependência".

Segundo o próprio Bresser, os principais formuladores do novo modelo teórico, que influenciou inúmeros cientistas sociais latino-americanos, seriam:

- Fernando Henrique Cardoso e Enzo Faletto, com *Dependencia y desarrollo en América Latina: ensayo de interpretación sociológica*, editado em 1969 e difundido posteriormente por todo o mundo;[5]
- Maria da Conceição Tavares e José Serra, com o texto de 1971 *"Mas allá del estancamiento: una discusión sobre el estilo de desarrollo reciente de Brasil"*;[6]

---

[5] Cardoso e Faletto, 1969.

[6] Tavares e Serra, 1971. Posteriormente publicado no Brasil, incluído na obra *Da substituição de importações ao capitalismo financeiro*.

- Luiz Carlos Bresser-Pereira, com o artigo "O novo modelo de desenvolvimento", publicado em 1972.[7]

A emergência de ditaduras militares na América Latina, apoiadas pelos Estados Unidos, e o esgotamento da industrialização por substituição de importações estimularam o surgimento de novas explicações para a evolução do capitalismo subdesenvolvido. Tanto na dimensão econômica quanto no aspecto político, são revistas as relações entre as elites locais e o líder do bloco ocidental, assim como as novas formas de integração dos países subdesenvolvidos ao mercado mundial.

Nas palavras de Bresser:

> O modelo de subdesenvolvimento industrializado e o Pacto Burocrático-Autoritário constituem um todo único que, no plano de abstração em que estamos trabalhando, exige uma análise integrada (....) Temos, de fato, no Brasil um modelo político e econômico baseado no controle tecnoburocrático do governo por parte dos militares, dos técnicos e dos burocratas civis, e no controle capitalista da produção por esse mesmo governo e pelos grupos capitalistas nacionais e, principalmente, internacionais. [p. 177]

Diferentemente das nações desenvolvidas, no Brasil criam-se novos padrões de acumulação, calcados na concentração de renda e na internacionalização do sistema produtivo, sob a batuta dos tecnocratas, civis e militares.

O livro de Bresser (e outros que ele escreveria depois) dá enorme ênfase a esse novo ator, a tecnocracia, que se torna a classe dirigente que realiza, através do pacto burocrático-autoritário (conceito originalmente desenvolvido por Guillermo O'Donnell), os interesses do empresariado capitalista nacional e internacional.

Livro três

Doze anos depois, foi publicada a quarta edição de *Desenvolvimento e crise no Brasil*, em 1984, complementada com dois novos capítulos, que

---

[7] Bresser-Pereira, 1972. Mais tarde desenvolvido em outras publicações do autor.

abordam o auge e o declínio do regime militar na década de 1970 e as primeiras fases do processo de transição democrática.

Depois de breve exposição sobre as divergências dos economistas na explicação da crise econômica iniciada em 1974, e constatadas suas conseqüências principais, a volta da inflação e o endividamento externo, Bresser dedica-se a explicar os efeitos políticos dessa crise.

Na sua visão, a partir de 1974, a burguesia rompe o pacto político autoritário e passa a apoiar o restabelecimento do estado de direito, o que seria a causa fundamental do processo de redemocratização.

Nas suas palavras:

> As lutas populares realizadas por trabalhadores, estudantes, intelectuais e comunidades eclesiais de base em favor da democracia foram sem dúvida importantes, mas o fato histórico novo e decisivo foi a adesão de amplos setores da burguesia à idéia de redemocratização. [p. 211]

A dilapidação das bases de legitimação do regime autoritário e a queda do excedente levaram a burguesia a formular um projeto de hegemonia política própria, livrando-se da tutela militar e tecnocrática.

Para acelerar o processo de abertura iniciado com o governo Geisel em 1974, a burguesia estabelece um pacto popular-democrático, pelo qual se alia aos trabalhadores, aos intelectuais e à esquerda moderada, para chegar ao restabelecimento da democracia.

Livro quatro

A quinta edição de *Desenvolvimento e crise* saiu no segundo semestre de 2003 e representa, em termos quantitativos, metade da obra, contendo aproximadamente 200 páginas que analisam a economia, a política e a sociedade brasileira desde a transição democrática até a atualidade.

Seguindo a lógica de todo o livro, Bresser focaliza primeiro a situação econômica da década de 1980, para em seguida, e baseado primordialmente nela, dedicar-se à análise política.

Caracteriza a crise da dívida externa e a crise fiscal dos anos 1980 como a mais grave de toda a história do desenvolvimento capitalista brasileiro, que, apesar de retrocessos conjunturais, apresentou as maiores taxas de crescimento do PIB desde 1870 até 1980, em comparação com alguns países como Estados Unidos, Japão e União Soviética, segundo pesquisas de Angus Maddison.

Os três sintomas básicos dessa crise seriam a estagnação sem precedente da renda por habitante, a redução de quase seis pontos percentuais na taxa de investimento e taxas de inflação altíssimas.

Depois de descrever o Plano Cruzado e o subseqüente fracasso, suas próprias tentativas de estabilização na breve passagem pelo Ministério da Fazenda em 1987 e as infrutíferas políticas do sucessor Maílson da Nóbrega, incluindo a moratória e a renegociação da dívida externa, o autor passa a discutir teoricamente a questão da crise da década de 1980.

São comparados dois diagnósticos diferentes dessa crise, com suas respectivas propostas de solução, a saber, o Consenso de Washington e a abordagem da crise fiscal do Estado, adotada pelo autor. Ele sintetiza as causas da crise segundo a perspectiva dominante, isto é:

> (1) o excessivo crescimento do Estado, traduzido em protecionismo (o modelo de substituição de importações), excesso de regulação e empresas estatais ineficientes e em número excessivo; e (2) o populismo econômico, definido pela incapacidade de controlar o déficit público e de manter sob controle as demandas salariais tanto do setor privado como do setor público. [p. 249]

Para enfrentar essa visão das causas da crise brasileira e latino-americana, Bresser cita o famoso decálogo de reformas proposto por John Williamson, amplamente aceito e aplicado em todo o continente pelas autoridades econômicas, por influência dos organismos multilaterais (FMI e Banco Mundial), do FED e Departamento de Estado americano, dos ministros das Finanças dos outros países do G-7 e dos presidentes dos maiores bancos multinacionais.

Sem se opor frontalmente a forças tão poderosas, Bresser discorda do diagnóstico e de alguns itens do receituário hegemônico, principalmente no que diz respeito à ressalva que critica a redução do tamanho do Estado, e propõe um novo tipo de intervenção, para coordenar e suplementar a ação livre do mercado.

A análise política descreve a crise do pacto popular-democrático que presidira a transição para a democracia e se esgota na medida em que, por uma fatalidade histórica, assume a presidência uma liderança política conservadora e vinculada ao capital mercantil, dependente do Estado e representante do velho clientelismo e do populismo econômico.

A presidência de Sarney significou a volta de velhas elites e de grupos da tecnocracia do regime autoritário, levando ao rompimento dos setores mais modernos e progressistas da burguesia e de setores de centro-esquerda do PMDB e do recém-formado PSDB, assim como de setores da direita liberal.

O fracasso do Plano Cruzado e a inflação galopante erodem as bases de legitimidade do governo junto à sociedade civil.

A eleição de Collor, em 1989, inauguraria a vigência de novo pacto político, o burocrático-liberal, que se estenderia por toda a década de 1990, incluindo os governos Collor, Itamar Franco e Fernando Henrique Cardoso.

O autor descreve a onda neoliberal predominante em todo o mundo capitalista e a adesão de Collor à tendência dominante, dando início a reformas importantes, como a liberalização comercial e as privatizações.

Depois do *impeachment* e da posse do vice Itamar Franco, Bresser dedica todo um capítulo à analise da teoria da inflação inercial e à implementação da nova estratégia de estabilização, coerente com essa percepção do processo inflacionário no Brasil.

Focaliza a convergência dos estudos inovadores da equipe de economistas da PUC do Rio de Janeiro (André Lara Rezende, Pérsio Arida, Francisco Lopes e outros) com os trabalhos do próprio autor, em conjunto com Yoshiaki Nakano, na explicação do processo inflacionário e das novas estratégias para combatê-lo, mostrando a teoria e a prática do Plano Real.

No capítulo 15, deixa de lado as peripécias econômicas para, apesar de retroceder na ordem cronológica do livro, voltar-se exclusivamente à análise política da evolução do Estado brasileiro e da administração pública, desde o patrimonialismo até a reforma gerencial de 1995, mostrando as relações entre classes dominantes e grupos dirigentes desde o Império.

Expõe a interpretação de Raymundo Faoro sobre o Estado patrimonial, em que as elites dominantes cuidavam da economia, entregando a gestão do Estado e da política a um estamento burocrático relativamente autônomo. Na Primeira República,

> quando a burocracia estamental, de caráter aristocrático, começa a ser infiltrada por elementos externos, de origem social mais baixa, como aconteceu com o clero e, dentro do aparelho do Estado propriamente dito, com os militares do Exército, é claro que não podemos mais falar com precisão de um estamento patrimonial, como aquele pretendido por Faoro. É a administração pública burocrática que está surgindo. [p. 307]

Analisa a reforma administrativa da era Vargas, capitaneada pelo Departamento Administrativo do Serviço Público (Dasp), a partir de 1938, e a implantação paulatina da burocracia weberiana no Brasil.

Passa, em seguida, a analisar a reforma administrativa implantada pelo regime militar em 1967, consubstanciada no Decreto-lei nº 200. Salienta seus aspectos inovadores, que prenunciavam as reformas gerenciais dos anos 1990, ao distinguir claramente a administração direta da indireta e ao atribuir a esta última grande flexibilidade e autonomia de gestão, tanto para as autarquias, quanto para as fundações e empresas estatais. Destaca também a excelência dos quadros burocráticos formados nessas instituições e a permanente ocupação, por eles, de altos cargos na administração pública, durante o regime militar.

Finaliza esse capítulo com a exposição da reforma gerencial que comandou em 1995, no Ministério da Administração Federal e Reforma do Estado (Mare), deixando claro que ele e sua equipe deram prioridade à dimensão institucional da reforma e admitindo que ela não foi completada:

> Desde o final de 1997, tornou-se claro que a Reforma Gerencial de 1995 fora bem-sucedida no plano cultural e institucional. (....) Entretanto, estava

claro, também para mim, que o Ministério da Administração Federal e Reforma do Estado, criado em 1995, não tinha poder suficiente para a segunda etapa da reforma: sua implementação. [p. 329]

Voltando à análise econômica, o autor prossegue comentando, e criticando, a política econômica dos dois governos Fernando Henrique, centrando suas baterias na equipe econômica chefiada por Pedro Malan.

A década de 1990 terminou sem que o país tivesse conseguido retomar o desenvolvimento econômico, fenômeno evidenciado pelas baixas taxas de crescimento, pela elevação da dívida, pelos altos níveis de desemprego e pela nova crise do balanço de pagamentos.

O resumo da crítica desenvolvida por Bresser aponta três ordens de fatores inter-relacionados como responsáveis pelo fracasso: um equívoco de agenda, que levou a priorizar o combate à inflação em vez do ajuste das contas externas; a aceitação do segundo Consenso de Washington, segundo o qual países altamente endividados deveriam recorrer à poupança externa para se desenvolver; e, finalmente, a falta de consciência nacional de nossas elites.

Depois de discutir a questão central da desigualdade de renda, um dos principais obstáculos à retomada do desenvolvimento, o autor escreve um capítulo baseado em texto conjunto com Yoshiaki Nakano, "Uma estratégia de desenvolvimento com estabilidade".[8]

O texto, que provocou muita polêmica no mundo acadêmico e foi amplamente divulgado pela mídia, é uma acerba crítica à política de altas taxas de juros, estabelecidas pelo Banco Central e pela equipe econômica ainda na gestão Fernando Henrique. Além de reproduzir os argumentos defendidos em 2002, Bresser incorpora ao texto parte do debate que se seguiu à sua publicação, especialmente ponderações de Edmar Bacha e Francisco Lopes, economistas muito ligados à equipe do presidente Fernando Henrique.

---

[8] Bresser-Pereira e Nakano, 2002.

Voltando à arena política e referindo-se à conjuntura atual do governo Lula, Bresser chega ao penúltimo capítulo com a seguinte interrogação: Do pacto liberal-burocrático ao popular-nacional?

O primeiro, vigente desde o governo Collor, seria

> um pacto, portanto, excludente dos trabalhadores e dos pobres: um pacto burocrático-liberal. Burocrático porque a liderança política cabia a setores da classe média profissional, associada naturalmente à classe capitalista. Liberal porque comprometido com as reformas orientadas para o mercado. [p. 397]

A eleição de Lula significa uma mudança em direção a um novo pacto popular-nacional? Esse seria o desejo do autor, que explicita claramente suas opções político-ideológicas, mas é pessimista sobre essa possibilidade, pois as decisões tomadas nos primeiros meses de governo sugerem uma continuidade do pacto anterior e uma adesão total aos princípios do segundo Consenso de Washington.

O último capítulo é dedicado à explicitação do que seria o pacto nacional-popular, ou seja, aquele que adotasse um novo desenvolvimentismo e um nacionalismo moderno.

Baseado nos princípios de uma nova esquerda socialdemocrática ou social-liberal, esse pacto implicaria a aceitação da integração do Brasil no mercado mundial, preservando os interesses nacionais (não nos moldes do velho nacionalismo) e mantendo um Estado forte e intervencionista, para conduzir o desenvolvimento econômico.

A globalização, embora tenha ampliado a interdependência entre os Estados nacionais, tornou-os ainda mais estratégicos para corrigir as falhas do mercado.

Referências bibliográficas

BRESSER-PEREIRA, Luiz Carlos. O novo modelo de desenvolvimento. *Dados*, n. 11, 1972.

_____. *Desenvolvimento e crise no Brasil: história, economia e política de Getúlio Vargas a Lula*. 5. ed. São Paulo: Editora 34, 2003.

_____; NAKANO, Yoshiaki. Uma estratégia de desenvolvimento com estabilidade. *Revista de Economia Política*, v. 21, n. 3, p. 146-177, jul. 2002.

CARDOSO, Fernando Henrique; FALETTO, Enzo. *Dependencia y desarrollo en América Latina: ensayo de interpretación sociológica*. México: Siglo Veintiuno, 1969.

FURTADO, Celso. *Formação econômica do Brasil*. Rio de Janeiro: Fundo de Cultura, 1959.

TAVARES, Maria da Conceição; SERRA, José. Mas allá del estancamiento; una discusión sobre el estilo del desarrollo reciente de Brasil. *Trimestre Econômico*, v. 33, n. 152, out./dez. 1971.

IV
CIÊNCIA E TEORIA POLÍTICA

Democracia de opinião pública

HELIO JAGUARIBE

Bresser-Pereira representa uma rara combinação de intelectual de alta capacidade, com uma genuína vocação pública e a condição de exemplar homem de bem, como nos casos do sociólogo-presidente Fernando Henrique, do economista-ministro Celso Furtado ou do internacionalista-chanceler Celso Lafer. Coube-lhe desempenhar – e fazê-lo muito bem – alguns dos mais altos cargos de nosso país, sendo por três vezes ministro de Estado. Ao mesmo tempo, é autor de uma ampla e importante obra, com mais de 30 livros publicados, com outros autores ou de sua exclusiva lavra, mais de 300 *papers*, inúmeras conferências e pronunciamentos, tudo de alta qualidade.

Tanto como intelectual quanto na qualidade de homem público, Bresser mantém um inalterável compromisso com a racionalidade, no entender as coisas, e a equanimidade, no tratamento de questões sociais. Essa retidão de juízos e de conduta o leva, no exercício de funções de governo, a dar absoluta transparência a tudo o que pensa e ao que se propõe fazer, suscitando a prematura mobilização defensiva daqueles cujos interesses se sentem contrariados pelas medidas de interesse público que se propõe adotar, como ocorreu em mais de uma oportunidade. Nada, entretanto, o demove de suas retas intenções.

Economista de formação e vocação, Bresser é também um fino analista político. Essa dupla qualificação o leva, presentemente, a ser professor de economia na Escola de Administração de Empresas, da Fundação Getulio Vargas, em São Paulo, e professor de teoria política no Departamento de Ciência Política da USP. Devemos à teoria política de Bresser alguns excelentes estudos sobre a democracia no Brasil. Intentarei, nas linhas a seguir, discutir brevemente as idéias de Bresser a esse respeito.

Três modelos

A democracia, para Bresser, entendida na sua acepção básica de governo por expressa delegação do povo, se apresenta, politicamente, sob três modalidades: democracia de elites, democracia de opinião pública ou plural e democracia participativa ou republicana. E sugere que no futuro poderemos ter a democracia deliberativa.

Só é democrático o governo expressamente constituído e mantido por delegação popular. Dada essa condição básica, esse regime tem sido politicamente exercido, tanto universalmente quanto, no caso particular do Brasil, através de uma de suas três modalidades. Democracia de elites é o regime que resulta quando, constituído um governo por expressa delegação popular, esse governo, no curso de seu mandato, passa a atuar em função de seus próprios critérios e valores, relacionando-se com um restrito círculo de apoiadores e beneficiários, dentro de condições que reduzem seu relacionamento com o conjunto do povo à fase eleitoral. Democracia de opinião pública é o regime que se exerce e sustenta mediante um continuado diálogo com os diversos segmentos da cidadania. Não se trata, apenas, de apelar para o povo na fase eleitoral, buscando votos, mas, distintamente do que ocorre com a democracia de elites, as opções do governo, seus valores, seus procedimentos, resultam das tendências predominantes na opinião pública. Esta é continuamente consultada, através de várias modalidades, que incluem o diálogo com organizações da sociedade civil e freqüentes levantamentos da opinião pública a respeito de questões relevantes, em função da qual são tomadas as decisões do governo. Sobre o modelo deliberativo, Bresser, nos textos de meu conhecimento, dele não apresenta uma explícita descrição.[1] Entende-se, entretanto, esse modelo, no contexto de seus escritos, como constituindo uma forma institucionalizada da democracia de opinião pública, mediante a manifestação das diversas tendências da sociedade civil através de mecanismos formais, como parlamentos, conselhos e outros.

Em escritos diversos,[2] tenho sustentado uma formulação alternativa à de Bresser, mas que com ela não conflita. A meu ver, as sociedades emergem, historicamente, sob a forma de sociedades de notáveis. Essas sociedades de notáveis, eventualmente, se convertem em democracias de notáveis. Assim ocorreu com a Grécia de Sólon, com a Europa, no trânsito do absolutismo para as monarquias constitucionais, com o Brasil, do voluntarismo de Pedro I para o parlamentarismo de Pedro II. As sociedades de notáveis tendem, embora nem sempre tal ocorra, a se converter em sociedades de classe média e estas, por sua vez, a se tornarem democracias de classe média. Assim ocorreu com a Grécia de Clístenes, a Europa do século XIX, o Brasil, com a revolução de 1930 e sua final institucionalização, com as Constituições de 1934 e de 1946. As sociedades de classe média, finalmente, tendem a se constituir em sociedades de massas, eventualmente se configurando como democracias de massas. Assim ocorreu com a Grécia de Péricles, com a Europa do *Front Populaire* e dos *welfare states* subseqüentes à II Guerra Mundial. Assim, no Brasil, com a democracia que se seguiu ao regime militar e à Constituição de 1988.

---

[1] Jaguaribe usou, neste texto, "Da política de elites à democracia de sociedade civil" e "Democracia brasileira, no momento das eleições de 2002" (Bresser-Pereira, 2000 e 2002). Em *Democracy and public management reform* (2004), Bresser-Pereira apresenta também três tipos históricos de democracia moderna: democracia de elites, democracia de opinião pública ou plural, democracia participativa ou republicana. Explicita o que entende por democracia deliberativa e a coloca como um quarto tipo, que já é anunciado pela democracia participativa. (N. dos Orgs.)

[2] Ver, notadamente, Jaguaribe (2000).

A diferença entre a tipologia de Bresser e a minha consiste no fato de que aquela, a partir de uma visão política e aristitotélica, focaliza, particularmente, a margem de interferência, no processo governativo, de poucos, de muitos ou de todos os cidadãos. Minha tipologia chega a resultados equivalentes a partir de uma visão histórico-sociológica.

Segundo Bresser, o aperfeiçoamento do processo democrático se faz pela transição das formas mais restritivas para as mais includentes das manifestações da cidadania. Esse processo tem, historicamente, conexão com a evolução do processo econômico, das formas pré-capitalistas para as capitalistas e, nestas, dos estágios industriais para os de alta tecnologia. Na Europa, a revolução capitalista se deu no início do século XIX, somente muitas décadas depois se configurando plenamente o processo democrático, que culminaria, depois da II Guerra Mundial, com o Estado de bem-estar social. No Brasil, o processo de industrialização suscitou uma democracia de elites que só recentemente, com Fernando Henrique Cardoso, se tornou uma democracia de opinião pública.

Pactos sociais

Outra importante contribuição de Bresser para o estudo da democracia no Brasil é sua tipologia dos pactos sociais e seu entendimento de como e quando cada uma de suas modalidades se realizou neste país. Bresser identifica quatro modalidades de pacto social: popular-nacional, burocrático-autoritário, popular-democrático e burocrático-liberal.

O pacto popular-nacional teve uma primeira ocorrência com a revolução de 1930, que levou a classe média ao poder, dele deslocando o patriciado rural. Esse pacto, com apoio da incipiente classe obreira, conduziu ao processo de industrialização, predominantemente por substituição de importações, no período que abrange as décadas de 1930 a 1950. No curso desse período, passou pela fase autoritária do Estado Novo, de 1937 a 1945, mas conservou seu caráter industrialista e nacionalista. Segundo Bresser, 1960-64 corresponde a um período de crise, que terminaria com o golpe militar de 1964. Com este, se instala um novo pacto social, o burocrático-autoritário, que retoma o sentido industrialista e nacionalista do período 1930-59, substituindo, entretanto, a delegação popular do poder pelo autoritarismo militar e restringindo o apoio ao governo a restritos setores da classe média e da burguesia.

Segundo Bresser, o governo Geisel, com o "pacote de abril", dá início a um processo de transição, que conduziria a um modelo popular-democrático, num contexto marcado pela crise do Plano Cruzado, em fins de 1986. Segue-se nova crise, que conduzirá ao colapso do regime militar, à eleição de Tancredo Neves, impedido por sua doença e morte, de assumir o poder, à aprovação da Constituição de 1988 e ao governo Sarney, seguido pelo episódio Collor, seu *impeachment* e o interregno de Itamar Franco.

A década de 1990 corresponde, por um lado, à consolidação da democracia, restaurada com a Constituição de 1988 e sua evolução, com Fernando Henrique Cardoso, na direção de uma democracia de opinião pública. Concomitantemente, configura-se um novo pacto social, burocrático-liberal, que leva o país a uma ampla abertura para o mercado internacional, designada "abertura competitiva". A liberalização econômica empreendida pelo governo Cardoso conduz à privatização, com capitais estrangeiros, das empresas públicas e a uma crescente dependência do investimento estrangeiro para o equilíbrio das contas e para um intento de desenvolvimento supostamente a ser propulsionado pelo mercado, o que não foi corroborado pelos fatos.

A tipologia de pactos sociais, proposta por Bresser, é um intento extremamente interessante e válido. Observaria, apenas, que o conceito de pacto "popular-democrático" não me parece bem formulado, nem adequado ao período histórico a ele atribuído. Na verdade, o regime militar perdeu sustentabilidade pelas contradições entre a posição policial-reacionária da "comunidade de informação" e os objetivos nacional-desenvolvimentistas dos setores sérios das Forças Armadas – incluído o presidente Geisel – e, bem assim, das classes dirigentes, ademais da crescente demanda, por todos os estratos sociais, de um retorno à democracia e ao Estado de direito.

O presidente Geisel, a quem se deve ter dado um fim à ditadura da "comunidade de informação" e restabelecido o Estado de direito, incidiu, todavia, no grave equívoco de prolongar, artificialmente, o regime militar, embora em termos extremamente abrandados, com a transferência do poder ao general Figueiredo. Perdeu-se, assim, a oportunidade, que estava ao alcance de Geisel, de plebiscitar uma boa constituição democrática, instituindo eleições diretas para sua sucessão. Tivesse ele feito essa correta opção, tudo indica que Tancredo Neves, então ainda gozando de boa saúde, teria sido eleito e teria podido iniciar, com amplo apoio popular, a nova fase democrática do Brasil.

Reflexões finais

A tipologia de Bresser, com relação aos três modelos de democracia, merece observações, no que se refere à democracia de opinião pública. É correto, a meu ver, o intento do autor, seguindo Aristóteles, de diferenciar seus modelos pela crescente participação da cidadania no influenciamento do processo governativo. Uma importante questão a levar em conta, entretanto, é a medida em que as "democracias de opinião pública", como se observa, notadamente, no caso dos Estados Unidos, sejam conduzidas a um perigoso topicismo de temas, desligadamente de uma coerente visão de conjunto de um projeto governativo. Os levantamentos de opinião pública, realizados por agências especializadas, privilegiam tópicos específicos, independentemente de uma visão de conjunto das conveniências da sociedade e do país.

O caso dos Estados Unidos merece, a esse respeito, particular atenção. Ali se realiza, mais do que em qualquer outro país, uma democracia de opinião pública. O presidente de turno busca, relativamente a opções de sua preferência, mobilizar a favor delas a opinião pública. Quando esta se manifesta de conformidade com seus desígnios, sente-se fortalecido para implementar suas opções preferidas. Quando a opinião pública se mostre contrária, o presidente é forçado a se ajustar às expectativas populares. A falta de consistência desse regime é manifesta. No caso dos Estados Unidos, ela se torna mais grave pelo fato de que o Congresso americano, distintamente do que preconizava Rousseau – e do que, em razoável medida, ocorre na Europa ocidental –, não é uma expressão da "vontade geral", mas o resultado de inúmeros *lobbies*, cada qual favorecendo seus respectivos interesses, com total alheamento do interesse público. Assim, nem o Congresso formula um projeto coerente de governo, porque o interesse público americano não corresponde à soma dos interesses particulares dos *lobbies*, nem o topicismo peculiar aos levantamentos de opinião pública conduz a um projeto consistente de governo. Fica a boa governança do país, assim, excessivamente dependente da boa orientação do presidente de turno, o que permitiu, historicamente, grandes governos, com F. D. Roosevelt, J. Kennedy, Bill Clinton, e governos perigosamente sectários ou personalistas, como tantos outros.

Na verdade, uma tipologia das democracias, ademais do seu aspecto aristotélico (governo de poucos, de muitos ou de todos), deve levar em conta o nível de institucionalização que seja proporcionado às manifestações da vontade da cidadania. Talvez seja esse o sentido que Bresser empresta à "democracia deliberativa", sem que, na medida em que o saiba, lhe tenha dado maior explicitação.

O que confere alta qualidade às democracias da Europa ocidental, notadamente em países como a Grã-Bretanha, a Alemanha e a França, é a existência de partidos políticos bem organizados, dotados de programa próprio e de um projeto para o Estado e a sociedade. Outra importante característica dessas democracias é o fato de que a vida pública se inicia dentro dos quadros partidários. Somente depois de um satisfatório aprendizado no âmbito de um partido é que este designa alguém para disputar um posto eletivo. Os cidadãos sabem o que significa cada partido e cada personalidade política, nesse partido. Há, assim, uma significativa correspondência entre a vontade dos cidadãos e sua representação política.

Se algo chama, dramaticamente, a atenção no que se refere à democracia brasileira é, precisamente, a falta de sentido público dos partidos, com a relativa exceção do PT e, em menor grau, do PSDB e do PFL. Mais ainda, é a falta de qualquer sentido público por parte da quase totalidade de candidatos a postos legislativos, da esfera municipal à federal. Daí o fato de que a democracia brasileira não seja efetivamente representativa. Governos mais recentes, como o de Fernando Henrique e, tudo indica, o de Lula, estão prestando crescente atenção às demandas da sociedade civil. Nesse sentido, Bresser tem razão quando fala de uma tendência à democracia de opinião pública, no Brasil. A falta de representatividade real do Congresso, entretanto, priva a cidadania de efetiva representação política. E não serão os levantamentos de opinião pública que corrigirão essa deficiência. Somente uma ampla e profunda reforma política, que assegure efetiva representatividade aos eleitos pelo povo poderá assegurar ao Brasil condições satisfatórias de governança. Enquanto tal não ocorra, ficaremos, como os Estados Unidos, ao sabor da boa orientação do presidente de turno. É difícil saber se o clientelismo político brasileiro é pior ou melhor do que o lobismo americano. O nosso é mais errático e menos consistente, no seus particularismos. O americano tem a vantagem, indeliberada mas observável, de exprimir um conjunto de interesses que, considerada a sociedade americana em seu conjunto, permitiu a formação de um grande país.

Referências bibliográficas

BRESSER-PEREIRA, Luiz Carlos. A turning point in the debt crisis: Brazil, the US Treasury, and the World Bank. *Revista de Economia Política*, v. 19, n. 2, p. 103-130, abr. 1999.

_____. Da política de elites à democracia de sociedade civil. In: VELLOSO, João Paulo dos Reis (Coord.). *Brasil 500 anos: futuro, presente, passado*. Rio de Janeiro: José Olympio, 2000. p. 517-538.

_____. Democracia brasileira, no momento das eleições de 2002. São Paulo, out. 2002. Disponível em: <www.bresserpereira.org.br>.

_____. *Democracy and public management reform*. Oxford: Oxford University Press, 2004.

JAGUARIBE, Helio. *Brasil, homem e mundo – reflexão na virada do século*. Rio de Janeiro: Topbooks, 2000.

Relações internacionais

CELSO LAFER

I

São diversificadas a obra e a ação de Luiz Carlos Bresser-Pereira. Têm como características básicas não só a multiplicidade de interesses como a interdisciplinaridade que as anima. Para isso contribuem a sua formação e experiência.

Formou-se em direito, voltou-se a seguir para a economia e fez da Eaesp da Fundação Getulio Vargas, onde lecionou e leciona, o centro irradiador de suas atividades acadêmicas. Dedicou-se ao tema do desenvolvimento e, inspirado pela reflexão de Celso Furtado, sempre levou em conta que a relação entre desenvolvimento e subdesenvolvimento exprime uma dimensão fundamental da dinâmica do funcionamento da ordem mundial.

Estudou e pesquisou a ação de empresários e administradores no Brasil e, por estar inserido numa escola de administração e ter vivência no campo empresarial, enriqueceu a sua visão com a ótica da estratégia. Faço esta observação porque, como lembra Thiery de Montbrial,[1] os economistas, com raras exceções, como é o caso de Marx ou Schumpeter, em função da sua definição do campo acadêmico e de seus modelos, pouco se preocupam com a relação entre meios e fins para atingir objetivos concretos. Este tipo de preocupação, de natureza prática, no entanto, é inerente à concepção de *business administration*, tal como desenvolvida nos Estados Unidos, adaptada e aclimatada no Brasil pela FGV/Eaesp, sempre atenta, no seu currículo, à especificidade da estratégia das empresas. Por ter presente a ótica estratégica e estar preocupado com o desenvolvimento, Luiz Carlos Bresser-Pereira alargou os seus horizontes para inserir nos seus estudos a análise política: as alianças de classe, o Estado, os pactos políticos, a tecnoburocracia, o nacionalismo.

A agenda dos problemas do Brasil foi levando Luiz Carlos Bresser-Pereira a analisar os temas da inflação e do seu componente inercial, da recessão, da dívida externa, da crise fiscal, do populismo econômico, das reformas econômicas e da reforma do Estado.

Nesse seu percurso, foi operando através do método de aproximações sucessivas. Subjacente a este método está uma visão democrática do mundo que, ao recusar uma concepção absolutista do poder, recusa uma concepção absolutista do saber. Nesse sentido, Luiz Carlos Bresser-Pereira não é nem positivista nem marxista. O "ismo", como ensina Bobbio, é estático e apela à nossa faculdade de desejar; a ciência está sempre em movimento e é impelida pela nossa vontade de conhecer.[2]

A vontade de conhecer de Luiz Carlos Bresser-Pereira parte de uma concepção pluralista da verdade, na qual a verdade não é tida como una, mas sim como múltipla. Daí a multiplicidade de perspectivas e a variedade de interesses que caracterizam o seu percurso. Os seus críticos, adeptos da separação rigorosa dos campos do conhecimento, diriam que ele é sincrético e, como tal, faz misturas impuras e não tem a dose apropriada de ceticismo no que tange às verdades que vai descobrindo. Eu, pessoalmente, entendo

---

[1] Montbrial, 2002:141 e seg.

[2] Bobbio, 2000:391 e 396.

que são precisamente essa abertura e curiosidade de Luiz Carlos Bresser-Pereira que dele fazem um dublê de *scholar* e homem de ação, que vem enriquecendo, com o empenho de sua curiosidade intelectual, tanto o campo do conhecimento das ciências humanas quanto a agenda do debate público em nosso país. Isto é válido para a área das relações internacionais, à qual se vem dedicando nos últimos tempos, como vou a seguir indicar.

II

Começo reiterando que a relação entre o Brasil e o mundo esteve sempre presente no horizonte das reflexões de Luiz Carlos Bresser-Pereira em função da já mencionada dialética da complementaridade, inerente à dicotomia entre desenvolvimento e subdesenvolvimento. É por isso que, por exemplo, no artigo escrito em parceria com Vera Thorstensen,[3] chamou a atenção para o fato de que as nossas exportações de maior valor agregado tinham como destino os Estados Unidos e não a Europa, e que este dado deveria ser, sem preconceitos ideológicos, levado em conta nas prioridades das negociações comerciais do Brasil. Também, como ministro da Fazenda, em 1987, enfrentando o problema da dívida externa, que era, na ocasião, o item primeiro da nossa agenda internacional, confrontou-se com as realidades internacionais.

Da sua experiência como ministro da Fazenda no governo Sarney, deu-nos dois excelentes relatos, um depoimento ao Iuperj, "Contra a corrente no Ministério da Fazenda", e o artigo *"A turning point in the debt crisis: Brazil, the US Treasury and the World Bank"*.[4]

Esses dois relatos são modelares na análise dos desafios que o intelectual como homem de ação enfrenta no trato da realidade. Revelam as dissincronias entre o tempo das idéias e o *timing* da vida política. Com efeito, a estratégia de Luiz Carlos Bresser-Pereira, para equacionar o problema da dívida, era a de securitizar, com um desconto, a dívida e promover uma

---

[3] Bresser-Pereira e Thorstensen, 1992:122-145.

[4] Bresser-Pereira, 1992 e 1999.

relativa desvinculação entre o FMI e os bancos comerciais no processo negociador. Isso foi considerado pelo secretário do Tesouro dos Estados Unidos, James Baker, um *non-starter*. Entretanto, alguns meses depois, esses dois componentes foram adotados no Plano Brady, que recebeu tal nome por haver sido o sucessor de James Baker, Nicholas Brady, que reuniu as condições para viabilizar esta estratégia.

Esses dois textos são uma contribuição de primeira ordem para o estudo do processo decisório no sistema político brasileiro, área em que a nossa bibliografia é particularmente modesta. Têm a característica de privilegiar a trama, dando, como é natural, o destaque para a atuação individual do ator, que associa, no seu depoimento, tanto os incidentes particulares que viveu quanto as causas gerais dentro das quais os acontecimentos estavam inseridos.

Outra é a natureza de dois textos recentes, "Depois da diplomacia de equilíbrio de poderes, a política de globalização" e "O gigante fora do tempo".[5] Nestes, o foco de Luiz Carlos Bresser-Pereira está voltado para as tendências mais amplas, para as causas gerais, para aquilo que se poderia qualificar das "forças profundas" que estão modelando a dinâmica da ordem mundial do século XXI.

O ponto central da avaliação de Luiz Carlos Bresser-Pereira é o de que o mundo da globalização do século XXI não é mais o do equilíbrio das grandes potências e das guerras de fronteiras e de conquista de mercados. Esse mundo chegou ao seu fim com a queda do muro de Berlim e a desagregação da União Soviética. Hoje, o desafio do sistema internacional, que é político e econômico, é o de lidar com os riscos e oportunidades do comércio e das finanças e o de enfrentar temas como o da imigração e do multiculturalismo, que, com a globalização, resultam da afirmação da democracia e da estruturação de uma opinião pública mundial.

No século XXI, o capitalismo passou a ser dominante no mundo em que todos os mercados foram, em maior ou menor medida, abertos. Trata-se

---

[5] Bresser-Pereira, 2003a e 2003b.

de um capitalismo dos técnicos mais do que dos capitalistas, no qual o conhecimento técnico e organizacional se transformou no novo fator estratégico de produção, mas no âmbito do qual prevalecem, inequivocamente, as leis da acumulação. Mercados fortes requerem um novo Estado, que não pode ser um Estado débil. Este permanece um ator estratégico no jogo da interdependência. Daí, aliás, a importância da ação de Luiz Carlos Bresser-Pereira como ministro da Reforma Administrativa no governo Fernando Henrique Cardoso. Assim como o mercado nacional, para poder operar, necessitava de normas, oriundas das negociações e argumentações da vida política, assim também o atual sistema global da competição generalizada requer uma regulação: dos mercados, das regras do jogo do desenvolvimento tecnológico e científico, das relações entre os Estados.

Luiz Carlos Bresser-Pereira entende que a dinâmica e a lógica das forças profundas que descreve levarão à construção de uma nova ordem mundial de vocação multilateral. Aponta, igualmente, que a recente guerra do Iraque é um equívoco do ponto de vista do próprio interesse nacional dos Estados Unidos, pois, em função da complexidade do mundo, "o gigante" está fora do tempo histórico e não construirá a sua hegemonia com o unilateralismo de sua ação.

A leitura que faz Luiz Carlos Bresser-Pereira da realidade internacional vincula-o à tradição que pode ser qualificada de grociana.[6] Esta tradição remonta a Grotius, um dos fundadores do direito internacional público moderno, e se contrapõe à tradição realista inspirada por Maquiavel e Hobbes. Reconhece a existência de conflito e cooperação na dinâmica das relações internacionais, mas detecta um significativo potencial de sociabilidade que permite encaminhar a agenda da ordem mundial através dos instrumentos do direito e da negociação diplomática. Para o adensamento desta tradição grociana, Luiz Carlos Bresser-Pereira está contribuindo com os seus textos recentes, nos quais estão presentes, de forma relevante, as perspectivas do saber acumulado do método de aproximações sucessivas do seu percurso.

---

[6] Cf. Bull, Kingsbury e Roberts, 1992.

Referências bibliográficas

BOBBIO, Norberto. *Teoria geral de política*. Rio de Janeiro: Campus, 2000.

BRESSER-PEREIRA, Luiz Carlos. Contra a corrente no Ministério da Fazenda. *Revista Brasileira de Ciências Sociais*, v. 7, n. 19, p. 5-30, jul. 1992.

_____. A turning point in the debt crisis: Brazil, the US Treasury and the World Bank. *Revista de Economia Política*, v. 19, n. 2, p. 103-130, abr. 1999.

_____. Depois da diplomacia de equilíbrio de poderes, a política de globalização. *Novos Estudos Cebrap*, n. 65, p. 91-110, mar. 2003a. Originalmente publicado in: HERSHBERG, Eric; MOORE, Kevin W. (Eds.). *Critical views of September 11 – analyses from around the world*. New York: The New Press, 2002. p. 109-130.

_____. O gigante fora do tempo: a guerra do Iraque e o sistema global. *Política Externa*, v. 12, n. 1, p. 43-62, jun./ago. 2003b.

_____; THORSTENSEN, Vera. Do Mercosul à integração americana. *Política Externa*, v. 1, n. 3, dez. 1992.

BULL, Hedley; KINGSBURY, Benedict; ROBERTS, Adam (Eds.). *Hugo Grotius and international relations*. Oxford: Clarendon Press, 1992.

MONTBRIAL, Thiery de. *L'action et le système du monde*. Paris: PUF, 2002.

Republicanismo, cidadania e (novos?) direitos

MARCUS ANDRÉ MELO*

A questão dos direitos está no centro das discussões em várias áreas da agenda pública e da agenda intelectual contemporânea. Mas não foi sempre assim. Essa centralidade foi basicamente adquirida nesse último quarto de século, em um contexto marcado pela crítica à lógica utilitarista subjacente às discussões sobre a ação e a moralidade públicas. Como se sabe, o utilitarismo é a concepção moral que informa a avaliação de políticas econômicas há mais de um século. Essa concepção foi criticada fundamentalmente por um discurso que está fundado na noção de direitos. Essa crítica foi articulada por um amplo espectro de analistas de matizes ideológicos díspares, como Rawls e Nozick. O discurso dos direitos também informa as construções teóricas de Sen e de Dworkin, e tem influenciado a agenda internacional e a própria concepção do desenvolvimento. O conceito de desenvolvimento humano é um dos construtos conceituais produzidos nes-

---

* Agradeço os comentários de Philippe Faucher e José Marcio Rego.

se contexto. Em vários artigos, Bresser-Pereira tem demonstrado uma consistente identificação com essa agenda teórica antiutilitarista. Postulando um modelo deliberativo de democracia e aderindo normativamente a uma agenda normativa republicana, ele tem contribuído de forma importante para a elaboração dessa agenda teórica. Sua mais clara contribuição nesse sentido talvez seja sua discussão dos chamados direitos republicanos. Bresser-Pereira refere-se especificamente a esses direitos como um direito de nova geração. Eles se manifestariam de formas variadas: no direito ao patrimônio ambiental público, ao patrimônio cultural público e aos recursos do Estado. Este último seria, segundo o autor, o mais importante, aquele que ainda não se positivou de forma concreta. Para Bresser-Pereira, ele consiste no que chama direito a *res publica*, "ou à coisa pública, entendida como o estoque de ativos e principalmente o fluxo de recursos que o Estado e as entidades públicas não-estatais controlam".

Neste texto, eu discuto essa contribuição à luz de três conceitos. Em primeiro lugar, o de republicanismo. O que há de especificamente republicano nessa concepção de direitos? Como se sabe, a tradição republicana privilegiou menos a questão dos *direitos* e mais a questão dos *deveres* dos cidadãos. Em segundo lugar, o conceito de direitos. Trata-se efetivamente de direitos? E mais: estamos efetivamente nos deparando com uma nova geração de direitos? Em terceiro lugar, o conceito de representação e seu correlato, o controle ou *accountability*. Qual o papel das instituições no mecanismo de representação e controle social sobre os representantes especificamente no sentido de garantir os direitos republicanos? A resposta que dou em relação a essas questões, tais como discutidas por Bresser, é fundamentalmente de natureza crítica. Independentemente de certa identificação normativa com as idéias e questões do autor, minha leitura de sua elaboração analítica apresenta vários questionamentos.

Republicanismo

A noção de republicanismo ou de virtudes republicanas ocupa hoje um lugar central na teoria democrática, a ponto de muitos se referirem a um verdadeiro *revival* republicano. Bresser-Pereira contribuiu de forma importante para essa discussão no Brasil, ao relacioná-la diretamente às questões da cidadania e dos direitos. O republicanismo consiste em uma tradição cujo ponto de partida é dado por uma concepção ativa de cidadania. Nessa tradição, o engajamento ativo com os negócios públicos é entendido como uma manifestação superior de cidadania e como remédio efetivo contra a degeneração da vida democrática. Se no passado – como nas repúblicas italianas dos séculos XIII e XIV, onde o pensamento político republicano mais se desenvolveu – essa degeneração tomava a forma de tirania e dominação externa, no contexto das democracias contemporâneas ela representa, sobretudo, a corrupção, o neopatrimonialismo e a dominação burocrática. Parte importante dos analistas contemporâneos enxerga na apatia cívica uma das causas da degeneração da vida política no capitalismo avançado, onde a mídia e as grandes corporações produziram uma burocratização da esfera pública.

Nos Estados Unidos, o *revival* republicano contemporâneo foi muito marcado pelas discussões geradas em torno de *Habits of the heart*, de Robert Bellah. Nesse trabalho, o autor e seus colaboradores traçam um perfil do cidadão apático americano e identificam uma *malaise* cívica naquele país. Na realidade, esse debate contrasta marcadamente com o tom da discussão no pós-guerra, no qual a apatia cívica foi, em larga medida, entendida como aquiescência. Como elemento da cultura cívica, a apatia refletia o contentamento com a nova ordem caracterizada pelo fim das ideologias e declínio dos movimentos sociais. Na teoria democrática, essa visão foi associada – em certo sentido, erroneamente – com as idéias de Schumpeter. Nessa visão, postula-se uma divisão de trabalho entre cidadãos e elites políticas, na qual o papel dos cidadãos restringir-se-ia a julgar o desempenho dos governantes. Esse julgamento, para Schumpeter, é fundamentalmente *ex ante* – os cidadãos *qual* eleitores respondem às promessas dos políticos durante as eleições. Nesse processo, as elites ocupam um lugar central – são elas que mobilizam os cidadãos. A insistência nesse ponto nesse autor deve ser contextualizada, levando-se em conta o seu objetivo maior: a crítica à teoria clássica da democracia e, principalmente, à noção de interesse geral que ela pressupõe. Não está claro, portanto, se, para Schumpeter, os cidadãos podem se contentar com o não-envolvimento nos negócios públicos em virtude do alto grau de institucionalização já atingido pelas democracias das quais aquele autor se ocupa – Estados Unidos e, sobretudo, a Inglaterra –, questão independente de poder essa participação cidadã ativa ser desejável – e até mesmo fundamental – em contextos menos institucionalizados. O fato é que aquele autor não explora esse ponto e, em certo sentido, pode-se afirmar que ele pressupõe, em sua discussão, que o ponto final – o ponto de "chegada" – dos processos de democratização é o estado de coisas prevalecente naqueles países quando escrevia. E mais: que esse ponto de chegada representa um ideal normativo. Essa conclusão pode ser tirada porque o autor afirma que o papel dos eleitores cessa ou se esgota logo que tenham feito a escolha de seus representantes. No entanto, ela é discutível se levarmos em conta que o objetivo geral de sua elaboração crítica não é discutir a participação, e sim fazer a crítica da concepção que denomina "clássica" de democracia. Schumpeter discute a democracia institucionalizada, e não suas manifestações imperfeitas. O exercício contrafatual de imaginar qual seria sua resposta ou terapia institucional para casos de democracias não institucionalizadas poderia levar-nos a concluir que ela envolveria a mobilização social e o ativismo cívico. Estes últimos cumpririam não o papel de restabelecer o interesse público (sobre o qual esse autor é cético), mas o de restabelecer ou fortalecer as regras do jogo, ou impedir a apropriação privada da coisa pública. Mas o fato é que não sabemos.

As contribuições da ciência política empírica contemporânea – pelo menos depois da difusão, por Arrow e Downs, da idéia de impossibilidade de uma regra de agregação de interesses que possa representar uma função de utilidade coletiva – caminharam no sentido de deslegitimar quaisquer tentativas de restaurar a idéia de um interesse coletivo. Arrow mostrou que qualquer regra de votação majoritária gera resultados cíclicos ou contraditórios. Uma formulação inteiramente diversa é proposta pelo republicanismo contemporâneo, em suas variadas acepções. Não só se sustenta que o interesse coletivo existe objetivamente, mas também que pode ser alcançado.[1] E mais: sustenta-se que o desenho institucional das modernas poliarquias não é condição suficiente para garantir a não-degeneração da vida pública. A resposta é que a cidadania ativa é precondição para que isso ocorra. O republicanismo, no entanto, não se esgota nessas suas manifestações contemporâneas; pelo contrário, ele está associado a uma longa tradição histórica, como ressaltado a seguir. Embora mantenha estreita conexão com o republicanismo e uma das suas variantes – o humanismo cívico –, a formulação de Bresser-Pereira, como será discutido, distingue-se delas em alguns pontos essenciais.

A tradição republicana e as virtudes cívicas

Historicamente, o republicanismo buscou valorizar as dimensões da liberdade que foram desvalorizadas com a crescente identificação, a partir dos séculos XVIII e XIX, da liberdade como liberdade negativa. Entendida essencialmente como imunidades *vis-à-vis* agentes externos – o Estado, o déspota, ou terceiros –, a liberdade assim entendida é empobrecida e deixa de considerar outras dimensões igualmente essenciais: o direito de participação, de engajamento cívico, de controle e de influência direta nas decisões públicas. Para autores liberais e anti-republicanos, como Bobbio, a transformação ocorrida representou um processo positivo de individualização das questões de moralidade pública, onde o indivíduo substitui a coletividade ou o governo como o núcleo articulador. Uma manifestação positiva é a centralidade que os direitos dos cidadãos passam a ter em relação a seus deveres.[2] Essa inversão foi produto sobretudo das concepções de direito natural que se consolidam no início da era moderna. O republicanismo representou a dimensão historicamente perdedora em relação à concepção liberal da "liberdade como não interferência", que se torna hegemônica.

---

[1] Przeworski chama essa posição de concepção epistêmica do processo democrático.

[2] Para o anti-republicanismo de Bobbio, ver Bobbio e Viroli (2002, especialmente p. 10-15).

Como se sabe, a concepção republicana tem como idéia-força central o conceito de *virtú* e resgatá-la implica responder positivamente à questão sobre se a qualidade de uma democracia depende da qualidade de seus cidadãos. E, mais que isso, postular um modelo normativo de ação política. Se a democracia depende da virtude, o que fazer? Advogar um modelo de cidadão virtuoso? A idéia de uma ética das virtudes ocupa um lugar central na discussão do republicanismo. O cultivo das virtudes republicanas se constitui de fato, nessa tradição, em uma das tarefas essenciais da formação dos cidadãos. Expresso meu ceticismo, no entanto, quanto a se é legítimo estabelecer como projeto de governo a "formação das almas", ou a formação de cidadãos ativos – uma atualização do ideal jacobino. Não caberia ao Estado e aos legisladores apenas a garantia de formas institucionais que assegurem e permitam a participação ativa dos cidadãos?

Duas vertentes podem ser identificadas no republicanismo contemporâneo. A primeira está associada à visão de que o engajamento cívico dos cidadãos representa uma manifestação privilegiada da natureza humana, que seria política por excelência. De Aristóteles a Arendt, essa visão tem um longo enraizamento na história do pensamento político. Em contraste, há um segundo grupo de autores para os quais as virtudes republicanas são louváveis e seus impactos sobre a vida política, valiosos. No entanto, eles se recusam a endossar a visão de que elas significam uma forma de vida superior. Nessa visão, o republicanismo entendido como humanismo cívico é criticado como uma concepção particular do mundo – ou, na terminologia rawlsiana, uma *concepção abrangente do bem*. Liberais como Rawls ou Dworkin sustentam que o liberalismo se mantém neutro quanto a essas concepções. Nesse sentido, para o liberalismo que advogam, é indiferente se os cidadãos se mantêm ativos e engajados civicamente ou não. A rigor, o liberalismo insiste em concepções do bem que sejam estritamente políticas – ou seja, que não contenham elementos perfeccionistas, metafísicos, ou concepções morais mais amplas. E nesse sentido, advogam, o humanismo cívico não passa no teste da neutralidade liberal. Ele é marcadamente perfeccionista. Ou seja, ele se baseia em uma concepção de excelência humana a que os indivíduos devem aspirar para a consecução de uma vida mais plena de realizações. A exceção aberta nessa concepção a concepções "políticas" tem a ver com aquele mínimo institucional – e as virtudes a ele associadas, tais como a tolerância – necessário ao funcionamento de regimes constitucionais baseados em liberdades básicas.[3]

O argumento foi expresso, antes dos liberais contemporâneos, por Berlin, que assinalou o potencial opressor de uma sociedade excessivamente mobilizada, que pode facilmente levar a uma espécie de *tirania da virtude*:

> um homem pode afastar-se de um estado democrático vigoroso e genuinamente "participativo", no qual as pressões sociais ou políticas sejam excessivamente sufocantes para ele, em busca de um ambiente onde haja menos participação cívica, mas mais privacidade, uma vida comunal menos dinâmica e menos abrangente, menos gregarismo, mas também menos restrições. Isto pode parecer indesejável para aqueles que consideram a aversão pela vida pública ou pela sociedade como um sintoma de *malaise* e de profunda alienação.[4]

A segunda vertente do republicanismo não encerra nenhum apelo a ideais perfeccionistas. Em autores como Taylor ou Habermas, a dimensão discursiva da participação democrática é pensada a partir do ideal normativo de comunidade política e deliberação pública. Ela também está ancorada no que Taylor denomina uma ontologia social holista, na qual os indivíduos (*self*) estão "situados" socialmente.[5] Nessa visão, o interesse coletivo existe e pode ser também identificado pragmaticamente.

Bresser-Pereira está muito mais próximo dessa última concepção do que de concepções perfeccionistas. Há igualmente um denominador comum com a visão liberal rawlsiana, que também tem como elemento essencial a noção de fórum público.

---

[3] Essa é a visão preconizada em Dworkin e Rawls. Para uma análise desses autores, ver Melo (2002). Ao insistir nesse ponto, Rawls afasta-se de seu esforço de fundar uma concepção ética racionalista e universalista, para se tornar marcadamente pragmático. Esse mínimo institucional é simplesmente aquele presente nas atuais democracias ocidentais.

[4] Berlin, 1969:57.

[5] Taylor, 2000:215-217.

Na verdade, nas democracias social-liberais contemporâneas, marcadas pela representação política dos mais variados grupos de interesses, por coalizões de classe de todos os tipos, ninguém tem o monopólio da definição do interesse público. Cada grupo, cada classe pretende representar corporativamente o interesse público, de forma que nos deparamos com uma heterogeneidade de "interesses públicos" conflitantes. Isto, entretanto, não significa que o interesse público não exista, que a defesa da *res publica* em nome do interesse público não possa ser realizada. Não significa também que o interesse público só possa ser defendido indiretamente através da defesa do auto-interesse, dos interesses egoístas, coordenados pelo mercado, como pretende o liberalismo radical, neoliberal. Significa apenas que o interesse público não existe de forma absoluta e portanto autoritária. Existe, sim, de forma relativa, através do consenso que aos poucos as sociedades civilizadas vão formando sobre o que o constitui, e, mais amplamente, sobre o que constitui uma moral comum.[6]

Essa passagem revela uma noção pragmática deweyana de interesse público. Ela revela forte compromisso com a idéia de interesse coletivo como construção procedimental pública, e não como um interesse geral. E, nesse sentido, constitui forte avanço em relação às concepções juridicistas de inspiração clássica que permeiam a discussão sobre interesse público em alguns meios. A noção de consenso construído se aproxima da idéia de um consenso justaposto rawlsiano, revelando afinidades com os autores citados. No entanto, se a noção de interesse público é pragmática, vejo grandes dificuldades para a possibilidade de positivação do direito à coisa pública, expressa no interesse coletivo:

> Existe naturalmente o conceito positivista de interesse público (interesse resguardado na lei aprovada pelos representantes do povo). Para ir além dele esse consenso social é importante. A partir dele será possível identificar a violação do interesse público toda vez que, exposta a matéria à

---

[6] Bresser-Pereira, 1997:24.

publicidade, *ela provoca escândalo ou reação coletiva de desprezo ou revolta*.[7] A transparência efetiva da coisa pública e de sua gestão é a garantia mais concreta da democracia participativa contra a violação dos direitos republicanos e a privatização da *res publica*.[8]

Por outro lado, é interessante observar que, em seu artigo sobre os direitos republicanos, ele não menciona virtudes uma única vez. Estas só são discutidas diretamente em outro trabalho, com referência à burocracia pública. Aqui a complementaridade entre as virtudes dos cidadãos e um desenho institucional adequado é ressaltada.

> Não podemos esperar que instituições estatais boas levarão automaticamente a um bom governo. Os problemas enfrentados pelos governos hoje são tão complexos e mudam tão rapidamente que, mesmo quando as instituições são bem pensadas e bem definidas, as nações ainda dependerão de bons governos, i. e., de políticos e técnicos competentes, dotados de virtudes republicanas, ou do virtù maquiavélico. E mais: bons governos, bons políticos e técnicos dependem não apenas de boas instituições, mas também de uma boa sociedade civil, em que esteja presente um espaço público, e em que o debate público seja real. Apenas através do funcionamento ativo da sociedade civil e da discussão ampla e razoavelmente objetiva das questões será possível diminuir os erros nas políticas públicas, reduzir seu grau de incompetência.[9]

Essa passagem exige uma discussão das bases motivacionais do comportamento civicamente orientado. Na literatura sobre o republicanismo, duas respostas podem ser encontradas. A primeira, que está subjacente ao republicanismo clássico, associa o comportamento civicamente orientado à racionalidade instrumental. A formulação clássica dessa visão pode ser en-

---

[7] A referência ao desprezo coletivo remete à discussão sobre o orgulho e o patriotismo civil em Taylor.

[8] Bresser-Pereira, 1997:126.

[9] Bresser-Pereira, 2003.

contrada em Maquiavel – os indivíduos se engajam na ação coletiva por auto-interesse. Ou seja, o envolvimento nos negócios públicos é entendido como precondição de sua liberdade em sentido amplo: em relação a tiranos, à dependência pessoal e à dominação externa através da conquista militar. Isso foi bem expresso por Maquiavel nos *Discorsi* sobre Tito Lívio, ao falar da necessidade de "pôr as mãos sobre a liberdade". Ele está bem representado na fórmula liberal "o preço da liberdade é a eterna vigilância". No contexto contemporâneo, como já assinalado, os principais vícios públicos que resultam da apatia são a dominação burocrática do Estado e a corrupção. Bresser-Pereira vê como grandes ameaças contemporâneas a privatização do Estado, a captura predatória de recursos fiscais e o neopatrimonialismo.

Uma visão inteiramente distinta pode ser encontrada nas formulações de Arendt ou Taylor. Os autores nessa tradição recusam a noção de interesse próprio como o móvel da ação social, destacando suas bases normativas. Em geral, esses autores discutem o comportamento auto-interessado como um traço geral da modernidade e recusam a noção do auto-interesse como invariante comportamental. Bresser-Pereira insiste também nesse ponto, todavia sua discussão pressupõe em grande medida uma noção de racionalidade instrumental. Na realidade, é um apelo forte à necessidade de uma burocracia profissionalizada e tecnicamente competente que também seja dotada de virtudes republicanas, sobretudo o compromisso com a coisa pública.[10] Embora se refira à importância de cidadãos ativos (e de um modelo deliberativo de tomada de decisões públicas), a ênfase é posta no papel da burocracia pública. Exigem-se virtudes, portanto, sobretudo dos governantes e dos cidadãos. A burocracia aparece nessa formulação como o baluarte contra o uso predatório dos recursos públicos. Essa formulação é bastante distinta da visão schumpeteriana de burocracia. Para Schumpeter,[11] salvo as questões que envolvem responsabilidade política direta, "para todo o restante (...) o Governo e o Parlamento terão de aceitar o conselho dos

---

[10] Bresser-Pereira, 2003.

[11] Schumpeter, 1975:293.

especialistas, o que quer que pensem eles mesmos". Bresser-Pereira, pelo contrário, sugere o debate público em torno das decisões de *policy-makers* contra o insulamento burocrático de especialistas. Seu vaticínio é, no entanto, otimista:

> Esse último raciocínio me leva a uma conclusão otimista. Os erros de políticas tenderão a ser menos danosos no futuro por duas razões: porque os formuladores de políticas são cada vez mais bem instruídos e porque vivem em países cada vez mais democráticos, nos quais formas de democracia deliberativa começam a aparecer.[12]

Essa passagem revela profunda ambivalência entre a necessidade de *expertise* e de mais deliberação. E se houver conflito entre a deliberação pública e a decisão dos especialistas? Ora, a deliberação é apresentada como alternativa ao domínio dos que detêm o conhecimento especializado. A *expertise* é um requisito num quadro em que as questões públicas se tornam cada vez mais especializadas, o que requer em contrapartida cada vez mais especialização técnica por parte dos agentes de *accountability* horizontal, particularmente do Judiciário. O ideal normativo da deliberação também conflita com a celeridade requerida para a decisão administrativa e com o fato de que muitas decisões (por exemplo, de política econômica) exigem discrição por parte dos agentes públicos, ou não podem ser reveladas *ex ante*, sob pena de perda de eficácia.

Direitos e deveres republicanos?

Bresser-Pereira refere-se ao direito a *res publica*, ou à coisa pública, como um direito de novo tipo. Entendo que, na realidade, não se trata de um direito de novo tipo. Para além da questão se de fato representa direito, como argumentarei a seguir, ele é apenas um desdobramento ou atualização dos direitos civis e políticos, ao mesmo tempo em que expressa maior

---

[12] Bresser-Pereira, 2003.

conscientização dos chamados problemas de ação coletiva e mudança na cultura política, no sentido de menor tolerância à corrupção. A noção moderna de que os indivíduos têm direitos foi construída pelos teóricos jusnaturalistas nos séculos XVII e XVIII. Tais direitos foram vistos como "naturais", inerentes aos cidadãos, e sua existência podia ser comprovada com o uso apropriado da fé ou da razão. Tal concepção de direitos foi profundamente abalada pelos teóricos utilitaristas no século XIX, que rejeitam o direito baseado nos costumes e enxergam nas leis a única fonte do direito. A boa legislação, encarnando um ideal normativo utilitarista e um cálculo conseqüencialista de ganhos e perdas para a comunidade como um todo, deve ser a única fonte do direito. A idéia de que os direitos naturais poderiam ser a base para a construção de uma moralidade política foi descartada por Bentham como um descalabro: "o direito é filho da lei (....) o direito natural é um filho que não tem um pai".[13] Para eles, só há direitos se houver a mão do Estado para garanti-los. Os direitos são também, na perspectiva utilitarista, pensados em relação ao conceito de dever ou obrigação: um indivíduo P só tem o direito de fazer X se uma outra pessoa Q (ou o Estado) tem o dever de agir de uma determinada forma que seja no interesse de P. É essa visão que está na base do positivismo jurídico e da separação entre moral e direito. A despeito do ataque dos utilitaristas no século XIX, a concepção de direitos naturais informou grande parte do ideário dos movimentos sociais na transição para a idade moderna. Ela também foi fundamental para os direitos de primeira geração – civis, predominantemente nos séculos XVII e XVIII, e políticos, no século XIX.

Na sua formulação hegemônica contemporânea, que deriva da concepção negativa de liberdade, os direitos passaram a ser pensados, sobretudo, como *imunidades*. Nesse sentido, o direito de um indivíduo estava definido pela sua prerrogativa de não fazer algo ou como não-interferência externa em suas ações. Ou seja, afirmar que um indivíduo P tem direito a X equivale a dizer que ele não tem o dever de deixar de fazer X. O direito de P

---

[13] Apud Waldron, 1984:4.

aqui é entendido como o privilégio de não ter de deixar de fazer X. Outra forma inteiramente distinta de se afirmar que P tem direito a X é entender que os outros indivíduos têm o dever de deixar P fazer X. Nesse sentido, P tem o direito de exigir que os outros indivíduos (ou um indivíduo) o deixem fazer X.[14] Isso significa não apenas o dever negativo de não se impedir que P faça X, como também a demanda positiva no sentido de que outras pessoas (ou outra pessoa) ou o Estado tem o dever de intervir para que P faça X. Este último sentido implica o direito a uma assistência ativa para que faça algo e não apenas à imunidade, e portanto representa uma dimensão adicional. Uma terceira dimensão do direito que, ao contrário desta última, também envolve a noção de imunidade, se refere ao direito entendido como *poder sobre X*. Se P tem imunidade em relação a X (como no caso do direito de propriedade de P sobre X), isso significa que as outras pessoas não têm poder sobre P em relação a X. Essas três dimensões (direito como privilégio, direito como capacidade de exigir um comportamento de outras pessoas e direito como poder) são essenciais para a compreensão dos direitos, mas certamente são ainda muito insuficientes para dar conta das complexidades dos direitos. Pela sua importância como justificativa moral para os chamados direitos de segunda geração (direitos sociais), a noção de capacidade de exigir um comportamento ativo por parte das outras pessoas ou do Estado é um dos aspectos que gerou mais controvérsia na evolução do conceito de cidadania. Vale salientar, no entanto, que essa própria distinção entre direitos passivos e ativos não resiste a uma análise mais detalhada. Como amplamente discutido em Sunstein,[15] essa distinção pressupõe erroneamente que os direitos civis, associados à imunidade e não-interferência, não requerem um comportamento ativo do Estado.

Essa digressão com relação às três dimensões dos direitos é utilizada aqui apenas para discutir a sugestão de que os direitos republicanos são efetivamente direitos e adicionalmente se eles são exatamente difusos ou coletivos. Em sua discussão, Bresser-Pereira sustenta que eles consistem em

---

[14] Em inglês, *claims-right*. Conforme a rica discussão em Waldron (1984).

[15] Sunstein, 1999.

direitos de terceira geração, que emergem após os direitos civis, políticos e sociais. Enquanto os dois primeiros seriam direitos individuais, estes últimos direitos seriam coletivos. Para Bresser-Pereira, essas questões são similares aos chamados direitos difusos – tais como o direito ao meio ambiente limpo: "No plano da história, entretanto, estes são direitos que só recentemente começaram a ganhar contorno definido entre os interesses difusos".[16] Embora intuitivamente pareçam persuasivas, em uma análise mais acurada essas formulações são pouco convincentes. Acredito que parte dos problemas resulta do diálogo que o autor estabelece com a literatura jurídica brasileira, que é, salvo importantes exceções, descritiva e formalista, e préconceitual. Sua observação de que os direitos do consumidor são direitos civis porque tratados no Código Penal é um exemplo desses problemas.

Um exame mais cuidadoso revela que, ao contrário dos direitos sociais, os direitos republicanos são direitos no sentido forte e positivista discutido anteriormente. Isso porque o direito dos cidadãos em relação à não-apropriação privada do estoque de recursos públicos encontra guarida no direito administrativo. Eles não seriam, como os primeiros, apenas declarações de intenção.[17] Eles distinguem-se também em relação ao direito ao meio ambiente limpo ou qualidade de vida – ou ainda patrimônio genético –, porque nesse caso se trata de um objeto inteiramente novo: o meio ambiente. No caso da corrupção ou tráfico de influência, o objeto do direito refere-se à distinção entre o público e o privado, entre governantes e governados e já está na base da definição do direito público moderno desde seus primórdios.

São os direitos republicanos direitos coletivos difusos? Que avanço conceitual esta qualificação permite? Na discussão precedente, distingui três dimensões dos direitos e assinalei que a exigência que se pode ter em rela-

---

[16] Bresser-Pereira, 1997:109.

[17] Bobbio, 1992:5-8. Mas podemos dizer, seguindo Dworkin (1978), que a única fonte do direito não são as leis. Mas também não são concepções abrangentes do bem, vinculadas a visões de natureza metafísica ou religiosa. Alguns princípios fundamentais podem constituir-se em fontes de direito. Eles representam "trunfos" contra concepções utilitaristas que violam direitos individuais em benefício de ganhos coletivos.

ção ao dever de terceiros é uma delas. Ela desenvolveu-se a partir de um certo reducionismo jurídico no tratamento da questão dos direitos. Quando um indivíduo Q (ou o Estado) tem o dever de fazer algo, assume-se que há outro indivíduo que controla esse dever, como titular do direito, e que tem o poder de desobrigar Q (ou o Estado) desse dever. A analogia mais imediata é que os direitos são como promessas: se Q prometeu algo a P, este último pode desobrigá-lo de cumpri-la. Essa idéia tornou-se central na moderna concepção legal de direitos. De acordo com a discussão anterior, pode-se afirmar que P tem o direito de *exigir* e o *poder* de desobrigar terceiros de efetuar determinadas ações que lhe são devidas. Daí as exigências variadas quanto à titularidade e iniciativa das ações etc. Em última instância, o titular do direito é a peça central da cidadania. No entanto, essa concepção entrou em xeque no caso dos direitos difusos – daí o tratamento especial que essa questão passou a ter nas últimas décadas. No caso dos interesses difusos, a iniciativa pela punição ou desobrigação sofre dos chamados problemas de ação coletiva.

Os problemas ou dilemas da ação coletiva, como se sabe, constituem-se, desde a formulação original de Olson, em uma das questões centrais da agenda da ciência política contemporânea. Muitas das questões que envolvem a moralidade da *res publica* são problemas de ação coletiva. A questão central para Olson[18] é explicar quem se organiza ou mobiliza em uma sociedade; em outras palavras, como surge a ação coletiva. O ponto de partida para a sua discussão é a racionalidade individual, que impele, tendencialmente, à inação, mesmo quando existe comunalidade ou convergência de interesses entre os indivíduos. Quanto maior o tamanho do grupo, tanto maior o desincentivo à ação coletiva, porque o monitoramento daqueles que são *free riders* – que usufruem os benefícios da ação coletiva, sem contribuir para ela – se torna crescentemente difícil. A ação coletiva tem custos individuais concentrados e benefícios difusos porque muitos bens que estão na agenda política têm características de bens públicos, ou seja, seu

---

[18] Olson, 1971.

consumo é não-rival e não-exclusivo. Ou seja, o consumo do bem por um indivíduo não diminui o consumo do bem por outros e, uma vez que o bem tenha sido ofertado, é impossível excluir alguém de consumi-los. Indivíduos racionais comportam-se estrategicamente para obter os bens que valorizam. Se podem obtê-los sem incorrer em custo algum, eles tenderão a esperar que outros se mobilizem para isso. A ação coletiva só ocorre, portanto, como subproduto da busca de bens privados, ou seja, através da oferta do que Olson denomina incentivos seletivos, ou pela ação de *political entrepreneurs*. Estes últimos são empreendedores políticos – organizações não-governamentais etc. – para os quais existem outros bens privados a serem desfrutados para além do bem público (no exemplo em pauta, um emprego na própria instituição).

À semelhança do meio ambiente preservado, a ausência de corrupção pode ser entendida como bem público. E aqui emerge o problema da ação coletiva, porque os indivíduos, embora indignados, deparam-se com custos para iniciar uma mobilização contra a corrupção. E os benefícios resultantes de sua ação serão desfrutados por toda a comunidade. Uma solução institucional desse problema é a criação de instituições especializadas na defesa de interesses difusos, como os ministérios públicos ou o patrocínio público a *political entrepreneurs* que defendem o interesse público. Essa solução pode, na realidade, implicar uma regressão ao infinito relacionada ao controle sobre esses agentes ou "guardiães". A regressão ao infinito se deve ao fato de que o controle sobre os guardiães constitui-se ele próprio em um problema de ação coletiva. Parte considerável do direito administrativo moderno representa um esforço de defender os interesses do cidadão em relação ao Estado. E não só o contrário, como sugere Bresser-Pereira. As leis orçamentárias, a exigência de concursos públicos para ingresso nas carreiras do Estado etc. surgiram, nos países capitalistas avançados, ainda no século XIX, no marco da expansão da cidadania política. Eles não representam fenômenos recentes. O argumento da expansão do Estado no século XX – expresso na elevação vertiginosa da carga tributária – é oportuno para chamar a atenção para o fato de que os recursos do Estado merecem cada vez mais proteção por se tornar objeto crescente de cobiça privada. A afirmação por Bresser-Pereira de que o direito administrativo que afirmava a supremacia do interesse público acabou descurando dos direitos republicanos também não suscita questões. Mas ele assume como essencialmente correta a formulação por juristas de que os direitos difusos são direitos novos e articula essa problematização com a discussão clássica da cidadania em Marshall. Esses dois níveis são distintos e incomensuráveis. A questão se o direito é difuso ou não diz respeito apenas a questões procedimentais da prática do direito.

Nesse sentido, não há nada especificamente inovador nos chamados direitos republicanos. Não se trata de uma nova categoria de direitos. Eles refletem maior atenção para os problemas de ação coletiva e menos tolerância em relação à corrupção. Mas, em certo sentido, isso já estava prenunciado em escritores republicanos, como Maquiavel. São os direitos republicanos coletivos? Essa questão é de difícil resposta. Num sentido convencional, sim, porque afligem grupos de pessoas, embora sua incidência também assuma um formato individualizado, na forma de uma perda individual. Mas a ausência de direitos políticos ou civis também pode afligir diretamente grupos. Embora digam respeito diretamente às pessoas, eles também podem ter um tratamento coletivo. Esse é o caso, por exemplo, dos direitos políticos negados a certas etnias ou coletividades. Na realidade, a categorização de direitos individuais e direitos coletivos ainda é puramente formal e pré-conceitual, e vem da tradição da prática do direito como disciplina, carecendo de fundamentos conceituais.

Essa crítica não deve ser confundida com a noção de direitos de grupo que está no centro do debate contemporâneo em torno do liberalismo *versus* comunitarismo. Nesse debate, os multiculturalistas sustentam a existência de direitos de grupo que poderiam ter precedência sobre interesses individuais. Esse argumento pode ser também criticado, mas em outro nível. Alguns autores sustentam que os direitos só podem ser designados como direitos de grupo se as bases para o reconhecimento de um interesse forem coletivas, e não individuais – esse seria o caso do direito à autodeterminação de uma etnia ou grupo lingüístico.[19] O problema de fundo, no entanto, diz respeito a, nos casos de conflito, qual direito tem a precedência. Para os liberais, a precedência é dos direitos individuais. Por exemplo, nos casos, aptamente discutidos por Vita,[20] de práticas degradantes, mas essenciais à cultura e identidade do grupo, em relação a mulheres por parte de comunidades tradicionais – países muçulmanos, por exemplo –, o direito do grupo poderia legitimamente sobrepor-se aos direitos individuais?

Representação e accountability

O ideal participativo e da cidadania ativa representa uma alternativa às formas tradicionais de representação política. No entanto, essa alternativa apresenta problemas não-triviais que sugerem que a discussão contemporânea pode estar apresentando uma visão idealizada. Há pelo menos três questões envolvidas na implementação de formas de democracia direta. A primeira é que ela possa ser implementada em sociedades complexas, e sobretudo em contextos supralocais. A segunda é que a democracia direta pode apresentar um viés em favor dos indivíduos que tenham fortes preferências pela participação política, em contraste com outras atividades privadas. A terceira é que a democracia direta também pode reproduzir mecanismos espúrios de manipulação política.

Se a democracia direta não apresenta muitas possibilidades em termos de sua implementação em larga escala e se a democracia representativa apresenta patologias amplamente conhecidas, cabe discutir em que medida a representação pode ser efetivamente aperfeiçoada. Bresser-Pereira aposta nesse aperfeiçoamento através de mecanismos participativos e reforço da *accountability*. Não tenho objeções a essa formulação, mas gostaria de destacar alguns problemas críticos da *accountability* democrática.

O primeiro é que entendo que esse mecanismo necessariamente tem de passar por mecanismos *ex post*, ou seja, mecanismos de *accountability*

---

[19] Raz, 1984.
[20] Vita, 2002.

retrospectiva baseada no desempenho de representantes. As visões da *accountability* associadas ao que Pitkin[21] chamou de representação descritiva e formal têm dois supostos problemáticos. O primeiro é que a boa representação seria tanto melhor quanto mais similitude ocorrer entre representantes e representados. Assim, a assembléia de representantes seria um microcosmo da sociedade. Nesse caso, pode-se afirmar que não seriam necessárias eleições, mas apenas um sorteio, pois as possibilidades de escolha de um representante com representatividade seriam maximizadas. Outro problema dessa visão é que o desempenho do representante seria irrelevante, uma vez que apenas a similitude garantiria o alinhamento de preferências entre cidadãos e seus representantes. Não bastaria também ao representante prestar contas aos eleitores porque ele só poderia prestar contas pelo que faz e não pelo que é. Um terceiro problema resulta do fato de o representante ser visto como um mandatário[22] – como implícito na idéia de que este deve ser o portador da vontade de seus eleitores e deve prestar-lhes contas. Essa visão também ignora que a representação é uma atividade. Essenciais para essa atividade de representação são: a deliberação, a interação, a atuação no melhor interesse dos eleitores. E mais: a ação criativa e o exercício da liderança. Por outro lado, ela se baseia no suposto de que os cidadãos têm opinião formada sobre todas as questões da agenda pública, e seriam capazes de dar instrução aos representantes sobre o que decidir.

A boa representação, portanto, implica uma atividade de delegação de autonomia decisória e de capacidade de discrição. Essa autonomia é precondição para o exercício da deliberação. O controle político de representantes só é possível *ex post*, e está fundado na capacidade de o representante justificar seu desempenho, uma vez que a assimetria de informação entre representante e representado tenha diminuído.

---

[21] Pitkin, 1967.

[22] É curioso que Pitkin, escrevendo na década de 1960, expressa uma visão extremamente crítica a respeito da abordagem da representação como relação de *accountability* – em franco contraste com a visão contemporânea, na qual este conceito tem conotação extremamente positiva de relação democrática.

A discussão precedente refere-se aos mecanismos de *accountability* democrática e, portanto, apenas se relaciona aos mecanismos de deliberação discutidos por Bresser-Pereira. Eles não incluem o problema do controle da corrupção e do uso privado da *res publica*. Essas duas questões são inteiramente distintas. O reconhecimento dessa distinção pode levar a confusões conceituais, como expressas no debate entre Przeworski e O'Donnell em contribuição recente. Em uma democracia, crimes e falta de responsividade de um governante em relação a um grupo que o elegeu, ou ainda decisões de governante que discrepam das preferências do eleitorado e de seus programas, são coisas bastante distintas. Nestes dois últimos casos, existe um déficit de *accountability*, embora não envolvam violação da ordem legal. Enquanto Przeworski[23] focaliza em seu artigo esse último aspecto – central para a discussão da *accountability* democrática –, O'Donnell[24] está preocupado com a regra da lei e sua violação. Embora em uma democracia esses fenômenos estejam relacionados – afinal, um crime representa um caso extremo de desvio de preferência –, é fundamental reter essa distinção.

O duplo esforço de fortalecimento dos mecanismos de *accountability* vertical e horizontal no contexto brasileiro é produto da formação histórica do nosso arranjo democrático. Marcado pela inclusão de setores populares em um quadro de débil institucionalização das regras do jogo institucional[25] – ocorrido na era Vargas –, o processo de democratização do sistema político brasileiro resultou em um Estado autoritário e sem controles. Poder-se-ia ir mais longe e argumentar que o processo de inclusão social se deu em um processo simultaneamente marcado pelo desprezo coletivo pelas regras do jogo, que foram vistas como veleidades liberais. A agenda democrática atual exige necessariamente a rejeição e desconstrução desse legado iliberal.

---

[23] Przeworski, 2001.

[24] O'Donnell, 2001.

[25] Cf. Santos (1988), para um tratamento pioneiro dessa questão.

Se direitos republicanos representam direitos ou não, se são de terceira geração – como inadequadamente denominam alguns juristas os chamados direitos difusos –, ou ainda se caracterizam um fenômeno novo, são, como vimos, questões controversas. Neste texto, argumentei que os direitos republicanos, no sentido que Bresser-Pereira lhes empresta de direito a *res publica*, não representam um direito novo, porque o seu objeto é "velho". Eles tampouco representam uma mera declaração de intenções de que fala Bobbio, porque não padecem de problemas estruturais de implementação ou positivação. Isso não significa subestimar o problema da *accountability* nas sociedades contemporâneas. Bresser-Pereira parece postular uma difícil articulação entre uma adesão normativa à democracia deliberativa – sem aderir a algum ideal republicano de corte perfeccionista (o que é muito positivo) – e uma ênfase em burocracias competentes e neutras *à la* Schumpeter. Também sugeri que a questão do caráter difuso dos direitos republicanos é mais bem compreendida a partir da discussão dos problemas da ação coletiva. Essas discussões estão ancoradas em um campo conceitual que – esse, sim – é novo: trata-se do campo dos direitos e da cidadania. Ele se alargou imensamente nos últimos anos e acompanhou o retorno das discussões normativas para o centro das reflexões da economia, da filosofia e das questões do desenvolvimento. Bresser-Pereira, no Brasil, ocupa um lugar privilegiado nesse campo.

Referências bibliográficas

BERLIN, Isaiah. *Four essays on liberty.* Oxford: Oxford University Press, 1969.

BOBBIO, Norberto. *A era dos direitos.* Rio de Janeiro: Campus, 1992.

_____; VIROLI, Maurizio. *Diálogos sobre a república.* Rio de Janeiro: Campus, 2002.

BRESSER-PEREIRA, Luiz Carlos. Cidadania e *res publica*: a emergência dos direitos republicanos. *Revista de Filosofia Política – Nova Série*, v. 1, 1997.

_____. Auto-interesse e incompetência. *Revista Brasileira de Economia*, v. 57, n. 1, p. 209-222, jan. 2003.

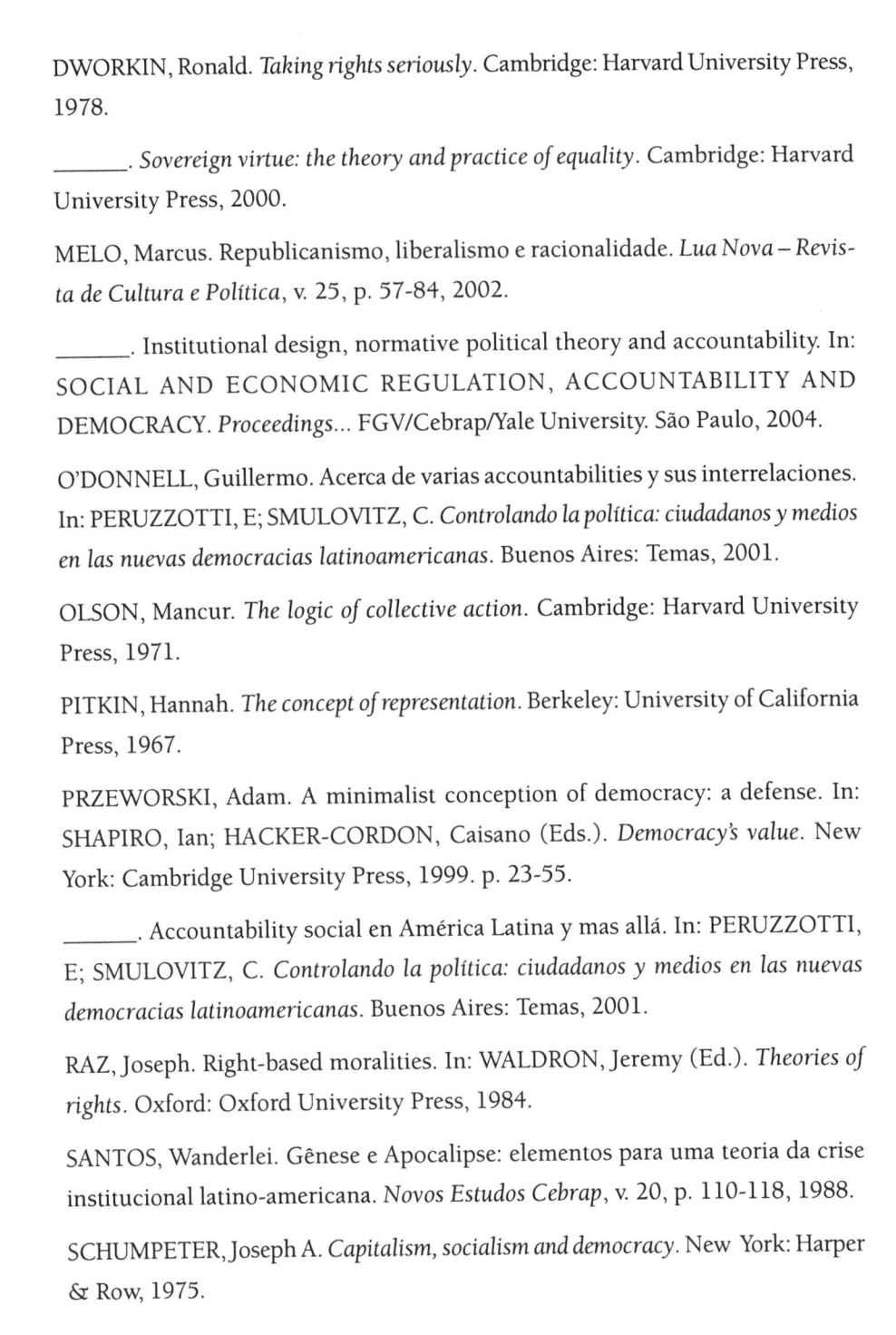

DWORKIN, Ronald. *Taking rights seriously*. Cambridge: Harvard University Press, 1978.

_____. *Sovereign virtue: the theory and practice of equality*. Cambridge: Harvard University Press, 2000.

MELO, Marcus. Republicanismo, liberalismo e racionalidade. *Lua Nova – Revista de Cultura e Política*, v. 25, p. 57-84, 2002.

_____. Institutional design, normative political theory and accountability. In: SOCIAL AND ECONOMIC REGULATION, ACCOUNTABILITY AND DEMOCRACY. *Proceedings...* FGV/Cebrap/Yale University. São Paulo, 2004.

O'DONNELL, Guillermo. Acerca de varias accountabilities y sus interrelaciones. In: PERUZZOTTI, E; SMULOVITZ, C. *Controlando la política: ciudadanos y medios en las nuevas democracias latinoamericanas*. Buenos Aires: Temas, 2001.

OLSON, Mancur. *The logic of collective action*. Cambridge: Harvard University Press, 1971.

PITKIN, Hannah. *The concept of representation*. Berkeley: University of California Press, 1967.

PRZEWORSKI, Adam. A minimalist conception of democracy: a defense. In: SHAPIRO, Ian; HACKER-CORDON, Caisano (Eds.). *Democracy's value*. New York: Cambridge University Press, 1999. p. 23-55.

_____. Accountability social en América Latina y mas allá. In: PERUZZOTTI, E; SMULOVITZ, C. *Controlando la política: ciudadanos y medios en las nuevas democracias latinoamericanas*. Buenos Aires: Temas, 2001.

RAZ, Joseph. Right-based moralities. In: WALDRON, Jeremy (Ed.). *Theories of rights*. Oxford: Oxford University Press, 1984.

SANTOS, Wanderlei. Gênese e Apocalipse: elementos para uma teoria da crise institucional latino-americana. *Novos Estudos Cebrap*, v. 20, p. 110-118, 1988.

SCHUMPETER, Joseph A. *Capitalism, socialism and democracy*. New York: Harper & Row, 1975.

SUNSTEIN, Cass. *The costs of rights*. New York: WWW Norton, 1999.

TAYLOR, Charles. *Argumentações filosóficas*. São Paulo: Loyola, 2000.

VITA, Alvaro. Liberalismo igualitário e multiculturalismo. *Lua Nova – Revista de Cultura e Política*, v. 25, 2002.

WALDRON, Jeremy (Ed.). Introduction. In: _____. *Theories of rights*. Oxford: Oxford University Press, 1984.

Capitalismo, desenvolvimento e democracia

ADAM PRZEWORSKI

Introdução

Uma característica persistente do pensamento de Bresser-Pereira é que ele nunca perde de vista as questões primordiais, mesmo quando analisa acontecimentos históricos concretos. No texto "*Why did democracy became the preferred form of government only in the twentieth century?*",[1] Bresser argumenta que a democracia surgiu historicamente apenas quando e onde se consolidou o capitalismo. Além disso, ele encara esse desenvolvimento como historicamente necessário e como racional, tanto para os capitalistas quanto para os trabalhadores.

O problema com essa análise é que ela oferece somente condições necessárias, mas não suficientes. Desse modo, embora ofereça uma explicação sugestiva, tem pouco poder de previsão. Ao afirmar a necessidade

---

[1] Bresser-Pereira, 2002.

histórica e a racionalidade coletiva, Bresser torna essa relação inevitável. O exame do registro histórico, no entanto, mostra que ela é muito mais contingente. Embora o capitalismo torne a democracia possível, não a torna necessária. Basta observar que uma democracia duradoura surgiu na Índia em 1947, quando esse país tinha uma renda *per capita* de U$556,[2] enquanto a ditadura sobreviveu em Cingapura quando a renda desse país era de U$18.300. Os níveis de desenvolvimento sob os quais a democracia surgiu em diferentes países variaram enormemente, e em vários países o avanço da democracia sofreu longas reversões, apesar do continuado desenvolvimento capitalista. A ditadura é tão compatível com o capitalismo quanto a democracia. Portanto, a relação entre desenvolvimento do capitalismo e democracia exige uma análise de contingências históricas concretas. Não pode ser deduzida a partir de premissas. A história não tem lógica, apenas contingências padronizadas, e o papel da análise histórica é identificar tais padrões.

Para esclarecer as questões envolvidas, é melhor começar com Marx. Embora a análise do capitalismo feita por Bresser acompanhe a de Marx no volume III de *O capital*, ele ignora a análise política de Marx dos acontecimentos ocorridos na França entre 1848 e 1851, e é nesse ponto que Marx explicita suas visões da relação entre capitalismo e democracia. Entretanto, como argumentei há muito tempo,[3] Marx estava errado quando afirmou que democracia e capitalismo não podem coexistir. Mas ele, na verdade, ofereceu uma estrutura para a análise das contingências envolvidas nessa relação. Essas questões teóricas são o objeto da seção "Capitalismo e democracia".

Na seção "Padrões históricos", examino as evidências históricas que abrangem o período entre 1946 e 1999. A análise se inicia com a conhecida observação feita por Lipset de que a maioria dos países desenvolvidos tem regimes democráticos, enquanto a maioria dos países pobres sofre com a ditadura.[4] No

---

[2] Todos os números de renda estão em dólares da paridade internacional de poder aquisitivo de 1985.

[3] Przeworski, 1986.

[4] Lipset, 1960.

entanto, como foi mostrado pela primeira vez por Przeworski e Limongi,[5] esse padrão emerge não porque as democracias sejam mais passíveis de se estabelecerem quando os países se tornam mais desenvolvidos, mas porque, se elas se estabelecem, seja por que razão for, são mais passíveis de perdurar nos países desenvolvidos.

Finalmente, na última seção "De volta à teoria", forneço uma interpretação desses padrões e volto para a relação entre capitalismo e democracia. Esta interpretação se baseia em um modelo, que está rapidamente esboçado no apêndice.

Capitalismo e democracia

O capitalismo liberou os produtores diretos da autoridade política dos proprietários dos meios de produção. Diferentemente do feudalismo e das várias formas de escravidão a partir das quais ele surgiu, no capitalismo os proprietários dos meios de produção não são os superiores legais daqueles a quem empregam. Como observado por Marx em algum lugar (estou citando de memória), "aquele provérbio medieval 'nulle terre sans seigneur' [nenhuma terra sem senhor] foi substituído por aquele outro provérbio 'l'argent n'a pas de maître' [o dinheiro não tem dono]".

Na visão de Marx, essa separação entre propriedade e autoridade é necessária para que o capitalismo exista. Para serem capazes de se mudar para empresas que expandem seu estoque de capital, investindo em novas tecnologias e novos processos, os trabalhadores precisam ter mobilidade. Para que os salários se mantenham baixos, os trabalhadores precisam competir no mercado de trabalho. Assim, os trabalhadores precisam estar livres da autoridade política de seus patrões. Caso contrário, os capitalistas não poderiam investir e competir uns com os outros, e a competição é o motor do desenvolvimento do capitalismo.

Bresser toma essa observação como o "novo fato histórico" que tornou possível a democracia:

---

[5] Przeworski e Limongi, 1977.

Quando a revolução capitalista está completada, temos uma economia de mercado: lucros e salários começam a existir regularmente no mercado. A partir desse momento, o Estado deixa de ser fundamental para a aquisição e destinação da riqueza. Ele continua sendo relevante, mas não mais uma condição para a existência da elite econômica. Desse modo, a nova classe capitalista pode fazer o que as classes dominantes anteriores não podiam: *tolerar a democracia*.[6]

O problema com esse raciocínio é que *poder fazer* não implica *dever fazer*, ou mesmo *que será feito*. Neste ponto, precisamos voltar para as análises políticas de Marx. Marx observou que, ao liberar os produtores imediatos da autoridade política dos proprietários dos meios de produção, o capitalismo produziu uma nova força histórica, a saber, a classe trabalhadora. Mas a classe trabalhadora constituiria uma ameaça ao capitalismo. Enquanto a classe capitalista emergente tinha apenas um inimigo, os proprietários feudais de terras, cujo controle político ela pretendia abolir, a burguesia precisava lutar, sob o lema da liberdade, contra restrições legais à propriedade. Contudo, quando a classe trabalhadora apareceu no horizonte histórico, seja em Waterloo em 1816, em Lyon em 1830, ou no Champ de Mars em Paris em 1848 – os historiadores costumam divergir sobre isso –, a liberdade se tornou uma faca de dois gumes, pois poderia ser usada pelos trabalhadores contra a propriedade privada. E, quando na França de 1848 os trabalhadores usaram pela primeira vez seus direitos políticos recentemente adquiridos, na forma de sufrágio, para apresentar uma ameaça à burguesia, os capitalistas imediatamente correram para se abrigar sob uma ditadura militar.

Mesmo sendo bem conhecido, o raciocínio de Marx merece ser reconstruído. Ele raciocinou assim: primeiro, para estabelecer um sistema social no qual o excedente seria extraído dos produtores imediatos por meio da troca voluntária, a burguesia tinha de abolir as restrições feudais à propriedade e à liberdade dos produtores imediatos. Segundo: a partir do mo-

---

[6] Bresser-Pereira, 2002:11, grifo meu.

mento em que os produtores imediatos adquirissem direitos legais e políticos, eles procurariam impulsionar seus interesses materiais, organizando-se contra o regime da propriedade privada. Terceiro: assim, a burguesia viu-se em um dilema; para acumular, necessitava de mão-de-obra livre, mas, desprovida de autoridade política, não podia controlar a ameaça à sua propriedade. Quarto: a escolha feita, pelo menos pela burguesia francesa em 1851, foi abdicar de seu poder político em favor dos militares, de forma a proteger seu poder econômico.

Marx achava que essa dinâmica histórica era inevitável. Na verdade, ele concluiu que a combinação de democracia e capitalismo, a "república burguesa", era impossível. Não poderia durar. Escrevendo em 1851, ele expressou a crença de que a democracia capitalista é "apenas a forma política da revolução da sociedade burguesa e não sua forma de vida conservadora".[7] Vinte anos depois, ele ainda encarava a forma democrática das sociedades capitalistas como "apenas um estado de coisas espasmódico, excepcional (...) impossível como forma normal da sociedade".[8] Essa inerente instabilidade resultava, na visão de Marx, do fato de que a combinação de propriedade privada dos meios de produção com democracia política gera uma contradição:

> As classes cuja escravidão social a constituição pretende perpetuar, o proletariado, os camponeses, a pequena burguesia, são colocadas por ela na posse do poder político por meio do sufrágio universal. E da classe cujo antigo poder social ela sanciona, a burguesia, ela retira as garantias políticas desse poder. Ela obriga o domínio político da burguesia a aceitar as condições democráticas, o que a todo momento coloca em risco os próprios fundamentos da sociedade burguesa. A uns, pede que não avancem da emancipação política para a emancipação social; a outros, que não recuem da restauração social para a restauração política.[9]

---

[7] Marx, 1934:18.
[8] Marx, 1971:198.
[9] Marx, 1952:62.

Marx não estava sozinho. Na verdade, a crença de que a democracia, o sufrágio universal, mas também a liberdade de formar sindicatos, devem inevitavelmente ameaçar a própria existência da propriedade privada era quase universalmente compartilhada no espectro ideológico da primeira metade do século XIX. Já James Madison observava que "as democracias sempre foram espetáculos de turbulência e discussão; sempre foram consideradas incompatíveis com a segurança pessoal ou com os direitos de propriedade".[10] O filósofo escocês James Mackintosh previu em 1818 que, se as "classes laboriosas" ganhassem liberdade, "a conseqüência seria uma permanente animosidade entre opinião e propriedade".[11] David Ricardo estava preparado para ampliar o sufrágio apenas "para aquela parte deles (o povo) que não se presume possa ter interesse em derrubar o direito de propriedade".[12] Em 1842, Thomas Macaulay imaginou o sufrágio universal como "o fim da propriedade e portanto de toda a civilização".[13] E algumas concepções modernas vão na mesma direção. No modelo do eleitor mediano, uma combinação de igualdade política (uma-pessoa-um-voto) com desigualdade econômica gera alíquotas de impostos que chegam quase a equalizar totalmente as rendas, em razão dos pesados custos da taxação.

Marx e seus contemporâneos, porém, estavam errados. Embora a democracia não seja inevitável no capitalismo, também não é impossível. Diversos países capitalistas estabeleceram regimes democráticos duradouros e, em muitos deles, os partidos que representavam os trabalhadores ganharam as eleições e governaram durante longos períodos, sem confiscar a propriedade ou sem minar, de qualquer outra forma, a base da sociedade capitalista.

Na análise de Marx, a burguesia deve escolher o menor de dois males: encontrar algum *modus vivendi* com a classe trabalhadora, ou tornar-se dependente dos militares. Permitam-me estudar essas duas ameaças à burguesia.

---

[10] *Federalist*, n. 10.

[11] Apud Collini, Winch e Burrow, 1983:98.

[12] Ibid., p. 107.

[13] Macaulay, 1900:263.

O único dissidente das visões mencionadas foi James Mill, que desafiou seus contemporâneos "a produzirem um exemplo, apenas um exemplo, da primeira página da história até a última, da população de qualquer país que tenha mostrado hostilidade para com as leis gerais da propriedade, ou manifestado o desejo de subvertê-las".[14] Embora tais exemplos tenham eventualmente ocorrido, em muitos países os trabalhadores e os capitalistas aprenderam a coexistir dentro da estrutura democrática. As organizações da classe trabalhadora aceitaram o sistema da propriedade privada e limitaram suas demandas redistributivas, de modo a permitir aos capitalistas apropriarem-se dos lucros. Essa moderação origina-se, na minha opinião, de duas restrições. Primeiro, as organizações da classe trabalhadora devem levar em conta que, ameaçando a propriedade, podem empurrar a burguesia para buscar refúgio na proteção da ditadura. Embora esta possa não ser uma ameaça dissuasiva em países pobres, onde os salários giram em torno da subsistência e os trabalhadores têm pouco a perder, ela se torna determinante em sociedades desenvolvidas, quando um movimento revolucionário fracassado traz o risco de uma significativa deterioração das condições materiais dos trabalhadores (ver adiante). Para usar a linguagem clássica, a classe trabalhadora se torna desradicalizada quando se aburguesa. Em segundo lugar, a partir do momento em que os trabalhadores aceitam a existência da propriedade privada dos meios de produção, seu consumo e emprego futuros dependem do investimento feito pelos capitalistas, que, por sua vez, dependem da taxa de lucros e, novamente por sua vez, dos níveis dos salários e dos impostos. Preocupados com seu bem-estar material futuro, os trabalhadores precisam restringir suas demandas, de modo a induzir os capitalistas a investirem.[15] No final, enquanto os capitalistas compartilham com os trabalhadores os frutos do desenvolvimento, mesmo quando os trabalhadores gozam de plenos direitos políticos e trabalhistas, eles não ameaçam o capitalismo nos países desenvolvidos.

---

[14] Apud Collini, Winch e Burrow, 1983:104.

[15] Este argumento, "compromisso de classe", foi desenvolvido em Przeworski (1986).

A segunda ameaça vem dos militares. Como Marx observou, quando a burguesia busca refúgio no poder militar, ela se condena ao ostracismo político; ela se torna indefesa. Nada garante que os militares governariam no interesse da burguesia: eles podem fazer isso e em muitos países o fizeram, mas podem não fazer. Como observaram Bresser e Cardoso,[16] vários setores da burguesia brasileira se sentiram ameaçados pela ambição estatista dos militares e começaram a encarar a democracia de modo muito mais favorável do que haviam feito em 1964. Não estou dizendo que os militares são onipotentes: a menos que decidam confiscar a propriedade, eles também dependem de decisões de investimento da burguesia e precisam equilibrar seu consumo presente e futuro. Desejo apenas ressaltar que os militares podem representar uma ameaça à burguesia, tanto quanto os trabalhadores organizados.

Como a burguesia está presa entre dois males, a democracia é um resultado contingente de conflitos entre vários grupos organizados. Não é nem inevitável nem impossível.

Padrões históricos

Contingência não é o mesmo que indeterminação: não implica que não possamos identificar os padrões históricos pelos quais o capitalismo e a democracia se desenvolveram conjuntamente. Significa apenas que a combinação de capitalismo e democracia depende das condições históricas específicas de cada país e de cada período. Nos parágrafos a seguir, procuro tais condições, usando informações acerca de 199 países que existiram a qualquer tempo entre 1946 e 1999.

Antes de entrarmos em considerações teoricamente motivadas, precisamos compreender a mecânica dos processos que geram a democracia. A associação feita por Bresser entre revoluções capitalistas completadas e regimes democráticos acompanha a observação de Lipset de que a maioria

---

[16] Bresser-Pereira, 1978; Cardoso, 1986.

dos países desenvolvidos é democrática, enquanto a maioria dos países pobres tem ditaduras de diferentes tipos.[17] Tudo isso é obviamente verdade. Entretanto, para compreender por que é assim, precisamos indagar separadamente por que as democracias surgem e por que sobrevivem, uma vez estabelecidas. Pode ser que, como diria a teoria da modernização, as democracias sejam mais passíveis de surgir se os países forem mais desenvolvidos. Mas pode ser também que as democracias surjam independentemente do nível de desenvolvimento, porém, se surgirem por alguma outra razão, elas sejam mais passíveis de sobreviver nos países mais desenvolvidos. Qualquer um desses caminhos gerará a associação observada entre a densidade de democracia e o nível de desenvolvimento, mas os mecanismos que a engendram são historicamente distintos e possuem determinantes diferentes.

Acontece que a hipótese de Lipset, segundo a qual "quanto mais rica uma nação, maiores as chances de que ela sustente a democracia", é verdadeira, enquanto é falsa a tese, também freqüentemente atribuída a Lipset, de que "se outros países se tornam tão ricos quanto as nações economicamente avançadas, é altamente provável que eles se tornem democracias políticas" (esta é a paráfrase de O'Donnell).[18]

Na verdade, como já observado por Przeworski e Limongi,[19] nunca houve queda da democracia em países mais ricos do que a Argentina em 1976, US$6.055. Este é um fato surpreendente, tendo em vista que, em toda a história, cerca de 70 democracias ruíram nos países mais pobres. Em contraste, 35 democracias passaram cerca de mil anos em condições mais desenvolvidas e nenhuma delas pereceu. As democracias desenvolvidas sobreviveram a guerras, protestos violentos, escândalos, crises econômicas e governamentais, chuvas e trovoadas.

---

[17] Lipset, 1960.
[18] O'Donnell, 1973:3.
[19] Przeworski e Limongi, 1997.

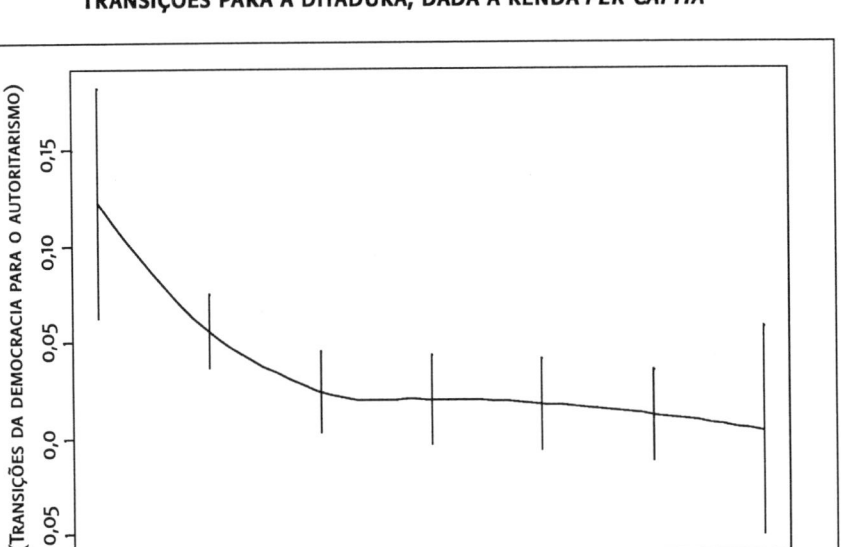

Figura 1

Transições para a ditadura, dada a renda *per capita*

[Gráfico: eixo Y "TDA (Transições da democracia para o autoritarismo)" variando de -0,05 a 0,15; eixo X "PIB.CAP" de 0 a 6.000. A curva decresce abruptamente de cerca de 0,12 em valores baixos de renda até estabilizar próximo de 0,02 a partir de 3.000.]

Como mostra a figura 1, a probabilidade de que a democracia sobreviva cai abrupta e monotonicamente de acordo com a renda *per capita* (as barras verticais são erros-padrão locais). Entre 1950 e 1999, a probabilidade de que uma democracia morresse, durante qualquer ano em particular, em países com renda *per capita* abaixo de US$1.000 era de 0,089, o que implica que sua expectativa de vida era de cerca de 11 anos. Entre US$1.001 e US$3.000, essa probabilidade era de 0,0366, para uma duração esperada de cerca de 27 anos. Entre US$3.001 e US$6.055, a probabilidade era de 0,0164, que se traduz em cerca de 61 anos de expectativa de vida. E já sabemos o que acontece acima de US$6.055: a democracia dura para sempre.

Esta observação é confirmada pela análise estatística, que mostra que o aumento da renda *per capita* aumenta enormemente a probabilidade de sobrevivência da democracia (ver coluna 1 da tabela). Além disso, deve-se observar, na coluna 2 dessa tabela, que a dependência da durabilidade da democracia sobre a renda se mantém quando levamos em conta o histórico de regimes políticos de um país específico (STRA, sobre o que falaremos adiante).

PROBABILIDADES DA TRANSIÇÃO COMO FUNÇÃO DA RENDA *PER CAPITA*
(ESTIMATIVAS PROBIT)

TRANSIÇÕES PARA A DITADURA		
PARÂMETRO	1	2
◻ N (TAMANHO DA AMOSTRA)	2.423	2.423
◻ CONSTANTE	-1,31*	-1,3566*
	(0,12)	(0,1237)
◻ PIB/CAP	-0,2262*	-0,2672*
	(0,0426)	(0,0516)
◻ STRA		0,2280*
		(0,0755)
◻ LOGL	-198,21	-193,98
TRANSIÇÕES PARA A DEMOCRACIA		
PARÂMETRO	1	2
◻ N (TAMANHO DA AMOSTRA)	3.023	3.023
◻ CONSTANTE	-2,08*	-2,20*
	(0,07)	(0,08)
◻ PIB/CAP	0,0572**	0,0306
	(0,0233)	(0,0256)
◻ STRA		0,3375*
		(0,0506)
◻ LOGL	-352,27	-332,74

OBS.: TODAS AS VARIÁVEIS ESTÃO DEFASADAS UM ANO. * ESTATISTICAMENTE MUITO SIGNIFICANTE; ** ESTATISTICAMENTE SIGNIFICANTE

Por outro lado, a relação entre desenvolvimento econômico e transições para a democracia é mais complicada e controvertida. Przeworski e Limongi afirmaram, com base em dados de 1950-90, que as transições para a democracia ocorrem independentemente do nível de desenvolvimento, conforme medido pela renda *per capita*. Przeworski, Alvarez, Cheibub e Limongi sustentaram a mesma tese, embora eles também tenham encontrado indícios de que a probabilidade de transição do autoritarismo para a democracia primeiro aumenta e depois diminui, de acordo com a renda *per capita*.²⁰ No entanto, tais conclusões são contestadas por Boix e Stokes, assim como por Epstein e colaboradores.²¹

Vejamos aqui algumas evidências. Examinemos primeiro a figura 2, que mostra a probabilidade de transições para a democracia como função da renda *per capita*. Como se pode ver, esta probabilidade aumenta ligeiramente até um ponto e depois declina. Mas, como são poucas as observações de ditaduras ricas, os erros-padrão são grandes.

Figura 2
Transições para a democracia, dada a renda *per capita*

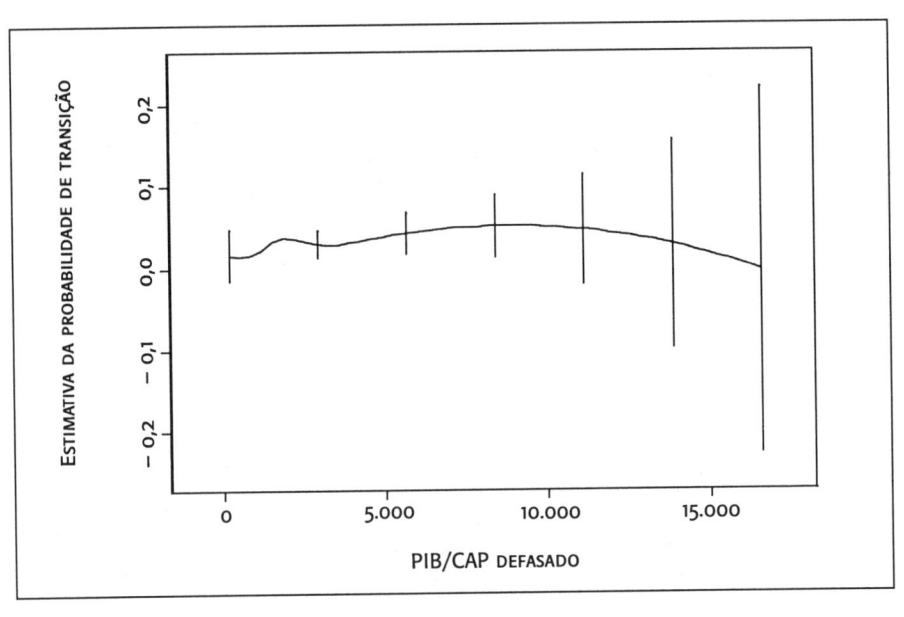

A tabela fornece mais informações. Observe-se, na coluna 1, que o coeficiente de renda *per capita* é positivo e significativo, mesmo se pequeno. Observe-se, porém, na coluna 2, que esse coeficiente se torna indistinguível de zero quando levamos em conta o histórico de regimes. STRA é uma va-

---

20 Przeworski, et. al., 2000.

21 Boix e Stokes, 2002; Epstein et al., 2003.

riável que conta quantos episódios completos de democracia (portanto, também transições para a ditadura) um país experimentou até o presente ano. Eis aqui uma história que explica tais padrões.[22]

As ditaduras que surgem em países relativamente mais desenvolvidos têm vida mais curta. A razão não está necessariamente em que elas têm mais dificuldade de se consolidar quando os países são mais desenvolvidos: acontece que, quando as ditaduras emergem em países mais desenvolvidos, elas herdam um passado mais instável e a instabilidade passada alimenta a instabilidade atual. Assim, a primeira parte da história é que as ditaduras estabelecidas em níveis de renda mais altos herdam mais instabilidade, a instabilidade passada as torna mais vulneráveis e, como resultado, sua vida é mais breve. Em segundo lugar, condicionado à renda inicial, o desenvolvimento sob a ditadura não prejudica a estabilidade de tais regimes. Este achado desafia a teoria da modernização: se as transições para a democracia são mais prováveis em níveis maiores de desenvolvimento, então se deveria observar que, pelo menos se uma ditadura surgiu em um nível de renda alto, as ditaduras que aumentaram mais a renda deveriam ser mais passíveis de morrer. Quando muito, apenas o oposto é verdade. Assim, mesmo se as ditaduras que estão estabelecidas em níveis maiores de renda são menos estáveis, o desenvolvimento as consolida.

No final, o único padrão sistemático de transições para a democracia refere-se a um punhado de ditaduras que herdaram uma boa dose de instabilidade, foram dirigidas pelos militares (com exceção do Peru, sob Fujimori) e surgiram em níveis relativamente altos de renda (com exceção do Sudão). Essas ditaduras militares chegaram ao poder para frustrar a ameaça de mobilização popular[23] e, mesmo que cada regime tenha experimentado tensões internas entre aqueles que queriam fundar uma ordem autoritária permanente e aqueles que queriam apenas restaurar a ordem capitalista preexistente, estes últimos acabaram dominando, muitas vezes com o apoio

---

[22] Para as evidências em que se baseia esta história, ver Przeworski (2003).
[23] O'Donnell, 1973.

das respectivas burguesias. Nenhum desses regimes gerou muito desenvolvimento e todos eles pereceram em níveis de renda bem abaixo dos de algumas ditaduras civis. Na verdade, a maior renda jamais alcançada por uma ditadura liderada por um militar foi de US$7.294 (Espanha, sob Franco, em 1974), enquanto seis ditaduras civis sobreviveram um total de 37 anos com rendas maiores (vários anos em Cingapura, Taiwan, Alemanha Oriental e União Soviética, além de um único ano no Iraque e na Malásia). A montanha na figura 3 se compõe desses regimes militares com alto nível de renda e um passado instável, enquanto a pequena elevação nos níveis mais baixos de renda reflete o Sudão.[24] O restante da superfície é quase plano, mesmo estando dividido por uma ondulação que se estende diagonalmente a partir da renda média com alta instabilidade até a alta renda sem qualquer instabilidade no passado.

FIGURA 3
TRANSIÇÕES PARA A DEMOCRACIA COMO FUNÇÃO DA RENDA E DA INSTABILIDADE DO PASSADO

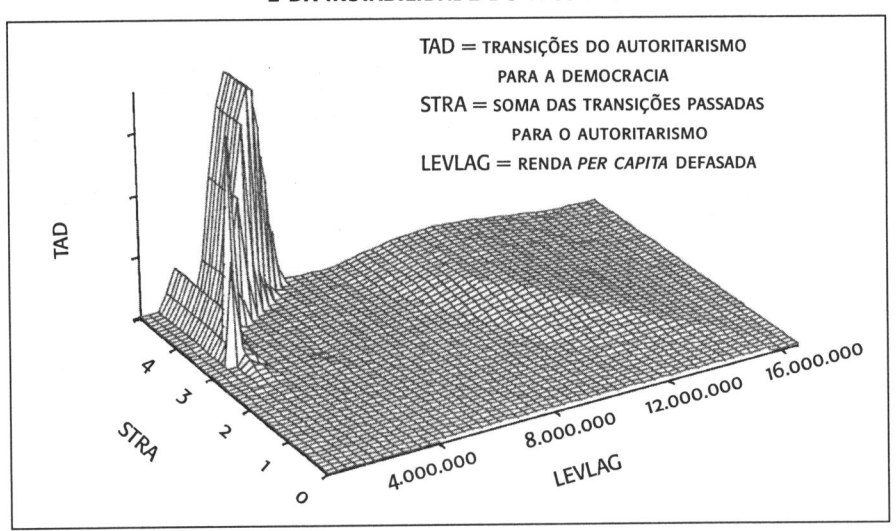

TAD = TRANSIÇÕES DO AUTORITARISMO PARA A DEMOCRACIA
STRA = SOMA DAS TRANSIÇÕES PASSADAS PARA O AUTORITARISMO
LEVLAG = RENDA *PER CAPITA* DEFASADA

---

[24] São eles, em níveis crescentes de renda: Turquia (ano de = 1980, STRA = 1), Grécia (1967, 2), Chile (1973, 2), Tailândia (1991, 2), Suriname (1980, 1), Uruguai (1973, 1) e Argentina (1955, 2; 1962, 3; 1966, 4; 1976, 5).

Esta é, portanto, a história. Vamos deixar que a democracia seja definida por duas características: primeira, o governo não é formalmente responsável perante algum poder não eleito (a Coroa, a Câmara dos Lordes até 1911, os militares, o Conselho da Fé, um governo estrangeiro); segunda, o governo vigente pode ser derrotado de acordo com as mesmas regras sob as quais foi eleito. Esta definição tem como resultado a datação das democracias encontrada em Przeworski, Alvarez, Cheibub e Limongi[25] e estendida aqui até 1999. Vamos supor que devêssemos começar em 1750, quando não havia democracias segundo esta definição. Os historiadores econômicos contam que, na época, todos os países tinham rendas relativamente baixas e havia relativamente pouca dispersão de renda entre os países. Alguns países cresceram; outros estagnaram. Eventos aleatórios – aqueles que não observamos sistematicamente, pelo menos aqui – geraram algumas democracias. Quando os dados caíram em países que já possuíam maior renda, a democracia era mais passível de perdurar. Quando eles escolheram países com rendas ainda baixas, a democracia era passível de queda e o país acumularia uma transição. A instabilidade do regime no passado tornou ambos os regimes menos estáveis, de tal forma que os países se tornaram heterogêneos. Aqueles com alta instabilidade no passado foram dominados pelos militares, que não permaneceram por muito tempo. Em países politicamente mais estáveis, as ditaduras civis perduraram. Assim, após um longo tempo, observamos algumas ditaduras estáveis em países desenvolvidos. Se elas acabam perecendo, isso se deve a acasos independentes da renda. Enquanto isso, novos países apareceram, tipicamente com rendas muito baixas. Tenham eles nascido como ditaduras ou como democracias, eram passíveis de queda: a democracia é frágil em países pobres. Alguns deles cresceram, e seu padrão foi o mesmo dos países antigos. A maior parte deles estagnou e era provável que continuassem autoritários.

A conclusão mais importante dessa história é que a razão pela qual observamos a associação entre desenvolvimento e democracia é que a de-

---

[25] Przeworski, et. al., 2000, tabela 2.8.

mocracia é um estado absorvente nas sociedades desenvolvidas, e não porque os países sejam mais passíveis de se tornarem democráticos quando são mais desenvolvidos.

De volta à teoria

Por que seria verdade que as transições para a democracia ocorrem independentemente do desenvolvimento, enquanto a democracia é mais estável nos países mais desenvolvidos? Estou certo de que a explicação que estou oferecendo não é apenas uma explicação plausível, mas não é fácil interpretar tais padrões teoricamente; assim, é difícil construir explicações alternativas. Em primeiro lugar, vou resumir o argumento verbalmente e, depois, para o leitor inclinado à matemática, vou apresentar os rudimentos de um modelo no qual se baseia este argumento.

À luz da análise de Marx, a burguesia enfrenta duas ameaças. Na democracia, a ameaça é que os trabalhadores usariam seu direito de organização para impulsionar os salários acima do nível competitivo e que os pobres, como cidadãos, votariam para redistribuir as rendas obtidas no mercado. Na ditadura, a ameaça é que a burguesia não poderia defender-se da extorsão pelos ditadores.

Vamos supor que o *status quo* seja a ditadura. A burguesia não é taxada para redistribuir rendas aos pobres, mas, de uma forma ou de outra, paga rendimentos aos militares. Os capitalistas preferem permanecer sob a tutela dos militares se os rendimentos que precisam sacrificar forem inferiores aos custos de redistribuição esperados na democracia. Esta preferência acaba sendo independente da renda: tudo o que interessa são *parcelas* da renda que os capitalistas perdem nos dois estados alternativos do mundo. As transições ocorrem se, por alguma razão, os capitalistas acreditarem que não seriam muito taxados na democracia, o que será verdade se a distribuição da renda for relativamente igualitária, ou se os militares se tornarem extorsionários. Mas, novamente, elas ocorrem independentemente do nível de desenvolvimento.

Suponhamos agora que tenha realmente ocorrido uma transição e que o *status quo* seja a democracia. Vamos assumir que a burguesia acha que estaria melhor na ditadura. Entretanto, se ela for em direção à ditadura, poderá ser derrotada e poderá terminar conseguindo menos renda do que na democracia. Os militares poderão ou não apoiá-la; poderão ser pró-capital, mas poderão também ser nacionalistas, populistas ou simplesmente corporativos. Para simplificar – este não é um pressuposto importante –, vamos assumir que, se a burguesia for derrotada, as rendas do capital (mas não do trabalho) se tornem completamente equalizadas, digamos, em razão da propriedade pública das empresas. Agora, precisamos ainda assumir – e aviso que este pressuposto é fundamental – que, se os capitalistas forem derrotados, irão usufruir menos de sua renda do que se detivessem os meios de produção e vivessem da renda do capital. Este pressuposto pode ser racionalizado assumindo-se que, quando os bens de capital são igualmente distribuídos, os antigos capitalistas precisam trabalhar para viver – um dono de fábrica se torna um engenheiro em sua antiga fábrica – e exercer trabalho gera desutilidade.

De acordo com tais hipóteses, à medida que a renda aumenta, os riscos da burguesia em voltar-se contra a democracia tornam-se maiores; por "riscos", eu entendo a diferença entre sua utilidade na democracia e quando falha sua tentativa de subvertê-la. A burguesia tem muito a perder nos países desenvolvidos para se tornar aventureira. Assim, à medida que a renda *per capita* aumenta, os capitalistas ficam dispostos a tolerar um grau maior de redistribuição. E o mesmo argumento vale para os trabalhadores, a saber, à medida que a renda *per capita* aumenta, eles ficam dispostos a tolerar um grau menor de redistribuição. Como resultado, as democracias sobrevivem nos países mais desenvolvidos, e não nos menos desenvolvidos.

Entendo que este não é um argumento simples e podem-se questionar os pressupostos sobre os quais ele se fundamenta. Para garantir ao leitor que ele é logicamente consistente, esboço no apêndice os rudimentos do modelo no qual o argumento se baseia.[26] Mas, independentemente do fato de esta

---

[26] Para comprovação, ver Przeworski (no prelo) e Benhabib e Przeworski (2004).

explicação específica dos padrões históricos observados ser ou não válida, espero ter demonstrado que a relação entre capitalismo e democracia é altamente contingente. A democracia é um resultado contingente de conflitos, não uma conseqüência necessária do desenvolvimento capitalista.

Referências bibliográficas

BENHABIB, Jess; PRZEWORSKI, Adam. *The political economy of redistribution under democracy*. Department of Economics and Department of Politics, New York University, 2004. ms.

BOIX, Charles; STOKES, Susan. *Endogenous democratization*. Department of Political Science, University of Chicago, 2002. ms.

BRESSER-PEREIRA, Luiz Carlos. *O colapso de uma aliança de classes*. São Paulo: Brasiliense, 1978.

_____. Why did democracy became the preferred form of government only in the twentieth century? In: CONGRESSO DA ASSOCIAÇÃO BRASILEIRA DE CIÊNCIA POLÍTICA, 3. Anais... Niterói, 29-31 jul. 2002.

CARDOSO, Fernando Henrique. Entrepreneurs in the transition process: the Brazilian case. In: O'DONNELL, G.; SCHMITTER, P.; WHITEHEAD, L. (Eds.). *Transitions from authoritarian rule: Latin America*. Baltimore: The Johns Hopkins University Press, 1986.

COLLINNI, Stefan; WINCH, Donald; BURROW, John. *That noble science of politics*. Cambridge: Cambridge University Press, 1983.

EPSTEIN, David L. et. al. Democratic transitions. In: MIDWEST POLITICAL SCIENCE ASSOCIATION ANNUAL MEETING, 2003, Chicago. *Proceedings...* Chicago, 2003.

LIPSET, Seymour M. *Political man*. Garden City, New York: Doubleday, 1960.

MACAULAY, Thomas B. *Complete writings*. Boston/New York: Houghton Mifflin, 1900. v. 17.

MARX, Karl. *The eighteenth Brumaire of Louis Bonaparte*. Moscow: Progress, 1934.

_____. *The class struggle in France, 1848 to 1850*. Moscow: Progress, 1952.

_____. *Capital*. New York: International, 1967. v. III.

_____. *Writings on the Paris Commune*. New York: International, 1971.

O'DONNELL, Guillermo. *Modernization and bureaucratic authoritarianism: studies in South American politics*. Berkeley: Institute of International Studies, University of California, 1973.

PRZEWORSKI, Adam. *Capitalism and social democracy*. New York: Cambridge University Press, 1986.

_____. *Economic development and transitions to democracy*. ms. Department of Politics, New York University, 2003.

_____. Democracy as an equilibrium. *Public Choice*. No prelo.

_____; LIMONGI, Fernando. Modernization: theories and facts. *World Politics*, v. 49, 1997.

_____; et. al. *Democracy and development*. New York: Cambridge University Press, 2000.

Apêndice

O modelo

Vamos assumir que a população de uma massa está dividida em três categorias de renda: pobres, médios e ricos. A renda *per capita* é $y \geq 1$, e cada um dos ricos homogêneos tem uma renda $\alpha_R y$, onde $\alpha_R > 1$, de tal forma que as rendas dos ricos são maiores do que as dos médios. Na democracia, o eleitor mediano, que tem uma renda média (que não precisa ser muito maior do que a renda dos pobres), decide a que alíquota, τ, devem ser taxadas as rendas. Como é padrão em tais modelos, a receita dos impostos é distribuída igualmente para todos, de tal forma que aqueles com rendas acima da média perdem e aqueles com rendas abaixo ganham com as redistribuições.

Redistribuir rendas é caro, e o custo-sombra *(shadow cost)* dos fundos públicos é λ. Assim, a renda dos ricos pós-redistribuição na democracia será

$$[(1-\tau)\alpha_R + \tau(1-\lambda\tau)]y = [\alpha_R - \tau(\alpha_R - 1 + \lambda\tau)]y \quad (1)$$

onde $t(\alpha_R - 1 + \lambda\tau)$ é a parcela da renda média que é tirada de cada pessoa rica através do mecanismo democrático. Pode ser mostrado que, para qualquer $\lambda > 0$, $\alpha_R - \tau(\alpha_R - 1 + \lambda\tau) > 1$.

Na ditadura favorável aos ricos, suas rendas não são redistribuídas para os pobres e para as classes médias, mas uma parte delas, uma parcela r, é extorquida pelos militares. Assim, cada rico fica com

$$(\alpha_R - r)y \quad (2)$$

Para simplificar, a utilidade de consumo (como este é um modelo estático, todas as rendas são consumidas) é

$$U(c) = \mu \log c \quad (3)$$

onde, por enquanto, vamos assumir que $\mu = 1$.

Vamos supor que o *status quo* seja a ditadura. A burguesia prefere continuar na ditadura se

$$\log(\alpha_R - r)y > \log[\alpha_R - \tau(\alpha_R - 1 + \lambda\tau)]y \quad (4)$$

Como se pode ver, a renda, y, desaparece desta comparação e, quando reescrita, a condição se torna

$$r < \tau(\alpha_R - 1 + \lambda\tau) \quad (5)$$

Se os militares estiverem satisfeitos com rendimentos baixos, se a democracia gerar impostos elevados, se a distribuição de renda for desigual (α_R é alto), ou se as pesadas perdas da redistribuição, λ, forem altas, os capitalistas preferirão continuar na ditadura. Se os militares se tornarem extorsionários ou se os capitalistas acharem que não vão ser muito taxados, eles preferirão a democracia. Assim, se esses parâmetros mudarem, poderá ocorrer uma transição. Mas a renda não desempenha nenhum papel.

Agora, vamos supor que o *status quo* seja a democracia e que (4) se mantenha: os capitalistas acham que se sairiam melhor se pudessem estabelecer uma ditadura. Mas se tentarem provocar os militares para agir em seu nome, eles poderão perder. Vamos dizer que a probabilidade de os militares apoiarem a burguesia seja q e a probabilidade de que eles se voltem contra ela seja $1 - q$. Vamos supor que, se o golpe fracassar, os capitalistas recebam uma renda inferior à que receberiam na democracia (assumo que seja a renda média, mas o argumento se sustenta desde que sua renda seja inferior à que seria na democracia) e sofram desutilidade $\mu < 1$. Então, eles preferirão se voltar contra a democracia se

$$\log[\alpha_R - \tau(\alpha_R - 1 + \lambda\tau)]y < q \log(\alpha_R - r)y + (1 - q)\mu \log y \qquad (6)$$

Reescrever esta condição resulta em

$$\log[\alpha_R - \tau(\alpha_R - 1 + \lambda\tau)] - q \log(\alpha_R - r) < (1 - q)(\mu - 1) \log y \qquad (7)$$

Agora, observem que o lado esquerdo dessa equação é constante, enquanto o lado direito declina à medida que a renda aumenta (porque $\mu - 1 < 0$). Assim, se o lado esquerdo dessa condição for positivo, o que acontecerá se os capitalistas não puderem contar com o apoio dos militares, eles nunca se voltarão contra a democracia. Se q for suficientemente alta, especificamente, $q > \log[\alpha_R - \tau(\alpha_R - 1 + \lambda\tau)]/ \log(\alpha_R - r)$, o lado esquerdo será negativo, e a burguesia se volta contra a democracia quando a renda é baixa, mas não quando é alta.

Capitalismo e democracia

CICERO ARAUJO

A democracia como um determinado conjunto de instituições políticas pode ser objeto de reflexão sob dois ângulos teóricos. Primeiro, é possível investigar os valores morais e ideais coletivos que tais instituições cultivam, através da tradição de suas práticas, suas regras escritas e não-escritas, e os discursos de seus protagonistas. Investigam-se, sob esse ângulo, os argumentos que procuram dar sentido moral-normativo e justificar o valor da igualdade política, tanto quanto as críticas a esses argumentos; como esse valor se relaciona com outros, tais como as liberdades individuais ou o império da lei, se eles constituem um conjunto inseparável ou se são conflitantes entre si, e assim por diante. É um estudo de natureza eminentemente filosófica.

Um segundo ângulo é o estudo das condições gerais de operação das instituições democráticas, cujo conjunto conforma um tipo de regime político (a democracia), suas propriedades e seus efeitos. Quanto à análise dessas condições gerais, ela pode envolver hipóteses – simplesmente intuitivas, ou baseadas em estudos empíricos e/ou históricos de regimes democráticos específicos – quanto aos vínculos necessários ou contingentes entre a democracia, um fenômeno político, e outros fenômenos sociais paralelos ou antecedentes. Essa análise envolve, certamente, construção conceitual e generalização: trata-se de teoria, mas de teoria explicativa e causal. Teorias como essas podem estender-se às propriedades e efeitos das instituições democráticas: por exemplo, se quisermos especular se a democracia, dadas as condições gerais de sua operação, tende a gerar ou reproduzir os valores e ideais que a justificam filosoficamente; ou então a produzir desvios ou até efeitos contrários aos esperados por essa justificação. Teoria filosófica e teoria causal não são reflexões fadadas a não dialogarem entre si. Pelo contrário, elas podem interagir num exercício de mútuo esclarecimento. Contudo, são modos distintos de pensar a teoria política.

Nesta modesta homenagem ao prof. Bresser-Pereira, vamo-nos ater a uma de suas incursões à teoria política. Nossos comentários referem-se especificamente a um artigo ainda não publicado, "*Why did democracy became the preferred form of government only in the twentieth century?*"[1] No próprio artigo, Bresser-Pereira diz que o assunto é uma antiga obsessão, que remonta aos tempos em que se vivia e se discutia a transição brasileira para a democracia, as razões de sua emergência e possíveis desdobramentos. Ele transpira em conferências, trechos ou capítulos de livros e outros artigos. Infelizmente, não poderemos aqui fazer justiça a todo esse esforço. De qualquer modo, o artigo referido é uma tentativa de síntese, no qual são discutidas assunções não analisadas previamente. A discussão está centrada em questões típicas da teoria política em sentido causal-explicativo.

Como um intelectual engajado na ação política, Bresser-Pereira se preocupa, é claro, com as maneiras pelas quais os valores da democracia podem ser defendidos, e como suas instituições poderiam aprofundá-los, para o bem delas mesmas e pelas conseqüências positivas que trariam para outros aspectos da vida social, especialmente a economia e a administração pública. Essas idéias são apresentadas no quadro de uma visão progressiva da

---

[1] Bresser-Pereira, 2002.

democracia, que partiria de um estágio inferior, chamada de "democracia de elites", passando por um intermediário ("democracia de sociedade civil"), até uma etapa superior, idealizada ("democracia de povo"). À aposta no progresso da democracia corresponde uma aposta na expansão de diferentes tipos de direitos: civis, políticos, sociais, até emergentes "direitos republicanos", pautados pela defesa dos bens públicos.[2] Mas essas idéias são elaboradas de modo bastante solto e despretensioso, sem penetrar sistematicamente nos meandros da argumentação filosófica. Já a incursão pela teoria política causal apresenta-se com uma argumentação mais cerrada, visando à literatura acadêmica. Vejamos o que tem a dizer.

Há um velho debate na literatura acerca dos nexos entre o capitalismo e os modernos regimes democráticos. As informações empíricas apontam para uma correlação. Robert Dahl, um dos grandes estudiosos das democracias contemporâneas, constata que *"democracy has endured only in countries with a predominantly market-capitalist economy"*.[3] Mas por quê? A pergunta persegue os estudiosos, e essa é uma das questões que Bresser-Pereira procura responder em seu artigo.

Antes, uma nota sobre "modernos regimes democráticos". Quando falamos da democracia como um determinado conjunto de instituições, podemos referir-nos a diferentes experiências históricas. Houve experiências ditas "democráticas" na Antiguidade clássica, na Grécia e na península italiana. Atenas é o caso mais emblemático. Também se fala em "democracia" no caso de certas comunas do Norte da Itália, no fim do período medieval – Florença, por exemplo. E, claro, as democracias contemporâneas. Cada uma envolve instituições diferentes, especialmente no que diz respeito aos seus processos decisórios: as democracias antigas, entre outras coisas, não conheceram a representação, enquanto as contemporâneas estão umbilical-

---

[2] Bresser-Pereira 1997 e 2000.

[3] Dahl, 1998:166.

mente atreladas a esse instituto. Isso sem falar da diferença em termos de instituições sociais como a escravidão, presença garantida na Antiguidade, mas não em nossos dias, nem nas comunas medievais. Para simplificar, e enfatizar um aspecto das diferenças, Dahl aponta dois tipos de experiências: as de "pequena escala", ligadas à história das cidades-Estado (antigas e medieval-renascentistas), e as de "grande escala", próprias dos Estados nacionais modernos. Para tratar das últimas, Dahl usa o termo "poliarquia", cujas instituições obedecem aos seguintes critérios: os governantes são eleitos; as eleições são livres, competitivas e freqüentes; liberdade de expressão; fontes alternativas de informação; autonomia associativa; cidadania inclusiva.[4]

Ocorre que, a rigor, nenhum Estado nacional moderno atendeu razoavelmente a todos esses critérios senão ao longo do século XX. A cidadania inclusiva, para ficar num critério de demarcação, concerne à extensão de iguais direitos civis e políticos ao conjunto da população adulta sob a jurisdição do Estado, entre os quais o direito de voto (sufrágio universal, masculino e feminino). Isso só foi alcançado, na esmagadora maioria dos países, inclusive nos casos mais clássicos e duradouros da Europa e América do Norte, após a I Guerra Mundial. Ainda assim, há muitos casos de idas e vindas, avanços e retrocessos, tanto no critério da inclusão quanto nos outros. Por isso se fala em "ondas" de democratização.[5] Como, a cada nova onda, verifica-se um arrasto crescente de países para o campo da poliarquia, especialmente nos últimos 20 ou 25 anos, é razoável afirmar que a democracia assim entendida é um fenômeno do século XX. Daí a qualificação temporal da pergunta: por que apenas nesse século?

A questão de Bresser-Pereira, no entanto, apresenta aqui uma ambigüidade: "por que a democracia se tornou o regime preferido...". Quem preferiu? Se falamos da preferência como uma forte inclinação de agências coletivas, o consenso de uma nação, ou a esmagadora maioria da população ou

---

[4] Dahl, 1998:85.

[5] Huntington, 1991.

dos diferentes grupos que a compõem, isso tem uma conseqüência prática imediata. Pois essa preferência significa uma força social avassaladora, capaz de definir acontecimentos. Se a nação "prefere" a democracia, então esse é o regime político que acaba ali predominando. Perguntar "por que a democracia se tornou o regime preferido no século XX" é apenas outro modo de perguntar "por que a democracia se tornou o regime predominante no século XX". A questão é basicamente a mesma do final do parágrafo anterior. Poderíamos, no entanto, ser um pouco mais sutis e pensar no seguinte: o fato de que as coletividades "preferem" significa que elas "querem" num sentido diferente de que "fazem", pois nem tudo que se quer se consegue fazer. Há uma distância entre querer e acontecer efetivamente. Por exemplo, a nação pode "querer" a democracia, mas uma pequena minoria, eventualmente entrincheirada no aparato estatal e fazendo uso da violência, quer outra coisa e predomina durante um certo tempo. Explicar a preferência, nesse sentido, é explicar o querer, e não o que acontece efetivamente.

Ainda assim, tal interpretação da pergunta tem uma conseqüência prática fundamental, pois o "querer" coletivo é de qualquer forma uma força social muito relevante, remetendo ao problema da legitimidade de um regime político. Se a nação "quer" um tipo de regime e o que predomina é outro tipo, este último tem de apelar sistematicamente para a coerção, e não para o consenso, a fim de se manter. Para uma certa sociologia da autoridade política, como a de inspiração weberiana, a falta de legitimidade, ao marcar um desequilíbrio entre coerção e consenso, gera um problema de estabilidade. E a estabilidade só pode vingar se o "querer" e o "acontecer" se aproximarem. Para usar uma terminologia mecânica: se a nação "quer" a democracia, é para esse ponto "ótimo" de equilíbrio que os Estados acabam se orientando. Se já estão ali, uma força social difusa ali os prende, mesmo que eventualmente outras forças procurem arrancá-los daquele ponto; se não estão naquele ponto, essa mesma força os pressiona para lá, causando-lhes perturbações freqüentes, como se qualquer regime, exceto o democrático, estivesse assentado sobre uma falha estrutural.

Esse, parece-nos, é um dos sentidos da pergunta colocada por Bresser-Pereira. (O texto sugere um segundo sentido, mas vamos deixá-lo para o final.) Explicar a preferência pela democracia, portanto, é explicar por que esse tipo de regime é o mais estável entre as alternativas imagináveis: "a democracia tornou-se, gradualmente, idêntica ao bom Estado, na medida em que provou ser o mais estável regime, o sistema que de modo mais firme assegura a estabilidade política ou a ordem social".[6] Contudo, quem prefere ou quer algo, o quer por um motivo racional. Deixando de lado a hipótese de um desejo inconsciente, explicar uma preferência é identificar aquele motivo racional, o qual daria a razão de um querer consciente. Mas ninguém pode querer algo racionalmente que atente contra os próprios interesses, sejam quais forem. Identificar um motivo racional é identificar a razão para uma determinada escolha que, se não promove positivamente tais interesses, pelo menos não os fere. Aqui, porém, não se trata de um querer individual, mas coletivo. Qual? Uma alternativa seria tomar o querer de uma coletividade inteira, como se fosse um monobloco sem fissuras. Outra, mais realista, seria diferenciar essa coletividade em camadas ou classes fundamentais, cada qual com interesses próprios e potencialmente conflitantes entre si, porém não irreconciliáveis.[7] Essa é a opção de Bresser-Pereira.

Diga-se de passagem, não é por acaso que o artigo dialoga tão estreitamente com um estudo bastante conhecido de Adam Przeworski.[8] Este autor providenciou uma explicação para a convergência entre o capitalismo e a democracia na Europa ocidental, no século XX, pressupondo a noção de escolha racional dos principais agentes coletivos (trabalhadores e capitalistas). Bresser-Pereira insiste, contudo, que essa hipótese só pode ser tomada

---

[6] Bresser-Pereira, 2002:7.

[7] Se fossem irreconciliáveis, a própria democracia seria objeto de disputa, e não de consenso, pois necessariamente promoveria o interesse de alguns *em detrimento* de outros. Se todos tivessem consciência disso (excluídas as hipóteses de engodo e lavagem cerebral dos governados), o problema da estabilidade do regime reapareceria. Nesse caso, a pergunta que é o ponto de partida da análise – por que todos passaram a preferir a democracia, por que se tornou um consenso? – não teria sentido. Só o tem porque o conflito de interesses não é intrinsecamente um jogo de soma zero.

[8] Przeworski, 1985.

em retrospecto, uma vez que se entenda claramente qual o processo histórico mais profundo em curso, que teria estabelecido as condições e o quadro amplo dos interesses em jogo. Ocorre que a própria democracia não é, evidentemente, um "querer" fixo das classes em conflito. Desde um passado longínquo, e até não muito tempo atrás, havia pouquíssimo consenso a respeito da desejabilidade desse tipo de regime. Nesse ínterim, deve ter ocorrido uma mudança histórica fundamental que veio a alterar a percepção dos agentes coletivos quanto a seus próprios interesses.

A polarização entre ricos e pobres sempre existiu, é verdade, mas ricos e pobres não são invariavelmente da mesma espécie, seus interesses respectivos mudam, assim como o modo de promovê-los. Daí que a questão seja "por que a democracia *se tornou* o regime preferido...". No fundo, ela pede explicação para uma mudança de preferência:

> Embora interesses racionais sejam essenciais para o argumento, eu não uso um método de escolha racional puro porque é impossível deduzir logicamente o recente predomínio da democracia. Isso é um fato histórico que requer um método histórico. Essencialmente, exige considerar, além dos interesses, os novos fatos históricos que os modificaram, tornando a democracia possível.[9]

Esses novos fatos estão condensados no termo "revolução capitalista". O termo indica um ciclo econômico-social que culmina numa economia de mercado razoavelmente bem estabelecida. Mas que diferença isso faz, no âmbito político? A diferença está no papel do Estado na apropriação do excedente econômico. Em "tempos pré-capitalistas, a apropriação do excedente dependia diretamente do poder político, porque tal apropriação era em alto grau o resultado da ameaça e do uso da violência".[10] Riqueza e prestígio eram função de uma imediata utilização do aparato coercitivo do Estado. Quem detinha o último, detinha os primeiros. Para obter tais recursos, as classes dirigentes poderiam empregar o aparato para fazer a guerra contra outras comunidades

---

[9] Bresser-Pereira, 2002:2.

[10] Ibid., p. 11.

políticas, garantindo o espólio – terras, escravos etc. – em caso de vitória; ou, internamente, para coagir camadas subalternas, produtoras de excedente. Democracias seriam, assim, regimes pouco consistentes com essa dinâmica de reprodução das classes dirigentes. Por ser o controle estrito do poder político tão essencial para tal reprodução, os regimes mais adequados aos seus interesses só podiam ser os de tipo fechado, autoritário.

As camadas espoliadas poderiam conseguir, e eventualmente conseguiam, reverter o jogo e impor um tipo de regime no qual sua participação nas decisões fosse significativa, ou até bem elevada. Embora essas experiências mantivessem o instituto da escravidão e não permitissem nenhuma participação de mulheres, e embora não tivessem criado as mesmas instituições que a poliarquia definida por Dahl, eram de qualquer modo regimes de intervenção de pequenos proprietários, artesãos e pobres na arena política. Por isso chamavam-se "democracias". Mas eram democracias assembleístas, o que talvez provocasse um acirramento ainda maior dos conflitos. O conflito intensificado levava a uma fatal instabilidade: "o novo regime era logo eliminado, dados os enormes interesses envolvidos no poder político".[11]

Essa situação deve mudar "dramaticamente", supõe o autor, quando uma sociedade realiza sua revolução capitalista e completa a transição para a economia de mercado. Com isso, a dinâmica de apropriação do excedente sofre uma profunda alteração. O mercado torna-se um distribuidor anônimo da riqueza, na forma de lucros e salários. Paralelamente, "o Estado deixa de ser crucial para a aquisição de riqueza. Ele continua relevante, mas não mais uma condição para a existência da elite econômica".[12] Com isso,

---

[11] Um leitor mais atento poderia objetar que a experiência democrática exemplar da Antiguidade, Atenas, não foi assim tão instável. Da reforma de Clístenes à conquista de Filipe, da Macedônia, transcorreram mais de 150 anos, o que é uma incrível realização, dado o contexto. Mas esse fato não precisa escapar das suposições de Bresser-Pereira, se pensarmos que Atenas compensou sua generosidade política para com os grupos subalternos com um empreendimento bem-sucedido de expansão imperial, drenando recursos de cidades gregas satélites. A política externa garantiu uma aliança, internamente, entre ricos e pobres, o que trouxe relativa estabilidade, pelo menos enquanto o domínio imperial pôde ser mantido.

[12] Alguns parágrafos depois, o autor parece corrigir esse exagero, afirmando: "O controle do Estado naturalmente permaneceu um objetivo político central para os grupos dominantes por duas razões: porque continuou a ter um papel importante na distribuição da renda; e por causa de seu papel central de assegurar a ordem pública" (Bresser-Pereira, 2002:12). Adiante, mais comentários sobre esse ponto.

"a nova classe capitalista pode fazer o que as classes dominantes prévias não podiam: ser indulgentes com a democracia", ou, melhor ainda, não fazer mais tanta questão de "conservar regimes autoritários".[13] Dessa configuração até o estabelecimento das poliarquias, porém, um caminho sinuoso ainda teria de ser percorrido: de regimes "autoritários" para "liberais", e desses para "democráticos". E esse caminho "não pode ser explicado apenas pela mudança econômica", alerta-nos o autor. Mas o que faltava?

Faltava a confiança, por parte dos capitalistas, de que as camadas trabalhadoras e pobres não almejariam o coração do sistema econômico, ao participar das decisões políticas. Enquanto a democracia fosse percebida como a ante-sala do socialismo, isto é, uma alternativa anticapitalista, como pensavam muitos liberais, conservadores, socialistas e boa parte da opinião pública do século XIX, o caminho para a primeira permaneceria obstruído. Daí a resistência inicial à extensão do sufrágio. Tão logo, porém, se percebeu que não havia uma relação de causa-efeito entre a democracia e a destruição do capitalismo, o que "por longo tempo não era auto-evidente", os obstáculos à abertura da arena política para o conjunto dos governados passaram a ser erguidos. Isso significa que uma dupla mudança de expectativas deve ter ocorrido entre os protagonistas do sistema econômico: por parte dos capitalistas, de que a democracia poderia, ainda que com custos, ser uma boa opção para a satisfação de seus próprios interesses; por parte dos trabalhadores, de que o capitalismo, mergulhado em ambiente democrático, poderia ser uma boa opção, pelo menos melhor que a penosa tentativa de construção de uma alternativa anticapitalista, para o progresso de suas condições de vida. Uma vez que a democracia se torna a escolha racional de ambos os lados, não só a aceitação, mas um amplo e contínuo apoio ao novo regime político estará criado. E a estabilidade assim alcançada acaba sendo um motivo adicional para sustentá-lo.

Em resumo, a democracia moderna (poliarquia) é um compromisso de classe. Ela não é pura e simplesmente o "governo dos pobres", como dizia

---

[13] Bresser-Pereira, 2002:11.

Aristóteles, nem uma variante sutil do "governo dos ricos", como vê uma parte da esquerda contemporânea. Fosse assim, ela não tenderia a produzir estabilidade; e, sem estabilidade, não seria o "regime preferido" do século XX. Da Antiguidade para os dias de hoje, esse compromisso tornou-se possível porque, primeiro, mudou a natureza das classes em luta e seus modos de atuar politicamente. Segundo, porque o capitalismo é um sistema econômico que, embora necessariamente beneficie mais os que detêm capital, não deixa de beneficiar os detentores da força de trabalho.

Temos dois senões à análise do prof. Bresser-Pereira. O primeiro talvez seja um detalhe, mas vale registrar. É, de novo, o problema da expressão "regime preferido", que, como dissemos antes, recebe um segundo significado no texto comentado, o que deixa um mal-entendido. Aparentemente, "preferência" não se refere apenas a agências coletivas – nações, grupos sociais, classes –, mas às idéias dos "filósofos". O mal-entendido é a sugestão de que a teoria causal, que procura explicar fenômenos políticos, possa também explicar os argumentos que os filósofos mobilizam para justificar ou criticar essa ou aquela forma de vida coletiva, esse ou aquele regime político. Afirmamos, no início deste texto, quão desejável seria fazer com que a teoria filosófica e a teoria causal dialogassem mais entre si. Mas não nesse sentido.

Uma coisa é perguntar: "Por que a democracia se tornou o regime político predominante...?" Faz sentido reconstruir, com essa pergunta, as possíveis preferências das agências coletivas mais relevantes numa comunidade, as quais, ao liberar forças sociais poderosas, quiçá irresistíveis, pressionam o acontecer histórico para essa ou aquela direção. Mas outra coisa, bem diferente, é perguntar: "Por que antes, desde os gregos, os filósofos preferiram alguma forma de monarquia ou aristocracia à democracia?"[14] É diferente porque explicar preferências coletivas não é o mesmo que dar conta

---

[14] Bresser-Pereira, 2002:1.

dos argumentos que certos indivíduos (filósofos) se fazem para dar sentido moral-normativo aos acontecimentos do mundo, inclusive, eventualmente, àquelas preferências. Só há um modo de abarcar esses argumentos: compreendendo-os em si mesmos. Se os filósofos acreditam de fato no que escrevem, entender suas "preferências" é simplesmente entender o que eles dizem. Nenhuma teoria causal poderá substituir essa abordagem.

Ademais, os "filósofos gregos", os "filósofos liberais", ou qualquer outra congregação de intelectuais, jamais constituíram um time compacto. Os dois filósofos mais conhecidos da Antiguidade, Platão e Aristóteles, realmente criticaram a democracia ateniense, mas por motivos diferentes entre si, e por certo não pelas mesmas razões que explicariam o comportamento das classes sociais analisadas por Bresser-Pereira. Por outro lado, Platão e Aristóteles não são os únicos indicadores da "preferência" dos filósofos gregos. Não podemos esquecer que Protágoras, Górgias e todos aqueles filósofos que Platão chamava, pejorativamente, de "sofistas" lançaram argumentos muito interessantes em defesa da democracia, embora quase tudo que sabemos deles devamos às versões dos críticos, e não a fontes originais.

Passemos agora ao segundo senão. Dirigimo-lo ao próprio esforço de explicar a decantação dos regimes democráticos no século XX. Se olhamos a paisagem de muito longe, e esquecemos os diversos acidentes de percurso, a teoria parece convincente. Mas se olhamos de perto, e nos fixamos nesses acidentes, somos forçados a parar nos não raros casos de experimentos democráticos que, depois de um certo avanço, entraram em colapso, abrupta ou lentamente. Bresser-Pereira certamente tem uma resposta para eles: seriam países que ainda não teriam "completado sua revolução capitalista". O significado de "completar", porém, é suficientemente vago para trivializar a resposta. A Alemanha da década de 1930 e a Itália da década de 1920 não teriam completado as suas? E o Brasil da década de 1960 e a Argentina dos anos 1970? Como lembra Robert Dahl, "*although democracy has existed only in countries with a market-capitalist economy, market-capitalism has existed in non-democratic countries*".[15]

---

[15] Dahl, 1998:170.

Uma saída para essa questão, apontada pelo próprio autor, seria assinalar a plenitude da revolução capitalista com uma marca claramente política. Isto é, a economia de mercado atinge plena maturidade quando as camadas que mais se beneficiam desse modo de produção adquirem independência do Estado para a apropriação do excedente. Classes capitalistas que necessitam crucialmente do aparato estatal para esse propósito não se disporiam a "largar o osso". Camadas subalternas que ingressassem na arena política através da democracia gerariam ansiedades tão fortes nas camadas superiores que dependessem do Estado para se reproduzir economicamente, que o resultado seria a sabotagem sistemática do novo regime. Logo, instabilidade e, eventualmente, colapso. O indicador principal da maturidade do capitalismo seria, portanto, mais sociológico do que econômico: não o grau de industrialização ou urbanização, ou o PIB *per capita*, ou o número de televisores nas residências etc., mas o quanto os capitalistas são capazes de se arranjar por si mesmos. Como não era esse o caso das burguesias da América Latina, Europa central e Ásia oriental, sua persistência no autoritarismo, mesmo no século XX, não é de surpreender.

Mas aqui nos enredamos no problema da relação entre capitalistas e Estado. Seria exato dizer que essa classe, em plena maturidade, "não depende do Estado para existir"? Como registramos em nota anterior, Bresser-Pereira parece titubear nessa afirmação. Pois também diz, no mesmo texto, que o controle do Estado por parte dessa mesma classe continua a ser um "objetivo central", desde que a manutenção da ordem pública e, posteriormente, a distribuição de renda são atribuições do Estado. Como os capitalistas poderiam almejar controlar o Estado e, ao mesmo tempo, não depender dele? Há algo obscuro nesse ponto.

A rigor, todos os indivíduos, grupos e classes dependem de um poder político comum para existir e coexistir. Isso é uma unanimidade da teoria política, de hobbesianos a marxistas. A questão mais controversa diz respeito exatamente à forma da dependência e ao controle. Quem exerce o controle imediato e direto do Estado, como os nobres-guerreiros lembrados por Bresser-Pereira, depende dele de um modo diferente dos que o fazem indiretamente. Por uma série de razões – e uma delas talvez seja a razão econômica apontada pelo autor –, os capitalistas tendem a uma influência indireta nas decisões políticas, o que não deixa de ser uma forma de controle. "Indireta" significa que entre a política propriamente dita e a economia capitalista há um espaço de mediação, que tem de ser ocupado por agentes que se especializam nessa atividade, e acabam constituindo camadas sociais à parte: burocratas, políticos profissionais, exército profissional etc. É por aí que se insinua a representação política moderna. A luta pela democratização do Estado – para transformá-lo numa poliarquia – foi um embate para saturar essa representação de conteúdo popular, já que em seus primórdios o instituto da representação foi um clube fechado, restrito aos aristocratas e à alta burguesia. E quanto mais saturada a representação, mais indeterminado é o controle do Estado.

Isso quer dizer que, com o capitalismo, a política está fadada à democracia? Certamente, não. Há muitas maneiras de se ocupar o espaço de mediação. Pode ser pela saturação, como sugerido anteriormente, o que exige eleições freqüentes e limpas, liberdade de expressão, autonomização da sociedade civil e assim por diante. Mas também pode ser pela monopolização do espaço, através do fechamento do clube por um grupo especial de mediadores, que venha a reivindicar a tutela de toda a sociedade, inclusive dos capitalistas. Em outras palavras, o moderno distanciamento entre poder político e poder econômico é uma faca de dois gumes: tanto pode abrir-se para a poliarquia quanto pode gerar novos tipos de regimes autoritários, que vão desde o bonapartismo caracterizado por Marx até as formas "burocrático-autoritárias", latino-americanas, estudadas por Guillermo O'Donnell.[16]

De qualquer maneira, a idéia de que as democracias poliárquicas, a bem de sua estabilidade, têm de ser compromissos de classe, parece-nos um bom ponto de partida. Entretanto, "classe", embora permaneça relevante, parece-nos um conceito excessivamente econômico para sintetizar os modos com que as sociedades se estruturam contemporaneamente. O sucesso

---

[16] O'Donnell, 1990.

ou o fracasso da poliarquia depende de um compromisso muito mais amplo, que molde as instituições para absorver não só conflitos econômicos, mas culturais, religiosos, étnicos ou qualquer outro que se torne politicamente relevante.

Referências bibliográficas

BRESSER-PEREIRA, Luiz Carlos. Cidadania e *res publica*: a emergência dos direitos republicanos. *Revista de Filosofia Política – Nova Série*, v. 1, 1997.

_____. After elites, civil society's democracy in Brazil. 2000. ms.

_____. Sociedade civil: sua democratização para a reforma do Estado. In: _____; WILHEIM, Jorge; SOLA, Lourdes (Orgs.). *Sociedade e Estado em transformação*. São Paulo: Unesp/Enap/Imprensa Oficial SP, 2001.

_____. Why did democracy became the preferred form of government only in the twentieth century? In: ENCONTRO DA ABCP, 3., Anais... Niterói, 2002. Disponível em: <www.cienciapolitica.org.br>.

DAHL, R. *On democracy*. New Haven: Yale University Press, 1998.

HUNTINGTON, S. *The third wave: democratization in the late twentieth century*. Norman: University of Oklahoma Press, 1991.

O'DONNELL, G. *Análise do autoritarismo burocrático*. Rio de Janeiro: Paz e Terra, 1990.

PRZEWORSKI, A. *Capitalism and social democracy*. Cambridge: Cambridge University Press, 1985.

Os socialismos de Bobbio e Bresser-Pereira

PAULO VANNUCHI

Em outubro de 1994, pouco antes de assumir o Ministério da Administração e Reforma do Estado, no primeiro mandato de Fernando Henrique Cardoso, Luiz Carlos Bresser-Pereira ingressou no reduzido círculo de intelectuais brasileiros que tiveram a chance de manter contato pessoal e direto com Norberto Bobbio.

Na visita que fez ao apartamento do pensador italiano, em Turim, Bresser colheu uma entrevista, publicada no caderno Mais!, da *Folha de S. Paulo*, onde a face jornalista do visitante brasileiro não conseguiu manter o distanciamento crítico que os manuais de redação recomendam. Salta à vista a admiração presente em cada pergunta, a ansiedade na busca de respostas que confirmem identidade de opiniões. Deslizes de um fã confesso.

Não que o entrevistador fosse neófito em jornalismo. Aos 16 anos, por volta de 1950, já tinha iniciado uma carreira de sete anos nessa profissão, em *O Tempo*, dirigido por seu pai, advogado e deputado estadual pelo PTB de São Paulo. O jornal pertencia a um expoente do getulismo petebista, Hugo Borghi, e tinha como secretário de redação Hermínio Sacchetta, militante comunista que foi vulgarmente caluniado pelo Jorge Amado da fase stalinista, na trilogia *Subterrâneos da liberdade*. Sacchetta despertou em Bresser o interesse pelo marxismo, mantido pelo resto da vida, mesmo durante as fases em que desempenhou atividades empresariais ou políticas muito afastadas do território conceitual dessa corrente de pensamento.

Na entrevista com Bobbio, a isenção jornalística sucumbiu diante da atração intelectual que Bresser reconheceu desde a primeira vez em que entrou em contato com o pensamento do mestre piemontês, ainda nos anos 1970.

Nosso ex-ministro da Fazenda obteve de Bobbio, nesse encontro, como verdadeiro gol de placa, uma raríssima afirmação entre suas milhares de páginas, produzidas em quase 70 anos de consistente elaboração teórica, aceitando uma plena equivalência entre o social-liberalismo de sua busca obstinada e a socialdemocracia que Bresser postula como afiliação político-ideológica: "Eu creio que a diferença não existe".

Levou também um gol contra quando buscou a concordância do entrevistado com a crítica de populismo que o partido socialdemocrata de Bresser costuma endereçar, no Brasil, às alternativas posicionadas à sua esquerda. Norberto Bobbio reagiu: "Hoje existe uma tal admiração pela economia de mercado, que qualquer um que diga *devemos também pensar nas classes inferiores* é chamado, de modo depreciativo, de populista".

No conjunto, entretanto, a entrevista flui como um bate-papo repleto de afinidades. Depois de ouvir Bobbio declarar-se sincretista e apresentar-se como "intelectual mediador", o visitante brasileiro se concentra em perguntas que estabelecem nexos entre liberalismo e socialismo. Recebe a confirmação de que é possível um compromisso, não uma síntese, entre os dois campos teóricos que se digladiaram tão ferozmente ao longo de quase 200 anos.

Não seria fácil, nem muito inteligente, traçar um amplo paralelo entre trajetórias tão distintas como as de Bobbio e Bresser-Pereira. Um quarto de século os separa na idade, além do imenso oceano que afasta o Novo Mundo do Velho. A vastidão e a densidade da obra teórica do cientista político italiano fazem parecer covardia uma comparação com outros grandes nomes da universidade européia ou norte-americana. Seu engajamento direto na Resistência italiana contra o nazifascismo, com tudo o que essa experiência e os meses de cárcere promoveram em sua forma de interpretar o mundo, não tem equivalente na biografia do economista brasileiro. No mesmo sentido de diferenciação operam alguns predicados biográficos deste último, como a larga vivência empresarial e os vários postos de comando político ocupados, sem correspondentes no currículo de Bobbio.

Também não seria exato falar em "discipulato". Na diversificada produção intelectual de Bresser-Pereira, a freqüência de citações do filósofo italiano não tipifica, nem de longe, uma condição de seguidor. Mas existem pontos evidentes de contato e identidade, para além do tema deste texto, que é o empenho comum a ambos em promover algum diálogo, ou desbloqueio, entre noções que são angulares no socialismo e no liberalismo. O exercício da mediação intelectual e o sincretismo parecem estar entre esses muitos pontos de convergência.

Foi uma inserção mediadora o que Bobbio buscou em toda a sua vida, desde o ingresso na luta antifascista, em 1935, que lhe permitiu conviver ombro a ombro com os comunistas, reconhecer seu papel decisivo na Resistência e admirar seus elevados dotes éticos, sem contudo abrandar a crítica à ausência de liberdade no socialismo real sob Stalin. Mediador foi o papel desempenhado por Bobbio no imediato pós-guerra, através da Sociedade Européia de Cultura, fundada em 1950 para romper a muralha ideológica que a Guerra Fria ergueu no continente. Nesse novo engajamento, chegou a fazer parte de uma delegação italiana que visitou a China de Mao em 1955, sob ataques da direita conservadora democrata cristã.

Mediadora foi, enfim, a permanente e respeitosa interlocução de Norberto Bobbio com os teóricos do Partido Comunista Italiano, a quem dirigiu agudas interpelações, envolvendo a tensão entre democracia e socialismo no pensamento marxista – mais precisamente, entre socialismo e os direitos de liberdade –, através de uma honesta e qualificada polêmica, que gerou pelo menos dois livros: *Política e cultura*, de 1955, e *Qual socialismo?*, de 1976.

A bobbiana confissão de sincretismo e ecletismo, capaz de gerar urticárias em determinado tipo de mentalidade acadêmica, deitava alicerces em duas das noções mais centrais na construção liberal: o pluralismo e a tolerância. Em *A era dos direitos*,[1] Bobbio escreve que a tolerância não é apenas um método de convivência, nem apenas dever moral, mas uma atitude decorrente da natureza multidimensional da verdade. O ecletismo é associado à filosofia do "justo meio" e exemplificado com o liberal-socialismo, assim como o sincretismo está presente na aproximação entre cristianismo e marxismo que fundamenta a chamada Teologia da Libertação. Em *Direita e esquerda: razões e significados de uma distinção política*,[2] Bobbio volta ao tema, reafirmando que não tem qualquer dúvida em valorizar a palavra ecletismo, "que significa olhar um problema por todos os lados".

Não é difícil localizar nos escritos de Bresser-Pereira – não em todos – um *ethos* muito semelhante. A panteísta inspiração teórica de Bobbio – que, instado a enumerar 10 autores preferidos, alinhou opostos como Hobbes, Locke, Rousseau, Kant, Hegel, Cattaneo, Pareto, Croce, Weber e Kelsen, hesitando entre incluir ou não na lista o nome de Marx – repete-se de alguma forma no amplo leque de inspiradores teóricos do economista brasileiro.

Quem seriam os 10 preferidos do homenageado deste livro? Como arrolaria ele os nomes de Adam Smith, Ricardo, Marx, Weber, Keynes, Schumpeter, Raul Prebisch, Inácio Rangel, Celso Furtado, Wright Mills, Albert Hirschman e vários outros em seu oratório pessoal? Caberiam ainda na lista nomes de sua juventude, como o do tio Barbosa Lima Sobrinho, de Jacques Maritain e Alceu Amoroso Lima? Os amigos Fernando Henrique Cardoso, Hélio Jaguaribe e Adam Przeworski entrariam no time?

Qualquer que seja a resposta, lendo os textos de Bresser-Pereira fica nítido o persistente propósito de combinar termos aparentemente antitéticos. Quase à exaustão, ele martela a necessidade de conjugar o método históri-

---

[1] Bobbio, 1992.
[2] Bobbio, 1995.

co-indutivo com o lógico-dedutivo, despertando nos fundamentalistas de cada seara a acusação de inconsistência ou superficialidade. Transita sem preconceitos entre fundamentos da economia política e da microeconomia, mesclando-os com impulsos de inovação. Não exclui, de antemão, diagnósticos provenientes de campos tradicionalmente opostos ao de seu próprio enfoque. Suas propostas acerca do Estado brasileiro desagradaram os apóstolos do tardio neoliberalismo caboclo, que rejeitam sua defesa do *welfare state* (este perdulário inveterado), ao mesmo tempo que seu grave diagnóstico a respeito da crise fiscal dos anos 1980 e 90 atraiu acusações de neoliberal, disparadas por amplos segmentos da esquerda, que nosso autor acolhe como agressões.

Em resumo, tanto em Bobbio quanto em Bresser-Pereira é fácil detectar um certo fascínio pelo paradoxo. E nenhum conceito filosófico é mais adequado do que esse para servir de portal a uma reflexão em torno do chamado liberal-socialismo, ou socialismo liberal, conforme se prefira a designação adotada por Guido Calógero e Aldo Capitini, ou a utilizada por Carlo Rosselli, para citar alguns nomes importantes do socialismo italiano nas primeiras décadas do século XX.

Para descrever essa Itália muito peculiar, berço de fórmulas políticas singulares, Perry Anderson criou metáfora preciosa: "buquê de híbridos". Ali o marxismo não havia exibido, até então, a musculatura obtida em países como a França e a Alemanha. Já foi dito que o país não tinha passado ainda por uma experiência liberal marcante, faltando-lhe uma Reforma como a da Alemanha e uma Revolução como a Francesa.

Embora empunhado como bandeira do *Risorgimento* e da revolução liderada por Cavour, Mazzini e Garibaldi em 1848, o liberalismo não havia conseguido suplantar duas grandes forças concorrentes: o conservadorismo do Vaticano, enquistado no coração do território como poderosa força interventora, e o nacionalismo impetuoso que moveu a tarefa histórica de unificação do país, à custa de enfrentamentos armados contra franceses e austríacos. Vale lembrar que uma trágica mistura entre esses dois perigosos componentes políticos se fez presente na fórmula de Mussolini, a partir dos anos 1920. E, tudo bem medido, o *Risorgimento* restou interpretado como uma *rivoluzione mancata* nos textos de Gramsci e da esquerda italiana posterior.

O socialismo marxista, por seu lado, refletindo a pequena densidade industrial do país e o ambiente intelectual de asfixia conservadora, havia chegado com atraso e muito confuso à região. Os primeiros divulgadores dessa corrente política, Achile Loria e Enrico Ferri, apresentavam Marx e Engels como irmãos de Darwin e Spencer, num mesmo agrupamento evolucionista. Esse gritante viés determinista seria corrigido somente a partir de Antonio Labriola (1843-1904), obra em que foi sucedido por Rodolfo Mondolfo (1877-1976), no início do século XX.

Nesse ambiente muito específico, um primeiro registro fundamental na galeria de híbridos paradoxais se vincula ao nome de Piero Gobetti (1901-26). Morto aos 25 anos, em decorrência de brutais espancamentos recebidos de bandidos fascistas enviados a Paris, onde se havia exilado, Gobetti foi um verdadeiro fenômeno intelectual, pelo brilho, pela precocidade, pela rebeldia teórica. Aos 22 anos, fundou uma revista de política e cultura, *La Rivoluzione Liberale*, onde conseguia reunir colaboradores tão opostos como Antonio Gramsci (1891-1937), nome maior do marxismo italiano, e os chamados elitistas Pareto e Mosca, vinculados a um realismo político de cariz direitista. Retribuía a colaboração de Gramsci escrevendo também para *L'Ordine Nuovo*, fundada por ele em 1919, na mesma Turim operária.

Atingindo o máximo de deslocamento à esquerda que se poderia imaginar em um liberal, Gobetti admirava Lênin e chegou a saudar o chefe da Revolução Bolchevique, de forma desconcertante, como "o maior mestre do liberalismo moderno". Alargando uma trilha pouco desbravada que John Stuart Mill (1806-73) havia vislumbrado com certa timidez, Gobetti via o movimento operário socialista como herdeiro natural da função libertária exercida antes pela burguesia, quando de seu enfrentamento com o poder absolutista dos reis, em nome da liberdade, do pluralismo, da representação e dos direitos civis amplamente concebidos.

Também Benedetto Croce (1866-1952) desempenhou um certo papel de mestre, ou referência obrigatória para os discípulos que tentaram validar o experimento histórico liberal-socialista. Em 1900, Croce deu por encerrada a curta etapa marxista de sua vida e passou a firmar-se, gradualmente, como um dos mais importantes expoentes do pensamento liberal que despontaram fora do mundo anglo-saxônico. No transcurso de uma importante polêmica travada com Luigi Einaudi (1874-1961), economista que seria presidente da Itália no pós-guerra, Croce introduziu, em 1928, uma seminal distinção entre *liberalismo* e *liberismo*, considerando o primeiro um ideal ético-político e o segundo, um princípio econômico.

Na argumentação de Croce, não existia plena solidariedade entre liberalismo e capitalismo, ou sistema de livre concorrência. O liberalismo admitiria vários modos de ordenamento da propriedade, ressalvando-se o pacto fundamental de compromisso com o incessante progresso do espírito humano. Em suas palavras, "poder-se-á, com a mais sincera e viva consciência liberal, sustentar providências e ordenamentos que os teóricos de uma abstrata economia classificam como socialistas e, com paradoxo de expressão, falar de socialismo liberal".[3]

Depois da revolução liberal de Piero Gobetti, a fórmula seguinte no buquê de híbridos foi o socialismo liberal, de Carlo Rosselli (1899-1937), intelectual florentino que ensinou na Universidade de Gênova e seria igualmente assassinado na França, junto com o irmão Nello, por "esquadristas" fascistas a mando de Mussolini.

Em seu principal trabalho, *Socialismo liberale*, escrito entre 1928 e 1929, quando confinado pelos fascistas na ilha de Lipari, Rosselli investe com dureza contra o marxismo, a ponto de provocar um juízo fulminante da parte do mitológico dirigente comunista Palmiro Togliatti: *"magro libello antisocialista, e niente piú"*.

Para Carlo Rosselli, o marxismo é determinista ou não é marxismo, leitura refutada expressamente como reducionista por Bresser-Pereira, ao prefaciar uma edição brasileira do livro, em 1997. Algumas das mais im-

---

[3] Ver Rego (2001:80), referência fundamental para conhecer e compreender em profundidade a experiência italiana de aproximação entre liberalismo e socialismo. A professora da Unicamp se propôs a destrinchar esse fenômeno político como fonte de reflexões e construções teóricas que poderiam interessar a uma esquerda democrática no início do século XXI.

portantes previsões de Marx haviam sido derrubadas por um conjunto de mudanças substanciais vividas pelo capitalismo nas últimas décadas, avalia Rosselli, ecoando as formulações de Eduard Bernstein no famoso debate revisionista que sacudira a poderosa socialdemocracia alemã, na virada do século. Ao mesmo tempo, Rosselli retoma a idéia gobettiana de que o movimento operário devia ser visto como único e legítimo herdeiro das tradições liberais. A democracia é valorizada como arcabouço institucional em cujo seio é preciso promover a junção do *método* liberal com o *ideal moral* socialista.

O estatismo da União Soviética é atacado com dureza, oferecendo Rosselli como alternativa uma economia a ser estruturada em dois setores, uma vez que o capitalismo, tecnicizado e racionalizado, já conteria muitos elementos de socialismo em seu interior, permitindo antever a transição gradual e pacífica de um sistema ao outro.

Na lista de 13 pontos programáticos em que resume sua proposta socialista, Carlo Rosselli amarra com vigor, no item 5, o imperativo da conexão indissolúvel entre socialismo e democracia.

O ingresso de Norberto Bobbio nessa arena, por volta de 1935, se dá através de sua vinculação, como simpatizante, a uma célula de Giustizia e Libertá, organização política fundada pelos irmãos Rosselli no exílio francês. Ainda estreante na militância clandestina, acabou sendo detido, por uma semana, quando a rede local de G. L. foi desbaratada pelas autoridades fascistas. No mesmo ano, começou a ensinar na Universidade de Camerino e se aproximou, a partir de 1937, do movimento liberal-socialista que havia nascido na Escola Normal Superior de Pisa, tendo como expoentes Guido Calógero e Aldo Capitini.

No final de 1942, quando Mussolini se reduzia à condição de mero fantoche das forças nazistas, Bobbio torna-se professor titular na Universidade de Pádua e ingressa no clandestino Partido da Ação, fruto da fusão entre liberal-socialistas (Calógero e Capitini) e socialistas liberais (Rosselli), militância que lhe custaria mais alguns meses de prisão.

A anteposição ou posposição entre os dois termos na fórmula política não era uma questão vazia de conteúdo. De modo geral, Calógero concordava com a crítica ao marxismo desenvolvida por Rosselli em *Socialismo liberal*, mas censurou-lhe não ter levado a crítica ao liberalismo igualmente a fundo. Em *Ricordi del movimento liberalsocialista*, Calógero explica:

> preferíamos falar de liberal-socialismo a socialismo-liberal, para sublinhar também nos termos o fato de que a nova síntese representava o reconhecimento da complementaridade indissolúvel dos dois aspectos da mesma idéia. Nem o liberalismo era substantivo, nem o socialismo era adjetivo, mas um substantivo único, designando assim um único conceito.[4]

Não era fácil a tarefa de buscar uma síntese entre liberalismo e socialismo, construções conceituais que, numa visão estritamente política e didaticamente simplificadora, correspondem, a primeira, ao programa político da burguesia revolucionária antifeudal e, a segunda, ao programa político da classe operária em choque contra a burguesia já então conservadora. E não se pode dizer que tal síntese tenha sido alcançada nesse fascinante laboratório italiano.

Do ponto de vista prático, terminada a guerra, o Partido da Ação viu-se espremido entre o vigoroso crescimento dos comunistas, à sua esquerda, e a democracia cristã, entronizada no poder como direita liberal e comprometida até a medula com todos os dogmas da livre empresa capitalista. Definhou eleitoralmente e terminou por se desagregar. Pequenos círculos dirigiram-se ao PCI e a maioria abrigou-se no Partido Socialista, onde Bobbio se alojaria sem grande paixão.

Do ponto de vista teórico, as dificuldades não podem ser consideradas menores. Sendo a conjugação entre liberdade e igualdade e a antinomia entre indivíduo e coletividade dois dos alicerces mais fortes na configuração distintiva dos dois sistemas, como fundir socialismo e liberalismo sem cair numa composição desprovida de caráter? Se, por redução extrema, associarmos o liberalismo às idéias de liberdade e de indivíduo, deixando o socialismo associado às idéias de igualdade e coletividade, como embaralhar

---

[4] Rego, 1999:61.

os componentes da fórmula sem desfigurar, na essência, o projeto histórico socialista, ou as exigências centrais da construção liberal?

Tudo somado, a verdade é que Norberto Bobbio não levou até o fim o projeto de síntese e contornou esse impasse teórico através de um expediente engenhoso e atraente. Atribuiu valorização superior à democracia, vendo-a como o vértice mais importante de um triângulo que se pode desenhar com o socialismo e o liberalismo, e traduzindo-a simultaneamente como conjunto de regras do jogo institucional e como valor ético. Em outras palavras, uma soma indissolúvel entre componentes substantivos (os fundamentos econômicos e sociais da pretendida igualdade democrática) e procedimentais (a importância crucial das instituições políticas que caracterizam o regime democrático). Em sua leitura, a democracia do século XX já incorporava centralmente todos os pressupostos fundamentais do liberalismo histórico, sendo impossível se falar em uma democracia que não fosse liberal, ao contrário do observado no longo período em que o liberalismo hostilizou a idéia democrática e repeliu as exigências operárias de participação política.

Depois dos anos 1950, Bobbio passou a falar cada vez menos na relação entre liberalismo e socialismo, e se aprofundou na relação entre democracia e socialismo, o que obviamente não é a mesma coisa. Consolidou-se como o teórico por excelência da relação entre socialismo e democracia, mas não formulou soluções para os problemas que equacionou com maestria. Firmou-se, de fato, mais como um rigoroso questionador do que como propositor ou formulador de uma teoria política nova. Perpetrando mais um de seus notáveis paradoxos, nunca perdeu as esperanças e o otimismo quanto a possíveis saídas para o dilema que popularizou internacionalmente, eivado de realismo pessimista: *até hoje, ou democracia sem socialismo, ou socialismo sem democracia.*

Na autobiografia de 1977, recorda uma afirmação sua de quatro anos antes, um tanto desencantada, a respeito dessa tentativa: "Tanto o socialismo liberal quanto o liberal-socialismo foram construções doutrinárias e artificiais feitas no papel, mais verbais que reais". E resume o impasse: "Afirmar teoricamente que liberalismo e socialismo não são incompatíveis nada acrescenta sobre as formas e os modos de sua possível síntese. Mais liberalismo ou mais socialismo? Liberalismo, em que medida? Socialismo, em que medida?"[5]

E não se furta a registrar uma das graves dificuldades da síntese, especialmente a partir das últimas décadas do século XX: "Enquanto a conjugação de liberalismo e socialismo tem permanecido uma sublime veleidade, a crescente identificação do liberalismo com as forças do mercado é uma realidade incontestável."[6]

Retornando, agora, das formulações de Bobbio para as de Luiz Carlos Bresser-Pereira, em vários trabalhos dos anos 1990 o intelectual brasileiro desenvolveu reflexões em torno da possível síntese entre socialismo e liberalismo, aproximando-a, por sua vez, do conteúdo de sua autodefinição política no território da socialdemocracia.

Se o rigor interpretativo prevalece no conjunto da obra, vez por outra despontam textos ou passagens onde o autor adota um discurso livre-ensaísta que o distancia da cautela analítica sempre presente em Bobbio. Num artigo publicado pela primeira vez na revista *Lua Nova* em 1990, o PSDB de sua afiliação política como cidadão é apresentado como um partido de esquerda e moderno, enquanto o PT fica dissolvido na "velha esquerda" que criticou a aliança de Fernando Henrique Cardoso com a "direita moderada" (*sic*) em 1994, sem que sejam apresentados argumentos comprovando a veracidade de ambas as interpretações.

Algo parecido ocorre nas passagens desse mesmo texto, em que Bill Clinton é mencionado como próximo à socialdemocracia ou ao social-liberalismo, num alargamento de território que muito provavelmente não obteria concordância entre os social-liberais da primeira geração, como Bobbio ou Carlo Rosselli.[7] Para os dois italianos, o social-liberalismo ou o liberal-

---

[5] Bobbio, 1998:42.

[6] Apud Anderson, 1996:65.

[7] Eis a passagem na íntegra: "Na verdade, embora os Estados Unidos não tenham partido político socialdemocrático, a modernidade de Clinton é socialdemocrata ou, mais precisamente, social-liberal. Clinton e seus partidários são tão comprometidos com o mercado quanto com o bem-estar social. Contam com o mercado, mas também com o Estado, para coordenar a economia. Sabem que uma verdadeira democracia requer a defesa não apenas dos direitos políticos, mas também dos direitos sociais" (Bresser-Pereira, 1996:163).

socialismo sempre representaram uma alternativa socialista e, portanto, anticapitalista. Tipificar Clinton como próximo de alguma variante socialista seria algo próximo de um disparate, a menos que o socialismo fosse concebido tão amplamente – e talvez seja essa a posição de Bresser-Pereira – que perderia seu caráter essencial de alternativa histórica ao capitalismo.

O problema dessa simplificação, que reaparece em outro texto,[8] não está apenas em esticar o conceito de social-liberal até o ponto em que caberia nele o líder político da potência que é a própria imagem do capitalismo monopolista alçado ao estágio do fenômeno imperialista, conceituado e problematizado desde os tempos de Hilferding, Rosa de Luxemburgo e Lenin. O problema está em não se gastar uma única linha apresentando justificativas e argumentações para uma classificação tão inesperada e contrária ao senso comum das análises políticas.

É sensato inferir que, nessas passagens, fala o Bresser-Pereira militante político – do PSDB e da chamada Terceira Via, respectivamente. Estaríamos diante daqueles momentos em que as inevitáveis paixões e os legítimos interesses políticos do cidadão ultrapassam as bordas da contenção analítica. Mas, sendo a revista *Lua Nova* um conceituado veículo de debate intelectual e acadêmico, também é muito justa a reivindicação de que nosso autor desenvolvesse um pouco mais sua argumentação, evitando fechar conclusões portadoras de tão fortes implicações, sem oferecer todos os passos constitutivos de seu raciocínio.

O objetivo deste texto, entretanto, não é tecer digressões em torno de polêmicas conjunturais, fugazes e voláteis, que podem ser postas de lado em benefício da focalização de um tema estratégico – a possível composição entre socialismo e liberalismo –, que em qualquer hipótese deveria despertar vivo interesse entre todos os bons socialistas democráticos existentes no PT, no PSDB e em qualquer outro segmento político brasileiro.

Na vasta bibliografia já produzida por Bresser-Pereira, não existe ainda um trabalho que se debruce especificamente sobre o tema do social-libe-

---

[8] Bresser-Pereira, 2000, nota 2.

ralismo, excetuado o referido prefácio ao livro de Rosselli, onde obviamente o seu objetivo é apresentar o socialista italiano, adiantando-se às reflexões contidas na longa introdução escrita por Norberto Bobbio em 1979, texto mantido na edição brasileira do Instituto Teotônio Vilela.

Bresser escreve, nesse prefácio, que "o socialismo não será o resultado do colapso do capitalismo, mas do seu êxito", conclusão a que chega depois de, *à la* Rosselli, ter demarcado campos com o marxismo tradicional e resgatado a célebre fórmula de T. H. Marshall sobre a evolução histórica dos direitos de cidadania:

> O socialismo marxista se opôs ao liberalismo burguês e propôs não apenas a revolução armada, mas a estatização dos meios de produção. Nada podia ser mais antiliberal. Entretanto, no momento em que vemos, seguindo Marshall, os direitos civis sendo definidos pelos liberais no século dezoito, os direitos políticos pelos democratas, no século dezenove, e os direitos sociais pelos socialistas, no século vinte, torna-se claro que não há oposição mas complementaridade entre liberalismo, democracia e socialismo. Liberdade, participação política e igualdade podem em certos momentos entrar em contradição, exigirem compromissos, trade-offs, mas a lógica que une essas idéias é antes complementar do que conflitante.[9]

Nos demais textos, Bresser não aborda o nexo entre socialismo e liberalismo como um tema em si, enfocando os pressupostos e fundamentos de ambos os sistemas, suas possíveis convergências e suas marcantes colisões. O mais freqüente é que o assunto percorra suas análises através de duas vias distintas: quando trabalha a caracterização e evolução histórica do Estado, e quando busca definir o que seria uma esquerda moderna nos dias de hoje. E falar em "esquerda" é discorrer sobre um campo muito mais amplo e heterogêneo do que quando se trata de discutir socialismo e socialistas.

Ao abordar a crise fiscal do Estado, numa trilha aberta em 1973 por James O'Connor, nosso autor se manifesta enfaticamente contrário ao

---

[9] Rosselli, 1997:X-XI.

dogmatismo ultraliberal que personifica o chamado neoliberalismo, mas condena também o atraso da esquerda em reconhecer a fragilidade inerente a qualquer Estado que se torne refém do gigantismo e de um endividamento descontrolado. O Estado atual, para ser eficiente e forte, não pode admitir o sobrepeso atingido no estatismo da experiência comunista e nem mesmo o observado na história da socialdemocracia européia no poder.

Esse *approach* atravessa vários capítulos de *Crise econômica e reforma do Estado no Brasil*, onde estabelece como objetivo "obter um Estado social-liberal menor, porém mais forte e flexível, um Estado que se pareça mais com um tigre jovem e ágil do que com um elefante velho e balofo".[10] Seis anos depois, em um de seus trabalhos mais recentes, o Estado social-liberal aparece não apenas como objetivo, mas como algo que já se vem impondo historicamente na virada do século XXI, depois da fragilização da experiência histórica socialdemocrata e do fracasso da ofensiva ultraliberal do último quarto de século, travestida de neoliberalismo.

Nesse texto inédito, ainda em inglês sob o título *Democracy and public management reform*, Bresser arremata e dá polimento a uma reflexão desenvolvida em vários trabalhos anteriores sobre a evolução do Estado, onde ordena e conceitua a transição do Estado liberal para o Estado social (ou socialdemocrata), e considera que nas últimas décadas vem emergindo, como passo seguinte, o Estado republicano, correspondente a um novo ciclo de valorização do espaço público, em resposta à privatização do Estado que marcou a agonizante onda neoliberal.

Por que esse Estado deve ser chamado social-liberal, além de democrático, pergunta e responde Bresser: é social porque comprometido com os direitos sociais; é liberal porque crê nos mercados e na competição mais do que o fez o Estado socialdemocrata; é republicano porque mobiliza as virtudes cívicas de seus cidadãos para evitar sua captura pelos interesses privados.[11]

---

[10] Bresser-Pereira, 1996:22.

[11] Bresser-Pereira, 2004:3, 45, 46, 162, 163 e 164.

Quando utiliza a via da reflexão sobre o que é uma esquerda moderna, para enfocar o social-liberalismo, Bresser costuma levar em conta as formulações de Bobbio, para quem a esquerda se define por priorizar a luta pela igualdade e pela justiça social. Mas agrega a elas um complemento atraente: é de esquerda quem admite arriscar a ordem na busca da justiça social, enquanto é de direita quem prioriza a ordem em relação à justiça social.[12]

Nessa acepção ampla a respeito da esquerda, é claro que as definições políticas se tornam mais abrangentes, facilitando a construção de tópicos do compromisso pretendido. Mas não de maneira totalmente convincente. O propósito trilhado é meritório. Bresser costura em suas proposições *inputs* colhidos de teóricos que nunca foram socialistas, como Michael Walzer, por exemplo, com sua "igualdade social complexa", tecendo uma rica e eclética composição que aglutina sensibilidades distintas, agrupáveis num vasto campo de forças progressista, de esquerda, democrático, republicano, defensor do Estado social e dos direitos humanos.

Mas cabe muito bem perguntar: onde entra, precisamente, socialismo nisso tudo?

O esforço de alargamento do conteúdo do que seja socialismo, realizado por Bresser-Pereira, não teria ultrapassado os limites da descaracterização completa?

Fique consignado aqui um desafio para sua exuberante elaboração teórica nos próximos anos: o que é, afinal de contas, o socialismo para Bresser-Pereira?

Estudando seus textos, fica clara, claríssima, sua autodefinição política como socialdemocrata, "que se tornou social-liberal republicano na virada do século". Mas fica claro, ao mesmo tempo, que não está presente em suas reflexões a rejeição ao sistema capitalista que caracterizou várias correntes socialistas ao longo da história, inclusive o seu inspirador Carlo Rosselli. Bresser condena injustiças, desigualdades, a pobreza. Não condena o capitalismo como modo de produção nem como formação social.

---

[12] Bresser-Pereira, 1997:2-3.

Já foi citada, aqui, uma passagem em que o socialismo é apontado como fruto do êxito do capitalismo, não de seu colapso ou esgotamento. Haveria nisso uma pretensão de compatibilizar termos não compatíveis? Num de seus textos livre-ensaístas, essa mesma tônica é retomada: "Na verdade, direitos individuais e direitos sociais, liberalismo e intervencionismo moderados, capitalismo e socialismo democrático são valores e instituições mais complementares do que conflitantes".[13] Sempre que descreve a sua nova esquerda, Bresser reitera a valorização do mercado como principal força indutora do crescimento econômico, embora não possa ser liberado de todos os controles, como pretendem os neo ou ultraliberais.

Mas parece seguro afirmar que seus textos não elucidam, de fato, o que é socialismo para ele. Deixa claro o que o socialismo não pode ser: estatismo, dirigismo burocrático centralizado, eliminação da propriedade privada. Também fica mais ou menos claro que Bresser gosta de reafirmar, de alguma forma, um posicionamento favorável ao socialismo. Assim, no referido artigo de *Lua Nova*, de 1990, reitera que "é essencial ter um socialismo democrático no horizonte", mas opina no sentido de que não existe alternativa ao capitalismo hoje, cabendo à nova esquerda a tarefa de administrar o capitalismo de forma mais competente e justa do que fazem os conservadores.[14]

Num trabalho de 1996, encontramos novamente a idéia de complementaridade entre capitalismo e socialismo:

> Os socialdemocratas modernos, que estou identificando com a esquerda moderna, aproximam-se cada vez mais de uma perspectiva social-liberal e mesmo de uma visão liberal-democrática, na medida em que privilegiam a alocação de recursos por meio do mercado, estimulam o individualismo – entendido como consistente com os direitos sociais – e vêem uma clara separação entre a sociedade civil e o Estado como essencial à democracia. Mas, em contraste com os conservadores, inclusive os liberal-democratas, os socialdemocratas e também os social-liberais são mais com-

---

[13] Bresser-Pereira, 1997:11.

[14] Bresser-Pereira, 1996:156 e 162.

prometidos com a eqüidade e têm como utopia pessoal algo como um socialismo democrático ou como um mercado relativamente autocontrolado, em que o terceiro setor das organizações públicas não-estatais é cada vez mais significativo. Nesse quadro, o capitalismo, apesar de todas suas deficiências, pode ser a forma mais eficiente de atingir essa utopia, embora com ela não deva ser confundido.[15]

Entonação semelhante está presente em "A nova esquerda: uma visão a partir do sul", onde esboça muito vagamente algumas idéias sobre o que seria o seu socialismo:

> A Nova Esquerda mudou ao longo dos anos. Agora, a Nova Esquerda que emergiu da crise do Estado e do colapso da União Soviética de 1989, e que ganhou eleições, ainda visa ao socialismo, mas freqüentemente evita a palavra, dada a sua conotação estatista. O socialismo democrático segue sendo um objetivo, mas o socialismo é definido em novos termos, enfatizando seu caráter radicalmente democrático. O socialismo será consistente com um sistema econômico de mercado coordenado, onde prevalece um sistema democrático, uma vez que somente através da igualdade política será possível alcançar ampla igualdade de oportunidade e a proteção aos incapazes de competir no mercado – as duas características que distinguem o socialismo. É por isso que, seguindo Carlo Rosselli e Bobbio, tenho identificado a Nova Esquerda e a nova socialdemocracia com o liberal-socialismo ou o social-liberalismo. A Nova Esquerda parte do pressuposto de que a economia de mercado não será, necessariamente, uma economia capitalista. O capitalismo já mudou imensamente e continuará a mudar. Assim, alguma forma de socialismo democrático poderá materializar-se no futuro.[16]

Em síntese, encontramos em Bresser-Pereira esparsas e genéricas formulações a respeito do que seria um socialismo viável no século que se

---

[15] Bresser-Pereira, 1996:197.
[16] Bresser-Pereira, 2000:12-13.

inicia. Os termos e argumentos com que são construídas podem suscitar reações muito distintas. É certo que, dos redutos marxistas ainda presos às matrizes dogmáticas prevalecentes durante o século XX, surgirão respostas ásperas. Mais simpatias elas podem encontrar entre aqueles que levam a fundo as lições de humildade emanadas das "duras réplicas da história", que Bobbio gostava de exibir a seus interlocutores marxistas, fazendo o balanço da experiência comunista. Estes reconhecem que o socialismo não pode ser pensado mais a partir de um caminho único e de uma única matriz filosófica, como ponderou Rosselli.

Este segundo grupo tende a considerar válida, embora insuficiente, a tática utilizada pelos fabianos ingleses na virada dos séculos XIX e XX, de levar "dois ou três grãos de socialismo" (Bernard Shaw) a quantos destinatários se possa imaginar. Nessa perspectiva, o esforço recente de Luiz Carlos Bresser-Pereira em favor da síntese liberalismo-socialismo deve ser saudado com entusiasmo. Mas cabe ponderar que o seu grau de crítica ao capitalismo não pode ser comparado ao de seu inspirador Rosselli, e reafirmar que a consistência teórica de seu projeto ainda depende fortemente de que nos apresente – aos seus alunos, leitores e amigos – uma reflexão mais fundamentada e extensa sobre o que entende por socialismo hoje.

Referências bibliográficas

ANDERSON, Perry. *Zona de compromisso*. São Paulo: Unesp, 1996.

BOBBIO, Norberto. *A era dos direitos*. 8. ed. Rio de Janeiro: Campus, 1992.

_____. *Direita e esquerda: razões e significados de uma distinção política*. 2. reimp. São Paulo: Unesp, 1995.

_____. *Diário de um século: autobiografia*. Rio de Janeiro: Campus, 1998.

BRESSER-PEREIRA, Luiz Carlos. Bobbio defende "compromisso" entre liberalismo e socialismo. *Folha de S. Paulo*, 5 dez. 1994. Caderno Mais!

_____. *Crise econômica e reforma do Estado no Brasil*. São Paulo: Editora 34, 1996.

_____. Por um partido democrático, de esquerda e contemporâneo. *Lua Nova*, n. 39, 1997.

_____. A nova esquerda: uma visão a partir do sul. *Revista de Filosofia Política*, Nova Série, v. 6, 2000.

_____. Democracy and public management reform. Oxford: Oxford University Press, 2004.

MERQUIOR, José Guilherme. *O liberalismo: antigo e moderno*. Rio de Janeiro: Nova Fronteira, 1991.

REGO, Walquíria G. Domingues Leão. *Paixões civis e intelectuais empenhados*. Tese (Livre-Docência) — Campinas, Unicamp, 1999.

_____. *Em busca do socialismo democrático*. Campinas: Unicamp, 2001.

ROSSELLI, Carlo. *Socialismo liberal*. Brasília/Rio de Janeiro: Instituto Teotônio Vilela/Zahar, 1997.

VANNUCHI, Paulo. *Democracia, liberalismo, socialismo e a contribuição de Norberto Bobbio*. Dissertação (Mestrado) — São Paulo, USP, Departamento de Ciência Política, 2001.

Reforma da gestão pública de 1995-98

REGINA SILVIA PACHECO

Bresser-Pereira é talvez um dos poucos intelectuais brasileiros que deu continuidade à nossa tradição de *intelligentsia*, mesmo quando esta entra em crise a partir dos anos 1980.[1] Seu compromisso sempre renovado de formular propostas para o Brasil, em vários campos – economia, sociedade, instituições, democracia –, levou-o a desbravar uma área árida nos anos 1990: a reforma da gestão pública. Como ministro da Administração Federal e Reforma do Estado, no primeiro mandato do presidente Fernando Henrique Cardoso (1995-98), concebeu e debateu incansavelmente propostas para o fortalecimento do Estado brasileiro. Os ecos de suas propostas, elaboradas para a administração pública federal, chegaram a vários setores, desde municípios brasileiros às mais especializadas esferas internacionais.[2]

---

[1] Luciano Martins identifica uma profunda alteração no padrão de relacionamento entre intelectuais e a política no Brasil, a partir especialmente da crise do Estado-nação, levando à perda da capacidade dos intelectuais de intervir na política (Martins, 2002).

[2] Alguns de seus críticos insistiam na tese de que as propostas Bresser representavam importação de idéias – ou imposição de agenda por organismos internacionais. Ignoraram que o

Neste texto, seguindo orientação dos organizadores, apontaremos sua contribuição intelectual à reforma da gestão pública, buscando analisá-la criticamente. Assim, não abordaremos sua atuação pública como estrategista da reforma, mas concentraremos o foco em suas idéias e concepções para a nova gestão pública.

Uma clara visão retrospectiva

Uma das contribuições de Bresser-Pereira foi ter colocado em perspectiva as duas reformas do Estado no Brasil no século XX: a dos anos 1930 (Dasp) e a dos anos 1960 (Decreto-lei nº 200), além da análise inédita sobre os anos 1980 (Constituição de 1988).[3] Com clareza e perspicácia, criou a periodização definitiva do tema. Até então, a literatura perdia-se em descrições formais excessivamente detalhadas e burocráticas, elencando as sucessivas legislações, sem conseguir extrair uma análise crítica, ou enveredava por visões demasiadamente generalizantes, em geral de cunho ideológico, insistindo na simultaneidade entre reforma e governos autoritários. Fiel ao método histórico-indutivo, Bresser-Pereira organizou os fatos, relacionando-os a diagnósticos, atores e estratégias, e nos ofereceu um panorama abrangente das tentativas de reforma empreendidas.

Apresentou-nos, assim, as iniciativas dos anos 1930 como as primeiras tentativas de criação de uma burocracia nos moldes weberianos – já realizada desde meados do século XIX na Europa ocidental, e desde o início do século XX nos EUA.[4] Articulada às bases do projeto nacional-desenvolvimentista, essa tentativa visava criar um serviço público profissional. Na segunda metade da década de 1960, antecipando-se a tendências que ocorreriam em países

---

movimento se deu na ordem inversa: as propostas Bresser modificaram profundamente a agenda sobre reforma do Estado de instituições como o Banco Interamericano de Desenvolvimento (BID), Centro Latinoamericano de Administración para el Desarrollo (Clad), Division for Public Administration and Development Management (ONU/Undesa/DPADM). Ver Pacheco (1999).

[3] Bresser-Pereira faz referência a duas reformas, a do Dasp e a do Decreto-lei nº 200, considerando a Constituição de 1988 um retrocesso burocrático.

[4] Bresser-Pereira, 1996.

desenvolvidos cerca de 15 anos depois, o Brasil teria empreendido a primeira reforma de cunho gerencial, com o Decreto-lei nº 200, de 1967, que buscava diminuir a rigidez burocrática por meio da expansão da administração indireta, então não submetida aos mesmos procedimentos que a administração direta. E a terceira iniciativa corresponde à Constituição de 1988, no capítulo da administração pública, que buscou estender a todo o setor público controles rígidos e burocráticos, representando assim, na visão de Bresser-Pereira, um retrocesso burocrático, além de um descolamento das condições reais em que operava o Estado, já envolvido, à época, em distintas crises – política, econômica e financeira, fiscal, de legitimidade.[5]

Dois aspectos aqui são especialmente polêmicos: o caráter gerencial da reforma de 1967, e o retrocesso representado pela Constituição de 1988 quanto à administração pública, que discutiremos mais adiante. Quanto à análise do decreto-lei de 1967, as críticas inicialmente formuladas por Bresser-Pereira, atribuindo aos governos militares um caráter oportunista – ao optarem pela via mais curta de contratação de quadros por intermédio de empresas estatais, em vez de organizar e fortalecer carreiras públicas[6] –, foram cedendo lugar, nos artigos seguintes, à ênfase em seus aspectos gerenciais, mediante a autonomia da administração indireta.[7]

Apesar de Bresser ter marcado as diferenças das propostas contidas na reforma gerencial de 1995 em relação ao Decreto-lei nº 200 – sobretudo a contratualização de resultados, que articula autonomia e responsabilização, inexistente na visão de 1967 –, talvez tenha irritado os críticos acostumados à análise ideológica dos governos, especialmente se tratando de governos militares. A visão de Bresser-Pereira sobre o período já havia sido antes exposta, ao prefaciar o livro de Ben Ross Schneider sobre as elites burocráticas brasileiras.[8]

---

[5] Bresser-Pereira, 1996 e 1999.

[6] Bresser-Pereira, 1996.

[7] Bresser-Pereira, 1998a.

[8] Distante da visão puramente ideológica, Bresser-Pereira destacava a importância da alta burocracia estatal, durante o período autoritário, para o sucesso do projeto de industrialização (Bresser-Pereira, 1994).

Ainda assim, a periodização estabelecida por Bresser-Pereira significa um marco para os estudos sobre a organização e funcionamento do Estado brasileiro no século XX. Permite abordar em grandes linhas, numa visão abrangente, as orientações adotadas e os respectivos contextos históricos que lhes deram sustentação.

Coragem intelectual: criticar a Constituição de 1988

Poucos autores teriam tido a coragem intelectual de quebrar a unanimidade em torno da "Constituição cidadã". Bresser-Pereira disseca-a no capítulo da administração pública, mostrando como foi elaborada sobre um diagnóstico equivocado, levando a propostas extemporâneas. O diagnóstico estava apenas parcialmente correto – o retorno da democracia trouxe consigo o retorno de práticas clientelistas e fisiológicas. Mas a conclusão dos constituintes (ou dos "técnicos-políticos" das assessorias partidárias e legislativa) foi equivocada – a de que, ante o retorno do clientelismo, o país necessitava de mais burocracia.

O erro do diagnóstico consistiu em ignorar a grave crise por que passava o Estado brasileiro, e mais especificamente ignorar o esgotamento do padrão intervencionista do Estado, que havia sustentado o crescimento do país nas cinco décadas anteriores. Assim, "a burocracia do Estado, que tivera um papel dominante no regime militar, deveria ter perdido prestígio e influência, mas não foi isso que ocorreu".[9]

Tal coragem intelectual rendeu mal-entendidos e polêmicas. Seus críticos quiseram ver, nas análises de Bresser sobre a Constituição de 1988, uma tentativa de desmonte neoliberal da burocracia profissional; insistiam sobre a grande conquista constitucional da adoção do concurso público como única forma de ingresso no serviço público, e denunciaram as críticas à Constituição como ataques à profissionalização do setor público. Mais uma vez, aqui, as posições ideológicas suplantaram o debate acadê-

---

[9] Bresser-Pereira, 1999:11.

mico. Na verdade, Bresser-Pereira ofereceu uma análise contextualizada do período, mostrando o descompasso entre a crise do Estado e os privilégios concedidos indistintamente a todos que tinham um vínculo de trabalho com a União, exercendo ou não funções típicas de Estado, ingressados ou não por concurso público. Mostrava ainda o desacerto das propostas que, ao enrijecer e burocratizar todo o aparelho de Estado, acabaram contribuindo para agravar a crise por que passavam o Estado e a administração pública.

Além de contextualizar as propostas da Constituinte, Bresser-Pereira inovou no diagnóstico: o setor público brasileiro não sofria apenas das práticas clientelistas e patrimonialistas, mas também de excessiva burocratização. Com esse diagnóstico, Bresser captou um anseio, talvez ainda implícito naquele momento, da sociedade brasileira: o de que a sociedade espera do Estado não apenas probidade, mas também resultados efetivos de sua ação. Em face de tal anseio, o enrijecimento burocrático deveria ser substituído por uma forte orientação para resultados, eficiência e qualidade dos serviços e políticas públicas.

Distinção necessária: reformar o Estado versus reformar o aparelho do Estado

O ministro e intelectual explicou sem cessar a distinção entre Estado e aparelho do Estado. Coerente com as propostas defendidas, de que as organizações públicas devem ser orientadas por sua missão, buscou dar foco à atuação do Ministério da Administração Federal e Reforma do Estado (Mare), ao qual incumbia a reforma do aparelho do Estado, explicitando que a tarefa maior de reformar o Estado cabia ao governo como um todo e a toda a sociedade.

Definiu os conceitos de governabilidade e de governança, explicitando que a reforma do aparelho do Estado tinha o objetivo de reforçar esta última – entendida como a capacidade de o Estado "intervir efetivamente (com meios financeiros e administrativos adequados) sempre que o mercado não tiver condições de coordenar adequadamente a economia".[10] Dialogou com a comunidade acadêmica que insistia em diagnosticar uma crise de governabilidade do Estado brasileiro, fundada em excesso de demandas sociais: Bresser-Pereira considerava os problemas de governabilidade provisoriamente equacionados, propondo articular esforços para equacionar os problemas de governança.

Boa parte do debate que se seguiu, nos meios acadêmicos, insistiu em ignorar esta distinção, ou em não aceitar a definição proposta por Bresser para governança. Assim, vários criticavam a proposta de Bresser pelo que ela não continha – e nem se propunha –, como a necessidade de reforma do sistema político-eleitoral, a reforma do Judiciário, novas relações entre os poderes Executivo e Legislativo, ou a revisão do pacto federativo.

A distinção conceitual e programática realizada por Bresser permitiu abrir a caixa-preta do Estado, para destrinchar as lógicas de funcionamento e organização da máquina pública, muitas vezes ignoradas nas análises estritamente acadêmicas.

Bresser-Pereira ressaltou, em seus textos-depoimentos como reformador, as condições de sucesso da reforma gerencial, entre elas o fato de a reforma proposta ter um desenho claro, nascido de uma avaliação precisa.[11] Enfatizou a estratégia adotada de submeter ao Congresso uma proposta clara, em vez de apenas pedir "um cheque em branco" pela desconstitucionalização dos temas referentes à organização da administração pública. Tão importante talvez tenha sido o foco dado às propostas, em torno da reforma do aparelho do Estado, sem cair no risco de vários países latino-americanos que quiseram abranger, num só movimento, todos os aspectos referentes à reforma mais ampla do Estado e da governabilidade.

Uma visão abrangente da macroestrutura

Abrir a caixa-preta do Estado traz sempre o risco da fragmentação excessiva – assim eram as análises anteriores em torno da estrutura ou do

---

[10] Bresser-Pereira, 1996:8.
[11] Bresser-Pereira, 1999:13-16.

aparelho do Estado: descrições jurídicas sobre os diversos formatos organizacionais (autarquias, fundações, empresas públicas, administração direta), sem uma visão estratégica de conjunto. Bresser-Pereira estabeleceu uma visão abrangente da macroestrutura, sintetizada num único esquema (ver figura), em torno de quatro setores do Estado, três formas de propriedade e duas formas de administração.

MACROESTRUTURA DO ESTADO

	FORMA DE PROPRIEDADE			FORMA DE ADMINISTRAÇÃO	
	ESTATAL	PÚBLICA NÃO-ESTATAL	PRIVADA	BUROCRÁTICA	GERENCIAL
NÚCLEO ESTRATÉGICO Legislativo, Judiciário, Presidência, Cúpula dos Ministérios, Forças Armadas	●			●	
ATIVIDADES EXCLUSIVAS Controle, Fiscalização, Subsídios, Seguridade	●				●
ATIVIDADES NÃO-EXCLUSIVAS Universidades, Hospitais, Centros de Pesquisa, Museus	PUBLICIZAÇÃO → ●				●
PRODUÇÃO PARA O MERCADO Empresas estatais	PRIVATIZAÇÃO →		●		●

FONTE: MINISTÉRIO DA ADMINISTRAÇÃO FEDERAL E REFORMA DO ESTADO, 1995.

Esse quadro, incluído no Plano Diretor da Reforma do Aparelho do Estado,[12] é hoje mundialmente conhecido, nos fóruns voltados à reforma do Estado. Foi inspirado na experiência internacional de reformas das décadas de 1980 e 90, ao separar a formulação de políticas da provisão de serviços públicos, e ao identificar duas formas de administração, burocrática e gerencial. Mas inovou, definindo e ampliando o conceito de núcleo estratégico do Estado, separando atividades exclusivas e não-exclusivas do Estado, e definindo com precisão um setor de propriedade pública não-estatal. Cunhou o termo "publicização", que discutiremos a seguir. Ofereceu uma

---

[12] Ministério da Administração Federal e Reforma do Estado, 1995.

visão abrangente da estrutura do setor público, até então inexistente. A clareza da análise fundamentou a pertinência da macroproposta de reforma institucional contida no Plano Diretor.

A identificação das atividades não-exclusivas do Estado (onde não há poder de Estado implicado) tem profundas inspirações e implicações políticas. Bresser-Pereira definiu-as como "necessariamente públicas" – por estarem vinculadas a direitos fundamentais (saúde, educação, cultura), ou gerarem externalidades que não devem ser apropriadas privadamente (pesquisa, tecnologia) –, não podendo, portanto, ser privatizadas. Defendeu o financiamento pelo Estado dessas atividades. Mas propôs a elas um estatuto jurídico não-estatal e maior autonomia de gestão, como forma de proverem melhores serviços; articulou autonomia e responsabilização, propondo a celebração de contratos de gestão entre tais entidades e o núcleo estratégico do Estado, responsável pela formulação das políticas públicas.

Essa visão ampla da macroestrutura é genuinamente bresseriana; tomando emprestada a figura das agências executivas da experiência internacional, cria novos conceitos e formula, a um só tempo, um diagnóstico abrangente e um guia para a ação. A estratégia da publicização e a distinção entre "Estado enquanto pessoal" (referido às atividades fundamentais do núcleo estratégico e do setor de atividades exclusivas do Estado) e "Estado enquanto orçamento" (abrangendo as atividades não-exclusivas) traduzem concretamente uma visão do Estado comprometido com o bem-estar dos cidadãos, distinta das propostas neoliberais de Estado mínimo.[13] Bresser-Pereira renova seu compromisso socialdemocrático (ou social-liberal, para insistir em seu caráter não-burocrático), ao buscar formas de tornar o Estado mais efetivo, reconhecendo que, no final do século XX, isso implica apostar na competição administrada e nos quase-mercados.

---

[13] Bresser-Pereira, 1997b.

Publicização: rompendo a rigidez ideológica

O debate acadêmico e as iniciativas governamentais limitaram-se, desde os anos 1980, a defender posições antagônicas – entre a estatização e a privatização. Bresser-Pereira rompe a dicotomia, apresentando o conceito e a proposta de publicização aplicada às organizações públicas.

Apesar de a literatura já haver destacado, há várias décadas, as distinções necessárias entre o público e o estatal, a partir dos trabalhos de Hannah Arendt, essa visão não havia sido aplicada à organização e funcionamento do aparelho do Estado. Bresser-Pereira funda uma alternativa concreta, ao trazer, para a esfera da política pública voltada à gestão, a noção do público não-estatal, propondo a estratégia de publicização de organizações até então estatais, bem como o surgimento de novas organizações sob o novo estatuto jurídico – as organizações sociais.

Talvez inspiradas num dos maiores filósofos do direito, Norberto Bobbio, tais idéias enfrentaram a incompreensão da maior parte de nossos juristas administrativistas, acostumados à dicotomia entre o público (reduzido ao estatal) e o privado. Boa parte dos intelectuais de esquerda demonstrou a mesma dificuldade, apesar das análises consagradas sobre a privatização do Estado por meio de anéis burocráticos ou seu caráter autoritário. E burocratas por convicção talvez tenham receado perder espaços de poder.

Por outro lado, aqueles preocupados em não perder o controle sobre o gasto público, e interessados em cortar despesas públicas, não viram na proposta garantias nessa direção – nem deveriam ver, uma vez que a proposta de publicização reafirmava, insistentemente, o compromisso do Estado em manter o financiamento às entidades dela resultantes.

Assim, quatro formas de pensamento bastante difundidas na cultura político-administrativa brasileira – legalista, de esquerda, burocrática e fiscalista – não compreenderam uma das maiores contribuições de Bresser-Pereira à reforma da gestão; para uns, ousada demais; para outros, uma privatização disfarçada; e, ainda, para o último grupo, aquém do desejado.

O debate entre administrativistas elegeu a lei de licitações como seu principal escudo, alegando ser necessário licitar entidades para absorver as atividades até então prestadas pelo Estado. O assunto é realmente polêmico, mas deve-se considerar sua natureza específica; não estamos diante de um mercado concorrencial, mas de quase-mercados onde a competição deve necessariamente ser administrada. As relações entre o núcleo estratégico e as entidades surgidas da publicização, na proposta de Bresser, não são relações de comprador-fornecedor de bens ou serviços, mas articuladas em torno de resultados e sujeitas ao controle social.

Novas formas de controle: as limitações do controle burocrático, da democracia direta, do controle exclusivo pelo mercado

No artigo "A reforma do Estado nos anos 90: lógica e mecanismos de controle",[14] Bresser-Pereira distinguiu e conceituou várias formas de controle, combinando uma visão histórica ao diálogo lógico-dedutivo com escolas e correntes de pensamento. Estabeleceu o que denominou "lógica do leque de controles", discutindo a pertinência das várias formas de controle ante as formações sociais e os graus de intervenção do Estado. Mais uma vez, ao fazê-lo, contribuiu para a análise e para a ação.

Dialogando com as mais diversas áreas do conhecimento e escolas de pensamento, Bresser desmistifica a democracia direta e o mandato imperativo, recorrendo a Bobbio, apontando as limitações daquela e o caráter autoritário deste. Rejeita também o dogmatismo da escola da escolha racional, para a qual o mercado político é apenas mais uma forma de mercado, e o pensamento neoclássico, com sua preferência simplificadora pelo controle por intermédio do mercado. E indica uma contradição intrínseca na forma de controle ideal de tipo racional-legal, mostrando de que maneira as condições atuais empurram a maior racionalidade para graus ampliados de autonomia, o que choca com o conceito de legalidade burocrática, na medida em que esta última busca predefinir rigidamente nas leis os objetivos e os meios para atingi-los.

---

[14] Bresser-Pereira, 1997b.

Ao fazê-lo, o autor elege o que considera as formas mais adequadas de controle para o mundo de hoje, combinando de maneira singular os imperativos da democracia e da eficiência. Num mundo em rápida transformação, a busca da eficiência é mais garantida mediante controle de resultados, em substituição ao controle tradicional de procedimentos. E, em sociedades cada vez mais democráticas, os espaços à participação e ao controle social são mais efetivos do que os controles exclusivamente internos à burocracia.

Voltando-se especificamente às formas de controle mais adequadas em face das organizações públicas não-estatais, Bresser-Pereira propõe uma adoção cumulativa de três tipos de controle: o controle social direto (mediante conselhos de administração), o controle de desempenho e resultados (mediante contratos de gestão), o controle pela competição administrada (mediante quase-mercados). Isso representa uma grande inovação na forma de conceber os controles na gestão pública, tradicionalmente tendentes a impor regulamentações detalhadas e extensas, na medida em que reconhecem apenas uma forma de controle – de tipo burocrático –, enquanto Bresser-Pereira explora a "lógica do leque de controles".

O alcance dessa contribuição requer tempo, pois implica uma profunda mudança de mentalidade no setor público, além de apostar na evolução da sociedade como um todo em direção ao controle social. Aqui, o otimismo do autor é enriquecido por sua própria contribuição: tais mudanças serão longas, mas favorecidas pela elaboração conceitual de Bresser-Pereira sobre as diversas formas de controle.

O autor inova também na maneira de combinar diversas formas de controle que vêm sendo experimentadas na experiência internacional, ao dar ênfase simultânea à democracia e à eficiência.

Cidadãos, usuários e consumidores: uma reforma do Estado para a cidadania

Enquanto boa parte da crítica se apegou à alegada contraposição entre cidadãos e consumidores, Bresser-Pereira desfazia a aparente oposição, ressaltando a tendência atual ao aumento combinado da competição e da solidariedade, reafirmando o objetivo maior de realizar uma reforma do Estado para a cidadania.[15]

Boa parte da polêmica poderia ter sido esclarecida com o artigo de Henry Mintzberg, que defendeu o direito do cidadão a ser tratado como cliente pelo Estado, assim como o consumidor conquistou o direito de ser tratado como cliente pelas empresas.[16] Mintzberg expressava assim uma visão crítica sobre a postura de empresas e do Estado de subjugar seu público-alvo. Críticos da reforma gerencial, no entanto, fizeram do tema uma bandeira, ao enxergar no tratamento como "cliente" uma expropriação dos direitos do cidadão. Para Bresser-Pereira, a reforma gerencial do Estado visa torná-lo ao mesmo tempo eficiente, eficaz e efetivo nas respostas às demandas dos cidadãos. E estende os direitos da cidadania, no último quartel do século XX, além dos civis, políticos e sociais, aos direitos republicanos.

Em vários trabalhos, Bresser-Pereira destacou as especificidades do setor público, advogando a adoção de inovações surgidas no campo da gestão empresarial, desde que adaptadas àquelas especificidades. Dedicou um artigo a discutir o interesse na adoção das técnicas da qualidade total, por enfatizarem vários outros parâmetros para a boa gestão, além do simples parâmetro do lucro; ainda assim, sempre insistiu no rebalanceamento dos parâmetros, para a gestão pela qualidade em organizações públicas, propondo um maior peso para os indicadores referentes à satisfação do usuário.[17]

Mas a concepção da reforma gerencial bresseriana não é apenas um conjunto de técnicas e instrumentos de gestão. É fundamentalmente uma visão nova do Estado, da sociedade, e da relação entre ambos. Uma rela-

---

[15] Bresser-Pereira, 1998b.

[16] Mintzberg, 1998. No mesmo artigo, Mintzberg defende a superioridade de "organizações sem proprietários" ou cooperativas na prestação de serviços ao cidadão-cliente, quando comparadas às organizações estatais ou privadas.

[17] Bresser-Pereira, 1999.

ção pautada pelas mudanças em curso, necessariamente dinâmica e às vezes aparentemente contraditória, numa visão dialética talvez pouco compreendida por seus críticos. Não há lugar para antagonismos simples – entre cidadãos e usuários, por exemplo, ou entre direitos individuais e ação coletiva:

> A reforma do Estado nos anos 90 é uma reforma que pressupõe cidadãos e para eles está voltada. Cidadãos menos protegidos ou tutelados pelo Estado, porém mais livres, na medida em que o Estado que reduz sua face paternalista torna-se ele próprio competitivo, e, assim, requer cidadãos mais maduros politicamente. Cidadãos talvez mais individualistas porque mais conscientes dos seus direitos individuais, mas também mais solidários, embora isto possa parecer contraditório, porque mais aptos à ação coletiva e portanto mais dispostos a se organizar em instituições de interesse público ou de proteção de interesses diretos do próprio grupo. Esta reforma em curso, da forma que a vejo, não parte da premissa burocrática de um Estado isolado da sociedade, agindo somente de acordo com a técnica de seus quadros burocráticos, nem da premissa neoliberal de um Estado também sem sociedade, em que indivíduos isolados tomam decisões no mercado econômico e no mercado político. Por isso ela exige participação ativa dos cidadãos; por isso o novo Estado que está surgindo não será indiferente ou superior à sociedade, pelo contrário, estará institucionalizando mecanismos que permitam uma participação cada vez maior dos cidadãos, uma democracia cada vez mais direta; por isso as reformulações em curso são também uma expressão de redefinições no campo da própria cidadania, que vem alargando o seu escopo, constituindo sujeitos sociais mais cientes de seus direitos e deveres em uma sociedade democrática em que competição e solidariedade continuarão a se complementar e se contradizer.[18]

---

[18] Bresser-Pereira, 1997b:53.

Bresser e a burocracia 1: administração burocrática como fenômeno histórico

É vasta a produção intelectual de Bresser-Pereira sobre a burocracia e o fenômeno burocrático, desde seus escritos no começo dos anos 1970.[19] Vamos aqui destacar apenas algumas de suas contribuições à análise da administração pública burocrática e sua necessária superação.

Parece-nos que Bresser-Pereira questionou o tipo de dominação racional-legal, ou a administração burocrática, como forma abstrata e superior de dominação, afirmando ser a administração burocrática uma forma historicamente datada – compatível com o Estado liberal autoritário do século XIX, mas ultrapassada em face do Estado social-liberal e da extensão da democracia no século XX. Para Bresser, "a administração pública burocrática tem um vezo centralizador e autoritário".[20]

Ao considerar o caráter histórico da administração burocrática, estão dadas as condições de sua superação. Esse ponto é bastante polêmico, pois, para muitos cientistas sociais contemporâneos, a administração burocrática é inerente ao Estado nacional, e são as normas gerais e universais, geradas no âmbito da dominação racional-legal, que garantem a defesa do interesse público. O caráter histórico ou lógico-abstrato da administração burocrática constitui um dos pontos críticos do pensamento de Bresser-Pereira.

Bresser e a burocracia 2: o caráter autoritário do insulamento burocrático

Bresser-Pereira refutou ainda outra tese bastante em voga entre cientistas políticos: a do necessário insulamento burocrático, que deveria isolar as organizações públicas das influências políticas. Refutou-a por seu caráter antidemocrático, mas também pela visão idealizada implícita em tal tese, de que é possível separar política e administração, ou de que existe o tipo ideal de burocrata puramente técnico.

---

[19] Bresser-Pereira, 1972.
[20] Bresser-Pereira, 1998a. A citação é de Petrucci e Schwarz (1999:24).

Na verdade, Bresser-Pereira mostra como as duas visões se alimentam: admitir o burocrata-técnico-neutro leva a atribuir a ele, monopolisticamente, a defesa do interesse público e da racionalidade, que seriam continuamente ameaçados pelos políticos; esta visão é extremamente autoritária, ao negar a essência da democracia.

Recorre ao conceito de "autonomia imersa" ou inserida de Peter Evans, para advogar por uma burocracia que seja, ao mesmo tempo, autônoma e imersa na sociedade.

Bresser e a burocracia 3: rent seeking e virtudes republicanas

Em toda a obra de Bresser-Pereira, podemos constatar sua postura crítica quanto às correntes da escolha racional e dos neoclássicos. Bresser refuta a afirmação de que todo indivíduo age no mercado político à semelhança de sua atuação no mercado econômico – maximizando interesses individuais. Mas aceita e incorpora parcialmente as teses do *rent seeking*, quando aponta os riscos de a burocracia agir em seu próprio interesse.[21] Invoca os direitos republicanos, que ganham expressão no último quartel do século XX, como o direito dos cidadãos a que o patrimônio e os recursos públicos não sejam apropriados por interesses corporativos ou particularistas. Ao mesmo tempo,

---

[21] Para Bresser, a burocracia expandida no século XX não apenas não se mostrou eficaz para proteger os direitos republicanos, como passou ela mesma a praticar o *rent seeking*, com maior distorção nos países em desenvolvimento: "Se, nos países desenvolvidos, os direitos individuais (civis e políticos) e direitos sociais estavam razoavelmente protegidos, os direitos públicos não estavam: a *res publica* continuava exposta a todo tipo de ameaças. É certo que o nepotismo e a corrupção mais visíveis foram controlados, mas surgiram novas modalidades de apropriação privada do patrimônio público. Empresários continuavam a obter subsídios desnecessários e isenção de impostos; a classe média assegurava para si benefícios especiais muito maiores do que está disposta a reconhecer; os funcionários públicos eram muitas vezes ineficientes no trabalho, ou simplesmente não trabalhavam – quando ocorre excesso de quadros –, mas se mantinham protegidos por leis ou costumes que lhes garantem a estabilidade no emprego. Nos países em desenvolvimento – nos quais emergiu, neste século, um Estado desenvolvimentista em vez de um Estado de bem-estar social – a situação era muito pior: os direitos individuais e sociais continuavam quase sempre sem proteção; o nepotismo e a corrupção conviviam com a burocracia, que era beneficiária de privilégios e convivia com excesso de quadros" (Bresser-Pereira, 1998a:29).

insta altos administradores públicos a praticar os valores republicanos, como requisito complementar à lei e aos sistemas de incentivos e punições.[22]

A combinação dos dois argumentos – risco de *rent seeking* pela burocracia, exortação às suas virtudes cívicas e republicanas – estaria denotando contradições no pensamento bresseriano? Ou é mais uma prova de sua argumentação complexa, abrangente e pragmática? Pendemos para a segunda possibilidade, que pode ser ainda expressa por sua afirmação de que é necessário substituir a desconfiança generalizada nos administradores públicos, característica da administração burocrática, por um grau de confiança ainda que limitado, combinado com novas formas de responsabilização, inerente à administração gerencial.

Uma contribuição definitiva

Bresser-Pereira é o intelectual e o homem público responsável por elevar o tema da gestão à agenda das políticas públicas. Antes dele, gestão pública era um capítulo da administração. Com ele, gestão pública dialoga com ciência política, economia, filosofia do direito, ética. Sua análise é histórica, e de alcance universal. Combina capacidade analítica com guias claros para a ação, caracterizando-se como estrategista da gestão pública.

---

[22] "Há um novo institucionalismo que crê – como criam o liberalismo clássico e o direito administrativo burocrático – que o que é necessário para governar é apenas um sistema institucional de incentivos capaz. A crença nas potencialidades miraculosas da lei e das diversas formas de auditoria – ou de 'responsabilização horizontal' – é semelhante no novo institucionalismo e no liberalismo clássico. Ambos compartilham sua crença em um serviço público independente e neutro que aplique a lei, embora com diferentes argumentos. Os pensadores liberais clássicos acreditavam na lei porque o principal desafio com que se defrontavam era o de estabelecer o império da lei. Os novos institucionalistas acreditam nas instituições porque pensam que através dessas é possível estabelecer o necessário sistema de incentivos e de punições. O republicanismo moderno parte do pressuposto do império da lei ou do estado de direito, e sabe quão importantes são as instituições e os sistemas de incentivos, mas também sabe quais são seus limites. E, por esta razão, conta com políticos e funcionários dotados de valores cívicos, que estão comprometidos para com o interesse público. Ao fazer assim, o republicanismo não está sendo utópico, mas simplesmente reconhecendo que, nas democracias modernas, os eleitores exigem políticos e servidores públicos de alto escalão dotados de virtudes republicanas" (Bresser-Pereira, 2001:17-18).

Suas estratégias declaradas, como ministro da Administração Federal e Reforma do Estado, foram o bom senso, prudência, argúcia, clareza, coragem e determinação para atacar diretamente o problema, franqueza, abertura à crítica, coragem de assumir risco. Sua estratégia implícita foi a de ser um grande professor, formando uma equipe que pôde aprender ao testemunhar todas aquelas estratégias.

Este tipo particular de intelectual, que ignora deliberadamente as fronteiras disciplinares, e que elabora ao mesmo tempo conceitos e estratégias, buscando incansavelmente soluções para o país, fez da aridez do tema "gestão pública" um campo fértil para a democracia, combinando autonomia e responsabilização para os dirigentes e administradores públicos.

Defensores das trincheiras disciplinares tendem a estranhá-lo; intelectuais que prezam acima de tudo sua distância em relação aos governos tendem a manter-se longe dele; autoritários de todos os matizes e burocratas encastelados tendem a criticá-lo. Bresser-Pereira dialoga com todos, exercendo o debate e a persuasão, por vezes generoso em excesso. Também aí, na postura, sua contribuição à gestão pública é fundamental.

Referências bibliográficas

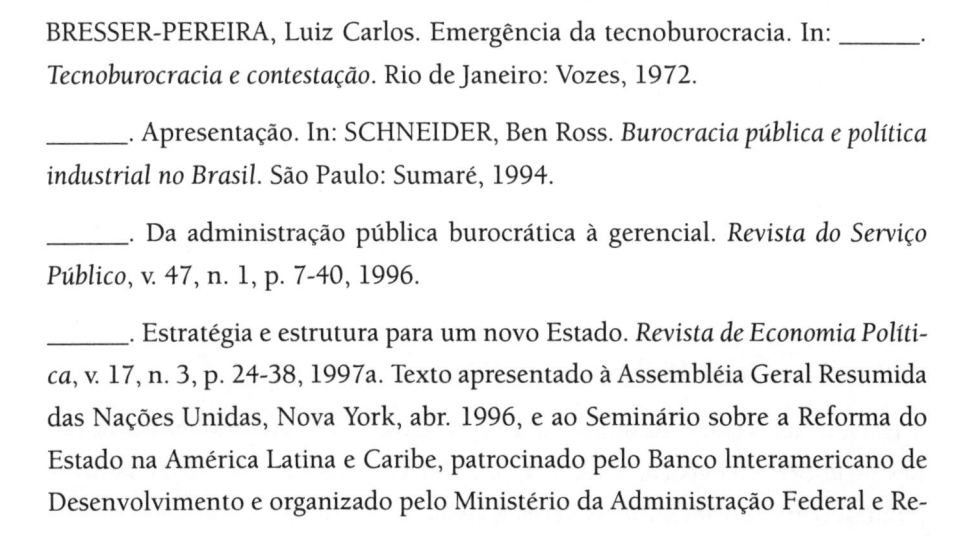

BRESSER-PEREIRA, Luiz Carlos. Emergência da tecnoburocracia. In: _____. *Tecnoburocracia e contestação*. Rio de Janeiro: Vozes, 1972.

_____. Apresentação. In: SCHNEIDER, Ben Ross. *Burocracia pública e política industrial no Brasil*. São Paulo: Sumaré, 1994.

_____. Da administração pública burocrática à gerencial. *Revista do Serviço Público*, v. 47, n. 1, p. 7-40, 1996.

_____. Estratégia e estrutura para um novo Estado. *Revista de Economia Política*, v. 17, n. 3, p. 24-38, 1997a. Texto apresentado à Assembléia Geral Resumida das Nações Unidas, Nova York, abr. 1996, e ao Seminário sobre a Reforma do Estado na América Latina e Caribe, patrocinado pelo Banco Interamericano de Desenvolvimento e organizado pelo Ministério da Administração Federal e Reforma do Estado, Brasília, 16-17 maio 1996. Publicado como *Texto para Discussão Enap*, n. 9, 1996, 2001.

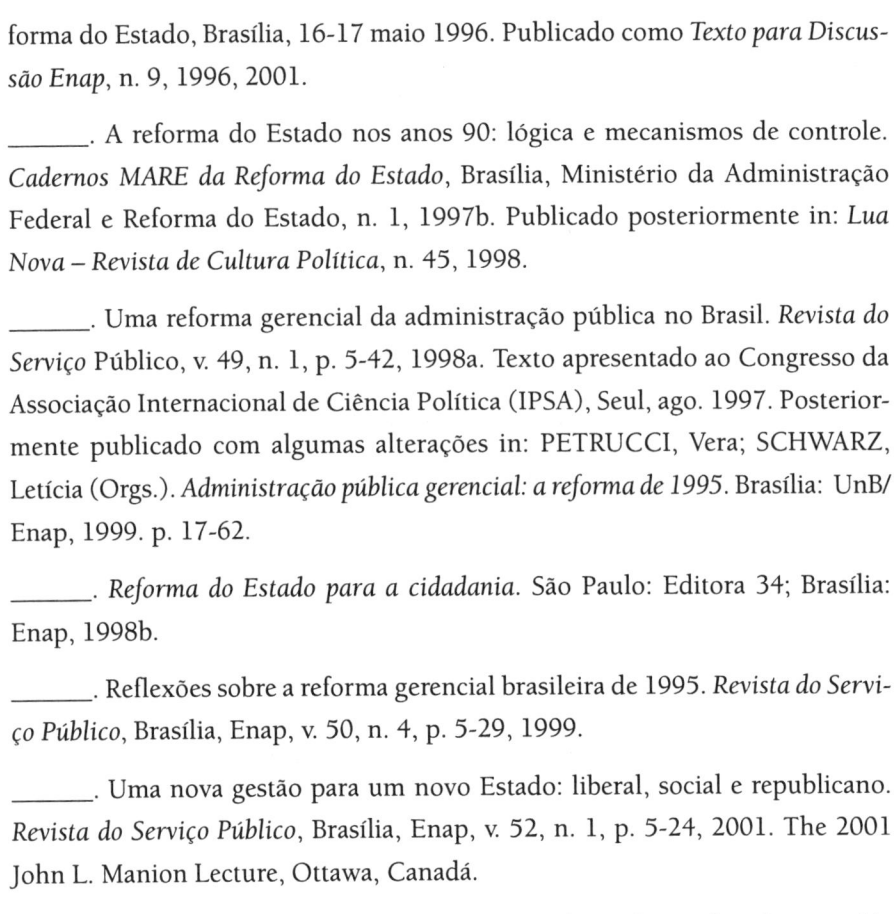

_____. A reforma do Estado nos anos 90: lógica e mecanismos de controle. *Cadernos MARE da Reforma do Estado*, Brasília, Ministério da Administração Federal e Reforma do Estado, n. 1, 1997b. Publicado posteriormente in: *Lua Nova – Revista de Cultura Política*, n. 45, 1998.

_____. Uma reforma gerencial da administração pública no Brasil. *Revista do Serviço Público*, v. 49, n. 1, p. 5-42, 1998a. Texto apresentado ao Congresso da Associação Internacional de Ciência Política (IPSA), Seul, ago. 1997. Posteriormente publicado com algumas alterações in: PETRUCCI, Vera; SCHWARZ, Letícia (Orgs.). *Administração pública gerencial: a reforma de 1995*. Brasília: UnB/Enap, 1999. p. 17-62.

_____. *Reforma do Estado para a cidadania*. São Paulo: Editora 34; Brasília: Enap, 1998b.

_____. Reflexões sobre a reforma gerencial brasileira de 1995. *Revista do Serviço Público*, Brasília, Enap, v. 50, n. 4, p. 5-29, 1999.

_____. Uma nova gestão para um novo Estado: liberal, social e republicano. *Revista do Serviço Público*, Brasília, Enap, v. 52, n. 1, p. 5-24, 2001. The 2001 John L. Manion Lecture, Ottawa, Canadá.

MARTINS, Luciano. A *intelligentsia* em situação de mudança de referentes (da construção da nação à crise do Estado-nação). In: BETHELL, Leslie (Org.). *Brasil, fardo do passado, promessa do futuro: dez ensaios sobre política e sociedade brasileira*. Rio de Janeiro: Civilização Brasileira, 2002. p. 305-322.

MINISTÉRIO DA ADMINISTRAÇÃO FEDERAL E REFORMA DO ESTADO. *Plano Diretor da Reforma do Aparelho do Estado*. Brasília: Imprensa Nacional, nov. 1995. Plano aprovado pela Câmara da Reforma do Estado da Presidência da República em set. 1995.

MINTZBERG, Henry. Administrando governos, governando administrações. *Revista do Serviço Público*, v. 49, n. 4, p. 151-165, out./dez.1998. Originalmente publicado in: *Harvard Business Review*, 1996.

PACHECO, Regina Silvia. Proposta de reforma do aparelho do Estado no Brasil: novas idéias estão no lugar. In: PETRUCCI, Vera; SCHWARZ, Letícia (Orgs.). *Administração pública gerencial: a reforma de 1995*. Brasília: UnB/Enap, 1999. p. 97-122.

PETRUCCI, Vera; SCHWARZ, Leticia. *Administração pública gerencial: a reforma de 1995*. Brasília: UnB, 1999.

O duplo papel do público não-estatal na reforma do Estado

NURIA CUNILL GRAU

A coragem e a conseguinte audácia têm ajudado no nascimento de algumas das melhores idéias, sobretudo quando por trás delas existe um compromisso profundo com a democracia e com o desenvolvimento humano. Luiz Carlos Bresser-Pereira tem este compromisso, ao mesmo tempo em que é uma pessoa, além de talentosa, excepcionalmente valente. Por isso é que devemos a ele tantas boas idéias que conseguiram destruir inércias tanto no pensamento quanto na ação, nestes últimos 20 anos na América Latina. Às vezes, naturalmente, o custo tem sido o erro, mas esta talvez seja a fonte mais importante de aprendizado social.

A noção de "público não-estatal", embora não seja originalmente de Bresser-Pereira, encontrou nele um pai que a impulsionou à vida na América Latina, e que lhe conferiu ricos conteúdos. Ela é, provavelmente, a melhor e mais acabada expressão do compromisso de Bresser-Pereira com a democracia. Por sua vez, a noção de "público não-estatal", tal como proposta por Bresser-Pereira, é também uma expressão dos custos que pode ter a coragem em seu impulso para destruir inércias.

Para ilustrar ambos os movimentos, tentaremos, de um lado, fazer uma revisão, embora não-exaustiva, das contribuições de Bresser-Pereira na elaboração da teoria do público não-estatal e, do outro, tentaremos apontar alguns dos limites desta noção. Estamos cientes de que alguns deles já foram reconhecidos pelo próprio Bresser-Pereira, que sabe expressar, como poucos, a importância de se aprender com os erros para fazer com que o conhecimento avance.

As virtualidades do público não-estatal

Com esta noção, somos convidados a deter nosso olhar nas práticas sociais que se orientam por uma lógica diferente daquela do poder e do dinheiro. Um artigo, do qual fomos co-autores, expressa no próprio título este sentido do público não-estatal – "Entre o Estado e o mercado: o público não-estatal".[1]

Esta noção tem sido exaustivamente tratada por Habermas, numa de suas dimensões: como função da crítica e do controle que as associações voluntárias formadoras da opinião pública exercem sobre o Estado e seus agentes, para conseguir que o que é público – do interesse de todos – seja o referencial de sua ação. Como sabemos, Habermas tem buscado produzir um conceito normativo do público, que ofereça referenciais diferentes para o tipo de interpenetração do Estado pela sociedade que ocorre a partir de meados do século XX. Neste sentido, a preocupação central de Habermas tem sido a de oferecer respostas acerca de como, no mundo atual, a sociedade pode influenciar o Estado, sem que disso decorra o que tem decorrido dessa influência até hoje: uma maior prioridade dos interesses particulares sobre as decisões públicas. Para Habermas, a realização de uma política deliberativa não pode ficar na dependência das ações da cidadania; ao contrário, ela requer a institucionalização dos procedimentos correspondentes.

---

[1] Referimo-nos a BRESSER-PEREIRA, Luiz Carlos; CUNILL GRAU, Nuria. Entre el estado y el mercado: lo público no-estatal. In: _____; _____ (Orgs.). *Lo público no-estatal en la reforma de lo Estado*. Buenos Aires: Paidós, 1998.

Desempenham papel-chave, nesse sentido, os processos de entendimento que ocorrem sob a forma institucionalizada de debates no Parlamento, assim como na rede de comunicação da esfera política da opinião pública. O espaço público é onde ocorre a formação informal da opinião sobre temas relevantes para o conjunto da sociedade, e onde se manifesta o poder comunicativo que pressiona o poder administrativo para que sejam tomadas as decisões pertinentes. Aqui a sociedade civil, como base social de uma esfera pública autônoma, adquire uma conotação muito específica: é o espaço no qual a lógica da solidariedade manifesta sua ação, diferenciando-se assim do Estado e do mercado, nos quais operam as lógicas do poder e do dinheiro, respectivamente.

Bresser-Pereira, fazendo parte de um conjunto mais amplo de teorizadores que poderia perfeitamente encontrar-se refletido num enfoque republicano da democracia, também reconhece que a sociedade tem um papel importante a desempenhar no controle do Estado, mas sem restringir este controle exclusivamente às associações voluntárias propagadoras de convicções práticas e sem estabelecer uma posição radical entre o poder comunitário (que poderia ser desenvolvido por elas) e o poder burocrático (incorporado na racionalidade instrumental do aparelho do Estado).

Na concepção republicana de democracia, a cidadania adquire uma preeminência especial. Os direitos políticos não apenas conferem a possibilidade de que os cidadãos controlem se o poder do Estado é exercido em seu interesse enquanto sujeitos privados, mas esses direitos também os habilitam para que ajam como sujeitos políticos em função de interesses comuns. Mais ainda, nesta concepção a formação democrática da vontade ocorre sob a forma de uma autocompreensão ética. É bem provável que Bresser-Pereira não compartilhe completamente esta visão que faz depender o processo democrático das virtudes dos cidadãos orientados ao bem comum, e que restringe a política à autocompreensão ética de uma comunidade (o estado ou um município, por exemplo). De fato, Bresser-Pereira reconhece que numa comunidade podem existir interesses que conflitam com outros e assume, por sua vez, que o compromisso a respeito dos mesmos não pode ser atingido exclusivamente através de discursos éticos. Mas, entre outras razões, por sua aposta na cidadania como um todo (e não apenas nas associações voluntárias), as conotações normativas que Bresser-Pereira atribui ao processo democrático estão muito mais perto da concepção republicana do que da concepção deliberativa da democracia e, obviamente, muito distantes da concepção liberal, oferecendo assim um rico marco de referência à ação de uma cidadania ativa que é capaz de entrar em acordo quanto aos seus interesses comuns.

Por outro lado, a aposta de Bresser-Pereira também está no Estado e no seu potencial para produzir desenvolvimento e bem-estar. Por isso, o alvo de Bresser-Pereira não é este, nem uma política de entrincheiramento que, para muitos comunitaristas, é a tradução prática de sua negação do Estado. O espaço do público não-estatal é ocupado por uma cidadania politizada que tem como propósito central recuperar para si o poder do Estado. Desse modo, não se trata apenas de disciplinar o poder do Estado mediante dispositivos normativos, tais como a divisão de poderes e a sujeição da administração à lei, nem confiar que os dispositivos institucionais dos partidos e parlamentos sejam suficientes para conseguir a auto-organização política da sociedade. O pressuposto é que a cidadania também pode agir coletivamente, e que é capaz não apenas de exercer um controle *a posteriori* do sistema político, mas que também consegue induzi-lo, tal como postula Habermas, a agir de tal modo que ele apóie a conformação de interesses públicos e sugira os meios de sua realização.

A noção de espaço público, em qualquer caso, oferece uma plataforma diferenciada para a percepção, identificação e deliberação dos problemas da sociedade em seu conjunto. Neste contexto, não parece ser excessivamente importante se os espaços públicos encontram sua base nas associações espontâneas que configuram a opinião, ou numa noção mais ampla de sociedade civil. É fundamental, porém, o que está por trás: a pressão a partir da sociedade sobre o Estado, para tornar públicas e em favor do público suas ações e decisões.

Ajudar a pensar o público não-estatal nessa função de controle social sobre o Estado tem sido certamente um dos resultados relevantes de Bresser-Pereira. O outro consistiu em chamar a atenção sobre a contribuição do público não-estatal à produção de bens e serviços públicos. Neste sentido, é fundamental a distinção entre quatro formas de propriedade: pública, privada, partilhada e não-propriedade, assim como também o é a interpelação ao tradicionalmente denominado terceiro setor, ou setor voluntário, nestas duas últimas formas de propriedade. Fica este diferenciado assim do setor estatal, integrado pelas empresas de propriedade pública, e do setor privado, formado por firmas voltadas principalmente à obtenção de benefícios para seus investidores.

O setor voluntário é muito heterogêneo. Abrange as organizações constituídas em benefício mútuo dos seus membros (como os clubes esportivos) ou para o benefício do público (como as entidades de beneficência). Pode incluir pequenas associações baseadas no trabalho voluntário, e grandes instituições muito especializadas, como hospitais, museus e universidades. Inclusas neste setor, cabem desde organizações muito elitistas (como os clubes de campo) e ainda as de defesa de interesses particulares muito controvertidos (como as associações de defesa da utilização de armas), até outras cujo motivo expresso é a defesa dos interesses públicos.

Bresser-Pereira não é alheio a esta realidade. Sustenta, porém, que a determinação de quem tem a propriedade é essencial para entender a diferença entre os objetivos que se persegue e as possíveis formas de gestão das organizações: as organizações voluntárias não tentam gerar benefícios monetários para distribuí-los entre seus membros ou proprietários. Tomando isso em conta, uma de suas preocupações centrais consiste em conseguir que o setor não-lucrativo adquira maior preeminência na gestão de certos serviços públicos, especialmente os sociais. Sua outra preocupação, paralelamente, é flexibilizar a operação do mesmo. Para este último fim, entre outros, é que se orientou o projeto das "organizações sociais", concebido e liderado por Bresser-Pereira quando esteve incumbido da reforma do aparelho do Estado no Brasil.

As conotações desse projeto são várias, algumas controvertidas. É indiscutível, porém, que ele expressa de maneira clara o compromisso de Bresser-Pereira com o aprofundamento da democracia, através de uma dupla contribuição: seja mediante o confronto com a corporativização de atividades que pretendem ser públicas, seja mediante o reforço do setor voluntário.

Do nosso ponto de vista, o projeto das organizações sociais pode ser concebido como uma arma contra a corporativização dos assuntos públicos, pois contribui para expô-los ao olhar do público, diminuindo assim a possibilidade de que sejam capturados por interesses particulares. Essa exposição é conseguida de duas maneiras: a primeira é a dos contratos de gestão, que criam possibilidades de avaliação e de prestação de contas e que, portanto, fazem com que a existência das organizações dependa de sua eficiência social. O outro meio é o controle social, que abre as possibilidades para maior participação direta da cidadania na vigilância das organizações não-lucrativas.

Por que o projeto de Bresser-Pereira pode ser considerado um instrumento para reforçar o setor voluntário? Para responder esta questão, devemos lembrar que a disponibilidade de recursos condiciona a capacidade de expansão do setor voluntário. Várias organizações voluntárias têm atividades comerciais, mas poucas vezes o mercado é sua principal fonte de ingressos. Por outro lado, todos os dados tendem a mostrar uma tendência à queda das contribuições voluntárias, sejam elas medidas em doações de particulares ou em trabalho voluntário, mesmo que eventualmente se possam aumentar os incentivos fiscais e o tempo livre, respectivamente. De modo que o financiamento público tem uma importância cada vez maior. Mais ainda, quando se considera que a excessiva dependência em relação aos ingressos das atividades comerciais pode pôr em perigo a independência que permite às organizações não-lucrativas procurarem objetivos sociais.

Olhando por outro ângulo, as vantagens da subcontratação do Estado com o setor voluntário parecem inegáveis, especialmente quando isso é comparado com o setor privado mercantil. Não se trataria necessariamente de ganhos de eficiência, pois não há evidências incontrastáveis que mostrem que as organizações sociais podem prestar os serviços com custos menores que os das empresas lucrativas. É óbvio, porém, que podem contribuir de per si para aumentar a qualidade dos serviços, questão que adquire importância fundamental quando é difícil controlar externamente os resultados. A literatura econômica apóia esta idéia, oferecendo argumentos sobre os papéis associados à confiança e à informação que podem ser fornecidos pelas associações não-lucrativas. Por outra parte, a respeito das organizações estatais, elas podem contribuir para a diversificação das prestações de serviços, assunto importante nos casos em que os gostos ou as crenças tiverem peso na percepção da qualidade dos mesmos.

No momento em que surge a proposta de Bresser-Pereira, já tinha começado a crescer a consciência de que os mercados dificilmente podem atingir por si mesmos os objetivos de interesse público, especialmente aqueles das políticas sociais. A ousadia de Bresser-Pereira consiste em ter feito uma proposta radical neste campo, e em tê-la colocado no debate público na América Latina. Daí em diante, o público não-estatal aparece como peça-chave na reforma do Estado. Mais ainda, o mesmo projeto das organizações sociais, além de interpelar o setor voluntário e de reconhecer o compromisso do Estado com o bem-estar da população e, em particular, com a proteção dos direitos sociais, reúne os princípios fundamentais que parecem ser determinantes na construção de uma nova institucionalidade no fornecimento de serviços sociais. Em primeiro lugar, porque assume que a autonomia (financeira e administrativa) das agências encarregadas do fornecimento dos serviços públicos é uma condição para que seu desempenho seja bem-sucedido. Também porque considera que a concorrência entre as agências pode induzir maiores níveis de eficiência e, em termos gerais, de autocontrole. Além disso, porque, fundamentando-se na contratualidade, tenta instaurar uma dinâmica de negociação de recursos baseada no desempenho, através de contratos de gestão assinados entre elas e o Estado, o que, por sua vez, enfatiza os direitos e obrigações recíprocas. Finalmente, porque admite a necessidade de transformação das relações de poder consideradas no comando dos serviços públicos, incorporando expressamente o controle social (além do controle através do mercado e do Estado). O modelo de "organizações sociais", além de recorrer ao setor voluntário, sintetiza estas cinco inovações aplicadas ao fornecimento de serviços sociais. Portanto, embora tenha sido sugerido como um esquema alternativo à propriedade estatal, o modelo insinua os princípios básicos que, estendidos àqueles serviços públicos fornecidos desde a esfera pública não-estatal, poderiam perfeitamente constituir-se nas bases de uma nova institucionalidade pública relativa à produção e à gestão de bens e serviços. Um assunto crítico é o de reconhecer que, assim como existem falhas do Estado e falhas do mercado, também existem falhas no setor voluntário. Mas fundamentalmente, de nosso ponto de vista, é preciso levar em consideração, o tempo todo, que aquilo a que se recorre quando se fala do público não-estatal não é apenas uma forma diferente de propriedade, mas uma lógica diferente, a lógica da solidariedade, a qual para ser preservada e incrementada exige ações específicas. Trataremos a seguir de ambas as questões.

Limites do público não-estatal

É fundamentalmente através da comparação com o estatal que podem aparecer os limites do público não-estatal, especialmente quando se tenta avaliar sua contribuição à produção de bens e serviços públicos. O particularismo e o paternalismo, entre outros, são problemas que têm sido apontados por Salamon e outros defensores do terceiro setor. De fato, os serviços voluntários dependem da boa vontade de uma parte da população para organizar, financiar e contribuir com trabalho voluntário; ao contrário, a assistência social que presta o setor público se baseia na idéia de que as pessoas têm direito aos serviços do Estado de bem-estar, assunto que tem efeitos diferentes na dignidade delas. Além disso, existem organizações voluntárias intrinsecamente paternalistas, que tentam incorporar nos serviços públicos objetivos que estão de acordo com a preferência dos seus financiadores.

Por outro lado, quando o particularismo não é desejado (porque a diversidade na prestação não é importante), ele pode criar problemas de eqüidade; mais ainda, se a escolha dos grupos de pessoas que serão atendidas fica fora do controle do Estado. Os problemas de eqüidade podem aumentar se for criada uma divisão de tarefas na qual as que correspondem aos mais pobres são absorvidas por organizações que se baseiam no trabalho voluntário, de fluxo nem sempre constante e de qualidade nem sempre profissional.

Parte destas precauções obriga o Estado a assumir papéis mais ativos do que o financiamento, e inclusive do que a regulação. É óbvio que há situações que exigem que a prestação dos serviços seja feita por organizações públicas estatais para preservar a dignidade das pessoas e a eqüidade. Além disso, há casos nos quais a debilidade do espaço público não-estatal torna imprescindível a ação direta do Estado. Mas quando as condições permitem a incorporação do público não-estatal na produção de serviços públicos, o que deve ser destacado é a grande vantagem comparativa que pode ser oferecida à institucionalidade pública: umas pautas de relacionamento humano baseadas na solidariedade e num sentido ativo de responsabilidade. Dado que este tipo de contribuição não tem sido suficientemente percebido, teóricos importantes como Judith Tendler, por exemplo, concluíram em suas pesquisas empíricas que tudo o que é feito melhor pelo setor voluntário, quando comparado com o setor privado mercantil, pode também ser bem-feito pelo setor de organizações estatais.

Bresser-Pereira não acredita nisso, mas dado que também não ressalta suficientemente a especificidade do público não-estatal em termos de sua contribuição à solidariedade, parece negligenciar o fato de que se devem adotar prevenções para preservá-la e, se possível, aumentá-la. A aposta tão ampla de Bresser-Pereira a favor das organizações sociais mostra aqui um possível efeito negativo.

A questão não é secundária por dois motivos. O primeiro é que boa parte do destino da administração pública está determinado por sua capacidade de transcender o espaço estatal, dadas suas limitações financeiras crescentes e dada sua incapacidade para se ocupar sozinha da regulação social. Neste sentido, atualmente a administração pública deve ser um instrumento da governança da sociedade, e isso supõe desempenhar um papel ativo na criação de novas regras que estimulem a dimensão dos deveres e responsabilidades sociais da cidadania.

Por outro lado, é necessário ter em conta que a lógica da solidariedade é um recurso escasso, mesmo no setor denominado voluntário, e além disso é muito frágil, ou seja, facilmente sujeito a ser ferido. Com efeito, a autonomia e a concorrência, por exemplo, dois princípios de organização dos serviços que parecem essenciais para aumentar a eficiência, podem ter, sob certas condições, efeitos perversos. Nesse sentido, é óbvio que, quando se requer a cooperação, pode ser arriscado fomentar a concorrência pela obtenção de recursos. Também, como já mostram as experiências de descentralização política do sistema escolar em outros países, a concessão de autonomia pode fazer parte de uma estratégia para captar recursos junto à comunidade, aumentando assim ainda mais os problemas de eqüidade no fornecimento de serviços sociais, com o acréscimo de que desses recursos se pode fazer que dependam os prêmios de reconhecimento dos professores.[2]

Ao contrário, diversas análises de experiências de inovação na gestão pública local evidenciam que o maior potencial é oferecido por iniciativas da sociedade civil, em especial aquelas que têm por trás uma ONG, com o objetivo de capacitar grupos sociais determinados, assim como também um novo tipo de expressões sociais que se ocupa do desenvolvimento econômico local, e não exclusivamente da expressão e defesa dos seus interesses.

Isso mesmo deve ser feito em relação à contribuição do público não-estatal para o controle do Estado. Para isso, deve-se levar em conta que não é suficiente interpelar este setor para que suas potenciais vantagens surjam. Estas devem ser construídas e, muito especialmente, devem ser adotadas medidas para evitar seus riscos. Sabemos, de fato, que é possível aprofundar os problemas da desigualdade política, especialmente se forem privilegiadas formas de representação funcionais em relação às territoriais, ou se não se levar em consideração a importância de dar voz aos cidadãos comuns. Sabemos, além disso, que há um importante déficit democrático dentro do próprio setor público não-estatal que torna imprescindível que a participação cidadã nele se desenvolva.

Dessa maneira, aplainado por Bresser-Pereira o caminho para abrir um espaço para o público não-estatal na reforma dos Estados latino-america-

---

[2] Referimo-nos particularmente às recentes experiências de descentralização da educação na Nicarágua e em El Salvador, que têm sido documentadas.

nos, precisa-se a responsabilidade de criar maior viabilidade para a expressão de suas potencialidades mais importantes. Para isso, primeiramente, será necessário caracterizar melhor quais são as funções às quais os diferentes atores que fazem parte do espaço público não podem renunciar. Dever-se-á considerar que a maioria das organizações voluntárias foi criada para influenciar as políticas do Estado e de outras organizações privadas, agindo como instituições intermediárias entre a cidadania e o Estado ou o mercado, o que representa sua maior contribuição à democracia. Dever-se-á igualmente considerar que a contribuição à governança social por parte das organizações voluntárias que se dedicam à produção de bens e serviços depende, em grande medida, de que estes se mantenham apenas como um objetivo secundário de suas ações, enquanto se assume como fundamental sua contribuição para a organização social.

Como potencializar estas funções sem ultrapassar os limites que exige a preservação da autonomia social? Como adaptar o Estado às novas realidades? Bresser-Pereira, abrindo o caminho para a ampliação do espaço público, coloca também estas preocupações na discussão. Mais uma dívida que temos para com ele, que mais uma vez nos está impulsionando a investigar novas possibilidades conceituais e práticas, e, sobretudo, a romper com certas inércias para melhorar assim nossas vidas.

V

A PESSOA

Testemunho de amigo

MARCIO MOREIRA ALVES

O depoimento que posso dar a respeito de Luiz Carlos Bresser-Pereira é o de um amigo e de um repórter, de vez que há muitos anos abandonei minha carreira universitária, toda passada na França e em Portugal, nos tempos do exílio.

Ao voltar ao Brasil, tentei recomeçar minha vida política no ponto em que a deixara, como deputado federal pelo antigo estado da Guanabara. Candidatei-me pelo PMDB, em 1982, e tive uma derrota estrondosa. Os eleitores não sabiam mais quem eu era, nem conheciam as idéias que defendia. Os livros que escrevi no exílio eram desconhecidos até dos editores de suplementos literários. Lembro-me de um comício a que fui em Nova Friburgo, onde o candidato a prefeito declarou: "Temos hoje aqui uma das grandes figuras do nosso partido, o ex-deputado Marcio Moreira Alves. Quando deputado, apresentou um projeto fechando o Congresso Nacional". A apresentação foi saudada com aplausos calorosos. Os que de mim se lembravam tinham, na maioria, a imagem de extremista radical que a ditadura traçara. Essa imagem fora ainda absorvida pelos editores de jornais e revistas e não me davam emprego. Levei 10 anos para reocupar meu lugar na imprensa.

A primeira pessoa a me dar a mão foi Luiz Carlos, amigo então recente mas senhor de uma generosidade inexaurível e absolutamente desprovido de qualquer preconceito. Não só me ofereceu um lugar de seu assessor na presidência do Banespa, que assumiu logo no início do governo Montoro, como me alojou no térreo de sua bela casa no Morumbi, junto às estantes de sua ordenada biblioteca.

A casa ficava num loteamento ainda não integralmente ocupado, chamado Jardim Guedala. Eu costumava brincar dizendo que, se escrevesse minhas memórias, contaria que, ao voltar do exílio, fui acolhido por um professor universitário que, para completar o orçamento, trabalhava em tempo parcial numa empresa de secos e molhados e morava num bairro cheio de terrenos baldios.

Fomos juntos para o Banespa e, na primeira reunião de diretoria, Luiz Carlos deu a dimensão de seu conceito de serviço público. Disse: "Governo tem uma coisa boa – data para acabar. Nós temos a obrigação de, daqui a quatro anos, entregarmos a nossos sucessores um banco melhor que o que estamos recebendo".

Antes dos quatro anos, Luiz Carlos foi para o Palácio dos Bandeirantes, como chefe da Casa Civil de Franco Montoro, com quem consolidou sua idéia de participação na vida pública. Diz que Montoro foi o único político que conheceu que só se movia a partir de seus princípios éticos, sem ceder às tentações de negociações políticas conjunturais que os infringissem. Pagou, por essa constância, um alto preço. Ao recusar a desincompatibilização para candidatar-se a outro posto, por não querer passar o comando de São Paulo ao presidente da Assembléia Legislativa, ficou quatro anos sem mandato, afastado do centro de decisões da vida pública. É que no Brasil vige a Lei Flores da Cunha: "Político sem mandato é como puta sem cama".

Luiz Carlos saltou do Morumbi para a Esplanada dos Ministérios, em Brasília, como ministro da Fazenda de José Sarney, um presidente que pouco conhecia e com o qual tinha tênues afinidades. Foi nomeado na cota do

PMDB e, especialmente, na de Ulysses Guimarães. Suas tarefas, ambas hercúleas, eram frear a hiperinflação e enfrentar o pagamento da dívida externa, que adquirira proporções sufocantes em toda a América Latina, a partir da abundância de petrodólares gerados pelo salto dos preços do petróleo, após a crise de 1973.

A doma da inflação foi tentada através de um novo plano de estabilização que, tal como os que o antecederam e o sucederam, até o Plano Real, fracassou. Tomou o nome de Plano Bresser e o seu resíduo inflacionário foi vitoriosamente contestado na Justiça, dando origem a muitas indenizações e fazendo a fortuna de advogados especializados.

Luiz Carlos sofre do mesmo defeito político de Darcy Ribeiro: pensa depressa demais e não sabe esperar a maturação das condições políticas para que suas idéias possam ser postas em prática. Darcy, que ria facilmente de si mesmo, contava que, contratado como assessor especial do general Alvarado, presidente do Peru, foi por ele apresentado ao seu ministério. Alvarado disse: "Aqui temos o mais criativo dos brasileiros, o professor Darcy Ribeiro. Ele tem 10 idéias por dia. Oito são impraticáveis. Uma, se adotada, derruba o governo. A derradeira é absolutamente genial. Devemos ter lucidez suficiente para fazer a triagem e pinçar essa idéia genial".

Não garanto que Luiz Carlos tenha 10 idéias por dia, mas 10 por semana deve ter. Coloca-as todas no computador, trabalha a que mais apropriada lhe parece para a conjuntura e publica-a num dos dois grandes jornais de São Paulo. E ainda lhe sobra tempo para escrever ensaios, dar cursos e participar de reuniões internacionais, em busca de uma terceira via política entre o capitalismo selvagem e o socialismo real. Essa intensa atividade intelectual fez de Luiz Carlos Bresser-Pereira o cientista político mais traduzido de sua geração, geração que também inclui o ex-presidente Fernando Henrique Cardoso.

A idéia da securitização da dívida externa dos países do Terceiro Mundo foi vítima da sofreguidão intelectual de Luiz Carlos. Ela consistia em alongar essa dívida alguns anos, garantindo-a com títulos do Tesouro americano e concedendo um razoável abatimento no seu total. A sua proposição no campo internacional começou numa reunião de presidentes latino-americanos no México, sem ser precedida por sondagens e negociações preliminares. Em seguida, foi apresentada por Luiz Carlos em Washington, ao secretário do Tesouro, Nicholas Brady. Ao término da reunião, Brady deu o seu veredicto terminativo: "*This proposition is a nonstarter*".

Alguns meses mais tarde, Brady apropriou-se da idéia do brasileiro e a apresentou como sua. Posta em execução, aprovada pelos banqueiros de Wall Street, tomou o nome de Plano Brady e desatou o nó da dívida do Terceiro Mundo. Luiz Carlos, massacrado pela imprensa brasileira, que dificilmente aceita a originalidade de um pensamento que não foi gerado nos Estados Unidos, levou a fama de ser um temerário, quando não um irresponsável.

O Plano Bresser ficou incompleto e o ministro acabou saindo do governo, depois de ser fritado pelo Palácio do Planalto. A paternidade do projeto de securitização das dívidas do Terceiro Mundo nunca foi reconhecida. Luiz Carlos voltou a dar aulas na sua querida Fundação Getulio Vargas e, na campanha presidencial para a sucessão de Sarney, declarou o seu voto em Lula, depois de apoiar a candidatura de Mário Covas no primeiro turno. A volta à vida pública só ocorreu quando seu velho amigo Fernando Henrique Cardoso concorreu à presidência da República. Como tantos outros intelectuais que se opuseram à ditadura militar, Luiz Carlos acreditou que Fernando Henrique e sua equipe paulista representavam o que de melhor, em matéria de honestidade e competência, a sua geração poderia oferecer ao Brasil. Deixou todas as suas atividades para entregar-se por inteiro à pior tarefa que pode haver numa campanha política: buscar doações na iniciativa privada para financiar os gastos eleitorais.

Vitoriosa a campanha, Luiz Carlos pretendeu assumir o Ministério das Relações Exteriores. Fernando Henrique recusou. Não é de seu feitio admitir que outro intelectual pudesse preencher a contento um cargo que havia ocupado. Como alternativa, ofereceu-lhe um ministério a ser criado: o da Administração Federal e Reforma do Estado.

Luiz Carlos, que acompanhava há muito tempo as mudanças da administração pública nos países industrializados, principalmente nos Estados Unidos e na Inglaterra, aceitou a tarefa. Foi um caso feliz do homem certo, no lugar certo, no tempo exato. No seu discurso de posse, disse que o funcionalismo deveria escapar do círculo vicioso de ter estabilidade, mas não se preocupar com eficiência e, em conseqüência, ter baixíssima remuneração. Rapidamente mandou para o Congresso a proposta de reforma constitucional, acabando com a estabilidade total e instituindo a avaliação do trabalho dos funcionários, que, negativa, poderia ser motivo para demissão. Foi um deus-nos-acuda.

Luiz Carlos passou os quatro anos seguintes procurando fazer com que o serviço público brasileiro se voltasse para a gestão de resultados, tendo a prestação de serviços à cidadania como meta. Um dos instrumentos que usou foi a Escola Nacional de Administração Pública (Enap), que revitalizou através da convocação de uma equipe de mulheres recrutada na FGV de São Paulo. Dezenas de milhares de funcionários foram retreinados nos cursos curtos da escola e, com a criação de um curso longo de administradores estatais, passou a formar também quadros para a alta administração. Esses novos gestores públicos são hoje disputados quase a tapa pelos ministérios.

No Brasil, tirar privilégios que alguma categoria profissional tenha é muito mais difícil que dar alguma coisa a quem não tenha nada. Os sindicatos e associações do setor público, quase todos ligados à CUT, armaram-se em guerra. Luiz Carlos virou o seu judas, a ser malhado no Sábado de Aleluia. No Congresso, a reforma do Estado acabou aprovada, mas por um único voto. O princípio da renovação de 10% dos quadros através de concursos públicos anuais, a exemplo do que é praticado no Itamarati, também foi restaurado. Afinal, ficou evidente para todos que o ministro dizia a verdade quando afirmava não ser a sua intenção prejudicar os funcionários, mas, ao contrário, valorizá-los. A reforma do Estado foi a única do período Fernando Henrique que teve princípio, meio e fim. Ao contrário das reformas da previdência e tributária, que foram deixadas para o governo Lula, ela ficou pronta e aprovada.

Uma das mais preciosas características da personalidade de Luiz Carlos Bresser-Pereira é a sua lealdade para com os amigos. Foi esse sentimento que o fez aceitar deixar o ministério que criara para assumir, novamente, a ingrata tarefa de ser o responsável pelas finanças da campanha da reeleição de Fernando Henrique Cardoso. Lembro-me de o ter aconselhado a não aceitar o encargo, que freqüentemente resulta em aborrecimentos, processos e acusações. Achava que ser leal a esse ponto a Fernando Henrique era um mau emprego da generosidade, porque o presidente não era leal a ninguém. Aliás, escrevi numa ocasião que uma das situações de maior perigo em Brasília era ser amigo do presidente da República, porque ele não hesitava em apunhalar os amigos pelas costas. Por vezes, era até a origem de boatos maldosos contra amigos de quem queria livrar-se, fornecendo notícias a redatores de colunas que depunham contra ocupantes de cargos de confiança, num processo que em Brasília chamam de "fritura".

Luiz Carlos não ligou para os meus conselhos. Aliás, conselho é algo que realmente prefere dar a receber. Cumpriu as suas obrigações de tesoureiro de campanha com a exatidão, transparência e honradez que coloca em tudo o que faz e, vitorioso na eleição, o presidente convidou-o para o Ministério da Ciência e Tecnologia.

A passagem de Luiz Carlos pelo MCT foi rápida: poucos meses. Mas foi o suficiente para que tomasse uma medida fundamental para o futuro da ciência e tecnologia no país: a regulamentação dos fundos setoriais, que garantem o financiamento plurianual das pesquisas em vários setores estratégicos – petróleo, energia elétrica, telecomunicações, transporte, recursos minerais, atividades espaciais, saúde e outros. O Fundo Verde e Amarelo, chamado de Fundão, recebe um pequeno percentual de cada um dos demais, podendo ser aplicado com maior liberdade, inclusive na busca de redução das desigualdades regionais. Eles estimulam ainda a parceria entre as universidades e o setor privado. Um dos gargalos no desenvolvimento tecnológico do Brasil é o difícil repasse do conhecimento gerado nas universidades para a cadeia produtiva.

Por pouco que tenha sido o tempo de Luiz Carlos Bresser-Pereira à frente do Ministério da Ciência e Tecnologia, nele pôde exercer as qualidades que trouxe para a vida pública: transparência na aplicação dos recursos, tolerância e democracia nos debates que promoveu, preocupação com a injustiça das desigualdades entre as regiões do país, criatividade na busca de recursos e, ainda, sua caudalosa generosidade para com o ser humano.

Essas qualidades é que o fazem interessar-se pela aquisição e transmissão de conhecimentos e pelo trabalho intelectual, que é a atividade que mais preza e que o coloca entre os grandes pensadores da ciência política e da economia no mundo.

Mestre Bresser

EVELYN LEVY

Em outros capítulos deste livro, o leitor encontrará análises das múltiplas dimensões para as quais Bresser-Pereira contribuiu através de suas idéias, seus escritos, suas lutas políticas. Aqui quero tratar do modo pelo qual ele tem "construído pessoas", ou colaborado nesse propósito. A essa atividade tem-se dedicado há mais de quatro décadas, ininterruptamente; na Escola de Administração de Empresas de São Paulo/FGV, principalmente, mas também na USP, ou em Paris, na École des Hautes Études en Sciences Sociales. Podemos assim inferir que mais de 5 mil pessoas passaram por suas aulas. Orientou 35 teses já defendidas, sem contar as inúmeras bancas das quais tem participado e as dissertações de estudantes brasileiros e estrangeiros, a que, de algum modo, deu sua colaboração.

Perguntei a alguns de seus pupilos que lembranças guardavam de sua relação com o Mestre Bresser.[1] Para eles, assim como para mim, o professor

---

[1] Meus especiais agradecimentos a Yoshiaki Nakano, Nelson Marconi, Marianne Nassuno e Ângela Santana.

cumpriu um papel que foi muito maior do que se espera. A muitos de seus alunos ele incentivou a superação de limites, que cada um julgava ter, fazendo-os realizar conquistas muito além do ponto em que seus sonhos se projetavam.

A postura radicalmente democrática e aberta, a todas as correntes de pensamento, permite que a busca de conhecimento de seus alunos tenha o caráter universal que a ciência exige. "Minha formação é eclética," diz ele, "mas estou convencido de que esta é a melhor forma de compreender um mundo tão complexo e contraditório como aquele em que vivemos. Minha visão de mundo admite a concomitância de vários pontos de vista, que permitem sínteses, não uma única síntese. Que levam a modelos que não têm caráter *ad hoc*, mas não arrogantes a ponto de pretender uma visão única e sistemática da realidade econômica, social e política de que fazemos parte."[2]

A permanente provocação dentro da sala de aula, atiçando a audácia e a criatividade, atualiza a maiêutica socrática. Em contrapartida, pacientemente recebe as críticas e dissensos que esses jovens lhe colocam no caminho. Assim os faz crescer, transferindo-lhes parte da responsabilidade da construção do conhecimento, reconhecendo-lhes a contribuição. Estabelece, pois, uma troca constante, em que aponta para múltiplos caminhos, por vezes ainda pouco nítidos ou completamente esboçados, e se deixa desafiar, escutando argumentos sobre aspectos não inteiramente examinados.

A riqueza da experiência não se restringe a esse diálogo entre professor e alunos, pois com freqüência o Mestre vai incluindo novos subsídios de outros intelectuais que participam pessoalmente dessa busca.

Não há lugar para acomodamento: a procura do melhor padrão, do padrão internacionalmente reconhecido, é uma constante. Não necessariamente o *mainstream,* mas a qualidade intelectual reconhecida.

Sua curiosidade contagiante e polivalente incita os que com ele convivem. De cinema a psicanálise, de literatura a informática, de música às artes plásticas, à língua italiana ("para poder ler o Bobbio no original"), todos

---

2 Bresser-Pereira. Influências e contribuições. *Revista de Economia Política,* v. 20, n. 1, jan. 2000.

têm, ou já tiveram, espaço em sua agenda. A curiosidade se estende para o novo no mundo, uma espécie de encantamento com as coisas, idéias, mas, sobretudo, com as pessoas. Os alunos sentem o prazer que lhe provoca sua convivência. O Mestre vai assim educando pelo exemplo e pelo que enxerga de potencial em seus discípulos, "inventando" para eles possibilidades que eles não são ou foram capazes de ousar.

Entre os alunos que procurei, nenhum deixou de se referir a sua imensa generosidade: dando de seu tempo, preocupando-se com os lados profissional e pessoal, abrindo portas, estimulando o crescimento e a auto-estima. Todos aqueles que desejaram desenvolver-se sempre encontraram nele o interesse e o apoio.

O lado lúdico vai aos poucos também se interpondo nessas relações. Esse foi, por exemplo, o espírito que dominou a experiência do Ministério da Administração Federal e Reforma do Estado, durante a qual juntou a seu redor um punhado de ex-alunos e um conjunto de jovens profissionais, para a grande construção intelectual da reforma da gestão pública no Brasil. Ao mesmo tempo em que foram sendo enfrentados os enormes desafios de transformação da máquina pública, predominava na equipe de Bresser um corajoso espírito empreendedor e a certeza de estar participando de uma oportunidade única. Aí também, as tarefas cotidianas de implementação da reforma levavam a permanentes reavaliações, a recorrentes tentativas de conhecer melhor o objeto que estávamos tratando. Bresser foi então, ao mesmo tempo, ministro e professor.

Essa talvez seja a fascinante combinação que Bresser propicia a seus alunos: a de transitar pelo que é grande, exige profunda reflexão e responsabilidade, para em seguida perceber que se chega a esse lugar passando pelo que é ordinário e exige meticulosa disciplina. Seus orientandos recebem sugestões de excelente literatura, mas também podem ser aconselhados a como fazer seus *templates* para o texto. Ao participar de uma banca de doutorado, pode-se esperar que Bresser terá sua argüição escrita e impressa, o que nem sempre é a regra.

Os cuidados vão-se desdobrando. "O que vocês fazem do seu tempo? Que preocupação têm a respeito dele?" – perguntou-nos ele, certa vez em que almoçávamos em Salvador, depois da discussão de um de seus livros sobre a reforma.

Sua franqueza, seu otimismo, sua coragem são fontes permanentes de inspiração para os alunos e "discípulos". Seu zelo pelo interesse público, pela democracia, pelo debate público, pelo desenvolvimento do país, pelo envolvimento ativo dos cidadãos para a criação de um Brasil estruturalmente diferente daquele que herdamos, produz, entre os que o rodeiam, a renovação de compromissos com o tempo em que vivemos. Quando se referiu a seu próprio futuro, na conferência de 1999,[3] assim o definiu: "O objetivo será sempre o mesmo: fazer análises, desenvolver teorias e explicações que nos ajudem a entender o mundo em que vivemos e implementar políticas, ao nível de Estado e da sociedade civil, que ajudem a torná-lo melhor – menos autoritário, menos injusto, menos marcado pela pobreza e o privilégio. Ou, se quisermos, como prefiro, uma perspectiva mais otimista: mais livre, mais igual, mais desenvolvido, mais pacífico".

Construir pessoas hoje. Fazer delas cidadãos responsáveis por mudanças. Ampliar nelas a compreensão do mundo em que vivemos. Capacitá-las a viver plenamente suas próprias vidas. Encorajá-las a tornar realidade seus ideais. Mestre de mestres. Mestre.

---

[3] Bresser-Pereira. Influências e contribuições. *Revista de Economia Política*, v. 20, n. 1, jan. 2000.

Depoimento de Abílio Diniz aos organizadores*

Como foi que o senhor conheceu o Bresser?

Abílio Diniz – Eu conheci o Luiz Carlos através do Sylvio Luiz, irmão dele. Fui colega do Sylvio na segunda turma da FGV/Eaesp, quando o Luiz Carlos estava fazendo o mestrado nos Estados Unidos, para ser professor da FGV. Eu estava sempre junto com o Sylvio, éramos colegas e amigos. Quando o Luiz Carlos voltou, eu o conheci e nos tornamos amigos – isso foi no final dos anos 1950 – e, quando foi em 1963, o Luiz Carlos veio trabalhar na empresa. Começou inicialmente a trabalhar comigo, dando uma assessoria em propaganda, mas depois eu fiz a ele um convite mais formal, para que realmente passasse a fazer parte da diretoria da empresa, que era muito pequena naquele tempo. O Luiz Carlos teve uma importância muito grande ali. Eu sempre considerei que os três pilares básicos dessa companhia, ou de qualquer boa companhia, devem ser: uma sólida estrutura de capital, domínio total da tecnologia e gente. E, no que diz respeito ao domínio de

---

* Abílio Diniz é empresário, presidente do Conselho de Administração do Grupo Pão de Açúcar.

tecnologia, o Luiz Carlos me ajudou muito no sentido de adquirirmos *knowhow* sobre o nosso negócio. Fizemos inúmeras viagens ao exterior, isso era uma constante nossa, sempre tentando descobrir coisas novas, tentando ter idéias diferentes para aplicar aqui na empresa. Na realidade, considero o Luiz Carlos a pessoa mais importante, junto comigo, na criação dessa empresa. Trabalhamos quase 20 anos juntos, de 1963 a 1982, quando ele deixou de ser executivo da empresa para ir trabalhar com o governador Franco Montoro.

Foi importante para o senhor a passagem pela Fundação Getulio Vargas?

Abílio Diniz – Sem dúvida nenhuma, foi fundamental. O Curso de Administração de Empresas que fiz na Escola de Administração de Empresas de São Paulo me marcou muito. Eu fiquei apaixonado pela escola, pelos professores americanos que nós tínhamos naquela época. Tanto que, quando terminei a FGV, as possibilidades de emprego não eram muito grandes e eu não queria continuar trabalhando no negócio que o meu pai tinha iniciado na doceria, eu estava absolutamente decidido a ir para a Michigan State University. Eu ia fazer o mestrado, talvez até um doutorado e me tornar professor, seguir a carreira intelectual. Mas então, nessa época, o meu pai teve a idéia de abrir um supermercado, e eu encontrei ali uma real possibilidade de fazer alguma coisa diferente, alguma coisa que me realizasse, que me desse prazer e acabei não indo para Michigan. Só fui para Michigan mais tarde. Fui estudar nos Estados Unidos já bem mais tarde, em 1965, não para fazer um curso de mestrado como queria, mas para estudar um pouco de economia e também marketing.

Quais as influências recíprocas, em que o senhor acha que influenciou o Bresser e vice-versa?

Abílio Diniz – Acho que nós fazíamos uma dupla excelente, porque o Luiz Carlos foi sempre muito mais teórico, sempre foi muito mais de pesquisar, de planejar, e eu, ao contrário, sou mais prático, mais objetivo. Nisso, nós formamos uma dupla excelente, juntando as características de cada um dos dois e trabalhando realmente muito, muito bem, durante praticamente 20 anos.

DEPOIMENTO DE ABÍLIO DINIZ AOS ORGANIZADORES

O Bresser sai do grupo em 1982, como o senhor registrou, e vai para uma atividade mais política e de economista. Como o senhor vê essa trajetória dele?

Abílio Diniz – Olha, o Luiz Carlos sempre foi um intelectual. Mesmo aqui, nesses 20 anos em que trabalhou comigo, ele nunca deixou de escrever, nunca deixou de pesquisar, nunca deixou de estudar, nunca deixou de dar cursos, nunca deixou de dar aula. Tanto que, no nosso acerto de trabalho, nós já sabíamos disso desde o começo – ele tinha o seu espaço de tempo para isso. Realmente ele sempre foi voltado para os estudos de economia e também muito voltado para o social. O Luiz Carlos sempre foi, e nós aqui percebíamos, um grande intelectual. Depois é que ficou conhecido nacionalmente. No começo, quando foi para o governo Montoro, ele foi inicialmente como presidente do Banespa. Foi o primeiro cargo que ele teve na administração pública. Nessa época, eu tinha muito mais evidência do que ele na parte econômica e política do país, eu estava muito mais engajado, muito mais envolvido. Eu tinha sido convidado, desde 1979, pelo Mario Henrique Simonsen, para ser membro do Conselho Monetário Nacional e nunca quis ter nada mais do que isso, ser mais nada do que isso no governo. Mas isso me deu uma oportunidade de agir politicamente, de estudar ainda muito mais economia, de exercer realmente a minha atividade como membro do conselho e, evidentemente, você acaba tendo uma atividade política, e eu tive muito mais projeção do que ele naquela época. Circulava por Brasília muito melhor do que o Luiz Carlos. Durante a década de 1980 eu passei quase tanto tempo em Brasília quanto aqui em São Paulo. Em 1987, quando o Luiz Carlos foi convidado e aceitou substituir o Dílson Funaro no Ministério da Fazenda, foi curioso, porque eu conhecia muito mais do ministério do que ele – as pessoas, as gavetas, os móveis, as salas, as coisas todas (risos). Vivi um período bastante próximo a ele nessa época também. Foi um período curto, uns sete, oito meses – ele não ficou muito tempo como ministro da Fazenda –, mas foi uma experiência interessante, foi uma experiência boa. Acho que o Luiz Carlos sempre teve essa vocação, eu o considero mais do que um economista, ele também é um bom político, um bom articulador.

Depois da passagem pelo Ministério da Fazenda, ele volta a colaborar no Pão de Açúcar, não é?

Abílio Diniz – Depois dessa experiência do Ministério da Fazenda, o Luiz Carlos teve uma oportunidade muito importante de nos ajudar aqui. Nós tivemos a crise justamente quando eu retornei de Brasília, no final de 1989, e nós tivemos uma crise muito forte em 1990. O Luiz Carlos me ajudou muito nisso, esteve presente comigo, sem ser um executivo dentro da companhia, mas esteve presente dando idéias, ajudando, teve uma participação extremamente ativa e importante nesse momento da crise e no início da reconstrução. Ele teve uma participação realmente muito importante. Foi o principal articulador e negociador entre mim e a minha família, para que nós realmente puséssemos um fim àquela situação de conflito em que vivíamos, e o Luiz Carlos negociou e seguiu junto até a assinatura do contrato. Solução que se deu em janeiro de 1994. Assim, veja só, o Luiz Carlos teve uma participação extremamente importante na, vamos dizer assim, criação do "primeiro" Pão de Açúcar. Existem dois Pão de Açúcar; existe o primeiro que nós fizemos, e existe aquele que nós fizemos renascer praticamente das cinzas, e o Luiz Carlos teve uma participação extremamente importante na construção do Pão de Açúcar, na crise e na reconstrução. E, mais do que na reconstrução, teve uma participação muito importante na negociação para terminar com o conflito da família, isso é muito importante. Então a história do Luiz Carlos é extremamente interligada com o Pão de Açúcar, e eu, além de ser seu amigo, lhe sou grato por todo o sucesso que ele teve aqui dentro, sucesso em prol dessa companhia.

Nessa primeira fase, de "criação" do primeiro Pão de Açúcar, em que áreas ele atuou mais?

Abílio Diniz – Como disse, o Luiz Carlos entrou como consultor na área de publicidade e marketing. O Luiz Carlos trabalhava, nessa altura, como publicitário e ele entrou me assessorando. A empresa era muito pequena naquela época, era uma empresinha de uma loja só, e ele entrou me assessorando em marketing e publicidade, especificamente publicidade, que era do que ele mais entendia. Depois a empresa abriu a segunda loja, e ele

DEPOIMENTO DE ABÍLIO DINIZ AOS ORGANIZADORES

continuava cuidando da parte de publicidade e marketing. Posteriormente é que nós o nomeamos diretor administrativo. Ele passou a ser um diretor estatutário, aí já com, não me lembro exatamente, parece com cinco, seis lojas, ele passou a diretor administrativo da empresa e aí foi diretor sempre, quer dizer, até 1982 quando ele deixou a companhia. Foi um excelente diretor administrativo, nós sempre tivemos as nossas coisas muito bem-arrumadas, ele introduziu aqui os primeiros sistemas de informação. A primeira parte de tecnologia de informação foi iniciada pelo Luiz Carlos. Não que fosse um especialista nisso, mas foi sob sua orientação que isso aconteceu, essa foi sempre a área dele. Eu cuidava da parte operacional comercial e o Luiz Carlos cuidava da parte administrativa, nós estávamos sempre juntos na busca de *know-how*, na busca de mais tecnologia, nós estávamos sempre juntos.

Uma coisa interessante na trajetória de vocês dois, fora a competência específica de ambos, é o fator sorte. O senhor falava agora da reconstrução, que ressurgiu das cinzas, então houve um momento na história do grupo em que, o senhor me corrija se eu estiver errado, se não fosse a venda da loja em Portugal, o grupo sucumbiria, não?

Abílio Diniz – É verdade, mas não atribuo isso ao fator sorte, eu inclusive gosto muito da frase "quanto mais eu trabalho, quanto mais eu treino, mais eu tenho sorte", quer dizer, isso foi uma decisão. Foi uma decisão tomada por consenso. Eu precisava, vamos dizer assim, extinguir completamente o passivo remanescente da crise e, por outro lado, eu precisava ter uma companhia forte no sentido de poder fazer a negociação com a minha família, então nós decidimos fazer a venda de Portugal, coisa que eu acabei depois fazendo melhor ainda do que vender, eu fiz um MBO, um *management buyout*, em que eu continuei participando da companhia e da administração, mas trouxemos os recursos necessários para a capitalização da empresa no Brasil. Mas isso eu não atribuo ao fator sorte, atribuo realmente ao nosso planejamento estratégico, quer dizer, nós decidimos que esse era o caminho. Também não gosto da palavra azar. Evidente que a crise se manifestou em 1990, no governo Collor, mas eu não posso, até gostaria, mas não posso culpar o governo Collor pela crise da companhia. Quer dizer, a companhia estava frágil e, em um confronto com uma realidade totalmente adversa, ela mostrou a sua fragilidade e entrou em crise....

Se isso não acontecesse, se a conjuntura econômica do país não fosse tão adversa naquele momento, provavelmente a crise ocorreria um pouco mais à frente...

Abílio Diniz – Sem dúvida, de uma forma ou de outra, maior ou menor, ela sempre mostraria sua face. Talvez não com tanta força, porque quando retornei à empresa, no final de 1989, a primeira coisa que eu fiz foi iniciar um plano de reestruturação, porque tinha a total noção da sua fragilidade. Se não tivessem acontecido condições conjunturais econômicas tão difíceis como as de 1990, talvez eu tivesse tempo de preparar melhor a empresa para um confronto com uma realidade mais difícil, mas a crise veio logo, a conjuntura adversa veio logo no início de 1990, e aí a empresa não suportou.

Curioso, o fato de o Bresser ser um intelectual poderia atrapalhar a administração de uma empresa, não é?

Abílio Diniz – Mas não foi o caso, porque eu acho que nós fazíamos uma boa dupla. O Luiz Carlos é um intelectual, mas o Luiz Carlos é muito inteligente (risos). O Luiz Carlos é astuto, ele coloca um pouco de pragmatismo também nas coisas que faz, tanto que teve sucesso depois também no governo, como ministro da Administração. Foi um belo ministro, enfim, desempenhou bem o seu papel. O difícil seria se ele fosse um intelectual alienado do mundo, mas isso ele nunca foi, sempre foi "pé no chão", sempre firme nas suas coisas, sempre olhando em volta, sempre olhando a realidade, e não uma pessoa alienada da vida real. O Luiz Carlos é assim de extremo bom senso, o bom senso do Luiz Carlos é realmente muito importante. Eu tinha sempre muitas conversas com o Luiz Carlos, ele era um bom *sparring* para "bater bola", como a gente diz, para colocar idéias e ele censurá-las, ou até às vezes aplaudi-las. E acho que isso também foi uma característica dele que fez com que nós formássemos uma dupla tão boa – eu usava muito o Luiz Carlos como meu *sparring* até porque nós somos diferentes, então eu exercitava idéias com ele, para que ele assessorasse ou até viesse a apoiar, e depois apontar os pontos críticos e os pontos fortes ou fracos.

O senhor é considerado, por muitos, um dos maiores especialistas em varejo do mundo. O Pão de Açúcar teve essa iniciação com êxito em Portugal que o senhor acabou de narrar. Estrategicamente a saída foi calculada, mas o grupo não pensa em, no futuro, eventualmente retornar à essa inserção externa?

Abílio Diniz – Não, o Brasil é um país muito grande, o espaço que temos aqui no Brasil é realmente enorme e hoje nós somos muito mais focados. Quando você vai para outro lugar, para outro país, para outra cidade, quando vai instalar o seu negócio, você pergunta o seguinte: o que eu vou levar de novo, o que eu vou levar de importante, o que eu posso fazer melhor? Quando fomos para Portugal, nós sabíamos que estávamos levando inovações para lá. Portugal estava na "idade da pedra" em matéria de distribuição de alimentos, Portugal não tinha sequer um real supermercado, nada. Então havia espaço para nós. Aquilo não foi uma aventura do tipo "olha, meu pai é português, eu vou abrir uma loja em Portugal". Aquilo foi algo muito concreto. Realmente meu pai recebeu um convite, de um secretário de Estado do governo de Portugal, para que se estudasse o mercado português, e eu fui para lá. As coisas aconteciam, meu pai tinha as idéias e depois eu ia lá para fazer. Eu fui para lá e fiquei realmente espantado com as possibilidades que existiam para se implantar um negócio de supermercados, um negócio de auto-serviço no país. E foi o que nós fizemos e deu extraordinariamente certo, só que hoje praticamente não existe país no mundo que já não esteja ocupado nesse mundo global. Então eu acho que, como nós temos muito espaço aqui no Brasil, nem mesmo a América do Sul faz parte dos nossos planos.

Uma coisa interessante, dr. Abílio, é que, no processo de abertura da economia brasileira, tanto o setor bancário quanto o setor de autopeças – Metal Leve, por exemplo, que é uma empresa sofisticada com unidades até nos Estados Unidos, Cofap, uma companhia fabricadora de peças – foram engolidos, e vocês conseguiram uma parceria, com *joint venture* com o grupo Casino, bastante sofisticada, quer dizer, vocês continuavam com o controle, venderam bem a parte que foi vendida, quer dizer, isso também não foi sorte, foi planejamento?

Abílio Diniz – Desde que abrimos o capital em 1995, pensávamos em ter um parceiro estratégico que nos pudesse até agregar mais tecnologia. Aí descobrimos que, nesse negócio de tecnologia, hoje com o mundo dos consultores e tudo mais, você tem a tecnologia que quiser, disponível dentro de casa na hora em que você quiser. Mas nós não abandonamos a idéia do parceiro estratégico. Aí, todo mundo conversa com todo mundo, e começamos a conversar com o Casino. E se desenvolveu essa idéia de fazer uma associação com eles. Nós já fizemos em 1999 e agora, no final de 2003, estamos satisfeitos com essa parceria que temos com eles.

O Luiz Carlos está hoje no conselho da empresa, não é?

Abílio Diniz – O Luiz Carlos está no conselho da empresa desde que nós formalizamos o conselho. Desde que fizemos a abertura de capital, formamos o conselho, e o Luiz Carlos foi um dos primeiros conselheiros a serem nomeados para a empresa. Hoje, o conselho já é maior, tem cinco economistas no conselho, e eles às vezes promovem debates acadêmicos no conselho, em detrimento dos negócios da companhia (risos). Mas é sempre interessante a gente observar. Outro dia, o Luiz Carlos debateu muito com a Maria Silvia Bastos Marques e foi divertido. Mas, enfim, nós temos um belo conselho e o Luiz Carlos sempre contribui com ele. E hoje, além do conselho, nós temos comitês. Com essa nova governança corporativa que nós implantamos, eu já não sou mais o presidente executivo. O presidente executivo é o Augusto Cruz, eu sou o presidente do conselho. Nós criamos comitês no conselho: temos um comitê de finanças, um comitê de marketing, um comitê de auditoria e um comitê executivo do conselho, que é um comitê mais voltado para o controle das contas. Assim, é o comitê executivo do conselho que praticamente controla toda a empresa no que diz respeito às contas operacionais. Ele se aprofunda nas contas da empresa e depois relata para os demais conselheiros, e o Luiz Carlos faz parte desse comitê executivo.

Como é que o senhor vê o grupo nos próximos 20 anos?

Abílio Diniz – Olha, a nossa idéia é continuar crescendo, nossa idéia é continuar criando empregos e eu espero que consigamos fazer isso aqui dentro do Brasil, criando mais e mais empregos.

A mídia de vez em quando especula: eventualmente o Abílio Diniz vende o resto da participação para o grupo Casino. Isso é totalmente descartável?

Abílio Diniz – Nada é totalmente descartável na vida (risos). Mas não é o que consta dos nossos planos. Nosso plano é continuar a crescer, eventualmente melhorar essa parceria, fazer mais coisas, fortalecer ainda mais a empresa, essa é a nossa idéia.

Entrevista com Fernão Bracher*

Este seu conhecimento do professor Bresser vem de muito tempo, não é?

Bracher – Vem do curso colegial, da Ação Católica. Eu estava no Colégio Bandeirantes e ele, no São Luiz. Ficamos amigos na Juventude Estudantil Católica (JEC) e continuamos na faculdade de direito. Estávamos sempre no Convento dos Dominicanos, que era realmente um celeiro de pensamento, e o Bresser, apesar de ser dos jesuítas, compartilhava das idéias discutidas com os dominicanos. Hoje, sem nenhuma agressividade, ele está fora da Igreja. Naquele tempo, trabalhava no jornal *O Tempo*, de seu pai. Morava no Pacaembu e fazia faculdade de direito. Acho que, em parte, ele deve ter feito à noite. Depois arrumou uma bolsa de estudos, casou-se e foi para os Estados Unidos. Eu sou mais moço que ele alguns meses.... (risos). O Luiz Carlos e eu somos muito amigos até hoje. Somos compadres, reciprocamente. Ele é padrinho de meu filho e eu sou padrinho da filha dele.

---

* Depoimento a Yoshiaki Nakano e José Marcio Rego. Fernão Bracher é banqueiro, presidente do BBA-Itaú.

E vocês, de alguma forma, concorriam, disputavam alguma coisa?

Bracher – Não, não disputávamos. Ele disputava com o colega com quem estudava, o Manoel Gonçalves Ferreira Filho, o Maneco. O Maneco é catedrático de direito constitucional no largo de São Francisco, foi vice-governador. Ele sempre foi intrinsecamente conservador. Casou-se bem, doutorou-se na França, trabalhou com o Buzaid no Ministério da Justiça. Depois o Paulo Egydio Martins o levou para ser vice-governador. O Paulo Egydio tinha ambições públicas presidenciais e queria um jurista formulador político com ele. É uma belíssima cabeça, sempre conservadora. Os dois seguiram caminhos diferentes.

O senhor se forma em direito e logo começa a trabalhar em banco?

Bracher – Não. Eu me formo em direito, ganho uma bolsa de estudos para a Alemanha e passo lá dois anos e meio. Volto para o escritório em que eu estava antes, que era o escritório do Pinheiro Neto. Trabalhei lá mais um pouco, então fui convidado e aceitei entrar para a área internacional do Banco da Bahia, um banco comercial. Saí de lá quando o Banco da Bahia foi adquirido pelo Bradesco. Fui então convidado para ser diretor da área internacional do Banco Central, onde fiquei durante cinco anos, de 1974 a 1979. Depois de 1979 fui para a Companhia de Seguros Atlântica Boa Vista, que, de novo, se juntou ao Bradesco. Convidaram-me novamente para lá. Eu abri a agência deles em Nova York, em 1982; era responsável pela área internacional do Bradesco, na qualidade de vice-presidente.

O que o senhor registra do fundador do Bradesco, Amador Aguiar?

Bracher – O Amador Aguiar era um artista, pegava a coisa pelo cheiro, e representava. Gostava de encenações, fazia o tipo, aquelas festas do Bradesco com banda de música no Dia de Ação de Graças. Ele realmente tinha o dom da encenação pessoal, planejada, da direção de homens. Era uma pessoa extraordinária como criador e manipulador de mitos. Junto com tudo isso, era exímio bancário, dotado de grande capacidade de trabalho, perspicácia negocial e ambição. Extraordinário.

O senhor teve uma primeira participação no governo federal na diretoria do Banco Central nos anos 1970, quando o dr. Paulo Lira era presidente da instituição. Pediríamos que o senhor começasse falando um pouco desse período, para depois relatar sua experiência como presidente do Banco Central, na época do Dílson Funaro, e a seguir, como assessor especial, quando Bresser-Pereira era ministro da Fazenda.

Bracher – Deixe-me voltar um pouco no tempo. A economia brasileira experimentou uma liquidez muito grande, originada do grande fluxo de capitais vindo da guerra do Vietnã. Os Estados Unidos emitiram muito e criaram um imposto especial, com o fim de evitar a volta do dinheiro para lá, para não haver impacto inflacionário. Havia então uma penalidade ao dinheiro que voltasse para os Estados Unidos. Foi quando se criou o euromercado. Ao final desse período, nova onda de concentração de recursos. A guerra do Yon Kippur, em meados do segundo semestre de 1973. A primeira grande crise do petróleo (o preço foi de US$3 para US$12 o barril), o que acarretou concentração de liquidez enorme nos países produtores de petróleo e, por conseqüência, no sistema bancário, criando a necessidade da reciclagem dos petrodólares. Os bancos comerciais internacionais fizeram essa reciclagem. No Brasil, nós tínhamos o câmbio inteiramente controlado. Havia o controle do perfil da dívida externa, de modo que entrava só dinheiro com vencimento fixo. A idéia era um bom perfil da dívida externa mais reservas altas; com isso, se lograva um endividamento responsável e o desenvolvimento. Mas acreditaram em um Brasil fechado e se esqueceram de manter uma taxa de câmbio adequada, que não se tornasse valorizada. Realmente, eu acho que fiz o que pude para melhorar a taxa de câmbio, mas o resultado só veio parcialmente em fins de 1978, quando se anunciou uma aceleração das minidesvalorizações.

O Simonsen saiu porque tentou segurar o crescimento e aí vieram as pressões?

Bracher – Sim, em 1979 o Simonsen queria controlar o crescimento para alguma coisa em torno de 4 a 5%. Era o desaquecimento necessário diante do excesso de demanda interna e da situação internacional desfavorável. A Fiesp não aceitou, aliou-se ao ministro da Agricultura da época, que era o Delfim, e Simonsen saiu.

O dr. Sardinha, lembram daquele personagem do Jô, meu negócio é número! Foi a 8% depois.

Bracher – Pois é, eu fiquei mais agoniado ainda em 1980, porque estava claro que ele ia levar o país à crise, e aí, sim, é que houve o grande estelionato eleitoral. Ele não podia mexer, porque ia ter eleição no final do ano... Realmente, ele fez o contrário do que se devia fazer. Incrível, um homem de sua capacidade, ter-se enganado tanto.

Aliás, é bom o senhor dizer isto, porque é até pouco analisado, com exceção do Bresser, em *Desenvolvimento e crise no Brasil*, e de Antonio Barros de Castro, que fala das conseqüências do segundo delfinato no livro *A economia brasileira em marcha forçada*.

Bracher – Depois de 1982, ele mudou. Em agosto de 1982, o México se encontrava na situação de não poder honrar seus compromissos financeiros. Logo ficou claro que a política dos bancos internacionais era separar o Brasil do México. Inclusive dar empréstimo-ponte para o Brasil, fazer alguma coisa para nós, pois duas crises ao mesmo tempo, Brasil e México, deixavam a situação muito perigosa. Em 1983, fizemos a nova desvalorização de 30%; aí, sim, começamos a acertar. Feito isto e controlada a política fiscal, conseguiu-se uma desvalorização real. Mas aí a inflação pulou para 200%. No Geisel, a inflação ficou por volta dos 30%.

Na verdade, em 1979, a dívida externa pública era pequena. Tínhamos muita reserva.

Bracher – Se não me engano, nós tínhamos US$13 bilhões de reservas e, se bem me lembro, a dívida líquida total da economia brasileira era de US$19 bilhões em dezembro de 1978. A taxa de juros do Paul Volcker mais o nosso déficit em transações correntes foram o começo de tudo. A dívida externa saiu do controle.

Muitos economistas colocam o seguinte: todo o fluxo de capital de países como o Brasil seria determinado fundamentalmente por fatores externos, relacionados com a política monetária norte-americana, com a taxa de juros deles, o déficit em transações correntes. Nós estaríamos sujeitos a ciclos de *boom*, quando a dívida sobe excessivamente em algum momento. Em seguida, vem a reversão súbita e, mesmo que a situação real do país não estivesse tão má, acaba indo obrigatoriamente para a moratória. Isto bate com a sua percepção?

Bracher – Não. Sem dúvida, estamos em um mundo globalizado e a influência dos países centrais é muito grande. E isso seja no que concerne aos fluxos de comércio, como no que se refere às correntes financeiras. Entretanto, um país com a economia do nosso tamanho, um mercado interno das dimensões do brasileiro e com um comércio exterior diversificado em países parceiros e produtos exportados, tem condições para não ser totalmente determinado pelos países centrais. Já o Uruguai, por exemplo, é mais vulnerável. Se o Brasil e a Argentina entram ao mesmo tempo em dificuldade, esse país terá certamente um tempo difícil. Nosso problema é ter as políticas, o modelo certo.

O problema é que adotam um modelo errado.

Bracher – O modelo nunca reproduz com exatidão a realidade. É o que diziam os antigos: o papel é indulgente. Então, acho que é um pouco o que você falou no seu artigo, temos de usar tudo o que sabemos e mais alguma coisa, que é o que faz da economia uma política. Ao modelo feito com todo rigor lógico e científico, deve ser acrescentada a interpretação, com base no bom senso e sensibilidade da realidade do país e das expectativas passíveis de serem criadas.

E o Bresser?

O Bresser foi um abridor de caminhos. Hoje tudo parece fácil e, de certa forma, natural. É como quando se vai hoje de São Paulo para Santos: é difícil imaginar o que era o caminho da serra do Mar há 200 anos. O tempo passa depressa e perde-se a noção dos estados de espírito.

A crise financeira internacional estourou em agosto de 1982, com o México impossibilitado de pagar. Antes, na primeira metade do ano, com a invasão das Malvinas, o ambiente já se mostrava muito difícil. Nós, que estávamos em crise disfarçada desde 1980, periclitamos. Houve um esforço coletivo de todo o *establishment* financeiro internacional para evitar a quebra concomitante do Brasil. Logo depois, porém, ficou clara a nossa impotência. O governo brasileiro reagiu com uma forte desvalorização e contenção fiscal, mas a situação continuou difícil. Estava instalada a crise financeira internacional dos anos 1980, tão danosa para a América Latina.

Era uma crise diferente. A dívida não era representada por *bonds*, como nas crises financeiras anteriores, mas por créditos bancários. Esse detalhe era de grande importância técnica: o *bond* é um título negociável, com cotação em bolsa e, normalmente, espalhado por uma miríade de portadores. Portanto, na inadimplência, o prejuízo é diluído pelos muitos portadores e há regras claras para a sua contabilização: valor de mercado. Já no caso da crise dos anos 1980, a concentração dos créditos nos bancos (em montantes expressivos, por volta de apenas uma centena) era fruto da reciclagem dos petrodólares. Portanto, o risco não estava diluído e as normas de contabilização não eram claras, ou, pelo menos, permitiam de início uma interpretação mais benigna. Com o passar do tempo, porém, tornou-se impossível não obrigar os bancos a reconhecerem contabilmente a menor qualidade desses créditos. De qualquer forma, estava claro que o sistema bancário dos principais países centrais estava ameaçado. Se as regras contábeis fossem seguidas com rigor, haveria grandes prejuízos nos principais bancos, com todos os problemas de capitalização daí decorrentes, inclusive e possivelmente quebras e pânico.

No Brasil, a dívida externa, na sua quase totalidade, havia se tornado pública, pela circunstância de as autoridades terem determinado que, quando do vencimento de uma dívida privada, o devedor depositasse a contrapartida em moeda nacional no Banco Central, que assumia a dívida para com o credor externo. Ainda no nosso caso, a situação se complicava extraordinariamente pela declaração de moratória, em fevereiro de 1987.

É nesse contexto que o Luiz Carlos assume o Ministério da Fazenda. O Plano Cruzado havia fracassado e o país estava em situação de confronto com a comunidade financeira internacional. No plano externo, aquele no qual colaborei, havia um desalento geral pelo decurso do tempo e a nossa moratória e a necessidade de implementar as regras de boa prática bancária. Os bancos teriam de reconhecer as perdas e, com isso, não poderiam refinanciar os juros, que tecnicamente são "dinheiro novo".

É nesse cenário que o Bresser se põe a pensar e propor novas soluções. E as idéias vão no sentido de securitização, isto é, transformar a dívida em títulos negociáveis, reduzir a dívida e atenuar a vinculação entre essas medidas e a supervisão do FMI e do Banco Mundial. A securitização era idéia nova. A primeira reação a uma idéia vinda de um país em moratória não foi boa e o Luiz Carlos pagou o preço caro do inovador.

Um dos pontos mais sensíveis do *establishment* é que, em hipótese alguma, eles aceitariam qualquer solução unilateral. Essa é até hoje uma posição de princípio do sistema. Qualquer modificação de regras tem de ser consensual. A adoção de uma proposta vinda do devedor em moratória declarada tinha o sabor de fraqueza. Portanto, foi necessário plantar a idéia, sofrer a recusa e deixar, em um segundo tempo (que veio logo depois), que a idéia voltasse quase como sendo dos credores. E, de fato, foi a securitização que resolveu o impasse e, mais tarde, inclusive possibilitou uma marginal redução da dívida, através da combinação do prazo e taxa de juros.

Esse mérito do Bresser é pouco reconhecido. Ele plantou e os outros, todos nós, colhemos.

O senhor trabalhou com dois expoentes da Fundação Getulio Vargas, o Mario Henrique Simonsen, do Rio, e o Bresser, de São Paulo. O que poderia destacar que eles tenham de parecido ou de diferente?

Bracher – Até que em muitas coisas eles são bastante semelhantes. E eles eram amigos. O Mario Henrique gostava do Bresser e o Bresser gostava do Mario Henrique, respeitavam-se. Ambos não davam valor a pequenas coisas, atenções, reverências, coisas desse tipo. Os dois procurando sempre o essencial, os dois são muito simples e bem humanos. Vejo mais semelhanças do que dessemelhanças. O espírito público dos dois é muito grande, bem como o desprendimento e o caráter didático das coisas que fazem. Ambos genuínos professores.

VI

AUTOBIOGRAFIA INTELECTUAL

Economista ou sociólogo
do desenvolvimento

LUIZ CARLOS BRESSER-PEREIRA

Aos 20 anos, decidi que seria economista ou sociólogo do desenvolvimento. Queria dar minha contribuição ao grande processo de transformação econômica e social por que passava o Brasil. Estava definindo meu plano de vôo. Não sabia então, mas talvez intuísse, que a vida é uma construção única que a pessoa pode transformar em aventura se tiver a paixão pelo novo e a coragem de buscá-lo; em aventura republicana, se encarar a vida social e a política em termos de responsabilidade cívica; e em aventura das idéias, se acreditar que as idéias fazem diferença. Em um mundo de especialistas, em que muitas vezes a prudência esconde o medo, o essencial é uma visão nova e abrangente das coisas, é uma visão ampla da sociedade, do Estado e do mercado. O economista, ao buscar entender o mercado, pouco pode fazer sem o apoio da sociologia, que oferece a visão ampla da sociedade, e da teoria política, que explica os regimes políticos e a forma do Estado. Em parte em função dessa busca de maior abrangência, em parte pelos fatores familiares e sociais que condicionaram minha vida, aliei a atividade acadêmica à atividade empresarial. Por essas razões, e porque sempre quis aliar a teoria à prática republicana, dediquei-me também à ação política, mas, por uma questão de vocação, a atividade acadêmica e de intelectual público sempre foi para mim a principal.

Embora sabendo que, para ser crítico, é mais fácil para o intelectual ser pessimista, sempre fui otimista. Sempre acreditei na idéia do progresso, ou nas possibilidades da razão e da ação política visando tornar melhor a sociedade em que vivemos. É certo que nunca a crítica social foi mais necessária do que hoje, porque a injustiça e o privilégio estão em toda parte, mas não é possível negar que os padrões de vida e os graus de liberdade alcançados pelas sociedades melhoraram em quase todo o mundo. Embora o desenvolvimento político e social seja sempre precário, sujeito a retrocessos, desde o século XVIII, quando surgiu a idéia iluminista do progresso e a revolução capitalista ganhou momento, o mundo tem avançado na afirmação dos direitos civis, políticos e sociais.

Em 1999, quando a Universidade Nacional de San Martín promoveu, em Buenos Aires, um seminário sobre três gerações de economistas brasileiros (Ignácio Rangel, Celso Furtado e Bresser-Pereira), escrevi para a sessão de abertura um trabalho sobre minha trajetória intelectual.[1] Agora, os amigos que organizam um livro em homenagem aos meus 70 anos solicitaram que atualizasse aquelas reflexões. Decidi fazer mais do que isso e reescrever o trabalho, adotando uma perspectiva nova. Em vez de fazer um simples balanço de minha atividade acadêmica até aqui (agosto de 2004), procurarei apresentar minha obra de uma forma sistemática, a partir da idéia central de que o desenvolvimento econômico e político é resultado de uma estratégia nacional que se expressa na revolução capitalista e na formação dos Estados nacionais modernos. Meus estudos e contribuições revelam sempre uma preocupação fundamental com a compreensão do processo de desenvolvimento econômico e político – ou, mais amplamente, com o progresso das nações. A unidade desse pensamento se constrói em torno das idéias de revolução capitalista e de revolução nacional, e de uma perspecti-

---

[1] Ver Bresser-Pereira (2000a).

va iluminista de que o progresso é possível, embora a razão não tenha a força redentora que os iluministas supuseram. O progresso ou o desenvolvimento no sentido mais amplo do termo vem ocorrendo, mas encontra obstáculos terríveis nos interesses e nas paixões, que, como Marx e Freud mostraram, são em grande parte inconscientes. Esse progresso só faz sentido se for afinal o progresso de toda a humanidade, mas durante muito tempo ele continuará a ocorrer no quadro das nações. Embora no capitalismo a luta pela apropriação do excedente econômico seja constante e muitas vezes impiedosa, o desenvolvimento é sempre o resultado de uma estratégia nacional, envolvendo o acordo de classes. A existência da nação ou do Estado nacional pressupõe esse acordo. Nesse processo, o Estado, sua burocracia e seus políticos eleitos desempenham um papel estratégico, na medida em que conseguem articular os interesses de classe e garantir o processo de acumulação de capital e de avanço dos direitos civis, políticos, sociais e republicanos. A partir da revolução capitalista e da formação dos Estados nacionais modernos, esse processo de desenvolvimento tem um caráter essencialmente auto-sustentado, porque apoiado na razão e no cálculo econômico, mas isso não dispensa a deliberada ação coletiva da sociedade através do Estado, como organização e instituição. É pouco provável que o mundo moderno venha a experimentar processos de decadência como ocorreram nas civilizações anteriores, exatamente porque o progresso se tornou em grande parte endógeno, mas esta previsão otimista depende da ação coletiva racional.

Essa visão do mundo e das coisas é, ao mesmo tempo, nacionalista e internacionalista. É nacionalista porque afirma o papel fundamental que desempenham os Estados nacionais no processo do desenvolvimento, que é sempre o resultado de uma estratégia nacional. Porque não vê diferença entre nacionalismo e patriotismo. Porque define nacionalismo como a ideologia que as sociedades usam para se transformar em nações. E porque verifica que, nos países mais avançados, os cidadãos não têm dúvida de que a primeira obrigação dos seus governos é defender os interesses do capital, do trabalho e do conhecimento nacionais. É internacionalista porque acredita que essa defesa é compatível com a existência de interesses comuns entre as nações, e com a afirmação de princípios de paz e solidariedade internacionais. Por outro lado, embora admitindo o aumento da interdependência internacional como resultado da globalização, rejeita o "globalismo", ou seja, rejeita a ideologia que afirma a existência de uma via única, definida pelo centro hegemônico, para se alcançar o desenvolvimento, e decreta a perda de relevância dos Estados nacionais. Entretanto, essa é uma visão essencialmente democrática, porque identifica o desenvolvimento político com o avanço da liberdade, da tolerância e da justiça social, e fundamentalmente republicana, porque acredita que os homens, apesar de buscarem principalmente seus interesses próprios, são capazes de virtude cívica e, portanto, de ação coletiva voltada para o interesse geral. Uma ação que deverá ser necessariamente democrática, porque a democracia não é hoje apenas o regime político que melhor assegura a estabilidade social; é também aquele que, através do debate público, permite a construção competente das instituições e das políticas que levam ao desenvolvimento econômico e político.

Influências

Nasci em 1934, originário de uma família da classe média. Meu pai foi advogado, jornalista, político e escritor, minha mãe, professora de curso fundamental; suas duas famílias eram de São Paulo. Fiz o curso primário em escola pública, o ginásio e o colegial no Colégio São Luiz, dos jesuítas. Até os 16 anos, combinava as influências trabalhistas ou socialdemocratas de meu pai e as nacionalistas de meu tio Alexandre Barbosa Lima Sobrinho – ambos admiradores de Getúlio Vargas – com a influência católica tradicional que recebia de minha mãe e dos padres jesuítas. Minha formação católica sofreu uma guinada importante nessa idade, quando me associei aos jovens intelectuais progressistas da Ação Católica, que tinham em Jacques Maritain e em Alceu Amoroso Lima suas principais referências teóricas. Ao mesmo tempo, começando a trabalhar no jornal *O Tempo*, recebia a influência marxista do seu secretário de redação, o notável jornalista trotskista Hermínio Sachetta. Através dele e da leitura de Plekanov, comecei a travar conhecimento com Marx. Nessa mesma idade, durante todo o ano de 1950, fiz o curso noturno de cinema dirigido por Marcos Marguliès, no Museu de Arte de São Paulo. Foi esse curso que me permitiu ser o crítico de cinema do diário *O Tempo* entre os 18 e os 20 anos, e um apaixonado pela arte cinematográfica durante toda a minha vida.

No jornal *O Tempo*, fundado por meu pai, fui revisor, repórter e crítico de cinema. Com o fechamento do jornal, fui admitido na *Última Hora*, de São Paulo, no início de 1956. Um ano depois, aos 22 anos, após ter sido copidesque, cheguei a secretário da primeira edição – a segunda posição na redação do jornal. Em junho de 1957, casei-me com Vera Cecília Prestes Motta, que depois se tornará psicanalista e que, desde então, é minha companheira para tudo. Com ela, terei quatro filhos e um filho adotivo. Pouco tempo depois de casar, saí da *Última Hora*, que atrasava até três meses o pagamento e me retinha na redação todos os dias até depois da meia-noite, e dediquei-me, durante alguns anos, à publicidade. Era uma forma de me sustentar, enquanto buscava redirecionar minha vida profissional, já que decidira não ser juiz de direito – minha intenção inicial ao entrar para a Faculdade de Direito, onde fui aluno de Godofredo da Silva Telles, Alexandre Correia e Miguel Reale.

A mudança de objetivos ocorrera em janeiro de 1955, quando iniciava o terceiro ano na Faculdade de Direito. Até então, incluía-me entre os jovens intelectuais católicos preocupados em encontrar, em nível internacional, uma terceira via entre o capitalismo e o comunismo. Eu fazia parte, com meu grupo de companheiros da Ação Católica, do Partido Democrata Cristão, e minha visão do Brasil era convencional. Em janeiro de 1955, entretanto, encontrei sobre uma mesa da colônia de férias da Ação Católica, em Itanhaém, a revista *Cadernos do Nosso Tempo*[2] e li o artigo de Hélio Jaguaribe, "A sucessão presidencial". Esse artigo me ofereceu uma visão nova do Brasil, que em grande parte coincidia com o que ouvia em minha casa, de meu pai, e que mudou minha vida. Através desse artigo, eu tomei

---

[2] N. 4, abr./ago. 1955.

conhecimento do pensamento do Grupo de Itatiaia, que logo em seguida, naquele mesmo ano, se transformaria no grupo do Instituto Superior de Estudos Brasileiros (Iseb), criado pelo governo federal. Pela primeira vez, eu me deparava com um modelo histórico e político do Brasil que fazia sentido para mim. A história do Brasil dividia-se em três fases: fase colonial, até 1822; fase semicolonial, entre 1822 e 1930; e fase da industrialização e da afirmação de um projeto de nação, com um grande acordo de classes, iniciada com o governo Getúlio Vargas. Este governo, com o qual o candidato à presidência Juscelino Kubitschek se identificava politicamente, fora capaz de reunir os grupos e classes sociais favoráveis ao desenvolvimento industrial do país – a burguesia nacional, os técnicos do governo e os trabalhadores – em torno de um projeto de industrialização.[3] A aliança PSD-PTB representaria essa corrente, que tinha como oposição a oligarquia agrário-mercantil, as classes médias tradicionais e os interesses estrangeiros, reunidos sob o comando da UDN.

As idéias nacionalistas e desenvolvimentistas do Iseb representaram para mim, que naquele ano fizera 20 anos, uma revelação. Elas se completaram um pouco depois, quando entrei em contato com a Cepal, que comecei a conhecer através do pensamento de Celso Furtado. No próprio dia em que li o artigo de Jaguaribe, tomei uma decisão que marcaria toda a minha vida. Desisti de ser juiz de direito e decidi ser "economista ou sociólogo do desenvolvimento". Queria, de alguma forma, participar da grande aventura emancipadora representada pela industrialização brasileira.

Devido à minha participação na Ação Católica, eu me associara politicamente ao Partido Democrata Cristão. Naquele mesmo ano de 1955, quando o partido apoiou Juarez Távora, o candidato escolhido pela UDN para se opor a Juscelino Kubitschek nas eleições presidenciais, eu decidi romper com o PDC e escrevi, em *O Tempo*, meu primeiro artigo político, argumentan-

---

[3] Uso as expressões burguesia, classe capitalista e empresários como sinônimas. Uso técnicos do governo como sinônimo de burocracia de Estado, ou tecnoburocracia pública. São uma parte da classe média profissional, que também denomino tecnoburocracia, ou classe dos técnicos; a outra parte é a burocracia privada ou administradores privados.

do que as forças desenvolvimentistas estavam comprometidas com Juscelino na medida em que este representava a continuidade do pacto político estabelecido por Vargas. Com essa decisão, embora mantivesse as relações com um núcleo de amigos de que faziam parte Fernão Bracher, Jorge da Cunha Lima, Manoel Gonçalves Ferreira Filho, Eduardo Marinho Milliet, Luiz Antônio de Almeida Eça, meus colegas de Faculdade de Direito e da Ação Católica, eu rompia com o PDC, onde a principal figura era André Franco Montoro. Saía do PDC sem, entretanto, ter qualquer relação política com outro partido. Revelava assim, desde cedo, que minha capacidade de fazer compromissos era limitada, embora houvesse aprendido com meu pai que "a política é a arte do compromisso".

Minha adesão às teses do grupo do Iseb, em 1955, reconciliara-me com as influências familiares que recebera de meu pai e de meu tio. Por outro lado, era coerente com as idéias que Celso Furtado e Raúl Prebisch desenvolveram na Cepal, que tinham como centro um projeto de industrialização. Celso Furtado participava marginalmente do Iseb. Ignácio Rangel, por sua vez, fora assessor econômico de Vargas e, em seguida, de Kubitschek e figura central do Iseb. Sempre considerei esses dois economistas os meus dois mestres brasileiros em economia, enquanto Sylvio Pereira, meu pai, Barbosa Lima Sobrinho e Hélio Jaguaribe foram meus mestres na análise do processo político.

Com as idéias do Iseb e da Cepal, eu passava a ter uma visão integrada do Brasil e de sua situação no mundo, porém me faltava uma teoria mais geral. Até aquele momento, procurava combinar precariamente conceitos católicos com marxistas e keynesianos. Comecei a adquirir uma visão mais geral da economia e das empresas, da sociedade e do Estado, a partir do concurso para instrutor da Escola de Administração de Empresas de São Paulo da Fundação Getulio Vargas, em São Paulo, em 1959. Foi o caminho que encontrei para realizar o projeto de me transformar em economista ou sociólogo do desenvolvimento. Passei, então, um ano assistindo a alguns cursos no país, ministrados por professores da missão americana, e depois obtive uma bolsa de 18 meses para fazer o mestrado em administração de empresas na Michigan State University. Fui para os Estados Unidos armado com o notável livro de Guerreiro Ramos, *A redução sociológica*, mas não escapei à influência da cultura americana. Fiz o mestrado em um ano, estudando, o máximo possível, teoria econômica e sociologia. Fui então aluno, entre outros, de David G. Moore, Lloyd Warner, William Henry, Walter Adams e Andrew Brimmer. Nos seis meses seguintes, tive oportunidade de fazer cursos na Harvard University, onde fui aluno de Edward S. Mason, na Universidade de Michigan, onde fiz um curso de pesquisa sociológica no Institute for Social Research, e um rápido estágio com Bert Hoselitz na University of Chicago. Nesses dois anos e meio dedicados exclusivamente ao estudo, desde que fora admitido na Fundação Getulio Vargas, é que tomei conhecimento, no plano da sociologia, de Max Weber e sua teoria da burocracia, de Wright Mills e sua teoria das novas classes médias e das elites, da sociologia funcionalista americana através de Lloyd Warner, do método de pesquisa sociológica, e das idéias sobre a burocracia privada e a revolução gerencial a partir dos trabalhos de Berle e Means. No plano da economia, aprendi melhor Keynes e estudei os teóricos do desenvolvimento, particularmente Arthur Lewis, Rosenstein-Rodan e Albert Hirschman, além de Prebisch, Furtado e Rangel. No final de meu tempo nos Estados Unidos, através do curso de desenvolvimento com Hoselitz, entrei em contato com as idéias de Schumpeter.

De volta ao Brasil, em 1961, passei a dar aulas de administração na Escola de Administração de Empresas de São Paulo da Fundação Getulio Vargas, para o que fora contratado e treinado, e desenvolvi duas pesquisas acadêmicas – uma sobre as origens étnicas e sociais dos empresários paulistas, e outra sobre a mobilidade e carreira dos dirigentes das empresas de São Paulo.[4] Ainda em 1961, disposto a fazer o doutorado em sociologia, procurei Florestan Fernandes, mas na entrevista ele não se interessou por um jovem formado em administração de empresas nos Estados Unidos.[5] Em seguida, em janeiro de 1962, conheci Antônio Delfim Netto, que me aceitou como candidato a doutor em economia, e passei a estudar mais sistema-

---

[4] Relatadas em "Origens étnicas e sociais dos empresários paulistas" (1964) e *Empresários e administradores no Brasil* (1974).

[5] Ficaríamos mais tarde bons amigos, ainda que distantes.

ticamente teoria econômica e matemática para economistas.⁶ Em 1967 ministrei, ainda no Departamento de Administração, um curso de administração e desenvolvimento, em que meu mais brilhante aluno foi Yoshiaki Nakano. Nesse ano ainda, fiel à minha decisão de 1955, logrei ser transferido para o Departamento de Ciências Sociais, dirigido por Antonio Angarita Silva, um amigo com quem muito aprenderia, para ali ensinar teoria econômica. Em 1968 publiquei meu primeiro livro, *Desenvolvimento e crise no Brasil* – obra cuja dívida principal é, sem dúvida, para com o pensamento do Iseb e da Cepal, apesar da crítica que as idéias dessas instituições vinham sofrendo dentro da própria esquerda, depois do golpe militar de 1964. Em 1970, com Ary Bouzan, separamos a área de economia das ciências sociais e jurídicas, e fundamos, na Escola de Administração de Empresas de São Paulo, o Departamento de Economia. Passei então a dar aulas de microeconomia, macroeconomia, desenvolvimento econômico e economia brasileira.

Na Fundação Getulio Vargas, fui coordenador dos cursos de pós-graduação entre 1963 e 1972. Criei em 1965 o mestrado em administração de empresas, quando ainda havia dúvida se o nome adequado para o curso seria mestrado, máster ou magíster. Depois de fundar o Departamento de Economia e de uma longa luta, logrei criar, primeiro, a área de concentração de economia no mestrado e doutorado em administração de empresas e, em uma segunda etapa, a autonomização desse programa como um programa de economia reconhecível pela Associação Nacional de Cursos de Pós-graduação em Economia. Ainda na FGV, em 1988 e 1989, presidi a comissão que reestruturou a pós-graduação em administração pública.

Em 1972, obtive o título de doutor em economia, na Faculdade de Economia e Administração da USP, com uma tese mais sociológica do que econômica, "Mobilidade e carreira dos dirigentes das empresas paulistas", em que as influências da sociologia funcionalista americana estão claras. Ao mesmo tempo, retomei o problema da tecnoburocracia ou classe média profis-

---

⁶ Delfim foi meu orientador até 1964, quando se tornou secretário da Fazenda de São Paulo. Os seminários de que participei, nesses três anos, com ele e seus assistentes, foram importantes para mim.

sional, escrevendo "A emergência da tecnoburocracia".[7] Depois de apresentar meu ensaio em seminário no Cebrap e Chico de Oliveira me cobrar a definição de um modo de produção ("se você fala em nova classe, precisa falar em um novo modo de produção", disse ele), voltei a estudar Marx, agora com Yoshiaki Nakano. Em 1980 fundei, com Yoshiaki Nakano, o Centro de Economia Política e, a partir de 1981, editei a *Revista de Economia Política*. Em 1984, obtive o título de livre-docente na Faculdade de Economia e Administração da USP, com a tese *Lucro, acumulação e crise*.

De 1963 até o final de 1983, eu dividira meu tempo entre a atividade acadêmica na Fundação Getulio Vargas e o trabalho em um grupo empresarial, o Pão de Açúcar, que ajudei meu amigo e grande empresário Abílio Diniz a desenvolver desde a segunda loja de supermercados. Nesses 20 anos, embora trabalhando em tempo parcial, fui o segundo executivo da empresa. Em 1982, André Franco Montoro, que eu conhecia desde os tempos do PDC, foi eleito o primeiro governador democrático de São Paulo. Em seu governo, quando ele comprovou ser um extraordinário homem público, ocupei, em 1983 e 1984, a presidência do Banco do Estado de São Paulo e, nos dois últimos anos, a Secretaria do Governo. Em 1987, depois de uma meteórica presença na Secretaria de Ciência e Tecnologia de São Paulo, tive uma passagem curta, mas para mim marcante, no Ministério da Fazenda. Meu período no ministério ficou conhecido pelo "Plano Bresser", porém minha contribuição mais original foi na formulação de uma solução geral para o problema da dívida externa, que depois se concretizou no Plano Brady. Nessa formulação, a contribuição de Fernão Bracher, meu assessor para a dívida externa, foi inestimável. Entretanto, sem o necessário apoio político para fazer o ajustamento fiscal necessário e poder completar o processo de estabilização dos preços que iniciara, demiti-me no final do ano.[8]

---

[7] Esses ensaios, "A revolução estudantil" (1968) e "A revolução política na Igreja Católica" (1969) são publicados em *Tecnoburocracia e contestação* (1972a). Em 1978 os dois últimos ensaios constituem *As revoluções utópicas* (1979), enquanto "A emergência da tecnoburocracia" constituirá o ensaio inicial de *A sociedade estatal e a tecnoburocracia* (1981b).

[8] Escrevi diversos trabalhos sobre minha passagem no Ministério da Fazenda, entre os quais saliento "Contra a corrente: a experiência no Ministério da Fazenda" (1992) e "A turning point in the debt crisis: Brazil, the US Treasury, and the World Bank" (1995).

Entre 1988 e 1994, voltei à vida privada e à vida acadêmica na FGV. No Grupo Pão de Açúcar, contribuí para a superação da crise financeira desencadeada em 1990, e participei da solução da crise familiar e sucessória, logrando, afinal, negociar com o sr. Valentim dos Santos Diniz e os demais membros da família Diniz a transferência do controle acionário da empresa para seu verdadeiro empresário, Abílio Diniz. No plano acadêmico, dediquei-me aos problemas da economia internacional e da dívida externa, mas, a partir de minha amizade com Adam Przeworski, meu principal trabalho nessa época foi o livro com Adam e José Maria Maravall, *Economic reforms in new democracies* (1993). Ao mesmo tempo, dediquei-me cada vez mais ao estudo da teoria política, a partir, principalmente, da leitura de Norberto Bobbio, que passou a ser uma nova influência em minha visão do mundo. Através de Bobbio, passei a buscar a integração, por muitos considerada impossível, entre socialismo democrático e liberalismo.

Com a eleição de Fernando Henrique Cardoso, fui convidado para ser ministro da Administração Federal e Reforma do Estado. Logrei, então, entre 1995 e 1998, a aprovação, pelo Congresso, dos principais instrumentos necessários à reforma, inclusive a emenda constitucional da "reforma administrativa" – o que só foi possível devido ao apoio que afinal obtive, dos formadores de opinião do país, para as idéias gerais da reforma gerencial da administração pública brasileira, depois de amplo debate nacional. Na verdade, foi esse o momento em que pude aliar a prática à teoria (política) de forma quase ideal. O resultado intelectual desse trabalho foi, além de vários ensaios, a publicação de dois livros: *Reforma do Estado para a cidadania* (1998) e *Democracy and public management reform* (2004e). Em janeiro de 1999, assumi o Ministério da Ciência e Tecnologia, do qual saí em julho.

Voltei então à vida acadêmica, afinal em tempo integral, tendo sempre a Fundação Getulio Vargas como minha principal atividade. Convidado pelo Centre for Brazilian Studies, da Universidade de Oxford, fui professor-visitante no Nuffield College (1999) e no St. Anthony's College (2001). A partir de 2003, tornei-me professor-visitante permanente da Maison des Sciences de l'Homme, devendo oferecer anualmente um seminário de um mês na École des Hautes Études en Sciences Sociales. Ao mesmo tempo, fui convidado para ser professor-visitante no Departamento de Ciência Política da USP, onde em 2002 e 2003, em conjunto com Cícero Araújo, lecionei a disciplina de pós-graduação, Teoria da Democracia Moderna.

Meus interesses intelectuais são, portanto, amplos e minha trajetória profissional, variada. As influências principais que recebi nem sempre são facilmente conciliáveis. Sou um economista político que, além da teoria econômica, se aventura a fazer teoria social e teoria política. Não vejo como separar as três áreas. As minhas duas maiores referências intelectuais, Marx e Max Weber, foram economistas que ampliaram seus interesses para a sociologia, a ciência política e a filosofia. Minha formação é eclética, mas estou convencido de que esta é a melhor forma de compreender um mundo tão complexo e contraditório como este em que vivemos. Minha visão das coisas admite a concomitância de vários pontos de vista. Permite sínteses, mas não uma única síntese. Leva à elaboração de modelos gerais, mas não a modelos arrogantes a ponto de pretenderem uma visão única e sistemática das realidades social, econômica e política.

Método histórico e teoria geral do desenvolvimento

O desenvolvimento econômico é um fenômeno histórico moderno, que surge com o capitalismo e a formação dos Estados nacionais. É, portanto, revolução capitalista e revolução nacional. O desenvolvimento não é apenas crescimento, e não pode ser esgotado pelos "modelos de crescimento", na medida em que é um processo integrado de transformação econômica, social e política. Em meu livro *Desenvolvimento e crise no Brasil* (1968b), dediquei o primeiro capítulo a definir o desenvolvimento dessa maneira. Nesse conceito, as instituições têm um papel decisivo, de um lado porque o desenvolvimento, como o próprio Estado nacional, é o resultado de uma aliança de classes, e, de outro, porque a instituição fundamental de cada sociedade moderna, o Estado, desempenhava nele um papel decisivo. Naquela época, os economistas neoclássicos não haviam ainda descoberto as instituições, e os ideólogos neoliberais não haviam decidido que basta as instituições garantirem a propriedade e os contratos para que o mercado se encarregue de promover o crescimento econômico. As instituições são fundamentais porque o Estado é a principal instituição organizacional de uma sociedade e, ao mesmo tempo, a matriz das demais instituições e políticas públicas que podem ou não estimular os empresários a investir.

Nesta seção, vou apresentar o método de pesquisa que desenvolvi e que uso prioritariamente, e minha visão mais geral do desenvolvimento. Apresentá-la-ei como desenvolvimento econômico propriamente dito, como desenvolvimento social através de minha análise da emergência da classe média profissional, e finalmente como desenvolvimento político a partir da análise da democracia e dos direitos republicanos. Na seção seguinte, examinarei o desenvolvimento econômico na perspectiva do Brasil e da América Latina, e apresentarei minha visão da nova dependência ou da teoria do desenvolvimento nacional-dependente.

Método do fato histórico novo

Meu método de pesquisa, como minha análise do desenvolvimento, foi sempre histórico. Mais especificamente, é o "método do fato histórico novo". Embora o tenha aplicado desde meus primeiros trabalhos, só em 2003 escrevi um ensaio sobre o tema, "Os dois métodos da teoria econômica", onde distingo um método hipotético-dedutivo, que é próprio da teoria econômica neoclássica, do método histórico-dedutivo que utilizo, e que é próprio daqueles que pensam a economia e as demais ciências sociais em termos ao mesmo tempo amplos e concretos. Independentemente do fato de que os cientistas sociais se dividem em especialidades e escolas, meu pressuposto é de que, em cada momento da história, eles são razoavelmente capazes de dar conta da realidade que os cerca. A solução dos problemas que enfrentaram está presente nos seus trabalhos e faz parte dos livros-texto. Entretanto, como a sociedade é um fenômeno essencialmente dinâmico, ocorrem fatos históricos novos que mudam o quadro, exigindo uma nova explicação. O desafio do cientista social é reconhecer esses fatos e incluí-los na análise. Se forem de menor monta, os fatos históricos novos exigirão adaptações menores na análise; poderão, porém, ser amplos e profundos, exigindo uma análise correspondente.

Em qualquer hipótese, sem a adoção do método do fato histórico novo, o cientista social corre o risco de pensar a realidade social sem a mudança, o que é a mesma coisa que não pensá-la.[9]

O método não oferece uma teoria da mudança social, mas reconhece a mudança e, a partir dela, busca reanalisar a nova realidade. Em sua maioria, os analistas, inclusive os que se pretendem marxistas ou weberianos – e que, portanto, deveriam adotar uma perspectiva histórica –, não usam o método do fato histórico novo. Ficam, assim, presos a modelos e a debates do passado, que insistem em continuar aplicando no presente, sem se dar conta de que, através do método do fato histórico novo, é possível avançar o conhecimento, explicar o presente de maneira original e oferecer chaves para o futuro.

Modelo clássico de desenvolvimento e distribuição

Utilizei o método do fato histórico novo para desenvolver quase todas as minhas teorias, a começar pela mais geral: o modelo de desenvolvimento econômico clássico com distribuição de renda invertida. A intuição básica nasceu em 1960, quando estudava na Michigan State University e tomei conhecimento dos acordos da Union Auto Workers com as grandes empresas automobilísticas que asseguravam aumentos salariais equivalentes aos ganhos de produtividade. Este fato conflitava com a teoria clássica e neoclássica, que pressupõe os aumentos de produtividade se transformarem em reduções de preços, e com a teoria marxista da queda declinante da taxa de lucro. Comecei a trabalhar no tema em 1970 e só o terminei em 1984, quando apresentei à USP minha tese de livre-docência, *Lucro, acumulação e crise*.[10]

---

[9] Minha primeira incursão no tema foi o ensaio que escrevi com Gilberto Tadeu Lima, "*The irreductibility of macro to microeconomics: a methodological approach*" (1996). A originalidade desse trabalho está no fato de havermos usado de forma direta a distinção entre os dois métodos para argumentar sobre a irredutibilidade da macroeconomia à microeconomia pretendida pelos neoclássicos.

[10] Sumariei essas idéias em um estudo recente, "*Classical model, technical progress and distribution*" (2004c).

Nesse estudo, faço uma revisão do modelo clássico de desenvolvimento, utilizando um instrumental marxista para criticar a lei da tendência declinante da taxa de lucro e entender a lógica do desenvolvimento capitalista. Trata-se de um modelo geral, que pressupõe uma economia capitalista competitiva, sem Estado e com apenas dois agentes: os capitalistas que recebem lucros e os trabalhadores assalariados. Enquanto o modelo neoclássico é adequado para nos fazer compreender o funcionamento abstrato de uma economia de mercado, e o modelo keynesiano nos mostra como funcionam os agregados econômicos em uma realidade concreta, entendo que é o modelo clássico de Adam Smith e de Marx aquele que melhor nos auxilia a compreender o processo histórico do desenvolvimento, porque foram eles que melhor compreenderam a revolução capitalista e porque sua teoria se concentra na acumulação de capital, no progresso técnico e na taxa de lucro – as variáveis essenciais do desenvolvimento capitalista. Depois dos clássicos, Schumpeter deu uma contribuição decisiva, mas só o fez na medida de, em sua teoria do empresário e da inovação, ignorar ou criticar os pressupostos neoclássicos. A teoria do desenvolvimento, portanto, deve ser principalmente clássica e schumpeteriana, ao invés de neoclássica ou keynesiana. Mas entendi necessário revisá-la em dois pontos. Primeiro, dado o fato histórico de que os salários reais não se mantiveram constantes nos países capitalistas desenvolvidos, mas cresceram, inverti a teoria clássica da distribuição funcional de renda, colocando os salários como resíduo e a taxa de lucros como constante no longo prazo. Sraffa e Kaldor teriam feito a mesma coisa, mas eu o faço de forma mais explícita e argumentada, e tiro do fato uma série de conseqüências significativas. Segundo, abandonando o pressuposto marxista de um progresso técnico dispendioso de capital (mecanização), mostrei como é possível, pressupondo-se uma taxa de lucro constante a longo prazo, que os salários aumentem tanto quanto a produtividade (no caso do progresso técnico neutro), e mesmo mais do que a produtividade (no caso do progresso técnico poupador de capital, no qual os rendimentos são crescentes). Mais do que um pressuposto, entretanto, a manutenção da taxa de lucro, ou seu restabelecimento quando ela é ameaçada, é um fato inerente à lógica da acumulação capitalista. Utilizando essas variáveis, e fiel ao método histórico, examino a distribuição funcional da renda em quatro períodos do desenvolvimento capitalista. A distribuição funcional não deve, porém, ser confundida com a distribuição pessoal da renda. Embora os lucros não venham tendo um aumento de sua participação na renda, a distribuição pessoal tem-se concentrado desde os anos 1970, porque o leque salarial aumenta, na medida em que o progresso técnico acelerado torna a classe média profissional e o conhecimento técnico e organizacional que ela detém mais estratégico. Por outro lado, desde os anos 1970, manifestou-se um processo de redução da taxa de lucro, mas, de acordo com a teoria que desenvolvo, essa queda da taxa de lucro é conseqüência da dinâmica dos ciclos ou ondas longas, e não uma tendência a longo prazo para a queda da taxa de lucro. Toda a reação ideológica e institucional neoliberal e globalista que se desencadeia a partir de meados dos anos 1970 foi uma conseqüência dessa queda, que, nos anos 1990, começou a dar resultados. Dada a inexistência de alternativa econômica viável ao capitalismo, a sociedade sempre encontra meios de restabelecer a taxa de lucro necessária para que os investimentos se realizem e o sistema não entre em colapso.

Embora meu modelo clássico de desenvolvimento com distribuição invertida seja muito geral, tem em comum com o restante da minha obra o caráter histórico. Divido o processo de desenvolvimento capitalista dos países centrais em quatro etapas – revolução industrial, capitalismo liberal, capitalismo clássico e capitalismo dos técnicos. Apesar de a taxa de lucro tender a ser constante em três dos quatro períodos e a taxa de salários tender a crescer com a produtividade nos três, os fatos históricos novos que determinam a mudança de estágio implicam também mudanças no comportamento das próprias variáveis.

Desenvolvimento e o capitalismo dos técnicos

O desenvolvimento não acontece no vazio. Se começa com revolução capitalista, isto significa que se trata de um fenômeno que transforma a economia, a política ou o Estado e a própria estrutura da sociedade. Marx viu este fato com clareza quando identificou a revolução capitalista com a emergência da burguesia e da classe trabalhadora. Não previa, entretanto, que uma terceira classe surgiria em um segundo momento, quando o capitalismo deixa de se caracterizar pelo pequeno Estado liberal e pela pequena empresa familiar, e passa a se desenvolver através de grandes organizações privadas e da grande organização estatal moderna. Essa classe, que chamei de tecnoburocracia, porém mais recentemente tenho chamado de classe média profissional ou de classe dos técnicos (porque é assim que muitos dos seus membros se autodenominam), terá um papel fundamental no desenvolvimento, principalmente no desenvolvimento nacional-dependente. Enquanto a classe capitalista vive de lucros, a classe média profissional recebe ordenados, e a trabalhadora, salários. Enquanto a burguesia detém o capital, a tecnoburocracia controla a organização.

A análise da burocracia como classe social foi sempre central para mim: meu segundo trabalho acadêmico, "*The rise of middle class and middle management in Brazil*" (1962a), já discutia o surgimento da classe média no Brasil; minha tese de doutoramento tratava da mobilidade e carreira dos administradores das empresas brasileiras. Mas foi só em 1972, com o ensaio "A emergência da tecnoburocracia", complementado por um segundo ensaio em 1977, "Notas introdutórias ao modo estatal ou tecnoburocrático de produção", que dei ao tema o devido caráter histórico geral. Esses e outros ensaios sobre o tema estão reunidos em *A sociedade estatal e a tecnoburocracia* (1981b).[11] Assinalei nesses dois ensaios a emergência de uma nova classe social, a nova classe média profissional ou tecnoburocracia; identifiquei novas relações de produção, que chamei de "organização", definida como a propriedade ou o controle coletivo dos meios de produção pela tecnoburocracia; vi nessa nova relação de produção o surgimento de um novo fator estratégico de produção – o conhecimento técnico e organizacional – que estava gradualmente se tornando mais estratégico do que o capital; defini um novo modo de produção que pretendia substituir o capitalismo, mas que, na verdade, o complementava: o modo tecnoburocrático ou estatal de produção. Escrevi também análises

---

[11] Porque pretendia publicar um livro mais tarde, deixei de incluir nessa coletânea um terceiro trabalho sobre o tema, que julgo importante, "Classes e estratos sociais no capitalismo contemporâneo" (1981c).

sobre a União Soviética e a China, a partir de uma viagem que fiz àqueles países em 1979, procurando mostrar que ali a formação social era dominantemente estatal. Participei, então, de intensos debates.

Os estudos sobre a nova classe não pretendiam ser estritamente originais. Tive predecessores ilustres, que partiam de diferentes matrizes teóricas e ideológicas, mas chegavam à mesma conclusão: uma nova classe burocrática, apoiada no conhecimento técnico e na capacidade de gerir organizações, estava emergindo. Entre eles, lembro agora o próprio Max Weber, Adolph Berle, Gardiner Means, Bruno Risi, James Burnham, Cornelius Castoriadis, Wright Mills, Milovan Djilas e John Kenneth Galbraith. Mas eu ofereci propostas novas sobre o tema. No Brasil, eu era uma voz praticamente isolada. Eu não estava fazendo nenhuma denúncia da burocracia, que considero uma classe fundamental nas sociedades contemporâneas. Estava apenas registrando e analisando sua emergência. Minha teoria era rejeitada pela esquerda burocrática, porque jamais admitiu que ela própria ou os intelectuais fizessem parte de uma classe. A burocracia podia ser um estamento, podia ser "a vanguarda do proletariado", podia ser identificada com os intelectuais ou a *intelligentzia*, mas não podia ser uma classe. Os burocratas políticos sentiam-se ameaçados com a tese. Afinal, era uma heresia afirmar que, depois do capitalismo, poderíamos ter o estatismo em vez do socialismo e, depois, o comunismo. Além disso, ao dizer que a classe dominante, nos países chamados "socialistas" – mas que eu sempre denominei "estatistas" –, era a tecnoburocracia, eu estava expondo (não denunciando, insisto, porque uma classe social não se denuncia, mas se analisa) uma classe que preferia manter-se oculta. Aos capitalistas e aos intelectuais liberais também não agradava a tese, a não ser como uma denúncia da burocracia. Encontrei, entretanto, apoio em diversos intelectuais brasileiros, entre os quais saliento Mauricio Tragtenberg e Fernando Prestes Motta, com os quais, durante algum tempo, partilhei a esperança utópica em uma alternativa autogestionária.[12]

---

[12] Estas idéias aparecem, por exemplo, em "1980-1981: a revolução autogestionária na Polônia" (1982).

No Brasil, a burocracia desempenhou sempre um papel fundamental, desde o Império. Modernizou-se com Vargas, associou-se aos empresários industriais e promoveu a industrialização. Com a crise do Estado dos anos 1980 e a onda ideológica neoliberal – uma radicalização economicista do liberalismo –, alguns imaginaram que havíamos afinal chegado à era do individualismo puro, no qual as classes perderam caráter heurístico. Com a crise do Estado, a burocracia pública e a esquerda burocrática foram colocadas na defensiva. As burocracias das grandes organizações privadas passaram, também, por profundas reestruturações, em que a segurança no emprego foi substancialmente diminuída. Os intelectuais conservadores comemoraram o fim das classes sociais como categoria heurística relevante. A tese da emergência de uma nova classe parecia ter sido negada pelo próprio desaparecimento das classes... Entretanto, se examinarmos o tema com cuidado, verificaremos que é justamente o contrário que está acontecendo. Na medida em que o conhecimento se tornou o fator estratégico de produção, e que a educação se generalizou nos países ricos e mesmo nos de nível intermediário de desenvolvimento, a classe média assalariada ou profissional se tornou de tal forma ampla e disseminada, infiltrada em todo o tecido social, que parece ser a única classe relevante na sociedade. Não foram as classes que perderam capacidade heurística para explicação dos processos sociais e políticos; foi a burguesia que perdeu relativa importância, na medida em que perdia espaço decisório para a nova classe média profissional, e que os trabalhadores deixavam de ser proletários para, nos países desenvolvidos, irem sendo incorporados a essa nova classe média. "Hoje todos somos de classe média", é comum ouvir-se, especialmente nos países ricos. No seio da nova classe média, o que importa são os estratos definidos pelo nível de educação, de forma que os conceitos de classe social marxista ou weberiano, baseados em relações de produção e de mercado, relativamente perderam importância, e o conceito funcionalista de classe social como estrato social parece mais relevante. Os conceitos de estratos sociais superiores, médios superiores, médios inferiores, inferiores tornaram-se úteis não apenas para as análises de mercado, mas também para as análises políticas. O conceito de classe, entretanto, continua importante, na medida em que, mesmo para a enorme classe média profissional, é possível definir relações de produção específicas e uma ideologia meritocrática baseada no conhecimento técnico, organizacional e comunicativo.

Minhas teses sobre a emergência da nova classe e do seu crescente poder econômico e político confirmavam-se, portanto, plenamente. No que me equivoquei foi em pensar que, ao emergir uma nova classe, o capitalismo daria crescentemente lugar ao estatismo. Ou seja, que a mudança nas relações de produção que possibilitavam o surgimento da tecnoburocracia, ou nova classe média profissional, implicasse necessariamente mudança no modo de organizar e coordenar a produção. A nova classe emergiu, assumiu crescentemente o poder não apenas no Estado, mas principalmente nas empresas privadas, porém estas continuaram a ser coordenadas pelo mercado e a obedecer a lógica do capitalismo. A diferença está no fato de que agora os novos capitalistas são menos empresários schumpeterianos, que começam de baixo e criam novas empresas, e mais gerentes, executivos de grandes organizações, que recebem salários, gratificações e opções de compra de ações de tal monta, que se transformam afinal em capitalistas. O capitalismo, ou seja, a produção coordenada pelo mercado e orientada para o lucro, continuou dominante, mas a classe capitalista foi crescentemente substituída por uma classe de profissionais, cujo ativo fundamental é o conhecimento técnico, organizacional e comunicativo, do qual deriva poder e renda. O conhecimento não apenas conduz ao poder político sobre as organizações privadas e sobre o Estado, mas é também o instrumento de apropriação privada do excedente econômico. O desenvolvimento econômico continua a ser o desenvolvimento capitalista, mas é cada vez menos um processo comandado pela burguesia, pela classe capitalista clássica, e cada vez mais pelos técnicos, pela nova classe média profissional.

No campo da teoria social ou da análise sociológica geral, não posso deixar de mencionar os dois ensaios que escrevi, ainda nos anos 1960, sobre a revolução estudantil e a transformação política por que passou a Igreja Católica. Entre fevereiro e agosto de 1968, escrevi o ensaio "A revolução estudantil". Uma série de reportagens, que Arnaldo Pedroso Horta então publicou em *O Estado de S. Paulo,* despertou minha atenção. Fiquei convencido de que aquele movimento social que se ampliava todos os dias possuía uma profundidade inusitada, merecendo uma análise mais ampla. E foi isso que tentei fazer, estudando Herbert Marcuse, que era o principal inspirador do movimento. Embora, naquele momento, o grande divisor ideológico fosse o capitalismo *versus* o comunismo, os estudantes perceberam, de alguma maneira, que o sistema de dominação que queriam criticar não era apenas capitalista, mas também tecnocrático. Sua crítica utópica era dirigida contra toda a sociedade moderna. Em seguida, fascinado com uma segunda revolução que estava ocorrendo na Igreja Católica, não apenas na igreja da América Latina, mas particularmente ali, decidi escrever um segundo ensaio, de forma a ter um livro único com as duas revoluções utópicas, "A revolução política na Igreja" (1969). Para compreender um fenômeno que, no plano universal, foi desencadeado pelo Concílio Vaticano II, que João XXIII liderara, e, no plano da América Latina, pela reunião dos bispos em Medelin, passei todo o ano de 1969 escrevendo esse novo ensaio, que me apaixonou. Através dele, eu, que fora católico, lograva agora analisar o que estava ocorrendo de fora – ou relativamente de fora, porque quem nasce na Igreja Católica jamais se desliga dela totalmente. Fui buscar as origens teóricas da mudança nos trabalhos de Maritain, Teyllard de Chardin e Emmanuel Mounier. Defendi a tese de que o processo de modernização, ou de *aggiornamento*, da Igreja estava relacionado com a sua perda de poder político e com a concorrência das outras religiões. Na Idade Média, a Igreja fora poderosa no plano econômico e político, na medida em que controlava grandes propriedades, e funcionava não apenas como sistema de legitimação, mas também de controle ou de ordenação social. Nos séculos seguintes, a Igreja perde a importância econômica e vê seu poder político erodir-se, à medida que o Estado capitalista laico assume o papel de regular a ordem social, mas conserva ainda um papel ideológico legitimador importante. No século XX, porém, esse papel legitimador começa a se esgarçar, na medida em que outros aparelhos ideológicos civis substituem o religioso. O *aggiornamento* da Igreja é uma tentativa de fazer frente a essa nova realidade. Na América Latina, a mudança da Igreja assume caráter revolucionário não apenas como reação à gravidade da injustiça reinante na região, mas também como resposta à concorrência crescente das outras religiões, em particular das seitas pentecostais, que já então faziam avanços importantes nas comunidades católicas. Entendi, assim, as mudanças políticas da Igreja como uma resposta à perda de poder que a ameaçava. Creio que foi a primeira análise política das transformações profundas por que passou a Igreja Católica a partir do concílio.

Desenvolvimento político: emergência da democracia

Minha teoria do desenvolvimento político, ou mais especificamente das razões por que a democracia só se tornou o regime preferido no século XX, nasceu, como aconteceu com a maioria de minhas análises mais gerais, de minha preocupação com o Brasil e América Latina. Nos anos 1970, o tema que me apaixonou a partir da metade dessa década foi a teoria que então elaborei para explicar e prever a transição democrática no Brasil. Depois do "milagre econômico" de 1968-74 e a partir, no plano internacional, do fim definitivo do padrão-ouro e do primeiro choque do petróleo, a economia brasileira passou a enfrentar dificuldades. Em conseqüência, a lua-de-mel entre os empresários e a tecnoburocracia militar chegou ao fim. Percebi, então, que a transição democrática estava começando a ocorrer, e que seria inevitável. Não seria, entretanto, o resultado de uma concessão dos setores militares brandos (ou *blandos*, ou *soft*), como o saber convencional da ciência política nacional e internacional veio depois a consagrar, a partir da influência exercida pelo livro organizado por O'Donnell, Schmitter e Whitehead,[13] mas o resultado da ruptura da aliança que a alta burguesia e mais amplamente as classes médias, tanto profissionais quanto burguesas, haviam estabelecido com os militares em 1964, e sua progressiva aliança com os setores democráticos do país. Comecei a me aperceber deste fato em um artigo de 1976, "Estatização ou redefinição do modelo político", escrito quando assistia à campanha iniciada pelos liberais brasileiros contra as

---

13 O'Donnell, Schmitter e Whitehead, 1986.

empresas estatais, embora mantivessem o apoio ao governo. Entretanto, após o conjunto de atos autoritários tomados pelo presidente Ernesto Geisel em abril de 1977, que ficou denominado "o pacote de abril", escrevi para a *Folha de S. Paulo* o artigo central de minha tese sobre a transição democrática, "A ruptura de uma aliança política". Em seguida, depois de vários artigos com vistas à preparação de um livro, publiquei *O colapso de uma aliança de classes* (1978b), um dos meus trabalhos que mais teve repercussão internacional. Em 1985 preparei uma coletânea de ensaios acadêmicos sobre o tema, *Pactos políticos*.

Só recentemente, porém, decidi desenvolver essas idéias de maneira sistemática, de forma a se poder ter o papel de base de uma teoria do desenvolvimento político. Meu estudo "*Why did democracy become the preferred form of government only in the twentieth century?*" (2002a) tem esse objetivo. Antes do capitalismo, a apropriação do excedente era realizada necessariamente através do uso da força, e o Estado era o instrumento para isso. Com o capitalismo, o lucro obtido no mercado através da troca de valores equivalentes torna-se a forma por excelência de apropriação do excedente, e a nova classe dominante, a burguesia, já não depende mais diretamente da violência. Requer apenas o Estado liberal de direito. Entretanto, só depois de um século de Estado liberal, em que o direito de voto é limitado aos proprietários homens, a classe capitalista perde o medo da expropriação e, no início do século XX, sente-se segura para ceder à pressão popular e adotar a democracia. Antes da revolução capitalista, a democracia era inerentemente instável, não assegurava a ordem social, e por isso era rejeitada inclusive pelos filósofos. Hoje, é o regime que, além de assegurar a liberdade, melhor assegura a ordem, e por isso tornou-se o regime político universalmente dominante, mesmo em países em que essa revolução não foi completada.

Em *Democracy and public management reform* (2004e), livro em que sintetizo minha visão da democracia, do Estado e da sua reforma, prossigo minha análise do desenvolvimento político com a formulação de uma taxonomia histórica de formas de democracia, tendo como critério o grau de representação e de participação: a democracia liberal, que é dominante na primeira metade do século XX nos países desenvolvidos; a democracia de opinião pública, que é hoje ainda a forma dominante de democracia;[14] a democracia participativa ou republicana, que começa a emergir em alguns países, na medida em que organizações da sociedade civil assumem um papel mais significativo na responsabilização de políticos e servidores públicos; e, para o futuro, a democracia deliberativa, que tem sido o tema principal dos teóricos da democracia a partir de Habermas, Rawls e Cohen. Essa classificação, que pressupõe o desenvolvimento social e político – ou seja, a maior garantia histórica, ainda que sujeita a retrocessos dos direitos de cidadania e dos níveis de representação e responsabilização –, não pressupõe uma relação linear entre desenvolvimento econômico e democracia, mas sugere que as instituições democráticas, que originalmente derivaram do desenvolvimento econômico ou, mais precisamente, da revolução capitalista, são hoje cada vez mais importantes para assegurar bem-estar, liberdade e justiça.

Na verdade, as instituições democráticas desempenham um papel autônomo e cada vez mais importante no processo do desenvolvimento. Foram resultado do desenvolvimento, mas são cada vez mais sua causa, na medida em que o bom governo depende do debate público, que a qualidade das decisões sobre políticas públicas e instituições adequadas à complexidade do mundo contemporâneo será tanto melhor quanto mais democrático e intenso for o debate público no seio da sociedade civil. Com o grande crescimento do Estado, as políticas econômicas, principalmente, se tornaram estratégicas – a estabilidade e o desenvolvimento do sistema econômico passou a depender fortemente delas. Por outro lado, existe sempre a possibilidade de se formularem políticas e se reformarem instituições de forma incompetente. A democracia não impede que se tomem decisões que não levam aos resultados desejados, mas, através do debate

---

[14] A tradição anglo-saxã identifica como "democracias liberais" todas as democracias modernas, mas me parece importante fazer essa distinção entre democracia liberal, que é própria do Estado liberal da primeira metade do século XX, e democracia de opinião pública ou plural, que é própria do Estado socialdemocrático ou do bem-estar, da segunda metade desse século.

público, reduz a probabilidade de que isto ocorra. Impressionado pelo somatório de erros cometidos pelos formuladores da política macroeconômica brasileira em vários momentos, escrevi um pequeno ensaio, "Autointeresse e incompetência" (2003a), onde mostro que os resultados das políticas públicas não podem ser atribuídos apenas aos interesses, como fazem todas as escolas de pensamento, mas também à incompetência técnica ou emocional daqueles que tomam as decisões. Estes muitas vezes estão diante de interesses relativamente neutralizados, e dispõem de liberdade para decidir, e, não obstante, tomam a decisão errada, ou seja, a decisão que não os leva aos objetivos que almejam. Discuti esse ensaio com Adam Przeworski e seus amigos da Universidade de Nova York, e Adam perguntou se eu entendia que a tese que estava defendendo era sistemática. Não há dúvida de que o é, porque a importância do Estado e das políticas públicas é um fato histórico novo – é um fenômeno da segunda metade do século XX. Por isso, se era razoável que as teorias anteriores não considerassem sistematicamente o problema da capacidade dos políticos e demais formuladores de políticas públicas, hoje essa não-consideração não mais se justifica. Como reduzir o número e a gravidade dos erros nas políticas públicas? Há sempre o necessário recurso a um maior desenvolvimento da educação e da ciência, mas, no plano político, o instrumento fundamental de que dispomos é a própria democracia: é o espaço público onde uma sociedade civil cada vez mais participativa defende o interesse público. Tenho esboçado essa tese em vários trabalhos, inclusive em anotações de aula não publicadas. Falta, entretanto, uma elaboração mais sistemática do tema.

No caso do Brasil, podemos dizer que hoje seu desenvolvimento democrático é maior do que o econômico. Enquanto no plano econômico o Brasil quase estagnou nos últimos 25 anos, no plano do desenvolvimento político democrático o avanço foi grande. Não se tratou apenas da transição democrática. A Constituição de 1988 pode ter envolvido alguns retrocessos, principalmente ao criar privilégios para os servidores públicos, mas de um modo geral é uma constituição democrática, que estabelece as bases para um Estado de direito liberal e para uma democracia social, participativa e republicana. Ao mesmo tempo, verificou-se um enorme aumento do número e da influência das organizações da sociedade civil, que constituem hoje um sistema importante de prestação de serviços públicos, e de controle social ou participação política. Por outro lado, embora os sindicatos perdessem relativo poder, dado o processo de desindustrialização (além de desnacionalização) provocado pela política macroeconômica equivocada, os trabalhadores do campo se organizaram em entidades poderosas como o MST. Dessa forma, conforme sugeri em "Da política de elites à democracia de sociedade civil" (2000b) e em "Economia política do gasto social no Brasil desde 1980/85" (2003d), o avanço do sistema político brasileiro é notável. Já somos uma democracia de sociedade civil ou de opinião pública, e temos em nosso sistema político elementos da democracia participativa e republicana que não são desprezíveis. A enorme concentração de renda existente no país torna essa afirmação paradoxal, mas é preciso reconhecer que, em certos momentos, o sistema político e institucional avança mais do que o econômico, fato que vem ocorrendo no Brasil desde os anos 1980.

Direitos republicanos e reforma da gestão pública

Se o desenvolvimento econômico e o político dependem de uma organização ou aparelho de Estado forte no plano democrático, financeiro e político, isto significa que é fundamental defender o patrimônio público que, em grande parte, é o patrimônio do Estado. Trabalhei intensamente nessa tarefa a partir de 1995, quando assumi a liderança da reforma do Estado no governo Fernando Henrique Cardoso, desenvolvendo então duas teorias correlatas: o conceito dos direitos republicanos, que fundamenta a reforma, e o modelo de reforma da gestão pública, que estabelece os princípios de reorganização do aparelho ou organização do Estado. Ambas as teorias pressupõem que o regime seja democrático, têm em comum a preocupação com a construção de um Estado com capacidade para defender a democracia e o patrimônio público.

A partir da classificação histórica clássica dos direitos de T. H. Marshall,[15] que viu a história, a partir do século XVIII, como a sucessiva definição e afirmação dos direitos civis, políticos e sociais, constatei, em "Cidadania e *res publica*: a emergência dos direitos republicanos" (1997b), que no último quartel do século XX surge um quarto tipo de direito, os direitos republicanos – ou seja, o direito que cada cidadão tem de que a *res publica*, ou seja, o patrimônio público, seja utilizada para fins públicos. O patrimônio público aparece hoje sob três formas principais: o patrimônio histórico-cultural, o patrimônio ambiental e o patrimônio econômico. A partir dos anos 1970, uma atenção redobrada é dada especialmente às duas últimas formas de *res publica*. Toda a luta em defesa do ambiente é uma comprovação desse fato. Quanto ao patrimônio econômico, ele se expressa especialmente através do orçamento público, que aumentou de forma extraordinária no século XX em relação ao produto de cada país. Em conseqüência, aumentou a cobiça em relação a ele, o esforço em buscar rendas, ou seja, em privatizar a organização do Estado, ou capturar o patrimônio público. E, correspondentemente, aumentou a preocupação política das sociedades em defender esse patrimônio. O conceito de direitos republicanos que apresento é, portanto, histórico, como são históricos os outros três direitos analisados por Marshall. Um direito de cidadania não existe no vácuo, metafisicamente. Não existem direitos naturais ou transcendentais. Os direitos só ganham existência quando, além de definidos, começam a ser razoavelmente garantidos. Nesse momento, os direitos, e os princípios éticos que os fundamentam, ganham realidade histórica porque passam a ser compartilhados e razoavelmente praticados pela sociedade. De acordo com uma perspectiva idealista de direitos, os direitos republicanos sempre existiram; nos termos da perspectiva que adoto, eles emergiram no final do século XX, quando a preocupação com a defesa do patrimônio público econômico e ambiental ganhou uma nova dimensão.

A reforma da gestão pública, que emerge nos anos 1980 em alguns países desenvolvidos, tem como preocupação fundamental defender os di-

---

[15] Marshall, 1950.

reitos republicanos. A partir de minha experiência no Ministério da Administração Federal e Reforma do Estado (1995-98), desenvolvi uma série de trabalhos teóricos sobre as funções do Estado e a lógica de uma reforma da organização estatal que fortaleça administrativamente o Estado, defendendo-o da captura privada, tanto de capitalistas quanto de burocratas, e tornando-o mais eficiente: o modelo geral de reforma da gestão pública que então desenvolvi e que primeiro defini no Plano Diretor da Reforma do Aparelho do Estado[16] e em "Da administração pública burocrática à gerencial" (1996b); em seguida, com "Gestão do setor público: estratégia e estrutura para um novo Estado" (1996c), dei mais ênfase a uma idéia central, a da necessidade de reformar para fortalecer o Estado, criando melhores condições para o bom governo; resumi as idéias e realizações da reforma da gestão pública de 1995-98 em *Reforma do Estado para a cidadania* (1998); finalmente, em *Democracy and public management reform* (2004e), o modelo é apresentado de forma mais geral, constituindo-se em uma síntese de minha visão da democracia, do Estado e de sua reforma. O modelo tem duas bases teóricas. De um lado, a teoria sobre os direitos republicanos e, de outro, as distinções entre atividades exclusivas e não-exclusivas de Estado (estas podendo ser sociais e científicas ou voltadas para o mercado): entre organizações públicas estatais, públicas não-estatais e privadas; e entre administração pública burocrática e administração pública gerencial. O modelo de reforma do Estado foi resumido em uma matriz na qual temos três setores (o setor das atividades exclusivas de Estado – que envolvem o uso do poder de Estado –, o setor das atividades sociais e científicas que a sociedade julga dever do Estado apoiar, e o setor da produção de bens para o mercado), três formas de propriedade (estatal, pública não-estatal e privada) e duas formas de administração (burocrática e gerencial). Completa o modelo a definição de três formas de responsabilização que são próprias da gestão pública ou administração gerencial: o controle por resultados combinado com contratos de gestão, a competição administrada por excelência, e o controle social

---

[16] Ministério da Administração Federal e Reforma do Estado, 1995.

através da sociedade civil. Segundo o modelo, que pressupõe o regime democrático e a garantia dos direitos de cidadania, o Estado, para se tornar eficiente e proteger o patrimônio público, deve limitar-se a operar diretamente o setor das suas atividades exclusivas; deve garantir os serviços sociais e científicos universais através da contratação de organizações públicas não-estatais para provê-los; deve assegurar renda mínima a todos os cidadãos; e deve limitar-se a regular a produção competitiva de bens e serviços para o mercado, privatizando os serviços que não forem monopólios naturais.

No plano do próprio Estado, a reforma da gestão pública, ou gerencial, é a segunda reforma histórica da administração pública. A primeira, que tem início no século passado na Europa, é a reforma burocrática ou do serviço civil; ela substituiu a administração patrimonialista, que confundia o patrimônio público com o privado, por uma administração burocrática na qual os servidores públicos são selecionados e promovidos de acordo com critérios de mérito, e devem obedecer regras procedimentais rígidas. A reforma da gestão pública tem início em alguns países da OCDE nos anos 1980, e começa a ocorrer na América Latina nos anos 1990. Embora eu não tenha pensado toda essa reforma, sobre a qual existe uma ampla literatura a partir de 1990, entendo que a contribuição teórica que a ela ofereci é original e significativa. No Brasil, a reforma foi bem-sucedida em mudar as mentes e em modificar instituições. Recebida com desconfiança, a proposta de reforma constitucional foi afinal aprovada, com grande apoio da sociedade e dos altos administradores públicos. Para isso, foi importante o grande debate nacional que então se travou, e do qual participei com todo o meu empenho.[17] A reforma gerencial brasileira foi, com freqüência, acusada pela esquerda burocrática de ser neoliberal. Não o foi nem o é. Seu objetivo, consistente com a teoria da crise do Estado, é reconstruir o Estado, e não

---

[17] Ao contrário do que aconteceu com o Ministério da Fazenda, não fiz um relato sistemático dessa minha experiência, a não ser no ensaio "Reflexões sobre a reforma gerencial brasileira de 1995" (1999), no qual discuto as estratégias que adotei para lograr o apoio da sociedade brasileira e dos seus administradores públicos à reforma.

substituí-lo pelo mercado, a não ser naquelas atividades competitivas e empresariais onde não faz sentido a gestão estatal. Mais amplamente, seu objetivo é fortalecer o Estado e a sociedade civil, tornando ambos mutuamente mais democráticos e responsáveis.[18] É utilizar as organizações da sociedade civil como instrumentos: seja de controle social, seja de execução de atividades não-exclusivas de Estado. Na minha vida pública, a experiência que tive no Ministério da Administração Federal e Reforma do Estado foi aquela que mais satisfação me deu. Ajudado por uma extraordinária equipe, pude desenvolver e iniciar a realização de um grande projeto de reforma do Estado, que, após minha saída do governo, continua a ser implantado, ainda que lentamente. Ao mesmo tempo, eu continuei a discutir as novas idéias e integrá-las em uma visão geral da teoria política e da democracia.

Teoria do desenvolvimento nacional-dependente

Minha preocupação central, entretanto, foi sempre com o desenvolvimento do Brasil e da América Latina. Desde que comecei a estudar a questão, nos anos 1950, lendo os trabalhos do Iseb e da Cepal, ficou claro para mim que o desenvolvimento é um processo de revolução capitalista e de revolução nacional. Mesmo para os países que primeiro se desenvolveram, como a Inglaterra, os Estados Unidos e a França, está claro que a revolução industrial não foi mero acidente, mas o resultado de ação coletiva deliberada. Se em relação à Inglaterra ainda é possível ter dúvidas a respeito, não há qualquer dúvida quanto aos demais países, a começar pela Alemanha e o Japão. O que fica claro é que, quanto mais atrasado é o país no início de seu processo de revolução capitalista e nacional, maior a necessidade de ação coletiva – e, portanto, maior a necessidade de intervenção inicial do Estado. Em todos os países, o Estado tem um papel essencial no desenvolvimento

---

18 Mostrei especialmente este processo de mútua influência do Estado sobre a sociedade civil e vice-versa de forma a torná-los mais democráticos em "Sociedade civil: sua democratização e a reforma do Estado" (1999) e em *Democracy and public management reform* (2004e).

econômico e político, não apenas porque é a matriz das demais instituições, mas também porque é a organização com capacidade de fazer investimentos estratégicos, promover a poupança forçada e o desenvolvimento do capital humano, e definir as políticas econômicas diretamente orientadas para o estímulo do investimento privado.

Crise do Estado e desafio ao Estado nacional

No quadro do desenvolvimento capitalista, o papel do Estado é central. Se o desenvolvimento só é possível quando há uma estratégia nacional nessa direção, a única organização que tem a capacidade de estruturar a ação coletiva e definir essa estratégia é o Estado. Por isso, quando vi o desenvolvimento se desacelerar no mundo desenvolvido a partir dos anos 1970, e estancar no Brasil e na América Latina a partir dos anos 1980, percebi que o problema fundamental que estava por trás era uma crise do Estado. Nos anos que se seguiram à II Guerra Mundial, tecnoburocratas e capitalistas participaram ativamente de um extraordinário processo de desenvolvimento. Nesse processo, aumentava o poder das burocracias pública e privada, crescia o Estado e burocratizavam-se as grandes organizações privadas. Entretanto, a partir dos anos 1970, a taxa de lucro cai sob pressão das demandas sociais e da primeira crise do petróleo, e, em conseqüência, as taxas de crescimento se reduzem para quase a metade no mundo desenvolvido. Terminavam assim os "anos dourados". Para explicar a desaceleração do crescimento nos países centrais, e sua queda vertiginosa na América Latina um pouco depois, desenvolvi então a teoria sobre a crise do Estado e lhe atribuí um caráter cíclico. Se o Estado havia sido o instrumento de ação coletiva que assegurara taxas elevadas de crescimento no pós-guerra, era agora a sua crise que levava à redução dessas taxas. Além disso, expliquei a onda ideológica neoliberal e globalista que então teve início como uma conseqüência dessa crise cíclica.

Minha análise começou, naturalmente, pelo Brasil. Em abril de 1987, dias antes de assumir o Ministério da Fazenda, apresentei, em um seminário na Universidade de Cambridge, o ensaio "Mudanças no padrão de financiamento do investimento no Brasil", no qual já estava clara a verdadeira natureza da crise: tratava-se de uma crise fiscal do Estado, ou, mais amplamente, de uma crise do próprio Estado e do modelo de desenvolvimento substituidor de importações que este adotara para promover o desenvolvimento do país. Esse artigo foi a base de minha atuação no Ministério da Fazenda. Formulei então, ajudado pela minha equipe, o Plano de Controle Macroeconômico (1987), que tem esse artigo como fundamento. Ao sair do ministério no final de 1987, escrevi uma série de artigos sobre a crise do Estado no Brasil, reunidos em *A crise do Estado* (1991), entre os quais destaco "A crise da América Latina: Consenso de Washington ou crise fiscal?" (1990), provavelmente a primeira crítica ao consenso neoliberal que acabara de se constituir.[19]

Em 1988, porém, ampliei o âmbito da minha análise da crise do Estado para o mundo desenvolvido. Meu trabalho inicial sobre o tema foi "O caráter cíclico da intervenção estatal" (1988). A crise do Estado, que eu detectara inicialmente no Brasil, assumira caráter mundial. Essa crise não era permanente, como pretendia o pensamento conservador, mas cíclica ou temporária – como seria também passageiro o avanço da ideologia neoliberal que emergia no final dos anos 1970, para restabelecer a taxa de lucro no sistema.

A partir de 1990, envolvi-me no projeto de pesquisa sobre as transformações políticas nas novas democracias, que Adam Przeworski liderou, e que teve como um dos frutos meu livro em co-autoria com ele e José Maria Maravall, *Economic reforms in new democracies* (1993). Pude, então, aprofundar essas idéias. As novas democracias da América Latina enfrentavam, nos anos 1980, a crise do seu Estado desenvolvimentista de forma mais aguda que os países centrais enfrentaram, a partir dos anos 1970, a crise do Estado do bem-estar. O Estado se enfraqueceu por um

---

[19] Volto a esse tema em "*Economic reforms and economic growth: efficiency and politics in Latin America*" (1993) e em *Crise econômica e reforma do Estado* (1996b).

motivo essencialmente endógeno: cresceu demais, de forma distorcida, incidiu em déficits públicos crescentes, viu a poupança pública desaparecer, e suas instituições foram aos poucos perdendo funcionalidade. Tudo tornou necessária a reforma do Estado, tornou necessário que ele se fortalecesse e se tornasse mais capaz de defender o patrimônio público contra as tentativas crescentes de captura privada. Mais do que isso, a crise o impeliu a rever sua forma de regular o setor privado, e a reconhecer e dar mais atenção ao setor das entidades sem fins lucrativos, públicas não-estatais. Em minha análise da crise do Estado, um segundo ensaio importante é "A reforma do Estado nos anos 90: lógica e mecanismos de controle" (1997a), já escrito enquanto eu estava desenvolvendo a teoria da reforma da gestão pública. Fiz ali a análise do processo de crise e reforma do Estado, mostrando que, naquele momento, a onda neoliberal já terminara em nível internacional, ao mesmo tempo em que a reforma da gestão pública se tornara prioritária na maioria dos países centrais. Reforma que tem como objetivo reconstruir o Estado, embora tenha sido equivocadamente interpretada como reforma para reduzir o Estado a qualquer custo. Em *Democracy and public management reform* (2004e), essas idéias foram plenamente desenvolvidas.

Segundo a interpretação da crise do Estado, a causa fundamental da relativa estagnação do Brasil e da América Latina nos anos 1980 foi, de um lado, a crise da dívida externa e a crise fiscal do Estado, que tornaram negativa a poupança pública, e, de outro, a superação do modelo de substituição de importações como estratégia de desenvolvimento. Em conseqüência, tornava-se necessário empreender reformas que recuperassem as finanças do Estado, particularmente a poupança pública. O apoio que dei a essas reformas – abertura comercial, privatização dos setores competitivos em poder do Estado, reforma tributária, reforma da previdência pública e reforma gerencial ou da gestão pública – só faz sentido a partir dessa perspectiva. Essas reformas faziam parte da agenda neoliberal, mas não são necessariamente neoliberais se seu objetivo não é enfraquecer, mas reconstruir a capacidade do Estado. Ao invés de reduzi-lo ao mínimo e aceitar como fatalidade a sua própria perda de autonomia decisória, trata-se de torná-lo mais forte, mais capaz de enfrentar os desafios da globalização. Essa perspectiva já está em meu estudo "A crise da América Latina: Consenso de Washington ou crise fiscal?".[20]

Em *Crise econômica e reforma do Estado* (1996d), porém, ao supor que a interpretação da crise do Estado poderia substituir a teoria da dependência na explicação do subdesenvolvimento brasileiro, subestimei a força do imperialismo, que naquele momento atacava com a ideologia globalista, afirmando a irrelevância do Estado nacional e advogando a estratégia de crescimento com poupança externa e abertura da conta capital. A teoria da crise fiscal do Estado, aplicada à América Latina, atribuía a crise a uma causa essencialmente endógena. Hoje está claro para mim que, além de endógena, relacionada com a dependência e alienação das elites brasileiras, essa crise é exógena. O imperialismo atual é mais sofisticado, porém continua a atuar para desorganizar a economia brasileira, adotando como estratégia principal a cooptação dessas elites, que deixam de pensar por si próprias e se subordinam às políticas e ideologias vindas do Norte. Essa ação é contraditória, porque a dominação não pode ser reconhecida, nem mesmo admitida – não existe mais espaço para esse tipo de imperialismo aberto no mundo da democracia –, mas acaba sendo efetiva. Ela se expressa na ideologia globalista e na afirmação peremptória de que existe um único caminho, um *straight jacket*, na expressão de um de seus ideólogos mais brilhantes.[21] Ora, só se pode falar em uma única via no sentido de que não há alternativa disponível para organizar a economia senão a do capitalismo, mas há muitos tipos de capitalismo, variando não apenas entre os países desenvolvidos, mas também dependendo do estágio de desenvolvimento econômico em que o país se encontre.

Globalização e desenvolvimento nacional

O processo de globalização, que começa mais ou menos na mesma época, recebeu a princípio menos atenção da minha parte quando examinei

---

[20] Sobre a necessidade de reconstrução do Estado na América Latina, ver especificamente "Um novo Estado para a América Latina" (1998a).

[21] Refiro-me a Thomas Friedman (2000).

a crise do Estado, porque eu a defini inicialmente como uma crise endógena, decorrente do crescimento excessivo e distorcido da organização estatal. A globalização representou antes um desafio à idéia de nação do que ao Estado. Essa distinção entre Estado e nação (ou Estado nacional, ou Estado-nação), embora raramente feita, é importante para a compreensão dos problemas atuais. O Estado é a organização formada por políticos, servidores civis e militares, que detém o poder extroverso de legislar e tributar, e, ao mesmo tempo, o próprio sistema institucional que ele define transformando em lei positiva. Já a nação ou Estado-nação é a entidade soberana constituída por um Estado e uma sociedade, e seu respectivo território. O Brasil e a França são Estados-nação nos quais há um Estado e uma sociedade. A crise do Estado é sempre um fenômeno passageiro porque cíclico. As elites dos países desenvolvidos podem adotar, em determinados momentos, uma ideologia neoliberal que se afirma contrária ao Estado, antiestatal, mas elas sabem muito bem da importância do Estado para organizar a sua própria ação coletiva. Já a crise do Estado-nação, que a ideologia globalista anunciou ao fazer a análise do fenômeno da globalização, foi antes um fenômeno mais ideológico do que real. O "fim dos Estados nacionais", a "crescente irrelevância dos Estados-nação", alegremente celebrada pela direita e lamentada pela esquerda, teria sido o resultado da globalização. Na verdade, a globalização tornou os Estados nacionais mais estratégicos e, portanto, mais relevantes.

Discuti a teoria da globalização e do sistema global, que desenvolvi em dois ensaios recentes, "*After balance of powers' diplomacy, globalization's politics*" (2002c) e "O gigante fora do tempo: a guerra do Iraque e o sistema global" (2003b), nos quais esbocei uma teoria geral das relações internacionais atuais. Parto da análise histórica e divido a história da humanidade, do ponto de vista das guerras, em três grandes períodos: o pré-capitalista, o da Paz de Westfália ou da diplomacia do equilíbrio de poderes, e o atual, da política da globalização. Na fase pré-capitalista, a guerra é uma forma de vida, dado que é a forma por excelência de apropriação do excedente. Durante a fase da diplomacia do equilíbrio de poderes, que começa com os tratados de Westfália e termina com a queda do Muro de Berlim e o colapso do comunismo soviético, os Estados nacionais definem seus mercados nacionais – e, portanto, suas fronteiras – e buscam abrir os mercados internacionais. Nessa fase, a guerra continua a fazer sentido na medida em que a definição de fronteiras pode ser vital para os Estados nacionais. Finalmente, temos a fase atual, a fase da política da globalização ou do sistema global, quando todos os mercados já estão abertos, os Estados nacionais deixaram de ser inimigos para se tornarem adversários na concorrência internacional que travam através de suas empresas, e as guerras entre grandes Estados nacionais perderam sentido.

Esta visão precisa ser ainda explorada, mas eu creio que ela nos ajuda a compreender equívocos que podem ser cometidos pelo país hegemônico quando ele ainda se julga no tempo do equilíbrio de poderes, que foi o tempo também do imperialismo, e faz a guerra unilateralmente. Ajuda-nos, também, a compreender o que é, essencialmente, a globalização econômica no quadro do sistema global. Agora os principais países do mundo não são inimigos que se ameaçam com guerras, mas são adversários comerciais. Do ponto de vista econômico, a globalização é a competição generalizada entre os Estados nacionais através de suas empresas. Na concorrência internacional, as empresas não estão sozinhas, mas firmemente apoiadas pelos seus respectivos Estados, já que as chamadas empresas multinacionais são, na verdade, empresas nacionais que alcançaram âmbito mundial, que se tornaram transnacionais. Definida a globalização econômica nesses termos, é possível compreender a falta de correspondência com a realidade do globalismo. Os Estados nacionais continuam a desempenhar um papel econômico fundamental no sistema global, e, em cada um deles, o respectivo Estado é o agente por excelência da ação coletiva nacional. Se a onda ideológica neoliberal que parte do centro hegemônico representava um ataque à organização do Estado dentro de cada Estado nacional, inclusive o Estado existente nos Estados Unidos, a onda ideológica globalista parte igualmente do centro para atingir os demais Estados nacionais. Enquanto a estratégia neoliberal antepõe o mercado ao Estado, afirma que os mercados podem coordenar a economia e a sociedade com uma participação mínima da organização estatal e, em última análise, visa reduzir o poder do Estado e de sua burocracia, a estratégia globalista antepõe a globalização aos Estados nacionais, afirma a perda de autonomia e de relevância destes e, em última análise, visa impor a hegemonia americana ao resto do mundo.

Enquanto a ameaça representada pela onda ideológica neoliberal perde força na América Latina, na medida em que as reformas e políticas visando enfraquecer o Estado não produziram o desenvolvimento esperado, a tese globalista da absoluta hegemonia americana, após o fim da Guerra Fria e da perda de relevância dos Estados nacionais, vai também perdendo credibilidade. Em seu lugar, as clássicas idéias da construção de uma ordem internacional mais solidária, a partir das Nações Unidas, continuam a ganhar força. O desastre que representou a guerra contra o Iraque para os Estados Unidos apenas confirmou que esse país pode ser hegemônico, mas isto não significa que possa dirigir o mundo unilateralmente, e que sua hegemonia está longe de ser benevolente e democrática, como pretendem seus ideólogos.

Da mesma forma que o desenvolvimento é revolução capitalista, não existindo alternativa política para o Estado nacional, o desenvolvimento é também revolução nacional, é transformação de nações ou conjunto de nações entendidas em sua forma tradicional como culturas homogêneas em nações modernas, em nações ou Estados nacionais construídos politicamente.[22] É no âmbito dos Estados nacionais que a cidadania é assegurada[23] e o desenvolvimento ocorre. Para que haja desenvolvimento, não basta um mercado forte, capaz de processar a concorrência entre as empresas; é preciso que o Estado também seja forte. Forte no plano político porque dotado de legitimidade democrática; forte no plano financeiro porque solvente; forte no campo administrativo porque organizado não mais em termos simplesmente burocráticos, mas de acordo com os princípios da gestão pública. Um Estado forte, associado a uma sociedade nacional razoavelmente solidária e capaz de partilhar valores, forma uma nação forte que continua essencial para o desenvolvimento econômico e político. Só Estados fortes ga-

---

[22] Anderson, 1983.

[23] A idéia de que os direitos de cidadania continuam a ser fundamentalmente garantidos pelos Estados nacionais foi exposta com muita veemência por Ralf Dharendorf, em conferência no St. Anthony's College da Universidade de Oxford, em fevereiro de 2001, à qual eu estava presente.

rantem mercados bem regulados e eficientes. Só Estados nacionais ou Estados-nação que tomam decisões sobre suas instituições e sobre as políticas públicas de forma independente desenvolvem-se de forma sustentada. O desenvolvimento econômico foi sempre o resultado de estratégias nacionais para torná-los competitivos internacionalmente. A globalização não mudou esse quadro, apenas o acentuou, ao se definir pela competição econômica generalizada entre os Estados nacionais.

Os Estados nacionais formaram-se, a partir do século XVI, não apenas em torno de burguesias ascendentes, mas também em torno de uma burocracia de Estado, inicialmente patrimonial e depois, a partir do século XIX, profissional, que teve um papel decisivo no desenvolvimento. Na análise do desenvolvimento capitalista, a grande deficiência de Marx foi não ter visto com a clareza necessária que a revolução capitalista era também uma revolução nacional. Embora o desenvolvimento capitalista seja inicialmente um processo econômico e social marcado pelo surgimento do comércio e da burguesia, esse processo só tem condições de se completar quando o rei se alia à burguesia e tem início o processo de revolução nacional, ou de formação do Estado nacional. Só então é possível definir com clareza as fronteiras de cada mercado, ou de cada nova nação, e as instituições que irão regular a atividade comercial e, depois, industrial. Só então é possível definir um estado de direito, e garantir os direitos civis à liberdade e à propriedade, que serão decisivos para a subseqüente revolução industrial. Os países desenvolvem-se no plano econômico quando existe uma estratégia nacional de desenvolvimento. O Brasil desenvolveu-se aceleradamente entre 1930 e 1980 porque tinha um projeto de nação. Não logra sair da quase estagnação em que sua economia se encontra desde 1980 porque perdeu esse projeto, e se revela incapaz de realizar uma política macroeconômica compatível com a estabilidade e o desenvolvimento.

Os empresários e o desenvolvimento

São os empresários, porém, que, aliados ao Estado, afinal realizam os investimentos e promovem a inovação. Compreendi isto com clareza depois que fiz um curso de desenvolvimento econômico com Bert Hoselitz, da Universidade de Chicago, no curso de verão que ofereceu na Michigan State University. Passei ainda, a seu convite, duas semanas em Chicago, antes de ver esgotada minha bolsa e ter de voltar para o Brasil, em setembro de 1961. De volta à Fundação Getulio Vargas, iniciei duas pesquisas, de caráter antes sociológico que econômico, relacionadas entre si. Na primeira, realizada em 1962 com Zaíra Rocha Awad, estudei as origens étnicas e sociais dos empresários industriais paulistas. Minha hipótese, consistente com a análise histórica do Iseb, mas contraditória com o que era voz corrente nos meios acadêmicos de São Paulo,[24] era de que os empresários industriais não se haviam originado das famílias tradicionais de proprietários de terra, especificamente de cafeicultores no caso de São Paulo, mas de imigrantes de classe média. A hipótese foi amplamente confirmada pela pesquisa, que relatei em "Origens étnicas e sociais dos empresários paulistas" (1964). No capitalismo moderno, onde as grandes empresas são dominantes, o papel do administrador é também fundamental, inclusive porque é ele que se responsabiliza cada vez mais pela inovação – uma inovação coletiva.[25] A segunda pesquisa, agora com Henrique Rattner, foi sobre a mobilidade e carreira dos dirigentes das empresas paulistas, cujos resultados foram analisados em minha tese de doutorado na USP, *Mobilidade e carreira dos empresários paulistas* (1972b).[26]

Há certos momentos na história de um país que exigem uma interpretação inovadora, que contraste com o saber convencional. Imagino ter feito uma primeira contribuição dessa natureza quando analisei o colapso do

---

[24] Caio Prado Jr., em *A revolução brasileira* (1966), ainda insistia na afirmação de que os empresários industriais brasileiros tinham origem nas famílias de cafeicultores. Warren Dean (1969), que fez uma pesquisa importante sobre o tema, verificou que os empresários tinham origem nas famílias imigrantes, como minha pesquisa já demonstrara. Entretanto, na segunda metade dos anos 1960, o ressentimento da esquerda com o apoio dos empresários aos militares em 1964 levou Dean, que conviveu com o movimento intelectual da época, a deixar essa sua verificação menos clara e a escrever um primeiro capítulo de seu livro em que dava a impressão de haverem sido os cafeicultores que promoveram a industrialização brasileira.

[25] Esta idéia já se encontra em "Desenvolvimento econômico e o empresário" (1962b).

[26] Tese transformada no livro *Empresários e administradores no Brasil* (1974).

pacto populista de Getúlio Vargas, a partir do surgimento, durante os anos 1950, de uma série de fatos novos que invalidaram esse pacto, assim como puseram em causa a correspondente interpretação nacional-burguesa do Iseb, que o Partido Comunista, de um lado, e a Cepal, de outro, de alguma forma compartilhavam. Foi no início dos anos 1960, a partir da derrota do candidato nacional-desenvolvimentista Henrique Teixeira Lott na eleição presidencial de 1960, seguida de quatro anos de profunda crise econômica e política, e do golpe militar de 1964, que comecei a elaborar minha visão da dependência como "dependência nacional", distinta tanto da "dependência radical", de Theotônio dos Santos, quanto da "dependência associada", de Cardoso e Faletto.

Três teorias da dependência

A teoria da dependência surgiu nos anos 1960, em oposição à teoria do imperialismo. Esta, partilhada pelo Iseb e pela Cepal nos anos 1950, afirmava que a industrialização latino-americana tinha como defensores a burocracia de Estado e o empresariado nacional, que enfrentavam a expressa oposição do imperialismo associado às oligarquias exportadoras. Minha visão da dependência partiu também da crítica das idéias dos anos 1950, mas, ao invés de torná-la absoluta – "as idéias anteriores estavam erradas e as nossas são agora certas" –, eu usei o método do fato histórico novo para afirmar que, durante essa década, ocorreram fatos decisivos, que inviabilizaram o pacto político popular-nacional de Vargas, exigindo uma nova teoria e uma nova estratégia de desenvolvimento. Em vez de aceitar a interpretação da dependência que seria adotada no final da década pela escola de sociologia de São Paulo e pela esquerda mais radical, representada por Theotônio dos Santos e Ruy Mauro Marini, fiz uma análise alternativa que buscava preservar a visão inicial de Furtado, Jaguaribe e Rangel, a partir da análise dos fatos novos dos anos 1950. Essa análise teve como trabalho precursor o livro de Hélio Jaguaribe, *O nacionalismo na realidade brasileira*, publicado pelo Iseb em 1958.

Nas elites intelectuais de esquerda de São Paulo, a partir do golpe militar de 1964, tem início um processo de críticas duras ao Iseb e ao Partido Comunista. Eles teriam sido os responsáveis internos à própria esquerda pelo retrocesso autoritário, na medida em que advogaram a associação com uma burguesia nacional que se aliara aos militares e aos Estados Unidos. Caio Prado Jr., com o ensaio *A revolução brasileira*,[27] expressa as novas idéias que se transformariam, mais tarde, na teoria da dependência. A proposta de aliança da esquerda com a burguesia nacional teria sido o grande erro. Burguesia nacional que nunca teria existido, como também não existira o pacto nacional-desenvolvimentista, agora chamado pacto populista. A partir de 1964, ocorre um afastamento radical entre os empresários e as esquerdas. A burguesia "era mercantil e sempre estivera associada ao imperialismo"; não era naquele momento nem nunca fora no passado uma burguesia nacional – uma classe de empresários capazes de se identificar com os interesses nacionais e participar, com a burocracia do Estado e os trabalhadores, de um projeto de nação. A comprovação empírica do fato viria no livro *O empresário industrial e o desenvolvimento econômico*,[28] de Fernando Henrique Cardoso, que então despontava como principal liderança intelectual das esquerdas brasileiras. Por outro lado, os intelectuais paulistas, debatendo entre si, faziam a análise do "pacto populista", que pressupõe a existência de um empresariado nacional, mas afirmavam que o nacional-desenvolvimentismo se equivocara ao detectar um pacto entre a burguesia nacional, os técnicos do governo e os trabalhadores.[29] Nesse processo, a esquerda acadêmica que se tornou dominante no Brasil não se dava conta de que, ao recusar a possibilidade de um empresariado nacional, estava inviabilizando a própria idéia de nação.

Minha interpretação do que estava ocorrendo no Brasil e do caráter dos empresários brasileiros era diferente porque se baseava na análise de

---

[27] Prado Jr., 1966.

[28] Cardoso, 1964.

[29] Sairia da própria escola de sociologia de São Paulo a análise mais ampla e a crítica do pacto populista, a partir dos trabalhos de Francisco Weffort (1965) e de Octavio Ianni (1968).

fatos históricos novos. Em dezembro de 1960, muito antes de surgirem as idéias sobre a dependência em Santiago do Chile e em São Paulo, escrevi uma carta a Luiz Antônio de Almeida Eça sobre as eleições presidenciais daquele ano e, em 1963, publiquei o ensaio "O empresário industrial e a revolução brasileira", nos quais delineei uma explicação para a crise do pacto nacional-desenvolvimentista de Vargas.[30] Na linha do pensamento do Iseb e da Cepal, tomei como pressuposto que, a partir dos anos 1930, surgira uma burguesia industrial nacional, que se associara de alguma forma à tecnoburocracia do Estado e aos trabalhadores, em torno da idéia de industrialização. Roberto Simonsen era o grande líder empresarial e intelectual que comandaria esse pacto do lado da indústria, cabendo a Getúlio Vargas a liderança política. O adversário era a oligarquia agrário-mercantil exportadora, associada ao imperialismo. Já nesses trabalhos, entretanto, mostrei que fatos históricos novos inviabilizaram esse pacto e tornaram superada a interpretação nacional-burguesa correspondente. Foram três pares de fatos: a consolidação da industrialização brasileira, enquanto a agricultura exportadora cafeeira entrava em crise com a queda radical dos preços do café, e a possibilidade de transferência de renda da agricultura exportadora para a indústria se esgotava; a entrada, pela primeira vez, de capitais estrangeiros na indústria, ao mesmo tempo em que uma lei de tarifas protegia a indústria nacional;[31] e o recrudescimento da luta sindical, com a formação das primeiras centrais sindicais, ao mesmo tempo que, em 1959, a revolução de Fidel Castro em Cuba abalava a América Latina e atemorizava os empresá-

---

[30] Logo em seguida, escrevi um ensaio mais geral, aprovado para publicação pela primeira versão da *Revista Brasileira de Ciências Sociais* (editada pela Universidade Federal de Minas Gerais), mas que não foi publicado porque a revista foi extinta a partir do golpe de 1964. Essa revista era editada por Julio Barbosa e teve cinco números publicados. Mais tarde, a Associação Nacional de Cursos de Pós-Graduação em Ciências Sociais (Anpocs) passaria a publicar uma revista com o mesmo nome, começando do número 1. Em 1968 publiquei esse artigo, com pequenas alterações, como o capítulo 4 de *Desenvolvimento e crise no Brasil*. As quatro edições posteriores mantiveram esse capítulo intocado.

[31] Em 1958 foi aprovada a Lei de Tarifas, que estabeleceu os princípios básicos da proteção tarifária à indústria nacional. A proteção à indústria não era nova – existia no Brasil desde a tarifa Alves Branco, de 1843 –, mas fora revisada e reduzida muitas vezes, não havendo princípios claros que a orientassem.

rios e as classes médias. Segundo minha análise, esses fatos novos inviabilizaram o pacto populista, na medida em que estimularam a radicalização da esquerda e promoveram a reunião das forças de direita que desembocou no golpe militar.

Com a revolução de 1964, os empresários brasileiros, agora associados à burocracia militar, não abandonaram a idéia do desenvolvimento nacional. Apesar da aliança que fizeram com os Estados Unidos na luta contra o comunismo, e da exclusão dos trabalhadores do pacto político, que se torna excludente também no plano econômico, a burocracia do Estado e os empresários continuavam empenhados na substituição de importações pela industrialização nacional. Entretanto, aqueles fatos históricos novos dos anos 1950 – principalmente a ameaça representada pela revolução de Cuba, a entrada das empresas multinacionais na produção industrial e a predominância política dos Estados Unidos – indicavam uma nova forma de dependência, de que a teoria do imperialismo anterior não dava conta, como deixavam claro dois livros de Celso Furtado escritos após 1964: *Subdesenvolvimento e estagnação da América Latina* e *Um projeto para o Brasil*.[32] Furtado apoiava sua tese estagnacionista na crise econômica da primeira metade dos anos 1960, mas a partir de 1967 tínhamos um fato novo fundamental, a retomada acelerada do desenvolvimento, exigindo definitivamente nova interpretação.

Essa nova interpretação seria a teoria da dependência. No Chile, alguns intelectuais brasileiros começaram a perceber que a estagnação estava sendo superada e um novo modelo de desenvolvimento estava surgindo, baseado na participação das empresas multinacionais na industrialização do país, na ênfase sobre a produção de bens de consumo de luxo, e na correspondente concentração de renda da classe média e alta. Era a teoria da nova dependência que surgia sob duas formas: a teoria da dependência associada, que teve como trabalho fundador o livro de Fernando Henrique Cardoso e Enzo Faletto, *Dependência e desenvolvimento na América Latina*,[33]

---

[32] Furtado, 1966 e 1968.

[33] Cardoso e Faletto, 1969.

e os trabalhos de Theotônio dos Santos e Ruy Mauro Marini. A análise propriamente econômica da nova dependência ficou conhecida a partir do artigo de Maria da Conceição Tavares e José Serra, "Além da estagnação".[34] No mesmo ano, sem conhecimento daqueles trabalhos, publiquei um artigo que também partia da crítica a Celso Furtado, "Dividir ou multiplicar: a distribuição de renda e a recuperação da economia brasileira" (1970), e já fazia a análise do novo modelo de desenvolvimento, concentrador de renda da classe média para cima, que estava ocorrendo. Nos anos 1970, continuei essa análise com "O novo modelo brasileiro de desenvolvimento" (1972c) e *Estado e subdesenvolvimento industrializado* (1977c). Por algum tempo, desde o início dos anos 1970, participando da luta contra o regime autoritário, supus também partilhar da visão da "dependência associada". Aos poucos, porém, foi ficando claro para mim que a teoria da dependência associada não se identificava com minha própria visão do fenômeno da dependência. No trabalho que escrevi sobre o pensamento brasileiro, "Seis interpretações sobre o Brasil" (1982), não distingo ainda a teoria da dependência associada da minha própria visão da dependência. Através dos anos, entretanto, venho aprofundando meus estudos da história das idéias no Brasil. Minha associação com José Márcio Rego e o curso que temos dado juntos sobre as "Interpretações do Brasil" me permitiram ver melhor a dialética das idéias sobre o Brasil. Por outro lado, a renovação de minha associação com Yoshiaki Nakano, a partir de 2001,[35] ajudou-me a rever o pensamento sobre o Brasil e o seu desenvolvimento.

Hoje está claro para mim o equívoco em que incorreu a esquerda brasileira e latino-americana. Ao recusar a possibilidade de uma burguesia nacional, estava supondo, de acordo com Marx, que o único conflito político e ideológico relevante é aquele entre os ricos e os pobres, ou entre o capitalismo e o socialismo. Desde o século XIX, porém, há outro conflito igual-

---

[34] Tavares e Serra, 1972.

[35] Em 2000, eu volto para a Fundação Getulio Vargas, depois de quatro anos e meio dedicados ao governo federal; Nakano volta em 2001, depois de seis anos no governo de Mário Covas.

mente importante: o conflito entre o nacionalismo e o cosmopolitismo. O nacionalismo – entendido aqui como a ideologia de construção do Estado-nação, e não como reação xenófoba, buscando identificar a nação cultural com o Estado-nação – foi, no século XIX, a ideologia usada pelas elites nacionais dos países hoje desenvolvidos para promover seu desenvolvimento, enquanto o cosmopolitismo era a opção dos socialistas revolucionários. Hoje, os países desenvolvidos continuam tão nacionalistas quanto antes, mas usam da ideologia cosmopolita para submeter os novos países industrializados. A esquerda brasileira, a partir de 1964, não percebeu a importância do nacionalismo para a construção da nação. Assim, quando sobreveio a crise do socialismo, aceitou a agenda liberal-conservadora e acreditou que a grande luta a ser travada agora se reduzia ao equivocado conflito do mercado contra o Estado, quando, na verdade, o que estava ocorrendo era uma estratégia de desqualificação dos Estados nacionais de desenvolvimento intermediário, como o Brasil.

A partir dessa consideração mais geral, está claro que não há duas, mas três vertentes da teoria da dependência: a teoria da dependência radical ou da superexploração imperialista, de Santos e Marini; a da dependência associada, de Cardoso e Faletto; e a da nova dependência ou, como hoje prefiro chamar, "dependência nacional", que adoto e tenho procurado desenvolver ao longo dos anos. De acordo com esta última, o desenvolvimento dos países periféricos é nacional-dependente. Configura-se, assim, como um oximoro, já que os dois termos, "nacional" e "dependente", ligados propositadamente por um hífen, são opostos. A burguesia ou o empresariado nacional e a própria burocracia do Estado vivem um processo de permanente contradição entre sua tendência a se identificar com a formação do Estado nacional e sua tentação de se aliar ao capitalismo dos países centrais. No século XIX, as burguesias européias e a americana eram nacionais, opondo-se ao cosmopolitismo socialista. Por isso, seu desenvolvimento podia ser nacional sem ser dependente. Já na segunda metade do século XX, diante da ameaça comunista, a aproximação das burguesias locais ao capitalismo internacional tornou-se naturalmente mais forte. Entretanto, a partir desse fato, não se poderia concluir que estava descartada a hipótese da construção de uma nação no Brasil e nos demais países em desenvolvimento, como fez a grande maioria dos intelectuais de esquerda brasileiros e latino-americanos, a partir de 1964.

Para as três vertentes da teoria da dependência, a tendência das elites locais a se associarem ao imperialismo está presente, mas, enquanto no caso da versão da superexploração imperialista o desenvolvimento é impossível no quadro do capitalismo e, na vertente da dependência associada, só é possível de forma subordinada, associada,[36] na perspectiva da dependência nacional o desenvolvimento nacional é possível porque existe sempre a possibilidade de que os empresários voltem a se associar aos trabalhadores e aos técnicos do governo. Existem forças e pressões internacionais que promovem sua alienação, mas os interesses dos empresários estão também identificados com o mercado nacional e com a própria idéia de nação, da qual eles são parte essencial. Essa tese contraditória, porém a meu ver mais realista, do papel desempenhado pelos empresários, que já estava presente em meus trabalhos dos anos 1960, tornou-se ainda mais clara nos meus estudos dos anos 1970 sobre o pacto político, unindo essas três classes no processo de transição democrática.[37] Durante os anos 1980 e a primeira parte dos anos 1990, preocupei-me principalmente com a recuperação da estabilidade macroeconômica e com a reforma do Estado, mas desde 1999 venho desenvolvendo a crítica da estratégia de crescimento com poupança externa e abertura da conta capital desenvolvimento, que se inclui dentro da visão mais ampla da teoria do desenvolvimento nacional-dependente.

As três vertentes da teoria da dependência, além de se diferenciarem em relação à possibilidade de que as elites nacionais venham a superar sua alienação, distinguem-se também em relação às duas clivagens ideológicas fundamentais que têm caracterizado o mundo moderno: a esquerda *versus* a

---

[36] Conforme observa Niemeyer Almeida Filho (2004:4, 8), "Cardoso e Faletto definem a dependência como uma situação em que a acumulação e a expansão do capital não podem encontrar os seus componentes essenciais dentro do sistema". Mais do que isto, essa visão, nesse caso semelhante à da teoria radical da dependência, vê a "dependência como uma qualidade imutável de algumas economias".

[37] Refiro-me a *O colapso de uma aliança de classes* (1978b) e *Pactos políticos* (1985).

direita, e o nacionalismo *versus* o cosmopolitismo. Enquanto a interpretação da superexploração capitalista é radicalmente de esquerda e cosmopolita, apesar da denúncia que faz do imperialismo, e a interpretação da dependência associada é de esquerda, mas cosmopolita porque, ao recusar o acordo de classes, deixa de lado a idéia de nação, a interpretação da dependência nacional é de esquerda e nacionalista, na medida em que parte do pressuposto historicamente verificado de que o desenvolvimento só é possível a partir de uma estratégia nacional. Os países hoje desenvolvidos alcançaram esse estágio porque tiveram e ainda têm um claro conceito de nação, e porque seus cidadãos não têm dúvida quanto ao dever do governo de defender o trabalho e o capital nacionais.

Na teoria do desenvolvimento nacional-dependente, como na teoria da dependência associada, as empresas multinacionais e o capital financeiro internacional não impedem, mas condicionam perversamente o nosso desenvolvimento. No caso da primeira, porém, a herança de Vargas e do desenvolvimentismo é preciosa, e há sempre a possibilidade de um projeto de nação, enquanto no caso da segunda essa possibilidade está excluída. O obstáculo ao desenvolvimento representado pelo imperialismo, na teoria da dependência nacional, ocorre menos através da troca desigual (tese de Prebisch), e mais através de um novo fato histórico novo – os financiamentos internacionais que aumentam intensamente a partir dos anos 1970, e provocam uma grande crise na América Latina nos anos 1980, o que não impede de serem retomados com força nos anos 1990 para provocarem novas crises. Esses empréstimos envolvem juros elevados. O problema mais grave, porém, não está aí, mas no fato de a estratégia de crescimento com poupança externa envolver um processo de desorganização das economias nacionais quando o país já está excessivamente endividado e não existem grandes oportunidades de investimento no país.

A crítica da estratégia de crescimento com poupança externa

Em 1987, quando assumi o Ministério da Fazenda no quadro de uma profunda crise da dívida externa, a dependência brasileira estava mais clara do que nunca, e se expressava na crise da dívida externa. A preocupação principal então era controlar a alta inflação. Será somente a partir de 1999, quando se tornou claro que o Brasil não lograra retomar o desenvolvimento depois da estabilização dos preços de 1994, que retomo a elaboração da teoria do desenvolvimento nacional-dependente, com a crítica à estratégia de crescimento com poupança externa e abertura da conta capital. No governo Cardoso, ao fazer a crítica interna da política econômica adotada pelo Ministério da Fazenda, aos poucos fica claro para mim que essa estratégia, pregada pelo governo dos Estados Unidos e pelas organizações multilaterais, é desastrosa para a economia brasileira e para todos os demais países em desenvolvimento que a adotaram nos anos 1970 e principalmente nos anos 1990.

A estratégia de crescimento com poupança externa parte da idéia aparentemente óbvia de que os países ricos em capital devem transferir capitais para os países pobres em capital. Sob certas condições raramente presentes – quando o país não está ainda endividado, e as oportunidades de investimento são muito grandes –, essa estratégia pode ser correta; já quando essas condições não estão presentes, ela é desastrosa para o país que a adota. É desastrosa porque, de um lado, o endividamento externo resultante leva a crises de solvência e, de outro, porque o país perde o controle sobre a sua taxa de câmbio, que se valoriza com a entrada em massa de capitais de risco e de financiamento. Como essa entrada de capitais ocorre sem que os países disponham de grandes projetos de desenvolvimento, a apreciação da moeda local provoca o aumento dos salários e do consumo (de bens importados). Assim, com o aumento dos salários, a poupança externa financia o aumento do consumo interno, e não os investimentos: a entrada de poupança externa é compensada pela queda da poupança interna. Os investimentos não aumentam e a economia não cresce, apenas se torna mais endividada externamente. O processo termina geralmente com uma crise de balanço de pagamentos. Nos anos 1990, os países asiáticos que não aceitaram esse tipo de dependência e mantiveram seu controle sobre a conta capital e a taxa de câmbio foram aqueles que se desenvolveram. Na América Latina, apenas o

Chile se desenvolveu de forma satisfatória, exatamente porque implantou controle da entrada de capitais e conservou o controle da taxa de câmbio.[38]

Creio que a crítica da estratégia de crescimento com poupança externa é hoje tão importante para o desenvolvimento da América Latina quanto foi, nos anos 1940 e 50, a crítica da lei das vantagens comparativas do comércio internacional. Naquele momento, a crítica era necessária para que se pudesse legitimar a necessária proteção à indústria infante através do controle da conta comercial. Hoje, ela é indispensável para legitimar a proteção de toda a economia nacional, através do controle da conta capital e, portanto, do preço mais estratégico para um país em desenvolvimento: a taxa de câmbio. Naquela época, como agora, trata-se de defender a economia nacional por uma razão econômica que parece óbvia, mas impede os países em desenvolvimento de competir com as grandes economias desenvolvidas usando suas vantagens.

Na segunda metade dos anos 1970 e durante os anos 1990, foi com esse tipo de estratégia que os países centrais acabaram desorganizando as economias dos países que lhes podiam fazer concorrência no plano industrial. Desde aquela época, os países ricos – principalmente seus trabalhadores – estavam preocupados com a perda de empregos que lhes pode causar a concorrência dos países industrializados que contam com mão-de-obra barata. Na medida em que os países ricos são democracias, essa preocupação se estende aos intelectuais e ao governo. No anos 1970, eram o Brasil e a Coréia que mais os preocupavam; hoje, são a China e a Índia. Para reagir a essa ameaça, foram aos poucos desenvolvendo a ideologia globalista. Obviamente, não se trata de uma forma conspiratória, mas nós sabemos como os interesses determinam as idéias de maneira muitas vezes inconsciente. E os interesses dos países ricos mudaram quando os novos países industriais

---

[38] Esboço essas críticas em dois trabalhos preliminares (1999, 2001), exponho-as plenamente em "*Economic growth with foreign savings?*" (2002), com Yoshiaki Nakano, "Financiamento para o subdesenvolvimento: o Brasil e o Segundo Consenso de Washington" (2002b) e *The growth* cum *foreign savings strategy and the Brazilian economy since the early 1990s* (2004d). Todos esses trabalhos, exceto o último, reaparecem na quinta edição (2003) de *Desenvolvimento e crise no Brasil*.

começaram a exportar produtos manufaturados para eles, usando sua mão-de-obra barata.

Elites alienadas ou nacionais?

Mais amplamente, a teoria do desenvolvimento nacional-dependente nos diz que é impossível compreender a onda neoliberal e globalista iniciada nos anos 1970 sem levar em conta essa mudança. A dependência está na hegemonia consentida, está na dificuldade que as elites e os governos dos países em desenvolvimento sentem de enfrentar a hegemonia ideológica vinda de fora, na forma de preceitos que se pretendem coerentes com a mais pura racionalidade econômica. Em alguns momentos, essa racionalidade apresenta-se de forma sofisticada e velada; em outros, se expressa da forma ideológica mais evidente como uma luta do mercado contra o planejamento, ou dos empresários contra a burocracia do Estado. Em grande parte, as políticas recomendadas por Washington e Nova York são, principalmente, uma forma de "chutar a escada" e de desorganizar as economias dos países de desenvolvimento intermediário.[39] São uma reação, geralmente inconsciente, mas nem por isso menos perigosa, das elites econômicas e políticas dos países ricos para neutralizar a competição dos novos países industriais. Uma reação ou uma estratégia que muitas vezes logra cooptar as elites locais empresariais e burocráticas com argumentos ideológicos liberais. E que se beneficia do pessimismo de um certo tipo de esquerda que considera essa cooptação inevitável. Em contraste, uma visão do desenvolvimento como revolução capitalista e como revolução nacional, como aquela que apresento em "O conceito de desenvolvimento do Iseb rediscutido" (2004b), abre outras perspectivas.

---

[39] Essa idéia foi originalmente usada em 1841 pelo grande economista alemão Friedrich List, que foi a principal influência sobre Roberto Simonsen (Cepeda, 2004). Recentemente Ha-Joon Chang (2002) usou essa idéia para escrever um livro notável sobre o desenvolvimento econômico, em que mostra como as recomendações feitas hoje aos países em desenvolvimento pelo Banco Mundial e pelo Fundo Monetário Internacional, em termos de políticas econômicas e instituições, não correspondem à prática efetiva desses países quando se encontravam em estágio semelhante ao dos atuais países em desenvolvimento.

ECONOMISTA OU SOCIÓLOGO DO DESENVOLVIMENTO

A teoria do desenvolvimento nacional-dependente é nacional porque, embora reconhecendo a tendência à alienação das elites locais aos interesses internacionais, supõe possível a existência de elites empresariais, burocráticas e intelectuais com capacidade de se identificar com os interesses da nação. Na quinta edição de *Desenvolvimento e crise no Brasil* (2003e), livro em que sintetizo minha visão do Brasil, minha preocupação fundamental foi com a revolução nacional interrompida.[40] Interrompida, primeiro, pela crise da dívida externa dos anos 1980, que se transformou em uma crise do Estado, e pela alta inflação; interrompida pela segunda vez a partir de 1994, sob a lógica da estratégia de crescimento com poupança externa e abertura da conta capital. Essa interrupção está diretamente relacionada com a alienação das elites brasileiras, que, sob o impacto da hegemonia ideológica americana, aprofunda-se nos anos 1990, configurando-se um caso de profecia auto-realizada.

Tratei esse tema em "Pobres elites iluminadas" (2000c), título significativo de um ensaio que escrevi a pedido do Centro de Estudos Avançados

---

[40] Nesse livro, identifico as diversas fases pelas quais o país passou, usando duas ferramentas: os conceitos de "modelo de desenvolvimento" e de "pacto político". E analiso a história do Brasil desde os anos 1930 como caracterizada por uma sucessão de modelos de desenvolvimento, voltados para a substituição de importações ou para a exportação, estatizantes ou liberais, concentradores de renda ou voltados para a afirmação dos direitos sociais; e por uma série relativamente correspondente de pactos políticos, que envolvem as três classes sociais básicas das sociedades capitalistas modernas: burguesia, classe média profissional ou burocrática, e classe trabalhadora. Estes pactos podem ser populares ou excludentes, dependendo da inclusão, ou não, dos pobres no processo decisório. Podem ser nacionais, se engajados na transferência dos centros de decisão para dentro do país, ou não. Podem ser burocráticos, se a classe média profissional tem neles um peso especialmente importante, ou não. No livro, faço a análise sistemática desse processo histórico. Entre 1930 e 1960, temos o pacto popular-nacional de Vargas. Sobrevém a crise e, a partir de 1964 até 1977, o pacto burocrático-autoritário dos militares, excluindo os trabalhadores, torna-se dominante. A partir desse ano, entretanto, começa a se constituir o pacto popular-democrático, que vai desembocar no movimento das Diretas Já, alcança o poder em 1985 e entra em colapso em 1986, com a crise do Plano Cruzado. Um novo período de crise e, a partir de 1990, temos um novo pacto burocrático-liberal. Os dois primeiros pactos são caracterizados pelo desenvolvimentismo substituidor de importações, que promove um extraordinário desenvolvimento do país. Já o pacto democrático-popular de 1977 presidirá não apenas a transição democrática, mas a crise do nacional-desenvolvimentismo. A semi-estagnação econômica que se segue, e que dura até hoje, será o resultado da relativa alienação das elites e sua subordinação à ideologia globalista – as duas características básicas do pacto burocrático-liberal.

da USP.⁴¹ Voltei a esse tema em "Financiamento para o subdesenvolvimento: o Brasil e o Segundo Consenso de Washington", trabalho no qual retomo as idéias dos anos 1970, relacionando essa alienação à tendência das elites em reproduzir os padrões de consumo do centro.⁴² O essencial, porém, é não entender essa tendência como uma necessidade ou uma inevitabilidade. Se fizermos uma análise do comportamento das elites empresariais e da classe média profissional brasileiras, veremos que sua identificação com a idéia de nação tem passado por altos e baixos. É impossível entender o desenvolvimento do Brasil a partir de meados do século XIX sem admitir que a classe de cafeicultores que se forma no norte e no oeste paulista, associada à burocracia imperial no Rio de Janeiro, foi durante um longo período capaz de impulsionar o país. Da mesma forma, as elites burocráticas de Vargas e o empresariado nacional que Roberto Simonsen representou tiveram um papel decisivo na revolução industrial brasileira que começa em 1930. Os militares que dirigiram o país entre 1964 e 1984, embora num primeiro momento se tenham aliado aos Estados Unidos em sua luta contra o comunismo, conservaram sempre um claro conceito de nação.

Foi só nos últimos 25 anos de crise e semi-estagnação que a alienação das elites empresariais, políticas e intelectuais se tornou evidente. Entretanto, como o desenvolvimento é sempre o resultado de uma estratégia nacional, e como o Brasil, apesar de todos os problemas, é uma nação, não é racional excluir a possibilidade de que as forças que operam dentro do território nacional contra essa alienação venham a prevalecer. As forças internas que operam nesse sentido são também poderosas, especialmente porque têm base não apenas nas próprias elites, porém, cada vez mais, nas classes populares e no regime democrático.

A tese da nova dependência ou do desenvolvimento nacional-dependente advoga hoje um novo desenvolvimentismo para o Brasil. O nacional-

---

⁴¹ A versão completa desse trabalho, com as necessárias referências, é "Da política de elites à democracia de sociedade civil" (2000b).

⁴² Ver *Estado e subdesenvolvimento industrializado* (1977c). Este é também um tema central no pensamento de Celso Furtado, que voltou a ele em seu último livro, *Em busca de novo modelo* (2002).

desenvolvimentismo foi capaz de produzir enorme progresso, mas, afinal, levou a economia brasileira a uma grande crise. No início dessa crise, na primeira metade dos anos 1980, eu passei por uma transição intelectual importante, que assinalei na introdução da quinta edição de *Desenvolvimento e crise no Brasil* (2003e). Foi a transição do velho nacionalismo e do desenvolvimentismo protecionista para uma posição mais liberal, embora ainda nacionalista e defensora do papel do Estado – uma posição e um conjunto de teorias que mais recentemente comecei a chamar de "novo desenvolvimentismo". Esta transição, como a primeira, deveu-se à convicção que formei de que o Brasil já havia ultrapassado a fase da indústria infante, e estava na hora de se tornar mais competitivo internacionalmente. Continuei nacionalista, mas passei a entender que agora a competição atendia mais os interesses nacionais do que a proteção. Continuei defensor de um Estado que seja política, administrativa e financeiramente forte, e, portanto, capaz de promover uma política de desenvolvimento, mas passei a entender que o Brasil já chegara ao estágio em que o mercado pode desempenhar um papel maior do que desempenhara até então na alocação dos recursos. Continuei keynesiano, porém rejeitei com mais veemência as interpretações populistas de Keynes, favoráveis ao déficit público crônico.

A teoria da inflação inercial e o desafio macroeconômico

Todas as idéias que discuti até agora estão, direta ou indiretamente, relacionadas com a idéia de desenvolvimento ou de progresso. Estudei também a macroeconomia sob esse ângulo, e por isso interessei-me pelos determinantes do investimento. Não apenas pela taxa de lucro, que, em última instância, determina os investimentos, mas também pela discussão e pesquisa da própria função investimento.[43] A partir de 1980, porém, quando o desenvolvimento estanca e a inflação se transforma em alta inflação no Brasil, vi-me compelido a estudar diretamente as questões macroeconômicas

---

[43] Não completei esses estudos de forma satisfatória e por isso eles não foram submetidos a publicação. Estão, porém, disponíveis em minha página na internet.

do desequilíbrio de balanço de pagamentos e da inflação que se haviam tornado os grandes problemas nacionais.

Desenvolvi então, com Yoshiaki Nakano, a teoria da inflação inercial. Em 1981, publiquei meu primeiro ensaio sobre o tema, "A inflação no capitalismo de Estado (e a experiência brasileira recente)". Embora já descrevendo como as empresas, dadas algumas circunstâncias, aumentam de forma defasada seus preços, independentemente da demanda, as idéias ainda não estavam claras. Ficaram claras e plenamente desenvolvidas no artigo que escrevi com Yoshiaki Nakano, "Fatores aceleradores, mantenedores e sancionadores da inflação" (1983), que acredito ter sido a primeira exposição completa da teoria feita no Brasil. No ano seguinte, Nakano e eu publicamos juntos nossos trabalhos sobre a inflação inercial no livro *Inflação e recessão*.[44] Mais ou menos ao mesmo tempo, um grupo de economistas[45] ligados à PUC do Rio de Janeiro estava trabalhando no mesmo tema – que tivera como pioneiros Mario Henrique Simonsen e Felipe Pazos.[46] Será, porém, no final de 1984 que tanto Lopes quanto Arida e Lara-Resende produziriam textos abrangentes sobre o tema.[47] Em "A inflação decifrada" (1996a), descrevo o desenvolvimento da nova teoria, que acredito ter sido, até hoje, a mais importante contribuição latino-americana para a teoria macroeconômica.

Segundo essa teoria, se por alguma razão houverem sido criados na economia mecanismos formais ou informais de indexação, a inflação terá caráter inercial, e os preços serão aumentados de forma defasada e sistemática, para que os agentes econômicos possam defender sua participação relativa na renda. A inflação inercial é, assim, um processo sistemático de desequilíbrio e reequilíbrio dos preços relativos que toma conta do mercado

---

[44] Este livro foi traduzido para o inglês com o título *The theory of inertial inflation* (Bolder, Co.: Lynne Rienner, 1987).

[45] Refiro-me a Edmar Bacha, Francisco Lopes, André Lara-Resende, Pérsio Arida e Eduardo Modiano. Em São Paulo, estudou também o problema Adroaldo Moura da Silva (1983).

[46] Simonsen, 1970; Pazos, 1972.

[47] Lopes, 1984b; Arida e Lara-Resende, 1984.

e, a partir de sua lei mais geral (a da tendência à equalização das taxas de lucro, ou do equilíbrio dos preços relativos), passa a não lograr mais o controle automático da inflação. Em uma situação desse tipo, mostramos então que a alta inflação, que ainda não atingiu o caráter de hiperinflação, só poderá ser controlada através da neutralização da inércia. Esta neutralização poderá ser realizada através do congelamento de preços, acompanhado de tabelas de conversão que neutralizem o fato de que as compras a prazo são feitas com inflação embutida, como aconteceu de forma bem-sucedida em Israel (1985) e no México (1987), e malsucedida na Argentina (1985) e no Brasil (1986, 1987), ou pode envolver a adoção de uma moeda-índice, conforme foi feito no Brasil no Plano Real (1994), a partir de uma proposta original de Arida e Lara-Resende,[48] de neutralização da inércia através de mecanismos mais próximos ao mercado.[49]

A política macroeconômica tem hoje um papel decisivo no processo de desenvolvimento. Porque sem estabilidade macroeconômica não pode haver desenvolvimento; porque um dos objetivos fundamentais da boa política macroeconômica é um razoável pleno emprego; porque ela lida com preços macroeconômicos – a taxa de lucro, a taxa de juros e a taxa de câmbio (além da taxa de salários e da taxa de inflação) – que são estratégicos para o desenvolvimento; e porque a taxa de crescimento do PIB no longo prazo é, afinal, o somatório dessa taxa a cada ano. Por todos esses motivos é que as decisões de política macroeconômica, se competentes, podem ser extraordinariamente favoráveis ao desenvolvimento, e se incompetentes, desastrosas.

Por outro lado, a política macroeconômica não ocorre no vácuo. Existe hoje uma grande e moderna literatura sobre a economia política macroeconômica. Impressionado com o tempo que o Brasil levou para lograr fazer os ajustes e as reformas necessárias a partir da crise desencadeada

---

[48] Arida e Lara-Resende, 1984.

[49] Nakano e eu apresentamos nossa proposta de neutralização da inércia em "Política administrativa de controle da inflação" (1984), na qual sugerimos o congelamento de preços acompanhado de tabela de conversão. Essa proposta foi logo depois batizada de "choque heterodoxo" por Francisco Lopes (1984).

em 1980, formulei, no início dos anos 1990, com Jairo Abud, a teoria dos "custos líquidos da transição", que só seria publicada na forma de ensaio em 1997, "*Net and total transition cost: the timing of economic reform*".[50] Nesse trabalho distinguimos dois tipos de custo: os custos de ajustar e reformar, e os custos de não fazê-lo. Os primeiros são sempre crescentes; no início do processo de desajuste, eles parecem elevados quando comparados aos custos de não ajustar que, nesse momento, são ainda muito pequenos. Entretanto, a partir de um certo ponto, os custos de não ajustar passam a aumentar de forma explosiva, a tal ponto que, por maiores que sejam os custos de ajustar, eles serão agora menores.

Finalmente, no início dos anos 2000, Nakano e eu, ainda no plano da teoria e política macroeconômica, desenvolvemos duas críticas: a crítica da estratégia de crescimento com poupança externa e abertura da conta capital desenvolvimento, que é central para a visão do desenvolvimento como processo nacional mas dependente, inclusive porque não se limita ao Brasil, conforme eu já resumi na seção anterior; e a crítica da política de elevadas taxas básicas de juros (Selic), aplicada no país desde o final dos anos 1980, que é praticamente uma exclusividade ou uma aberração nossa. Principalmente esse segundo trabalho, de crítica da política monetária, eu o venho realizando com Yoshiaki Nakano, cuja contribuição para o tema é, aliás, mais importante do que a minha. No final de 2001, a pedido do então presidente do PSDB, escrevemos em conjunto um ensaio, "Uma estratégia de desenvolvimento com estabilidade" (2002), que não foi discutido pelo partido, dado, provavelmente, o caráter crítico das idéias nele contidas, mas teve ampla repercussão acadêmica e pública, porque continha idéias realmente novas sobre a taxa de juros. Nesse trabalho, afirmamos que o crescimento só é possível com estabilidade macroeconômica, entendida esta não apenas como estabilidade de preços, mas também como equilíbrio intertemporal das contas públicas (do Estado) e das contas externas (da nação) e como um razoável pleno emprego, e mostramos que a política

---

[50] Uma primeira visão já aparece em Bresser-Pereira (1993).

econômica adotada a partir de 1995 (após, portanto, o Plano Real) é incompatível com a estabilidade assim definida, na medida em que esteve baseada em uma equação macroeconômica perversa: baixa taxa de câmbio e alta taxa de juros. A taxa de câmbio valorizada, que vem sendo uma característica em quase todos os países latino-americanos a partir dos anos 1990, e decorre da entrada sem controle de capitais no país, inclusive capitais especulativos, é justificada pela "imprescindibilidade dos capitais externos", e atende aos interesses dos países ricos. A taxa de juros básica elevadíssima, desproporcional à classificação de risco do país, é uma característica exclusiva da economia brasileira. É justificada pela "necessidade de combater a inflação" e pela "necessidade de atrair capitais externos", e atende aos interesses dos capitalistas rentistas brasileiros. As conseqüências da taxa de câmbio valorizada, em contraste com a política deliberada de taxa de câmbio relativamente depreciada dos países asiáticos dinâmicos, foram a diminuição da poupança interna, o desequilíbrio intertemporal das contas externas da nação, e duas crises de balanço de pagamentos (1998 e 2002). As conseqüências da taxa de juros básica elevada foram a limitação dos investimentos produtivos, o déficit público (já que a taxa de juros básica incide sobre a dívida pública) e o desequilíbrio intertemporal das contas do Estado. Em 2004, generalizei esse argumento no ensaio "Macroeconomia pós-Plano Real: as relações básicas".

O problema da exorbitante taxa de juros básica é gravíssimo para o desenvolvimento brasileiro, não apenas porque com uma taxa básica que permite aos rentistas dobrar seu capital, em média, em 10 anos, quando em países desenvolvidos esse tempo varia em torno de 60 anos, é praticamente impossível alcançar o equilíbrio fiscal. A captura pelos rentistas do patrimônio público deve estar em torno de 5% do PIB. Por outro lado, uma taxa desse tipo, ao influenciar para cima uma taxa bancária de empréstimos já muito alta, em razão das margens de lucro dos bancos e dos impostos que incidem sobre as operações financeiras, inviabiliza os investimentos. No Brasil, para resolver essa anomalia, adotou-se outra anomalia: uma taxa de juros fortemente subsidiada, que novamente incide sobre o orçamento público. O subsídio, porém, só é suficiente para levar os empresários a fazerem investimentos de modernização (que são condição de sua sobrevivência, em um ambiente caracterizado por acelerado progresso técnico), ou então quando as perspectivas de lucro do investimento projetado são excepcionalmente altas.

Conclusão

Fiz aqui um sumário de minha vida intelectual, de minhas influências desde menino e das eventuais contribuições que apresentei em 45 anos de atividade acadêmica profissional. Distingui minhas contribuições teóricas daquelas mais aplicadas ao Brasil e à América Latina. Ambas estão muito interligadas mas, enquanto meu trabalho teórico é relativamente desengajado, minha análise do Brasil é sempre apaixonada, porque sempre me considero em uma "batalha". Nos anos 1950 e 60, foi a batalha pela industrialização nacional; nos anos 1970, a batalha pela transição democrática; nos anos 1980, a batalha contra a alta inflação inercial; nos anos 1990, a batalha pela reforma gerencial do Estado; e, mais recentemente, a batalha pela revisão da política macroeconômica brasileira e pela retomada da autonomia nacional. O fio condutor é o da luta pelo desenvolvimento econômico e político do Brasil e da América Latina.

No plano mais teórico, pergunto-me se também é possível encontrar um fio condutor. Creio que sim e, como sugeri inicialmente, está baseado na idéia de progresso, ou seja, também na idéia de desenvolvimento econômico e político, mas agora em nível universal. Minha convicção é a de que o capitalismo, apesar de ser um sistema social injusto, afinal apresentou à humanidade essa possibilidade de forma sustentada. Antes era possível pensar, como Spengler ou Toynbee, em civilizações que prosperam e decaem. Desde a revolução capitalista, não creio que esse tipo de análise faça sentido. Existe no capitalismo um mecanismo endógeno de desenvolvimento, baseado no progresso técnico, que Marx percebeu e que Celso Furtado, melhor do que ninguém, definiu em "O processo histórico do desenvolvimento".[51] Para que o desenvolvimento capitalista ocorra, a variável estratégica é a taxa de lucro, que precisa manter-se em um nível satisfatório para estimular os capitalistas ativos ou empresários a investir. A teoria econômica, portanto, será tanto mais relevante quanto mais ênfase der, em seus modelos, à taxa de lucro, ao invés de pressupô-la igual ao custo do capital, como faz a teoria neoclássica.

Por outro lado, o desenvolvimento não ocorre apenas em função dos capitalistas ativos que acumulam capital, como queria Marx, mas também em função da ação da classe média profissional, que acumula conhecimento técnico, administrativo e comunicativo. Hoje, quando falamos que o capital humano se tornou fundamental, ou que vivemos na sociedade do conhecimento, não estamos fazendo outra coisa senão enfatizar o papel dessa nova classe média no processo de desenvolvimento econômico e político.

Nesse processo de desenvolvimento, da mesma forma que os capitalistas, os tecnoburocratas também defendem seus interesses. Por isso, se se deixar a ordem social apenas por conta das elites capitalistas e técnicas ou intelectuais, esta ordem poderá ser próspera, mas será injusta em vista do poder dos capitalistas, e autoritária em função do poder dos tecnocratas. Para que não o seja, não há alternativa senão a democracia, que hoje interessa a todos, na medida em que é o regime que melhor garante a estabilidade social, mas interessa principalmente aos pobres e aos excluídos. Políticos com espírito republicano poderão ajudar os pobres nessa luta pela democracia, mas ela terá de ser necessariamente uma luta dos próprios pobres. Uma luta que não terá muitas perspectivas enquanto os desníveis de educação continuarem muito grandes. Na medida, porém, em que o direito à educação se universaliza, essa luta será cada vez mais viável, trazendo como resultado sociedades não apenas mais ricas, como mais livres e mais justas.

---

[51] Furtado, 1961.

Referências bibliográficas

ALMEIDA FILHO, Niemeyer. *O debate atual sobre a dependência*. In: ENCONTRO NACIONAL DE ECONOMIA POLÍTICA, 9. *Anais...* Uberlândia, 8-11 jun. 2004.

ANDERSON, Benedict. *Imagined communities*. 2. ed. London: Verso, 1991. 1. ed. 1983.

ARIDA, Pérsio; LARA-RESENDE, André. Inertial inflation and monetary reform. In: WILLIAMSON, J. (Org.). *Inflation and indexation: Argentina, Brazil and Israel*. Washington: Institute for International Economics, 1985. Originalmente apresentado em seminário em Washington, nov. 1984.

BRESSER-PEREIRA, Luiz Carlos. *Esboço de uma ideologia comum das sociedades industriais modernas*. São Paulo: Escola de Administração de Empresas de São Paulo, Fundação Getulio Vargas, nov. 1959. Disponível em: <www.bresserpereira.org.br>.

_____. The rise of middle class and middle management in Brazil. *Journal of Inter-American Studies*, v. 4, n. 3, p. 313-326, July 1962a. Republicado como cap. 3 in: *Desenvolvimento e crise no Brasil*. 1968.

_____. Desenvolvimento econômico e o empresário. *Revista de Administração de Empresas*, n. 4, maio 1962b. Republicado in: *Revista de Administração de Empresas*, v. 32, n. 3, p. 79-91, jul. 1992.

_____. O empresário industrial e a revolução brasileira. *Revista de Administração de Empresas*, v. 2, n. 8, p. 11-27, jul. 1963.

_____. Origens étnicas e sociais do empresário paulista. *Revista de Administração de Empresas*, v. 3, n. 11, p. 83-103, jun. 1964.

_____. A revolução estudantil. In: _____. *Tecnoburocracia e contestação*. Rio de Janeiro: Vozes, 1972a. Escrito em 1968(a).

_____. *Desenvolvimento e crise no Brasil: 1930-1967*. 1968b. Edições subseqüentes publicadas pela Editora Brasiliense.

_____. A revolução política na Igreja. In: _____. *Tecnoburocracia e contestação*. Rio de Janeiro: Vozes, 1972a. Escrito em 1969.

_____. Dividir ou multiplicar: a distribuição de renda e a recuperação da economia brasileira. *Visão*, dez. 1970. Republicado in: _____. *Desenvolvimento e crise no Brasil*. 3. ed. São Paulo: Brasiliense, 1972.

_____. *Tecnoburocracia e contestação*. Rio de Janeiro: Vozes, 1972a.

_____. *Mobilidade e carreira dos dirigentes de empresas paulistas*. Tese (Doutorado). Faculdade de Economia e Administração, Universidade de São Paulo, 1972b. Publicada com o título *Empresários e administradores no Brasil*. São Paulo: Brasiliense, 1974.

_____. O novo modelo brasileiro de desenvolvimento. *Dados*, n. 11, p. 122-145, 1973. Publicado anteriormente como seção, com o mesmo título, in: _____. *Desenvolvimento e crise no Brasil*. 3. ed. São Paulo: Brasiliense, 1972c.

_____. *Empresários e administradores no Brasil*. São Paulo: Brasiliense, 1974.

_____. Estatização ou redefinição do modelo político? *Jornal de Debates*, jan. 1976. Republicado in: _____. *O colapso de uma aliança de classes*. São Paulo: Brasiliense, 1978b. Republicado em versão ampliada, in: _____. O Estado na economia brasileira. *Ensaio de Opinião*, v. 4, n. 2-2, 1977.

_____. A ruptura de uma aliança política. *Folha de S. Paulo*, 29 maio 1977a.

_____. Notas introdutórias ao modo tecnoburocrático ou estatal de produção. *Estudos Cebrap*, n. 21, p. 76-109, abr. 1977b.

_____. *Estado e subdesenvolvimento industrializado*. São Paulo: Brasiliense, 1977c.

_____. Empresas multinacionais e interesses de classe. *Encontros com a Civilização Brasileira*, n. 4, p. 11-29, out. 1978a.

_____. *O colapso de uma aliança de classes*. São Paulo: Brasiliense, 1978b.

_____. *As revoluções utópicas*. Petrópolis: Vozes, 1979.

_____. A inflação no capitalismo de Estado (e a experiência brasileira recente). *Revista de Economia Política*, v. 1, n. 2, abr. 1981a.

_____. *A sociedade estatal e a tecnoburocracia*. São Paulo: Brasiliense, 1981b.

_____. *Classes e estratos sociais no capitalismo contemporâneo*. São Paulo: Fundação Getulio Vargas, Departamento de Economia, nov. 2002. (Texto para Discussão n. 117). Trabalho escrito em 1981(c), para ser publicado em *A sociedade estatal e a tecnoburocracia*, mas, por equívoco, deixou de sê-lo.

_____. Seis interpretações sobre o Brasil. *Dados*, v. 25, n. 3, p. 269-306, 1982a.

_____. 1980-1981: a revolução auto-gestionária na Polônia. *Revista de Administração de Empresas*, v. 22, n. 3, jul./set. 1982b. Republicado in: VENOSA, Roberto (Org.). *Participação e participações*. São Paulo: Babel Cultural, 1987.

_____. *Lucro, acumulação e crise*. Tese de livre-docência. Faculdade de Economia e Administração, Universidade de São Paulo, 1984. Publicada in: _____. *Lucro, acumulação e crise*. São Paulo: Brasiliense, 1986.

_____. *Pactos políticos: do populismo à redemocratização*. São Paulo: Brasiliense, 1985.

_____. Mudanças no padrão de financiamento do investimento no Brasil. *Revista de Economia Política*, v. 7, n. 4, out. 1987. Trabalho apresentado ao simpósio Brazil in Transition, Center of Latin American Studies, Cambridge University, Apr. 1987, e publicado originalmente em inglês in: *Bulletin of Latin America Research*, University of Glasgow, v. 6, n. 2, 1987.

_____. O caráter cíclico da intervenção estatal. *Revista de Economia Política*, v. 9, n. 3, p. 115-130, jul. 1989. Trabalho apresentado ao simpósio Democratizing Economics, organizado pela Universidade de São Paulo e Wilson Center, São Paulo, jul. 1988. Versão mais elaborada foi publicada em inglês in: _____. Economic reforms and the cycles of the State. *World Development*, v. 21, n. 8, p. 1.337-1.353, Aug. 1993.

_____. A crise da América Latina: Consenso de Washington ou crise fiscal? *Pesquisa e Planejamento Econômico*, v. 21, n. 1, p. 3-23, abr. 1991. Aula Magna no XVIII Congresso da Associação Nacional de Pós-Graduação em Economia, Brasília, 4 dez. 1990.

_____. *A crise do Estado*. São Paulo: Nobel, 1991.

_____. Contra a corrente: a experiência no Ministério da Fazenda. *Revista Brasileira de Ciências Sociais*, n. 19, p. 5-30, jul. 1992. Versão revista de depoimento prestado ao Instituto Universitário de Pesquisas do Rio de Janeiro em set. 1988 e originalmente publicado como texto para discussão do Iuperj.

_____. Economic reforms and economic growth: efficiency and politics in Latin America. In: _____; MARAVALL, José María; PRZEWORSKI, Adam. *Economic reforms in new democracies*. Cambridge: Cambridge University Press, 1993. cap. 1.

_____. A turning point in the debt crisis. *Revista de Economia Política*, v. 19, n. 2, p. 103-130, abr. 1999. Originalmente publicado in: _____. *A turning point in the debt crisis*. São Paulo: Fundação Getulio Vargas, Departamento de Economia, nov. 1995. (Texto para discussão n. 48).

_____. A inflação decifrada. *Revista de Economia Política*, v. 16, n. 4, p. 20-35, out. 1996a.

_____. Da administração pública burocrática à gerencial. *Revista do Serviço Público*, v. 47, n. 1, p. 7-40, jan. 1996b.

_____. Gestão do setor público: estratégia e estrutura para um novo Estado. In: _____; SPINK, Peter (Org.). *Reforma do Estado e administração pública gerencial*. Rio de Janeiro: FGV, 1998. Conferência proferida no Wilson Center, Washington, 15 abr. 1996c.

_____. *Crise econômica e reforma do Estado no Brasil*. São Paulo: Editora 34, 1996d.

_____. A reforma do Estado nos anos 90: lógica e mecanismos de controle. *Lua Nova – Revista de Cultura Política*, n. 45, p. 49-95, 1998. Originalmente publicado in: *Cadernos Mare da Reforma do Estado*, n. 1, 1997a.

_____. Cidadania e *res publica*: a emergência dos direitos republicanos. *Revista de Filosofia Política*, v. 1, 1997b. (Nova série.)

_____. Interpretações sobre o Brasil. In: LOUREIRO, Maria Rita (Org.). *50 anos de ciência econômica no Brasil*. Rio de Janeiro: Vozes, 1997c.

_____. *Reforma do Estado para a cidadania*. São Paulo: Editora 34, 1998.

_____. Um novo Estado para a América Latina. *Novos Estudos Cebrap*, n. 50, p. 91-98, mar. 1998a.

_____. Incompetência e *confidence building* por trás de 20 anos de quase-estagnação da América Latina. *Revista de Economia Política*, v. 21, n. 1, p. 141-166, jan. 2001. Trabalho apresentado ao Centre for Brazilian Studies da Universidade de Oxford, dez. 1999.

_____. Reflexões sobre a reforma gerencial brasileira de 1995. *Revista do Serviço Público*, v. 50, n. 4, p. 5-28, out. 1999.

_____. Influências e contribuições. *Revista de Economia Política*, v. 20, n. 1, p. 155-176, jan. 2000a.

_____. Da política de elites à democracia de sociedade civil. In: VELLOSO, João Paulo dos Reis (Org.). *Brasil 500 anos: futuro, presente, passado*. Rio de Janeiro: José Olympio, 2000b. p. 517-538.

_____. Pobres elites iluminadas. *Estudos Avançados*, Centro de Estudos Avançados da USP, p. 235-246, fev. 2000c. Versão sem notas de rodapé de: Da política de elites à democracia de sociedade civil. 2000b.

_____. A fragilidade que nasce da dependência da poupança externa. *Valor 1000*, set. 2001.

_____. Why did democracy become the preferred form of government only in the twentieth century? In: CONFERENCE OF THE BRAZILIAN SOCIETY OF POLITICAL SCIENCE (ABPC), 3. *Proceedings...* Niterói, July 29-31, 2002a.

_____. Financiamento para o subdesenvolvimento: o Brasil e o Segundo Consenso de Washington. In: CASTRO, Ana Célia (Org.). *Desenvolvimento em debate: painéis do desenvolvimento brasileiro I*. Rio de Janeiro: Mauad/BNDES, 2002b. v. 2. p. 359-398.

_____. After balance of powers' diplomacy, globalization's politics. In: HERSHBERG, Eric; MOORE, Kevin W. (Eds.). *Critical views of September 11 – analyses from around the world*. New York: The New Press, 2002c. p. 109-130.

Publicado em português: Da diplomacia do equilíbrio de poderes à política da globalização. *Novos Estudos Cebrap*, v. 65, p. 91-110, mar. 2003.

_____. Auto-interesse e incompetência. *Revista Brasileira de Economia*, v. 57, n. 1, p. 209-222, jan. 2003a.

_____. O gigante fora do tempo: a guerra do Iraque e o sistema global. *Política Externa*, v. 12, n. 1, p. 43-62, jun. 2003b.

_____. Os dois métodos da teoria econômica. Trabalho apresentado ao Encontro Nacional de Economia Política, Florianópolis, 19-20 jun. 2003c. Disponível em: <www.bresserpereira.org.br>.

_____. Economia política do gasto social no Brasil desde 1980/85. *Econômica*, v. 5, n. 1, p. 101-108, jun. 2003d.

_____. *Desenvolvimento e crise no Brasil: história, economia e política de Getúlio Vargas a Lula*. 5. ed. Rio de Janeiro: Zahar, 2003e.

_____. Macroeconomia pós-Plano Real: as relações básicas. In: SICSÚ, João; PAULA, Luiz Fernando de; MICHEL, Renaut (Orgs.). *Desenvolvimentismo: um projeto nacional de crescimento com eqüidade social*. Barueri, SP: Monole/Fundação Konrad Adenauer, 2004a.

_____. O conceito de desenvolvimento do Iseb rediscutido. Trabalho preparado para seminário no Centro de Estudos do Brasil Contemporâneo da Maison de Sciences de l'Homme/École des Hautes Études en Sciences Sociales, Paris, 3 fev. 2004. A ser publicado in: *Dados*, v. 47, n. 1, 2004b.

_____. Classical model, technical progress and distribution. In: ECONOMIC GROWTH AND DISTRIBUTION: ON THE NATURE AND CAUSES OF THE WEALTH OF NATIONS. *Proceedings...* Lucca, June 16-18, 2004c.

_____. *The growth cum foreign savings strategy and the Brazilian economy since the early 1990s*. São Paulo: Escola de Economia de São Paulo, Fundação Getulio Vargas, jun. 2004d. (Texto para discussão.)

_____. *Democracy and public management reform*. Oxford: Oxford University Press, 2004e.

_____; ABUD, Jairo. Net and total transition cost: the timing of economic reform. *World Development*, v. 25, n. 6, June 1997.

_____; LIMA, Gilberto Tadeu.The irreductibility of macro to microeconomics: a methodological approach. *Revista de Economia Política*, v. 16, n. 2, p. 15-39, abr. 1996.

_____; NAKANO, Yoshiaki. Fatores aceleradores, mantenedores e sancionadores da inflação. In: ENCONTRO NACIONAL DE ECONOMIA, 10. *Anais...* Belém: Anpec, dez. 1983. Reproduzido in: *Revista de Economia Política*, v. 4, n. 1, jan. 1984; *Inflação e recessão*. São Paulo: Brasiliense, 1984.

_____; _____. *Inflação e recessão*. São Paulo: Brasiliense, 1984.

_____; _____. Economic growth with foreign savings? In: INTERNATIONAL POST KEYNESIAN WORKSHOP, 7. *Proceedings...* Kansas City, Mi., 30 jun. 2002. Disponível em: <www.bresserpereira.org.br>. Publicado em português: Crescimento econômico com poupança externa? *Revista de Economia Política*, v. 22, n. 2, p. 3-27, abr. 2003.

_____; _____. Uma estratégia de desenvolvimento com estabilidade. *Revista de Economia Política*, v. 21, n. 3, p. 146-177, jul. 2002.

_____; _____. Crescimento econômico com poupança externa? *Revista de Economia Política*, v. 22, n. 2, p. 3-27, abr. 2003.

_____; SPINK, Peter (Orgs.). *Reforma do Estado e administração pública gerencial*. Rio de Janeiro: FGV, 1998.

_____; MARAVALL, José María; PRZEWORSKI, Adam. *Economic reforms in new democracies*. Cambridge: Cambridge University Press, 1993.

_____; WILHEIM, J.; SOLA, L. (Orgs.). *Sociedade e Estado em transformação*. São Paulo: Unesp; Brasília: Enap, 1999.

CARDOSO, Fernando Henrique. *Empresário industrial e desenvolvimento econômico*. São Paulo: Difusão Européia do Livro, 1964.

_____; FALETTO, Enzo. *Dependencia y desarollo en América Latina: ensayo de interpretación sociológica*. México: Siglo Veinteuno, 1969.

CEPEDA, Vera. *Roberto Simonsen e a formação da ideologia industrial no Brasil: limites e impasses*. Tese (Doutorado) – Departamento de Ciência Política, Universidade de São Paulo, abr. 2004.

CHANG, Ha-Joon. *Kicking away the ladder*. London: Anthem, 2002.

DEAN, Warren. *The industrialization of São Paulo, 1880-1935*. Austin: University of Texas Press, 1969.

FRIEDMAN, Thomas. *The Lexus and the olive tree*. 2. ed. New York: Random House, 2000.

FURTADO, Celso. O processo histórico do desenvolvimento. In: _____. *Desenvolvimento e subdesenvolvimento*. Rio de Janeiro: Fundo de Cultura, 1961. cap. 3. Republicado in: BRESSER-PEREIRA, Luiz Carlos; REGO, J. M. *A grande esperança em Celso Furtado*. São Paulo: Editora 34, 2002.

_____. *Subdesenvolvimento e estagnação na América Latina*. Rio de Janeiro: Civilização Brasileira, 1966.

_____. *Um projeto para o Brasil*. Rio de Janeiro: Saga, 1968.

_____. *Em busca de novo modelo*. Rio de Janeiro: Paz e Terra, 2002.

IANNI, Octavio. *O colapso do populismo no Brasil*. Rio de Janeiro: Civilização Brasileira, 1968.

JAGUARIBE, Hélio. *O nacionalismo na atualidade brasileira*. Rio de Janeiro: Instituto Superior de Estudos Brasileiros, 1958.

LOPES, Francisco L. Inflação inercial, hiperinflação e desinflação. *Revista da Anpec*, n. 7, dez. 1984. Republicado in: _____. *Choque heterodoxo: combate à inflação e reforma monetária*. Rio de Janeiro: Campus, 1986.

_____. *Choque heterodoxo: combate à inflação e reforma monetária*. Rio de Janeiro: Campus, 1986.

MARSHALL, T. H. Citizenship and social class. In: _____; BOTOMORE, Tom. *Citizenship and social class*. London: Pluto, 1992. Originalmente publicado em 1950.

MINISTÉRIO DA ADMINISTRAÇÃO FEDERAL E REFORMA DO ESTADO. *Plano Diretor da Reforma do Aparelho do Estado.* Brasília: Imprensa Nacional, nov. 1995. Plano aprovado pela Câmara da Reforma do Estado da Presidência da República em set. 1995.

MINISTÉRIO DA FAZENDA. *Plano de Controle Macroeconômico.* Brasília: Ministério da Fazenda, Secretaria Especial de Assuntos Econômicos, jul. 1987.

O'DONNELL, Guillermo; SCHMITTER, Philippe; WHITEHEAD, Laurence (Eds.). *Transitions from authoritarian rule.* Baltimore: The Johns Hopkins University Press, 1986.

PAZOS, Felipe. *Chronic inflation in Latin America.* New York: Praeger, 1972.

PRADO JR., Caio. *A revolução brasileira.* São Paulo: Brasiliense, 1966.

SILVA, Adroaldo Moura da. Regras de ajustes de preços e salários e a inércia inflacionária. *Estudos Econômicos,* v. 12, n. 2, p. 301-308, maio 1983.

SIMONSEN, Mario Henrique. *Inflação: gradualismo x tratamento de choque.* Rio de Janeiro: Anpec, 1970.

TAVARES, Maria da Conceição; SERRA, José. Além da estagnação. In: _____. *Da substituição de importações ao capitalismo financeiro.* Rio de Janeiro: Zahar, 1972. Publicado originalmente em espanhol em 1971.

WEFFORT, Francisco. Política de massas. In: IANNI, Octavio. *Política e revolução social no Brasil.* Rio de Janeiro: Civilização Brasileira, 1965.

Posfácio

MARIA TEREZA LEME FLEURY

O projeto desenvolvido por Yoshiaki Nakano, José Marcio Rego e Lilian Furquim, reunindo diversas pessoas para escrever sobre a obra de Luiz Carlos Bresser-Pereira, surpreende o leitor pela diversidade temática e pelo rigor analítico dos autores que prestam homenagem especial ao personagem principal.

Luiz Carlos é personagem no duplo sentido: pessoa ilustre e pessoa que figura na narração dos vários textos, que se encadeiam numa seqüência em que tempo e espaço se confundem nos blocos temáticos.

Num jogo de luzes e sombras digno de Foucault, ora foram ressaltadas a trajetória profissional de Luiz Carlos e sua produção intelectual, ora a própria análise do autor, com uma contribuição original ao tema em discussão. Os blocos temáticos se sucederam, com textos primorosos sobre economia, sociologia, política, gestão pública, método, sua passagem por instituições públicas e órgãos de governo. Ficou ao leitor a riqueza da produção intelectual e a construção desse personagem de múltiplas facetas, instigante, complexo e, sobretudo, generoso.

Nas suas próprias palavras: "Sempre aliei a atividade acadêmica, que para mim é a principal, com uma atividade prática, seja no plano empresarial, seja no político. Estas duas opções custaram-me caro junto à academia, que se sente mais segura com um pessimismo desencantado e tem dificuldade de aceitar membros que usam dois chapéus. E tiveram um custo para mim, ao exigirem disciplina e trabalho redobrado".

Pessoalmente, tive a oportunidade de conviver com Bresser desde 1976, quando, recém-chegada dos Estados Unidos, comecei a dar aula na GV. Lá, ele nos mobilizava: Yoshiaki, Maria Rita, Cecília e outros, com grupos de estudos e discussões. Seu trabalho sobre a sociedade estatal e a tecnoburocracia me marcou muito e inspirou, anos depois na FEA, minha tese de livre-docência sobre a empresa estatal. No concurso, inclusive, tive a rara oportunidade de contar com ele, recém-empossado ministro da Fazenda; uma pergunta que me fez, bem a seu estilo, ajudou-me a repensar minha trajetória profissional: "OK, você fez uma excelente análise sobre a empresa estatal, seu modelo de gestão, padrões culturais, relações de trabalho — mas o que sugere para mudar esta situação?" A necessidade de pensar alternativas mais pragmáticas para questões candentes da sociedade brasileira tem sido também um norte na minha proposta na universidade.

Ao ler os textos que compõem esta coletânea me ficou a idéia da crítica que não exalta aprioristicamente nem demole o objeto de análise, mas procura compreendê-lo em sua riqueza e complexidade. Os autores procuraram assumir essa postura apontando lacunas, ressaltando avanços, mostrando uma obra viva em contínuo debate. Um debate vivo, em que o personagem principal está presente para continuar refutando e concordando acaloradamente.

Um verso de Paulo Vanzolini, o cientista que alia a vida acadêmica à do artista, nos inspirou para a leitura deste livro:

> Tempo e espaço eu confundo
> E a linha do mundo é uma reta fechada
> Périplo, ciclo, jornada de luz conservada e reencontrada
> Não sei de quem visse o começo

e sequer reconheço
O que é meio e o que é fim
Pra viver no teu tempo é que eu faço
viagens no espaço
de dentro de mim.

Em busca do novo nos proporciona uma bela viagem pela obra de Luiz Carlos Bresser-Pereira, num tempo e espaço partilhados por todos nós.

Apêndice I

OBRAS DE BRESSER-PEREIRA

Obras de Bresser-Pereira*

Livros[1]

A CRISE do Estado. São Paulo: Nobel, 1992. Reúne ensaios escritos entre 1987 e 1991.

A DÍVIDA e a inflação. São Paulo: *Gazeta Mercantil*, 1985. Reúne artigos sobre economia, publicados principalmente na *Folha de S. Paulo* entre 1978 e 1985.

ADMINISTRAÇÃO geral e relações industriais na pequena empresa brasileira. Rio de Janeiro: FGV, 1968. Com Laerte Leite Cordeiro e Ary Ribeiro de Carvalho.

A NOVA República: 1985-1990. São Paulo: Edições CEP, 1993. Reúne artigos publicados na imprensa entre março de 1985 e março de 1990.

A SOCIEDADE estatal e a tecnoburocracia. São Paulo: Brasiliense, 1981. Reúne artigos publicados anteriormente em livros e revistas, especialmente o primeiro ensaio de *Tecnoburocracia e contestação* (1972) e a primeira parte

---

* Os títulos aparecem no idioma em que foi escrita a primeira versão; os demais são traduções.

[1] São consideradas novas edições quando houve alguma alteração no livro. Reimpressões (que os editores brasileiros freqüentemente confundem com reedições) são ignoradas.

de *Estado e subdesenvolvimento industrializado* (1977). Em inglês: *Technobureaucratic capitalism* (1990). Tradução ampliada e revista, não publicada. Disponível em: <www.bresserpereira.org.br>.

AS REVOLUÇÕES utópicas. Petrópolis: Vozes, 1979. Corresponde à reedição do segundo e terceiro ensaios de *Tecnoburocracia e contestação* (1972).

DEMOCRACY and public management reform. Oxford: Oxford University Press, 2004.

DESENVOLVIMENTO e crise no Brasil: história, economia e política de Getúlio Vargas a Lula. 5. ed. São Paulo: Editora 34, 2003. 1. ed. Rio de Janeiro: Zahar Editores, 1968. 2., 3. e 4. ed. São Paulo: Brasiliense, 1970, 1972, 1985. Em inglês: *Development and crisis in Brazil: 1930-1983*. Boulder, Co.: Westview, 1984. Corresponde à 4. ed. brasileira.

ECONOMIA brasileira: uma introdução crítica. 3. ed. São Paulo: Editora 34, 1998. 1. e 2. ed. São Paulo: Brasiliense, 1982, 1985.

ECONOMIC crisis and state reform in Brazil. Boulder, Co.: Lynne Rienner, 1996. Em português: *Crise econômica e reforma do Estado*. São Paulo: Editora 34, 1996. Em francês: *Crise économique et réforme de l'État au Brésil*. Paris: Maison des Sciences de l'Homme, 2002. Com prefácio atualizando o livro.

ECONOMIC reforms in new democracies. Cambridge: Cambridge University Press, 1993. Com Adam Przeworski e José María Maravall. Em espanhol: *Reformas económicas en nuevas democracias*. Madrid: Alianza Editorial, 1995. Em português: *Reformas econômicas em novas democracias*. São Paulo: Nobel, 1996.

EMPRESÁRIOS e administradores no Brasil. São Paulo: Brasiliense, 1974. Corresponde à tese de doutoramento *Mobilidade e carreira dos dirigentes de empresas paulistas*, com alguns artigos adicionais no apêndice. Em japonês: Tóquio: Shinsekaisha, 1980.

APÊNDICE I

ESTADO e subdesenvolvimento industrializado. São Paulo: Brasiliense, 1977. 2. ed. 1981, com exclusão da primeira parte, "Notas introdutórias ao modo tecnoburocrático ou estatal de produção".

INFLAÇÃO e recessão. São Paulo: Brasiliense, 1984. Com Yoshiaki Nakano. Reúne artigos sobre a teoria da inflação inercial, a maioria dos quais publicados na Revista de Economia Política. 2. ed. rev. ampl. 1985. Em inglês, com artigos adicionais: *The theory of inertial inflation*. Boulder, Co.: Lynne Rienner, 1987. Em espanhol, com base na edição em inglês: *La teoría de la inercia inflacionaria*. México: Fondo de Cultura Económica, 1989.

INTRODUÇÃO à organização burocrática. São Paulo: Brasiliense, 1980. Com Fernando C. Prestes Motta. Os artigos de autoria de Bresser-Pereira foram escritos em 1963/64 e atualizados em 1979. 2. ed. São Paulo: Thomson, 2003.

JOGO aberto: as entrevistas de Bresser-Pereira. São Paulo: Brasiliense, 1989. Organização, prefácio e introdução a cada capítulo de Carlos Alberto Sardenberg. Contém as principais entrevistas de Bresser-Pereira quando ministro da Fazenda.

LUCRO, acumulação e crise. São Paulo: Brasiliense, 1986. Corresponde à tese de livre-docência com o mesmo título, defendida na Faculdade de Economia e Administração da USP, 1984.

O COLAPSO de uma aliança de classes: a burguesia e a crise do autoritarismo tecnoburocrático. São Paulo: Brasiliense, 1978.

OS TEMPOS heróicos de Collor e Zélia. São Paulo: Nobel, 1991. Reúne artigos publicados em jornais entre março de 1990 e maio de 1991.

PACTOS políticos: do populismo à redemocratização. São Paulo: Brasiliense, 1985. Reúne vários ensaios sobre os pactos políticos e a transição para a democracia no Brasil.

REFORMA do Estado para a cidadania. São Paulo: Editora 34, 1998. Em espanhol: *Reforma del Estado para la ciudadanía*. Buenos Aires: Eudeba, 1999.

TECHNOBUREAUCRATIC capitalism. 1990. Tradução ampliada de *A sociedade estatal e a tecnoburocracia* (1981). A Cambridge University Press interessou-se por uma primeira versão em 1983, mas solicitou mudanças que não puderam ser feitas. Disponível em: <www.bresserpereira.org.br>.

TECNOBUROCRACIA e contestação. Petrópolis: Vozes, 1972. Constituído de três ensaios: "A emergência da tecnoburocracia", de 1971; "A revolução estudantil", de 1968; "A revolução política na Igreja", de 1969. O primeiro ensaio foi publicado em espanhol: *Ideología y tecnoburocracia*. Buenos Aires: Paidós, 1975. O segundo e o terceiro ensaios foram depois republicados como *As revoluções utópicas* (1979).

Livros organizados

A GRANDE esperança em Celso Furtado. São Paulo: Editora 34, 2001. Com José Marcio Rego.

DÍVIDA externa: crise e soluções. São Paulo: Brasiliense, 1989.

LO PÚBLICO no-estatal en la reforma del Estado. Caracas: Clad; Buenos Aires: Paidós, 1998. Com Nuria Cunill Grau. Em português: *O público não-estatal na reforma do Estado*. Rio de Janeiro: FGV, 1999.

POPULISMO econômico. São Paulo: Nobel, 1991.

REFORMING the state: managerial public administration in Latin America. Boulder, Co.: Lynne Rienner, 1999. Com Peter Spink. Em português: *Reforma do Estado e administração pública gerencial*. Rio de Janeiro: FGV, 1998.

SOCIEDADE e Estado em transformação. São Paulo: Unesp; Brasília: Enap, 1999. Com Jorge Wilheim e Lourdes Sola.

Livro coletivo

SUSTAINABLE democracy. Cambridge: Cambridge University Press, 1995. Com Adam Przeworski (organizador e principal autor), Pranab Bardham et al. Constitui a síntese, organizada por Adam Przeworski e assinada por 25 autores, do projeto East-South Transformation System, que teve como um de seus resultados o livro *Economic reforms in new democracies* (1993).

Livros não-publicados[2]

CRÍTICA de cinema 1953-55. 2 v. Reúne críticas publicadas no jornal *O Tempo*, São Paulo, nesse período. Disponível na biblioteca da Cinemateca e do Museu Lasar Segal.

OS ANOS Figueiredo 1978-85. Reúne artigos publicados em jornais, principalmente na *Folha de S. Paulo*, nesse período. Disponível na Biblioteca Karl A. Boedecker, na FGV em São Paulo, e na biblioteca da FEA/USP.

Folhetos

A NEGOCIAÇÃO da dívida externa. Brasília: Ministério da Fazenda, 1987. Em inglês: The Vien speech. Sept. 3, 1997. Reproduzido em *Dívida externa: crise e soluções* (1989).

OBJETIVOS e diretrizes da política econômica. Brasília: Ministério da Fazenda, 1987.

O CONGELAMENTO dos preços. Brasília: Ministério da Fazenda, 1987.

O PMDB e as eleições de 1986. São Paulo: Fundação Pedroso Horta, 1987. Reúne artigos publicados na *Folha de S. Paulo* em 1986.

Ensaios

2004

BRAZIL'S quasi-stagnation and the growth *cum* foreign savings strategy. *International Journal of Political Economy*, Ottawa University. No prelo. Número especial, editado por Alcino Câmara Neto e Matias Vernengo. Versão

---

[2] Originais encadernados e disponíveis no site <www.bresserpereira.org.br>.

ligeiramente modificada: Poupança externa e quase-estagnação do Brasil desde os anos 90.

ECONOMIA política do gasto social no Brasil desde 1980/85. *Econômica*, v. 5, n. 1, p. 101-108, 2003. São Paulo: FGV/Eaesp, 2004. (Texto para discussão, n. 133.)

ECONOMISTA ou sociólogo do desenvolvimento. In: NAKANO, Yoshiaki; REGO, José Marcio; FURQUIM, Lilian (Orgs.). *Em busca do novo:* o Brasil e o desenvolvimento na obra de Bresser-Pereira. Rio de Janeiro: FGV, 2004.

EXCHANGE rate: fix, float, or manage it? São Paulo: FGV/Eaesp, 2004. (Texto para discussão, n. 135.)

GROWTH and distribution: a revised classical model. Apresentado à conferência Economic Growth and Distribution: On the Nature and Causes of the Wealth of Nations. Lucca, 16-18 jun. 2004.

MACROECONOMIA pós-Plano Real: as relações básicas. In: SICSÚ, João; PAULA, Luiz Fernando de; MICHEL, Renaut (Orgs.). *Desenvolvimentismo:* um projeto nacional de crescimento com eqüidade social. Barueri, SP: Monole/Fundação Konrad Adenauer. No prelo. Ampliação de: Macroeconomia do Brasil pós-1994. *Análise Econômica,* v. 21, n. 40, p. 7-38, set. 2003.

PROFESSIONAL'S, capitalism and democracy. Preparado para o John Kenneth Galbraith International Symposium, promovido pelo Laboratory of Industrial Reorganization da Universidade do Littoral Côte d'Opale, University at Dunkirk, Paris, 23-25 set. 2004.

O CONCEITO de desenvolvimento do Iseb rediscutido. *Dados – Revista de Ciências Sociais,* v. 47, n. 1, p. 49-84, 2004. Preparado para seminário no Centro de Estudos do Brasil Contemporâneo da Maison des Sciences de l'Homme/École des Hautes Études en Sciences Sociais, Paris, 3 fev. 2004, e apresentado ao 9º Encontro Nacional de Economia Política, Uberlândia, 8-11 jun. 2004.

O SURGIMENTO do Estado republicano. *Lua Nova – Revista de Cultura e Política,* v. 62, p. 131-150, 2004. Corresponde ao cap. 10 de *Democracy and public management reform* (2004).

OS DOIS métodos da teoria econômica. São Paulo: Fundação Getulio Vargas, Departamento de Economia, jul. 2003. (Texto para discussão, n. 127.)

Apresentado ao Encontro Nacional de Economia Política, Florianópolis, 19-20 jun. 2003. Em inglês: Economic's two methods. Apresentado ao 2003 European Association for Evolutionary Political Economy Congress, Maastricht, nov. 2003. Disponível em: <www.bresserpereira.org.br>.

REFORMA da gestão e avanço social em uma economia semi-estagnada. *Revista de Administração Pública*, v. 38, n. 4, jul. 2004.

THE SECOND Washington Consensus and Latin America's quasi-stagnation. *Journal of Post Keynesian Economics*. No prelo. Com Carmen Augusta Varela. Número especial, editado por Louis-Philippe Rochon e Claude Gnos.

WHY did democracy become the preferred form of government only in the 20th century? Apresentado à 3ª Conference of the Brazilian Society of Political Science, ABPC, Niterói, 29-31 jul. 2002. Disponível em: <www.bresserpereira.org.br>.

2003

O GIGANTE fora do tempo: a guerra do Iraque e o sistema global. *Política Externa*, v. 12, n. 1, p. 43-62, jun./ago. 2003. Versão reduzida: *Folha de S. Paulo*, 25 maio 2003. Mais!

THE DEMOCRATIC constraint in public management reform. Apresentado ao 7º Congresso do Centro Latinoamericano de Administración para el Desarrollo (Clad), Lisboa, out. 2002. Disponível em: <www.bresserpereira.org.br>.

THE EMERGENCE of the republican state. Apresentado ao 3º Simpósio Internacional de Justiça, Porto Alegre, 1-5 set. 2003. Corresponde ao cap. 4 de *Building the republican state*, livro a ser publicado pela Oxford University Press.

2002

AFTER balance of powers diplomacy, globalization's politics. In: HERSHBERG, Eric; MOORE, Kevin W. (Eds.). *Critical views of September*

11: analyses from around the world. New York: New Press, 2002. p. 109-130. Em português: Da diplomacia de equilíbrio de poderes à política da globalização. *Novos Estudos*, n. 65, p. 91-110, mar. 2003. In: DINES, Alberto (Org.). *Um mundo em mudanças:* o espelho da mídia. 2003. p. 27-48. Edição de palestras do 8º Seminário de Comunicação Banco do Brasil.

CRESCIMENTO econômico com poupança externa? In: FERRARI FILHO, Fernando; PAULA, Luiz Fernando de (Orgs.). *Globalização financeira:* ensaios de macroeconomia aberta. Petrópolis: Vozes, 2004. p. 497-535. Com Yoshiaki Nakano. *Revista de Economia Política,* v. 23, n. 2, p. 3-27, abr. 2003. Em inglês: Economic growth with foreign savings? São Paulo: Fundação Getulio Vargas, Departamento de Economia, dez. 2002. (Texto para discussão, n. 118.)

FINANCIAMENTO para o subdesenvolvimento: o Brasil e o Segundo Consenso de Washington. In: CASTRO, Ana Célia (Org.). *Desenvolvimento em debate:* painéis do desenvolvimento brasileiro I. Rio de Janeiro: Mauad/BNDES, 2002. v. 2. p. 359-398.

INCOMPATIBILIDADE distributiva e desenvolvimento auto-sustentado. In: BIELSCHOWSKY, Ricardo; MUSSI, Carlos (Orgs.). *Políticas para a retomada do crescimento:* reflexões de economistas brasileiros. Brasília: Ipea/Cepal, 2002. p. 117-148.

UMA ESTRATÉGIA de desenvolvimento com estabilidade. *Revista de Economia Política,* v. 22, n. 3, p. 146-177, jul. 2002. Com Yoshiaki Nakano. In: VELLOSO, João Paulo dos Reis; LEITE, Antonio Dias (Coord.). *O novo governo e os desafios do desenvolvimento.* Rio de Janeiro: José Olympio, 2002. p. 67-107. Documento preparado por solicitação do presidente do PSDB, deputado José Aníbal.

2001

MÉTODO e paixão em Celso Furtado. São Paulo: Fundação Getulio Vargas, Departamento de Economia, ago. 2001. (Texto para discussão, n. 105.) Publicado em *A grande esperança em Celso Furtado* (2001, p. 19-44).

APÊNDICE I

NEW public management reform: now in the Latin American agenda, and yet... *International Journal of Political Studies*, n. 3, p. 143-166, Sept. 2001. Special issue edited by Hellmutt Wolmann on Evaluating New Public Management in the World. Em português: Reforma da nova gestão pública: agora na agenda da América Latina, no entanto... *Revista do Serviço Público*, v. 53, n. 1, p. 5-26, jan. 2002.

2000

A REFORMA gerencial do Estado de 1995. *Revista de Administração Pública*, v. 34, n. 4, p. 55-72, jul. 2000. In: *Moderna gestão pública:* dos meios aos resultados. Lisboa: Instituto Nacional de Administração, 2000. Versão reduzida: A reforma gerencial de 1995. *Cadernos Adenauer*, v. II, n. 3, p. 29-46, jul. 2001.

DA POLÍTICA de elites à democracia de sociedade civil. In: VELLOSO, João Paulo dos Reis (Coord.). *Brasil 500 anos:* futuro, presente, passado. Rio de Janeiro: José Olympio, 2000. p. 517-538. Poor enlightened elites. In: *Brazil:* dilemmas and challenges. (Vários autores.) São Paulo: Edusp, 2002. p. 35-48. Versão reduzida: Pobres elites iluminadas. *Estudos Avançados*, v. 38, n. 14, p. 235-246, jan. 2000.

DECISÕES estratégicas e *overlapping consensus* na América Latina. *Revista de Economia Política*, v. 21, n. 4, p. 3-29, out. 2001. Originalmente em inglês: After structuralism, a development alternative for Latin America. Apresentado à Research Conference on Economic Doctrines in Latin America: Their Evolution, Transmission and Power, Latin America Centre, Oxford, 28-29 set. 2000. São Paulo: Fundação Getulio Vargas, Departamento de Economia, dez. 2000. (Texto para discussão, n. 99.)

DESCENTRALIZAÇÃO geográfica e regional: Brasil e Europa. *Revista Galega de Administración Pública*, v. 26, p. 47-59, set. 2000.

DO ESTADO patrimonial ao gerencial. In: PINHEIRO, Paulo Sergio; SACHS, Ignacy; WILHEIM, Jorge (Orgs.). *Brasil:* um século de transformações. São Paulo: Companhia das Letras, 2001. p. 222-259.

ENTRE o globalismo e o velho nacionalismo. In: RATTNER, Henrique (Org.). *Brasil no limiar do século XXI*: alternativas para a construção de uma sociedade sustentável. São Paulo: Edusp, 2000. p. 39-55.

HIGHER civil service's ethics. In: UNITED NATIONS. Department of Economic and Social Affairs. Division for Public Economics and Public Administration. *Promoting ethics in the public service*. New York: United Nations, 2000. p. 14-21.

INFLUÊNCIAS e contribuições. *Revista de Economia Política*, v. 20, n. 1, jan. 2000. Apresentado na sessão de abertura da Jornada de Reflexión sobre el Pensamiento Económico Brasileño: Tres Generaciones del Pensamiento Económico Brasileño – Ignácio Rangel, Celso Furtado e Bresser-Pereira, organizada pelo Instituto de Estudos Brasileiros da Universidade Nacional de San Martín, Buenos Aires, 18-25 ago. 1999.

SELF-INTEREST and incompetence. *Journal of Post Keynesian Economics*, v. 23, n. 3, p. 363-373, Spring 2001. Apresentado ao 6º International Post Keynesian Workshop, Knoxville, Tennessee, 22-28 jun. 2000. Em português: Auto-interesse e incompetência. *Revista Brasileira de Economia*, v. 57, n. 1, p. 209-222, jan./mar. 2003.

THE NEW left viewed from the South. In: GIDDENS, Anthony (Ed.) *The global third way debate*. Cambridge: Polity Press, 2001. Texto publicado com alguns cortes. Em português: A nova esquerda: uma visão a partir do Sul. *Revista de Filosofia Política – Nova Série*, Porto Alegre, Universidade Federal do Rio Grande do Sul, Departamento de Filosofia, v. 6, p. 46-52, 2000. *Idéias e Debates*, Brasília, Instituto Teotônio Vilela, n. 38, 2000. Versão resumida: New left in Brazil. *Fabian Review*, v. 115, n. 1, p. 21, Spring 2003.

1999

A NOVA centro-esquerda. *Século XXI*, n. 2, maio 1999. Apresentado ao seminário sobre a Terceira Via Inglesa, organizado pela Federação das Indústrias do Rio de Janeiro, 11 nov. 1998. Também publicado em: *Idéias e Deba-*

tes, Brasília, Instituto Teotônio Vilela, n. 24, 1999, e *Folha de S. Paulo*, 21 fev. 1999. Mais! Texto incompleto.

LATIN America's quasi-stagnation. In: DAVIDSON, Paul (Ed.). *A post Keynesian perspective on 21st century economic problems*. Cheltenham: Edward Elgar, 2002. p. 1-28. Em português: Incompetência e *confidence building* por trás de 20 anos de quase-estagnação da América Latina. *Revista de Economia Política – Brazilian Journal of Political Economy*, v. 21, n. 1, p. 141-166, 2001.

REFLEXÕES sobre a reforma gerencial brasileira de 1995. *Revista do Serviço Público*, v. 50, n. 4, p. 5-28, out. 1999. Em espanhol: *Revista Iberoamericana de Administración Pública*, v. 3, p. 107-131, jul. 1999. Em inglês, versão revista: The 1995 public management reform in Brazil: reflections of a reformer. In: SCHNEIDER, Ben Ross; HEREDIA, Blanca (Eds.). *Reinventing Leviathan*. Miami: North-South Center Press. 2003. p. 89-107.

1998

ENTRE el mercado y el Estado: lo público no-estatal. Com Nuria Cunill Grau. Publicado em *Lo público no-estatal en la reforma de lo Estado* (1998). Em português: Entre o mercado e o Estado: o público não-estatal. Rio de Janeiro: FGV, 1999.

SOCIEDADE civil: sua democratização para a reforma do Estado. Publicado em *Sociedade e Estado em transformação* (1999). Em espanhol: *Res Publican – Revista de Ciencias Sociales*, n. 2, p. 9-54, 2002.

THE MISSING social contract. In: DUCATENZEILER, Graciela; OXHORN, Philip. *What kind of democracy? What kind of market? Latin America in the age of neoliberalism*. Philadelphia: Penn State University Press, 1998. Com Yoshiaki Nakano. O contrato social ausente. *Sociedade e Estado,* Universidade de Brasília, Departamento de Sociologia, v. 13, n. 2, jul. 1998.

1997

A REFORMA do Estado nos anos 90: lógica e mecanismos de controle. *Lua Nova – Revista de Cultura e Política*, n. 45, p. 49-95, 1998. Originalmente publicado em: *Cadernos MARE da Reforma do Estado*, Brasília, Ministério da Administração Federal e Reforma do Estado, n. 1, 1997. Em espanhol: *Desarrollo Económico*, v. 38, n. 150, jul. 1998. Caracas: Clad, set. 1997. (Documentos Debate, n. 4.) *Azienda Pubblica*, nov. 1997. In: PORDOMINSKY, M. Gandour; GUINAND, Luís B. Mejía (Orgs.). *Hacia el rediseño del Estado*. Bogotá: Departamento de Planeación, 1999. p. 3-54. Em inglês: State reform in the 1990s, logic and control mechanisms. In: BURLAMAQUI, Leonardo; CASTRO, Ana Célia; CHANG, Ha-Joon (Eds.). *Institutions and the role of the state*. Cheltenham: Edward Elgar, 2000.

AS TRÊS formas de desvalorização cambial. *Revista de Economia Política*, v. 17, n. 1, p. 143-146, jan. 1997.

CIDADANIA e *res publica*: a emergência dos direitos republicanos. *Revista de Filosofia Política – Nova Série*, Porto Alegre, Universidade Federal do Rio Grande do Sul, Departamento de Filosofia, v. 1, 1997. *Revista de Informação Legislativa*, v. 34, n. 136, out. 1997. *Revista Trimestral de Direito Público*, v. 16, 1996. *Revista de Direito Administrativo*, 1997. Brasília: Enap, maio 1997. (Texto para discussão, n. 15.) Em espanhol: Ciudadania y *res publica*: la aparición de los derechos republicanos. *Instituciones y Desarrollo*, v. 8-9, mayo 2001. Edição especial. Em inglês: Citizenship and *res publica*: the emergence of republican rights. *Citizenship Studies*, v. 6, n. 2, p. 145-164, July 2002.

INTERPRETAÇÕES sobre o Brasil. In: LOUREIRO, Maria Rita (Org.). *50 anos de ciência econômica no Brasil*. Rio de Janeiro: Vozes, 1997. p. 17-69. Atualização de "Seis interpretações sobre o Brasil" (1982). Em italiano: Nove interpretazioni della realità brasiliana. *Annali della Fondazione Luigi Einaudi*, v. XXXII, 1998.

NET and total transition costs: the timing of economic reform. *World Development*, v. 25, n. 6, p. 905-914, June 1997. Com Jairo Abud.

UMA REFORMA gerencial da administração pública no Brasil. *Revista Anpec*, n. 1, ago. 1997. Versão revista: *Revista do Serviço Público*, v. 49, n. 1, jan. 1998. In: PETRUCCI, Vera; SCHWARZ, Leticia (Orgs.). *Administração pública gerencial:* a reforma de 1995. Brasília: UnB/Enap, 1999. Em inglês: Managerial reform in Brazil's public administration. Em espanhol: Una reforma gerencial de la administración pública en Brasil. *Revista del Clad: Reforma y Democracia,* n. 9, oct. 1997. La reforma gerencial en la administración pública brasileña. *Gestión y Política Pública,* v. VI, n. 2, 1997. Una reforma basada en la gestión aplicada a la administración pública de Brasil. *Gestión y Análisis de Políticas Públicas,* n. 9, ago. 1997.

1996

A INFLAÇÃO decifrada. *Revista de Economia Política,* v. 16, n. 4, p. 20-35, out. 1996.

DA ADMINISTRAÇÃO pública burocrática à gerencial. *Revista do Serviço Público,* v. 47, n. 1, p. 7-40, jan. 1996. Também publicado em *Reforma do Estado e administração pública gerencial* (1998). Em inglês: *Reforming the state: managerial public administration in Latin America* (1999). Em espanhol: De la administración pública burocrática a la gerencial. *Clad: Documentos-Debate,* Caracas, n. 2, ago. 1996.

MANAGERIAL public administration: strategy and structure for a new state. *Journal of Post Keynesian Economics,* v. 20, n. 1, Fall 1997. Em português: Gestão do setor público: estratégia e estrutura para um novo Estado. In: *Reforma do Estado e administração pública gerencial* (1998, p. 23-38). *Revista do Serviço Público,* v. 48, n. 1, jan. 1997. *Revista de Economia Política,* v. 17, n. 3, jul. 1997.

POR um partido democrático, de esquerda e contemporâneo. *Lua Nova – Revista de Cultura e Política,* n. 39, 1997. Originalmente publicado em: Social-democracia e esquerda no fim de século. *Idéias e Debates,* Brasília, Instituto Teotônio Vilela, n. 1, 1996.

UM NOVO Estado para a América Latina. *Novos Estudos Cebrap,* n. 50, p. 91-98, mar. 1998. Publicado originalmente em: Reconstruindo um novo Estado na América Latina. Brasília: Escola Nacional de Administração Pública, mar. 1998. (Texto para discussão, n. 24.) Reconstruindo um novo Estado na América Latina. *Conjuntura e Planejamento*, Salvador, BA, n. 48, maio 1998. Em espanhol e inglês: La reconstrucción del Estado en América Latina. *Revista de la Cepal*, oct. 1998. Número especial, Cepal 500 anos.

1995

A REFORMA do aparelho do Estado e a Constituição de 1988. Brasília: Enap, 1995. (Texto para discussão, n. 1.) Em espanhol: La reforma del aparato del Estado y la constitución brasileña. *Revista del Clad: Reforma y Democracia*, n. 4, p. 1-11, 1995. *Reforma Administrativa*, revista da Escuela de Galicia de Administración Pública, 1996.

A TURNING point in the debt crisis: Brazil, the US treasury, and the World Bank. *Revista de Economia Política*, v. 19, n. 2, p. 103-130, abr. 1999.

ESTADO, sociedade civil e legitimidade democrática. *Lua Nova – Revista de Cultura e Política*, n. 36, 1995. Versão ampliada e atualizada do cap. 2 de *Estado e subdesenvolvimento industrializado* (1977). Em inglês: State, civil society and democratic legitimacy. Disponível em: <www.bresserpereira.org.br>.

THE IRREDUCTIBILITY of macro to microeconomics: a methodological approach. *Revista de Economia Política*, v. 16, n. 2, p. 15-39, abr. 1996. Com Gilberto Tadeu Lima.

1994

DEVELOPMENT economics and World Bank's identity crisis. *Review of International Political Economy*, v. 2, n. 2, Spring 1995. São Paulo: Fundação Getulio Vargas, Departamento de Economia, abr. 1994. (Texto para discussão, n. 3.) Em português: A teoria do desenvolvimento econômico e a crise de identidade do Banco Mundial. *Revista de Economia Política*, v. 15, n. 1, jan. 1995.

THE POLITICAL origin of economic problems. Com Yoshiaki Nakano. A origem política dos problemas econômicos. *Revista de Economia Política*, v. 15, n. 2, abr. 1995.

1993

A MODERNIZAÇÃO incompleta e os pactos políticos. In: SOLA, Lourdes; PAULANI, Leda (Orgs.). *Lições da década de 80*. São Paulo: Edusp, 1995. Em francês: Brésil: modernization inachevée et pactes politiques. *Problèmes d'Amérique Latine*, n. 13, avr. 1994. Em inglês: Incomplete modernization and political pacts in Brazil. In: *Economic crisis and state reform in Brazil* (1996).

BRASIL e Estados Unidos. *Carta Internacional*, n. 5, jul. 1993.

BRAZIL: stabilization in an adverse environment: the 1987 Brazilian experience. Publicado como: Brazil. In: WILLIAMSON, John (Ed.). *The political economy of policy reform*. Washington: Institute for International Economics, 1993. Em português: Estabilização em um ambiente adverso: a experiência brasileira de 1987. *Revista de Economia Política*, v. 13, n. 4, out. 1993.

CONTRA a corrente: a experiência no Ministério da Fazenda. *Revista Brasileira de Ciências Sociais*, v. 7, n. 19, p. 5-30, jul. 1992.

ECONOMIC reforms and economic growth: efficiency and politics in Latin America. Publicado em *Economic reforms in new democracies* (1993, cap. 1, p. 15-76). *Revista de Economia Política*, v. 11, n. 4, out. 1992.

ECONOMIC reforms in new democracies: a social-democratic approach. In: SMITH, W.; ACUÑA, C.; GAMARRA, E. (Eds.). *Latin American political economy in the age of neoliberal reform*. New Brunswick: Transactions Publishers, 1994. Com José María Maravall e Adam Przeworski. Em português: Reformas econômicas em democracias recentes. *Dados*, v. 36, n. 2, 1993.

EMPRESÁRIOS, suas origens e as interpretações do Brasil. *Revista Brasileira de Ciências Sociais*, v. 9, n. 25, jun. 1994.

THE CRISIS of the state approach to Latin America. São Paulo: Instituto Sul-Norte, nov. 1993. (Texto para discussão, n. 1.) Em português: Uma interpretação da América Latina: a crise do Estado. *Novos Estudos Cebrap*, n. 37, nov. 1993. *Economic Review*, Budapest University of Economics. Em francês: Une nouvelle interpretation de l'Amérique Latine. *Cahiers des Amériques Latines*, n. 17, 1994.

THE FAILURE to stabilize. In: *Brazil:* the struggle for modernization. London: Institute of Latin American Studies of the University of London, 1993.

1992

A CRÍTICA da direita e da esquerda a um Estado em crise. *Lua Nova – Revista de Cultura Política*, n. 25, 1992.

FROM Mercosul to the American integration. In: CEPAL-BID. *Trade liberalization in the Western hemisphere*. Washington: Interamerican Development Bank and Economic Comission for Latin America and the Caribbean, 1995. Com Vera Thorstensen. Em português: Do Mercosul à integração americana. *Política Externa*, v. 1, n. 3, dez. 1992.

LIBERALIZATION and democratization in the context of a weak state and a weaker civil society. Memorando ao Diálogo Inter-Americano após a conferência Economic Liberalization and Democratic Consolidation, patrocinada pelo Conselho de Pesquisa em Ciências Sociais, pelo Centro Europeu para o Estudo da Democratização e pelo Diálogo Inter-Americano, University of Bologna-Forlí, Forlí, 2-4 abr. 1992. São Paulo: Fundação Getulio Vargas, Departamento de Economia, ago. 1992. (Texto para discussão, n. 17.)

1992 – A estabilização necessária. *Revista de Economia Política*, v. 12, n. 3, jul./set. 1992. Versão atualizada e ampliada de: O décimo-primeiro plano de estabilização. In: VELLOSO, João Paulo dos Reis (Org.). *Combate à inflação e reforma fiscal*. Rio de Janeiro: José Olympio, 1992.

UM MESTRE da economia brasileira: Ignácio Rangel. *Revista de Economia Política*, v. 13, n. 2, mar. 1993. Com José Marcio Rego. In: MAMIGONIAN, Armen; REGO, José Marcio (Org.). *O pensamento de Ignácio Rangel*. São Paulo: Editora 34, 1998.

1991

DOLARIZAÇÃO crônica: Argentina e Brasil. Com Aldo Ferrer. *Revista de Economia Política*, v. 10, n. 1, jan. 1991.

ECONOMIC populism versus Keynes: reinterpreting budget deficit in Latin America. Com Fernando Maida Dall'Acqua. *Journal of Post-Keynesian Economics*, v. 14, n. 1, Fall 1991. Em português: Populismo econômico *versus* Keynes: a reinterpretação do déficit público na América Latina. Publicado em *Populismo econômico* (1991).

INTEGRAÇÃO latino-americana ou americana? *Novos Estudos Cebrap*, n. 31, out. 1991. *Supplément International*, n. 216, nov. 1991. *Le Brésil: développement et environnement*. Corresponde ao cap. 12 de *A crise do Estado* (1992).

O DÉCIMO primeiro plano de estabilização. In: VELLOSO, João Paulo dos Reis (Org.). *Combate à inflação e reforma fiscal*. Rio de Janeiro: José Olympio, 1992. Versão reduzida: A saída possível. *Folha de S. Paulo*, 26 dez. 1992.

O GOVERNO Collor e a modernidade em tempos incertos. *Novos Estudos Cebrap*, n. 29, mar. 1991. In: DAVID, Maurício Dias (Org.). *Economia e política da crise brasileira*. Rio de Janeiro: Rio Fundo, 1991.

RESÍDUO inflacionário pós-congelamento e política monetária. In: FARO, Clóvis de (Org.). *A economia pós-Plano Collor II*. Rio de Janeiro: Livros Técnicos e Científicos, 1991. Com Yoshiaki Nakano.

THE INVESTMENT decision in normal and exceptional times. Versão anterior apresentada ao 16º Congresso Internacional da Lasa, Washington, abr. 1991. São Paulo: Fundação Getulio Vargas, Departamento de Economia, 1991. (Texto para discussão, n. 5.)

THE U.S. elites and the Latin American crisis. In: BAER, Werner; PETRY, Joseph; SIMPSON, Murray (Eds.). *Latin America:* the crisis of the eighties and the opportunities of the nineties. Urbana, Ill.: Bureau of Economics and Business, Board of Trustees of the University of Illinois, 1991.

1990

A CRISE da América Latina: Consenso de Washington ou crise fiscal? *Pesquisa e Planejamento Econômico*, v. 21, n. 1, p. 115-130, abr. 1991. *Problèmes d'Amérique Latine*, n. 100, juil. 1991. *Pensamiento Iberoamericano*, n. 19, ene./jun. 1991. *Economic crisis in Latin America:* Washington Consensus or fiscal crisis approach. East South Systems Transformations Project. University of Chicago, Department of Political Science, Jan. 1991. (Working paper, n. 6.) Aula magna no 17º Congresso da Associação Nacional de Pós-Graduação em Economia (Anpec), Brasília, 4 dez. 1990.

A ESTRATÉGIA da competitividade e do interesse nacional. Apresentado ao ciclo de conferências Brasil Anos 90: Diagnóstico e Alternativas Estratégicas, no Centro de Estudos de Cultura Contemporânea (Cedec), São Paulo, abr. 1990. Corresponde ao cap. 9 de *A crise do Estado* (1992).

A PRAGMATIC approach to state intervention. *Cepal Review/Revista de la Cepal*, n. 41, p. 45-53, ago. 1990. *Dados*, v. 34, n. 1, 1991. São Paulo: Fundação Getulio Vargas, Departamento de Economia, set. 1989. (Texto para discussão, n. 1.)

AS INCERTEZAS do Plano Collor. In: FARO, Clovis de (Org.). *Plano Collor, avaliações e perspectivas*. Rio de Janeiro: Livros Técnicos e Científicos, 1990. *Revista Brasileira de Economia*, v. 45, jan. 1991. Número especial.

CRISE e renovação da esquerda na América Latina. *Lua Nova*, n. 21, out. 1990. In: DAVID, Maurício Dias (Org.). *Socialdemocracia hoje*. Rio de Janeiro: Fundação Teotônio Vilela, 1990. Em alemão: *Asien, Afrika, Latein-America Wissenschaftliche Zitschirft*. Berlin, v. 19, n. 6, 1991. Em inglês: como cap. 8 de *Economic crisis and State reform in Brazil* (1996).

DA INFLAÇÃO à hiperinflação: uma abordagem estruturalista. In: REGO, J. M. (Org.). *Inflação e hiperinflação:* interpretações e retórica. São Paulo: Bienal, 1990.

HYPERINFLATION and stabilization in Brazil: the first Collor Plan. In: DAVIDSON, P.; KREGEL, J. *Economic problems of the 1990s.* London: Edward Elgar, 1991. Com Yoshiaki Nakano. *Revue Tiers Monde,* v. XXXII, n. 126, avr./juin 1991. *Revista de Economia Política,* v. 11, n. 4, out./dez. 1991.

O PLANO Collor e a volta da inflação. *Indicadores Econômicos FEE,* Porto Alegre, v. 18, n. 2, 1990.

THE HESITATING motivation to solve the debt crisis. Publicação prevista e depois suspensa no *Yearbook of the Peace and Development Foundation,* Global Trends. Bonn, 1990. Disponível em: <www.bresserpereira.org.br>.

UM CONGELAMENTO preparado e aberto. In: VELLOSO, João Paulo dos Reis (Org.). *Condições para a retomada do desenvolvimento.* São Paulo: Nobel, 1991.

1989

A TEORIA da inflação inercial reexaminada. In: REGO, José Marcio (Org.). *Aceleração recente da inflação.* São Paulo: Bienal, 1989.

THE PERVERSE macroeconomics of debt, deficit and inflation in Brazil. In: FUKUCHI, T.; KAGAMI, M. *Perspectives on the Pacific basin economy:* a comparison of Asia and Latin America. Tokyo: Institute of Developing Economies, 1990. p. 153-192. Em português: *Revista Brasileira de Economia,* v. 45, n. 2, abr./jun. 1991. Republicado de forma reduzida e modificada: The perverse logic of stagnation: debt, deficit and inflation in Brazil. Anais do XVII Encontro Nacional de Economia, Anpec, Fortaleza, dez. 1989. *Journal of Post-Keynesian Economics,* v. 12, n. 4, Summer 1990.

1988

A ACELERAÇÃO da inflação inercial. *Folha de S. Paulo,* 1 set. 1988. In: REGO, José Marcio. *A aceleração recente da inflação.* São Paulo: Bienal, 1989.

BRAZIL'S inflation and the Cruzado Plan, 1985-1988. In: FALK, Pamela S. *Inflation: are we next? Hyperinflation and solutions in Argentina, Brazil and Israel*. Boulder, Co.: Lynne Rienner, 1990. Em português: Os dois congelamentos de preços no Brasil. *Revista de Economia Política*, v. 8, n. 4, out./dez. 1988. Em francês: Les deux blocages des prix. *Problèmes d'Amérique Latine*, n. 90, 4. trim. 1988.

DA CRISE fiscal à redução da dívida. Publicado em *Dívida externa*: crise e soluções (1989). Em inglês, versão ligeiramente reduzida: A debtor's approach to the debt crisis. In: BOGDANOWICZ-BINDERT, Christine (Ed.). *Solving the global debt crisis*. New York: Harper & Row, 1989.

DE VOLTA ao capital mercantil: Caio Prado e a crise da Nova República. In: D'INCAO, Maria Angela. *História e ideal*: ensaios sobre Caio Prado Jr. São Paulo: Brasiliense, 1989. Nesta versão foram cortadas principalmente referências à experiência no governo Sarney. Versão com redução do trecho sobre Caio Prado Jr.: A crise da Nova República. *Novos Estudos Cebrap*, n. 23, mar. 1989. Texto completo: *Revista Brasileira de Ciência Política*, v. 1, n. 1, mar. 1989.

ECONOMIC ideologies and democracy in Brazil. In: ETHIER, Diane (Ed.). *Democratic transition and consolidation in Southern Europe, Latin America and Southeast Asia*. London: Macmillan, 1990. Publicado como: Populism and economic policy. *Journal of Interamerican Studies and World Affairs*, v. 33, n. 2, Summer 1991. Publicado como: Ideologias econômicas e democracia no Brasil. *Estudos Avançados*, v. 3, n. 6, maio/ago. 1989. Republicado como: Populismo e política econômica no Brasil. *Populismo econômico* (1991, p. 107-122). Versão reduzida: As ideologias irracionais no Brasil. *Jornal do Brasil*, 16 jul. 1989. Em espanhol: Ideologías económicas y democracia en Brasil. *Síntesis*, Madrid, n. 12, 1990.

O CARÁTER cíclico da intervenção estatal. *Revista de Economia Política*, v. 9, n. 3, jul./set. 1989. Apresentado ao simpósio Democratizing Economics, USP e Wilson Center, São Paulo, jul. 1988. Em inglês: Economic reforms and cycles of state intervention. *World Development*, v. 21, n. 8, p. 1.337-1.353, Aug. 1993.

OS LIMITES da política econômica. *Revista de Economia Política*, v. 8, n. 3, jul./set. 1988.

POSSIBLE political pacts after redemocratization. In: CHACEL, J.; FALK, P.; FLEISCHER, D. (Eds.). *Brazil's economic and political future*. Boulder, Co.: Westview, 1988.

1987

A BRAZILIAN approach to external debt negotiation. *Lasa Forum*, v. 19, n. 4, Winter 1989. A estratégia brasileira de 1987 para a dívida externa. *Senhor*, n. 380, 4 jul. 1988. Seção Documento. Republicado em *Dívida externa: crise e soluções* (1989). La politique brésilienne de renégotiation de la dette extérieure en 1987. *Problèmes de l'Amérique Latine*, n. 90, oct. 1988. In: ADDA, Jacques (Org.). *L'Amérique Latine face a la dette 1982-1989*. Paris: La Documentation Française, 1990. In: LEHMAN, Cheryl; MOORE, Russell (Eds.). *Multinational culture:* social impacts of a global economy. Westport, CT: Greenwood, 1991.

A COMPOSIÇÃO financeira do déficit público. Com Fernando Maida Dall'Acqua. *Revista de Economia Política*, v. 7, n. 2, abr./jun. 1987. Republicado in: LOZARDO, Ernesto (Org.). *Déficit público brasileiro*. Rio de Janeiro: Paz e Terra, 1988.

MUDANÇAS no padrão de financiamento do investimento no Brasil. *Revista de Economia Política*, v. 7, n. 4, p. 5-21, out. 1987. Publicado em *Bulletin of Latin America Research*, University of Glasgow, v. 6, n. 2, 1987.

1986

ESTADO regulador y pacto democrático. In: *América Latina, crisis y regulación estatal:* dilemas de política en América Latina y Europa. Buenos Aires: Grupo Editor Latinoamericano/Eural, 1986.

INFLAÇÃO inercial e choque heterodoxo no Brasil. In: REGO, José Marcio (Org.). *Inflação inercial, teorias sobre inflação e o Plano Cruzado*. Rio de Janeiro: Paz e Terra, 1986. Com Yoshiaki Nakano.

INFLAÇÃO inercial e curva de Phillips. *Revista de Economia Política*, v. 6, n. 2, abr./jun. 1986. Com Yoshiaki Nakano. Publicado em *Inflação e recessão: a teoria da inércia inflacionária* (1984). Em inglês: Inertial inflation and the Phillips Curve. *The theory of inertial inflation* (1987).

INFLAÇÃO inercial e Plano Cruzado. *Revista de Economia Política*, v. 6, n. 3, jul./set. 1986. Inertial inflation and the Cruzado Plan. *World Development*, v. 15, n. 8, Aug. 1987.

1985

CONGELAMENTO setorial de preços e inflação corretiva. Com Fernando Maida Dall'Acqua. *Economia em Perspectiva*, Conselho Regional de Economia de São Paulo, n. 17, set. 1985.

ECONOMIA conservadora e economia progressista. *Revista de Economia Política*, v. 5, n. 4, out. 1985.

ESCALA móvel de salários. *Folha de S. Paulo*, 16 out. 1985.

OS PACTOS políticos possíveis depois da redemocratização. Publicado em *Pactos políticos: do populismo à redemocratização* (1985).

SOBRE a curva de Phillips: uma resposta. *Revista de Economia Política*, v. 5, n. 3, jul. 1985. Com Yoshiaki Nakano.

UM PACTO político liberal-popular. *Jornal da Tarde*, 9 nov. 1985.

1984

ARMADILHA teórica da política de estabilização. *Revista de Economia Política*, v. 4, n. 4, out. 1984. Com Yoshiaki Nakano. Republicado em *Inflação e recessão* (1984).

APÊNDICE I

POLÍTICA administrativa de controle da inflação. *Revista de Economia Política*, v. 4, n. 3, jul. 1984. Com Yoshiaki Nakano. Republicado em *Inflação e recessão* (1984). Em inglês: Administrative policy: gradualism or shock. Publicado em *The theory of inertial inflation* (1987, p. 105-125).

THE DIALECTIC of redemocratization and *abertura*. Publicado em *Development and crisis in Brazil: 1930-1983* (1984).

1983

AUGE e declínio nos anos setenta. *Revista de Economia Política*, v. 3, n. 2, abr./jun. 1983. *Cuadernos en Marzo*, v. IV, n. 24, nov./dez. 1983 (parte 1); *Cuadernos en Marzo*, v. V, n. 25, ene./feb. 1984 (parte 2). Reproduzido em *Desenvolvimento e crise no Brasil*, a partir da 4. ed. (1984). Em inglês: The crisis of the 1970s. *Development and crisis in Brazil: 1930-1983* (1984, cap. 8).

FATORES aceleradores, mantenedores e sancionadores da inflação. *Anais do X Encontro Nacional de Economia*. Belém: Anpec, dez. 1983. Com Yoshiaki Nakano. *Revista de Economia Política*, v. 4, n. 1, jan./mar. 1984. Em espanhol: Factores aceleradores, mantenedores y sancionadores de la inflación. *El Trimestre Económico*, v. LII, n. 3, jul./set. 1985, n. 207. Reproduzido em *Inflação e recessão* (1984).

NOTA sobre o déficit público e a correção monetária. *Revista de Economia Política*, v. 3, n. 4, out./dez. 1983. Com Marcelo Antinori.

OS LIMITES da "abertura" e a sociedade civil. *Revista de Administração de Empresas*, v. 23, n. 4, out./dez. 1983. *Cadernos Cedec/Coleção Cadernos Contribuições*, n. 4, 1984. In: FLEISCHER, David (Org.). *Da distensão à abertura*. Brasília: UnB, 1988. Republicado em *Pactos políticos: do populismo à redemocratização* (1985). Apresentado à reunião da Latin American Studies Association, Cidade do México, set.-out. 1983.

SEMI-VERDADES e falsas idéias sobre o Brasil. *Novos Estudos Cebrap*, v. 2, n. 2, jul. 1983. Reproduzido em *Desenvolvimento e crise no Brasil: 1930-1983* (4. ed. 1985).

1982

DESPESAS do Estado, repartição e valor. *Revista de Economia Política*, v. 2, n. 3, jul./set. 1982.

1980-1981: a revolução auto-gestionária na Polônia. *Revista de Administração de Empresas*, v. 22, n. 3, p. 23-34, jul./set. 1982. Republicado in: VENOSA, Roberto (Org.). *Participação e participações*. São Paulo: Babel Cultural, 1987.

SEIS interpretações sobre o Brasil. *Dados*, v. 25, n. 3, p. 269-306, 1982. Republicado em *Pactos políticos: do populismo à redemocratização* (1985). Em inglês: Six interpretations on the Brazilian social formation. *North-South – Canadian Journal of Latin American and Caribbean Studies*, v. III, n. 13, 1982. *Latin American Perspectives*, v. 11, n. 1, Winter 1984. Em espanhol: *Revista Interamericana de Planificación*, v. XVI, n. 63-64, set. 1982.

1981

A POLÍTICA econômica endógena. *Revista de Economia Política*, v. 1, n. 1, jan./mar. 1981.

CLASSES e estratos sociais no capitalismo contemporâneo. Ensaio não publicado, escrito em 1981, mesmo ano da publicação de *A sociedade estatal e a tecnoburocracia*. Disponível em: <www.bresserpereira.org.br>.

INFLAÇÃO, desequilíbrio externo e salário. *Revista de Economia Política*, v. 1, n. 4, p. 116-126, out./dez. 1981. Com Yoshiaki Nakano. Reproduzido em *Inflação e recessão* (1984).

INFLAÇÃO no capitalismo de Estado (e a experiência brasileira recente). *Revista de Economia Política*, v. 1, n. 2, p. 3-42, abr. 1981. Reproduzido em *Inflação e recessão* (1984).

L'APPARATION de l'État technobureocratique-capitaliste dépendant. *Revue de L'Institute de Sociologie*, Bruxelles, Belgique, n. 1/2, 1981. Corresponde a dois capítulos de *Estado e subdesenvolvimento industrializado* (1977).

1980

AS CONTRADIÇÕES da inflação brasileira. *Encontros com a Civilização Brasileira*, n. 21, mar. 1980. Reproduzido em *Inflação e recessão* (1984).

CHINA e URSS, estatismo e socialismo. *Cadernos de Opinião*, n. 15, ago. 1980. Reproduzido em *A sociedade estatal e a tecnoburocracia* (1981, p. 237-272).

LIÇÕES do aprendiz de feiticeiro ou tecnoburocracia e empresa monopolista. *Estudos Cebrap*, n. 20, p. 127-151, 1980. Reproduzido em *A sociedade estatal e a tecnoburocracia* (1981, p. 197-227).

1979

ECONOMIA e administração: mercado e poder. *Revista de Administração de Empresas*, v. 19, out./dez. 1979. Reproduzido em *A sociedade estatal e a tecnoburocracia* (1981, p. 228-236).

1978

CONTROLE da população e ideologia. *Revista de Administração de Empresas*, v. 18, n. 4, out./dez. 1978.

EMPRESAS multinacionais e interesses de classe. *Encontros com a Civilização Brasileira*, n. 4, out. 1978.

OS DESEQUILÍBRIOS da economia brasileira e o excedente. *Estudos Econômicos*, v. 8, n. 3, set./dez. 1978.

1977

A ESTRATÉGIA brasileira de desenvolvimento entre 1967 e 1973. *Revista de Administração de Empresas*, v. 17, n. 4, jul./ago. 1977.

APÓS a redemocratização. *Contexto*, n. 4, nov. 1977.

NOTAS introdutórias ao modo tecnoburocrático ou estatal de produção. *Estudos Cebrap*, n. 20, p. 75-110, abr./jun. 1977. Reproduzido em *Estado e subdesenvolvimento industrializado* (1. ed. 1977, cap. 1). Reproduzido em *A sociedade estatal e a tecnoburocracia* (1981, p. 123-164). Notes d'introduction au mode de production technobureaucratique. *L'Homme et Société*, n. 55-58, jan./dec. 1980.

1976

UM ESTUDO sobre as empresas multinacionais no Brasil. *Revista de Administração de Empresas*, v. 16, n. 1, jan. 1976. Corresponde a um capítulo de *Estado e subdesenvolvimento industrializado* (1977). Les entreprises multinationales et sous dévellopement industrialisé. *Revue Tiers Monde*, v. 19, n. 74, avr./juin 1978.

1975

A ECONOMIA do subdesenvolvimento industrializado. *Estudos Cebrap*, n. 14, out. 1975. Integra o livro *Estado e subdesenvolvimento industrializado* (1977), para o qual foi escrito. *Revue Tiers Monde*, v. XVIII, n. 68, oct. 1976.

O MODELO de desenvolvimento de Kaldor. *Revista Brasileira de Economia*, v. 29, n. 2, abr./jun. 1975.

O MODELO Harrod-Domar e a substitutibilidade de fatores. *Revista Estudos Econômicos*, Fipe, v. 5, n. 3, jul. 1975.

O MODELO japonês segundo Barbosa Lima Sobrinho. *Revista de Administração de Empresas*, v. 15, n. 3, maio/jun. 1975.

1974

TRÊS hipóteses sobre o início da industrialização brasileira e a economia cafeeira. Publicado em *Empresários e administradores no Brasil* (1974, anexo II, p. 209-212).

APÊNDICE I

1973

TENDÊNCIAS e paradoxos do varejo no Brasil. *Revista de Administração de Empresas*, v. 13, n. 3, jul./set. 1973.

1972

A EMERGÊNCIA da tecnoburocracia. Publicado em *Tecnoburocracia e contestação* (1972, p. 209-297). Reproduzido em *A sociedade estatal e a tecnoburocracia* (1981, p. 17-122).

O NOVO modelo brasileiro de desenvolvimento. *Revista Dados*, v. 11, 1973. Em espanhol: El nuevo modelo brasileño de desarrollo. *Desarrollo Económico*, Buenos Aires, v. 55, n. 14, oct. 1974. Publicado anteriormente como seção, com o mesmo título, a partir da 3. ed. de *Desenvolvimento e crise no Brasil* (1972).

THE POST-1966 expansion and the new model. Publicado em *Development and crisis in Brazil: 1930-1983* (1984, cap. 9). Publicado em português desde a 3. ed. de *Desenvolvimento e crise no Brasil* (1972).

1970

A DECISÃO de investir, os lucros e os juros. 1970. (EC-MACRO-L-066). Disponível em: <www.bresserpereira.org.br>.

DIVIDIR ou multiplicar? A distribuição da renda e a recuperação da economia brasileira. *Visão*, 21 nov. 1970. Republicado em *Reforma Agrária*, boletim da Associação Brasileira de Reforma Agrária, fev. 1971. Incluído, com o mesmo título, a partir da 3. ed. de *Desenvolvimento e crise no Brasil* (1972, p. 211-221). Em inglês: Concentration of income and the economy's recuperation. In: *Development and crisis in Brazil* (1984, p. 143-149).

ECONOMIA formal e economia política. 1970. (ECON-L-19). Disponível em: <www.bresserpereira.org.br>.

ELASTICIDADE-lucro das vendas. *Revista de Administração de Empresas*, v. 10, n. 1, jan. 1970.

1969

A TAXA real efetiva de juros. *Revista de Administração de Empresas*, v. 9, n. 3, set. 1969. Com Eduardo Matarazzo Suplicy.

1968

A REVOLUÇÃO estudantil. Publicado em *Tecnoburocracia e contestação* (1972, p. 141-208). Reproduzido em *As revoluções utópicas* (1979).

POLITICAL development, and the crisis of the populist alliance. Publicado em *Development and crisis in Brazil, 1930-1983* (1984, cap. 4). Originalmente publicado em 1968.

THE CONCEPT of development, and the national revolution. Publicado em *Development and crisis in Brazil, 1930-1983* (1984, cap. 1). Originalmente publicado em 1968.

1967

A TEORIA econômica e os países subdesenvolvidos. *Revista de Administração de Empresas*, v. 7, n. 24, set. 1967.

MODELO de desenvolvimento econômico a dois setores. *Revista de Administração de Empresas*, v. 7, n. 22, mar. 1967.

1966

O ADMINISTRADOR profissional e as perspectivas da sociedade brasileira. *Revista de Administração de Empresas*, v. 6, n. 20, set. 1966.

1964

INFLAÇÃO e lucros da empresa. Com Sylvio Luiz Bresser Pereira. *Revista de Administração de Empresas*, v. 4, n. 10, mar. 1964.

ORIGENS étnicas e sociais do empresário paulista. *Revista de Administração de Empresas*, v. 4, n. 11, p. 83-103, jun. 1964. Em inglês: Brazil: ethnic and social origins of the industrial entrepreneurs.

PROBLEMAS da agricultura brasileira e suas causas. *Journal of Inter-American Studies*, v. 6, n. 1, Jan. 1964.

1963

O EMPRESÁRIO industrial e a revolução brasileira. *Revista de Administração de Empresas*, n. 8, maio 1963.

OS TRÊS tipos de propaganda. *Revista de Administração de Empresas*, n. 6, maio 1963.

1962

DESENVOLVIMENTO econômico e o empresário. *Revista de Administração de Empresas*, n. 4, maio 1962. Republicado em *Revista de Administração de Empresas*, v. 32, n. 3, jul. 1992.

THE RISE of middle class and middle management in Brazil. *Journal of Inter-American Studies,* v. 4, n. 3, p. 313-326, July 1962. Republicado in: HOROVITZ, Irving (Ed.). *Revolution in Brazil*. New York: E. P. Dutton, 1964. Republicado em *Desenvolvimento e crise no Brasil* (1968, cap. 3).

1959

ESBOÇO de uma ideologia comum das sociedades industriais modernas. São Paulo: Escola de Administração de Empresas de São Paulo da Fundação Getulio Vargas, nov. 1959. (ECON-L-7). Escrito quando auxiliar de ensino.

1958

ESTÍMULOS externos e desenvolvimento. Preparado para discussão no Grupo Porão, organizado por Jorge Cunha Lima. (EC-BRAS-L-71). Disponível em: <www.bresserpereira.org.br>.

Notas ou pequenos textos

2004

PROPOSTA de desenvolvimento para o Brasil. In: SICSÚ, João; PAULA, Luiz Fernando de; MICHEL, Renaut (Orgs.). *Desenvolvimentismo: um projeto nacional de crescimento com eqüidade social*. Barueri, SP: Monole/Fundação Konrad Adenauer, 2004.

2003

BRASIL e Portugal no mundo global. *Revista Portuguesa e Brasileira de Gestão*, v. 2, n. 1, p. 8-10, jan./mar. 2003.

O SOCIÓLOGO das organizações: Fernando C. Prestes Motta. *Revista de Administração de Empresas*, v. 43, n. 2, p. 116-118, abr./jun. 2003.

2002

MODELO clássico, progresso técnico e distribuição. São Paulo: Fundação Getulio Vargas, out. 2002. Notas para aula de Macro III.

2001

A FRAGILIDADE que nasce da dependência da poupança externa. *Valor 1000*, set. 2001.

BONS ventos te tragam, século 21. *Folha de S. Paulo*, 25 fev. 2001. Mais!

MISLEADING inferences, or the "powerful" Brazilian presidency. Comments to the workshop Brazilian Political Institutions in Comparative Perspective:

APÊNDICE I

How Can Legislative Bodies be Empowered in Order to Qualify Democracy in Presidential Systems?, organizado pelo Centre for Brazilian Studies, St. Anthony's College, Oxford University, May 28-29, 2001.

O CAPITALISMO dos técnicos. *Boletim de Conjuntura,* set. 2001. Boletim eletrônico da ABCP/UFMG. Disponível em: <www.cevep.ufmg.br/abcp>.

REVOLUCIÓN democrática y sociedad civil en América Latina. *Desarrollo Humano y Institucional en América Latina,* Barcelona, Instituto Internacional de Gobernabilidad, v. 18, 8 jul. 2001. Disponível em: <www.iigov.org/>.

2000

A NEW left in the South? *Policy-Network,* Dec. 13, 2000. Disponível em: <www.policy-network.org>.

A SAGRADA missão pública. *Folha de S. Paulo,* 4 jun. 2000. Mais!

ESQUERDA nova e realista. *Folha de S. Paulo,* 30 jan. 2000. Mais!

GLOBALIZATION and "globalism". Intervenção na 15ª reunião do Group of Experts in Public Administration and Finance, Organização das Nações Unidas, Nova York, 9 maio 2000.

IDENTIDADE e auto-estima do brasileiro. Intervenção no Simpósio Freud: Conflito & Cultura; Brasil: Psicanálise & Modernismo, Museu de Arte de São Paulo, 14 nov. 2000.

NOVA esquerda social-liberal em Berlim. Análise da reunião de Berlim do grupo Progressive Governance (Terceira Via) – a nova esquerda social-liberal. *Folha de S. Paulo,* 15 jun. 2000.

O ESTREITO e perigoso caminho do meio. *Folha de S. Paulo,* 2 abr. 2000. Mais!

O LEOPARDO, ou a ética da compaixão. *Ide,* Sociedade Brasileira de Psicanálise de São Paulo, n. 32, 1. sem. 2000.

RELENDO *Casa-Grande e senzala.* São Paulo, jan. 2000.

RELENDO *Raízes do Brasil*. São Paulo, jan. 2000.

TEMPO não garante desenvolvimento de um país. *Valor*, São Paulo, 2 maio 2000. Especial 500 anos de Economia.

1999

ALIMENTOS transgênicos e biossegurança. Elaborado quando ministro da Ciência e Tecnologia. Disponível em: <www.bresserpereira.org.br>.

NEOLIBERAL disfarçado ou os percalços de uma certa lógica. *Lua Nova – Revista de Cultura e Política*, n. 46, 1999. Réplica ao artigo "O discurso da nova administração pública", publicado no n. 45, 1998, no qual foi feita uma crítica às posições expressas no artigo "A reforma do Estado dos anos 90: lógica e mecanismos de controle", publicado no mesmo número.

OS DEZ mandamentos da vida pública. *Folha de S. Paulo*, 26 dez. 1999. Mais!

OS TRÊS momentos de Hélio Jaguaribe. In: VENÂNCIO FILHO, Alberto; KLABIN, Israel; BARRETO, Vicente (Orgs.). *Estudos em homenagem a Hélio Jaguaribe*. São Paulo: Paz e Terra, 2000.

SHAKESPEARE realiza o ideal do analista. *Valor*, 2 jun. 2000.

1996

A CULTURA entre o Estado e o mercado. *Folha de S. Paulo*, 1 set. 1996. Mais! Título original: Cultura, democracia e reforma do Estado.

EM BUSCA de uma nova interpretação para o Brasil e a América Latina. Introdução ao livro *Crisis and state reform in Brazil*. Versão ligeiramente reduzida: A emergência de uma reforma. *Folha de S. Paulo*, 28 jan. 1996. Mais!

ENTREVISTA. In: BIDERMAN, Ciro; COZAC, Luiz Felipe; REGO, José Marcio (Orgs.). *Conversas com economistas*. São Paulo: Editora 34, 1996.

1995

REFORMA administrativa do sistema de saúde. Apresentado à 25ª Reunião do Conselho Diretivo do Centro Latinoamericano de Administración para el Desarrollo (Clad), Buenos Aires, 25 out. 1995. Brasília: Escola Nacional de Administração Pública, 1996. (Documento). Republicado em *Reforma do Estado para a cidadania* (1998).

1994

A AMÉRICA Latina do Atlântico. *Carta Internacional*, n. 20, out. 1994.

A ECONOMIA política do Plano Real. *Revista de Economia Política*, v. 14, n. 4, out. 1994.

INSERÇÃO internacional e *apartheid* social. *Folha de S. Paulo,* 25 set. 1994. Mais!

MEMORANDUM on models of capitalism and democracy. Comunicação ao seminário Models of Capitalist Democracy and Latin American Development, patrocinado pelo Social Science Research Council, New York, 18-19 nov. 1994. Disponível em: <www.bresserpereira.org.br>.

NOTA sobre a organização do governo Fernando Henrique. 1994. Disponível em: <www.bresserpereira.org.br>.

O FIM do triunfalismo neoliberal. *Folha de S. Paulo*, 17 jul. 1994.

POPULISMO *versus* neoliberalismo, ou grande acordo nacional? *Monitor Público*, Conjunto Universitário Cândido Mendes, v. 1, n. 3, set. 1994.

1993

A MODERNIZAÇÃO interrompida. In: VELLOSO, João Paulo dos Reis (Org.). *Brasil:* a superação da crise. São Paulo: Nobel, 1993.

CONDITIONALITY and net transfer games between the World Bank and LDCs. São Paulo: Instituto Sul-Norte de Política Econômica e Relações Internacionais, nov. 1993. (Texto para discussão, n. 2.) Com Gesner de Oliveira. Disponível em: <www.bresserpereira.org.br>.

1992

HETERODOXIA e ortodoxia no Plano Bresser. *Conjuntura Econômica*, v. 47, n. 2, fev. 1992.

OFF the mark: the misguided policies of Washington economists. *Harvard International Review*, v. 15, n. 1, Fall 1992. Em inglês, com o título original: Latin America and Eastern Europe: economic reforms in abnormal times. São Paulo: Fundação Getulio Vargas, Departamento de Economia, ago. 1992. (Texto para discussão, n. 18.) Em português: Reformas econômicas em tempos anormais. *Revista da USP*, n. 17, mar. 1993.

PRIVATIZATION through institutionalization, when it is necessary to create the market and the state. São Paulo: Fundação Getulio Vargas, Departamento de Economia, dez. 1992. (Texto para discussão, n. 23.)

THE VANISHING motivation to solve the debt crisis. São Paulo: Fundação Getulio Vargas, Departamento de Economia, mar. 1992. (Texto para discussão, n. 9.) Atualização do artigo não publicado "The hesitating motivation to solve the debt crisis" (1990).

1991

1991, repetição de 1990. *Economia em Perspectiva*, Conselho Regional de Economia, n. 82, jul. 1991.

O MESTRADO subdesenvolvido. *Folha de S. Paulo,* 9 out. 1991.

1990

DÍVIDA: uma proposta irrecusável. *Economia em Perspectiva*, Conselho Regional de Economia de São Paulo, n. 74, out. 1990.

UNDECLARED moratoria: a false solution. In: PEACE AND DEVELOPMENT FOUNDATION. *A new financial order*. Bonn: Eine Welt,

Stiftung Entwicklung und Frieden, 1990. Versão atualizada: Uma estratégia dos devedores para a crise da dívida externa. *Folha de S. Paulo*, 1 jan. 1989.

1989

A CRISE gerou um consenso retórico e, às vezes, perverso. *Economia em Perspectiva*, Conselho Regional de Economia de São Paulo, n. 60, ago. 1989.

DEBT relief is the only solution. *World Link*, n. 4, Apr. 1989. Republicado em *World Farmer's Times*, May 1989.

O PLANO Verão e a crise estrutural da economia brasileira. *Revista de Economia Política*, v. 9, n. 4, out./dez. 1989.

THE THIRD World debt: a dangerous game. Em russo: *Revista América Latina*, Academia de Ciências da União Soviética, n. 6, 1989.

1988

DUAS questões básicas sobre a dívida externa. *Economia em Perspectiva*, Conselho Regional de Economia de São Paulo, n. 43, jan. 1988.

1987

A PARTIR do retorno da inflação. *Folha de S. Paulo,* 13 jan. 1987.

1986

MODERNIZAÇÃO e distribuição, subdesenvolvimento e desigualdade. São Paulo: Pontifícia Universidade Católica, 1986.

1984

A ECONOMIA possível com Tancredo. *Folha de S. Paulo*, 15 set. 1984.

RENEGOCIAÇÃO da dívida latino-americana. Intervenção na 18ª Reunião do Conselho de Governadores da Federação Latino-Americana de Bancos, São José, Costa Rica, 26 nov. 1984. Disponível em: <www.bresserpereira.org.br>.

1980

A CONCERTED solution for the debt crisis. Introdução ao livro que Jeffrey Sachs planejava publicar, *Alternative solutions for the debt crisis*. Disponível em: <www.bresserpereira.org.br>.

GV de São Paulo – a formação contraditória das classes dominantes. *Senhor*, n. 24, mar. 1980.

POR que os salários são baixos no Brasil? (ECON-L-147). Preparado para o grupo Economia e Povo, coordenado por Plínio Arruda Sampaio, 1980. Disponível em: <www.bresserpereira.org.br>.

REFORMA agrária inadiável. *Folha de S. Paulo*, 26 fev. 1980.

1977

A PARTIR da crítica. *Estudos Cebrap*, n. 20, p. 155-162, 1977. Resposta à crítica de José Arthur Giannotti, "Em torno da questão do Estado e da burocracia", ao artigo "Notas introdutórias ao modo tecnoburocrático ou estatal de produção", todos publicados nesse número de *Estudos Cebrap*. Republicada em *A sociedade estatal e a tecnoburocracia* (1981, p. 171-178).

1976

INFLAÇÃO e correção monetária das demonstrações financeiras. *O Estado de S. Paulo*, 1 jul. 1976.

O ESTADO na economia brasileira. *Ensaio de Opinião*, v. 4, n. 2-2, 1977. Publicado originalmente como material didático da FGV/Eaesp, mar. 1976. (EC-BRAS-L-96). Versão modificada e reduzida: Estatização ou redefinição do modelo político? *Jornal de Debates,* jan. 1976. Republicada em *O colapso de uma aliança de classes* (1978).

1975

DESACELERAÇÃO econômica e crise política em um modelo tecnoburocrático autoritário. São Paulo: FGV/Eaesp, dez. 1975. (Texto para discussão, ECON-L-90-E-325). Publicado sem notas de rodapé: Política econômica e desaceleração. *Folha de S. Paulo*, 4 jan. 1976. Republicado em *O colapso de uma aliança de classes* (1978).

1974

TRÊS hipóteses sobre o início da industrialização brasileira e a economia cafeeira. Publicado em *Empresários e administradores no Brasil* (1974, anexo II).

1971

O BRASIL já tem o que ensinar. *Visão*, fev. 1971. Caderno Brasil 71.

1968

A PROGRAMAÇÃO do esforço mercadológico. *Marketing*, v. II, n. 7, 1968.

FORMAÇÃO de professores de administração de empresas. Apresentado ao 1º Seminário sobre o Ensino da Administração de Empresas no Brasil, organizado pela Associação Brasileira de Administradores de Empresas, em São Paulo, na Eaesp, 8-10 nov. 1968.

1961

A PHILOSOPHY of economic development for a Brazilian school of business administration. Apresentado ao curso Development of Underdeveloped Areas, ministrado por Bert Hoselitz, MBA, Michigan State University, verão 1961.

CHANGING perspectives of social mobility. Apresentado ao curso PPA-511, ministrado por William E. Henry, MBA, Michigan State University, primavera 1961.

1960

MATHEMATICAL and non-mathematical decision-making. Apresentado ao curso MTA-521, ministrado por Donald O. Taylor, MBA, Michigan State University, verão 1960.

THREE questions: (1) mobility pattern related to executives' values and decision-making, (2) behavioral decision-making model, (3) conflict and cooperation. Apresentado ao curso PPA-505, MBA, Michigan State University, primavera 1960.

Prefácios

BOM Estado e bom governo. In: DROR, Yehezkel. *A capacidade para governar.* São Paulo: Fundap, 1999.

BRESSER-PEREIRA, Luiz Carlos; CUNILL GRAU, Nuria (Eds.). *Politics and public management.* No prelo.

CRISE économique et reforme de l'État. Paris: Maison des Sciences de l'Homme, 2000. Prefácio em português.

CUNILL GRAU, Nuria. *Repensando lo público a través de la sociedad.* Caracas: Centro Latinoamericano de Administración para el Desarollo (Clad)/ Editorial Nueva Sociedad, 1997.

FORGET, Danielle. *Conquistas e resistências do poder (1964-1984): a emergência do discurso democrático no Brasil.* São Paulo: Edusp, 1994. (Sobre a transição democrática no Brasil.)

FUSER, Cláudia Costin. *A economia dos bispos.* São Paulo: Bienal, 1987.

GOUVÊA, Gilda Portugal. *Burocracia e elites burocráticas no Brasil:* poder e lógica de ação. São Paulo: Paulicéia, 1994.

LIMA, Gilberto Tadeu; SICSÚ, João (Orgs.). *Macroeconomia do emprego e da renda:* Keynes e o keynesianismo. Barueri, SP: Manole, 2003.

LONGO, Carlos. *Economia brasileira:* a transição inacabada. São Paulo: Atlas, 1994.

MAMIGONIAN, Armen; REGO, José Marcio (Orgs.). *O pensamento de Ignácio Rangel*. São Paulo: Editora 34, 1998.

NOGUEIRA DA COSTA, Fernando. *Ensaios de economia monetária*. São Paulo: Bienal, 1992.

NUNES, Edson de Oliveira. *Gramática política do Brasil:* clientelismo e insulamento burocrático. Rio de Janeiro: Zahar, 1997.

PRZEWORSKI, Adam; MARAVALL, José María; BRESSER-PEREIRA, Luiz Carlos. *Reformas econômicas em novas democracias*. São Paulo: Nobel, 1995.

ROSSELLI, Carlo. *Socialismo liberal*. Rio de Janeiro: Instituto Teotônio Vilela/Zahar, 1997.

SCHNEIDER, Ben Ross. *Burocracia pública e política industrial no Brasil*. São Paulo: Sumaré, 1994.

SOLA, Lourdes (Org.). *Estado, mercado e democracia*. São Paulo: Paz e Terra, 1993.

THORSTENSEN, Vera. *Comunidade Européia:* a construção de uma potência econômica. São Paulo: Brasiliense, 1992.

THORSTENSEN, Vera; NAKANO, Yoshiaki; LIMA, Camila de Faria; SATO, Cláudio Seiji. *O Brasil frente a um mundo dividido em blocos*. São Paulo: Nobel, 1994.

Posfácio

SALAMA, Pierre. *Dolarization et desindutrialization*. Paris: La Découverte, 1988. Em português: *Dolarização*. São Paulo: Nobel, 1989.

Resenhas

BACHA, Edmar. *Introdução à macroeconomia:* uma perspectiva brasileira. Rio de Janeiro: Campus, 1984. *Revista de Economia Política*, v. 4, n. 4, out. 1984.

CAMARGO, José Marcio; RAMOS, Carlos Alberto. *A revolução indesejada:* conflito distributivo e mercado de trabalho. Rio de Janeiro: Campus, 1990. *Revista de Economia Política*, v. 11, n. 1, jan. 1991.

CARDOSO DE MELLO, João Manoel. *O capitalismo tardio*. São Paulo: Brasiliense, 1983. *Revista de Economia Política*, v. 3, n. 1, jan. 1983.

FURTADO, Celso. *Criatividade e dependência na civilização industrial*. Rio de Janeiro: Paz e Terra, 1978. *Revista de Economia Política*, v. 1, n. 2, abr. 1981.

FURTADO, Celso. *Em busca de novo modelo*. São Paulo: Paz e Terra, 2002. *Revista de Economia Política*, v. 22, n. 4, out./dez. 2002.

KURZ, Robert. *O colapso da modernização*. Rio de Janeiro: Paz e Terra, 1992. Resenha: "Colapso da modernização" ou crise do Estado? *Novos Estudos Cebrap* n. 36, jul. 1993.

LIMA SOBRINHO, Barbosa. *O capital se faz em casa*. São Paulo: Paz e Terra, 1991. *Revista de Economia Política*, v. 12, n. 2, abr. 1992.

LOUREIRO, Maria Rita (Org.). *Os economistas no poder*. Rio de Janeiro: FGV, 1997. Resenha: A luta dos economistas por poder. *Folha de S. Paulo,* 15 jun. 1997. Mais!

MAINWARING, Scott. *Igreja Católica e política no Brasil*. São Paulo: Brasiliense, 1989. *Folha de S. Paulo,* 18 mar. 1989.

MANTEGA, Guido. *A economia política brasileira*. Petrópolis: Vozes, 1984. *Senhor*, n. 165, 16 maio 1984.

MIGLIOLI, Jorge. *Acumulação de capital e demanda efetiva*. São Paulo: T. A. Queiroz, 1985. *Revista de Economia Política*, v. 5, n. 3, jul. 1985.

MONTORO, André Franco. *Alternativa comunitária*: um caminho para o Brasil. Rio de Janeiro: Nova Fronteira, 1982.

OLIVEIRA, Francisco de. *O elo perdido*: classe e identidade de classe. São Paulo: Brasiliense, 1987. *Revista de Economia Política*, v. 7, n. 3, jul. 1987.

RANGEL, Ignácio. *Recursos ociosos e economia nacional*. São Paulo: Hucitec, 1980. *Revista de Economia Política*, v. 1, n. 1, jan. 1981.

RIBEIRO, Renato Janine. *A democracia e A república*. São Paulo: Publifolhas, 2001. (Coleção Folha Explica.) Resenha: A fórmula da ética e do desejo. *Folha de S. Paulo,* 9 dez. 2001. Mais!

ROSSELLI, Carlo. *Socialismo liberal*. Rio de Janeiro: Instituto Teotônio Vilela/Zahar, 1997. Resenha: O *Socialismo liberal* de Carlo Rosselli. *Folha de S. Paulo*, 18 maio 1997. Mais!

SOUZA, Paulo Renato. *Emprego, salários e pobreza*. São Paulo: Hucitec/Fucamp, 1980. *Revista de Economia Política*, v. 1, n. 3, jul. 1981.

Conferências e discursos[3]

2003

NEW developmentalism and conventional orthodoxy compared. Notas para a exposição no painel Neo-liberalism in Latin America: Successes and Failures. 24º Congresso da Lasa, Dallas, 27 mar. 2003. Disponível em: <www.bresserpereira.org.br>.

2002

UMA RESPOSTA estratégica aos desafios do capitalismo global e da democracia. In: NASSUNO, Marianne; KAMADA, Priscilla H. (Orgs.). *Balanço da reforma do Estado no Brasil:* a nova gestão pública. Brasília: Ministério do Planejamento, Orçamento e Gestão, Secretaria da Gestão, 2002. p. 29-35. Apresentado ao seminário Balanço da Reforma do Estado, organizado pela secretária da Gestão Evelyn Levy, Brasília, ago. 2002.

2001

A NEW management for a new state: liberal, social, and republican. Conferência The 2001 John L. Manion Lecture, patrocinada pelo Canadian Centre for Management Development, Ottawa, 3 maio 2001. Em francês: Une

---

[3] Apenas os publicados, assim considerados aqueles disponíveis em: <www.bresserpereira.org.br>.

nouvelle gestion pour un nouveau État: libéral, social et républicain. Em português: Uma nova gestão para um novo Estado: liberal, social e republicano. *Revista do Serviço Público,* v. 52, n. 1, jan. 2001.

2000

DEBATE com Marilena Chauí sobre a crise da universidade, na abertura do 4º Congresso da Adusp, 20 set. 2000. *Revista ADUSP,* n. 21, dez. 2000.

MANAGERIAL reform for 21st century governance. Palavras introdutórias na sessão plenária sobre Governança no 2º Global Forum: Democratic State and Governance in the Twentieth First Century, Brasília, 29-31 maio 2000.

NEW facts strengthening ethical behavior in business and public life. *Keynote speech* na sessão inaugural do 2º World Congress of Business, Economics, and Ethics facing the Challenge of Globalization, patrocinado pela International Society of Business, Economics, and Ethics, São Paulo, 19-23 jul. 2000.

1999

ALIMENTOS transgênicos, política de informática etc. Pronunciamento na audiência pública na Comissão de Ciência e Tecnologia da Câmara dos Deputados, Brasília, 5 maio 1999.

DISCURSO de despedida do Ministério da Ciência e Tecnologia. Proferido na transmissão de cargo a Ronaldo Sardenberg, Brasília, 21 jul. 1999.

IN DEFENSE of science. Proferido na World Conference on Science, 28 jun. 1999.

1998

DIÁLOGO sem certezas. *Folha de S. Paulo,* 26 maio 1998. Pronunciado no segundo almoço de colaboradores da *Folha,* 25 maio 1998.

1997

ETHICS and citizenship: a republican approach. Pronunciada no seminário A Ética do Futuro, patrocinado pela Unesco, Rio de Janeiro, 4 jul. 1997.

1996

CINQÜENTA anos de ciência econômica no Brasil. Seminário realizado pela FEA/USP, ago. 1996. In: LOUREIRO, Maria Rita (Org.). *50 anos de ciência econômica no Brasil*. Rio de Janeiro: Vozes, 1997.

GLOBALIZAÇÃO e suas implicações. Participação em debate patrocinado pela Faculdade de Economia e Administração da USP, São Paulo, maio 1996. *Economia Aplicada*, v. 1, n. 1, jan. 1997.

ÓRGÃOS reguladores – um tema importante e O objetivo é promover o investimento. Exposições no seminário patrocinado pelo Instituto Brasileiro do Petróleo, maio 1996. Publicado em *Nova regulamentação da indústria do petróleo no Brasil*. Rio de Janeiro: Instituto Brasileiro do Petróleo/Fundação Getulio Vargas, 1996.

REFORMA da administração pública no Brasil. Exposição no Plenário do Senado Federal, 16 jun. 1996. Versão modificada foi publicada como capítulo em *Crise econômica e reforma do Estado no Brasil* (1996).

1995

AMÉRICA Latina – situação atual e perspectivas. Depoimento à pesquisa América Latina – la visión de los cientistas sociales. *Nueva Sociedad*, Caracas, n. 139, set. 1995.

COMENTÁRIO a Gustavo Larrea e a Ciro Gomes no seminário Estilos de Hacer Política, Grupos de Poder y Gobernabilidad en América Latina. *Cuadernos Parlatino*, São Paulo, n. 11, ago. 1995.

OSWALDO Aranha. Depoimento em *Oswaldo Aranha*: centenário de nascimento. Brasília: Ministério da Fazenda/Museu da Fazenda Federal, 1995.

1994

DESCENTRALIZAÇÃO do ensino básico. Seminário em 1994. Publicado em *Participação da sociedade civil na educação*: alternativas para a melhoria da escola pública. São Paulo: Instituto Brasileiro de Estudos e Apoio Comunitário (Ibeac), 1995.

HOMENAGEM aos amigos. Discurso em homenagem aos professores da FGV/Eaesp que se aposentaram em 1994, Lindóia, 18 dez. 1994. *RAE Light*, jan./fev. 1995.

1992

COMENTÁRIOS sobre o relatório da Comissão Sul: entre o nacionalismo e o Consenso de Washington. Debate com Celso Furtado no Instituto de Estudos Avançados da USP, abr. 1992. *Nossa América,* mar./abr. 1992.

1991

O ACORDO sobre a dívida externa e a crise do governo. Depoimento à Comissão de Finanças do Senado, Brasília, maio 1991. Publicado em *Os tempos heróicos de Collor e Zélia* (1991).

1990

LE BRÉSIL a la derive du monde. Notas para conferências promovidas pelo Centre de Recherches sur le Brésil Contemporain, Maison des Sciences de L'Homme, Paris, jan.-fev. 1990. *Cahiers du Brésil Contemporain,* n. 9, 1990.

RENEGOCIAÇÃO da dívida externa. Exposição à mesa-redonda O Processo de Endividamento, Senado Federal, Brasília, 7-9 ago. 1990. *Cadernos do Cedesen,* Brasília, n. 3, l991.

1989

ASPECTOS éticos da dívida externa. Intervenção como debatedor no Simpósio Internacional sobre Aspectos Éticos da Dívida Internacional, patrocinado pela

Fides, São Paulo, maio 1989. In: TEIXEIRA, Nelson Gomes (Org.). *A dívida internacional:* uma abordagem ética. São Paulo: Pioneira, 1989.

INSERÇÃO internacional e estratégia de desenvolvimento. Debate na Fundação de Comércio Exterior (Funcex), Rio de Janeiro, 14 jul. 1989. *Revista Brasileira de Comércio Exterior,* n. 25, set. 1989.

SOLVING the debt crisis: debt relief and adjustment. *Revista de Economia Política,* v. 10, n. 2, abr./jun. 1990. Depoimento ao Committee on Banking, Finance and Urban Affairs of the U.S. House of Representatives, Washington, jan. 1989.

1988

A MUDANÇA do papel do Estado na economia brasileira. In: *O desenvolvimento ameaçado:* perspectivas e soluções. São Paulo: Unesp, 1989. Intervenção no seminário Estado e Crescimento Econômico, São Paulo, Universidade Estadual de São Paulo (Unesp), 14 out. 1988. Revisado e publicado em *A crise do Estado no Brasil* (1991).

EXPERIÊNCIAS de um governo. Depoimento ao Iuperj sobre a experiência como ministro da Fazenda, 16 set. 1988. *Caderno de Conjuntura,* n. 16, dez. 1988. Republicado quase na íntegra: No meio (instável) do poder. *Jornal da Tarde,* 11 fev. 1989. Em francês: Expériences d'un gouvernement. *Problèmes d'Amérique Latine,* n. 93, 3. trim. 1989.

PRESUPUESTOS y obstáculos de la integración Argentina-Brasil. Conferência em seminário sobre a integração entre Brasil e Argentina patrocinado pela Faculdade Latino-Americana de Ciências Sociais (Flacso), Buenos Aires, 20-21 out. 1988. In: HIRST, Mônica (Org.). *Argentina-Brasil:* perspectivas comparativas y ejes de integración. Buenos Aires: Editorial Tesis/Flacso, 1990.

1987

CARTA de demissão do Ministério da Fazenda. Carta inicialmente escrita e incompleta (16 dez. 1987) e carta efetivamente enviada (18 dez. 1987).

DISCURSO de posse no Ministério da Fazenda. Publicado em *Objetivos e diretrizes da política econômica*. Brasília: Ministério da Fazenda, 1987.

O NOVO plano de estabilização econômica. Resumo do Plano Bresser para divulgação. Brasília, 12 jun. 1987.

PRONUNCIAMENTO na Câmara dos Deputados. 30 jun. 1987.

PRONUNCIAMENTO no Palácio do Planalto no lançamento do plano de estabilização (Plano Bresser). Brasília, 12 jun. 1987.

1986

O PLANO Cruzado. *Revista de Administração de Empresas*, v. 26, n. 3, jul. 1986. Conferência na Escola de Administração de Empresas da Fundação Getulio Vargas, São Paulo, maio 1986.

1985

ESTADO, poder de tributar e Constituição. Conferência no seminário Propostas para a Constituinte, 30 maio 1985. *Revista da Procuradoria Geral do Estado*, n. 24, dez. 1985.

LA TRANSFERIBILIDAD de la Revolución Cubana para América Latina. Conferência no 2º Encuentro de Intelectuales por la Soberanía de los Pueblos de Nuestra América, organizada por la Casa de las Américas, Havana, dez. 1985. Disponível em: <www.bresserpereira.org.br>.

1984

AS CONDIÇÕES para a retomada do desenvolvimento. Conferência em seminário patrocinado pelo Departamento de Economia da Escola de Administração de Empresas de São Paulo, em comemoração ao trigésimo aniversário da Fundação Getulio Vargas, set. 1984. Disponível em: <www.bresserpereira.org.br>.

APÊNDICE I

AUMENTAR as exportações. Intervenção no seminário As Metrópoles Latino-Americanas frente à Crise: Experiências e Políticas, realizado pela Prefeitura Municipal de São Paulo, Cepal e Universidade das Nações Unidas, 10-12 set. 1984. Publicada no livro *América Latina:* crise nas metrópoles (1985).

1982

O GOVERNO da cidade e a utopia. Debate patrocinado por *Espaço & Debates*, com Marilena Chauí e José Álvaro Moisés. *Espaço & Debates – Revista de Estudos Sociais e Urbanos*, São Paulo, Núcleo de Estudos Regionais e Urbanos/Cortez, n. 6, jun./set. 1982.

1981

O FUTURO da abertura: um debate. Debate patrocinado pelo Idesp e *Jornal da Tarde*, jul. 1981. In: LAMOUNIER, Bolivar; FARIA, José Eduardo (Orgs.). *O futuro da abertura:* um debate. São Paulo: Cortez, 1981.

1979

UMA PROPOSTA alternativa de política econômica. Conferência em Curitiba, out. 1979. (EC-BRAS-L-166). Disponível em: <www.bresserpereira.org.br>.

1978

A ECONOMIA brasileira e suas perspectivas. Intervenção no Encontro Nacional pela Democracia, promovido pelo Cebrade, Rio de Janeiro, dez. 1978. In: MALAN, Pedro et al. *Painéis da crise brasileira*. Rio de Janeiro: Avenir/Civilização Brasileira/Paz e Terra, 1979. t. II.

AS OPÇÕES políticas dos empresários e o Estado. 3º Ciclo de Debates do Grupo Casa Grande, Rio de Janeiro, 8 maio 1978. In: BOSI, Alfredo et al. *Conjuntura nacional*. Petrópolis: Vozes, 1979.

Casos de administração de empresas e apostilas[4]

CONTABILIDADE social. 1968. Com Yoshiaki Nakano. (EC-MACRO-L-9).

DA MACROECONOMIA clássica à keynesiana. 1968. (EC-MACRO-L-8).

FLUXOS econômicos do capitalismo. 1980. Com Yoshiaki Nakano. (ECON-L-146).

---

[4] Códigos da FGV/Eaesp. Além dos casos incluídos no livro *Casos em administração geral* (Rio de Janeiro: FGV, 1970, selecionados por Yolanda Ferreira Balcão e Cândido Bueno de Azevedo), dos quais seis de sua autoria e dois em co-autoria, entre 1959 e 1966. Bresser-Pereira pesquisou e escreveu vários outros casos, que talvez existam na FGV/Eaesp.

Apêndice II

CRONOLOGIA DE BRESSER-PEREIRA

Cronologia de Bresser-Pereira*

1934	Nascimento em São Paulo (30 de junho).
1945-52	Colégio São Luiz.
1950	Seminário de Cinema no Museu de Arte de São Paulo.
1951-57	Jornalista em *O Tempo* e *Última Hora*.
1952-57	Participa da Ação Católica (JEC e JUC).
1953-55	Crítico de cinema em *O Tempo*.
1953-57	Faculdade de Direito da USP.
1955	Entra em contato com as idéias do Instituto Superior de Estudos Brasileiros (Iseb) e decide ser economista ou sociólogo do desenvolvimento.
1957	Casa-se com Vera Cecília Prestes Motta.
1958	Concurso para a Escola de Administração de Empresas de São Paulo da Fundação Getulio Vargas (FGV/Eaesp).

* Até agosto de 2004. As referências completas dos livros e artigos citados encontram-se na bibliografia completa de Bresser-Pereira, no apêndice I.

1959	Escreve "*The rise of middle class and middle management in Brazil*".
1960/61	Bolsa de estudos nos Estados Unidos: MBA na Michigan State University, East Lansing; International Teacher's Program na Harvard University; e Metodologia da Pesquisa no Institute for Social Research da Universidade de Michigan, Ann Arbor.
1962	Ensina Introdução à Administração (graduação) e Estratégia de Empresas (pós-graduação) no Departamento de Administração da FGV/Eaesp.
1962	Inicia na FGV, com Zaíra Rocha Awad, pesquisa sobre as origens étnicas e sociais dos empresários paulistas.
1962/63	Escreve seus capítulos sobre burocracia no livro que mais tarde publicaria com Fernando Prestes Motta, *Introdução à organização burocrática*.
1962-72	Doutorado em economia na FEA/USP.
1963	Assessora o Grupo Pão de Açúcar.
1963	Publica "O empresário industrial e a revolução brasileira".
1964	Publica "Origens étnicas e sociais dos empresários paulistas".
1964	Inicia, na FGV, com Henrich Rattner, a pesquisa sobre mobilidade e carreira dos dirigentes das empresas paulistas, que será sua tese de doutorado.
1964-83	Passa a trabalhar no Grupo Pão de Açúcar e, em 1985, torna-se diretor administrativo, conservando o tempo parcial.
1966	Bolsa de estudos na França (três meses).
1967-70	Transfere-se para o Departamento de Ciências Sociais da FGV/Eaesp e passa a ensinar economia.
1968	Publica *Desenvolvimento e crise no Brasil*.
1968	Escreve "A revolução estudantil".
1969	Escreve "A revolução política na Igreja".
1970	Publica "Dividir ou multiplicar: a distribuição da renda e a recuperação da economia brasileira".
1970	Cria o Departamento de Economia da FGV/Eaesp, com Ary Bouzan.

APÊNDICE II

1970	Participa da fundação do Cebrap, como membro do Conselho Diretor.
1972	Escreve "A emergência da tecnoburocracia" e publica *Tecnoburocracia e contestação*.
1972	Obtém o título de doutor em economia pela Faculdade de Economia e Administração da USP, com a tese "Mobilidade e carreira dos dirigentes das empresas paulistas" (publicada como *Empresários e administradores no Brasil*, 1974).
1972/73	Dirige o Departamento de Economia da FGV/Eaesp e estabelece o princípio do rodízio dos chefes.
1975-2004	Começa a escrever com regularidade na *Folha de S. Paulo* (até o presente).
1977	Publica *Estado e subdesenvolvimento industrializado* e "Notas introdutórias ao modo tecnoburocrático ou estatal de produção".
1977/78	Dá curso no Institut d'Études du Développement Économique et Social.
1978	Publica *O colapso de uma aliança de classes*.
1979	Visita a China e a União Soviética e escreve sobre esses regimes tecnoburocráticos.
1980-94	Membro do Conselho Superior de Economia da Federação das Indústrias do Estado de São Paulo.
1981	Funda a *Revista de Economia Política* e torna-se seu editor (até o presente).
1981	Viaja com Eduardo e Marta Suplicy para conhecer a revolução na Polônia.
1981	Publica *A sociedade estatal e a tecnoburocracia*.
1981	Publica "Inflação no capitalismo de Estado (e a experiência brasileira recente)", em que primeiro define a inércia inflacionária.
1983	Assume a presidência do Banespa (governo Franco Montoro).
1983	Publica, com Yoshiaki Nakano, "Fatores aceleradores, mantenedores e sancionadores da inflação".
1984	Publica, com Yoshiaki Nakano, *Inflação e recessão*.

1984	Obtém o título de livre-docente em economia pela USP, com a tese *Lucro, acumulação e crise*.
1985	Assume a Secretaria do Governo do Estado de São Paulo (governo Franco Montoro)
1987	Inicia a análise da crise do Estado, apresentando na Cambridge University "Mudanças no padrão de financiamento do investimento no Brasil".
1987	Assume o Ministério da Fazenda (abril a dezembro).
1987	Faz a proposta de securitização da dívida externa que, depois, se transformaria no Plano Brady.
1988	Apresenta em Montreal "Economic ideologies and democracy in Brazil" e passa a participar de conferências internacionais sobre ciência política.
1988-94	Retoma atividade no Grupo Pão de Açúcar.
1988-2004	Retorna à FGV/Eaesp (até o presente).
1989	Publica "O caráter cíclico da intervenção estatal".
1989	Apresenta em Tóquio "*The perverse macroeconomics of debt, deficit and inflation in Brazil*".
1989-92	Preside a Sociedade Amigos da Cinemateca Brasileira e torna-se membro do Conselho de Administração da Cinemateca Brasileira (até o presente).
1990	Dá a aula magna da Anpec, com o ensaio "A crise da América Latina: Consenso de Washington ou crise fiscal?"
1990	Apresenta em Montreal "*Economic ideologies and democracy in Brazil*" e passa a participar de conferências internacionais e nacionais na área da ciência política.
1992	Publica *A crise do Estado*.
1993	Publica, com José María Maravall e Adam Przeworski, *Economic reforms in new democracies*.
1993/94	Participa do projeto World Bank History Project (Brookings Institutions) e escreve "Development economics and the World Bank's identity crisis".
1994-2004	Passa para o Conselho de Administração do Grupo Pão de Açúcar.

1994	Escreve, com Jairo Abud, "*Net and total transition cost: the timing of economic reform*".
1995-98	Ministro da Administração Federal e Reforma do Estado (governo Cardoso).
1995-97	Presidência do Consejo Latinoamericano de Administración para el Desarrollo.
1995	Desenvolve modelo de reforma da gestão pública no Plano Diretor da Reforma do Aparelho do Estado.
1996	Publica *Economic crisis and state reform in Brazil* (em seguida traduzido para o português).
1996/97	Publica "Da administração burocrática à gerencial", "Um novo Estado para a América Latina", "Reforma do Estado nos anos 90: lógica e mecanismos de controle" e "A emergência dos direitos republicanos".
1998	Publica *Reforma do Estado para a cidadania*.
1998	Organiza, com Nuria Cunill Grau, *O público não-estatal na reforma do Estado*.
1999	Ministro da Ciência e Tecnologia e presidente do CNPq (governo Cardoso, janeiro a julho).
1999	Professor visitante no Nuffield College da Oxford University (setembro a dezembro).
1999	Apresenta, no Nuffield College, "*Incompetence and confidence building behind Latin America's 20 years old quasi-stagnation*" e "*The third way seen from the South*".
2000	Reassume cursos na FGV/SP.
2000-02	Assessor do presidente da República para os encontros socialdemocratas da terceira via ("Progressive Governance"); publica "*The new left viewed from the South*", em livro organizado por Anthony Giddens.
2001	Publica "*Self-interest and incompetence*".
2001	Professor visitante do St. Anthony's College da Oxford University (janeiro a fevereiro).

2001	Escreve "Método e paixão em Celso Furtado" e organiza, com José Marcio Rego, *A grande esperança em Celso Furtado*.
2002	Publica, com Yoshiaki Nakano, "Uma estratégia de crescimento com estabilidade" e "Crescimento econômico com poupança externa?".
2002	Inicia crítica da estratégia de crescimento com poupança externa no artigo "A fragilidade que nasce da dependência da poupança externa".
2002	Torna-se membro da Associação de Amparo à Criança Deficiente (AACD, até o presente).
2002/03	Ensina, com Cícero Araújo, Teoria da Democracia Moderna, no curso de pós-graduação do Departamento de Ciência Política da USP.
2003	Membro do Conselho de Administração da Fundação Padre Anchieta (até o presente) e presidente do Conselho do Instituto Fernand Braudel.
2003	Publica a quinta edição de *Desenvolvimento e crise no Brasil*.
2003/04	Torna-se professor convidado permanente da Maison des Sciences de l'Homme, devendo dar quatro seminários por ano.
2003/04	Colabora com Yoshiaki Nakano na criação da Escola de Economia de São Paulo, da Fundação Getulio Vargas.
2004	Publica *Democracy and public management reform* (Oxford University Press).
2004	Publica "O conceito de desenvolvimento do Iseb".
2004	Coordena o I Fórum de Economia da Fundação Getulio Vargas, em São Paulo.

Sobre os autores e organizadores

Adam Przeworski é cientista político, professor da New York University.

Alexandra Strommer de Farias Godoi é doutoranda em economia pela FGV-SP.

Celso Lafer é jurista, professor da USP, ex-ministro das Relações Exteriores.

Cicero Araujo é cientista político, professor da USP.

Evelyn Levy é doutora em administração, ex-professora da FGV-SP.

Fabio Anderaos de Araujo é economista, pesquisador da FGV-SP e da Universidade de Roma.

Fernando de Holanda Barbosa é economista, professor da FGV-RJ.

Fernando Luiz Abrucio é cientista político, professor da FGV-SP e da PUC-SP.

Francisco Lopes é economista, professor da PUC-Rio, ex-presidente do Banco Central.

Gérard Lebrun é filósofo, ex-professor da USP.

Helio Jaguaribe é cientista político, decano do Instituto de Estudos Políticos e Sociais (RJ), ex-professor visitante das universidades de Harvard e Stanford e do MIT.

José Antonio Rodrigues da Cunha é economista, doutorando pela FGV-SP.

José Marcio Rego é economista, professor da FGV-SP e da PUC-SP.

Lilian Furquim é economista, assessora da diretoria da Escola de Economia de São Paulo da FGV.

Lívia Barbosa é antropóloga, professora da Universidade Federal Fluminense.

Luiz Antonio de Oliveira Lima é economista, professor da FGV-SP.

Marcio Moreira Alves é jornalista.

Marcus André Melo é cientista político, professor da Universidade Federal de Pernambuco e ex-professor visitante do MIT.

Maria Angélica Borges é economista e historiadora, professora da PUC-SP.

Maria Cecília Spina Forjaz é socióloga, professora da FGV-SP.

Maria Rita Loureiro é socióloga, professora da FGV-SP e da USP.

Maria Tereza Leme Fleury é professora e diretora da FEA/USP.

Nuria Cunill Grau é cientista política (Universidade do Chile), doutora pela Universidade Central da Venezuela, especialista do Centro Latino-Americano de Administração para o Desenvolvimento (Clad).

Olgária Mattos é filósofa, professora da USP.

Paulo Gala é economista, professor da FGV-SP.

Paulo Vannuchi é cientista político, professor da USP.

Regina Silvia Pacheco é socióloga, professora da FGV-SP.

Wilson Suzigan é economista, professor da Unicamp.

Yoshiaki Nakano é economista, professor e diretor da Escola de Economia de São Paulo da FGV.